자유민주주의 사회민주주의 시민민주주의
스웨덴·네덜란드의 경험과 한국사회

김인춘 지음

백산서당

이 저서는 2017년 정부(교육부)의 재원으로 한국연구재단의 지원을 받아 수행된 연구임(NRF-2017S1A6A4A01019466)

나의 아버지와 어머니께 이 책을 바칩니다.

자유민주주의 사회민주주의 시민민주주의
스웨덴·네덜란드의 경험과 한국사회

△ 서문 : '강한 개인'과 '강한 사회'를 위하여 · 7

제1부
새로운 대안보다 기초

|제1장| 서 론   21
    1. 한국사회와 민주주의 · 21
    2. 왜 스웨덴, 네덜란드인가 · 28
    3. 책의 구성과 주요 내용 · 36

|제2장| 자유민주주의 사회민주주의 시민민주주의   43
    1. 이론적 배경과 분석틀 · 43
    2. 선진사회의 민주주의 – 강한 개인과 강한 사회 · 59
    3. 민주적 시장경제와 기업지배구조 · 67

제2부
스웨덴 민주주의의 특성 — 강한 개인과 민주적 사회공동체

|제3장| 코로나를 통해 본 스웨덴의 법치주의 민주주의 '스웨덴 예외주의'   83
    1. COVID-19 대응과 민주주의 문제 – 제한된 권력과 개인의 자유 · 83
    2. 스웨덴 자율방역의 주요 요인과 배경 · 88

3. 스웨덴의 법치주의와 민주주의 – 스웨덴 헌정체제의 특징과 팬데믹 대응·94
　　4. 스웨덴의 예외적 자율방역 – 평가와 결론·103

| 제4장 |　**민주적 자본주의와 보편적 복지국가**　　　　　　　　　117

　　1. 민간기업의 성장과 스웨덴 자본주의의 발전·117
　　2. 스웨덴의 기업지배구조와 민주적 시장경제·142
　　3. 민주적 시장경제와 보편적 복지국가·168

| 제5장 |　**타협의 정치와 스웨덴 민주주의**　　　　　　　　　　189

　　1. 스웨덴 민주주의의 역사적 전개와 자유주의·189
　　2. 사회적 규범과 타협의 정치·204
　　3. 권력과 민주주의의 민주화 – 스웨덴 '권력조사위원회(1985-1990)'·210

| 제6장 |　**강한 개인과 강한 사회 ─ 권력의 사회적 공유와 분산**　231

　　1. 강한 개인과 시민민주주의 – 사회규범과 '보이지 않는 헌법'·231
　　2. 대중시민교육(Folkbildning)과 민주주의의 발전 – 강한 개인과 강한 사회
　　 를 위한 문화민주주의·235
　　3. 시민민주주의와 권력의 사회적 공유 및 분산·246

제3부

네덜란드 민주주의의 특성 ─ 강한 사회와 사회적 자유주의

| 제7장 |　**사회적 자유주의와 합의제 민주주의**　　　　　　　　255

　　1. 네덜란드 민주주의의 역사적 전개·255
　　2. '필라(pillars)'사회와 '서로주체적' 동등분리·269
　　3. 사회적 자유주의, 합의제 민주주의, 극우 포퓰리즘·274

| 제8장 |　**사회 코포라티즘 보편적 복지국가 이해관계자 모델**　　287

　　1. 기독교 민주주의와 복지국가의 발전·287
　　2. 사회적 타협과 폴더모델(Polder model)·298

3. 네덜란드 자본주의와 기업지배구조 – 이해관계자 모델·315

|제9장| **네덜란드의 제3섹터와 강한 사회 — 권력의 사회적 공유와 분산** 331

   1. 공공영역으로서의 제3섹터, 사회자본, 민주주의·331
   2. 네덜란드의 제3섹터 – 사회적 협의주의와 시민민주주의·340
   3. 네덜란드의 시민사회와 자원봉사 – 사회적 신뢰와 다양성·343

|제10장| **1990년대 이후 폴더모델의 혁신과 커뮤니티 민주주의** 355

   1. 네덜란드의 '참여사회' 비전과 폴더모델의 혁신·355
   2. 시민민주주의와 커뮤니티 민주주의·363

제4부
한국사회와 사회적 자유주의 — 강한 개인 강한 사회 민주주의

|제11장| **강한 개인 강한 사회 민주주의** 371

   1. 개인주의와 사회적 자유주의 – 주체성 다양성 자율성·371
   2. 강한 사회와 권력의 사회적 공유 및 분산·380
   3. 민주화 35년, 권력과 민주주의의 민주화 – 분권화 개방화 투명화·387

|제12장| **한국 자본주의와 분배의 문제** 395

   1. 역사적 유산과 IMF 개혁 25년·395
   2. 민주적 시장경제와 기업지배구조 문제 – '어떤 주주는 더 평등하다'·406
   3. 사회적 타협은 가능한가 – 시장규율과 사회규율·432

  △ 참고문헌·448
  △ 찾아보기·473

서문 : '강한 개인'과 '강한 사회'를 위하여

　이 책은 '강한 개인'과 '강한 사회'가 왜 중요하고 필요하며, 어떻게 구현될 수 있는가에 대한 것이다. 민주주의란 궁극적으로 강한 개인과 강한 사회를 달성하기 위한 것이라고 생각하기 때문이다. 강한 개인들로 이루어진 강한 사회공동체가 국가와 정치의 주체가 되는 것이 진정한 민주주의라 할 것이다. 우리는 오랫동안 '강한 국가'와 '강한 국가보다 더 강한 정치권력' 하에서 살아왔다. 국가중심주의와 집단주의 속에서 강한 국가와 강한 정치권력을 당연하게 여겼고, 그 결과 개인은 왜소했고 사회는 보이지 않았다. 우리나라에서 정치 권력자에 대한 일부의 유별난 '묻지마 팬덤 현상'은 이러한 유산이 아닐까 싶다. 민주화 이후 개인의 권리와 자유가 신장되고 시민사회가 활성화되어 왔지만 개인의 자유와 권리는 소극적 자유와 권리에 그쳤으며, 시민사회는 일부 (엘리트)시민들에 의한 사회로 존재했다.
　이 연구는 2017년 초 촛불시위와 국회의 대통령 탄핵 소추 사건으로 한국사회에서 새로운 차원의 '진보'와 '민주주의'가 요구될 때 이러한 진보와 민주주의를 위해 '개인'과 '사회'는 어떠해야 하는가라는 단상(斷想)에서 비롯되었다. 당시에는 우리사회가 강한 개인과 강한 사회의 공동체가 될 것이라는 낙관적 기대가 있었다. 지난 5년 동안 많은 사건과 변화가 있었고, 이 시기를 바라보는 관점 또한 매우 다양할 것이다. 이러한 다양성이 존재하는 것도, 이러한 다양성을 인정하는 것도 강한 개인, 강한 사회의 모습일 것이다. 그러나 우리의 정치는 양극화되어 있고, 권력의 정치적 독점은 지속되고 있다. 역시 정치권력은 여전히 강하고, 개인과 사회는 여전히 약하다는 점이 정권교체 시기인 현재의 시점에서 여실히 드러나고 있다. 개인과 사회는 '권력'을 가질 수 없는가.

우리사회와 개인들은 지난 5년 동안 너무나 큰 사건들을 직접 겪어왔다. 촛불시위부터 대통령 탄핵, 촛불혁명 정부, 코로나 팬데믹, 2022년 3월 정권교체까지. 이것만으로도 우리사회가 성숙되었다고 볼 수도 있을 것이다. 그런데 개인들이 버티고 살아남았다고 개인과 사회가 강해졌다고 할 수 있을까. 선진 민주복지국가들은 공통적으로 강한 개인과 강한 사회를 가지며, 권력은 개인과 사회에 분산되고 공유되고 감시되고 있다. 민주주의는 궁극적으로 누구에게도, 무엇에게도 지배되거나 속박되지 않는 주체적이고 자유로운 개인과 정의롭고 자율적인 사회를 지향하기 때문이다. 이 연구에서 말하는 강한 개인이란 주체적이고 독립적인 개인, 즉 '해방된 주체'를 말하고, 강한 사회란 강한 개인들로 구성된 '실재(reality)'로서의 사회공동체를 의미한다. 사회적 신뢰와 다양성, 자율성과 투명성, 평등과 연대, 사회적 규범이 구현되는 사회가 그것이다. 우리에게 강한 개인과 강한 사회가 중요하고 시급한 이유는 첫째, 강한 국가와 국가보다 더 강한 정치권력 때문이다. 민주화 이후 많은 변화가 있어 왔지만 여전히 주권자인 개인과 개인의 삶의 터전인 사회는 국가와 정치로부터 분리되어 있거나 약한 위치에 있다. 개인과 사회가 국가 및 정치권력과 대등하게 공존하고 균형을 이룰 때 더 나은 개인의 삶과 민주적인 공동체가 보장될 수 있다. 둘째, 민주주의의 궁극적인 가치는 주권자의 '자기통치'와 '해방'으로 강한 개인과 강한 사회를 위한 것이기 때문이다. 주권자와 통치자가 분리되지 않는 동일체를 지향함으로써 개인과 사회가 국가 및 정치와 함께하는 민주주의를 모색하는 것이다.

민주화된 지 35년이 된 오늘날, 한국사회에서 진보진영을 포함하여 개인과 시민 담론이 부쩍 강조되고 있다. 이들 담론은 개인 중시, 개인들의 연합, 사회와 국가의 대등한 균형적 관계, 국가권력에 대한 사회적 견제 등을 주장한다. 달(Robert Dahl)에 의하면 민주주의란 '자기통치'이며 통치 받는 사람이 스스로를 통치하는 원리라고 한다. 시민이란 시민성을 함축하는 개념으로 선진적 민주사회의 핵심 구성요소이다. 중요한 것은 자유롭고 대등하며 서로주체적인 '강한 개인들'이 먼저 되어야 시민이 될 수 있다고 필자는 생각한다. 국가는 개인의 자유권적 기본권과 사회·경제·문화적 권리의 보장을 통해 강한 개인의 조건을 제공해야 한다. 이러한 개인들이 공적 자각과 책무감을 가질 수 있도록 사회 규범이 작동될 때 개인은 시민으로 탄생되고 자유로운 시민적 개인(civic individuals, 이하 '시민 개인')들에 의한 민주사회가 가능해지는 것이다. 따라서 시민은 항상 강한 개인으로 존재해야 하고, 이러한 개인들에 기반한 사회공동체는 민주적이고 자율적인 사회, 즉 강한 사회가 되는 것이다.

네덜란드와 스웨덴

이 책은 스웨덴과 네덜란드에서 자유민주주의, 사회민주주의, 시민민주주의가 어떻게 발전해 오고 실제 어떻게 실현되고 있는지를 검토하고, 강한 개인과 강한 사회의 관점에서 한국사회의 민주주의를 성찰해 보는 것이다. 한국, 스웨덴, 네덜란드는 국력과 국가브랜드 등에서 지역의 중견국가(middle power)로 평가된다. 스웨덴과 네덜란드는 사회적, 경제적, 정치적, 문화적으로 최고 수준의 선진국이자 유럽의 중견국으로 많은 강점을 지닌 나라들이다. 보편적 복지국가, 자율적이고 평등한 사회, 자유롭고 주체적인 개인, 책임지는 정치와 투명한 권력, 효율적이고 공정한 시장경제 등이 그것이다. 네덜란드와 스웨덴은 유사하면서 다른 두 유형의 선진 민주복지국가이지만 두 나라 모두 민주주의 가치뿐 아니라 혁신과 경쟁력을 국가전략의 기초로 중시하는 나라들이다. 자원이나 영토, 인구, 경제규모 면에서 강대국이 아닌 만큼 한국, 네덜란드, 스웨덴은 기술개발과 경제적 혁신을 통한 국가경쟁력을 중시해왔다. 이에 1997년 IMF 경제위기 직후부터 네덜란드와 스웨덴은 우리에게 적극적인 벤치마킹의 대상이 되었고, 아시아의 중견국인 한국에 주는 함의가 많을 것으로 기대되었다. 다수의 연구자들에 의해 스웨덴과 네덜란드에 관한 훌륭한 많은 논문과 저작들이 나왔다. 본 연구는 이 두 나라가 강한 개인과 강한 사회의 나라라는 점에 초점을 두고, 민주주의가 이러한 개인 및 사회와 어떻게 상호 연관되어 발전해 왔는가를 살펴보고자 한다. 네덜란드의 실용적 개인주의와 자유롭고 개방적인 사회는 잘 알려져 있다. 스웨덴 또한 역사적으로 개인의 진정한 자유와 독립을 중시하는 '개인주의 문화'를 가지고 있다. 20세기 들어 보편적 복지국가의 발전으로 이러한 문화는 '국가개인주의(statist individualism)'라는 모습으로 지속되어 왔다. 스웨덴의 보편적 복지국가는 모든 사람은 그 어떤 구속이나 의존으로부터 해방된 '독립적 개인'이어야 한다는 원칙에 따라 모든 개인으로 하여금 주거, 의료, 교육 등의 삶의 조건을 충족할 수 있도록 했던 것이다. 코로나19 팬데믹에서 스웨덴이 개인의 자율성과 책임성에 기반하여 규제가 거의 없는 자유주의적 방역을 한 것도 이러한 배경에 기인한다.

자유민주주의 사회민주주의 시민민주주의

본 연구의 기본적인 분석틀은 스웨덴 예테보리 대학의 민주주의 다양성(V-Dem, Varieties of Democracy)연구소의 민주주의 분석틀이다. 사실, 대부분의 민주주의 이론과 크게 다를 바 없지만, V-Dem은 민주주의 구성요소를 선거민주주의, 자유민주주의, 평등민주주의, 참여민주주의, 숙의민주주의로 본다. 본 연구는 이 5개의 요소를 3개로 축소시켜 자유민주주의, 사회민주주의, 시민민주주의를 검토하고자 한다. 선거민주주의는 자유민주주의에 포함될 수 있고, 평등민주주의는 사회민주주의로 치환되며, 숙의민주주의와 참여민주주의는 시민 개인의 주체성이 핵심이므로 시민민주주의로 통합할 수 있다. 자유민주주의는 개인의 자유와 권리를 중시하기에 강한 개인의 토대가 된다. 평등민주주의, 즉 사회민주주의는 사회적 평등과 연대를 지향하며 개인의 적극적 자유와 사회·경제적 권리를 보장하고자 한다. 사회적 규범과 신뢰, 다양성, 인정, 관용의 가치가 실현되는 시민민주주의를 통해 강한 개인과 강한 사회가 완성될 수 있다.

스웨덴에서도 중시되는 개인의 자유와 권리, 분권과 제한된 권력, 법치주의, 정부통치책임성이라는 자유민주주의 가치는 매우 중요하다. 모든 권력과 민주주의는 주권자인 각각의 개인을 위해 쓰이며, 강한 개인과 강한 사회가 될수록 권력의 사회적 공유와 분산이 가능해지고 또 필요해진다. 네덜란드와 스칸디나비아 국가들의 헌법은 이념이나 국가 정체성보다 기본권을 우선한다. 우리는 여전히 사상의 자유, 정치활동의 자유가 제한되어 있고, 정치민주화가 제도적 차원에 머무르고 있다는 점에서 개인의 자유와 정치적 책임성을 중시하는 자유민주주의는 중요하다. 노르딕 국가들과 네덜란드는 자유권적 기본권과 사회권적 기본권이 보장되는 수준 높은 민주주의를 이루고 있는데 이러한 민주주의는 견고한 자유민주적 헌정주의와 법의 지배에 기반해 왔다는 점에서 주목해야 할 것이다. 스웨덴 민주주의와 스웨덴 모델, 네덜란드 민주주의와 폴더모델은 다양한 민주주의를 이분법(양분법)으로 보거나 배타적으로 보지 않는다. 자유와 평등, 절차와 실질, 권리와 책임, 개인과 공동체, 공정성과 효율성을 양립, 조화시키고 각각의 가치를 극대화하고 최적화하는 것이다. 적극적 자유를 위한 평등, 실질을 위한 절차, 개인을 위한 공동체 등이 그것이다. 이와 함께 도덕과 규범, 다양성, 관용의 민주주의 가치를 매우 중시한다.

자유민주주의, 사회민주주의, 시민민주주의는 개인의 정치적 자유와 권리, 사회경제적 자유와 권리, 문화적 자유와 권리의 보장을 목적으로 하며 이들 민주주의는 서로 깊이 연계되어 있다. 개인의 자유와 권리가 확대될수록 강한 개인과 강한 사회가 가능해지고 민주주의가 견고하게 지속될 수 있다. 평등, 연대와 함께하는 자유가 그것이다. 자유민주주의는 민주주의의 '정치'와 '진보(정의, 구세)', 법치주의의 '질서'와 '실용'을 통해 개인의 자유 확대, 법치주의, 제한된 권력, 법치와 정치의 양립과 조화를 추구한다. 네델란드와 스웨덴은 법치주의와 민주주의를 성공적으로 양립 조화시켜온 사례로, 기본적으로 민주주의 '제도'에 더해 타협과 합의의 민주적인 '정치'가 작동해왔다. 사회민주주의는 평등과 연대, 이를 위한 보편적 복지국가와 민주적 시장경제체제가 강조되어 왔다. 본 연구는 효율성과 공정성을 담보하는 민주적 시장경제체제와 경제민주화를 사회민주주의의 핵심요소로 보고 시장경제체제의 주요 주체인 기업의 지배구조를 중점적으로 논하고자 한다. 우리나라에서 민주적 시장경제가 시급하게 구축되어야 하는 이유는 경제구조의 측면에서뿐 아니라 평등민주주의를 위해 1차 분배의 공정성을 높여 복지제도에 의한 재분배(2차 분배)의 효과성을 높이기 위해서이다. 기업지배구조는 노사관계, 기업이윤의 배분, 노동시장, 자본시장, 다양한 이해관계자 등에 중요한 영향을 주기에 투명하고 공정한 기업지배구조는 민주적 시장경제체제를 만드는 중요한 요소이다. 민주적 시장경제는 사회적 시장경제, 조정시장경제, 민주적 자본주의와 유사한 개념이다.

지난 5년 동안 우리는 민주주의를 개혁하고, 민주주의를 확대, 심화시키고자 했지만 민주주의의 규범과 기초는 여전히 견고하지 못하다. 권력은 여전히 거대하고 집중되어 있으며, 불투명하고 폐쇄적이다. 권력의 사회적 공유와 분산은 더더욱 요원하다. 사회경제적 불평등 문제는 더욱 심각한데, 근본적인 문제는 미흡한 시장경제체제 개혁으로 시장의 불공정과 비효율로 인한 구조적인 불평등 문제가 제대로 해소되지 못했기 때문이다. 1인당 GDP가 3만 달러를 넘는 나라 중에서 한국의 소득 불평등도는 세계적으로 높은 수준이다. 시민민주주의의 발전과 성숙은 주체적인 개인들과 자율적인 집단들의 민주적 참여와 숙의를 필요로 한다. 시민민주주의는 다양한 공사 영역의 미시적 권력관계를 민주화, 투명화하는 역할을 할 수 있다. 한국사회 곳곳의 비민주적이고 불투명한 관행과 행태, 낮은 사회적 신뢰는 시민민주주의의 발전에 장애가 되고 있다. 결국, 가장 큰 문제는 허약한 민주주의 규범으로, 도덕과 규범이 작동하지 못하는 우리사회의 모습이라 할 것이다.

규범과 문화로서의 민주주의

법규제의 힘이 다하는 지경에서 영향력을 발휘하는 것이 문화라고 불리는 사회적 규범이라고 한다. 법은 윤리, 도덕, 전통 등과 함께 사회적 규범의 하나이다. 우리는 법규제의 이용과 악용이 흔하고, 사회적 규제는 미흡하다. 법으로 현실의 모든 것을 규제할 수 없기에 사회적 규범, 즉 사회규율이 중요하고 필요해진다. 노르딕 민주주의는 법과 제도 그 이상의 것으로 규범과 문화로서의 민주주의이다. 노르딕 복지국가 또한 '규범적 토대'에 기반하며 '분배적 정의'라는 철학적 인식이 다수에게 사회적으로 공유됨으로써 발전해 왔다. 네덜란드와 노르딕 민주주의는 이러한 규범과 문화를 우선하면서 갈등, 타협, 협력을 통해 발전해 왔고, 권력은 상호견제와 민주적 통제, 절제와 제한을 통해 민주화되어 왔다. 사회적 합의와 타협의 정치로 분열과 극단의 정치를 막고 비배제적 비독점적 방식, 즉 권력의 분산과 공유로 사회통합적이고 민주적인 정치를 추구하고 실현해 왔다. 사회와 소통하고 시민의 참여를 촉진하여 그 어떤 권위주의적 요소도 최소화하려는 노력을 해왔던 것이다. 또한, 시민과 사회의 감시와 견제로 '더 개방적이고 반대의견에 관대한 정부'를 지향해 왔다. 법과 제도적 차원의 민주주의는 물론 도덕적 규범과 성찰, 합의민주주의와 참여민주주의라는 시민문화와 정치문화로 개인의 권리와 자유, 사회·문화적 평등과 다양성을 달성해 온 것이다. 이는 유능하고 민주적이며 법에 구속되는 국가를 만드는 것은 사회이며, 그 사회를 만드는 것은 개인이라는 당연하고도 중요한 사실을 보여준다.

트라이브(Laurence Tribe)에 의하면 헌법 밑바탕에 '보이지 않는 헌법'이 있다고 한다. '보이지 않는 헌법'이란 한 사회의 역사적 경험과 지혜, 시민사회의 역량, 언론 및 전문가 집단의 역할, 공동체의 윤리의식, 개인의 자율성과 도덕 등 한 나라 전체의 역사적, 사회문화적, 정치적 토양을 말한다. 민주주의를 지켜온 것은 헌법과 제도보다 보이지 않는 규범이라고 많은 학자들이 말한바 있다. 실제로 노르딕 국가들의 민주주의는 정치적 민주주의나 사회경제적 민주주의, 법이나 제도 그 이상의 '문화와 규범으로서의 민주주의'임을 보여준다. 2000년대 이후 세계 각국에서 경제적 불평등 심화와 중산층 붕괴, 민주주의 위기, 내셔널리즘(민족주의, 자국우선주의, 국가주의 등)의 등장 등으로 나타난 다양한 사회 갈등과 운동이 포퓰리즘과 결합하고 있다. 포퓰리즘은 기본적으로 권력을 독점한 정치엘리트에 반발하여 정치는 시민 또는 인민의 의사를 직접 대변해야 한다고 주장하는 운동 또는 이념이다. 이러한 포퓰리즘은 민주주의의 적일 수도, 민주주의의 희망일 수도 있다. 영국의 정치사회학자 게르바우도(Paolo Gerbaudo)에 의하면 오늘날의 포퓰리즘 운동은 특정 계층이 아니라 정치적으로 소외된 전체 시민에 호소한다고 한다. 새로운 민주주의 운동의 이념으로 등장한 '시민주의(citizenism)'는 정치 주체와 정체성을 시민 개인과 시민들에 두면서 시민들과 과두제지배층(oligarchy) 간의 갈등을 핵심적 사회갈등으로 본다. '진정한 민주주의'의 미래는 민주적 (사회) 공간의 아래로부터의 확대와 복원에 있으며, 이는 극심한 불평등과 권력 독점의 문제들을 극복하고 시민 개인의 권력을 다시 쟁취하기 위한 방안이 된다고 한다. 사회민주주의, 자유민주주의, 시민민주주의의 문제인 것이다. 이와 함께 중요한 것은 뮐러(Jan-Werner Müller)가 말하는 '중간조직(the intermediary institutions)'의 역할이다. 민주주의 인프라인 전문가단체, 다양한 결사체, 정당, 언론, 대학 등 민주주의에 필수적이고 시민의 힘을 강화시키는 이들 중간조직을 강화하고 재활성화해야 하는 것이다. 이는 강한 사회의 특징이기도 하다. 따라서 민주주의의 핵심 요소인 진정한 자유민주주의, 사회민주주의, 시민민주주의의 기초를 다시금 성찰해야 하는 것이다.

더 나은 민주주의를 위한 강한 개인과 강한 사회

민주주의 위기와 세계 각국의 포퓰리즘은 갈수록 뜨거운 쟁점이 되고 있다. 트럼프 대통령, 프랑스 국민연합 마린 르펜 당수의 연이은 대선 결선투표 진출이 이를 잘 보여준다. 일반적으로 포퓰리즘은 엘리트주의와 다원주의를 반대해 왔지만 최근 유럽 여러 나라에서 다양성과 다원주의를 수용하는 포퓰리즘도 많아지고 있다. 특히, 반이민, 복지 국수주의, 문화적 민족주의를 주창하며 세력을 키워온 북유럽 국가들과 네덜란드의 포퓰리즘은 처음부터 대의정치, 개인주의, 다원주의를 수용해 왔다. 네덜란드 극우정당인 자유당(PVV), 노르웨이진보당, 덴마크인민당, 스웨덴민주당은 모두 의회에 진출한 극우 포퓰리즘 정당들이다. 이들 포퓰리즘 정당은 모두 주요 정당의 하나로 의회민주주의를 존중하면서 자국의 정치와 정책결정에 결정적인 영향력을 행사하고 있다. 이들 나라는 극심한 불평등이나 권력 독점의 문제가 크지는 않지만 기존 엘리트의 신자유주의 노선에 반대하거나 반이민, 강한 민족주의적 성향을 보여 왔다. 시민(대중)참여와 시민민주주의는 노르딕 지역 및 네덜란드 민주주의의 핵심이다. 역사적으로 아래로부터 공공영역이 형성, 확대되었으며, 자유주의자와 진보적 대중사회운동으로 자유민주주의가 제도화되고 사회민주주의가 발전해 왔다. 사회 각 층위와 분야에서 일반 시민 개인의 적극적인 참여는 권력의 사회적 공유와 분산, 견고한 민주적 사회공동체를 가능하게 만들었다.

엘리트 대의정치를 거부하고 심화된 불평등의 개혁을 요구하는 포퓰리즘과 새로운 민주주의 운동이 추구하는 가치는 기존의 다양한 민주주의가 추구해온 가치들과 사실상 다를 바 없다. 포퓰리즘은 '인간과 '사회'를 지키지 못한 국가와 '인간과 '사회'를 망가트린 자본주의를 비판하고 있기 때문이다. 주권자를 위한 국가와 정치권력, 노동과 근로자를 중시하는 이해관계자 자본주의, 시민 개인이 주체가 되는 민주주의를 요구하는 것이다. 구체적인 민주주의 가치를 잘 구현해온 북유럽 나라들과 네덜란드는 추상적이거나 정의로운 이념보다 공정성과 합리성을 중시하면서 일상적인 삶을 향상시키는 실용적인 민주주의를 추구해 왔다. 우리는 헌정 및 정치체제의 거시적 차원의 권위주의는 사라졌지만 중간(meso) 및 미시적 차원의 권위주의는 여전히 심각하다. 일상에서부터 학교조직, 기업조직에 이르기까지 사회 곳곳에 자리잡은 '작은 권위주의'와 불공정한 관행은 여전히 강고하다. 그렇다고 정치적 권위주의의 청산이 곧 실질적인 민주주의의 실현을 의미하지도 않았다. 권력의 정치적 독점과 적대정치는 일반시민 몫의 권력 자원을 희생시켜 왔고, 중간 및 미시적 차원의 민주주의는 더 큰 문제로 지속되고 있다. '갑질'과 폭력, 차별과 배제, 혐오가 만연되어 있는 사회를 민주적인 나라라고 할 수는 없다. 도덕과 규범, 다양성, 관용의 민주주의 가치를 중시해야 하는 이유가 여기에 있다. 사회적 규제와 규율, 상호 인정과 존중, 내면화된 민주적 생활양식 등 규범과 문화로서의 민주주의가 그것으로 다양한 사회조직과 사회적 관계의 민주주의, 즉, 일상적, 미시적으로 민주주의의 규범이 실현되어야 하는 것이다.

오늘날의 세계적인 상황이 100년 전인 20세기 초와 유사하다는 이야기들이 많다. 1차 세계대전 직전 시기 자본주의의 세계적 팽창과 부의 극심한 불평등이 지금의 상황과 유사하고, 중국이라는 새로운 제국이 등장했으며, 러시아는 제국의 부활을 꿈꾸고 있기 때문이다. 또한 오늘날 주권자의 권리를 주장하는 다양한 포퓰리즘은 19세기 말 20세기 초 대중 민주주의를 위해 투쟁했던 일반 민중의 역사를 연상시킨다. 2008년 글로벌 금융위기 이후 마르크스, 폴라니, 케인즈가 소환된 것도 20세기 초의 상황을 반영한다. IMF 구제금융 25년, 민주화 35년 동안 우리의 개혁과 민주주의의 발전은 어떤 성과를 가져왔나. 더 나은 민주주의로 내부적 통합과 번영, 권력과 민주주의의 민주화, 사회적 평등과 연대에 기반한 자유롭고 독립적인 개인과 민주적인 사회공동체는 여전히 이루어야 할 목표이다. 강한 개인과 강한 사회공동체가 가능할 때 국력 결집도, 대외적 힘도 커질 수 있을 것이다.

우리의 국가발전과 사회공동체를 위한 기초

사례로 살펴보는 스웨덴과 네덜란드는 과거의 '명성'과 달리 현재 여러 문제를 안고 있다. 포퓰리즘 정당이 득세하고 있으며, 특히 스웨덴은 과거와 다른 사회적 불평등과 정치적 대립이 나타나고 있다. 이들 나라는 '강한 국가'의 유산을 가지고 있으며, 각자의 역사와 문화, 환경에 기반하여 발전해 왔다. 따라서 우리의 조건 하에서 우리의 국가발전과 사회공동체를 위한 기초를 단단히 하는 것이 중요하다고 생각한다. 강한 국가와 함께 강한 개인과 강한 사회가 그것이다. 코로나 팬데믹을 거치며 한국이(도) 세계적 선도국가가 될 수 있다는 기대가 나타났다. 네덜란드와 스웨덴은 역사적으로 무역과 세계화에 잘 적응하여 국부를 쌓아왔으며, 정치, 사회, 문화적으로 선진국이자 선도국가로 유럽지역과 세계에서 중요한 위치를 갖고 역할을 담당해 왔다. 우리도 경제력 이상의 선진국, 선도국가가 되기 위해서는 무엇을, 어떻게 해야 할지는 명료하다. 무엇보다 스스로 명실상부한 선진국이 되어야 선도국가가 될 수 있다는 점이 중요하다. 개별 국가의 국제적인 영향력 증진은 결국 국내적인 문제해결과 성과에 의해 뒷받침되기 때문이다. 최근의 한 연구에 의하면 세계 선도국가를 구성하는 핵심요소는 민주적 원리에 기초한 거너넌스형 정치형태, 공정성과 효율성이 실현되는 민주적 시장경제체제, 사회문화적 규범과 가치, 글로벌 책무성이라고 한다. 이 요소들은 본 연구가 강조하고자 하는 자유민주주의, 사회민주주의, 시민민주주의의 요소들이기도 하다.

우리에게는 다수의 좋은 제도들이 도입되어 있다. 외부로부터 반강제로 이식된 제도들, 벤치마킹한 해외의 제도들, 우리 스스로 만든 제도들까지 수많은 선진적 제도들이 그것이다. 이들 제도 중 작동하지 않는 제도도 있고, 효과가 미미한 제도도 있으며, 역효과를 가져온 제도들도 있다. 이사회 중심 주주 모델의 내부규제 효과, 선진 가족정책의 출생률 효과, 선진 여성정책의 성평등 효과, 연동형 비례대표제의 대표성 강화 및 다당제 효과 등이 그것이다. 단순한 제도 도입의 한계 뿐 아니라 우리의 토대와 환경이 이들 제도와 맞지 않았던 것이다. 문제는 우리의 토대와 환경에 비민주적이고 불공정한 관행과 편법이 많았으며, 이러한 권위주의와 불공정이 개인의 자유와 권리를 심각하게 침해하고 사회를 좀먹어 왔다는 점이다. 민주주의와 공동체에 기본이 되는 법치주의와 사회규범이 미흡하여 신뢰와 투명성이 부족했고 민주주의 원리에 충실하지도 않았다. 좋은 제도들이 제대로 작동하지 못하는 것도 민주주의의 규범이 지켜지지 않기 때문일 것이다.

'무늬만 민주주의', '가건물 같은 한국사회'에 대해 성찰하고, 민주주의와 사회의 기초를 다시금 생각해야 한다는 이 연구의 당위성과 필요성은 연대와 도덕과 '사회의 힘'을 강조한 사회학자 뒤르켐(Emile Durkheim)에서 찾을 수 있다. 이 연구는 경제적 선진국뿐 아니라 자유민주주의, 사회민주주의와 시민민주주의의 진정한 가치와 목표가 높은 수준에서 구현되는 선진 한국을 상정한다. 사회학자로서 사회의 중심성과 우선성을 중시한 것은 사실이지만, 네덜란드와 스웨덴이 보여주듯이, 강한 개인의 사회, 잘 작동하는 사회만이 국가와 정치권력을 감시하고 견제하여 민주주의를 지키고, 유능하고, 민주적이며 법에 구속되는 국가를 만들 수 있기 때문이다. 권력의 사회적 공유와 분산은 뮐러가 말하는 민주주의의 본질이고, 라잔(Raghuram Rajan)이 강조하는 '제3의 기둥'인 사회의 역할이다. 국가의 발전과 더 나은 민주사회에 대해 모두가 동의한다면 추구해야 할 가치와 지향은 명백하다. 민주적 시장경제, 즉 경제민주화의 심화, 책임윤리와 신뢰의 자유민주주의, 연대와 다양성의 시민민주주의가 그것이다. 경제민주화, 정치민주화, 사회문화적 민주화를 실현할 여러 층위의 다양한 시민 개인과 사회세력들이 이러한 민주주의의 '기초'를 굳건히 해야 할 때이다.

한 분 한 분 성함을 다 밝히지는 못하지만 이 연구는 그 동안 교류해온 많은 분들의 도움이 컸다. 특히, <복지국가연구회>, <사회정책연구회>, <분리통합연구회>, <한국자유주의연구학회>, <한국스칸디나비아학회>의 모든 분들께 감사의 말씀을 드린다. 필자의 한심함으로 이 책은 매우 어렵게 출간되었다. 그래도 이 책의 출간은 해야 할 일이었기에 어쩔 수 없이 졸저를 내놓게 되었다. 나의 부족한 졸고를 기꺼이 다듬고 친절하게 출판해 주신 백산서당의 김철미 사장님께 깊은 감사의 말씀을 드린다.

2022년 4월
저자 김인춘 씀

1
새로운 대안보다 기초

제1장
서 론

1. 한국사회와 민주주의

민주주의, 너무나 당연하고 당위적인 주제이지만 너무나 혼란스러운 주제이기도 하다. 1948년 이래 대한민국은 자유민주주의 국가를 표방해왔지만 최근 몇 년 동안 우리나라 헌법의 '자유민주적 기본질서'는 정치사회적으로, 학문적으로 하나의 쟁점이 되어 왔다. 우리 헌법이 자유민주주의에 기반해 있다는 데 대다수의 헌법학자들이 동의하면서도 그 자유민주주의가 무엇이며 어떻게 규정되어야 하는지에 대해서는 여러 이견이 존재해 왔기 때문이다. '자유민주적' 기본질서는 사실 가장 민주주의에 가까운 개념이라 할 수 있다. 자유와 민주를 모두 추구하기 때문이다. 독일 민주주의와 정치(시민)교육의 기본인 보이텔스바흐 합의(Beutelsbach Consensus)는 자유민주적 기본질서를 지향해 왔으며, 자유민주적 기본질서의 구성요소는 기본권과 인권이라고 한다(허영식 외 2021). 독일 기본법에서의 민주주의 또는 민주적 질서는 자유민주주의 또는 자유민주적 질서를 의미하며 사회민주주의는 자유민주주를 내포하는 개념이라는 해석도 있다(김삼룡 2012). 스웨덴 카롤린스카 의과대학 교수이자 의사, 통계학자인 로슬링(Hans Rosling)은 자신의 책에서 스웨덴은 자유민주주의 국가라고 말한다.[1] 이 책은 출간과 함께 세계적으로 유명해졌는데, 편견과 무지를 넘어 사실과 현실과 지성에 기반할 때 인간은 진보할 수 있고

---
1) Hans Rosling. 2018. *Factfulness: Ten Reasons We're Wrong About the World--and Why Things Are Better Than You Think* (『팩트풀니스 - 우리가 세상을 오해하는 10가지 이유와 세상이 생각보다 괜찮은 이유』. 2019).

기적이 가능하다고 강조한다. 오늘날 다수의 스웨덴 사회민주주의자들은 자유주의자(liberals)가 되어 있지만 스웨덴을 사회주의 국가라고 생각하는 스웨덴인들도 물론 있다.

이 책에서 논의하는 스웨덴을 비롯한 노르딕 국가들과 네덜란드는 개인의 가치와 개인성(individuality)을 매우 중시한다. 철학자 로이 바스카(Roy Bhaskar)에 의하면 민주주의의 목표는 높은 자존감과 덕성, 평등가치와 자유정신을 지닌 주체적이고 독립적인 개인의 성장에 있다고 한다. 우리는 항상 민주시민, 문화시민을 말하지만 민주시민, 문화시민 또한 주체적이고 독립적인 강한 개인일 때 가능할 것이라고 생각한다. 독립이란 '자유로움(being free)'과 '타인에 의존하지 않는 상태'를 말하는데, 이러한 개인에 기반한 공동체일수록 민주주의 규범과 가치가 더 잘 실현될 수 있음을 스웨덴과 네덜란드가 잘 보여준다. 높은 수준의 민주주의를 구현해 온 스웨덴과 네덜란드는 자유민주주의와 평등민주주의(사회민주주의)를 똑같이 중시한다. 세계 여러 나라의 민주주의 지표를 연구하는 스웨덴 예테보리 대학의 민주주의(V-Dem) 연구소[2])는 민주주의의 개념적 요소를 선거민주주의, 자유민주주의(liberal), 평등민주주의(egalitarian), 숙의민주주의(deliberative), 참여민주주의로 정의한다. 민주주의란 이분법이나 어느 것을 절대시하는 것이 아니라 선거(절차), 자유, 평등, 숙의, 참여를 모두 충족해야 하는 것이라고 보기 때문이다.

우리는 선거민주주의와 자유민주주의는 제도적으로 완성되어 있으나 사회적 자유, 실질적인 자유는 미흡하다. 사회적 평등과 분배 문제는 현재 한국사회에서 가장 중요한 문제로 한국 민주주의의 한계를 보여주고 있으며, 시민 개개인의 참여와 숙의에 기반한 시민민주주의는 요원한 실정이다. 이 책의 주제가 자유민주주의, 사회민주주의, 시민민주주의인 이유이다. 사실, 중요한 것은 '용어' 그 자체보다 어떤 민주주의인지 그 '의미'를 제대로 잘 파악하고 실천하는 일일 것이다. 자유민주주의는 개인의 자유를 중시하므로 개인주의나 보수주의, 또는 자유주의로 쉽게 이해된다. 그런데 개인의 자유와 권리를 중시하는 자유주의는 사실 매우 진보적인 이념일 뿐 아니라 민주주의의 기초이

---

2) The V-Dem Institute (Varieties of Democracy), The University of Gothenburg. https://www.v-dem.net/en/ 참조.

기도 하다. 인정이 분배를 포함한다는 호네트(Axel Honneth)의 '인정으로서의 분배' 이론과 같이, 로슬링의 '자유민주주의 스웨덴'처럼 진정한 자유민주주의라면 자유도 평등민주주의도 실현할 수 있을 것이기 때문이다. 그럼에도 민주주의는 그 실천적 가치를 어디에 두는가에 따라 상이한 성격과 다양한 유형을 갖는다. 본 연구에서 자유민주주의, 사회민주주의, 시민민주주의를 구분하여 검토하고자 하는 것은 어떤 민주주의가 우선되어야 하는가에 대한 우리 사회의 논란과 민주주의의 '명칭'에 대한 관심이 크기 때문이다.

한국사회는 2016-17년 촛불시위와 대통령 탄핵으로 또 하나의 대전환을 경험한 바 있다. 식민지배와 해방, 6.25 전쟁, 4.19 혁명과 5.16 쿠데타, 5.18 민주화운동과 87년 민주항쟁, 97년 IMF 구제금융과 같은 역사적 굴곡과 대전환만큼이나 근본적인 대전환이라 할 것이다. 특히 1987년 민주항쟁 이후 30년 만에 우리의 민주주의를 크게 확대하고 심화시켜 민주화 혁명을 완성시킬 것으로 기대되었다. 우리의 민주주의가 절차적, 제도적 민주주의 그 이상의 민주주의에는 크게 미치지 못했기 때문이다. 1987년 민주화 이후 10년 만에 발생한 1997년 경제위기 및 IMF 구제금융은 신자유주의적 개방화와 시장화를 경제영역은 물론 한국사회 전반에 급속하게 확산, 심화시켜 왔다. 그 결과 사회적 기회의 격차 심화와 신자유주의적 가족주의의 등장은 불행하게도 '수저론'으로 귀결되었다. 아이러니하게도 1997년 12월 당선된, 상대적으로 진보적인 김대중 정부와 뒤이은 노무현 정부가 이러한 신자유주의적 세계화 노선과 함께 했다.

신자유주의적 세계화 시대의 글로벌 자본이동과 1997년 아시아 금융위기로 촉발된 한국의 IMF 구제금융 신청(1997년 11월 21일)은 '국난', '환란'으로 불리면서 한국사회에 엄청난 충격을 주었다. 1997년 경제위기는 거시적으로는 동아시아 발전국가모델로 대변되는 사회경제체제에서부터 미시적으로는 우리의 일상적인 삶과 의식까지 크게 바꾸어 놓았다. 발전국가모델을 대신하여 미국식 주주자본주의 모델이 이식되었고, 재정긴축, 시장 자유화 및 탈규제, 모든 분야에서 일상화된 '무한경쟁'과 '각자도생'이 그것이다. 이와 동시에 국민기초생활보장제도 등 복지제도의 확대, 노사정위원회 등 유럽식 이해관계자 자본주의모델 요소가 추가되었다. 그럼에도 자본의 집중과 집적은 더욱 심화됐으며, 수단을 가리지 않는 물질 만능주의와 무한경쟁은 심각한 사회적 격차 및 불평등과 함께 사회의 파편화와 아노미적 혼란을 가져왔다. IMF 구제금융 이후 25년 동안 누적되어온 사회·경제적 격차와 불평등, 광범위한 사회적 분리와 차별, 문화적 배제와 배척은 목소리를 내기 어려운 다양한 소수자를 양산하여 사회공동체의 위기를 초래하고 민주주의를 위협하는 상황에까지 이르렀다. 이러한 상황은 역설적이게도 지난 25년 동안 복지제도가 확대되고, 제도적 민주화가 강화되었으며, 사회 전반의 자율성과 자유화가 증대되었음에도 불구하고 발생했다는 점이다.

이러한 상황에 대해 우리의 국가와 시민사회의 한계가 문제라는 지적이 많이 제기되어 왔다. 국내외적으로 강력한 신자유주의적 세계화 담론 또는 이데올로기가 국가의 권능과 자율성의 약화를 가져왔고, 사회적 합의와 타협이 부재한 가운데 시민사회는 극심한 갈등의 장으로 변모해 왔다는 것이다. IMF 이후 새로운 제도 도입과 대대적인 구조개혁이 추진되었지만 미흡한 개혁과 함께 제도 간 '분절(disjointed)'과 불일치로 제도의 왜곡과 비효율은 지속적으로 누적되어 왔다. IMF 경제위기 이후 노동시장의 변화로 새로이 등장한 비정규직과 청년실업자 등 다양한 사회집단들 간, 정치세력들 간의 극심한 갈등과 대립은 한국사회의 공공성과 연대성을 함양할 역량과 가능성을 소진해 왔다. 여야를 막론하고 이러한 갈등을 조정하고 해결해야 하는 엄정한 헌법적 책무를 가진 정치(인)는 사실상 부재하거나 무책임 그 자체였다. 거대한 국가권력과 정치권력은 종종 거의 사유화(私有化)되거나 소수의 이익을 위해 활용되기도 했다. 국가의 권능과 자율성의 약화가 문제가 아니었던 것이다. 오랫동안 그 목적에 반해 행사된 권력이 문제였던 것이다. 2016년 4월 비극적인 세월호 사건을 계기로 비민주적인 국가와 정치에 실망하고 절망한 국민들이 민주주의와 국민주권을 다시금 생각하게 되었고 이를 (되)찾아야 한다는 소망과 열망을 갖기 시작했다. 2016년 10월부터 시작된 촛불시위는 이러한 소망과 열망에 따라 근본적으로는 비민주적인 국가와 정치에 대한 항의였고, 직접적으로는 박근혜 정부의 국정농단에 대한 국민적 분노의 표출이었다.

2017년 5월 스스로 '촛불혁명 정부'라고 칭하는 문재인 정부가 탄생했다. 문재인의 '혁명정부'는 그야말로 혁명적으로 민주주의와 국민주권을 국민들에게 되돌려준다는 담대한 신념과 사명감을 가지고 탄생했다. 촛불시위가 요구한 주권자를 위한 국가와 정치를 만들기를 위해 가장 먼저 대대적인 '적폐청산 작업이 시작되었다. 적폐청산은 사실상 제1의 국정과제가 되었고 '시대정신'이 되었다. 문재인 정부는 10년 만에 등장한 진보정부이자 촛불혁명 정부였기에 이에 대한 국민의 지지가 매우 높았다. 주권자인 국민이 권력의 주인이 되고 정치의 주체가 된다는 기대와 당위 또한 매우 높았다. '좋은 나라'3) 들에서 보듯이, 선진 민주복지국가와 정치란 모두가 공정하고 공평한 기회를 갖고, 헌법적 권리를 누리며, 최소한의 사회적 안전과 삶의 질을 보장받을 수 있게 하는 것이다. 그러나 제대로 된 적폐청산과 제대로 된 국가 및 정치 만들기는 아쉬움만 남기며 문재인 정부가 끝나가고 있다. 적폐청산은 꼭 필요했지만 어느 부문에서도 제대로 이루어지지 못한 채 사회적, 이념적 갈등과 대립만 심화시켰다. '청와대 정부'라는 비판과 연동형 비례대표 선거제 개혁에서 보듯이, 제대로 된 국가와 정치 만들기 과제는 권력의 개방과 분산, 공정 및 합리와 거리가 먼 불투명한 권력, 심각한 진영논리와 당파이익에 얽매였다. 코로나19까지 겹치면서 사회·경제적 안전과 삶의 질은 나아지지 못했으며, 다양한 혐오와 배제는 문화적 획일성과 폐쇄성을 확대시켜 왔다.

1997년 IMF 구제금융 당시 대전환기의 한국사회에서 제1의 국정과제이자 시대정신은 '구조개혁'이었다. 사실상 경제주권 상실이라는 국난을 맞아 '개혁을 하지 않으면 죽는다'는 절체절명의 명제와 사회 분위기는 대대적인 제도 개혁에 대한 높은 지지와 정당성을 부여했다. 민주화와 인권에 헌신해온 정치인인 김대중 대통령과 노무현 대통령에 대한 기대 또한 높았다. 그러나 IMF 이후 진보정부 10년과 보수정부 10년을 거치며 한국사회는 질적으로 후퇴했다. 무엇보다 사회적 격차와 불평등이 심화되었고, 민주주의는 부진했으며, 사회적 신뢰와 연대는 더욱 약화되었다. 그 결과 민주화 35년, IMF 개혁 25년에 대한 각계의 평가는 한결 같이 제대로 된 국가와 정치를 주문하고 있는 것은 당연하다 할 것이다. 지식인과 지도자들이 모든 시민(국민)의 의지와 이성을 모아 미래지향적이고 수용가능한 우리의 시대정신과 국가전략을 찾고 선도해야 하는 것은 정권 차원을 넘어 국가 공동체의 지속과 번영에 필수적인 일이

---

3) '좋은 나라'란 진부한 표현이지만 그 의미가 단순하게 와 닿고 전달될 수 있다고 생각되어 사용한다. 여기서는 법치와 사회적 규범이 실현되고 경제적 번영도 이루어지는 선진적인 민주복지국가들을 지칭한다. '굿 거버넌스(good governance)' 개념과 유사하다.

다. 촛불시위 이후 지난 5년의 기간은 이를 위한 조건이 충족되었다고 볼 수 있다. 2020년 총선에서 여당의 압도적인 승리도 그중 하나였다. 촛불혁명의 시대정신에 따른 '적폐청산의 최우선성'이라는 명제의 높은 당위성에도 불구하고 청산의 객관성과 공정성 문제, 진영 및 당파의 갈등으로 제대로 실현되지 못했다.

5년 전이나 지금이나 문제는 권력과 민주주의의 민주화, 즉 분권화, 투명화, 개방화의 문제로 본질적으로 같다. 물론, 그 성격과 내용은 다르지만 권력과 민주주의의 문제는 세상 어디에나 있어 왔다. 노르딕 국가들은 자신들의 권력과 민주주의에 문제가 있다고 보고 정치인들 스스로 권력과 민주주의를 민주화하기 위해 노력해왔다.[4] 물론 완벽하다고 할 수는 없겠지만 네덜란드와 스웨덴의 민주주의 경험을 통해 시민 개인과 사회가 중심이 되는 민주주의, 민주화된 권력과 민주주의를 검토해보고자 한다. 선진 민주국가와 정치를 위해 개인(시민), 기업, 사회단체, 정당, 정부, 헌법기관 등 국가의 주요 행위자들은 무엇을 어떻게 해야 하는가. 제도적 차원에서는 물론 사회·문화적 차원, 특히 개인(시민)과 규범 차원의 문제는 민주주의와 어떤 관계를 갖는가. 국가가 모든 것을 해결해주지도 해결할 수도 없다는 점을 인식한다면, 주권자가 정치(인)의 추종자가 아닌 정치의 주체가 되어야 정치와 민주주의와 국가를 변화시킬 수 있다는 점을 인식한다면, 개인과 사회는 무엇을 어떻게 해야 할까. 사회민주주의와 시민민주주의를 위한 법과 정책의 제도화는 필요하지만 이것만으로는 충분하지 않다는 것이 이 책의 주장이다. 시민민주주의는 반권위적인 포용과 인정(recognition)을, 사회민주주의는 공정하고 정의로운 분배와 평등을 보장하는 역할을 한다. 시민민주주의 없이는, 즉 포용과 인정 없이는 분배는 정의 없는 기계적 분배나 시혜에 그칠 것이고, 분배 그 이상의 사회적 신뢰와 다양성, 연대의 가치를 실현하지 못할 수 있다. 비록 제도적으로 물질적 분배를 이룰 수 있다 하더라도 개인의 가치와 개인성이 존중되지 못한다면 그 사회는 여전히 연대와 통합의 가치를 이룰 수 없을 것이고, 권력

---

[4] Petersson, Olof. 1991. "Democracy and Power in Sweden" *Scandinavian Political Studies* 14. 1991. 173-191. http://www.olofpetersson.se/_arkiv/skrifter/sps91.htm.
　　권력조사는 1972년 노르웨이에 시작되었으며 다른 노르딕 국가들도 권력조사를 통해 민주주의의 민주화, 권력의 개방화, 투명화, 분산화를 위해 노력하고 실천해왔다.

의 사회적 공유와 분산도 불가능할 것이다. 사회민주주의의 핵심인 분배와 평등의 궁극적 목적은 사회적 자유, 적극적 자유이기 때문이다. 따라서 제도적, 정치적 차원을 넘어 사회·문화적 차원에서 권력이 어떻게 작동되고(또는 작동되지 않고), 민주주의가 어떻게 일상화, 사회화되는지를 살펴보는 것이 필요하다. 네덜란드와 스웨덴 사례는 이를 위한 것이다.[5]

그 유명한 스웨덴 모델, 네덜란드 폴더모델은 민주주의 제도와 문화와 정책의 고유한 조합으로 가능했다. 우리는 그동안 '좋은 나라'를 만들기 위해 각 분야에 수많은 '선진화법'들을 도입해왔지만 그 성과는 기대에 미치지 못하고 있다. 폴더모델(Polder Model)의 폴더는 홍수나 조류를 막기 위해 만든 제방 부근의 작은 마을들(communities)을 말하는데, 위험이나 문제를 해결하기 위한 공동체적 노력(communal efforts)의 뜻을 내포하고 있다. 신뢰와 연대가 그것으로 민주주의의 기초가 중요했던 것이다. 폴더모델은 이러한 사회적 규범 위에서 성공할 수 있었던 것이다. 스웨덴도 마찬가지이다. 이 책은 제도보다 바로 이러한 사회·문화적 차원의 요소와 규범에 초점을 맞추어 스웨덴과 네덜란드의 민주주의 경험을 검토하고 그 함의를 찾고자 한다. 사회적 신뢰와 연대가 있어야, 그리고 이에 기반 해야만 진정한 타협과 합의가 가능하며 선진적인 민주주의도 복지국가도 이룰 수 있다. 이러한 민주주의와 복지국가라야 경제적 번영과 사회적 평등, 문화적 공존과 포용을 이룰 수 있음을 네덜란드와 스웨덴 사례는 보여준다. 이 모든 것은 독립적이고 강한 개인 시민으로 시작된다. 통치자와 피통치자가 구별되지 않는 것이 진정한 민주주의라는 점에서 정치인(권력자)에 집착하거나 무조건 추종하는 행위는 민주적인 행태라 하기 어렵다. 통치자와 피통치자가 구별되거나 분리되지 않는 선진 민주사회에서는 정치인 또한 공적인 개인으로 일반시민과 똑같은 규범과 시민성을 지니며, 정치인과 유권자간의 신뢰 또한 이러한 조건에서 이루어진다. 진정한 시민민주주의와 사회민주주의란 대다수의 개인이 사회적 규범과 가치를 자각하고, 내면화하고, 실천하여, 사회에 뿌리내리게 하는 것에 있다.

한국사회에서 민주주의의 확대와 심화를 위해서는 강한 개인과 강한 사회

---

5) 이 책은 스웨덴 모델, 폴더모델을 주로 사회·문화적 차원에서 시민민주주의와 사회민주주의, 자유민주주의를 중심으로 논의한다. 스웨덴, 네덜란드에 관한 정치학적, 정치경제학적 관점의 연구는 많다. 대표적으로 안재흥(2013) 참조.

가 필수적이다. 이는 자유민주주의는 물론 사회민주주의, 시민민주주의를 위해서도 마찬가지이다. 신뢰와 연대, 관용과 다양성이 실현되는 사회, 개인의 규범적인 주체성과 자율성이 실현되는 사회일수록 민주주의는 심화, 발전되며 권력은 민주화되고 사회적으로 공유, 분산될 수 있다. 제도만으로는 권력을 투명화, 개방화, 분권화하기 어렵다. 네덜란드와 스웨덴 사례는 권력과 민주주의의 민주화, 즉, 탈권력화는 강한 개인과 강한 사회에 기반한 권력 견제와 감시, 권력의 사회적 공유와 분산에 있음을 보여준다. 모두가 동등하고 자유로운 개인(시민)이라는 인식에서부터 신뢰와 연대가 시작되며, 민주주의의 본질은 바로 이것이라 할 것이다. 자유는 사회적으로 구성되며 그 주체는 개인(시민)이 되어야 하는바, 연대하는 개인(시민), 공존하는 개인(시민)만이 '개인적 자유에서 사회적 자유로'(김비환 2018) 나아갈 수 있게 한다. 모든 개인의 사회·경제·정치·문화적 권리와 자유를 구현하는 민주주의, 권력을 탈권력화하는 민주주의를 위해 우리사회는 강해져야 하고 개인 또한 강해져야 한다.

2. 왜 스웨덴, 네덜란드인가

이 책에서 검토 사례로 스웨덴과 네덜란드를 보는 것은 두 나라가 유럽의 강소·중견국이자 민주주의 선진국으로 자유민주주의, 사회민주주의, 시민민주주의 가치가 가장 잘 구현될 뿐 아니라 경제적 성과와 대외적 위상 또한 높기 때문이다. 우리나라의 모든 개혁과 정책적 노력은 바로 이러한 목표와 성과를 달성하기 위한 것이므로 이 두 나라의 경험으로부터 중요한 함의를 얻을 수 있을 것이라고 보기 때문이다. 코로나19 팬데믹을 거치며 '선도국가' 용어가 등장했고 한국이 선도국가가 될 수 있다는 기대가 나타나기도 했다. 선도국가는 기존에 존재하던 선진국, 강대국, 패권국을 넘어서 스스로 다른 나라에 모범이 되는 영향력을 행사함으로써 선한 방향으로 국제질서를 이끈다는 새로운 개념이라고 한다(이왕휘·김남국 2021). 네덜란드와 스웨덴은 과거 17-18세기에 강대국의 반열에 오르기도 했으나 그 후 국력이 약화되었고 나폴레옹 시기를 거치며 대외적 위상도 축소되었다. 그러나 20세기 들어 문화, 사회, 정치, 경제가 고도로 발전된 선진국으로 자리매김했고, 지금도 유럽의 중견국이자 선진국으로 확고한 위상을 차지하고 있다. 20세기에 네덜란드는 개방된 사회와 다문화, 자유권의 확대와 사회통합, 베네룩스 및 유럽 지역 통합의 주도국이었다는 점에서, 스웨덴은 보편적 복지국가, 군사적 중립노선, 국제평화외교, 북유럽의 지역협력을 이끌었다는 점에서 세계적 선도국가였다고 할 수 있다. 따라서 한국이 세계적 선도국가가 되기 위해서도 스웨덴과 네덜란드는 중요한 사례가 되고 있다.

왜 스웨덴, 네덜란드인가. 벤치마킹 또는 비교분석이 가능한 요인은 무엇인가. 이 두 나라가 합의정치, 보편적 복지국가, 경제적 효율성, 문화적 다양성 등 단순히 모범적인 면이 많기 때문만은 아니다. 우리와 유사성도 있고 비교가 가능한 측면들이 있어 함의를 모색할만한 타당한 요인들이 있기 때문이다. 과거에는 스웨덴이 우리와 여러 면에서 상이했지만 최근 스웨덴이 다른 서유럽 국가들과 유사한 면이 많아지면서 '보통국가'가 되고 있다는 점도 한 이유이다. 보다 근본적인 요인들을 살펴보면 첫째, 우리에게 잘 알려져 있지는 않지만 네덜란드와 스웨덴은 뿌리깊은 권위주의의 유산을 가졌다는 공통점이 있다(Albertus & Menaldo 2018). 두 나라는 여전히 입헌군주제이며, 네덜란드는 군주의 실질적인 권한도 인정되고 있다. 역사적으로 스웨덴은 권위주의와 민주화의 지체, 대자본의 지배 등, 네덜란드는 권위주의, 극심한 사회적 분리 등과 같이 민주주의에 불리한 유산들이 있었다. 그럼에도 급진적 혁명이나 내전을 겪지 않았고, 19세기 이후 자유주의와 자본주의에 뿌리를 둔 산업화와 점진적인 민주주의의 발전을 이루어왔다. 그 결과 민주주의로의 견고한 전환, 합의정치, 보편적 복지국가와 사회적 평등, 문화적 다양성을 이룰 수 있었던 것이다. 네덜란드는 역사적으로 기독교적인 보수적 민주주의 이념이 강했고, 스웨덴은 1974년 헌법개혁이 이루어질 때까지, 형식적인 법조문이었지만, 내각이 아니라 군주가 주재하는 국가평의회(Council of State, 1809-1974)가 국정을 책임진다는 매우 보수적인 헌법을 가지고 있었다.6) 2부, 3부에서 자세히

---

6) https://www.riksdagen.se/globalassets/07.-dokument--lagar/the-constitution-of-sweden-160628.pdf.
  1974년 헌법개혁 후 '스웨덴 정부(Government of Sweden, Sveriges regering)'라는 명칭이 헌법에 사용되었다.

논의되겠지만, 중요한 것은 스웨덴 모델이나 네덜란드 폴더모델이 유리한 조건에서 발전한 것은 아니라는 점이다.

둘째, 한국과 스웨덴, 네덜란드는 국력과 국가브랜드 등에서 지역의 중견국가로 평가된다는 점이다. 네덜란드와 스웨덴은 유럽 지역의 대표적인 중견국(middle power, 강중국)이다. GDP 규모를 보면 네덜란드는 세계 17위, 스웨덴은 세계 24위이다(IMF 2018). 유럽지역에서만 보면 네덜란드는 6위, 스웨덴은 9위이다. 한국도 아시아 지역의 중견국가이다. GDP 규모(명목)는 세계 12위로 아시아지역에서는 중국, 일본, 인도에 이어 4위이다. 1인당 GDP(명목)는 네덜란드(55,185 달러)는 세계 13위, 스웨덴(58,345달러)은 세계 12위, 한국(32,775달러)은 세계 29위이다. 인구를 보면 한국(5,134만명)은 세계 28위, 네덜란드(1,713만명) 69위, 스웨덴(1,005만 명) 90위이다. 지역 기준으로 보면 한국의 인구는 아시아에서 11위, 네덜란드는 유럽에서 8위, 스웨덴은 12위 수준이다(UN 2018).[7] 이러한 인구 및 경제적인 국력과 국가브랜드를 고려하면 네덜란드와 스웨덴은 유럽 지역의 중견국이고 한국은 아시아의 중견국으로 비교연구의 이점이 있다 할 것이다.[8] 따라서 우리가 이 두 나라의 장점을 참고하고 교류협력을 강화한다면 지역적 중견국가로 함께 세계적으로 선도적 역할을 할 수 있을 것이다. 2008년 글로벌 금융위기, 기후위기와 팬데믹 문제, 중국의 부상, 신냉전이 도래하는 상황에서 중견국은 자국의 이익, 지역적, 글로벌 차원에서 새로운 도전과 역할에 직면해왔다. 역사적으로 영국과 독일의 영향을 많이 받은 네덜란드는 2009년 유로존(eurozone) 위기 이후 스웨덴 등과 함께 유럽연합(EU) 개혁에 앞장서 왔으며(김인춘 2019), 중립노선의 스웨덴은 우크라이나 전쟁으로 내부적으로 다양한 의견이 있지만 정치사회적으로 분열하지 않으면서 외교안보노선의 변화를 모색하고 있다. 우크라이나와 마찬가지로 스웨덴은 오랫동안 강대국 간, 동서진영 간 지정학적 중간국이었지만 중립외교로 국익을 지키면서 세계평화를 이끄는 선도적 역할을 해왔다. 우리나라 또한 열강이 충돌하는 '지정학적 중추국(Pivot State)', 지정학적 중간

---

7) 유럽 지역 기준으로 인구는 독일 1위, 영국 2위, 3위 프랑스, 4위 이탈리아, 5위 스페인이다. GDP 규모는 독일 1위, 영국 2위, 프랑스 3위, 이탈리아 4위, 스페인 5위이다.
8) 한국과 함께 아시아 지역의 중견국으로 평가되는 호주의 GDP 규모는 세계 14위, 인도네시아는 16위이다 (United Nations Population Division. IMF 2018년 GDP 추계).

국이지만 그동안 정치적 분열로 인해 대외적으로 우리만의 정체성과 역량, 결속을 충분히 보여주지 못해 왔다. 따라서 같은 지역적 중견국, 중간국으로서 네덜란드, 스웨덴과 연대와 교류를 강화한다면 우리의 국가전략에도 큰 도움이 될 수 있을 것이다.

셋째, 세 나라 모두 높은 수준의 개방경제로 혁신을 중시하고 혁신이 국가전략에서 매우 중요했다는 점이다. 자원이나 영토, 인구, 경제규모 면에서 강대국이 아닌 만큼 한국, 네덜란드, 스웨덴에서 혁신과 기술개발은 국가경쟁력에 매우 중요한 역할을 해왔다. 경제체제가 무역과 개방경제에 의존해 있다는 점도 중요하다. 네덜란드는 일찍부터 고부가가치 무역과 서비스산업이 중요한 역할을 한 반면, 스웨덴은 세계적으로 경쟁력 있는 제조업이 중요한 역할을 했기에 우리는 이 두 나라로부터 각각의 전략과 장점을 배울 수 있다. EU 창립회원국인 네덜란드와 달리 중립노선의 스웨덴은 탈냉전 이후 유럽통합에 뒤늦게 참여했지만(1995년 EU 가입) 두 나라 모두 실용주의적 노선을 견지하면서 유럽통합의 경제적 이득을 추구하고 대외적 위상을 높여왔다. 우리가 네덜란드와 스웨덴의 실용주의적 전략에 관심을 가져야 하는 이유이다. 유럽연합(EU)이 발표한 <EU The Innovation Union Scoreboard>에 의하면 EU 회원국(28개국) 혁신지수에서 스웨덴은 1위를, 네덜란드는 4위를 차지했다.9) 세계경제포럼(World Economic Forum, WEF)의 세계 국가경쟁력(Global Competitiveness Index 4.0) 순위에서도 네덜란드와 스웨덴은 높은 순위를 차지했는데 네덜란드 6위, 스웨덴 9위, 한국 15위로 나타났다(WEF The Global Competitiveness Report 2018). 2021년 IMD 국가경쟁력 순위를 보면 스웨덴 2위, 네덜란드 4위, 한국은 23위로 나타난다. 1위 스위스, 3위 덴마크, 5위 싱가포르로 평가된다. 세계 지적재산권기구(World Intellectual Property Organization, WIPO)가 발표한 글로벌 혁신지수에서도 네덜란드 2위, 스웨덴 3위로 매우 높은 순위를 보여준다. 1위 스위스, 4위 영국, 5위 싱가포르, 6위 미국, 7위 핀란드, 8위 덴마크, 9위 독일, 10위 이스라엘, 한국 12위로 나타난다(The 2018 Global Innovation Index, GII, www.globalinnovationindex.org). 블룸버그가 매년 발표하

---

9) 2위는 덴마크, 3위는 핀란드, 5위는 영국으로 나타났다. 혁신이 가장 빠르게 이루어지는 국가로는 리투아니아, 네덜란드, 말타, 영국, 라트비아, 프랑스 순으로 평가되었다.

는 '2019 블룸버그 혁신지수'에서 한국은 1위를, 스웨덴은 7위, 네덜란드 15위로 평가되었다(Bloomberg 2019 Innovation Index). 전체적으로 본다면 네덜란드와 스웨덴은 혁신의 선두에 있으며, 한국 또한 혁신을 위해 노력하고 그 성과도 비교적 높은 것으로 평가되고 있다. 중요한 것은 네덜란드와 스웨덴은 노사관계 등 사회 전반의 사회자본과 혁신, 효율성이 높다는 점이다. '블룸버그 혁신지수'에서 한국의 1위는 높은 R&D 투자가 중요했다. R&D 투자와 함께 높은 수준의 사회자본과 사회혁신이 수반된다면 우리나라 전체의 효율성과 생산성이 올라 혁신과 경쟁력은 더욱 높아질 수 있을 것이다. 사회자본과 사회혁신을 위해서는 사회적 신뢰와 연대, 참여와 시민성에 기반한 시민민주주의가 중요하며, 이 점에서 네덜란드와 스웨덴 사례로부터 중요한 함의를 찾을 수 있을 것이다.

　마지막으로 한국은 탄소중립 선도국가를 지향하고 있다. 스웨덴과 네덜란드는 환경친화적(eco-friendly) 복지국가이다. 탄소중립과 기후환경 정책에서 앞서가고 있는 이 두 나라는 일찍부터 산업화와 경제성장에 성공했고, 지금도 각자 경쟁력 있는 산업을 자랑하고 있다. 생태적 근대화론에 따르면 산업생산 및 경제성장과 생태보존은 양립 가능할 뿐 아니라 적극적인 환경정책은 경제성장에도 기여할 수 있다고 한다(김인춘·최정원 2013). 산업화와 경제성장을 반대했던 급진적 생태주의와 달리 생태적 근대화론은 자본주의 정치경제의 틀 내에서 현재의 사회체계를 환경친화적으로 재구성하는 과정을 의미한다. 스웨덴과 네덜란드는 가장 잘 발전한 복지국가이며 가장 성공적인 에코국가로 평가되고 있다. 진보적인 환경정책과 제도로 개혁적 환경정책을 추진하였고, 그 결과 고도의 생태적 근대화와 에코복지국가를 달성하여 복지국가와 에코국가의 지속가능한 균형과 공존을 보여주고 있다. 우리는 외부적 요인에 더해 환경문제가 갈수록 심각해지고 있어 복지국가, 혁신국가에 더해 에코국가가 요구된다(한상진 2018). 네덜란드는 좋은 자연환경을 갖지 못했고 인구밀도도 높은 나라이지만 해수면보다 낮은 평지에 울창하게 숲을 가꾸고 자전거로 환경을 지키고 있다. 제조업이 강한 스웨덴도 환경보호와 자연보존을 통해 환경친화적 복지국가를 발전시켜왔다. 중요한 것은 깨끗하고 아름다운 자연환경을 갖고 자연과 공존하고 즐기는 것은 건강 및 행복 증진 등 사회문화적으로도 중요한 역할을 한다는 점이다. 이들 나라에서 유아기부터 다양한 자연

환경을 접하게 하는 것이 교육과정의 의무로 되어 있는 이유이다.

네덜란드와 스웨덴은 유사하면서 다른 두 유형의 선진 민주복지국가이다. 이 두 나라는 입헌군주국으로 기본권과 자유를 중시하는 헌법과 대의민주주의, 효과적으로 작동되는 의회민주주의를 갖고 있는 단일국가(unitary state)이다.10) 개인의 자유와 권리, 제한된 권력, 법치주의라는 자유민주주의의 가치가 견고하다. 코로나 팬데믹 상황에서 개인의 자율과 책임에 기반한 스웨덴의 자유주의적인 '느슨한' 방역 전략은 큰 주목을 받은 바 있다. 이러한 자율방역 전략은 스웨덴 보건청의 과학적 판단에 따른 것이지만 이러한 전략이 사회적으로 수용되고 내내 지속될 수 있었던 주요 요인 중 하나는 스웨덴 법치주의와 민주주의였다. 권력 분산과 제한된 권력, 개인의 자유와 사회의 규범을 중시한 스웨덴 법치주의와 민주주의의 특성이 그것이다. 네덜란드와 스웨덴은 유사성을 많이 공유하면서 중요한 상이성도 갖는다. 두 나라는 사회적으로, 경제적으로, 정치적으로 가장 안정된 나라에 속하며, '가능한 최선의 실현'을 이룬 대표적인 나라들이다. 사회민주주의와 시민민주주의의 가치 또한 높은 수준에서 실현되어 평등하고 공정하며 관용적인 사회를 자랑한다. 네덜란드는 기독민주주의와 사회적 자유주의로, 스웨덴은 온건한 개혁적 사회민주주의로 민주적 사회공동체를 이루었다. 20세기 들어 스웨덴에서는 사회민주주의가, 네덜란드에서는 시민민주주의가 먼저 발전하였고, 스웨덴의 사회민주주의는 시민민주주의를, 네덜란드의 시민민주주의는 사회민주주의를 각각 견인했다는 점에서 중요하다.

네덜란드와 스웨덴의 사회경제모델은 유사하다. 무엇보다 높은 수준의 코포라티즘적 조정과 합의, 보편적 복지국가, 무역의존도가 높고 경쟁력 있는 개방경제체제가 그것이다. 이러한 사회경제모델을 가능하게 하는 핵심 요소는 바로 투명한 기업지배구조에 기반한 민주적 시장경제체제와 이해관계자

---

10) file:///C:/Users/Administrator/Desktop/the-constitution-of-the-kingdom-of-the-netherlands-2008.pdf. 네덜란드 헌법. 외교부 2012. 『네덜란드 개황』. 대한민국 외교부.
The Constitution of Sweden - the fundamental laws and the riksdag act Sveriges Riksdag, 2016 스웨덴 헌법.
http://www.riksdagen.se/globalassets/07.-dokument-lagar/the-constitution-of-sweden-160628.pdf.
http://www.riksdagen.se/en/how-the-riksdag-works/democracy/the-constitution.

자본주의 모델이다. 시장의 효율성과 공정성을 중시하는 민주적 시장경제체제는 안정적이고 지속적인 성장과 분배를 가능하게 해준다. 오늘날 기업은 시장에서 매우 강력한 경제 주체이기에 기업지배구조는 기업경영 자체뿐 아니라 투명경영, 기업 이윤의 공정한 배분, 노동시장과 노사관계, ESG 및 사회적 가치의 창출 등에 결정적인 영향을 미친다. 보편적 복지국가, 민주적 시장경제체제, 투명한 기업지배구조는 강한 노동운동이나 좌파정당의 장기집권을 전제조건으로 하지는 않는다. 스웨덴과 달리 강력한 노동운동이나 사회민주주의 헤게모니가 없었던 네덜란드는 사회적 자유주의에 기반하여 이러한 성과를 이루었기 때문이다. 역사적으로 정치적, 사회적 다원주의가 강했던 네덜란드는 2차 세계대전을 거치며 새로운 국가건설에 대한 사회적 합의와 정치적 타협에 기반하여 적극적인 국가개입으로 이러한 성과를 이루었다. 이 점에서 네덜란드는 중요한 함의를 준다. 1997년 경제위기 직후 김대중 정부와 뒤이은 노무현 정부는 네덜란드의 폴더모델과 스웨덴의 보편적 복지국가 모델을 벤치마킹하고자 했다. 노사정위원회의 설립과 새로운 복지제도의 도입이 그 영향을 받았다. 그러나 단순히 하나의 제도 도입만으로는 소기의 목적을 달성하기 어려웠다. 각각의 고유한 역사와 문화 속에서도 보다 근본적인 원칙, 즉 시장규율과 사회규율이 각 행위자들에게 작동해야 하고, 전문적이고 경험적인 지식에 의한 제도 및 정책 설계, 정치사회적 합의와 역량 등이 필요했던 것이다.

사회경제모델 또는 발전모델이란 경제시스템과 사회시스템의 연계 및 작동방식을 의미하며 그 유형은 매우 다양하다. 자본주의 다양성 이론이 말하는 조정시장경제와 자유시장경제뿐 아니라 연구자에 따라 다양한 유형론이 발전해왔다. 영미형, 유럽형, 일본형 또는 동아시아형이 있으며, 유럽형은 북유럽형, 독일형, 남유럽형으로 구분된다. 스웨덴은 북유럽형 발전모델을 대표해왔으며, 기독민주주의 전통이 강한 네덜란드는 북유럽형에 가까운 독일형 모델을 발전시켜 왔다. 사회적 다원주의와 제3섹터가 일찍부터 발전해온 네덜란드는 비영리기관들이 복지서비스 제공 및 전달에 중요한 역할을 해왔고, 높은 수준의 소득보장제도로 북유럽과 같은 수준의 사회서비스와 소득평등을 보여왔다. 두 나라 모두 강한 조정시장경제 체제로 글로벌 대기업이 중요한 역할을 해왔으며 지배주주모델(concentrated blockholder)을 갖고 있다. 특히, 스웨덴은 강한 내부지배주주모델을 갖고 있다. 이 점 또한 우리나라와 유사하지만 스웨덴과 네덜란드는 대주주보다 이해관계자의 이익을 중시하는 투명한 기업지배구조를 갖는다는 점에서 크게 다르다. 투명한 기업지배구조는 민주적 시장경제의 핵심요소로 사회민주주의와 공정한 분배의 기초가 된다. 이 책에서 스웨덴과 네덜란드의 기업지배구조를 분석한 것은 이러한 이유 때문이다. 지배주주모델은 유럽, 아시아, 남미 등 대부분의 나라들에서 채택되고 있지만 지역별, 나라별 특성은 매우 다양하다. 기업지배구조 이론에서 본다면 지배주주모델이 일반적이고 미국식 외부분산주주모델은 오히려 '특수한(unusual)' 유형이라고 한다(Gourevitch & Shinn 2005). 각 국가의 기업지배구조는 그 나라의 독특한 정치, 경제발전, 역사와 문화, 사회적 환경에 따라 진화·발전해 왔기 때문에 기업지배구조의 다양성이 지속되고 있으며, 기업지배구조 간 비교우위도 찾기 어렵다. 이러한 기업지배구조 이론과 유형은 미국의 자유자본주의와 서유럽 및 일본의 비자유주의적 자본주의 유형(Streeck & Yamamura 2001), 또는 미국의 주주자본주의와 서유럽 및 일본의 이해관계자 자본주의 모델(Kelly & Gamble 1997)과 유사하다고 할 수 있다.[11]

스웨덴과 네덜란드는 기본적으로 자유주의와 자본주의에 기반 한 자유민주주의, 사회민주주의, 시민민주주의의 발전으로 자유와 번영, 평등과 연대, 협동과 관용을 실현해 왔다. 안정된 정치와 견고한 의회민주주의, 보편적 복지국가와 혁신적인 경제, 높은 사회적 신뢰와 시민성을 자랑한다. '세계에서 가장 행복한 나라', '세계에서 가장 안전한 나라' 등 행복, 안전, 신뢰, 사회적 연대 등에서 세계 10위 안에 들고 있다. 또한 부패가 거의 없는 투명한 사회라는 점도 매우 중요하다. 국제투명성기구(Transparency International)의 2018년 반부패지수(corruption perceptions index)를 보면 스웨덴은 공동 3위, 네덜란드는 8위, 한국은 45위로 평가되었다. 1위 덴마크, 2위 뉴질랜드, 3위(공동) 핀란드, 싱가포르, 스위스, 7위 노르웨이이며, 독일, 영국 (공동)11위, 일본 18위, 미국 22위로 나타났다. 덴마크, 뉴질랜드, 핀란드 등에서 보듯이 작은 강소국들이 행복, 신뢰, 투명성 등에서 높은 평가를 받지만 강소국 중에서도 유럽의 중견국인 스웨

---

11) 이해관계자 자본주의는 현실사회주의 몰락 이후 이른바 '자본주의 vs. 자본주의' 논쟁이 시작되면서 새롭게 부상한 개념으로, 시장은 권리와 도덕적 의무를 동시에 갖는 사회적 제도라는 인식에서 출발한다. 시장의 사회적 책임성을 강조하고 자본의 구조적 권력에 대한 견제장치를 제도화하고 있다(Albert 1993).

덴, 네덜란드 또한 이러한 가치에서 높은 평가를 받고 있는 것이다.

네덜란드와 스웨덴은 역사적으로 무역과 세계화에 잘 적응하여 국부를 쌓아왔으며, 선진국이자 세계적 선도국가로 유럽지역과 세계에서 중요한 위치를 갖고 제 역할을 다해 왔다. 우리도 경제력 이상의 선진국, 선도국가가 되기 위해서는 무엇을, 어떻게 해야 할지는 명료하다. 무엇보다 스스로 명실상부한 선진국이 되어야 선도국가가 될 수 있다는 점이 중요하다. 개별 국가의 국제적인 영향력 증진은 결국 국내적인 문제해결과 성과에 의해 뒷받침되기 때문이다. 이왕휘·김남국(2021)에 의하면 세계 선도국가를 구성하는 핵심요소는 민주적 원리에 기초한 거너넌스형 정치형태, 물질적 풍요와 양극화가 완화된 경제체제, 기술의 발전, 시대를 선도할 수 있는 가치를 갖춘 문화, 글로벌 책무성이라고 한다. 이 요소들은 본 연구가 강조하고자 하는 자유민주주의, 사회민주주의, 시민민주주의의 요소들이다. 세계적인 선도국가가 되기 위한 노력보다 먼저 선진국이 되기 위해 우리는 무엇보다 각 개인의 삶과 가치를 최우선하고, 사회적 평등과 공정, 관용과 다양성을 강화해야 한다. 권력과 민주주의는 자유롭고 독립적인 강한 개인과 풍요롭고 민주적인 사회공동체를 위한 것이어야 하기 때문이다. 그리고 강한 개인의 사회, 자율적으로 잘 작동하는 사회가 유능하고 민주적이며, 법에 구속되는 국가를 만들 수 있기 때문이다.

3. 책의 구성과 주요 내용

이 책은 4부로 이루어져 있으며, 1부는 '1장 서론'과 '2장 자유민주주의 사회민주주의 시민민주주의'로 구성된다. 1부에서는 한국사회에서 민주주의란 무엇이고 어떻게 이해되어야 하는지를 선진사회의 민주주의가 지향하는 강한 개인과 강한 사회의 관점에서 살펴본다. 선진사회의 민주주의 특징은 자유민주주의, 사회민주주의, 시민민주주의 각각의 가치와 목표를 최대화하고 조화를 이루는 것이다. 이 저서에서 특히 관심을 갖는 부분은 사회민주주의의 요소인 민주적 시장경제이며, 민주적 시장경제의 핵심으로 기업지배구조를 살펴본다. 높은 수준의 효율성과 공정성이 실현되는 민주적 시장경제는 안정적인 고용과 공정한 1차 분배를 가능하게 하기 때문에 사회민주주의의 중요한 요소가 된다. 또한 우리나라의 시장경제가 공정성과 기업지배구조 부분에서 많은 문제를 안고 있기 때문이다. 1부의 제목이 '새로운 대안보다 기초'인 것은 민주주의라는 연구주제가 너무나 광범위하고 복잡하기에 스웨덴과 네덜란드의 민주주의 발전경험과 기초를 통해 우리의 민주주의를 성찰하기 위해서이다.

2부는 '스웨덴 민주주의의 특성 - 강한 개인과 민주적 사회공동체'로 스웨덴의 자유민주주의, 사회민주주의, 시민민주주의를 살펴본다. '3장 코로나를 통해 본 스웨덴의 법치주의 민주주의 '스웨덴 예외주의''는 스웨덴 헌정주의의 역사적 변천, 제한된 권력과 개인의 자유라는 스웨덴의 법치주의와 민주주의의 특성을 살펴본다. '4장 민주적 자본주의와 보편적 복지국가'는 스웨덴 자본주의의 역사적 발전과 스웨덴 특유의 기업지배구조, 보편적 복지국가에 대해 살펴본다. 스웨덴이 왜 민주적 자본주의인지, 소수의 가족대기업이 지배하는 스웨덴 자본주의의 역설도 살펴본다. '5장 타협의 정치와 스웨덴 민주주의'에서는 19세기 말, 20세기 초 스웨덴의 민주화 과정에서 자유주의의 역할, 타협과 공존의 정치, 권력과 민주주의의 민주화를 위한 '권력조사위원회(1985-1990)'를 검토하고자 한다. '6장 강한 개인과 강한 사회 - 권력의 사회적 공유와 분산'은 사회규범, 문화민주주의, 권력의 사회적 공유와 분산에 대해 살펴본다. '3부 네덜란드 민주주의의 특성 - 강한 사회와 사회적 자유주의'는 대표적인 사회적 자유주의 국가인 네덜란드의 합의제 민주주의의 역사적 전개와 실제, 이해관계자 자본주의, 네덜란드 특유의 강한 제3섹터를 검토한다. '7장 사회적 자유주의와 합의제 민주주의'는 네덜란드 민주주의의 발전 과정과 특징을 살펴보며, '8장 사회 코포라티즘 보편적 복지국가 이해관계자 모델'에서는 네덜란드 자본주의와 기업지배구조를 검토한다. 네덜란드 모델의 중요한 특성은 '9장 네덜란드의 제3섹터와 강한 사회'이다. 네덜란드의 제3섹터는 네덜란드 모델의 핵심으로 복지믹스(mix)로 비영리조직의 복지서비스 생산 및 전달, 사회자본, 강한 사회의 발전에 중요한 역할을 해왔다. '10장 1990년대 이후 폴더모델의 혁신과 커뮤니티 민주주의'는 권력의 사회적 공유와 분산 측면에서 네덜란드의 '참여사회' 비전과 커뮤니티 민주주의를 살펴본다.

마지막 4부는 '한국사회와 사회적 자유주의 ― 강한 개인 강한 사회 민주주의'를 검토한다. 스웨덴과 네덜란드의 경험이 보여주는 강한 개인, 강한 사회, 그리고 민주주의를 위한 사회적 자유주의가 그것이다. 사회적 자유주의는 자유민주주의뿐만 아니라 사회민주주의, 시민민주주의의 가치와 목표를 추구했고 실제로 높은 수준에서 실현해 왔다. '11장 강한 개인 강한 사회 민주주의'는 한국사회와 민주주의가 어떤 성격과 어떤 모습을 가져야 할지에 대해 모색한 것이다. 사상의 자유를 포함한 개인의 자유 확대, 사회경제적 기회와 자원의 공정한 분배와 보장에 기반한 강한 개인과 강한 사회의 민주주의를 강조하고자 한다. '12장 한국 자본주의와 분배의 문제'에서는 우리에게 매우 중요하고 시급한 민주적 시장경제와 기업지배구조의 문제를 분석한다. 핵심은 '어떤 주주는 더 평등하다'로 비유될 수 있는, 우리나라의 투명하지도 공정하지도 않은 기업지배구조와 내부대주주, 즉 재벌가족들의 편법적 사익편취 문제를 다룬다. 기업지배구조 문제는 민주적 시장경제를 위해서도 공정한 분배를 위해서도 매우 중요한 주제이다. 한국 자본주의와 분배의 문제를 해소할 방안으로 사회적 타협을 검토하고자 한다. 스웨덴과 네덜란드는 사회적 규범과 합의정치에 기반한 사회적 타협으로 정치사회적 갈등을 극복하고 민주주의와 복지국가를 발전시켜왔다는 점에서 사회적 타협은 중요하다. 유럽 사례들을 보면 사회적 타협은 다양한 형태가 있으며 사회경제모델 개혁과 선진화를 위한 하나의 방안이 될 수 있으나 우리나라에서의 실현가능성은 사실 높지 않다. 다만 우리에게 노사협력과 사회경제모델의 선진화를 위한 사회적 타협은 필요하기에 높은 공정성과 효율성의 시장규율, 사회적 규범과 약속을 중시하는 사회규율을 그 기본적인 전제 조건으로 강조하고자 한다.

본 저서의 저술 목적은 첫째, 한국사회의 정치적 대립과 양극화, 심각한 불평등과 불공정, 사회적 불신과 배제, 위축된 개인과 분열된 사회를 자유민주주의, 사회민주주의, 시민민주주의의 기초를 강화함으로써 극복하려는 데 있다. 스웨덴과 네덜란드의 사례를 통해 그 방안과 전략을 모색하려는 것이다. 우리는 오랫동안 제도적 민주주의의 구현을 위해 부단한 노력을 해왔다. 그 결과 1987년 민주화 이후 35년간, 비록 여전히 정당제도나 선거제도에서 미흡한 점이 많지만, 정치적 민주주의는 많이 발전해 왔다. 문제는 과거에 비해 정치적으로는 크게 자유로워졌지만 분배는 더 나빠진 '질 나쁜 민주주의'였고 (손호철 2017), 시민민주주의는 요원하다는 점이다. 모든 개인이 독립적이고 사회적으로 자유로운가의 문제가 그것이다. 현재 우리의 상황에서 '인간답게

살 수 있고, 인간답게 대접받는 사회'를 위해 가장 중요한 것은 바로 분배와 사회권을 보장하는 사회민주주의, 주체적이고 독립적인 개인들 간 인정과 협력에 기반한 시민민주주의를 견고하게 실현하는 것이다.

둘째, 사회민주주의와 시민민주주의 '사회성'과 '일상성'을 보여주는 데 있다. 한국에서 사회민주주의는 너무나 이념화, 거대 담론화되어 있고, 권위주의의 오랜 역사적 유산으로 시민민주주의는 여전히 생경하다. 네덜란드와 핀란드의 경험을 보면, 민주적 시장경제, 분배와 사회권을 보장하는 사회민주주의 실현은 강력한 노조의 존재나 (중도)좌파 정당의 장기집권 여부와 큰 관계가 없다. 그 '사회'와 시민들이 실제로 일상적으로 얼마나 민주적이고 분배와 사회권을 중시하는가가 핵심인 것이다. 사회적 신뢰와 연대, 인정과 관용이라는 사회성이 그것이다. 이러한 사회성은 과잉된 신념 가치보다 시민적 책임 가치를 중시한다. 사회민주주의와 시민민주주의는 상호 선순환적으로 실현되어야 하는데, 이는 시민민주주의 없는 사회민주주의는 일방적인 관료주의의 위험성이 있고, 사회민주주의 없는 시민민주주의는 분배와 평등의 가치가 축소될 수 있기 때문이다. 즉, 밀접하게 연관되어 있는 분배의 정치와 인정의 정치를 통해 주체적이고 강한 시민 개인이 민주주의를 만들어 가는 것이다. 인정과 분배의 일상성과 사회성이란 '복지(분배)는 사회적 신뢰'이고, '인정은 사회적 다양성'이라는 점을 보여주는 것이다. 진정한 시민민주주의 실현은 스스로 주체적인 개인으로 일상의 삶, 즉 시민생활, 사회조직 등에서 인정과 참여, 숙의의 민주주의를 학습하고 실천하는 '작은 민주주의(small-scale democracy)'를 구현하는 것이다.

셋째, 스웨덴, 네덜란드 사례를 통해 우리의 민주주의를 성찰하고 기초를 검토해보려는 것이다. 다른 선진 민주복지국가들과 마찬가지로 이 두 나라는 자유민주주의, 사회민주주의, 시민민주주의 각각의 가치와 목표를 선순환적으로 발전, 공존시켜왔다. 대부분의 복지급여 및 수당, 사회서비스가 개인 기준으로 제공되는 보편적 복지국가와 주체적이고 독립적인 개인에 기반한 민주적인 공동체주의 문화로 개별적 권리와 집합적 권리를 균형적으로 발전시켜 왔다. 민주주의 지수와 다양한 사회·경제·문화적 삶의 척도에서 모두 거의 항상 세계적으로 상위 10위 내에 포함되고 있다. 또한 사유재산권 보호와 경제적 자유도와 경쟁력 수준도 매우 높은데 모든 경제제도는 민주적 시장경제체제에 의해 작동되고 규제된다. 특히, 기업지배구조는 투명하고 공정하며 모든 이해관계자의 이익을 중시한다. 네덜란드에서 좌파노조의 힘은 강하지 않았으며, 사회민주주의 정당(네덜란드 노동당)은 다당제 하에서 다른 (중도)우파정당들과 비슷한 지지율을 획득해온 주요 정당 중 하나였다. 노동당은 연정을 통해 정부에 참여해 왔으며, 중도우파 정당 또한 네덜란드를 사회민주주의적으로 전환시키는 데 중요한 역할을 했다. 이는 강한 노조와 사회민주주의 정당의 장기집권이 사회민주주의를 위한 필수적인 전제조건은 아님을 보여준다. 시민 개인들의 요구, 사회집단 및 계급 간 타협, 사회적 신뢰와 연대 등이 한 나라를 사회민주주의적으로 만들 수 있는 것이다. 네덜란드의 안정적인 사회 코포라티즘과 보편적 복지국가가 그것이다. 네덜란드는 역사적으로 자유주의가 강했고 종교·이념적으로 사회적 분리(pillarization) 현상이 있었지만 자율적이고 주체적인 시민계층과 강한 제3섹터로 시민민주주의가 발전했다. 강한 자유주의와 사회적 분리의 뿌리깊은 유산에도 불구하고 네덜란드 사회가 사회민주주의를 발전시킬 수 있었던 것은 전후 정치사회세력 간의 연합과 타협이 이러한 시민민주주의와 결합했던 것이 중요했다.

스웨덴은 사회민주주의와 보편적 복지국가의 대표적인 나라이지만 1920년대까지 산업화를 우선하면서 정치적으로 보수적, 권위적이었고 노사갈등과 사회적 격차 또한 심각했다. 1870년대부터 산업화가 시작되었고, 급속한 경제발전으로 성장한 금융자본과 산업자본이 통합된 독점자본의 힘은 1920년대까지 주요 국가정책에 막강한 영향력을 미치고 있었다. 1932년 사회민주당의 집권과 1938년 노사대타협(살츠쉐바덴 협약)은 기존 스웨덴 사회의 대전환을 가져왔다. 노동운동의 정치사회적 영향력이 커졌고, 보편적 복지국가는 지속적으로 발전하여 1970년대 들어 세계 최고 수준으로 완성되었다. 역사적으로 스웨덴 국가의 권위와 권력은 매우 강했는데 20세기 들어 국가 주도의 관료적 복지제도는 이러한 강한 국가를 지속시켜주는 역할을 한 측면도 있다(김인춘 2007, 2016). 1970년대 들어 공공부문이 급속히 커지면서 관료조직의 비대화와 권력화 문제가 제기되었고, 특히 민간 대자본의 과도한 사적권력에 대한 비판이 커져왔다. 노조의 권력화 문제도 제기되었다. 이 문제는 1985년 의회와 정부가 구성한 '권력조사위원회'를 통해 공개적으로 논의되고 전문가들에 의해 검토되었다. 권력엘리트 스스로 외부에 자신의 권력을 조사, 감시하게 함으로써 스웨덴에서 권력과 민주주의는 더욱 분권화, 투명화, 개방화될 수 있었다. 다른 한편, 일상의 삶, 즉 직장 및 작업장, 노조, 마을 및 지역사회, 사회서비스기관 등에서의 '작은 민주주의'의 실천은 강한 개인과 강한 사회의 토대가 되어 왔다. 이러한 시민적, 사회조직 중심의 민주주의가 스웨덴의 강한 국가와 거대한 복지국가의 권력을 연대와 평등의 규범과 결합시킬 수 있었다고 한다(Andersen 2007; Marklund 2014).

오늘날 한국사회는 한편으로는 명실상부한 선진국과 세계적 선도국으로의 새로운 도약 가능성이라는 희망 섞인 기대와 낙관, 다른 한편으로는 국가발전과 사회적 안전 및 안정의 근본적 한계라는 위기와 도전에 직면해 있다. 그동안 경제발전과 정치적 민주주의의 정착에 상당히 성공하였지만, 내부적으로 정치사회적 분열과 갈등의 심화, 불공정한 경제구조, 외부환경의 불확실성으로 큰 도전에 처해 있다. 촛불시위 이후 지난 5년의 문재인 정부는 촛불혁명이라는 막대한 정치적 자산을 가졌으나 기대와 달리 이러한 도전을 극복하는 데 미흡했다. 사실 민주화 이후, 특히 IMF 경제위기 이후 모든 정부는 큰 기대를 안고 출발했지만 그 끝은 미약했거나 불행했다. 정치제도, 특히 대통령제가 문제의 원인이라는 주장도 많지만 제도 자체보다는 제도가 추구하는 목적과 의의를 제대로 구현하지 못하는 것이 더 큰 문제라고 필자는 생각한다. 개헌으로 대통령제의 문제가 해결될 것이라고 생각하지도 않는다. 네덜란드와 스웨덴의 제반 제도가 모두 우월해서라기보다 그 제도가 추구하는 목적과 의의, 기대하는 바에 맞게 합의를 통해 합리적이고 공정하게 제도를 운용하는 것이 중요했다. 이 모든 제도의 운용에서 법규제만큼 또는 법규제보다 더 중요하고 강한 사회적 규범이라는 규제가 중요했다.

네덜란드와 스웨덴에서 민주주의의 발전과 성숙은 단순히 법과 제도로 이루어지지 않았다. 스웨덴의 '헌법 없는 반세기'(1920년대-1974년)가 보여주듯이, 강한 개인과 사회에 의한 권력 견제와 민주주의 감시, 개인과 사회공동체의 강한 도덕과 윤리의식, 축적된 판례와 좋은 관행, 정치사회적 합의와 타협, 전문가 집단의 역할 등과 같은 '보이지 않는 헌법'이 제대로 작동해 온 것이 중요했다. 유연한 사회 코포라티즘에 의한 이익조정, 노사협력 등 우리가 네덜란드와 스웨덴의 좋은 면을 참고하고자 한다면 이러한 점을 먼저 인식해야 할 것이다. 노사 간 상호 인정과 신뢰는 임금협상, 생산성 향상, 산업혁신의 첫걸음이 되고 경쟁력 있는 코포라티즘을 발전시키는 초석이 된다. 세계화, 기술 및 산업구조의 변화, 고실업, 사회적 격차 심화 등 국내외적 여건이 어려워질수록 정부의 역할이 중요해진다. 네덜란드는 물론 스웨덴에서도 노사협력, 인적자원정책, 고용, 사회적 불평등 완화 등에서 정부의 역할과 사회적 합의는 다양한 제도적 장치로 효과를 내고 있다. 이는 유럽 강소국들의 공통된 모습이다. 우리는 이미 IMF 경제위기 이후 지금까지 경제사회적 모순과 불평등을 해소하고 이익 및 이념갈등을 극복하기 위해 어떤 형태로든 사회적 합의 또는 타협 방식을 필요로 해왔다. 노동과 자본은 가장 중요한 사회적 이해관계이므로 효율적이고 공정한 민주적 시장경제를 통해 임금과 고용, 사회적 양극화 문제 등에 대한 구체적인 사회협약이 이루어진다면 사회경제적 민주화를 이룰 수 있다.

이 책에서의 시민민주주의와 사회민주주의는 국가와 제도 차원에서보다 개인과 시민, 사회집단 및 계급, 사회를 중심으로 논의된다. 단순히 사회민주주의 '국가', 사회민주주의 '정당'에 대한 논의가 아니라 그 '사회'가 얼마나 사회민주주의적인가, 그 '사회'가 얼마나 시민민주주의적인가가 그것이다. 국가와 사회는 종속적이거나 유리된 관계가 아니라 상호적 관계로, 궁극적으로 주체적인 개인과 자율적인 사회에 의해 국가가 영향을 받는 것이 민주주의이기 때문이다. 시민민주주의와 사회민주주의는 서로 환원될 수는 없지만 서로 매우 밀접하게 연관되어 있기에 상호 친화적이고 보완적인 관계로 발전시키는 것이 중요하다. 연대와 평등 또는 인정과 분배의 가치를 구현하는, 사회적으로 가장 중요한 민주주의의 실체적 요소이기 때문이다. 네덜란드와 스웨덴의 역사적 유산은 사회민주주의와 시민민주주의에 우호적인 것은 아니었다는 점에서 20세기 들어 어떤 조건과 전략, 주체들에 의해 사회적 합의와 해결책에 대한 '공유된 인식'을 갖게 되었는지를 살펴보는 것이 중요하다. 이 책은 스웨덴 모델과 네덜란드 모델의 역사적 기원과 사회적 성격을 살펴봄으로써 스웨덴과 네덜란드에 대한 이해를 높이고 의미있는 함의를 찾고자 한다. 정차사회적 갈등과 사회문제는 다양하고 어느 나라에서나 항상 존재해 왔지만 어떻게 대응하고 극복하느냐의 차이는 있다. 이 차이가 민주주의의 수준을 보여준다고 할 수 있다. 우리는 정치적 민주주의와 경제적 수준에 비해 사회적 신뢰와 연대, 개인적 윤리와 정직, 투명성과 개방성, 관용과 다양성이 매우 부족하다. 사회적, 문화적, 시민적 차원의 민주주의의 기초를 다시금 성찰해야 하는 이유이다.

제2장
자유민주주의 사회민주주의 시민민주주의

1. 이론적 배경과 분석틀

본 연구는 추상적인 개념이나 이론에 관한 연구가 아니고, 구체적인 대안을 제시하는 연구도 아니다. 스웨덴과 네덜란드에서 민주주의, 구체적으로는 자유민주주의와 사회민주주의, 시민민주주의가 실제로 어떻게 발전해오고 실천되어 왔는지에 대한 역사적, 경험적 연구일 뿐이다. 고대 아테네시대부터 시작된 민주주의는 수많은 개념과 다양한 모델이 있다. 민주주의 이론가인 헬드(David Held)는 민주주의를 '인민의 지배'로 보고 인민의 참여 정도, 참여의 성격과 목표, 민주주의의 적용 범위에 따라 경합하는 복수의 민주주의 모델들을 제시하였다. 구체적으로 민주주의를 4개의 고전적 모델, 즉 고대 아테네 민주주의, 공화주의, 자유민주주의, 직접민주주의와 5개의 현대적 모델, 즉 경쟁적 엘리트민주주의, 다원주의, 법치민주주의, 참여민주주의, 숙의민주주의(deliberative democracy)로 구분하였다(Held 2006). 헬드는 결론적으로 민주주의란 자유와 평등, 모든 제도에의 평등한 참여 기회, 개인의 자유(liberty)와 분배의 보장을 말하며, 궁극적으로는 자율적인 개인(시민)의 숙의와 참여를 민주주의의 핵심으로 보고 있다.

또 다른 민주주의 이론가인 로버트 달(Robert Dahl)에 의하면 '민주주의는 상이한 시간과 상이한 장소, 상이한 사람들에게 상이한 의미를 지녀왔기' 때문에 여전히 많은 혼란과 이견, 문제들을 가지고 있다고 한다(Dahl 2015). 달에 의하면 민주주의란 '자기통치'이며 통치 받는 사람이 스스로를 통치하는 원리이다. 민주주의를 구현하기 위한 많은 좋은 제도들이 있다 해도 제도 자체가 민주주의를 보증하지는 않는다. 민주주의란 모두가 동등한 참가 자격과 능력이 있으며, 공동체가 추구할 정책이나 나갈 방향을 심의하고 결정하는 데 동등한 존재로 간주되는 것을 말한다. 달은 민주주의의 많은 이점을 강조하면서 민주주의 과정이 갖춰야 할 5개의 기본원칙으로 효과적인 참여, 투표의 평등, 계몽적 이해(enlightened understanding), 의제의 통제, 모든 성인의 수용(inclusiveness)을 말하고 있다. 스웨덴 예테보리 대학의 '민주주의 다양성 연구소(V-Dem)'[1])는 민주주의의 개념적 요소를 선거민주주의, 자유민주주의(liberal democracy), 평등민주주의(egalitarian democracy), 숙의민주주의(deliberative democracy), 참여민주주의로 정의한다. V-Dem은 이들 5개의 민주주의가 각각 발전하여 모두 높은 수준에서 실현될수록 완전한 민주주의로 본다. 민주주의 다양성이란 이러한 민주주의의 발전과정이 나라마다 역사적으로 서로 다르고, 현재의 시점에서도 민주주의의 특성과 발전 정도가 나라마다 다르다는 것을 말한다. 또한 민주주의란 이분법이나 어느 것을 절대시하는 것이 아니라 선거(절차), 자유, 평등, 숙의, 참여를 모두 충족해야 하는 것이라고 본다. 거의 모든 민주주의 이론은 자유, 평등, 참여를 기본으로 하며, 궁극적으로 '자기통치', '인민의 지배'를 지향한다고 할 수 있다.

   이 연구의 분석틀은 스웨덴 예테보리 대학의 민주주의 다양성 연구소의 민주주의 분석틀에 기반하고 있다. 이 연구는 V-Dem의 5개 민주주의 요소를 3개로 축소시켜 자유민주주의, 사회민주주의, 시민민주주의를 검토한다. 선거민주주의는 자유민주주의에 포함될 수 있고, 평등민주주의는 사회민주주의로 치환되며, 숙의민주주의와 참여민주주의는 시민의 주체성이 핵심이므로 시민민주주의로 통합할 수 있다고 보기 때문이다. 시민민주주의, 시민정치는 기본적으로 시민의 참여와 숙의를 전제한다. 이 연구에서 강조하고 주장하는 '강한 개인(strong individuals)'이란 바로 '자기통치'를 할 수 있는 자유롭고 독립적이며 주체적인 사람들을 의미한다. 국가는 개인의 자유를 확대하고 다양한 사회보장과 사회서비스를 통해 강한 개인을 위한 조건을 제공해야 하는데 자유민주주의 가치와 보편적 복지국가는 그 주요 조건이 된다. 더 많은 강한 개

---

1) The V-Dem Institute (Varieties of Democracy), The University of Gothenburg. https://www.v-dem.net/en/ 참고

인들로 구성되는 사회일수록 민주적이고 자율적인 강한 사회, 강한 사회공동체가 된다. 사회란 기본적으로 비영리·비정부의 제3섹터 또는 시민사회를 의미하나 정당, 대학, 언론 등 국가기관이나 영리기업이 아닌 공적 역할을 하는 모든 사회조직도 포함하는 개념이다. 뒤르켐(Émile Durkheim)의 '사회적 사실', '사회적 힘' 개념, 바스카의 사회실재론(로이 바스카 2007)은 객관적 존재로서의 사회를 상정한다. 사회적 사실은 법, 도덕, 국가, 교회, 학교 등 인간의 행위를 제약하는 제도나 규칙, 자살률 같은 사회적 추세나 경향을 의미한다. 이러한 사회적 사실은 사회적 힘을 행사하여 사회를 움직이고 변화시키게 된다. 중요한 점은 사회에서 각 개인들이 분업에 따라 각자의 기능을 하게 되면 개인들 간에 협력관계가 나타나고, 이 과정에서 사회적 결속과 연대의식이 생성된다는 것이다. 뒤르켐은 개인과 사회를 발전시키는 분업에 의한 사회적 힘의 중요성을 강조한다. 각 개인들이 사회에 참여하여 각자의 기능을 하는 것은 강한 개인의 기본 조건이 되고, 이는 다시 강한 사회의 기초가 된다. 기든스에 의하면 행위자 또는 개인 주체(agent)가 사회를 구성하고 사회가 다시 행위자에 영향을 주는 상호관계의 '구조화(structuration)' 과정은 개인과 사회가 어떻게 세상을 만들고 변화시키는지를 보여준다(Giddens 1986).

모든 민주주의가 궁극적으로 지향하는 '자기통치'와 '인민의 지배'는 이 책의 주제인 주체적인 강한 개인과 강한 개인으로 구성되는 강한 사회와 일맥상통한다. 강한 사회(strong society) 개념은 강한 국가(strong state) 개념과 함께 오래전부터 발전사회학, 발전경제학 등에서 국가와 사회의 관계를 분석하는 틀로 사용되어 왔다. 강한 국가와 대비되는 강한 사회란 국가에 종속되지 않는 자율적이고 민주적인 사회를 말한다. 역사적으로 강한 국가가 강한 사회를 만드는지, 강한 사회가 강한 국가를 만드는지는 지역과 나라에 따라 다르게 나타난다(Fukuyama 2011) 강한 국가가 강한 사회를 만들기도 하고, 강한 사회가 강한 국가를 만들기도 하는데 오늘날 민주적인 선진국들은 주로 강한 개인에 기반한 '강한 사회-강한 국가'의 조합을 보인다. 이는 사회와 국가의 균형이 중요하기 때문이다(Acemoglu & Robinson 2019). 민주주의 또한 자유, 평등, 참여의 균형이 필요하다고 생각한다. 네덜란드와 스웨덴은 자유민주주의, 사회민주주의, 시민민주주의가 모두 높은 수준에서 균형적으로 실현되고 있는 나라들이다. 이 연구는 스웨덴과 네덜란드에서 이러한 민주주의가 역사적으로 어떻게 발전되어 왔고, 어떻게 실현되고 있는지를 분석하려는 것이다. 자유민주주의는 투표권, 표현의 자유, 사상의 자유, 결사·집회·시위의 자유, 정치활동의 자유 등 개인의 가장 중요한 자유와 권리를 보장하는 기본적이고 기초가 되는 민주주의 원리이다. 제한된 권력과 법치주의도 자유민주주의의 중요한 원리이다. 우리는 아직 사상의 자유, 정치활동의 자유가 제한되어 있다.

사회민주주의 — 과거와 현재

사회민주주의(social democracy, 이하 사민주의)의 사전적 정의는 정해진 정치과정을 통해 자본주의에서 사회주의로의 평화적이고 점진적인 이행을 주장하는 정치이념을 말한다. 19세기 말, 20세기 초 사회주의 진영 내에서는 혁명적 사회주의와 달리 민주적이고 점진주의적 방식에 의한 사회주의 건설론이 대두되었다. 민주적 사회주의로 명명되었지만 사회민주주의와 유사했던 이 주장은 자유주의의 발달 과정에서 쟁취된 개인적 자유를 소중히 여겼으며 의회민주주의를 수용했다(최영태 2007). 이 시기의 기독교 사회주의와 사회민주주의는 모두 민주적 사회주의 이념을 공유했다(Dorrien 2019). 19세기의 사회주의 사상과 마르크스(Karl Marx) 이론에 기반한 사민주의는 사회주의라는 같은 이념적 뿌리를 갖지만 공산주의를 거부했고 정통 사회주의와도 거리를 두었다. 1875년 고타(Gothaer)강령을 채택한 독일 사회주의자들이 마르크스주의와는 다른 노선을 선택하면서 공산주의와 사민주의는 같은 뿌리인 사회주의에서 서로 분리되었다. 고타강령으로 등장한 독일 사회주의노동자당(Sozialistische Arbeiterpartei Deutschlands)의 개혁주의 노선은 '자유로운 국가', '사회주의적 사회', '노동수익의 공정한 분배', '모든 사회적·정치적 불평등의 제거'를 강조했다. 1890년 사회주의자 탄압법(1878년 도입)이 폐지되자 사회주의노동자당은 당명을 독일사회민주당(SPD)으로 바꾸고 합법적인 정치활동을 시작하였다. 독일사회민주당은 1891년 마르크스주의를 당 공식이념으로 재수용한 에르푸르트(Erfurter) 강령을 채택했지만 베른슈타인의 실용주의적인 정치적 실천 부분도 포함시켰다. 독일 사회주의자들은 라살레2)의 영향으로 일찍부터 혁명을 거부하고 국가와의 협력을 선택했으며 보통선거에 의한 민주화와 노동조합운동을 제창했다.

유명한 수정주의 이론가였던 베른슈타인[3])은 마르크스의 사회주의 이행론, 프롤레타리아화와 계급투쟁론, 국가소멸론을 반박하고 자본주의의 붕괴는 비현실적이며 따라서 보다 현실적인 투쟁 수단으로 사회주의로의 이행을 추구해야 한다는 파격적인 주장을 폈다.

사회민주주의는 참정권과 의회주의 등 민주적인 방법으로 사회주의의 실현이 가능하다고 보며, 프롤레타리아 독재를 거부하고 국가, 정부, 민족이라는 존재를 인정해 기존 지배계급과의 타협적인 성격을 갖는다. 이러한 사민주의 이념은 민주주의의 확대 및 심화를 추구하고, 민주적이고 평등하며 연대적인 자본주의를 중시한다. 베른슈타인의 수정주의적 사회주의 개념에 의하면, 사회주의는 자유주의의 이념적 계승자이고 민주주의의 확대이다. 그는 사회주의 실현 방법으로 급속한 전면적인 사회화가 아니라 '통제의 사회화', '소비의 사회화'를 제안했다. 사민주의는 독창적인 이론이라기보다 오히려 이론적으로는 자유주의로 수렴될 수 있는 요소들이 있었다. 특히, 사회적 자유주의와 유사한 점이 많았다. 자본주의 자체를 수용했고, 점진적인 변화로 진보가 가능하다고 보았으며, 모든 계급의 물질적 향상이라는 공리주의적 사고를 보였고, 노동계급 혁명을 거부했기 때문이다. 노동의 소득 재분배 등을 포괄하는 정치적, 사회적, 경제적 이념이자 개량적 사회주의 이념인 사민주의는 북유럽 등 세계 곳곳에 전파되었고, 특히 스웨덴과 노르웨이는 사회민주주의 이념을 현실에서 가장 성공적으로 구현하였다. 이 두 나라에서 사회민주주의의 전성기는 스웨덴 사회민주당(1889년 창당)이 1932년부터 1976년까지 44년 간, 노르웨이 노동당(1887년 창당)이 1935년부터 1965년까지 30년간 장기 집권한 시기였다. 이 시기에 스웨덴과 노르웨이에서는 보편적 복지국가와 노동지배가 실현되었고, 높은 수준의 사회적 평등과 연대가 이루어졌다(김수진 2007).

1899년 창당된 핀란드노동당(1903년 핀란드사회민주당으로 개칭)을 포함

---

2) 라살레(Ferdinand Lassalle. 1825년-1864년)는 1862년 발표한 <Das Arbeiterprogramm>에서 마르크스 이론과 달리 국가의 소멸을 부인하여, 계급이 철폐된 다음에는 이성의 실현으로서의 진정한 국가가 처음으로 출현한다고 주장했다.
3) 베른슈타인(Eduard Bernstein. 1850년-1932년)의 『사회주의의 전제와 사민당의 과제』 (원제 *Die Voraussetzungen des Sozialismus und die Aufgaben der Sozialdemokratie*, 1899)에 주장한 것이다.

하여 1900년 전후로 북유럽은 물론 유럽전역에 사회민주당 계열의 정당이 창당되었고 급격히 성장했다(Eley 2002). 의회주의를 수용한 핀란드의 사회민주당은 1907년 유럽 최초의 보통선거에서 37%를 획득하여 제1당이 되었다. 의회를 통해 정치권력을 쟁취한 핀란드의 사회주의자들과 노동운동은 토지개혁 등 사회변혁을 시도했지만 러시아 제국의 핀란드공국이라는 제약조건 하에서 핀란드 부르주아 기득권의 반대에 부딪쳐 번번이 실패하게 되었다. 결국, 1차 세계대전과 러시아혁명이라는 거대한 회오리 속에서 1917년 12월 러시아로부터 독립했지만 바로 좌우 유혈내전을 겪게 되었다. 내전 후 핀란드 좌우파는 정치적 타협을 통해 오로지 핀란드의 민주주의를 발전, 심화시키는 데 노력하기로 합의하고 실천함으로써 강소국이자 선진 민주주의 국가로 오늘에 이르고 있다(김인춘 2017). 20세기 들어 볼셰비키 혁명과 소련의 헤게모니에도 불구하고 사회민주주의 정당은 정치사회적으로 큰 성과를 거두게 되었다. 의회민주주의 조건 하에서 계급 형성을 통해 자본주의를 변화시키기 위한 힘과 연대를 추구하는 사민주의는 북유럽에서 노동계급의 지지를 사실상 독점해왔고, 독일 등 다른 여러 나라에서도 사민주의는 중요한 정치적 위치를 차지해 왔다. 스웨덴의 경우, 선거정치로 사회민주당이 장기간 집권했고 자본에 대한 사회적 통제도 가능해지면서 사회주의로의 이행이 실현된다는 관점도 나왔다. 엥겔스(Friedrich Engels)도 독일의 노동운동과 사민당이 지속적으로 성공한다면 국가권력을 가질 수 있을 것이라고 했다.

　사회민주주의는 자본주의적 민주주의체제 하에서 계급정치의 가장 성공적인 '현상'이었지만 순수한 계급정당보다 다수 국민정당이라는 선거정치 논리를 수용하면서 자신을 공산당과 구별했다. 1920년대 말 스웨덴 사민당은 실용적 개혁주의와 계급연합을 수용함으로써 이념적 대결 대신 참여와 타협을 선택했다. 스웨덴 사민당은 '기능적 사회주의', '잠정적 유토피아'란 개념으로 사회민주주의 이념을 발전시키면서 기존의 불평등으로 인한 민중의 요구를 충족시키고 대공황으로 인한 노동계급의 불안정한 삶의 개선을 우선하는 것이 중요하다고 판단했기 때문이다. '기능적 사회주의'의 핵심 과제는 시장경제 하에서 자본가들의 전통적인 권력과 특권을 사회적 통제 하에 둠으로써 자본가들을 관리하는 것이었다. 또한 자본주의를 개량한다는 것이 곧 사회주의 이념의 포기를 의미하지는 않았고 개량주의와 사회주의는 양립가능하다고 보았다. 쉐보르스키(Adam Przeworski)는 '역사적 현상으로서의 사회민주주의'를 논하면서 20세기의 사민주의를 노동자정당, 선거정치, 사회주의의 관점에서 살펴보고 있다. 쉐보르스키에 의하면 노동자는 민주적 자본주의체제에서 노동자로서 생산과정 및 그 결과물의 분배에 직접적으로 영향을 줄 수 있고 시민 개인으로써 간접적으로도 영향을 줄 수 있다. 사회민주주의는 무엇보다 민주적 자본주의, 즉 자본에 대한 사회적 감시와 공정한 분배가 이루어질 수 있는 민주적 시장경제체제가 중요하다. 투명하고 노동이 대표될 수 있는 기업지배구조가 요구되는 것도 이 때문이다. 20세기 초 사회민주주의(또는 사회주의)와 노동운동은 급진세력과 온건세력으로 분열되기도 했지만 모두 의회진출을 목표로 했다. 이러한 선거정치에의 참여가 자본주의적 사회질서를 강화하는 것으로 귀결될지, 사회주의적 변혁으로 귀결될 것인지에 대한 문제가 나타났는데 노동조직에서의 '계급'과 정치에서의 '개인(또는 시민)'이라는 정체성이 동시에 가능하기 때문이다. 사민주의의 성공은 나라마다 뚜렷한 차이를 보였지만 20세기 중반까지 사회민주주의 정당은 강한 노동계급 정체성에 기반하여 크게 성장할 수 있었고, 보다 민주적인 자본주의를 만들 수 있었다 (Scharpf 1991).

20세기 중후반부터 노동자의 수가 지속적으로 줄고 사회적으로 다원주의가 강화되면서 노동운동의 계급적 성격이 약화되었다. 사회민주주의 정당은 중간계급과의 연대나 국민정당으로 변모하여 선거정치를 우선하는 정당이 되었다. 더구나 대부분의 나라에서 사민당의 집권(또는 연정참여)과 노동운동의 영향력으로 분배가 크게 개선되었지만 생산수단의 국유화(또는 사회화)가 이루어지지 않았고 자본의 권력과 집중은 오히려 강해졌다. 스웨덴이 대표적이다. 1980년대 이후 스웨덴 사회민주당의 헤게모니는 크게 약화되었고 금융시장의 자유화 등 신자유주의 경제정책과 사회서비스의 민영화로 중도적 성격이 강화되면서 여타의 당과 질적으로 구분되지 않게 되었다. 모두에게 더 많은 사회적 기회를 제공하고 평등한 분배를 보장한 보편적 복지국가가 하나의 문화가 되고 주요 정당들이 모두 복지국가를 지지하게 되면서 사회민주주의 이념과 정당의 정체성이 약화되었던 것이다. 신자유주의적 세계화가 심화된 1990년대 이후에는 사회민주당의 득표율 또한 지속적으로 하락해 왔다. 특히, 스칸디나비아 3국처럼 역사적으로 유사했던 사민주의체제가 1980년대 이후 서로 다른 방향으로 변화한 것을 보면 사민주의는 각자의 상황에 따라 변화할 수 있음을 보여준다. 사민주의의 약화, 특히 스웨덴 사회민주주의 위기는 사민주의 후퇴에 대한 많은 논쟁을 불러일으켰다(Ryner 1999; Bandau 2022). 신자유주의적 세계화 시대는 일국적 케인즈주의와 사민주의에 치명적인 도전이 되었다. 전후 케인즈주의와 보편적 복지국가의 발전은 시장개입과 적극적인 경제정책으로 사민당(정부)은 시장조정이라는 역할을 성공적으로 수행하게 되면서 결과적으로 국유화 계획을 완전히 포기하게 되었다. 시장조정과 보편적 복지국가가 사회민주주의의 핵심적 가치이자 목표로 자리매김 되면서 시장경제체제는 민주적으로 감시·관리될 수 있었고, 공공부문을 통해서든 시장 조정을 통해서든 모두가 소득과 사회서비스를 분배받을 수 있게 된 것이다. 임금정책이나 고용정책, 사회 코포라티즘의 작동, 산업합리화 또는 구조조정 등으로 국가는 사적소유 체제를 건드리지 않고도 자본집단을 국가 또는 사민당 정부의 필요에 따라 활용할 수 있었다.

그러나 중요한 것은 사민주의자들은 자본세력과의 합의 또는 동의 하에 시장개입과 복지국가를 할 수 있었다는 점이다. 즉, 사회적 타협이 그것인바, 실제 스웨덴의 사민당 정부도 1938년과 2차 세계대전 직후에 소유권과 경영권을 보장하는 방식으로 자본과의 타협을 통해 사민주의적 경제·사회정책을 추진할 수 있었다. 케인즈주의적 시장개입과 복지국가를 위한 최우선 정책은 경제성장과 완전고용이었다. '시장을 거부한 사민주의'(Esping-Andersen 2017)라고는 하지만, 효율적이고 공정한 시장을 중시하고 고용, 소득, 풍요의 공정한 분배가 바로 사회민주주의자들의 목표이자 약속이었기 때문이다. 1920-1930년대 근로계층의 빈곤과 실업을 겪으며 '공정하게 분배'하기 위해서 일단 분배할 몫을 생산해야만 했던 것이다. 쉐보르스키의 주장대로, 생산수단의 민간 소유라는 자본주의적 축적체제에서 생산성 증대는 사기업의 수익성에 의존할 수밖에 없고, 경제를 통제할 수 있는 사민주의자들의 역량 자체가 자본의 이윤에 종속되어 있었기 때문이다. 1932년부터 1976년까지 사민당이 장기 집권했던 스웨덴에서 자본의 집중이 심화되고 대자본의 폐쇄적인 사적권력이 커진 것도 이러한 구조적 체제의 결과이다(김인춘 2007, 2020). 이러한 구조적 조건 하에서 급진적인 재분배정책은 오히려 노동계급의 이익에 배치되기 때문에 대중의 요구와 달리 사민주의자들은 자본가의 이익을 보호하게 된다. 기업의 이윤이 충분하지 않게 되면 궁극적으로 임금이 상승하지 못하고 고용이 감소하게 되기 때문이다. 자본주의의 위기는 그 누구의 물질적 이해에도 부합하지 않을 뿐 아니라 경제위기의 부담은 노동계급이 가장 먼저, 가장 많이 안게 되기 때문이다. 이는 사회민주주의의 근본적 모순이자 한계이기도 하다.

과거 스웨덴 사회민주당은 완전고용, 평등, 효율성을 통해 개혁적이고 성공적인 사회민주주의를 달성하면서 세계적인 주목을 받기도 하였다. 그러나 1970년대 이후 이러한 성공은 바래져왔다. 1970년대 케인즈주의의 위기, 1980년대부터 신자유주의적 세계화가 확산되면서 시장개입, 완전고용과 고임금, 고복지의 연계와 선순환은 사실상 불가능해졌다. 나라마다 그 내용과 방식에서 차이가 있었지만 거의 모든 유럽 국가들에서 신자유주의적 경제정책과 복지·노동개혁이 시작되었다. 경제위기로 노동계급의 삶이 어려워졌지만 일정 수준의 소득과 복지가 보장되었고 동시에 중상층의 세율도 높아졌다. 사회경제적 위기 상황에서도 분배와 연대의 가치를 지키고 개인의 권리와 자유를 위해 각 나라는 교육과 복지의 중요성을 강조하면서 개인들의 역량을 키우는, 즉 스스로 '계몽'되고 적극적 자유를 누릴 수 있도록 지원해 왔다. 북유럽 국가들은 물론, 네덜란드, 독일, 프랑스 등이 대표적이다. 특히, 네덜란드는 역사적으로 좌파정당이 강하지 않고 노조 또한 분열되고 비교적 약함에도 불구하고 사회민주주의 가치가 실현되어 왔다는 점에서 중요하다. 세계화 시대의 사회민주주의는 과거 사민당과 노조 중심의 집단주의적, 관료주의적 평등과 분배에서 보다 다원화되고 분권화된, 개인의 선택을 중시하는 방향으로 변화해 왔다. 보다 자유로운 '개인의 선택'에 대한 유권자의 요구가 반영된 결과이기도 하다. 사회주의는 평등만을 위한 이념이 아니라 '완전한 자유'를 위한 이념이라는 점에서, 즉, 각자가 개인적으로 자유롭게 자신의 삶을 통제할 수 있는 자원을 갖는, 강한 개인의 사회라고 볼 때, 진정한 사회민주주의의 가치는 평등한 인민의 자기통치에 있다 할 것이다.

피케티(Thomas Piketty)가 보여주는 바와 같이 세계화 30여 년 동안 소득 격차와 사회적 불평등은 크게 심화되어 왔다. 사회민주주의의 쇠퇴 또한 현실이다. 사회민주당이 신자유주의 정책을 채택하고 세계화와 자본의 이동을 수용한 것이 그 요인이라고 한다면 이는 쉐보르스키가 주장한 대로 사회민주주의의 한계이기도 하다. 성장과 고용을 통해 근로자의 임금과 복지를 가능하게 할 자국의 자본 축적을 위한 선택이기도 했기 때문이다. 어쩌면 사회민주주의는 자본(주의)을 가장 잘 보호하는 체제로 사회주의와는 근본적으로 다르다고 할 것이다. 스웨덴 사회민주주의는 세상의 모든 것은 변한다는 만물 무상(無常)의 모습을 보여준다. 오늘날 스웨덴 사회민주주의와 사회민주당은 사회민주당이 강력했던 20세기 영광의 시기의 그것과는 너무나 다르다. 2018년 총선에서 사회민주당이 얻은 28.3%의 득표율은 1911년 얻은 28.5%의 득표율보다 낮은 것으로 100년 넘은 기간 중 사상 최저 득표율이었다. 1940년 53.8%의 지지율을 비롯하여 20세기 다수의 총선에서 40% 이상의 지지율을 받아왔던 스웨덴 사회민주당이었다. 스웨덴 사회민주당은 과거에 혁명적인 공공주거정책으로 주거문제를 해결하고 삶의 질을 높였지만 지금은 주거위기와 임대료 인상 문제로 2021년 6월 현직 총리가 의회에서 불신임되는 사건까지 발생했다.4) 스웨덴과 함께 사회민주주의가 강했던 노르웨이 노동당의 선거정치는 크게 후퇴하지는 않았지만 집권 기간은 지속적으로 축소되어 왔다.

 세계화, 사민주의의 우경화 등 사회민주당의 쇠퇴를 가져온 여러 원인이 있지만 사회민주주의 이념 자체는 사라지지 않고 있다. 여전히 사민주의 정당들은 정당정치에서 중도좌파적 위치를 고수하고 상대적으로 평등과 연대의 가치를 중시하며 민주적 자본주의를 추구하기 때문이다. 또한 세계화에의 대응과 그 영향이 나라마다 다르게 나타났다는 점도 중요하다. 서로 다른 경로 혁신과 경로이탈, 조정과 사회협약 등이 중요한 역할을 했기 때문이다. 노동정치와 사회민주주의가 강했던 스웨덴은 1980년대부터 기존 경로에서 이탈했고 조정도 크게 약화되었다. OECD 등 여러 자료에 의하면 1990년대 이후 노르딕 국가들에서도 시장소득 격차가 상당히 커진 것으로 나타난다. 반면, 네덜란드는 세계화 30여 년간 시장소득 격차는 거의 변화가 없는 것으로 나타난다. 다행히 소득재분배 효과로 노르딕 국가들의 가처분 소득 격차는 여전히 양호하여 세계적으로 가장 낮은 지니계수를 보여주고 있다. 노르딕 국가들은 역사적으로 대외무역을 중시해 왔지만 국내 자본시장 등 시장개방은 제한적

---

4) https://www.thelocal.se/20190517/the-unusual-way-sweden-once-solved-its-housing-crisis-and-improved-living-conditions.
 https://www.thelocal.se/20210621/opinion-stefan-lofven-has-swedens-prime-minister-government-paid-the-price-for-passivity/ 기사 참조

이었다. 스웨덴은 1980년대 이후 금융시장 개방을 시작으로 1995년 유럽연합(EU) 가입을 거치며 급격한 시장개방과 자유화가 이루어졌다. 그러나 네덜란드는 무역은 물론 시장개방과 자유화가 오랜 기간 이루어져 세계화의 충격과 영향이 크지 않았다. 그리고 네덜란드의 재분배체제(복지국가)가 스웨덴과 같이 국가 중심적이기보다 시민사회(제3섹터) 중심적이라는 점, 네덜란드의 노동시장이 더 유연하다는 점이 주요 요인으로 작용했다.

이 책에서는 사회민주주의를 이념이나 이데올로기가 아니라 사회경제적 차원의 민주주의, 즉 경제 민주화와 사회보장을 통한 사회권 실현으로 국한하고자 한다. 사회민주주의 정당들의 지지율이 하락하고, 최근 들어 우파 포퓰리즘 정당들이 크게 선전하면서 공정한 분배를 실현해온 보편적 복지국가가 복지국수주의(chauvinism)의 공격 대상이 되고 있다. 우파 포퓰리즘 정당인 네덜란드 자유당(The Dutch Party for Freedom), 스웨덴민주당(The Sweden Democrats)은 '복지 노스텔지어(welfare nostalgia)'로 이민·난민자에 대한 복지축소를 포함하여 다양한 복지개혁을 주장하고 있다(Schreurs 2021). 네덜란드의 전통적인 중도우파정당들은 네덜란드 자유당을 '정상화'시켰지만(Bale & Kaltwasser 2021), 스웨덴의 중도-우파정당은 현재까지는 스웨덴민주당과 거리를 두고 있다. 세계화 시대에 많은 변화와 부침을 보여 온 사회민주주의 정당들은 과거와는 다르지만 여전히 '좌파적' 입장을 보이고 있다. 오히려 세계화 시대에 주권자의 기본권을 보장하고 더 공정하고 안정된 사회질서를 위해 사회민주주의의 정당성과 중요성은 여전하다는 주장도 강하다(Manwaring & Holloway 2021; Meyer 2007). 사회민주주의의 규범과 가치, 사회적 연대와 공정한 분배를 지속적으로 구현하기 위한 사회민주주의 정당들의 의지와 전략, 공공선에 대한 개인들의 시민의식에 따라 사회민주주의의 미래가 결정될 것이다.

시민민주주의와 문화민주주의 — 사회적 신뢰와 계몽, 관용과 다양성

시민민주주의(civic democracy)란 시민 개인의 자발적인 참여와 숙의로 공공선이라는 민주주의 가치와 목표를 달성하려는 것을 말한다. 참여의 차원은 동네커뮤니티에서부터 의회까지 모두 가능하며, 참여의 방법은 자원봉사활동에서부터 의회 청원까지 매우 다양하다. 대의제 민주주의와 구분되는 민주주의의 유형으로 직접민주주의의 성격을 갖는다고 볼 수 있는 시민민주주의는 강한 개인과 강한 사회의 척도가 된다. 이 연구에서는 참여민주주의와 숙의민주주의를 통합하여 시민민주주의로 정의하며, 시민민주주의는 사회민주주의, 자유민주주의만큼의 중요성을 갖는다고 본다. 참여민주주의는 주권자들의 자발적인 정치참여를 강조하는 직접민주주의적 형태이며, 숙의민주주의는 정치 영역에서 윤리와 도덕의 가치를 강조하면서 상호이해와 합의, 소통합리성을 중요시하고 있다. 참여와 숙의뿐 아니라 관용과 계몽, 문화적 존중을 통해 시민민주주의는 문화민주주의(cultural democracy) 가치를 포함할 수 있다. 문화생산 수단 및 분배에의 평등한 접근, 문화생산 과정에의 참여, 문화적 관용과 다양성을 의미하는 문화민주주의는 민주주의 이념의 궁극적이고 최고 수준의 확장이다. 누구나 자신의 목소리를 낼 수 있고 인정받을 수 있으며, 모두가 정치에 참여하고 권력으로부터 소외되지 않는 것이 그것이다(Vestheim 2014). 개인(시민)의 도덕적 자율성과 내면의 성찰 및 평화를 추구하는 문화민주주의는 모두를 포용하고 모두가 주체가 되는 휴머니티의 비전으로 민주주의의 본질인 '인민의 지배'와 '자기통치'를 구현할 수 있게 한다. 문화민주주의의 관용과 다양성의 가치를 내면화한 시민들의 주체적 자아와 사회적 각성, 사회적 공간에서의 민주적 토론과 학습은 시민민주주의의 발전을 위한 핵심적 요소가 된다(김인춘 2017). 시민민주주의는 직접민주주의의 성격을 갖지만 직접민주주의로 치환될 수 없으며, 문화적 시민이 민주시민으로써 시민민주주의와 사회민주주의의 가치와 규범을 실천하는 것이 중요하다. 문화민주주의가 구현되는 사회에서는 시민 개인의 각성과 계몽에 의해 차별과 배제와 폭력이 최소화될 수 있는 것이다.

시민민주주의와 문화민주주의의 가치는 민주주의의 핵심 요소이기도 한데 바로 '참여'와 '계몽'이 그것이다. 달(Robert Dahl)의 '계몽적 이해' 원칙이란 모든 사회구성원이 교육·학습되어야 하고 정치적 과정과 결과를 잘 이해할 수 있는 기회를 가져야한다는 것이다. 즉, 모든 주권자들(시민)이 충분히 스스로 '계몽'되어야 한다는 것으로 달의 '계몽'은 바로 문화민주주의 원리인 것이다. 평등하고 민주적이며 수준 높은 주체적인 교육 및 학습과 문화향유가 만들어내는 '계몽'이 그것이다. 따라서 민주주의를 도덕적 규범으로 이해해야 한다는 달의 민주주의 개념을 적용하면 '계몽적 이해'란 바로 문화민주주의이며 문화민주주의 수준과 직접적으로 관련된다고 할 것이다. 사회적 실재로서의 사회민주주의와 시민민주주의, 즉 분배와 인정의 규범은 호네트가 말한 사회적 실재(social reality)에서 '민주적이고 윤리적 삶(democratic ethical life)'과 상호인정에 기반한 '사회적 자유(social freedom)' 개념이다. 이 개념이 역사적으로, 사회적으로 어떻게 구현되고 발전해 왔는지를 네덜란드와 스웨덴의 사례에서 살펴보고자 한다. 호네트에 의하면, 개인적 관계에서, 시장경제에서, 민주주의 체제에서 '우리(we)'가 가능할 때 사회적 자유가 가능해진다고 한다(Honneth 2012, 2014; 낸시 프레이저 2014). '우리'는 바로 연대이고 상호 인정이고 포용이고 재분배라 할 것이다. 한 개인의 정체성은 '우리', 즉 사회집단이 그 개인에 대한 사회적 인정의 형태에 달려있는데, 개인의 정체성과 사회적 자유는 사회의 인정 및 분배(제도)와 함께해야 하는 것이다. 이는 제도뿐 아니라 규범과 가치를 통해 사회를 분석하는 것이다. 사회민주주의와 시민민주주의의 규범과 가치는 각각 사회적 연대와 분배, 문화적 포용과 인정이다.

    시민민주주의와 문화민주주의는 정치체제나 제도 차원보다 사회문화적 차원과 시민 개인이 중요한 요소가 된다. 개인들의 사회적 삶이 얼마나 '시민적'이고 '문화적'인가, 공공영역으로서의 사회, 나아가 민주주의 체제 자체가 얼마나 '시민적'이고 '문화적'인가가 그것이다. 고전적 공화주의부터 오늘날의 민주주의까지 '덕성(virtus) 있는 시민의 참여'는 민주주의의 핵심으로 간주되어 왔다. 이 연구에서 지속적으로 언급되는 사회문화적 차원이란 일상적 삶과 관계들, 다양한 사회집단과 지역사회, 비영리·비정부 조직들로 구성되는 시민사회 또는 제3섹터이다. 인정과 분배는 이러한 사회문화적 차원에서 다양성과 신뢰라는 사회적 규범을 전제로 한다. 민주주의란 민주주의 제도들의 총합 그 이상으로, 민주적 논의를 통해 공통의 문제와 정책을 합의, 결정하고 사적 개인을 공적 시민 개인으로 전환시키는 것과 긴밀하게 관련된다. 민주적 권리와 사회적 우선순위에 대한 관점의 차이로 사회에서는 항상 긴장과 갈등이 존재하는데 이러한 갈등을 관리하는 규칙이 바로 민주주의이다. 갈등이 일정 범위 내에서 관리되고 타협과 합의로 귀결되기 위해서는 관용의 필요성과 갈등의 불가피성을 수용할 수 있는 시민들의 책임성을 요구한다(Diamond, 2008). 따라서 차이와 다양성을 인정하는 민주주의 문화가 중요하며, 민주주의 학습과 교육의 목표는 독립적이고 비판적이며 민주적인 행동 규범을 갖는

'문화적 시민'을 만드는 데 있다.

역사적으로 사회적 분리가 심했던 네덜란드와 계급적 갈등이 심했던 스웨덴은 협의주의(consociationalism)와 합의제 민주주의를 통해 폴더모델과 스웨덴 모델을 만들었다. 협의주의와 합의제 민주주의는 비례대표제, 대연정 등 제도적 요소도 필요하지만 더 근본적으로는 규범과 원칙이라는 사회규율이 중요했다. 유명한 경제학자인 라구람 라잔은 이러한 시민사회 또는 제3섹터를 '커뮤니티(the community)' 또는 '제3의 기둥(the third pillar)'으로 지칭하면서 이 영역의 중요성을 역설하고 있다(Rajan 2019). 시민사회, 제3섹터, 커뮤니티, 제3의 기둥 모두 국가영역이나 시장영역이 아닌 사회·문화 영역을 의미한다. 오늘날의 많은 문제는 국가의 실패나 시장의 실패가 아니라 시민사회의 실패에서 비롯된다고 주장하는 라잔은 사회에서의 인간관계, 가치와 규범은 시장에도 배태(embedded)되어 있다고 한다. 따라서 마을, 작은 도시, 작은 지역 등 특정 지역에 사는 사회집단인 지역 커뮤니티를 건강하고 힘있게 만드는 것이 무엇보다 중요하며, 의사결정이 지역 커뮤니티라는 풀뿌리에서 이루어지지 않는다면 민주주의는 죽게 될 것이라고 주장한다. 훌륭한 민주주의는 경쟁력 있는 시장, 정직한 정부, 강한 지역 커뮤니티 간 균형이 필요하다는 것이다. 커뮤니티는 사회발전은 물론 경제발전에도 중요하기 때문에 더 큰 국가를 선호하는 진보주의자들이나 시장자유를 주장하는 보수주의자들 모두 더욱 풍요롭고 균형적인 사회를 위해 커뮤니티의 중요성을 인식해야 한다고 라잔은 강조한다.

2016-17년 촛불시위를 거치며 시민민주주의에 대한 관심이 커져왔다. 이러한 관심은 1987년 민주화를 전후한 시민단체의 폭발적 증가와 그 후의 활발한 시민운동과는 다른 현상이다. 진보적 시민단체의 성장과 활동은 한국사회에 많은 긍정적 영향을 미쳐왔지만 '시민없는 시민운동', '전문가단체'라는 비판과 함께 시민단체의 권력화, 권력과의 밀착 문제도 제기되어 왔다. 시민단체가 스스로 또 하나의 대의기관 같은 역할을 하게 되면서 나타난 현상으로 전문가 또는 명망가 중심의 시민운동은 있었지만 시민민주주의는 이루어지지 않았다 할 것이다. 2016-17 촛불시위는 단체나 조직의 힘도 있었지만 더 의미 있고 중요했던 것은 다양한 수많은 시민 개개인이 스스로 자신의 정치적 의견을 표현하고 독자적인 정치적 행동과 참여를 한 것에 있다. 실제로 과거와 달리 노령층, 청소년, 가정주부 등 그동안 정치적 행동과 참여에 소극적이거

나 보이지 않는 제약이 있었던 집단들이 적극적으로 나선 것이다. 이러한 점에서, 즉 '개인'이 '스스로' '참여'했다는 점에서 시민민주주의의 가능성을 볼 수 있는 것이다. 시민민주주의란 시민 개인적 차원의 도덕적 규범과 '계몽'이며, 포용과 다양성의 문화적 가치를 내면화하고 실천하는 것이기 때문이다. 따라서 사회민주주의의 가치가 평등과 연대라는 점에서 시민민주주의 없는 온전한 사회민주주의는 불가능하다. 평등과 연대가 개인의 '계몽', 개인 스스로의 참여와 행동 없이 집단주의적 또는 전체주의적 방식으로 이루어질 때 사회민주주의는 물론 민주주의 그 자체도 위험에 처할 수 있기 때문이다. 시민민주주의야 말로 진정한 민주주의의 시작이라 할 수 있을 것이다.

우리는 오랫동안 시민들의 정치참여 및 정치문화 수준이 낮았고 실제 낮게 평가되어 왔다. 우리의 낮은 시민민주주의와 정치문화 문제는 정치인의 문제일 뿐 아니라 유권자, 즉 개인의 문제이기도 했다. 2016-17년 겨울 전후의 촛불시위는 개인들이 정치에 직접 참여하여 국면적으로 한국의 정치문화를 바꾸는 데 크게 기여했다. 여론조사가 보여주었듯이 다수의 주권자들이 대통령 탄핵을 요구했고, 이러한 요구가 정치적으로 대표되었기 때문이다. 문제는 이것이 시민들의 민주적이고 성숙한 정치참여와 정치의식에서 비롯되었다기보다 '박근혜·최순실 게이트'라는 특수한 상황에서 비롯된 것으로도 볼 수 있다는 점이다. '게이트'가 가져온 촛불민주주의 또는 광장민주주의를 '자발성'과 '기획성'이 결합된 '극장정치'(전상인 2017)로 격하하지는 않더라도 촛불민주주의가 진정한 시민민주주의인가 하는 의문은 제기될 수 있다. 촛불시위에 참여한 다양한 개인과 집단들이 과연 얼마나 '시민적'이고 '문화적'인지, 권력을 무너뜨리고 권력을 교체한 시민들이 조직 속에서 사회 속에서 일상적으로 민주주의를 어떻게 인식하고 실천하는가는 또 다른 문제이기 때문이다. 헌법 등 제도 자체로 보면 민주주의이지만 그 체제가 시민적이지도 문화적이지도 않아 민주주의 원칙과 가치가 결핍된 민주주의 정치체제는 지금도 세계 곳곳에 많기 때문이다. EIU(The Economist Intelligence Unit) 민주주의 지수에서 말하는 '흠있는 민주주의(flawed democracies)', '하이브리드 체제(hybrid regimes)', '권위적 체제(authoritarian)'가 그것이다. 민주주의 시스템은 불안정하고 형식적인 것으로 제도만으로는 그 실현성과 실질을 보장하지 못하기에, 그리고 사회가 민주주의의 요구에 부응해야 하기에 도덕적 규범과 '계몽'으로서의 민주주의라는 사회문화적 요소는 필수적이다. 일부 사회집단이 정치적으로 대표되지 못해서 이들에 대한 차별과 배제가 심화되는 것은 아니다. 정치적으로 대표되고 이들에 대한 제도적 보호가 가능하더라도 사회문화적 차원의 민주주의가 이루어지지 않는다면 이러한 차별과 배제, 혐오 등 보이지 않는 폭력이 계속될 수 있기 때문이다. 따라서 민주주의의 사회문화적 토대가 견고할수록 제도화된 자유와 평등이 그 규범과 가치를 지니게 된다.

사회민주주의란 물질적 차원에서만 한정될 수 없고, 또 한정되어서도 안 된다. 전체주의, 사회주의, 공산주의도 모두 인민의 평등이라는 민주주의에 기반을 두고 있는데 역사적으로 서유럽의 민주적 사회주의와 사회민주주의는 개인의 자유, 사회적 신뢰와 연대를 중시했다는 점에서 중요하다. 분배를 통한 사회적 안전은 매우 중요하지만 사회적 신뢰와 연대의 가치가 물질적 분배와 함께 할 때 진정한 사회적 자유(social freedom)가 가능할 것이다. 2016-17 촛불 참가자들이 탈물질주의 가치를 가지고 권위주의적 현상을 비판하는 모습을 보인다는 점(정병기 외 2018)은 이러한 면에서 고무적이다. 개인의 자유, 참여, 소수자 존중, 반핵 환경 보호, 여성권익, 난민지원 등을 의미하는 탈물질주의는 내적 성찰과 내면의 아름다움으로 보이지 않는 폭력을 멀리하게 하는 문화민주주의 가치와 맞닿아 있다. 사회민주주의란 사회적 평등을 위한 물질적 보장뿐 아니라 시민사회, 생산현장, 일상생활에서의 작은 민주주의 가치를 중시한다. 문화와 민주주의 관계의 중요성은 2차 세계대전 이후부터 본격적으로 논의되어 왔다. 2차 세계대전 이후부터 1960년대까지 유럽에서 문화민주화는 예술의 '문명적 가치(civilising value)', 즉 문화예술이 시민성과 민주성, 즉 계몽을 함양하는 역할과 가치에 초점을 맞추면서 주로 고급문화에 대한 일반대중의 접근을 최우선 했다. 이러한 관점에 따라 정부의 역할은 소득이나 교육의 부족으로 이러한 문화에 쉽게 접근할 수 없는 사람들에게 문화예술에 대한 접근을 확대해 왔다. 반면, 1970년대 유럽 문화정책 논의에서 등장한 문화민주주의는 주로 문화민주화에 대한 비판으로 등장했는데 문화민주화가 주류적 규범 밖의 문화적 표현과 행위를 무시하고 문화에 대한 top-down식의 엘리트주의적이고 획일적 접근을 갖는다고 비판한 것이다. 그럼에도 문화민주화와 문화민주주의 모두 본질적으로 문화정책의 목표이다. 문화민주화는 문화예술에 대한 이해와 감상을 사회에 확산시키기 위해 문화예술을 민주화하는 것이기 때문이다. 다만 문화민주화가 기본적으로 문화예술에 대한 접근에 초점을 맞춘다면, 문화민주주의는 포용과 다양성, 문화생산 수단에의 평등한 접근에 초점을 맞춘다.

민주주의 원리와 밀접히 관련되는 문화정책과 문화예술은 공감을 이끌어 내는 최고의 기반으로 문화예술을 향유한다는 것은 서로를 이해하고 공감함으로써 포용과 다양성의 사회 만들기를 추구한다. 시민민주주의와 문화민주주의가 강조되어야 하는 이유는 대의민주주의의 위기 때문이기도 하다. 오늘날 민주주의의 최고 선진국들인 북유럽에서까지 대의민주주의의 위기 담론이 나타나고 있다. 웨스터민스터(Westminster)모델에서 매디슨(Madisonian)모델로의 '전환(Madisonian Turn)'이 그것이다. 대중과의 소통 약화, 카르텔정당의 등장, 정치의 사법화, 유럽통합 등이 노르딕 의회민주주의 제도를 위협하고 있다는 것이다. 민주주의 체제의 핵심 제도인 정당과 의회정치의 위기, 대의민주주의에 대한 낮은 신뢰는 '많은 것을 요구하는 시민들(demanding citizens)'의 직접적인 정치참여를 가져오고 있다. 이러한 상황에서 참여민주주의와 숙의민주주의, 즉 시민민주주의는 다시금 많은 주목을 받고 있다.

2. 선진사회의 민주주의 — 강한 개인과 강한 사회

역사적으로 유럽의 민주주의 발전 또는 '민주주의 벼리기(forging democracy)'의 핵심은 '민주주의를 사회적으로 만드는(making democracy social)' 것이었다(Eley 2002). 유럽에서 민주주의가 형성되는 과정에서의 세 가지 축 중 첫째는 민주주의가 평등한 인간들의 사회라는 원칙적 선언에서 유추되는 민주주의의 주체인 시민을 구성하는 작업이었다(홍태영 2014). 사회 속에서의 평등한 시민의 구현이 곧 민주주의인 것이다. 시민민주주의와 문화민주주의가 중요한 것은 민주주의란 민주주의 제도들의 총합 이상이기 때문이다. 민주주의의 실질과 견고성은 민주적 시민문화의 발전 정도에 크게 좌우된다. '민주주의 문화(culture of democracy)'는 개인들이 스스로를 주관하는 능력, 즉 자기통치의 행동과 행위, 규범을 의미한다. 민주적 사회의 시민문화는 개인과 집단이 자유롭게 선택한 행위와 활동들에 의해 만들어지며, 자유로운 사회의 시민은 스스로 결정하고 자신의 이익과 권리, 책임을 추구한다. 모든 나라는 '법 앞의 평등'이라는 법적인 자유와 같이 자유의 권리를 제도화하고 있다. 그러나 제도화된 자유에 대한 이해 정도가 이미 사회적으로 이루어져 있는가가 중요하다. 민주주의의 사회적 토대가 그것으로, 사회문화적 차원에서 개인의 자유 문화가 달성되어 있어야만 제도화된 자유 또한 그 규범과 가치를 가지게 되기 때문이다.

유럽을 포함하여 오늘날 전세계적으로 민주주의 퇴조 경향이 나타나고 있다는 우려가 확산되고 있다. 민주주의의 역진(democratic backsliding) 또는 탈공고화(deconsolidation)론, 민주주의의 결핍 또는 죽음까지 회자되면서 민주주의 위기에 대한 논의가 뜨겁다(Levitsky & Ziblatt 2018). 『어떻게 민주주의는 무너지는가』,[5] 『위험한 민주주의』[6] 등이 그것이다. 민주주의의 정의나 민주주의의 의미는 민주주의 역사만큼이나 다양하고 복잡하며 이데올로기적이다. 스티븐 레비츠키와 대니얼 지블랫은 민주주의의 위기가 규범의 문제와 직결된다고 말한다. 민주주의를 지켜온 '보이지 않는 규범'을 강조하면서 민주주의를 지키는 건 헌법 등 '제도'보다 관용, 자제 등 '규범'이라는 주장이 그것이다. 대부분의 국가가 정기적인 선거에도 불구하고 민주주의는 다른 형태로 죽어 간다고 하는데, 바로 자신들이 민주적 경쟁을 통해 당선된 지도자이기 때문에 어떤 비민주적 통치행위를 하더라도 모든 것이 민주적 통치행위로 정당화될 수 있다고 생각하기 때문이라고 한다. 선출된 독재자들이 민주주의 틀은 그대로 보존하지만 민주주의 제도를 자신의 이익을 위해 통제하고 사유화하며 정상적인 권력분립이 작동되지 못하도록 한다는 것이다. 헝가리, 폴란드, 터키 등 오늘날 여러 나라에서 민주주의는 민주적으로 폐지될 수 있는 하나의 정치 시스템이며, 따라서 제도적으로 정치적 민주주의를 완성했다 하더라도 민주주의의 위기는 언제라도 올 수 있다는 것이다.

야스차 뭉크는 민주주의의 위기가 곧 자유민주주의의 위기라고 한다. 20세기 민주주의 국가들에서는 기본권과 자유를 중시하는 헌법정신에 따라 자유

---

5) Steven Levitsky and Daniel Ziblatt. *How Democracies Die* (2018) 번역한 책임.
6) Yascha Mounk. *The People vs. Democracy: Why Our Freedom Is in Danger and How to Save It* (2018) 번역한 책임.

와 민주주의는 항상 함께 했으며 어느 것도 희생되거나 목적이 되지 않았다. 뭉크는 오늘날의 위기를 자유주의와 민주주의의 불화, 그리고 이 둘의 분리에 따른 결과라고 보면서 오랫동안 하나라고 여겨져 온 자유주의와 민주주의가 분리되고 있다고 한다. 따라서 민주주의의 위기는 '반자유적 민주주의', 다시 말해 개인 권리가 보장되지 않는 민주주의와 '비민주적 자유주의', 즉 민주주의 없는 권리 보장에서 비롯된다고 한다. 반자유적 민주주의는 다수(또는 지지자)를 위해 소수(또는 반대자)를 배제하는 권위주의적 민주주의 모습을 보인다. 또한 정치 엘리트들이 유권자의 의지와 상관없이 사안에 대한 결정을 내리고 유권자가 정치에 미칠 수 있는 영향력을 지속적으로 축소시키며 '비민주적 자유주의'를 만든다. 저자는 '개인의 권리'와 '국민의 뜻'이 조화를 이뤘던 시기는 끝났고, 자각하고 스스로 통치하는 시민 즉 각 시민 개인의 민주적 품성(democratic personality)이 민주주의의 필요조건임을 주장한다. 도덕적 규범과 '계몽'으로서의 민주주의가 그것이다.

규범과 문화로서의 민주주의

법규제의 힘이 다하는 상황에서 영향력을 발휘하는 것이 문화라고 불리는 사회규범이라고 한다. 법은 윤리, 도덕, 전통 등과 함께 사회규범의 하나로, 법으로 현실의 모든 것을 규제할 수 없기에 사회적 규범, 즉 사회규율이 중요하고 필요해지는 것이다. 노르딕 민주주의는 법과 제도 그 이상의 것으로 규범과 문화로서의 민주주의이다. 노르딕 복지국가 또한 '규범적 토대'에 기반하며 '분배적 정의'라는 철학적 인식이 다수에게 사회적으로 공유됨으로써 발전해 왔다. 네덜란드와 노르딕 민주주의는 이러한 규범과 문화를 우선하면서 갈등, 타협, 협력을 통해 발전해 왔고, 권력은 상호견제와 민주적 통제, 절제와 제한을 통해 민주화되어 왔다. 사회적 합의와 타협의 정치, 권력의 분산과 공유로 사회통합적이고 민주적인 정치를 추구하고 실현해 왔다. 법과 제도적 차원의 민주주의는 물론 도덕적 규범과 성찰, 합의민주주의와 참여민주주의라는 시민문화와 정치문화로 개인의 권리와 자유, 사회·문화적 평등과 다양성을 달성해 온 것이다. 유능하고 민주적이며 법에 구속되는 국가를 만드는 것은 사회이며, 그 사회를 만드는 것은 개인이라는 당연하고도 중요한 사실을 보여준다. 트라이브(Laurence Tribe)에 의하면 헌법 밑바탕에 '보이지 않는 헌법'이 있다고 한다. '보이지 않는 헌법'이란 한 사회의 역사적 경험과 지혜, 시민사회의 역량, 언론 및 전문가 집단의 역할, 공동체의 윤리의식, 개인의 자율성과 도덕 등 한 나라 전체의 역사적, 사회문화적, 정치적 토양을 말한다. 민주주의를 지켜온 것은 헌법과 제도보다 보이지 않는 규범이라고 많은 학자들이 말한바 있다. 실제로 노르딕 국가들의 민주주의는 정치적 민주주의나 사회경제적 민주주의, 법이나 제도 그 이상의 '문화와 규범으로서의 민주주의'임을 보여준다.

민주주의 연구자들에 의하면 민주주의란 제도 그 이상이 되어야 한다고 한다. 제도도 중요하지만 제도만으로는 민주주의 가치와 목표가 실현되지 못하기 때문이다. 제도적 민주주의는 민주주의를 위한 가장 기본적인 최소한의 수단이었을 뿐으로 선진 민주주의 국가들은 합의정치, 사회적 타협과 신뢰, 사회적 규범과 원칙으로 민주주의 가치들을 실현해왔다. 제도적 민주주의가 민주주의 가치를 자동적으로 구현하지 않음은 우리나라의 현실이 잘 보여준다고 하겠다. 중요한 민주주의는 규범과 문화로서의 민주주의이다. 민주적 절차의 선거를 통한 지도자의 선출과 이들 정치지도자의 '정치'는 언제라도 비민주적이고 반민주적일 수 있다는 점에서 모든 시민이 민주주의 가치를 만들고, 공유하고, 지키는 것이 필요하다. 역사적으로 권위주의와 자유주의의 전통이 강했던 네덜란드와 스웨덴은 20세기 들어 경제민주화와 보편적 복지국가를 통해 민주주의와 평등주의를 성공적으로 발전시켜왔다. 20세기 후반부터 신자유주의적 세계화도 일부 수용하여 경제적 번영을 이루어 왔다. 21세기를 전후로 네덜란드는 반이민, 반유럽통합의 포퓰리즘적 정치·사회집단이 등장하여 네덜란드 사회는 물론 유럽연합(EU)에도 적지 않은 영향을 미쳐왔다. 스웨덴 또한 최근 스웨덴민주당이라는 포퓰리즘 정당의 급속한 성장으로 스웨덴 정치를 위기에 빠뜨리고 있다. 이에 선진 민주복지국가들인 이 두 나라가 이러한 문제에 어떻게 대응해 왔는지 살펴보는 것이 중요할 것이다.

네덜란드와 스웨덴의 민주주의와 복지국가는 개인(국민)의 사회적 자유와 주체성을 최우선적 가치로 보는 제도이자 체제이다. 스웨덴은 1870년대부터 급격한 산업화를 이루었고 1930년대까지 정치적으로 보수적, 권위적이었을 뿐 아니라 노사갈등과 사회적 격차가 심각했다. 금융자본과 산업자본이 통합된 독점자본의 힘은 1920년대까지 주요 국가정책에 막강한 영향력을 미치고 있었다. 1932년 사회민주당의 집권과 1938년의 노사대타협(살츠쉐바덴 협약)은 이러한 스웨덴 사회에 대전환을 가져왔다. 역사적으로 스웨덴 국가(군주)와 관료집단의 권위와 권력은 강했는데 20세기의 강력한 관료적 복지제도는 이를 유지시켜주는 역할도 했다. 1970년대 들어 공공부문이 급속히 커지면서 관료조직의 비대화와 권력화 문제가 제기되었고, 특히 민간대자본의 지나친 사적 권력에 대한 비판이 커져왔다. 이 문제는 1985년 의회와 정부가 구성한 '권력조사위원회'를 통해 공개적으로 논의되고 토론되었다. 권력엘리트 스스로 외부에 자신의 권력을 조사, 감시하게 함으로써 권력과 민주주의의 문제를 극복할 수 있었다. 노조를 비롯한 다양한 결사체들, 지역사회 단체들, 이웃들 중심의 시민민주주의가 스웨덴의 강한 국가와 거대한 복지국가의 권력을 연대와 평등의 규범과 결합시킬 수 있었다. 한편, 개인의 독립(independence)과 책무를 강조하는 스웨덴 문화와 보편적 복지국가는 일상적 개인주의와 '홀로 문화', 전체가구의 50%가 넘는 1인가구를 지속시켜 왔다. 신자유주의적 세계화와 이민자 급증으로 스웨덴 사회가 차별화된 삶의 양식이 확대되어 온 것은 사실이지만 사회규범과 합의정신에 기반한 스웨덴 민주주의와 정치는 개인의 독립과 시민적 연대를 중시하는 '민주시민의 힘'에 크게 기인하고 있다.

2016-17년 촛불 참가자들이 대의민주주의 체제를 비판하고 체제의 구조적 변혁을 요구한 것인지, 체제가 약속한 법과 절차를 준수하고 국가 권력에 신의계약을 지키라고 요구한 것인지는 논란이 많다(정병기 외 2018, 210-211). 이들은 당시 계급, 젠더, 학력, 나이, 지역, 직업, 종교 등 우리사회의 다양한 차별과 분리를 가져온 사회적 범주들을 뛰어넘는 사람들이었다. 중요한 문제는 그 사람들, 민중이든, 대중이든, 시민이든, 국민이든, 이들의 특성이 무엇인지, 이들이 어떤 인식과 태도와 행위를 하는지 이다. 예를 들어 이들이 연대와 평등, 관용과 다양성의 가치를 내면화한 계몽적 시민인지가 그것이다. 그러나 이들에게 공동체적 시민성과 책무감을 기대하는 것과 함께 기본적으로 이들을 '개인'으로 인정하는 것이 중요하다고 본다. 극도로 세속화되고 다양한 삶의 양식이 존재하며, 고도로 분화된 한국사회에서 모두는 각자의 선호와 사생활, 독립성과 자율성을 갖는 개인, 즉 강한 개인이자 자유인이라는 점을 인정하고, 스스로 또는 규범적으로 '시민 개인'이 되도록 하는 것이 그것이다. 이

는 대의민주주의를 비판하더라도 개인의 기본적인 자유권을 보장하는 자유민주주의, 물질적 차원뿐 아니라 연대의 가치를 실현하는 사회민주주의, 다양성과 관용의 시민민주주의가 모두 실현될 수 있는 필요조건이라고 본다. 그리고 이는 체제의 구조적 변혁도, 법과 절차의 준수, 국가의 신의 계약 준수라는 촛불의 요구도 가능하게 할 것이고, 우리의 민주주의를 성찰하고 심화시켜 진정한 선진국, 글로벌 선도국이 되는 길이다.

오늘날 한국 사회는 '민주화 이후의 민주주의'를 경험하고 있다. 우리사회에서 민주주의는 누구라도 최종적으로 의지할 수 있는 가장 확고하고 일반화된 상징의 위치에 있다고 한다(최종렬 2019). 문제는 그 상징이 지닌 의미가 무엇이고, 어떤 민주주의인가이다. 민주적 선거, 정권 교체, 진보정당의 의회 진출 등 민주주의의 형식적 조건과 절차는 사실상 완성되어 있지만 민주주의의 이상과 현실의 간극은 여전히 크다. 제도권 정치세력의 문제, 민주주의 제도의 문제 등 이러한 간극의 원인들에 대한 전문가들의 연구도 많다. 그러나 우리는 '제도'는 이미 갖추어져 있기에 제도의 문제보다 제도의 운용이 문제라고 할 것이다. 실제로 여전히 대통령 직선제를 선호하는 우리사회를 볼 때, 제도에 대한 불신보다 제도의 운영에 대한 불신이 극심하기에 시스템 구성원이 시스템에 영향을 주며, 시스템 상의 행위자 간 상호작용이 매우 중요하다는 점에서 제도 자체보다 제도가 민주적, 효율적, 효과적으로 운용되는 것이 요구된다. 북유럽 국가들을 볼 때, 이러한 운용을 가능하게 하는 것이 권력의 민주화, 분산화, 개방화, 투명화와 시민권력의 확대이다(김인춘 2020).

민주주의는 하나의 이상적 모델로 구현될 수 있는 것은 아니지만, '민주주의의 민주화'는 제도적, 절차적 민주주의 그 이상의 민주주의를 추구하는 것이다. 정병기는 대의민주주의 그 이상의 민주주의를 참여민주주의, 생활민주주의, 직접민주주의에서 찾고 있다(정병기 외 2018). 이승원에 의하면 한국 '민주주의의 후퇴'는 비단 보수 정부의 문제만은 아니었다. 87년 이후 민주화는 절반의 승리를 넘어서지 못했으며, 한국 민주주의 제도의 한계, 그리고 신자유주의 세계화라는 외부 요인까지 더해져 한국의 민주주의는 완성형이 아니라 진행형이었다는 것이다(이승원 2014). 이승원 또한 민주주의의 정치적 주체로서의 '인민/시민'을 상정하여 생활양식으로서의 민주주의와 공동 책임으로서의 '연대'의 가치를 성찰하면서 우리의 민주주의를 만들어가야 함을 강조한다. 민주주의가 제도를 넘어 생활양식으로서 발전하는 데 '연대'의 가치가 중요하다는 것이다. 결국, 문제는 시스템 구성원, 사회 구성원의 문제, 즉 개인과 사회가 만드는 규범과 문화로서의 민주주의인 것이다.

제도와 정치영역 그 이상의 민주주의

민주주의 이론가 샹탈 무페에 의하면 민주주의에는 두 가지 서로 다른 전통이 있다고 한다. 하나는 법의 지배, 권력분립, 개인의 자유 보호와 같은 자유주의적 전통이고, 다른 하나는 평등과 대중 주권이 중심 사상인 민주주의 전통이 그것이다. 그리고 둘의 조합과 조화는 쉽지 않다고 한다(Mouffe 2018). 그러나 신자유주의는 이 둘을 하나, 즉 자유민주주의로 만들면서 민주주의는 합의와 이익 분점이라는 자유주의적 절차로 수렴·축소되었고, 정치를 정치이게 하는 경합적 공간이 사라져버렸다고 한다. 좌우 엘리트 정치가 담합한 신자유주의 시대에 기성 엘리트를 비판하는 포퓰리즘은 대중이 정치적으로 각성하는 것이기에 포퓰리즘을 부정적으로 봐서는 안 되며, 좌파 포퓰리즘 전략을 민주주의 전통에 각인시키는 것이 매우 중요하다고 주장한다. '정치의 우선성(the primacy of politics)'(Berman 2006) 주장과 마찬가지로 무페는 민주주의를 급진화하기 위해서는 정치가 중요하며 평등과 대중 주권 가치가 중심이 되어야 한다고 말한다. 평등은 평등민주주의, 즉 사회민주주의를 통해, 대중 주권은 모든 시민이 민주주의와 권력의 주체가 되는 시민민주주의를 통해 가능할 수 있다. 따라서 사회민주주의와 시민민주주의는 급진적인 민주주의이기도 한 것이다.

영국의 정치사회학자 게르바우도에 의하면 오늘날의 포퓰리즘 운동은 특정 계층이 아니라 정치적으로 소외된 전체 시민에 호소한다고 한다(Gerbaudo 2017). 새로운 민주주의 운동의 이념으로 등장한 '시민주의(citizenism)'는 정치 주체와 정체성을 시민 개인과 시민들에 두면서 시민들과 과두제지배층(oligarchy) 간의 갈등을 핵심적 사회갈등으로 본다. '진정한 민주주의'의 미래는 민주적 (사회)공간의 아래로부터의 확대와 복원에 있으며, 이는 극심한 불평등과 권력 독점의 문제들을 해결하고 시민 개인의 권력을 다시 쟁취하기 위한 방안이 된다고 한다. 사회민주주의, 자유민주주의, 시민민주주의의 문제인 것이다. 이와 함께 중요한 것은 뮐러(Müller 2021)가 말하는 '중간 제도와 조직들(intermediary institutions)'의 역할이다. 민주주의 위기 시대에 역동적이고 창의적인 민주주의를 위해서는 19세기부터 민주주의의 성공에 필수적이었던 중간제도들을 중시하고 재활성화해야 한다고 한다. 전문가단체, 다양한 결사체, 정당, 언론, 대학 등 이들 제도와 조직은 민주주의 인프라(infrastructure)로 민주주의에 필수적이고 시민의 힘을 강화시킨다고 한다. 이는 네덜란드, 스웨덴과 같이 선진사회의 민주주의 특징인 강한 개인과 강한 사회의 모습이다.

시민민주주의와 평등민주주의는 제도적 민주주의와 달리 법과 제도의 도입으로만 이루어지기는 어렵다. 페이트먼(Carole Pateman)은 대의제 민주주의에서 다수의 참여가 배제되는 것을 경계하며 시민들 스스로 정치적 의사결정과정에 참여하는 참여민주주의를 주장한다. 무페 또한 급진적 민주주의를 위해 대중들이 기존 사회질서에 주체적으로 의문을 제기해야 한다고 말한다. 민주적인 사회에서는 사회의 중간(intermediary 또는 meso)제도와 조직들이 이들 참여하는 대중 또는 시민을 강하게(re-empowering) 만든다. 정당, 노조, 결사체, 전문가단체 등 민주적인 중간제도들이 활성화될수록 국가와 정치권력에 법과 절차 및 신의계약의 준수를 요구할 수 있고, 주권자의 권리를 보장하고 확대할 수 있는 새로운 민주적인 사회계약이 가능해질 수 있다. 세계 여러 나라에서 민주주의가 후퇴하거나 위험에 처해 있다는 민주주의 위기 시기에 코로나 팬데믹이 지속되면서 권력의 남용, 개인의 자유 및 프라이버시 침해 등에 대한 우려가 커졌다. 과도한 비상권력 사용과 기본권 제한으로 '코로나가 민주주의를 감염'시키고 있다는 것이다. 권력 사용과 개인의 자유 문제는 민주주의에서 매우 중요한 요소로 민주주의의 본질 그 자체라고 할 수 있다. 코로나가 유럽 자유민주주의 국가들의 민주주의 원칙과 성과에 이중 도전이 되고 있다는 진단도 이러한 문제를 제기한다(Goetz & Martinsen 2021).

자유민주주의와 급진적 민주주의 간의 긴장은 민주주의 본래의 특성이라는 점은 자명하다. 그럼에도 이 두 요소는 민주주의의 본질이기에 양립해야 하고 어떻게 잘 양립하느냐에 따라 한 나라의 민주주의의 수준을 보여준다고 하겠다. 민주주의를 제도적으로만 규정하는 한계를 극복하고자 롤스(John

Rawls)는 자유 우선의 원칙, 차등의 원칙, 기회균등의 원칙을 내세워 자유주의를 재해석하고 자유민주주의의 정당성을 회복하려 했다. 정치철학자인 캐롤 굴드는 개인의 자유와 사회적 협력 및 연대가 양립할 수 있는 '평등한 적극적인 자유(equal positive freedom)'의 원칙이 사회 조직과 제도들에서 실현될 때 민주주의가 이루어진다고 말한다(Gould 1989). 민주주의란 제도와 정치 영역을 넘어 경제, 사회적 삶에서도 사회적 협력과 민주적 의사결정이 실현될 때 가능하기 때문이다. 민주주의 규범과 민주적 의사결정은 정치뿐 아니라 경제 및 사회적 삶(social life)에도 적용되어야 한다고 굴드는 강조한다. 모든 정치, 경제, 사회 영역에서의 자유와 공동체적 협력이 그것으로 전통적인 자유와 사회적 평등 개념을 개인의 '자유(freedom)'와 '사회적 협력(social co-operation)'이 양립하는 '평등한 적극적 자유'로 발전시키는 것이다. 제도와 정치를 넘어 사회적 협력과 연대, 사회 및 경제조직을 중시하는 굴드의 민주주의는 경제민주화와도 직결된다. 경제영역과 경제조직의 민주적 의사결정은 경제민주화 그 자체이기 때문이다. 마르크스가 말하는 생산양식의 우선성(the primacy of the mode of production), 경제결정론은 아니더라도 경제는 인간의 사회적 삶과 문화에 매우 중요한 영향을 미친다. 경제민주화는 사회민주주의(평등민주주의), 나아가 민주주의의 핵심적 요소일 뿐 아니라 민주적 시장경제체제의 구현에 필수적인 제도이자 규범이다.

3. 민주적 시장경제와 기업지배구조

민주적 자본주의와 민주적 시장경제(democratic market economy)는 사실상 같은 개념으로 이 책에서는 같은 의미로 혼용하여 사용한다. 민주적 시장경제라는 용어를 쓰는 이유는 본 연구에서 강조하는 시장의 효율성과 공정성 때문이다. 민주적 시장경제는 사회민주주의의 전제조건이 된다. 공정성과 효율성을 담보하는 민주적 시장경제가 공정하고 풍요로운 1차 분배를 가능하게 하기 때문이다. 시장 시스템이 투명하고 공정할수록 민주적인 시장경제라 할 수 있으며, 시장 시스템과 경제조직의 민주적 구성과 작동을 위해 나라마다 다양한 법적 규제가 존재한다. 이 연구에서는 투명하고 공정한 기업지배구조를 민주적 시장경제의 핵심 구성 요소로 보고, 스웨덴과 네덜란드의 민간 자본집단과 기업지배구조가 어떻게 민주적 시장경제를 구성하고, 공정한 분배와 평등이라는 사회민주주의 가치와 목표에 기여해 왔는지를 검토하고자 한다.

민주적 시장경제는 조정시장경제 개념과 유사하나 공정성을 더 강조하는 개념이라고 볼 수 있다. 시장경제를 조정시장경제(coordinated market economy)와 자유시장경제(liberal market economy)로 구분하여 자본주의 다양성(varieties of capitalism)을 주장한 홀과 소스키스에 의하면 조정시장경제는 5개 분야에서 조정이 이루어진다고 한다. 임금 등 근로조건을 조정하는 노사관계, 기업에서의 노동대표(공동결정제, 노동이사제 등), 노동력에 대한 교육훈련, 기업과 자본시장, 기업과 다양한 이해관계자가 그것이다. 조정시장경제 체제에서 말하는 '조정'이란 '비시장적 조정양식' 또는 '전략적 조정'을 의미한다. 각 나라의 제도, 조직, 문화 등이 이러한 조정과 기업의 선택에 영향을 미치며, 조정시장경제의 제도들은 서로 간에 제도적 보완성을 갖는다고 한다. 대표적인 조정시장경제는 노르딕 국가들, 독일, 네덜란드, 벨기에, 오스트리아, 스위스, 일본 등이다(Hall & Soskice 2001). 선진 자본주의 국가의 유형과 특징을 설명하는 자본주의 다양성 이론은 특정 부문에 초점을 둔 복지국가론, 생산체제론, 시장경제론, 개방대응론, 기업지배구조론 등이 특히 주목을 받아왔다(Kitschelt et al. 1999; Hall & Soskice 2001; 김인춘 2007).[7] 자본주의 다양성 이론은 국가와 시장의 이분법이 아니라, 다양한 시장경제 유형을 분석하는 데 초점을 두고 있다. 이 이론은 시장경제의 여러 형태를 보여줄 뿐 아니라, 연구의 관심분야에 따른 시장경제의 유형은 각각의 유용성을 갖는 장점이 있다. 자유시장경제와 조정시장경제라는 이념형에 국한하지 않고 다양한 정치경제 제도를 문화·역사적 측면까지 확대하여 이해할 수 있기 때문이다. 각 유형의

---

7) 이외에도 기업금융시스템에 따라 시장중심(market-based)/은행중심(bank-based)으로 구분하거나(Zysman 1983), 주주자본주의/이해관계자 자본주의 유형(Hutton,2002) 등이 있다. 사회경제시스템을 영미모델, 사민주의모델, 동아시아모델, 유럽대륙모델, 남부유럽모델로 유형화한 B. Amable(2004)이론도 주목받고 있으나 기존의 자본주의 다양성 이론과 유사하다.

유용성은 연구자가 설명하고자 하는 것이 무엇이냐에 달려 있다. 본 연구에서는 기업지배구조론으로 시장경제의 성격과 이해관계자 모델을 검토하고자 한다.

자본주의 다양성 이론과 밀접히 연관되는 발전모델이라는 개념도 있는데 이는 '발전'을 위해 어떤 유형과 제도의 사회·경제시스템을 채택할 것인가를 말한다. 주로 영미모델[8], 유럽모델, 동아시아모델이 그 대상이 되어왔으며, 유럽모델과 동아시아모델은 각각 더 세분화되어 분석되고 있다. 자본주의 다양성 이론은 비교자본주의(comparative capitalism), 비즈니스 시스템으로도 불리며 이론적으로 발전해 왔는데, 조정시장과 자유시장의 두 유형 외에 다양한 관점에서 4개 유형, 5개 유형, 8개 유형 등이 있다. 시장중심, 메소(meso)코포라티즘, 사회민주주의, 국가주도 자본주의로 구분하거나(Boyer 2005), 영미모델, 대륙유럽모델, 사회민주주의 경제, 지중해모델, 아시아 자본주의로 나누거나(Amable 2003), 조정시장과 자유시장에 더해 혼합(mixed)시장경제와 신흥(emerging)시장경제(Hancke et.al 2007)로 구분하기도 한다. 에스핑 안데르센(Esping-Andersen 1990)은 선진 자본주의체제를 세 가지 복지국가 유형으로 분석하였다. 복지제도의 포괄성, 보편성, 관대성을 기준으로 한 탈상품화의 정도에 따라 사회민주주의 복지국가, 기독민주주의 (또는 보수적) 복지국가, 자유주의적(또는 잔여적) 복지국가로 구분하였다. 생산체제론(production regimes)은 선진 자본주의체제를 조정시장경제와 자유시장경제로 유형화하고 있다(Soskice & Hall 2001; Bowman 2014). 조정시장경제는 다시 유럽대륙의 산업부문별 조정시장경제, 북유럽의 국가 차원의 조정시장경제로 나누어진다. 비조정 시장경제는 조정이 거의 없는 자유시장 경제체제를 말한다. 개방대응론은 경제개방에의 대응방식에 초점을 두고 이익집단조직 및 관료의 역할에 따라 자유주의적 대응방식, 국가주의적 대응방식, 코포라티즘 대응방식으로

---

[8] 영미모델(Anglo-Saxon model)이란 엄밀히 말해서 미국모델(the American model)을 지칭한다. 미국모델이란 시장의 자유와 경쟁, 모험을 최대한 보장하는 미국식 자본주의에 기반하며 기회의 평등을 보장하나 결과의 불평등을 용인하는 경제·사회시스템을 말한다. 그러나 최근 들어 미국모델이 자랑해온 기회의 평등이 크게 약화되고 있다는 주장이 빈번히 제기되고 있다. "Inequality and the American Dream" in *The Economist* (June 17, 2006), Piketty(2014) 참조.

구분하였다(Katzenstein 1985). 카젠스타인은 코포라티즘 방식을 분석한 결과, 2차 대전 후 개방경제체제를 갖는 '작은 국가들'에서 노동과 자본은 임금억제에 합의함으로써 국제경쟁력을 향상시키고 국가는 복지정책을 통해서 노동측에 국내적 보상을 보장해왔음을 보여주었다.

시장경제체제론은 시장경제를 사회적 시장경제와 자유시장경제로 구분한다. 사회적 시장경제는 다시 노르딕 사회적 시장경제와 대륙형 시장경제로 나누어진다(Pontusson 2005). 시장경제체제론은 유형별 국가군이 상호 중복된다는 점에서 에스핑 안델센의 복지국가 유형론에 가깝다. 그러나 이론의 구체적 내용에서는 생산체제론과 시장경제론이 유사하다 할 것이다. 생산체제론은 기업 및 정치경제적 주체들이 집단행동의 문제를 극복하고 상호호혜적인 협력을 위해 그들의 행위를 조정할 수 있는 역량의 유무 또는 역량의 성격에 초점을 두고 있다. 사회적 시장경제 이론은 조정보다 제도적 형태를 강조하고 있는데, 노동과 자본의 조직수준이 높고 제도화된 단체교섭, 그리고 공적 사회보장제도와 고용보호제도가 그것이다. 이 두 이론이 유사한 이유는 제도와 조정 간 상관관계가 크기 때문인데 제도가 잘 구축될수록 조정 수준이 높아질 수 있음을 보여준다.[9]

자본주의 다양성 이론의 주요 관심사 중 하나는 기업지배구조이다. 기업지배구조론은 기업에 대한 소유와 통제, 즉 경영권 관계의 관점에서 자본주의 유형을 분석한 것으로 외부 분산주주모델(diffuse shareholder 또는 stockholder)과 내부 지배주주모델(concentrated blockholder)로 구분하고 있다. 외부 분산주주모델에서는 내부 지배주주가 없으며 소유와 통제가 분리되어 있는 기업지배구조로서 미국식 모델의 핵심요소이다. 지배주주모델은 내부오너가 존재하고 소유와 경영이 연계되어 있는 기업지배구조로서 금융기관 또는 지주회사 및 기업이 큰 지분을 갖는 형태, 가족 또는 친지네트워크 형태, 국가소유 형태로 구분되고 있다. 지배주주모델은 유럽, 아시아, 남미 등 대부분의 나라들에서 채택되고 있다. 기업지배구조 이론에서 본다면, 지배주주모델이 일반적이고 미국식 분산주주모델은 오히려 '특수한(unusual)' 유형이라고 한다

---

9) 그러나 세계화 시대의 사회협약 사례는 제도적 조건과 별도로 주요 주체들의 '전략적 행위'에 의해 조정이 가능함을 보여준다(김인춘 2017). 대표적인 사례인 아일랜드의 경험에 대해서는 권형기(2014) 참조.

(Gourevitch & Shinn 2005). 각 국가의 기업지배구조는 그 나라의 독특한 정치, 경제발전, 역사와 문화, 사회적 환경에 따라 진화·발전해 왔기 때문에 기업지배구조의 다양성이 지속되고 있으며 기업지배구조 간 비교우위도 찾기 어렵다고 한다(Roe 2003; Lazonick 1993). 이러한 기업지배구조론은 미국의 주주자본주의와 서유럽 및 일본의 이해관계자(또는 참여)자본주의 유형(Kelly & Gamble 1997)과 매우 유사하다고 볼 수 있다. 본 연구의 민주적 시장경제체제는 조정시장경제, 사회적 시장경제, 이해관계자 모델의 특성을 가지나 경제민주화를 더 강조하고 평등민주주의와의 정합성을 중시하는 성격을 갖는다고 할 수 있다.

1990년대 이후 조정시장경제가 자유시장경제로 변화하거나 전환되는 현상이 나타났다는 점에서(Schneider & Paunescu 2011) 자본주의체제 수렴론이 등장하기도 했으나 제도의 변화에도 변화의 성격은 여전히 각 유형의 특성을 지속시킨다고 한다. 민주적 계급투쟁, 정치사회적 동맹, 국가의 역할이 더해지면서 각 자본주의의 유형에 따른 조정은 지속된다는 것이다(Hancke et.al 2007). 세계화 시대에 자본주의 다양성은 오히려 더 두드러졌다는 것이다. 자유시장경제가 더 신자유주의적으로 발전한 반면, 조정시장경제는 탈규제보다 오히려 자국 제도의 안정성과 비교우위성을 극대화해 왔기 때문이다. 같은 조정시장경제 국가들 간에도 차이가 나타났는데 스웨덴은 매우 큰 변화가 나타난 반면, 네덜란드는 비교적 작은 변화에 그쳤다. 세계화는 많은 나라들에게 노사협력과 정책결정에서의 조정을 더 요구하고 있으며, 이에 따라 사회협약의 범위가 확대되고, 재분배를 추구하는 세력연합과 생산성을 강조하는 세력연합 사이에 밀접하고 유연한 연계가 이루어진 것이다. 이러한 과정에서 노조는 여전히 조직적 역량을 보이고 있으며, 유럽의 조정시장경제 국가들은 노사협력, 임금조정 등 비교제도 우위성(comparative institutional advantage)을 극대화하기 위해 노력했다. 고용주와 노조, 정부는 각각 국제경쟁력을 강화하기 위해, 정책결정과정에의 접근권을 지키기 위해, 그리고 자국 제도의 경쟁적 이점을 극대화하기 위해 초계급적 연합 또는 경쟁적(competitive) 코포라티즘을 지속시켜 온 것이다(김학노 2004; Hall & Soskice 2001).

자본주의 다양성 관점에서 볼 때 한국은 동아시아모델을 기반으로 영미형과 유럽형의 성격이 가미되어 있다. 잔여적 복지국가 외에는 뚜렷한 영미모델의 특징이 보이지 않고, 생산체제론에서 한국은 일본과 함께 '계열별 조정(group coordinated)'라는 조정시장경제의 특징을 갖기도 했다.10) 시장경제론에서 보면 한국은 일본과 함께 사회적 시장경제체제도, 자유시장경제도 아닌 국가주도의 동아시아모델이었다.11) 이러한 특징은 이익집단의 조직 및 국가관료의 역할을 주요 변수로 한 개방대응론에서 한국과 일본이 국가주의적 유형에 포함되는 데서도 확인되고 있다. 기업지배구조론에서 볼 때 한국은 대표적인 가족오너모델로서 미국의 분산주주에 의한 외부지배모델과 구분되는 대주주의 내부지배모델에 포함된다. 기업금융시스템에 따른 시장중심체제와 은행중심체제 유형에서도(Zysman 1983)12) 한국은 오랫동안 은행중심체제에 속했다. 1997년 IMF 경제위기까지 전형적인 은행중심체제였기 때문이다. 1998년 이후 금융개혁으로 기업금융시스템이 시장중심으로 이동하면서 주식, 채권 등 자본시장의 역할과 비중이 커진 것은 사실이지만 은행의 기업금융 중요성은 여전히 높고(이건범 2005), 기업의 자체적인 자본조달 역량도 커져왔다. 거시적인 경제사회시스템뿐 아니라 미시적인 기업지배구조, 기업금융시스템에서도 한국은 미국모델과의 친화성이 미약함을 알 수 있다. 1997년 IMF 개혁 이후 우리나라에서 자주 논의되는 주주자본주의와 이해관계자 자본주의의 유형에서 볼 때, 한국은 이해관계자 자본주의도 아니지만 주주자본주의로 전환되었다고 할 수도 없다. 자본시장의 개방에도 대주주 가족오너체제가 온존해 있을 뿐 아니라 더욱 강화되고 있으며, 개혁에도 불구하고 관치금융 관행이 지속되고 있기 때문이다.13) 1990년대 이후 한국의 경제시스템은 합리적인 시장규칙과 효율성을 강조하는 규제국가(regulatory state)를 지향해 왔다. 시장의 규율기능 회복과 공정한 경제행위를 위한 제도 개혁은 모든 자본주의 시장

---

10) 그러나 IMF 개혁 이후 자본간 조정시스템이 크게 약화되었다.
11) 그럼에도 한국의 개발국가는 노동배제적이고 권위주의적 동원체제의 성격을 가짐으로써 일본의 민주적 발전국가모델과도 구분되는데, 일본에서는 사용자가 복지제도의 발전에 참여하였다(장하준 2004; Manow 2001).
12) 미국은 시장중심 체제를 대표하고 독일은 은행중심 체제를 대표하고 있다.
13) IMF 개혁으로 주주자본주의를 위한 자본시장의 완전 개방이 이루어졌다. 하지만 한국의 대기업들은 적대적 M&A에 대응하여 경영권 방어를 위한 조치, 즉 현금확보, 주가관리, 자사주 매입 등에 역량을 집중하였다. 이에 따라 자본시장은 투자를 위한 자본조달 기능을 별로 하지 못하였고, 경제의 성장 잠재력이 훼손되는 결과를 초래하였다.

경제시스템에 필요한 요소이므로 이러한 시장개혁이 미국식 모델로의 이행을 자동적으로 의미하는 것은 아니다.

기업지배구조의 다양성과 시장의 공정성

현대 자본주의 사회에서 기업은 노동자의 삶 또는 '사회적 존재'와 밀접히 관련되어 있으며 이러한 삶의 근본적 조건으로서 기업의 중요성은 막중하다. 문제는 '자본주의 사회의 모든 모순은 삶을 위한 수단이어야 할 자본이 인간을 지배하는 권력이 되고 그 결과 삶의 실질적 목적이 되어 버린다'는 것에 있다(김상봉 2012; Polanyi 1944). 슘페터(Joseph Schumpeter)는 자본주의 경제체제의 성공을 견인했던 여러 요인들이 오히려 고도로 발달한 자본주의를 쇠퇴시키는 요인으로 작용할 것이며, 결국에는 자본주의가 사회주의로 전환될 것이라고 전망했다. 슘페터는 기업의 혁신을 강조했는데 혁신과 창조적 파괴의 과정이야말로 기업가 정신의 본질이며 자본주의의 핵심으로 자본주의 체제하의 모든 기업들이 명심해야 할 덕목이라고 말했다. 슘페터는 마르크스 이론의 영향을 받은 지식인들에 부정적이었지만[14] 계급혁명론, 경제결정론 등 마르크스 이론이 실제로 정치, 경제, 사회 등 현실 세계의 패러다임을 상당 정도 지배한다는 점을 인정하기도 했다. 따라서 자본가 및 기업의 역할과 중요성을 인정하면서 좋은 기업지배구조와 공정한 시장경제를 위해 자본에 대한 정치사회적 압력과 감시가 필요한 것은 당연하다 할 것이다. 스웨덴과 네덜란드의 진보세력은 자본주의 자체를 부정하기보다 '인간의 얼굴을 한 자본

---

14) 자본주의에 대하여 적대적인 입장을 취하는 지식인 집단은 소위 비판적인 입장을 견지함으로써 자기 자신이 인정받을 수 있다고 여기고, 자본주의에 대한 대중들의 적대감을 조성하여 자본주의의 동력마저 해체시킨다는 것이다. 물론, 그의 노동 가치론이나 잉여가치, 노동력 착취 등의 주장에 대해서는 논거가 부족하고 모순적이며 너무 단순하여 현실을 왜곡한다고 비판했지만 고전 경제학자들의 완전경쟁 이론 또한 대중들에게 강력한 독점 혐오증을 불러일으켰다고 비판한다. 완전경쟁은 아주 예외적일 뿐이고, 독점을 만악(萬惡)의 근원인 것으로 치부하여 기업에 대한 부정적 이미지를 각인시켰다는 것이다. 독점기업은 경제발전을 저해하기보다 때로 기술혁신과 총생산량의 장기적 증대에 가장 강력한 엔진으로 작용한다고 그는 주장한다. 케인즈가 제안한 높은 임금률은 생산과 고용에 나쁜 영향을 미치며, 특히 고용에 더 큰 피해를 줄 것이라고 보았다.

주의', 공정성과 효율성이 담보된 민주적 시장경제를 추구해왔다. '이상'과 '현실' 사이의 괴리 대신 이상을 낮추고 현실을 높이는 합리적인 선택을 한 것이다. 이를 위해 투명하고 민주적인 소유구조와 기업경영, 즉 기업지배구조 개혁을 중시했다.

기업지배구조(이하 지배구조)는 소유구조와 경영구조 전반을 지칭하는 개념으로 경영구조로는 기업 내부의 의사결정 시스템, 이사 및 감사의 선임, 이사회와 감사의 역할 및 기능, 경영자와 주주와의 관계 등이다. 소유구조로는 지분구조, 자본구조, 의결권 구조 등이다. 오너 주주와 경영자뿐 아니라 근로자와 노조, 협력업체, 소비자, 지역사회 등 여러 이해관계자들이 이러한 지배구조 요소들과 밀접한 관계를 갖는다. 경영전략적 관점의 협의의 기업지배구조란 기업 내부의 의사결정 시스템(주주총회 등), 이사 및 감사의 역할과 기능, 경영자와 주주와의 관계 등을 말하며, 주주이익을 위해 각자 최선의 역할을 다할 수 있도록 감시하고 통제하는 체계를 말한다. 기업지배구조는 주주와 경영자(주인-대리인 관계)에서부터 경영자와 근로자 관계(노사관계), 시장경제체제, 복지국가에까지 매우 중요한 영향을 미쳐왔다. 기업지배구조와 민주주의가 밀접한 관계가 있고 기업의 사회적 책임이 중시되는 것도 이 때문이다. 따라서 기업지배구조는 분배적 공정성이라는 경제민주주의를 구성하는 핵심 요소이자 자본주의의 다양성을 설명하는 요인이기도 하다(김인춘 2007).

지배구조는 주주의 이익을 최우선하는 협의의 미국식 주주모델과 이해관계자들, 특히 노동의 이익도 같이 중시하는 이해관계자모델로 구분된다. 미국식 주주모델은 자본시장과 금융구조, 소유와 경영의 분리, 이사회 구조와 관행, 기업통제를 위한 시장에 초점이 둔 주주중심주의 개념에서 비롯되었다. 미국의 경우 시장에 의한 외부통제, 즉 시장규율에 의한 M&A가 매우 용이하기에 경영자들은 주주의 이익을 위해 단기적인 주가관리를 중시하게 되면서 노조를 배제시키는 경향을 가져오게 된다. 주주모델과 이해관계자모델 간의 논쟁은 '기업의 목적은 무엇인가', '기업은 누구를 위한 것인가', '기업은 누구의 것인가'와 같은 근본적인 질문과 관계된다. 미국식 주주모델을 비판한 린 스타우트(Lynn A. Stout)는 '기업의 목적은 주주가치 극대화'라는 경영학의 기본명제와 주주모델을 반박하며 주주모델의 논리는 이해관계자와 기업, 사회, 환경뿐만 아니라 주주들에게도 부정적인 결과를 초래하게 된다고 말한다

(Stout 2012). 주주가치 경영은 장기적으로 기업의 성과에도 바람직하지 않다는 것이다. 또한 주주가치 극대화는 경영상의 의무가 아닌 선택 사항일 뿐이고, 기업경영을 위한 필수불가결한 사항도 아니며, 법적으로 기업이 주주가치를 우선해야 하는 의무도 없다고 스타우트는 강조한다. 상장기업 이사회에 최대한 주가를 높이고 주주의 이익을 극대화라고 요구하는 회사법 조항은 없으며 역사적으로도 그랬던 적이 없다고 한다. 오히려 회사법은 이사회가 기업의 성장, 상품의 품질 향상, 임직원 보호, 공공의 이익과 같은 다른 목표들을 추구할 수 있도록 자유 재량권을 보장해준다고 스타우트는 말한다.

20세기 동안 세계 여러 나라의 상장기업은 혁신적인 제품을 생산하고 수많은 일자리를 만들어냈으며, 세금을 냈고 주주와 투자자들에게 상당한 투자 수익을 가져다주면서 국가의 경제성장을 이끌었다. 중요한 것은 오랫동안 이해관계자 모델을 실현해온 네덜란드, 스웨덴, 독일 등이 보여주듯이 이러한 기업 고유의 경제적 역할은 주주모델에서뿐 아니라 이해관계자모델에서도 잘 할 수 있다는 점이다. 문제는 미국 사례를 통해 볼 때 주주의 이익을 극대화하는 미국식 주주모델에서 기업과 경제가 더 잘 성장할 수 있다고 보는 관점이다. 미국은 세계 최초의 공화국으로 미국만이 가진, 미국만이 할 수 있었고, 지금도 미국만이 할 수 있는 미국 예외주의(American exceptionalism)라는 특수성이 있다. 미국모델은 단순한 주주모델이 아니다. 외부 규율, 즉 자본시장 규율이 매우 엄격한 '외부분산주주모델'로 사실상 미국만의 모델이기도 하다. 거대한 자본시장에 의해 발전해온 미국 자본주의는 역사적으로 엄청난 번영을 이루었고, 기술발전은 물론 20세기부터 현재까지 전세계 GDP의 20% 전후를 차지할 정도로 어느 나라도 따라가지 못한 경제체제였다. 2021년에는 전세계 GDP의 24.4%를 차지하고 있다. 경영학 자체가 미국 경영학이고, 대다수의 한국 경영학자들이 미국식 교육을 받았기에 미국식이 우월한 경영전략이고 기업지배구조라고 보는 측면도 있다.

피터 드러커는 『자본주의 이후의 사회』(원제 *Post-capitalist Society*. 1994)에서 오늘날과 미래의 자본주의를 본래적 의미에서의 자본주의라 부를 수 있는지에 대해 의문을 제기한 바 있다. '연금기금은 근로자들의 예금'이라는 그의 말은 연금사회주의가 정당화될 수 있다는 의미이기도 하다. 연금기금의 주주권 행사로 기업의 경영에 영향력을 행사하는 것은 당연한 일이기 때문이다.

'기업은 누구의 것인가'라고 물으며 재벌의 경영권을 비판하고 '노동자 경영권'을 주장하는(김상봉 2012) 것도 같은 맥락이다. 이해관계자 모델에서는 기업은 모든 이해당사자의 합당하고 공정한 이익 분배를 위해 경영되어야 하며, 기업지배구조의 변화는 이러한 원칙과 목적을 위한 것이다. 따라서 노동의 경영참여와 이사회 참여는 당연하고 정당하며, 이는 생산의 효율성과 분배의 공정성을 기업의 궁극적인 목적으로 보는 '이해당사자 민주제'(장운혁 2017)를 실현하는 것이기도 하다. 이해관계자들은 다양한 방식을 통해 기업 활동과 지배구조에 영향을 미칠 수 있다. 언론의 비판적인 보도, 고객들의 항의와 불매운동 등은 기업의 운영방식을 변화시키고 나아가 경영자를 교체시킬 수 있으며, 근로자 대표는 이사회의 일원이 되어 기업의 운영방식에 영향을 미치는 직·간접적 통제 메커니즘으로 작용할 수 있다(King 2008).

중요한 것은 갈수록 주주모델과 이해관계자 모델의 대조와 상이성이 약화되고 많은 나라와 기업들이 두 모델의 장점들을 반영하고 있다는 점이다. 독일과 프랑스는 기존의 광의의 지배구조, 즉 이해관계자 모델 하에서 주주 권한의 법적 보호를 강화하였고, 미국과 영국에서는 다양한 이해관계자들을 고려한 사회적 책임을 기업경영의 주요 이슈로서 의사결정에 반영하고 있다. 대부분의 나라들이 제도적 규제를 통해 회사의 이익 또는 대주주의 이익을 위해 소수주주(소액주주)는 물론 환경오염이나 인권차별과 같은 사회적 측면에서 다른 이해관계자들의 권리가 침해되는 것을 강력히 규제하고 있다. 또한 스웨덴과 네덜란드, 독일, 프랑스 등에서는 노동이사제를 포함하여 다양한 이해관계자들이 지배구조에 참여하여 최대 다수를 위한 민주적 의사결정이 이루어지도록 하고 있다. 주주, 특히 소수주주의 권익을 보호하고, 다양한 이해관계자들을 고려하며 사회적 책임을 다하는 미국과 유럽의 기업들은 이미 글로벌 기업으로 도약한 우리나라 기업들에게 주는 함의가 크다. 더 이상 주주모델이냐 이해관계자 모델이냐를 둘러싼 논쟁이 아니라 ESG 등 국내외 기업환경 변화에 따라 보다 다양한 이해관계자들의 이해관계를 공정하고 균형적으로 고려하는 기업지배구조의 구축 및 활용이 실현되어야 하는 것이다. 다양한 이해관계자들의 요구를 반영한 경영자의 의사결정은 기업의 전략 선택과 성과를 통해 결국 주주의 부에 영향을 미치게 된다. 결과적으로 이해관계자 자본주의 관점에서의 광의의 지배구조 시스템을 수용하는 것은 특정 이해관계자의 손실이나 희생을 의미하는 것이 아니며, 모든 이해관계자들의 이해관계를 높이기 위한 시대적 요구이자 변화라고 볼 수 있을 것이다(유재욱 이은화 2021).

기업지배구조가 어떻게 만들어지는가에 대해서는 크게 시장 및 경영의 관점, 법적 관점, 정치사회적 관점이 있다. 시장 및 경영의 관점은 미국식의 외부 분산주주모델과 소유경영 분리를 설명하는 데 중요하다. 적대적 M&A, 경영진의 스톡옵션 등 강력한 시장적 규율이 미국식 모델의 핵심이다. 법적 관점은 한 국가의 법체계가 그 국가의 기업지배구조를 어떻게 결정하는지를 보는 것이다(Burkart et al. 2003; Almeida & Wolfenzon 2006; Almeida et al. 2011). 카피에 의하면, 영미의 제도는 시장에 대한 불간섭, 독일의 제도는 시장에 대한 불신, 프랑스의 제도는 시장에 대한 정부의 통제에 각각 기초하여 발달해 왔다고 한다(Coffee 2001). 이 연구에서 관심을 갖는 것은 정치사회적 관점이다. '기업지배구조의 정치적 결정론'은 마크 로(Mark Roe)를 비롯하여 여러 학자들이 주장해왔다. 이에 따르면, 금융과 법 자체도 중요하지만 금융과 법이 어떻게, 얼마나 정치와 사회적 요인에 의해 영향을 받는가에도 주목해야 한다고 주장한다. 기업지배구조 다양성의 근본적 요인들을 탐구하기 위해서는 경제·경영학과 법학뿐 아니라 정치제도와 정치적 선호, 노조 등 사회적 요인이 중요하다는 것이다. 지배구조의 정치모델(political model)은 시장에 의한 인수합병(takeover) 메커니즘보다 민주적인(정치적인) 메커니즘을 강조한다. 지배구조의 민주적인 정치모델은 공식적인 표 대결에서부터 이사회와 투자자간 비공식적 논의(대화, 조정, 타협 등)를 포괄하는 것으로 민주적 과정을 통해 정치적으로 기업지배구조가 만들어지는 것을 말한다(Pound 1993). 정치가 기업지배구조를 결정한다는 주장은 경영자, (대)주주, 근로자가 서로 더 많은 이익을 차지하려는 상황에서 정치적 상호작용(political interaction)을 통해 이해갈등을 해결한다는 것이다. 소액주주 보호, 소유 집중의 차이 등을 경제적 선호와 정치제도의 상호작용(interaction of economic preferences and political institutions)으로 설명하며, 특히, 지배구조의 정치적 선택에 연금기금과 기관투자자의 결정적인 역할에 주목해야 한다고 한다.

내부 대주주모델의 문제점으로 지적되는 미흡한 소액주주 보호도 나라마다 다르다. 같은 내부 대주주모델이지만 스웨덴은 소액주주의 이익을 잘 보호하고 한국은 그렇지 못하다. 또한 소액주주 보호가 대주주로부터의 보호뿐 아니라, 반자본적인 정부나 노동자 또는 일반대중으로부터의 보호로까지 확대되는 것이 중요하다. 정부와 일반대중이 주주보다 노동자의 권익을 강조할수록 전문경영인은 정부의 정책, 여론 및 노동조합으로부터 독립성을 갖기가 어렵기에 대주주에 비해 일반주주의 부를 극대화하기가 어려울 것이기 때문이다. 한국의 경우, 지배력과 거대 기업집단을 소유한 대주주는 자신의 경제적인 이익을 반자본적인 사회분위기로부터 잘 지켜왔고, 이 과정에서 자본의 집중과 효율성을 높여왔지만 이는 소수주주의 피해, 불투명하고 불공정한 기업지배구조, 불법·편법적 경영에 기인한 측면도 크다. 선진 민주국가들에서도 (가족)오너가 존재하는 기업이 많은데 독일, 스웨덴 등 유럽의 주요국에서 많은 대기업들은 집중된 소유구조, 즉 주인이 있는 대기업으로 거의 항상 상당수 존재해 왔다(La Porta et.al 1999). 경영자, 주주, 근로자간의 정치적 연합에서 어떤 연합은 분산주주를 확대하는 정책을 촉진하고, 또 다른 연합은 내부 대주주 중심 정책을 선호하게 된다. 정치 제도와 동학은 이 중 한 연합의 실현가능성에 영향을 주게 되는데 그 결과 정치는 기업지배구조의 형태와 성격에 중요한 역할을 하게 되는 것이다(Gourevitch & Shinn 2007). 내부 대주주모델은 소유뿐 아니라 경영통제도 확실하게 할 수 있게 된다.

　　로(Roe 2003)에 의하면 기업지배구조를 결정하는 주요 변수 중 하나는 각 나라의 정치성향이라고 한다. 즉, 자유시장경제와 자유민주주의를 표방하는지, 아니면 정부의 시장개입을 정당화하고 사회민주주의를 표방하는지가 그것이다. 정치적으로 강한 자유민주주의 성향을 갖는 미국과 영국에서는 대기업의 지배분산도가 높은 반면, 사회민주주의 정당이 강했던 스웨덴이나 오스트리아에서는 대기업의 대주주들이 자신의 지배권을 더욱 강화한다는 것이다. 주주의 이익이 침해당하기 쉬운 진보적인 정치 상황에서는 대주주가 자신의 이익을 보호하기 위한 방안으로 지배권 강화를 선택했다는 것이다. 따라서 사회분위기가 친기업적 혹은 친자본적이면 오너(또는 경영인)의 지배권이 약하거나 없어도 기업은 잘 경영될 수 있지만, 반자본적 정서가 지속되면 강력한 소유주가 있어야 기업이 경영될 수 있다는 주장도 가능할 수 있다. 로의 이론에서 노동보호제도 또한 기업지배구조를 결정하는 중요한 변수가 된다. 임금을 소득의 원천으로 하는 일반대중의 지지를 얻기 위해서는 채권자나 주주보다는 임금, 고용안정 등 근로자를 우선하는 정책을 선택해야 하기 때문이다. 이를 합리화하기 위한 논리로 부의 축적에 대한 사회적인 반감이 높아질 수 있다. 노동자의 권익 보호는 단지 정치(인)에 의해서만이 아니라 노동자 자신들이 만든 노조를 통해서도 가능하므로 노동보호제도는 노동자의 사회적, 정치적 영향력을 대변하는 것이기도 하다. 로의 분석에 의하면 노동자의 권익을 보호하는 법이 강할수록 지배분산도는 낮아져 자본 집중이 심화되는 것으로 나타났다. 이는 기업지배구조 유형은 각 나라마다 주어진 법환경 내에서 기업의 어떤 목적함수가 최적화되었을 때 나타나는 균형점일 수 있다는 주장(강원 2014)과 유사하다. 그러나 법 또한 정치사회적 상황이 반영된 것이기도 하므로 법 이전에 정치사회적 결정요인이 현재의 기업지배구조 형태를 만드는 데 더 많은 영향을 미쳤다고 한다(Roe 2003).

공적영역인 정치나 국가기구에 비해 기업은 영리영역, 민간영역으로 간주된다. 그런데 시장에서 중요한 역할을 하는 기업은 대부분 상장기업이다. 기업은 시장경제의 가장 핵심적인 제도인 자본시장에서 기업공개(Initial Public Offering, IPO)를 통해 상장기업이 된다. 주식시장에 들어오는 '주식공개(going public)'라는 개념이 보여주듯이, 상장기업(public companies, listed companies)은 자본시장이라는 제도를 통해 '공적(public)'인 성격을 부여받은 기업이라는 뜻이다. 따라서 기업, 특히 주식회사와 상장기업은 결코 사적영역의 것이 아니라 공적 성격을 갖는 영리조직인 것이다. 기업은 기업의 사회적 책임(corporate social responsibility)을 실현해야 하는 주체라는 측면에서 기업시민(corporate citizen)이라 불리는 것도 이 때문이다. 현대 자본주의 사회에서 기업의 역할과 영향력은 공적영역인 국가의 역할 못지않게 커져 왔다. 일부 대기업들은 수백 년에 걸쳐 영속적인 존재로 성장해오면서 국가보다 더 커진, 국가를 뛰어넘는 초국적 자본주의의 주체로써 개별 국가보다 월등한 영향력을 행사해 왔다. 세계화 시대에 글로벌 대기업들이 국가보다 더 막강한 힘을 갖게 되면서 이들 기업의 행위를 개별 국가가 전적으로 규제하기도 어려운 실정이다. 민주주의 체제 하에서 국가와 정치권력, 정치인은 항상 주권자로부터 감시받고 심판받는다. 자본가와 자본권력 또한 국가공동체의 주요 행위자로서 법적 규제는 물론 시장과 사회로부터 항상 감시받고 평가받아야 함은 당연하다. 이 연구에서는 민주적 시장경제를 위해 기업지배구조는 어떠해야 하는지를, 우리나라 (대)기업의 지배구조는 어떤 문제가 있는지를 스웨덴과 네덜란드 사례를 통해 살펴보고자 한다. 기업지배구조가 어떻게 시장의 공정성과 투명성, 다양한 이해관계자들의 이익에 기여하는지가 그것이다. 기업이 투명한 지배구조로 법적, 사회적 책임을 다해야 하는 것은 법적 규제를 피하기 위해서뿐 아니라 장기적 성장과 경영권 보호의 토대가 될 더 큰 사회적 지지와 정당성을 위해서도 중요하기 때문이다.

2

스웨덴 민주주의의 특성
강한 개인과 민주적 사회공동체

제3장

코로나를 통해 본 스웨덴의 법치주의 민주주의 '스웨덴 예외주의'[1]

1. COVID-19 대응과 민주주의 문제 — 제한된 권력과 개인의 자유

2020년 코로나바이러스감염증-19(COVID-19, 이하 코로나) 팬데믹 상황에서 스웨덴은 긴박한 대응 없이 자유주의적인 '느슨한(relaxed)' 방역 전략으로 큰 주목을 받았다. 거의 모든 나라들이 검사와 추적, 격리, 규제와 금지, 봉쇄(lockdowns) 조치를 취했는데 스웨덴은 매우 예외적으로 강제적 조치 대신 개인의 자율과 책임에 기반한 권고 중심의 방역정책을 채택했다. 이러한 자율방역은 무엇보다 방역정책 책임자인 테그넬(Anders Tegnell) 스웨덴 보건청 수석 감염병학자(state epidemiologist, statsepidemiolog)와 보건청(Public Health Agency of Sweden, Folkhälsomyndigheten)의 과0학적 판단에 따른 것으로 이들은 팬데믹이 장기간 지속될 것으로 예측하고 의료적, 개인적, 사회적, 경제적으로 지속가능한 대응을 강조했다. 이러한 스웨덴 정부의 특이하고도 예외적인 대응에 해외의 관심과 의문이 많았는데 '과연 올바른 방식이냐' 라는 논란이 그것이었다. 2020년 봄 스웨덴에서 확진자와 요양원 노인 사망자가 다수 발생하여 피해가 매우 컸기 때문이다.

인명피해가 컸다는 점에서 스웨덴의 자율방역은 올바른 방식이었다고 할 수는 없을 것이다. '실패한 정책', '방역 포기', '참사', 무모하고 무책임한 '집단면역', 과학이라는 미명 하에 국민을 실험 대상으로 삼는 '비인간적 정책' 등의 평가를 받기도 했다. 그러나 현재의 시점에서 보면 처음부터 '위드 코로나(with Corona)' 전략이었다고 볼 수 있기에 잘못된 전략이라고만 할 수도

---

[1] 이 장은 『동서연구』(제34권 1호, 2022년 3월, 연세대 동서문제연구원)에 게재된 논문으로 이 책에 맞게 일부 형식과 내용을 수정했음을 밝힌다.

없을 것이다. 2020년 여름 스웨덴의 확진자 수가 다른 유럽 나라들에 비해 크게 줄면서 스웨덴 방식이 옳다는 평가도 있었다. 팬데믹이 3년째인 2022년에도 지속되고 있는 상황에서 코로나 대응과 그 평가는 달라지고 있다. 심각한 사회·경제적 부작용으로 더 이상의 규제와 봉쇄가 어려워지자 한국을 포함하여 많은 나라들이 2021년 하반기부터 위드 코로나를 시행하기도 했다는 점에서 더 그렇다. 팬데믹의 결과는 감염의 위험을 넘어 다양한 사회적, 경제적 위험과 위기, 기본권 문제, 또 다른 형태의 생명의 위험 등으로 나타나고 있기 때문이다. 더구나 이러한 위험과 위기가 가져올 장기적인 부정적 결과는 갈수록 커질 것으로 예상되고 있다. 스웨덴의 자율방역 전략은 코로나로 인한 감시나 분리, 자유권 침해, 차별과 불평등의 문제를 고려한 것으로 결과적으로 그 피해는 최소화되었다. 아동돌봄서비스와 초·중학교 등을 봉쇄하지 않았던 것은 당장의 학업과 돌봄의 위기뿐 아니라 장기적으로 사회적 기회의 평등과 공정이 훼손될 것이라고 보았기 때문이다(고등학교와 대학은 온라인수업 시행함). 기본권을 존중한다면서 많은 사망자가 발생한 상황은 가장 중요한 기본권인 생명권의 문제를 초래했기에 스웨덴 방식은 매우 모순적이다. 팬데믹 초기에는 코로나를 장기적으로 지속될 바이러스 문제로 본 보건청 전문가의 의견에 따른 것이지만 그 후에 전개된 스웨덴의 대응은 개인의 자유와 사생활 보호, 권력 행사의 절제, 록다운에 의한 경제적 영향에 더해 의료·교육·돌봄 등 사회적 차원의 위기와 위협을 고려한 것이었다. 이러한 문제들을 방역만큼 중요하게 보았기에 모순이 발생할 수밖에 없었다.

이 연구는 스웨덴의 자율방역을 스웨덴의 법치주의와 민주주의 관점에서 분석한 것이다. 방역 예외주의의 성격에 대한 검토를 통해 스웨덴 법치주의와 민주주의를 형성해온 근본적인 문화적·역사적·사회적 요인들이 자율방역의 지속을 가져왔을 것이라는 직관적 판단의 가설을 규명하는 데 연구의 목적이 있다. 권력 분산과 제한된 권력, 개인의 자유와 사회의 규범을 중시한 스웨덴 법치주의와 민주주의의 특성이 자율방역 전략과 밀접하게 관련되어있다는 점을 밝히려는 것이다. 이는 스웨덴 법치주의와 민주주의의 근본적인 특성을 파악하는 한편 자율방역을 제대로 이해하는 데 도움이 될 것이다. 제한된 권력과 권력의 자제는 법치주의 요소의 하나로 자유주의적 성격의 법치주의 핵심으로 인민주권(popular sovereignty) 개념과 구별된다. 개인의 자유권은 민주주의, 특히 자유민주주의의 핵심이며, 사회의 규범과 도덕이 구현되는 민주주의는 가장 성숙된 민주주의이다. 스웨덴은 정치적으로 사회민주주의 이념이 강했고 사회민주당 주도로 집단적·보편적 복지국가가 이루어진 나라로 잘 알려져 있다. 실제로 1930년대에 '사회민주주의적 전환'이 이루어졌고 1970년대 중반까지 사회민주당의 장기 집권으로 국가 주도의 포괄적이고 보편적인 사회정책은 개인의 삶과 사회에 큰 변화를 가져온 것도 사실이다.

따라서 의문은 이러한 특성을 갖는 스웨덴, 더구나 현재의 사회민주당 정부가 어떻게 그렇게도 '무책임하게' 팬데믹 방역을 개인의 자율에만 맡길 수 있었는가 하는 점이다. 그리고 대다수의 스웨덴인들이 정부가 무책임했다고 생각하지 않는 것은 왜일까. 이에 본 연구는 자율방역을 지속할 수 있었던 근본적 요인은 스웨덴 법치주의와 민주주의의 역사적 발전 과정과 이 과정에서 유래되어 온 요소들, 즉 관습과 제도, 사회·문화적 규범임을 검토하고자 한다. 그리고 이러한 역사적 발전의 중요한 결과가 스웨덴은 남다르고 잘한다는 민족주의적 우월감을 의미하는 '스웨덴 예외주의(Swedish exceptionalism)'를 형성해 왔으며, 자율방역을 가능하게 한 요인이 스웨덴 예외주의와도 깊은 관련이 있음을 보여주고자 한다. 이를 위해 먼저 자율방역이 지속될 수 있었던 주요 요인들을 중심으로 기존연구들을 검토하고자 한다. 둘째, 스웨덴 헌정주의의 역사적 특징을 살펴보고 자율방역을 하게 된 요인들이 헌정주의와 어떠한 관련을 갖는지를 살펴보고자 한다. 셋째, 팬데믹 기간 만들어진 코로나 대응 관련 법의 도입과 시행 과정을 스웨덴 법치주의 및 민주주의 관점에서 분석하고자 한다. 마지막으로 자율방역과 스웨덴 예외주의의 관계를 살펴보고 결론을 도출하고자 한다. 본 연구는 성공 또는 실패와 같은 방역 성과를 분석하거나 전문적인 (헌)법학적 논의를 하지는 않음을 미리 밝힌다. 코로나 피해와 그 원인보다 어떻게 자율방역을 하게 되었고 이러한 예외적 방역이 지속될 수 있는지를 역사적·사회문화적 관점에서 헌정 및 민주주의 제도를 통해 살펴보려는 것이다.

2020년 갑작스런 팬데믹 위기는 스웨덴뿐만 아니라 모든 나라의 고유의 문화·역사적 특성, 국가와 정체(政體)의 특징, 개인과 시민사회의 모습을 실제적이고 본질적으로 보여주었다. 자유주의 가치가 중시되고 국가 역량에 대한 믿음이 강한 영국과 미국의 경우 초기에는 느슨한 대응을 했지만 피해가 커지면서 2020년 5월 비상명령 등 강력한 대응으로 전환했다. 프랑스를 비롯한 유럽대륙 국가들은 물론 스웨덴을 제외한 북유럽 국가들도 시기와 정도의 차이가 있었지만 규제, 봉쇄 등 강력한 조치를 했다. 한국을 포함하여 처음부터 강력한 행정력으로 추적과 격리, 규제 등을 강제적으로 사용하여 팬데믹을 관리한 나라들도 있었다. 많은 논란과 다양한 평가가 있지만 지난 2년 동안 각 나라는 여러 측면을 고려한 최선 또는 차선의 방역을 해왔음에도 방역 방식과 그 성과는 전환과 부침을 거듭했다.

　세계 여러 나라에서 민주주의가 후퇴하거나 위험에 처해 있다는 민주주의 위기 시기에 코로나 팬데믹이 지속되면서 권력의 남용, 개인의 자유 및 프라이버시 침해 등에 대한 우려가 커졌다. 과도한 비상권력 사용과 기본권 제한으로 '코로나가 민주주의를 감염'시키고 있다는 것이다. 권력 사용과 개인의 자유 문제는 민주주의에서 매우 중요한 요소로 민주주의의 본질 그 자체라고 할 수 있다. 코로나가 유럽 자유민주주의 국가들의 민주주의 원칙과 성과에 이중 도전이 되고 있다는 진단도 이러한 문제를 제기한다(Goetz & Martinsen 2021). 많은 나라들이 비상사태를 선언하여 행정권력을 확대하고 개인의 자유를 제한했다. 팬데믹이 가장 중요한 기본권인 생명권의 문제와 직결되기에 이러한 조치는 거부감이 크지 않았고, 같은 지역의 여러 나라들이 비상조치를 하면서 비상권력에 대한 부정적 평판은 최소화될 수 있었다. 실제로 팬데믹 상황에서 많은 나라들 간에 정책 전파와 대응 조치의 동질화 현상이 나타났는데 이는 정치적 부담이 적고 매우 용이했기 때문이다(Lundgren et.al. 2020). 그럼에도 2020년 상반기 180개국 조사 연구를 보면 약한 민주주의를 갖는 나라들이 비상사태를 더 선택하고 민주주의가 강한 나라들은 덜 선택한 것으로 나타났다고 한다(Lundgren et.al. 2020). 2020년 봄 강한 행정권한으로 개인의 자유를 통제한 나라들이 많았지만 유럽 34개국 조사 결과 코로나 이전 평시에 민주주의 원칙이 잘 보호되어 온 나라는 비상조치 선택을 매우 주저했다고 한다. 이러한 대응 차이는 개인의 자유를 보호하는 규정과 관련이 있다고 한다(Engler et.al. 2021). 유럽연합(EU) 유럽외교협의회(the European Council on Foreign Relations, ECFR)의 연구에도 유럽인들은 제한 조치에 정권의 정치적 동기가 있는지에 대해 차이를 보였는데 동유럽 등 일부 국가의 국민들은 정치적 동기를 크게 의심하는 것으로 나타났다.[2] 더욱이 2020년 3월부터 8월까지 세계

143개 국가 사례 분석 결과, 기본권 제한과 강제 조치 등의 방역 대응과 코로나 치명률 간에는 관련성이 없다는 분석도 있다. 공공보건을 위한 명분으로 민주주의 가치를 침해하는 것은 정당화될 수 없다는 것이다(Maerz 2020). EIU 조사에서도 팬데믹은 세계적으로 전례 없는 민주주의와 자유권의 후퇴를 초래했다고 한다.3)

비상권력 조치 없이 대응한 나라들도 있었는데 이는 비상권력 없이도 대응할 수 있음을 시사한다. 문제는 생명권과 건강권, 이동의 자유와 집회의 자유와 같은 핵심 기본권을 어떻게 양립시킬 것인가이다. 비상조치는 공익을 위한 공공보건과 개인의 자유라는 민주주의 기본원칙 간 상충(trade-off)을 초래하기 때문이다. 각 나라의 방역 전략은 보건생명권, 자유권, 평등권, 권력사용 문제 등을 어떻게 대하는지를 보여준다. 방역 전략에 대한 평가는 어떤 가치를 더 중시하는지에 따라 달라질 수 있으며 팬데믹이 지속되면서 시기에 따라서도 그 평가는 달라지고 있다. 초기에는 공공보건이 우선시되었지만 갈수록 기본권을 더 이상 제한할 수 없다는 여론도 강해졌기 때문이다. 백신접종에도 불구하고 2021-22 겨울 다양한 변이를 동반한 악화된 팬데믹의 지속으로 비교적 양호했던 나라들에서도 확진자가 크게 늘고 있고, 일부 나라들이 다시 규제와 봉쇄로 돌아가는 등 방역 전략의 혼선과 혼란이 이어지고 있는 점도 중요하다.

2020년 봄 큰 인명피해를 입고도 처음부터 지금까지 소극적이고 느슨한 대응으로 일관했다는 점에서 스웨덴의 코로나 대응은 매우 예외적이다. '록다운' 대신 '캄다운(calm down)'(Askim and Bergström 2021)을 선택한 스웨덴 보건청의 방역 정책은 자율적으로 이동을 자제하고 개인의 양심에 따라 방역수칙을 지키도록 권고하는 것이었다. 그 어떤 지시나 규제·강제보다 개인의 자유와 책임을 우선시한 것이다. 이러한 전략이 2년 동안 거의 변함없이 지속된

---

2) The European Council on Foreign Relations Policy Brief 1 September 2021. https://ecfr.eu/publication/europes-invisible-divides-how-covid-19-is-polarising-european-politics/ 조사 대상 EU 12개 국가 (Austria, Bulgaria, Denmark, France, Germany, Hungary Italy, the Netherlands, Poland, Portugal, Spain and Sweden)로 나라별로 약 1,000명의 대표 샘플 대상, 온라인 및 전화 조사 방식.

3) https://www.economist.com/graphic-detail/2021/02/02/global-democracy-has-a-very-bad-year 참조

것에는 분명 스웨덴만의 어떤 요인이 있을 것이다. 이는 보건청 전문가의 판단과 의료적 관점 외에 근본적인 사회·문화·역사적 요인들이 작용했을 것이라는 판단을 하게 만든다. 스웨덴의 자율방역은 자유권과 제한된 권력이라는 법치주의 원칙을 중시했을 뿐만 아니라 학습, 돌봄 등 사회권의 평등을 중시한 결과이기도 하다. 스웨덴은 팬데믹이 장기간 지속될 위기이고 바이러스 차원에서 보았기에 자유권을 중시했고, 보편적 복지국가의 사회적 평등권을 우선했으며, 권력행사를 자제하는 헌정문화를 지키고자 했다. 이에 스웨덴은 어떻게 자율방역 전략을 채택했으며 거의 변함없이 지속될 수 있었는가라는 의문은 당연하지만 이 의문은 왜 코로나 피해가 컸으며 방역 실패의 원인들이 무엇인가라는 질문과는 다른 차원의 문제이다. 코로나 초기부터 세계 주요 도시에서 자국의 강제적인 방역조치를 반대하는 시위들이 있었지만 강제 조치는 거의 그대로 시행되었다. 2022년 1월 파리, 브뤼셀, 베를린, 비엔나 등 유럽 주요 도시에서 자유를 제한하고 시민들을 차별하는 '백신패스 의무화'를 반대하는 대규모 시위가 벌어졌다. 스웨덴에서는 볼 수 없었던 시위들이다.

2. 스웨덴 자율방역의 주요 요인과 배경

스웨덴의 자율방역은 유럽 국가들은 물론 문화와 제도가 유사한 이웃 노르딕 국가들의 비상조치와도 대비되었다(Tubylewicz 2020). 사회민주당 출신 뢰벤(Stefan Löfven, 2014.9-2021.11 재임) 총리가 이끄는 스웨덴의 중도좌파 소수연합정부는 2020년 봄 감염자 및 사망자 수가 급증하는 상황에서도 비강제적인 개인 차원의 권고와 가이드라인을 제공하는 조치로 규제를 최소화했다. 2020년 5월25일 기준 스웨덴의 코로나19 사망자는 4,029명에 이르러 영국과 벨기에보다는 다소 적었지만 다른 유럽 국가들, 특히 이웃 북유럽 국가들에 비해 매우 심각했다.[4] 그럼에도 사회적 거리두기, 국내여행, 마스크 착용, 비

---

[4] 스웨덴은 100만 명당 사망자가 393명으로 노르웨이 44명, 핀란드 56명, 덴마크 97명과 크게 비교되었다.

필수 영업 활동 등을 모두 개인의 판단과 자율에 맡겼다. 규제 조치로는 2020년 4월 공적모임 인원 제한, 요양원 방문 금지가 있었을 뿐이었다. 그러나 피해가 커지고 국내외에서 비판적 여론이 등장하면서 스웨덴은 2020년 6월 정부 및 관련 기관의 코로나 대응에 대한 조사를 위해 독립적인 '코로나조사위원회'(the COVID-19 Commission)를 구성했다. 이 위원회는 2020년 12월 1차 중간보고서, 2021년 10월 2차 중간보고서를 발표한 바 있다.5)

국내에서도 스웨덴의 방역 관련 논의들이 이루어져 왔는데 피해에 초점을 둔 방역 실패와 관련해서는 복지 민영화 개혁, 노인요양서비스 자체의 문제점, 분권화된 행정시스템, 의료시스템, 최근 극우정당(스웨덴민주당)의 부상과 스웨덴 정당정치 변화, 현 사회민주당 소수정부의 문제 등이 주요 원인으로 지목되었다(장선화 2021; 최희경 2020). 이들 중 몇몇 요인들은 서로 결합되어 작용하기도 했고, 이 모든 요인들이 총체적으로 작용한 결과이기도 할 것이다. 문화적 요인을 중시한 연구도 있다(이성준 2020). 문제는 국가들 간 방역 전략이 다양했는데(Baldwin 2021; Engler 2021) 스웨덴의 방역 성과를 강한 방역을 한 나라들과 비교하는 것은 타당성이 약하다는 점이다. 또한 분권화된 행정시스템 등 실패의 원인이라고 보는 요인들이 강한 방역을 하지 않거나 못한 요인이기도 했다. 해외의 높은 관심에 비해 스웨덴 내에서는 이러한 자율방역이 사회적으로나 정치적으로 큰 논란이 되지는 않았다. 무엇보다 코로나 방역이 '정치화'되지 않았고, 전문가의 의견을 존중한 정부와 일반시민들의 태도, 국가 위기 시 정치적 분쟁을 자제하는 오랜 전통('borgfred') 때문이기도 하다. 주목할 점은 팬데믹 내내 정부에 대한 스웨덴인들의 신뢰가 약화되지 않았다는 사실이다. 스웨덴 사례는 다양한 측면에서 여러 요인들을 살펴봐야 제대로 이해할 수 있으며, 주요 특징과 요인으로 다음의 네 가지를 들 수 있을 것이다.

---

5) 1차 중간보고서는 주로 요양시설 고령자 피해에 집중하여 노인요양서비스의 구조적 문제를 지적하면서 개선과 함께 소통의 중요성을 강조하였다. 2차 중간보고서는 무엇이 잘못되었고 누구의 책임인가의 문제에 집중했는데, 결론적으로 초기 대응이 느렸고 조치가 바이러스 확산을 억제하는 데 불충분했다고 지적했다. 또한 관련 법령이 부적절하고, 현 질병 관리시스템이 탈중앙화, 파편화되어 있으며 책임 소재가 불분명하다는 점을 지적한 바 있다. 코로나조사위원회(Coronakommissionen) 웹사이트 https://coronakommissionen.com/ 참조

첫째, 스웨덴의 방역 예외주의는 전문가에 의한 과학적 접근에 기반했다는 점이다. 대부분의 스웨덴 정부 정책은 과학적 증거 및 경험에 기반하기에 정책은 객관적이고 비정치적이라는 인식이 강하다. 팬데믹 대응에서 주도적 역할을 한 기관은 보건청으로 총리나 관계 장관보다 더 중요한 역할을 한 사람은 보건청의 테그넬 박사였다. 그는 방역 정책에 대한 정치적 개입을 '정치방역'이라고 규정하면서 과학적 합리성에 기반한 정책 결정의 중요성을 역설했다[6]. 보건청은 코로나 초기부터 코로나가 장기간 지속될 것으로 예측하고 지속가능한 방역을 강조해왔다. 시민의 안전과 생명을 가장 우선시해야 할 정부가 전문가 집단의 의견에 지나치게 의존하여 상황을 악화시켰다는 일각의 비판도 있었지만, 중요한 것은 보건청의 입장을 정부는 물론 일반 시민들도 존중했다는 점이다. 이는 과학적 정보와 지식에 기반하여 정책을 결정하는 관행과 전문기관인 보건청의 독립성을 중시했기 때문이다. 테그넬은 다수의 고령자 사망은 요양시설의 문제이고, 저소득층에 집중된 피해는 최근 급증한 이민·난민자 인구 때문이며, 코로나는 계절성 인플루엔자의 문제로 보건청의 전략과는 무관하다고 주장하기도 했다(Reuters 2020, June 25). 코로나조사위원회가 구성되는 등 여러 논란에도 보건청의 입장은 여전히 지지되고 있으며 테그넬 박사도 보건청 수석 감염병학자로 자리를 지키고 있다. 위드 코로나는 스웨덴 방역의 합리성을 반증하기도 한다.

둘째, 스웨덴 고유의 문화적, 역사적 요인이 팬데믹 대응과 관련이 있다는 점이다. 일반적으로 스웨덴을 포함하여 노르딕 사회는 집단주의적이고 국가 개입이 큰 것으로 생각되기 쉽지만 이들 나라는 역사적으로 개인의 진정한 자유와 독립을 중시하는 문화를 가지고 있다. 독립이란 '자유로움(being free)'과 '타인에 의존하지 않는 상태'를 말하는데 스웨덴의 1인가구와 '개인주의 문화(culture of individualism)'가 이를 보여준다. 주목할 것은 보편적 복지국가의 발전으로 이러한 문화가 '국가개인주의(statist individualism)'라는 모습으로 지속되어 왔다는 점이다(Trägårdh 1997). 20세기 중반 들어 스웨덴의 강력한 보편적 복지국가는 모든 개인으로 하여금 누구에게도 의존하지 않고 주거, 의료,

---

6) 그는 2021년 12월 오미크론 바이러스 발생에도 방역전략의 변화가 없다고 말했다. https://www.thelocal.se/20211201/anders-tegnell-omicron-wont-change-swedens-covid-strategy/ 참조.

교육 등을 해결할 수 있게 만들었고 이에 젊은이들이 1인가구를 선호하면서 1인가구는 지속적으로 증가해 왔다. 유럽연합(EU) 통계국인 유로스타트(Eurostat)에 의하면 스웨덴의 1인가구는 전체 가구의 50%를 넘어 EU에서 가장 높은 것으로 나타났다.[7] 눈에 보이지 않는 바이러스 방역은 결국 각 개인에 의존할 수밖에 없고 자율방역 방식은 이미 스웨덴에서 문화로 자리잡고 있었다.[8] 1인가구에 더해 스웨덴인들의 홀로 문화와 따로 떨어져 있는 습관은 이미 기본적으로 '사회적 거리두기'를 일상화한 것이었다. 또한 개인의 양심과 책임에 맡기는 권고 중심의 방역정책은 '스웨덴다움(Swedishness)', 즉 스스로 생각하고 결정하며, 타인에 대한 배려와 신뢰가 높고, 합의를 중시하는 스웨덴 문화를 압축적으로 드러낸 것이기도 하다. 물론, 스웨덴 문화는 집단에의 소속감을 중시하고 강한 연대의식을 갖지만 이는 독립적이고 자유로운 개인에 기반한 공동체이고 집단주의이다. 모든 사람은 그 어떤 구속이나 의존으로부터 해방된 '독립적 개인'이어야 한다는 원칙은 1970년대 스웨덴 복지제도에도 반영되었다(Larsson, Letell, Thörn 2012). 1930년대부터 발전되어 온 평등과 연대와 효율의 스웨덴 모델은 스웨덴을 '도덕적 강대국(moral superpower)'으로 만들었고 이러한 스웨덴의 남다른 성과는 국가에 초정당성(hyper-legitimacy)을 부여했다(Jansson 2018). 그 결과 스웨덴은 남다르다는 국가에 대한 믿음과 스웨덴 예외주의가 견고하게 자리잡게 되었다.

셋째, 또 다른 구조적 요인으로 분산화, 분권화된 행정체계가 있다. 스웨덴은 다른 노르딕 국가들과 마찬가지로 역사적으로 지역민에 의한 지방자치가 발달해왔다. 19세기, 20세기 들어 제도적으로 중앙집중화된 행정체계가 완비되었지만 수직적, 수평적 분권화와 분산화가 지속적으로 이루어지면서 지방정부의 역할과 권한이 커졌다. 특히 1980년대 이후 행정 및 공공 서비스의 분권화와 외주로(신정완 2021) 공공부분의 단일화된 운영과 조정이 어려워졌

---

[7] 이러한 스웨덴의 1인 가구는 수세기 전부터 시작되었는데 농촌의 10대 젊은이들이 다른 지역으로 일하러간 데서 유래되었다고 한다.
[8] 개인의 자유에 대한 가치관, 죽음에 대한 문화 등이 그것으로 스웨덴인들은 죽음을 이성적으로 담담하게 받아들이며 의료시설 의존성도 매우 낮아 국민1인당 년간 외래 진료 횟수(2018년 기준)는 2.8회로 한국의 16.9회, OECD 평균 6.8회와 비교된다(OECD, Health at a glance 2019).

다.9) 코로나 발생 후 나타난 요양시설 문제도 그중 하나이다. 스웨덴은 역사적으로 엘리트주의가 강하고 전문 기술관료의 권한이 크며, 여러 행정기관10)을 비롯한 집행기관의 독립성은 스웨덴 행정모델의 핵심이다. 권한 위임 비중이 높아 중앙정부에 비해 집행부서와 지방정부의 조직과 예산이 매우 크다. 중앙정부와 집행 및 전문기관 간 권한 및 책임의 수평적 분산은 코로나 대응을 책임진 보건청 사례가 잘 보여준다. 코로나 발생 초기부터 정부는 보건청에 코로나 대응 권한을 위임했고, 모든 권한과 자율성을 가지고 과학적·전문적·비정치적 의사결정을 한 스웨덴 보건청은 2020년 봄 사망자가 급증한 상황에서도 정책 전환의 압력을 거의 받지 않았다.11) 수직적, 수평적 권한 위임과 기술관료 중심의 독립적인 전문기관의 결정에 중앙정부가 개입하기 어려운 스웨덴 행정모델이 자율방역의 지속을 가능하게 한 것이다.12)

넷째, 정당 시스템의 변화와 정치적 리더십이라는 정치적 요인이다. 뢰벤 수상과 사회민주당·녹색당 소수연합정부의 약한 정치적 입지가 보건청 주도의 예외적 방역의 지속을 가능하게 했다는 점이다. 스웨덴의 안정적인 정당 시스템은 극우의 스웨덴민주당(Sweden Democrats, Sverigedemokraterna)이 처음 원내 정당이 된 2010년부터 변하기 시작했고 2018년 총선 후엔 더욱 심화되어 정치적 불안정과 교착상태가 지속적으로 발생했다.13) 사회민주당의 약

---

9) 지방정부는 대부분의 공공서비스를 책임지고 있고 공공부문 고용의 70% 이상을 차지하고 있다. 기초지자체는 54%로 약 889,000명, 광역지자체는 17%로 약 270,000명 (Ekonomifakta 2020). https://www.ek.

onomifakta.se/Fakta/Offentlig-ekonomi/Offentlig-sektor/Sysselsatta-i-den-oentliga-sektorn/

10) 각 부처 산하의 정부기관으로 실제 정책을 집행하는 부서를 말하며 실질적으로 독립성이 보장된다. 보건사회부 산하의 보건청, 사회보험청(Swedish Social Insurance Agency, Försäkringskassan), 고용부 산하의 고용서비스청(Swedish Public Employment Service, Arbetsförmedlingen) 등이 그것이다.

11) 2020년 6월 초 야당이 테그넬의 사퇴를 요구했을 때 Johan Carlson 보건청장은 보건청을 정치적 논란에 끌어들인다고 반발한 것도 이를 보여준다.

12) 보건청은 65세 이하 성인에 2차 3차 백신 간격을 6개월로 권고했지만 Kalmar 광역정부는 모든 성인에 5개월로 했다.

13) 2018년 총선 결과 좌파블록과 우파블록이 1석 차이로 동률이 되면서 정부 구성이 지연되어 2019년 1월 사민당 녹색당 소수 연정이 구성된 것이다. 2010 선거 패배로 사회민주당이 혼란에 빠지면서 타협 능력을 인정받아 당수로 선출된 뢰벤은 2014년,

한 의회 기반과 뢰벤 총리의 소극적인 리더십이 기존의 강한 관료적 리더십과 결합되면서 전문 관료의 영향력이 커져왔다. 이민정책 등 정당 간 정책 갈등이 심화되면서 정책에 대한 권한이 커진 이민청, 보건청 등이 주요 정책을 결정하게 된 것이다. 2018년 9월 총선 후 중도당, 자유당과 정책연합을 해온 뢰벤정부는 이들 중도우파 정당이 선호하는 정책을 추진해야 했고, 극우 성향의 스웨덴민주당은 우파정당과 연합하여 정부를 곤경에 처하게 했다. 결국, 임대료 규제 완화를 둘러싼 정책 갈등으로 뢰벤 총리의 불신임 가결까지 초래되었다.14) 사회민주당 정부를 지지하는 중도좌파 유권자들과 개인의 자유를 제한하는 강제적 조치를 주장하기 어려운 자유주의적 중도우파 정당들로 인해 자율방역 전략은 정치적으로 별 문제가 되지 않았다. 극우세력인 스웨덴민주당만 학교 폐쇄 등 강한 대응을 주장했다. 사망자가 많이 발생했고, 정부 대응이 미흡했으며, 팬데믹 초기 지방정부와의 예산 및 책임 소재 문제로 대규모 검사 지체 문제를 지적한 코로나조사위원회의 비판(2021년 10월 2차 중간보고서)에 대해 뢰벤 총리는 지나친 평가라며 정부를 옹호했지만 팬데믹에 제대로 준비되어 있지 못했고, 결과적으로 노인 사망자가 많았다는 점을 인정하지 않을 수 없었다. 코로나조사위원회는 팬데믹 초기 정부의 대응 실패는 어느 하나의 요인으로 볼 수 없고, 누구의 책임이라고 보기도 어려우며, 특히 노인요양서비스 문제는 현 정부만의 문제도 아니라고 했다. 오랜 기간 지속된 시스템과 규범이 코로나 대응에 중요한 역할을 하기도 했지만 위원회는 정치적으로 어느 누구에게 책임을 묻기보다 문제의 원인과 개선 방안을 합리적으로 조사하고 연구하여 더 나은 제도를 만들어내는 것을 중시한 것으로 보인

2018년 총선 후 연임했지만 정치적 입지는 약했다.

14) 임대법 개정을 둘러싼 정치적 갈등으로 2021년 6월 21일 뢰벤(Stefan Löfven)총리가 의회에서 불신임안이 가결되어 사퇴하였다. 뢰벤 총리의 정치적 위기는 스웨덴 좌파당이 그의 임대료 규제 완화 정책을 반대하면서 시작되었고, 좌파 분열을 틈타 스웨덴민주당이 6월 17일 뢰벤 총리에 대한 불신임안을 상정했던 것이다. 불신임 후 뢰벤 총리는 다시 총리 후보로 지명되었고 소극적 의회주의(negative parliamentarism) 제도 하에서 좌파당과 중도당의 기권으로 총리직으로 돌아올 수 있었다. 소극적 의회주의란 의회 표결에서 반대가 과반이 되지 않으면 가결로 인정하는 제도이다. 기권은 반대가 아니므로 반대표로 간주되지 않는다. 뢰벤 총리는 결국 사임 의사를 밝혔고 안데르손(Magdalena Andersson) 총리 지명자는 어렵게 11월 29일 총리직에 취임했다.

다. 뢰벤 총리와 칼손(Johan Carlson) 보건청장은 코로나 문제와 관계없이 퇴임했다. 다음 장에서는 자율방역을 지속시켜온 역사와 문화, 행정모델, 정치문화 등의 요인이 스웨덴 헌정체제 및 민주주의의 특징과 밀접한 관련을 갖는다는 점을 살펴보고자 한다.

3. 스웨덴의 법치주의와 민주주의 — 스웨덴 헌정체제의 특징과 팬데믹 대응

스웨덴 헌정체제의 특징과 민주주의

스웨덴 헌법(The Swedish Constitution, Sveriges grundlagar)은 4개의 기본법인 정부구성법(1974 Instrument of Government, Regeringsformen), 왕위계승법(1810 Act of Succession), 출판의 자유법(1949 Freedom of the Press Act), 표현의 자유에 관한 기본법(1991 Fundamental Law on Freedom of Expression)으로 구성되어 있다. 거의 모든 나라들이 하나의 헌법을 갖는 데 비해 스웨덴 헌법은 매우 특이한데 정부구성법(이하 헌법으로 표기)이 일반적인 헌법에 해당된다.[15] 스웨덴 헌법은 전통과 안정성이 두드러지는데 4개의 기본법은 1809년 입헌군주제 헌법을 계승한 것이다. 1809년 헌법은 1974년 개정될 당시 165년이 된 헌법으로 세계에서 미국 다음으로 오래된 헌법이었다. 1974년 헌법은 1995년 유럽연합(EU) 가입 등으로 약간의 수정이 있었지만 여전히 스웨덴 헌법은 1974년 헌법을 지칭한다.[16] 1809년 헌법이 왕과 의회 간 권력분립 원리를 중시했다면, 1917년 의회민주주의가 확립된 이후 1974년 헌법은 완전한 보통선거권에 기초한 의회주의로 이미 확립된 민주적 의회 권력을 사후에 공식

---

15) Ministry of Justice 2013, *The Constitution of Sweden*. p.3. 출판의 자유와 표현의 자유는 정부구성법의 기본권 조항에도 포함되어 있고, 왕위계승법은 입헌군주국의 필요에 의한 법이다.

16) 일반적으로 헌법개혁(constitutional reform)은 헌법 법전의 조문을 거의 전부 바꾸는 일로 권력구조 관련 개혁이 중요하다. 헌법수정은 주로 조항의 수정, 약간의 수정(minor revision), 관련 조항의 추가를 의미한다.

화한 것이다.17) 1974년 헌법 첫 조문인 1절 1조는 스웨덴 민주주의와 법치주의의 핵심을 보여주는데 권력은 법에 의해 행사되며 이러한 법치주의(rule of law)는 의회와 사법, 지방정부를 비롯하여 모든 국가 및 공공 기관에 적용되고, 법 앞의 평등, 객관성과 공평성에 따라 집행되어야 한다(Ministry of Justice 2013 p.5)가 그것이다.18) 헌법은 각각의 장(chapters)을 통해 기본법과 자유, 의회, 국가수반, 내각, 입법, 금융경제, 국제관계, 법무행정, 일반행정, 의회통제, 전쟁 및 전쟁위험 등에 대해 명시하고 있다.

코로나 팬데믹으로 알려진 스웨덴 헌법의 예외적인 특징은 평화시에 비상사태를 선포할 수 있는 규정이 없다는 것이다. 전쟁 또는 임박한 전쟁 상황에서만 비상권한 관련 조항(헌법 15장)이 있을 뿐이다.19) '평화 아니면 전쟁만 있고 중간은 없기에(peace or war no inbetween)'(Dahlqvist and Reichel 2021 p.147) 평화시 비상조치가 필요할 경우 일반적인 법적 절차에 따라 비상권력을 사용할 수 있는 법을 만들어야 한다. 헌법에 의하면 개별 부처가 규칙을 정할 수 없으며 모든 조치는 정부 차원(5인 이상 각료 정족수)에서 결정되어야 한다. 독일의 법학자 뵈켄회르데(Ernst-Wolfgang Böckenförde, 1930-2019)는 이러한 비상사태에 대한 '헌법적 침묵'을 비판하는데 이는 법의 지배를 약화시키고 일반법으로 비상상황에 대처하게 만들어 남용될 수 있다는 것이다. 비상사태를 헌법에서 규정해야 하는 것은 헌법의 근본적 목적은 권력을 재가

---

17) 1809년 헌법으로 의회가 각료임명권을 갖게 되어 의회 주권에 기반한 내각책임제가 공식화되기는 했지만 1809년 당시 귀족주의적 헌정체제 하의 내각책임제와 민주화 이후 확립된 1917년 의회주의와는 다르다. 그럼에도 의회민주주의의 기원은 1809년 헌법에서 비롯되었다고 할 수 있다.

18) All public power in Sweden proceeds from the people. Swedish democracy is founded on the free formation of opinion and on universal and equal suffrage. It shall be realised through a representative and parliamentary polity and through local self government. Public power shall be exercised under the law.

19) 15장 1항은 다음과 같다. Chapter 15: War and Danger of War. Part 1 Summoning the Riksdag: If the Realm finds itself at war or is exposed to the danger of war, the Government or the Speaker shall convene a meeting of the Riksdag. Whoever issues the notice convening the meeting may decide that the Riksdag shall convene at some place other than Stockholm.
https://www.constituteproject.org/constitution/Sweden_2012.pdf?lang=en.

하는 것이 아니라 권력을 제한하고 자유를 보장하기 위한 것이기 때문이라는 것이다(Cornell & Salmine 2018). 그러나 비상사태에 대한 스웨덴의 헌법적 침묵에도 스웨덴은 법의 지배와 민주주의, 제한된 권력과 개인의 자유가 오히려 높은 수준에서 실현되고 있다. 이 또한 예외적인 특징으로 역사적으로 형성된 문화와 가치관이 헌법에도 반영되고 있다는 점을 보여준다.

독립적인 헌법재판소가 없는 것도 예외적이다. 헌법재판소가 없는(덴마크, 노르웨이 포함) 스웨덴은 보통법 체계도 성문법 체계도 아닌 제3의 헌법 범주라고 한다.[20] 전통적으로 스웨덴 헌정문화는 상대적으로 소극적인 지위의 사법부(Zamboni 2019)[21]와 독립적인 헌법재판소의 부재로 특징된다. 물론 헌법에 의해 법원의 독립성이 보장되지만 의회 내의 헌법위원회(the Riksdag's Committee on the Constitution, konstitutionsutskottet)가 헌법재판소 역할을 하면서 헌법을 최종적으로 해석하고 판단한다. 의회가 헌법의 최후 중재자 역할을 하는 것이다. 입법 과정에서 법제처(the Council on Legislation, Lagrådet) 의견을 통해 사전에 입법통제를 함으로써 사법심사(위헌법률심사) 여지를 줄이고, 법원과 정부기관 또한 구체적인 법을 적용하면서 그 법이 헌법에 저촉되면 적용하지 않음으로써 사법심사 기능을 해왔다. 또한 의회 헌법위원회는 헌법의 관점에서 행정권력이 어떻게 사용되는지를 감독하는데, 행정최고기관인 총리 및 각료의 법정 권한 및 임무와 그 성과를 조사하여 그 결과를 최소 년 1회 의회에 제출한다(Ministry of Justice 2013 p.8).

또 다른 중요한 점은 1809년 헌법 도입 이후 1974년 헌법개혁 시기까지 스웨덴 헌법은 항상 성문헌법으로 존재하지 않았다는 점이다. 이 사실은 스웨덴 헌정문화와 정치문화의 중요한 특징을 보여주는데 1920년대부터 1974년까지 '헌법 없는 반세기(half-century without a constitution)'라는 헌법공백 시기에 스웨덴 헌법은 성문법으로서 기능하지 않았다(Öberg 2015; Petersson 2015). 왕이 왕국을 통치한다고 명시된("The King alone shall govern the realm.") 1809

---

20) 스칸디나비아법체계는 고유의 법체계로 분류되나 대륙법체계와 관습법체계의 양 측면을 가지며 약한 법적 형식성에 체계적인 성문화를 결여하고 있는 특징을 갖는다.
21) 최근 들어 EU법의 영향으로 스웨덴 사법의 변화가 있었는데 2011년 헌법 일부개정으로 법원의 지위가 강화되었다. 역사적으로 법원과 공공기관 간 엄격한 헌법적 분리가 없었다.

년 군주제 헌법이 1974년까지 지속되었던 것이다. 1910년 전후의 민주화 시대부터 1974년 헌법 개혁시까지 스웨덴은 정치적으로 민주주의와 사회·경제적으로 진보적 개혁을 이루었는데 민주화 시기에 남성보통선거권(1909년), 의회민주주의 확립(1917년) 등 매우 중요한 제도와 근본적 변화가 헌법과 관계없이 의회에서 도입되었다. '개정이 없는 헌법개정'으로 이해되는 헌법변천(constitutional changes)이 이루어진 것이다. 헌법은 의회를 통해 합법적으로 변화하고 1968년부터 점진적으로 성문화되어 오면서 1974년 헌법개혁으로 마무리되었다. 의회주의 등 이미 시행되어온 제도 등의 '헌정적 실행(constitutional practice)'을 공식화한 것이다. 스웨덴 헌정체제는 의회에서의 정치적 합의와 헌정적 관습에 기반해 왔으며, 1974년 헌법개혁은 이러한 관습을 성문화한 것이다.

1932-1976년까지 사회민주당이 소수정부 또는 연정으로 연속 집권했고, 보편적 복지국가가 완성되었고, 노동 관련 개혁 입법이 이루어지면서 평등과 연대의 스웨덴 모델이 만들어졌다. 스웨덴 복지국가 또한 헌법적 논의보다 협상과 사회적 합의로 이루어졌다. 스웨덴 정치에서는 정부의 권한을 제한하는 헌법 원칙이 중요하고 의회가 사실상 모든 권한을 갖지만 정치문화는 매우 투명하고 실용적이며 합의 중심적이다. 스웨덴의 민주적 헌정주의는 형식적 헌법보다 실제 정치를 중시했기에 의회 권력의 실질적인 작동에 따라 헌정주의와 민주주의가 발전해 왔다. 오랜 기간 스웨덴 헌법은 완전한 성문법이 아니었고 지금도 완전하지는 않다고 하지만 법치주의와 민주주의가 높은 수준에서 실현되어 온 것은 신뢰와 합의라는 규범에 따라 헌법원칙이 지켜져 왔기 때문이다. 규범 원칙들이 사회를 만들어왔고, 헌법보다 규범이 정치와 공공영역을 규제해 왔던 것이다. 스웨덴은 1814년 이후 지금까지 200년 넘는 기간 동안 전쟁을 겪거나 직접 개입한 적이 없었고 이러한 역사적 사실이 헌법에도 영향을 주었다고 한다. 민주화와 복지국가 또한 이러한 안정적인 평화 시기에 발전되었다. 특히, 20세기 중반은 국가적 발전과 남다른 성취를 이룬 시기로 1974년 헌법은 국가와 정치지도자에 대한 높은 수준의 신뢰와 믿음이 반영되었다. 신뢰와 믿음이 헌법의 토대가 되었고, 추상적인 이상이나 가치보다 원칙과 통치 절차가 중시되었다. 이에 스웨덴 헌정체제의 특징에 기반하여 헌법에서의 권력과 민주주의 구조가 코로나 대응 방식에 어떻게 영향을 주었

는지 살펴보겠다.

스웨덴 헌법과 팬데믹 대응

법의 지배(rule of law), 즉 법치주의란 일반적으로 '사람의 지배' 또는 '자의적 지배'에 대비되어 국가 운용과 권한 행사가 객관적인 법에 근거를 두고 법에 따라 행하여져야 한다는 원리를 말한다. 국민의 자유와 권리를 제한하거나 의무를 부과할 때는 의회가 제정한 법률로 해야 하고, 행정은 법률을 전제로 그에 따라 행해져야 하며, 재판도 법률에 따라 행해져야 한다는 것으로 객관적이고 공정한 법에 의한 통치를 하도록 함으로써 권력담당자의 자의적인 권력행사를 방지하고, 국민의 자유와 권리, 법적 안정성을 보장하기 위한 것이다(김현철 2018; 윤성현 2018). 이에 스웨덴 정부의 코로나 대응을 헌법에서의 권력 및 민주주의 구조와 관련하여 법치주의와 개인의 자유 측면에서 살펴보고자 한다. 정부의 권력 행사에 법적 한계를 설정하고 국민의 자유와 권리에 대한 제한을 법에 따라 해야 한다는 법치주의를 적용해보고자 하는 것이다.

2020년 초 코로나 팬데믹이 발생했을 때 스웨덴 정부는 헌법이 보장하는 개인의 기본권을 위해 강제적 조치를 할 수 없다는 입장이었다. 이에 따라 보건청의 자율적이고 지속가능한 방역 전략이 채택되었다. 스웨덴 헌법과 법치주의가 행정 권력을 제한했고, 정부 스스로도 행정 권력을 자제했던 것이다. 그러나 스웨덴의 피해가 커지고 다수의 유럽 국가들이 비상사태를 선포하면서 스웨덴의 대응을 둘러싸고 전문가들 사이에서 논란이 나타났다. 스웨덴 정부는 강력한 규제 조치를 할 수 없냐가 그것이다.[22] 실제로 스웨덴 헌법은 프랑스, 독일 등 거의 모든 유럽 국가들과 달리 정부에 팬데믹에 대응할 수 있는 비상 권한을 주지 않는다. 행정명령 등이 필요한 비상사태는 전쟁 또는 전쟁 발발 상황에서만 가능하기 때문이다. 따라서 일반적인 입법 또는 법 개정 절

---

22) "Does Sweden's constitution really prevent tougher coronavirus measures?" 11월 19일 기사.
https://www.thelocal.se/20201119/does-swedens-constitution-really-prevent-tough-covid-measures/.

차를 거쳐야 한다는 견해에 의하면 정부는 바로 강력한 규제조치를 할 수 없다.[23] 헌법[24] 2장은 결사 및 집회의 자유, 표현의 자유, 이동의 자유, 공적 접근의 권리 등 많은 기본권 보호를 명시하고 있다. 또한 헌법은 거래 및 영업의 자유에 대한 제한은 긴박한 공공이익을 보호하기 위해서만 허용한다. 이에 따르면 가게 문을 닫게 하거나 시간제한은 개인의 거래의 자유와 이동의 자유를 침해하는 것이 된다. 따라서 스웨덴은 헌법과 법치주의에 따라 이러한 자유를 제한하는 강제적 방역 조치를 할 수 없다는 것이다.

반면, 스웨덴도 강제적 조치를 할 수 있다는 주장도 있다(Klamberg 2020). 대부분의 스웨덴 기본권은 유럽인권협약 내용과 중복되어 있기에 스웨덴이 지켜야했던 기본권 내용은 다른 나라들도 지켜야 했다는 것이다. 즉, 유럽 국가들도 스웨덴과 유사한 헌법적 장벽이 있음에도 비상 행정권력을 사용하여 록다운과 같은 강제적 조치를 했다는 것이다.[25] 스웨덴 정부가 적극적으로 나섰다면 행정명령으로 이동 제한이 가능했는데 그렇게 하지 않았다는 것이다. 비상상황에 대처하기 위한 스웨덴 방식은 전면적인 비상사태에 관한 법률보다 각 개별적 법률로 하여금 비상상황에 적용할 수 있는 조항을 포함하도록 하는 '예상적 헌법대비(författningsberedskap, anticipatory statutorification)'라는 것으로 이는 일반법(ordinary laws)은 비상상황에 대비할 수 있어야 한다는 개념이다(Cameron & Cornell 2020). 따라서 코로나 대응과 관련하여 헌법상 가능한 것은 기존 법을 적용하는 것으로 비상상황에서도 기본적인 권리와 자유의 제한은 법과 관련 절차에 따라야 한다는 헌법원칙이 그대로 적용되는 것이다. 이는 법치주의 이념에 기반하는 것으로 위기와 관련하여 구체적인 규정이나 새로운 법의 사전 발효라는 의미를 갖는다. 따라서 별도의 비상사태 법률이 없더라도 정부는 강한 조치를 시행할 수 있다는 것이다.

---

23) Krister Thelin 전 판사이자 전 법무부 차관의 의견으로 "Does Sweden's constitution really prevent tougher coronavirus measures?" *The Local* 기사(19 November 2020) 참조
24) 1974년 이후 스웨덴은 마이너한 헌법 수정이 있었으나 권력구조, 즉 정부조직법에는 변경이 없었기 때문에 1974 헌법을 현행 헌법이라고 한다. 1995년 스웨덴은 헌법에 유럽인권협약(the European Convention on Human Rights) 내용을 포함하는 헌법 수정을 한 바 있다.
25) 유럽인권협약(The European Convention on Human Rights, ECHR) 15(1)조는 국가의 존망, 긴급한 비상사태 상황에서는 인권을 제약할 수 있다고 명시하고 있다.

2020년 초 정부는 기존의 공공질서법(the Public Order Act of 1993)과 감염병법(the Protection Against Contagious Diseases Act of 2004)에 따라 의회의 별도 입법 없이도 임시적으로 집회 및 시위의 제한과 봉쇄 조치가 가능하다고 보았다. 다만 정부는 이러한 권한이 매우 제한적이라고 판단했다. 일부에서는 이 법에 기반하여 정부가 적극적으로 개정 법안을 제안하여 봉쇄조치를 할 수 있다는 의견도 있었다. 막강한 입법권을 가진 의회 또한 개인의 헌법적 권리를 제한할 수 있는 법을 제정 또는 개정할 수 있었다. 그러나 이 법이 코로나 팬데믹에 적용될 수 있는지에 대해서도 전문가들의 의견은 일치하지 않았다. 법조문만으로는 봉쇄가 가능할 수 있으나 스웨덴의 전통은 법을 만든 취지를 이해해야 한다는 것이다.[26] 정부 및 의회의 법안 작업과 입법 준비는 개인들에게 새로운 의무를 도입하는 것이 아니라 국가기관들 간 임무와 의무를 조정하는 데 있기 때문이라는 것이다. 즉, 개인의 기본권을 제한하려는 취지가 아니라는 것이다. 관련 기관들 간 조정을 중시하는 스웨덴의 입법과정은 국가연구위원회(이하 위원회)와 SOU(Statens offentliga utredningar, official reports of the Swedish government)[27]라는 독특한 제도를 통해 이루어진다(Petersson 2015). SOU는 위원회가 제출하는 조사·정책보고서를 말하는데 이에 기반하여 정책과 입법이 이루어진다. 위원회는 정부나 의회의 정책조사 필요에 따라 임명되는데 공식적인 국가기관의 위상을 갖는 한시적, 독립적인 특별 행정조직이다. 위원회 제도의 목적은 정당, 전문가, 시민사회, 이익단체 등이 모두 참여하여 특정 쟁점이나 문제에 대해 합리적이고 실용주의적 접근을 통해 문제해결을 도모하는 데 있다. 위원회에 참여한 정당과 이해당사자 단체들의 최종 입장이 기록되고 공개되기에 책임성이 크게 강화된다. 위원회의 활

---

26) Örebro University Joakim Nergelius 교수 의견으로 "Does Sweden's constitution really prevent tougher coronavirus measures?" *The Local* 기사(19 November 2020) 참조.
27) SOU 제도는 1809년 신헌법에 의한 입헌군주제 개혁으로 4 계급(귀족, 성직자, 시민, 농민) 의회가 왕실행정부와 협의적 관계를 구축하고 의회의 독립적 정책조사 활동에서 비롯되었다. 1922년에 공식적으로 제도화되어 정책입안, 개혁, 국가적 위기와 사회문제 해결을 위한 연구 및 조사를 담당하게 되었고, 출판연도와 일련번호로 구분하는 SOU 방식으로 현재까지 8,000개 이상의 정책보고서가 체계적으로 보관되어 있다. 정책 연구 및 조사뿐 아니라 팔메수상 암살사건 등 여러 과거사 진상규명과 재발방지를 위한 위원회 활동도 많다.

동 기간 중 정권이 교체되어도 해당 위원회는 변화 없이 그대로 활동이 지속되며 그런 점에서 위원회는 정책의 연속성을 보장해주는 중요한 제도로 1976년 공식적으로 법제화되었다.[28] 스웨덴에서는 정책이나 제도로 시행된 후에 법제화되는 일이 많은데 1974년 헌법개혁과 마찬가지로 위원회 제도로 그러했다. 이는 관습과 정치적 규칙을 중시하는 스웨덴 헌법의 성격을 보여준다. 따라서 역사적으로 오랜 기간 축적된 경험, 합리성과 입법 과정의 전문성이 보장되는 위원회 제도로 만들어진 법은 매우 안정적이라는 것이다. 따라서 법을 만든 사람들의 취지와 입법 배경을 중시하는 입장에서는 팬데믹 상황에서도 정부가 관련법을 신중하게 해석해야 한다고 보는 것이다.

일반적으로 위기 시 필수적인 조치가 법적으로 가능하지 않게 되면 정부는 '헌법적 필요(constitutional necessity)' 원칙을 고려하게 된다.[29] 헌법적 필요는 사회 위기 상황에서 국가 기관이 합법적인 절차로 헌법을 무시할 수 있는 원칙이다. 이는 스웨덴과 같이 법의 지배가 중시되는 문화에서는 매우 예민한 문제로 1974년 헌법개혁 당시에도 헌법적 필요에 대한 논의가 있었지만 헌법 원칙에 반하고 법의 지배와 충돌할 수 있다는 우려로 채택되지 않았다. 헌법적 필요에 대한 논의는 2001년 미국 9.11테러 후 구성된 위원회에서 또 다시 논의되었지만 정부는 부정적인 입장을 보였다(Cornell and Salminen 2018; SOU 2003:32). 2008년 헌법조사위원회(The 2008 the Commission on the Constitution) 보고서에서는 평화시 비상 상황에 대처하기 위해 헌법적 필요의

---

28) 위원회 및 SOU가 진행되는 과정을 보면 정부(개별부처)의 정책조사 지침서 (direktiv) → 위원회 설립 및 위원장 임명(ordförande) → 위원회 구성 (kommitté), 연구 및 조사 활동 → 정책연구서 또는 최종보고서)(betänkande/SOU) 제출 → 여론수렴 과정(Remiss) → 정부의 법안 검토 및 제출, 의회 심의 및 표결 과정 거처 입법으로 진행된다. 전통적으로 입법은 국가조사위원회 보고서(SOU)에 기반하여 정부가 초안을 준비하지만 이 과정에서 투명성과 개방성을 위해 모든 정보가 수집 공개되고, 정당 지방정부 이익단체 개인들도 의견 낼 수 있는 기회가 주어진다. SOU는 정책의 합리성과 효율성을 중시한다.

29) Alstine, Michael P. Van 2009 "Constitutional Necessity and Presidential Prerogative: Does Presidential Discretion Undergird or Undermine the Constitution?" *Tulsa Law Review* 631.
https://digitalcommons.law.umaryland.edu/cgi/viewcontent.cgi?article=2524&context=fac_pubs.

가능성을 인정할 수 있으며 의회 헌법위원회의 사법심사를 통해 합법적인 것으로 수용될 수 있다고 했다. 정부는 이 제안 자체를 반대하지는 않았지만 비상권력은 제한되어야한다는 보수적인 입장을 보였다(SOU 2008:125, pp.37-52). 초법적 비상사태(the supra-legal state of emergency)라는 헌법적 필요와 예상적 헌법대비는 전쟁만을 비상사태로 보는 스웨덴 헌법정신에 어긋난다. 비상권력의 남용 가능성과 헌정 및 법치주의의 약화를 막기 위해 헌법은 비상사태에 관해 명확하게 규정해야 한다고 강조하는 뵈켄회르데에 의하면 예상적 헌법대비 방식은 비상상황의 구체적인 특성과 이에 필요한 법적 대응을 알 수 없기에 문제를 해결하지 못한다고 말한다. 코로나 팬데믹처럼 법이 비상상황을 예측할 수 없고 비상상황시 정부는 법적 지원 없이 대응해야하기에 이러한 대응 방식이 헌법과 법치주의의 진실성(integrity)을 약화시킬 수 있기 때문이다(Cameron and Cornell 2020).

스웨덴 헌법에 평화시 비상권력에 대한 조항이 없는 것은 200년 넘게 전쟁 및 내전을 겪지 않은 군사적 중립노선의 스웨덴의 역사적 경험이 반영된 것이다. 일반적으로 거의 모든 나라들은 정부의 비상사태에 관한 법을 갖는 데 비해 스웨덴 헌법은 초법적 비상사태에 대헌 규정이 확실하지 않아 비상권력에 대해 '침묵(constitutional silence)'한다는 비판도 있다(Cornell and Salminen 2018). 이를 책임성의 문제로 볼 수도 있지만 체계적인 성문화가 미흡하고 관습법의 성격도 갖는 스칸디나비아 법체계의 특징을 고려한다면 문제라 하기도 어렵다. 위기상황 시 정부는 헌법 해석에서 '관습규칙과 침묵의 예외(unwritten rules and silent exceptions)'를 주장할 수 있다는 관점(Klamberg 2020)은 이를 반영한다. 이러한 침묵의 예외는 초법적 비상사태라는 헌법적 필요를 가능하게 하여 헌법의 대립적인 두 관점인 법의 지배와 인민주권을 넘어 법의 지배를 지키면서 주권자의 '결정'을 내릴 수 있게 한다. 위기상황에서 비상사태를 선언할 수 있게 한다는 것이다. 코로나 팬데믹 상황을 둘러싼 헌법적 논란은 법의 지배와 권력의 제한, 권한 기능의 분립을 중시한 스웨덴 헌법에 기인한다. '법의 의한 지배(rule by law)'와 과도한 행정 권력은 민주주의를 위협하고 헌법원칙을 무력화시킬 수 있다는 점에서 이러한 논란은 시사하는 바가 크다. 스웨덴 헌법은 정부(국가)에 비상권력을 위임할 수 있지만 그 권한은 의회가 갖고 집행기준과 조치는 정부의 권한으로 위임한다. 또한 정부는 전문가와 관련 행정기관의 의견을 존중한다. 개인의 책임을 중시한 자율방역은 헌법의 집행기준 위임이라는 형식주의와 집행 행정기구인 보건청의 과학적 실용주의적 권고 규칙 사이에서 나온 것이다. 형식적인 연성(soft)헌법을 코로나 상황에 적용하면서 법적으로 긴장과 혼란이 나타난 것이다. 자율방역의 구속력 없는 규칙은 형식주의와 실용주의의 결합으로 야기된 결과라는 것이다(Wenander 2021). 헌정의 연속과 관습적 성격이 보여주는 스웨덴의 '약한 헌정주의 문화(weak constitutional culture)'(Petersson 2015)가 지속될지 헌법적 필요의 가능성을 포함하여 보다 명확한 새로운 법적 시스템이 만들어질지는 스웨덴인들이 선택할 것이다. 헌법은 주권자의 것이고 주권자를 위해 존재하기 때문이다.

4. 스웨덴의 예외적 자율방역 — 평가와 결론

헌법의 기능분립 원칙과 의회우위 원칙

스웨덴 헌법과 통치 거버넌스는 '권력 분립'보다 '기능 분립'에 기반해 있다고 한다(Dahlqvist and Reichel 2021. p.140). 이는 헌법 1장 1조인 '모든 권력은 국민으로부터 나온다'라는 민주주의 원칙과 국민주권에 따른 것으로, 권력이란 국가 기관들 간에 나누어야 할 어떤 것이 아니라 오로지 국민 개개인을 위해 쓰여야 하는 것이라고 보는 관점이다. 헌법에 의하면 공권력은 모두 평등한 가치를 갖는 국민 개개인의 자유와 존엄을 위해 사용되어야 하며, 국민 각각의 개인적, 경제적, 문화적 복지가 공권력의 가장 중요한 목적이 되어야 한다고 말한다(Ministry of Justice 2013. p.5). 헌법상 의회, 정부, 사법, 지방정부 간 기능과 권한은 수평적으로 분산되어 있으며, 중앙정부 또한 (준)독립적인 지위를 갖는 각 행정청과 공공기관과 업무와 권한이 수평적으로 분산되어 있다. 입법기관인 의회와 법 집행 기관인 행정부와 법원이 통치 거버넌스의 핵심 헌법기관이며, 특히 스웨덴 의회(The Riksdag)는 최고의 국민 대표기관으로 최고의 권위와 가치를 갖는다.30) 강한 의회주의와 국민주권이라는 최고

가치는 의회 주권(parliamentary sovereignty)으로 나타나며 의회 활동에 대한 통제의 부재가 이를 증명한다. 정부가 국가(스웨덴왕국)를 통치하지만 정부는 의회주의 원칙에 따라 국민의 대표기관인 의회에 대해 책임진다. 의회 우위 원칙은 입법권뿐만 아니라 헌법위원회를 포함하여 여러 의회 기관의 정부와 사법에 대한 감독권한에서도 나타난다. 4명으로 구성되는 의회 옴부즈맨(The Parliamentary Ombudsmen)은 법과 규정이 법원과 행정부에서 제대로 지켜지는지 감독한다. 의회 기구인 감사원(The National Audit Office)은 3인 감사위원이 각자 독립적으로 국가 전반의 활동과 예산지출에 대한 감사활동을 지휘 감독하고 판단한다(Ministry of Justice. p.8-9).

헌법상 자치가 보장되는 지방정부 또한 통치 거버넌스에서 중요한 위치를 갖는다. 스웨덴 행정시스템은 전통적으로 두 개의 중요한 특징을 갖는데 행정 이원주의(dualism)와 강한 지방자치가 그것이다(Dahlqvist & Reichel 2021, 144; Ministry of Justice 2013. p.3). 이에 더해 개방성 원칙도 매우 중요하다 (Hall 2015). 행정 이원주의는 집행부처 내에서 중앙정부와 행정청 등 공공기관 간 구분을 말하는데 행정청은 조직상으로나 법적으로 중앙정부와 분리되어 있다. 이러한 스웨덴의 행정시스템은 강한 권한의 중앙정부를 갖는 대부분의 서구 민주주의 국가들과 차이를 보인다. 헌법 12장에 따라 준독립적인 행정청은 중앙정부의 지침에 따라 정책을 집행한다(Cameron & Cornell 2020). 지방의회도 상당한 독립성을 갖는데 지방자치와 준독립적인 지방정부는 스웨덴 민주주의의 핵심 요소의 하나이다. 지방정부는 보건의료, 교통, 교육, 복지 서비스 등 많은 중요한 업무를 담당하고 있다. 정책 결정은 중앙정부의 정치인이 하지만 정책 집행은 정치적으로 중립적인 공무원 집단이 담당하고 있다. 문제는 현실적으로 정책 결정과 집행의 구분이 어려움에도 정치와 관료집단의 역할 분리는 책임소재를 불분명하게 만든다는 점이다. 코로나 팬데믹 상황에서 보건청의 독자적 판단으로 코로나 대응이 늦었고 정치적 개입의 부재로 내각 장관들의 역할은 미미했다. 이는 역사적으로 작동해온 스웨덴 행정시스

---

30) 입헌군주제를 도입한 1809년 정부조직법과 1810년 의회법은 의회의 독립성과 자유를 보장하기 위해 여러 제도적 방안을 만들었다. 의원에게는 입법 권리가 주어졌고 의회 위원회의 영향력이 확대되었으며 영구적 지위가 부여된 의회의 헌법위원회(The Constitutional Committee)와 의회 옴부즈만(Riksdagens ombudsman) 제도가 도입되었다.

템을 보여준 것이었지만 정치인과 관료 모두 책임을 회피할 수 있게 만들어 정부의 정치적 책임성 부재와 민주주의 문제를 드러냈다는 비판도 제기되었다(Andersson & Aylott 2020). 코로나위원회의 보고서를 비롯하여 방역정책에 대한 평가와 행정 기관에 대한 감독은 계속 진행되고 있다. 행정의 투명성 및 개방 원칙이 지켜지고 있으며, 공공문서에 대한 완전한 정보접근권은 공공기관에 대한 지속적인 감시를 가능하게 한다. 공공문서 접근권이라는 헌법적 권리는 1766년 세계 최초로 출판의 자유를 법으로 보장한 스웨덴의 출판자유법(The Freedom of the Press Act of 1766)에서 비롯된 것으로 민주주의, 법의 지배, 행정의 효율성에 크게 기여하고 있다(Lind, Reichel, Österdahl 2017). 정보접근권은 의회 옴부즈맨과 함께 부당한 권력행사와 부정부패를 막는 데에도 중요한 역할을 해 왔다. 정부와 보건청은 기본 전략이 옳았다는 입장을 고수하면서 2020년 12월부터 시작한 백신접종 조치를 비강제적으로 진행해왔다.

2020 '비상 팬데믹 법'과 '2021 COVID-19 법'

사망자가 급증하던 팬데믹 초기 스웨덴 의회는 2020년 4월 16일 기존의 법을 개정하여 정부에 임시적인 비상권한을 부여한 '비상 팬데믹 법(The Emergency Pandemic Law, 일명 the April Law, 이하 4월법)'을 의결했다. 위기 상황에서 기존 감염병법을 예상적 헌법대비로 대응한 것으로 의회 헌법위원회는 이 법을 임시적으로 개정하여 신속하게 법적 조치를 할 수 있도록 했다. 감염병법은 보건청의 조정과 통제 하에 자발적, 예방적 조치에 기반해 있었는데 기존 법을 확대 해석하거나 행정명령 조치를 취하지 않고 법치주의에 충실했던 것이다. 2020년 4월 16일에서 6월 30일까지 한시적으로 유효한 '4월법'에 따라 대중모임 규제와 요양원 방문금지 조치가 이루질 수 있었다. 애초 정부가 제출한 법안이 지나치게 광범위하고 일반적이라는 야당의 주장과 법제처의 의견으로 일부 수정되고 조건이 추가되었지만 정부로 하여금 항만, 학교, 체육관, 식당, 가게 등의 영업시간 및 모임 제한 조치를 할 수 있도록 했다. 4월법이 가능했던 것은 헌법에 따른 것으로 헌법 8절은 일정 조건 하에서 법과 행정명령에 따라 상대적 기본권(2절)을 제한할 수 있음을 규정하고 있기 때문이다. 상대적 기본권을 수정 또는 제한하는 입법은 절대적 권리와 상대적 권리를 구분하는 헌법에 따른 것이다. 집회의 자유, 이동의 자유 등은 상대적 권리로 정부의 행정명령으로 제한이 가능하다.[31] 그러나 언제, 어느 정도로 기본권을 수정 제한할 수 있는지에 대해 헌법은 명확한 기준을 규정하지는 않는다. 이에 정부는 의회 승인 없이 규제 조치를 바로 시행할 수 있지만 조치 후 의회의 사후 검토 및 승인을 받아야 했다. 사망자가 급증하는 상황에서 이러한 '법치주의'가 어떤 의미가 있는지 의문이지만 스웨덴 정부는 법안을 제출하고 의회 승인을 거쳐 2020년 4월 18일 발효된 4월법을 갖게 되었다.

그러나 한시적으로 도입된 이 법은 실제 시행되지 못하고 2020년 7월 1일 자동 종료되었다. 코로나 피해가 심각했던 시기에 스웨덴 정부는 봉쇄와 같은 행정명령을 할 수 있었음에도 이러한 권한을 사용하지 않고 보건청의 의견에 따라 개인 자율방역을 유지했다. 뢰벤 정부의 리더십 문제와 보건청의 독립적인 권한도 중요한 요인이었지만 의회 내 다수인 야당이 4월법을 매우 복잡하고 까다롭게 만들어 실행하기 어려웠다는 점도 한 요인이었다. 법제처와 야당의 비판을 수용한 결과 정부가 신속한 결정을 할 수 있는 권한을 의회로부터 온전히 받지 못하고 사후 의회 승인을 받아야 하는 조건이 그 법을 무의미하게 만들었다는 것이다. 할렌그렌(Lena Hallengren) 보건사회부 장관에 의하면 야당, 특히 보수 온건당이 정부에 권한을 주지 않고 사실상 법을 무력화시켰다는 것이다. 물론, 의회 승인 조건은 중요하지 않고 정부가 적극적으로 강한 비상 팬데믹 법을 만들 수 있었다는 주장도 있다.

6월 30일 4월법이 종료된 후 미흡한 4월법으로는 팬데믹에 제대로 대응하기 어렵고 예상적 헌법대비라는 방식은 한계가 있다는 점이 드러났다. 정부는 여름까지 이동의 자유, 영업의 자유 등을 제한하는 새로운 법안을 만들고자 했지만 팬데믹이 장기전이 될 것이라는 예측과 헌법에 보장된 자유를 제한하는 일이기에 쉽게 처리하지 못했다. 2020년 10월부터 확진자가 증가하면서 정부와 뢰벤 총리는 이동 자제와 거리두기를 강조했지만 강한 조치의 필요성은 커져갔다. 식당 영업시간 등 거리두기를 강화하는 일부 제한 조치가 이루어지

---

31) 헌법이 보장하는 절대적 권리와 자유는 사형태형고문 금지, 종교의 자유, 소급처벌 금지, 정치종교문화 등에 대한 입장공개강요 금지 등이다. 일정조건 하에서 일반법에 의해 제한될 수 있는 권리와 자유는 표현 결사 시위의 자유, 이동의 자유 등이다.

면서 새로운 입법의 필요성이 제기되었지만 헌법과 기본권 제한에 대한 논란은 사라지지 않았다. 2020년 12월 의회는 팬데믹 대응을 위해 정치적으로 비상권력이 가능한 코로나법(the 2021 COVID-19 Act)을 만들어 정부에 더 큰 권한을 부여했다. 결사 및 시위의 자유, 소유의 권리, 거래의 자유 등 헌법적 기본권을 제한할 수 있게 한 이 법은 2021년 1월 10일~9월 30일까지 유효하며 세부적인 기준과 조치는 정부와 보건청의 권한으로 위임했다. 2020년 말이 되어서야 일부 봉쇄가 가능한 한시적 조치가 결정된 것은 법치주의에 따른 절차가 필요했고 팬데믹은 긴급한 위기라기보다 지속적인 위기로 볼 수 있기에 비상권한의 필요성이 제한되었기 때문이다. 2021년 3월 식당, 가게, 스포츠센터 등에 대한 거리두기는 강화했지만 실제 코로나법은 7월 1일 시행되어 9월 30일까지 3개월간 적용되었다.[32] 더구나 기본권을 제한하는 데에는 사용되지 못했다. 정부의 법안에 대해 적용범위가 넓고 통제가 제한된 광범위한 위임 권력이라는 법제처와 의회 헌법위원회(the Riksdag's Committee on the Constitution), 의회 옴부즈맨[33]의 비판적 의견에 따라 행정명령과 같은 규제적 조치 후 의회로부터 위헌성에 대한 평가를 받도록 했기 때문이다. 행정 권한이 남용될 수 없도록 한 것이다.

2021년 7월 스웨덴 정부의 공식 발표를 보면("Sweden and Corona – in brief." 2021년 7월 1일자)를 보면 팬데믹 대응은 여전히 자율적이었다. 자유주의적 방역에 비판적인 의견도 있었지만 정부는 보건청의 의견을 수용했고, 개인의 권리와 자유를 중시했으며, 행정권력을 거의 행사하지 않았다. 2021년 8월 들어 감염률이 다소 높아졌고 2021년 9월 인구대비 사망자수는 덴마크의 3배를 넘고 노르웨이, 핀란드의 7-8배였다.[34] 9월 30일을 앞두고 스웨덴 의회

---

[32] 2021년 7월 1일부터 시행된 규제는 가게, 실내시설, 스포츠센터 등 인원 규제였는데 식당 실내에서 8명까지 함께 식사 가능, 지정된 자리의 실내모임은 300명까지 가능. 지정된 자리의 실외 모임은 3,000명까지 가능. 실외 집회는 1,800명까지 가능, 달리기 대회는 900명까지 가능했는데 다른 나라들의 기준으로 보면 매우 관대했다. 호텔 등 빌린 장소에서는 50명까지 자유로운 사적 모임 가능했지만 개인 주거 공간에서의 사적 모임에 대해서는 인원 제한이 전혀 없었다.

[33] 헌법 8절에 따르면 법제처는 대법원 및 최고행정법원의 전현직 법관으로 구성된다. 의회 옴부즈맨(The Parliamentary Ombudsmen)은 4명으로 구성되며 법과 규정이 법원과 행정부에 의해 제대로 지켜지는지 감독한다.

는 코로나 상황의 악화에 대비하여 코로나법을 4개월 연장하기로 의결했다. 그러나 코로나법은 최소한으로 실행되었으며 9월 당시 이 법에 따른 제한 조치는 사실상 없었다. 정부는 필요할 경우 제한 조치를 재도입할 수 있는 법적 권한을 가졌지만 9월 29일부터 식당 및 바, 공적 행사의 인원 제한 등 모든 공적, 사적 모임의 인원 제한을 해제했다. 재택근무 권고를 해제하고, 사람 많은 곳 피하기, 위생수칙, 증상시 집에 머무르기와 같은 권고사항만 남았다.[35] 이 시기 덴마크 등 유럽의 여러 나라들이 위드 코로나 정책을 도입하기 시작했다.

자율방역의 평가와 결론 — '스웨덴 예외주의'의 양면성

개인의 자유와 권리를 중시한 스웨덴의 방역 예외주의는 여러 요인으로 가능했지만 가장 중요한 요인은 헌법과 신뢰에 있다고 한다(Dahlqvist & Reichel 2021; Jonung 2020; Cameron & Cornell 2020). 개인의 자유, 공공기관의 독립성, 지방정부의 자치를 보장하는 스웨덴 헌법은 자유와 국가권력에 대한 국민들의 규범을 반영한다. 스웨덴인들은 자국의 국가기관, 정부의 효율성과 투명성, 정치의 책임성, 민주적 절차와 법의 지배에 높은 신뢰를 가지고 있다. 시민 개인에 대한 정부의 신뢰, 개인간 사적 신뢰 또한 매우 강하다. 정부의 정보 제공과 권고에 기반한 스웨덴의 자율방역은 사회적 신뢰수준과 밀접히 관련되어 있으며, 개인은 자신의 건강과 생명을 지키기 위한 자유에 따라 권고를 중시한다. 헌법학자 트라이브에 의하면 헌법 밑바탕에 '보이지 않는 헌법'이 있다고 한다(Tribe 2008). '보이지 않는 헌법'이란 한 사회의 역사적 경험과 지혜, 축적된 판례와 좋은 관행, 시민사회의 역량, 미디어 및 전문가 집단의 비판적 역할, 공동체의 윤리의식, 개인의 자율성과 도덕 등 한 나라 전체의

---

34) 인구 백만명 당 코로나19 사망자 수 (2021년 9월 17일 기준) 스웨덴 1,434.36; 덴마크 449.77; 노르웨이 157.26; 핀란드 190.57; 네덜란드 1,021.76; 독일 1,117.56; 프랑스 1,657.68; 영국 2,012.08; 한국 46.2.
https://www.statista.com/statistics/1104709/coronavirus-deaths-worldwide-per-million-inhabitants/.

35) https://www.thelocal.se/20210908/key-points-how-swedens-covid-19-restrictions-will-change-at-the-end-of-the-month/.

역사적, 사회문화적, 정치적 토양을 말한다. 정치적으로 매우 중요한 시기였던 20세기의 '헌법 없는 반세기'가 보여주듯이 '보이지 않는 헌법'이 제대로 작동되면 명문화된 헌법 없이도 법치가 잘 이루어질 수 있다. 스웨덴의 방역 예외주의는 스웨덴의 보이지 않는 헌법의 모습을 보여주었다고 평가할 수 있다. 물론 그 '모습'에 대한 관점은 서로 다를 수 있다.

둘째, 자율적이고 독립적인 강한 개인이 방역 예외주의의 주체였다는 점이다. 권고 중심의 자율방역이 지속될 수 있었던 것은 독립적인 스웨덴인들 각자가 자신의 자유와 책임을 중시했기 때문이다. '침묵하는 스웨덴인(the Swedish silence, en Svensk tiger)', '혼자가 강하다(alone is strong, ensam är stark)'라는 격언은 스웨덴의 문화적 특질을 보여준다. 강제성은 없지만 방역 권고사항은 모두가 조용히 지켜야 할 사회적 규범이었고, 실용주의적 전통은 개인의 자율성과 양심을 우선하도록 했다. 모두에게 평등한 교육의 기회, 자각으로 계몽된 시민 개인의 주체적이고 독립적인 역량이 법치를 실현하고 민주주의를 지키는 주체였다는 점에서 그렇다. 개인의 독립과 자유, 존엄성을 위해 헌법적으로 기본권을 강화했을 뿐 아니라.36) 주거정책을 포함한 포괄적인 사회정책과 분배정책을 통해 실질적으로 최소한의 개인의 안전과 안정을 보장해온 것이 중요했다. 강한 개인에 기반한 자율적인 공동체와 사회는 사회 각 부분과 조직의 수평적인 관계와 개방성을 확대하여 다양성, 포용, 공존의 민주주의 원리를 심화시켜 왔다. 이러한 중간(meso) 및 미시 민주주의 없는 거대 민주주의만으로는 진정한 민주주의를 이룰 수 없다. 개인과 사회가 더 많은 규범적 힘과 자원을 가질수록 국가권력을 더 잘 감독할 수 있고 국가권력은 주권자인 개인의 존엄과 행복을 위해 쓰이게 된다는 점이다.

셋째, 과도한 행정권력은 민주주의와 법치를 위협할 수 있다는 점에서 스웨덴의 자율방역은 제한된 행정권력을 중시한 결과였다. 오늘날 제도적 민주주의가 이루어졌어도 여러 나라에서 비자유주의적, 권위주의적 통치가 나타

---

36) 스웨덴은 1974년 헌법의 별도 장에 개인의 권리와 자유를 명시했지만 충분하지 않다고 보고 기본권을 강화하기 위해 노력해 왔다. 1974년 이후 1992년까지 '권리자유조사위원회(the Commission on Rights and Freedoms)'를 5회 구성했고 사생활보호위원회(the Commission on the Protection of Personal Privacy)도 구성했다(Sveriges Riksdag 2016). 그 후 헌법 수정이 이루어져 기본권 내용이 확대되었다.

나는 민주주의 후퇴 현상은 과도한 행정권력에서 비롯되고 있다. 법치주의를 정부의 권력행사에 법적 한계를 설정하는 것으로 보는 관점은 권력을 정치적으로, 사적으로 남용하는 것을 견제하고, 개인의 자유와 권리를 보장하며, 민주적이고 개방적인 사회를 중시한다. 선진 민주주의 국가들에서도 행정(대통령 또는 총리)권력의 확대와 강화는 자주 있어 왔다. 문제는 이러한 권한행사와 정책결정이 국민주권 원칙과 국민다수의 의사를 제대로 반영하는가이며 그렇지 않다면 이는 권력남용의 문제가 된다. 자유주의적인 의회주의와 토론에 의한 합의정치를 비판한 칼 슈미트(Carl Schmitt)는 인민주권을 위임받은 통치자는 '질서'를 위해 '예외상태', 즉 비상사태를 '결정'해야 하고 할 수 있어야 한다고 주장하면서 통치자의 강력한 권한을 강조한 바 있다. 그러나 과도하고 비민주적인 행정권력은 헌법적 규범에 어긋날 뿐 아니라 권위주의적 통치를 가져오기도 한다는 점이 지적되어야 할 것이다. 이에 헌법적 규범을 최고사법기구(대법원 또는 헌법재판소)에 위탁하여 비민주적인 행정권력을 심판하는 일도 나타나게 되고, 또 이래야 한다고도 한다. 그러나 과연 그 헌법은 최고유능하고 완전무결한지도 확실치 않다. 정치의 사법화는 의회정치를 무력화시켜 정치무관심과 정치불신을 가져올 수 있고 사법의 정치화, 사법의 권력종속화를 초래할 수 있다는 점에서도 문제가 있다. 따라서 행정권력을 제한하고, 권한을 분산하고, 권력을 주권자를 위해서만 쓰이게 하고 쓰는 스웨덴의 헌정체제와 정치는 합리적이라 할 것이다.

　스웨덴의 자율방역이 보여주는 함의는 헌법은 주권자의 것이고 헌법과 국가권력은 주권자를 위해 존재해야 한다는 것이다. 스웨덴 헌법에서 전쟁 외 비상상황의 행정권한은 입법에 의해서만 가능하며 의회 헌법위원회는 정부가 취한 비상조치의 정당성에 대해 헌법위반 심사를 한다. 위반의 경우 초법적 비상사태로 보고 제재와 함께 정책 결정 과정의 모든 문서를 제출하도록 한다. 스웨덴의 자율방역은 권력제한, 기본권 보장, 사회통합 등의 헌법규범을 존중한 것으로 국민은 통제와 지배의 대상이 아니라 자유, 평등, 존엄이라는 헌법적 가치를 누려야 하는 개인으로 보는 것이다. 자율방역은 이를 지킨 과정이자 그 결과라 할 것이다. 정부와 의회는 정보제공과 방역수칙 권고, 백신 등으로 헌법규범을 지키고 국민주권의 이념을 실현하고자 했던 것이다. 강제적인 비상조치를 선택하지 않은 매우 예외적인 방식이었다. 이는 스웨덴 주권자들이 선택한 것이기도 하다. 모든 권력은 국민으로부터 나오기에 주권자는 막강한 행정권력을 원할 권리도 원하지 않을 권리도 갖는다. 다만 헌법은 국민의 것이기에 주권자는 이러한 행정권력이 합헌인지에 대해서도 정치적 판단을 해야 할 것이며, 과도한 행정권력의 사용이 꼭 필요했다면 합헌성(constitutionality)을 부여할 수도 있을 것이다. 과도한 행정권력 자체를 허용하지 않는 스웨덴 헌법은 이러한 판단을 필요로 하지 않는다. 실제 스웨덴에서는 법률적으로 초법적 비상상황이라는 헌법적 필요 원칙이 실행된 적은 없다고 한다. 따라서 중요한 것은 주권자 스스로 헌법적 규범을 지키기 위해 노력하고, 권력을 비판·감시하며, 정치에 참여하여 국민주권 원칙을 실현해야 하는 일이다. 개인과 사회의 민주적·규범적 역량만이 권력을 감시할 수 있고, 헌법적 가치를 구현할 수 있으며, 헌법규범과 현실이 괴리되지 않은 사회를 만들 수 있을 것이다. 민주주의 자체가 '인민의 지배'이자 '자기통치'이기 때문이다

마지막으로 방역 예외주의는 '스웨덴 예외주의(Swedish exceptionalism)'와도 깊이 연관된다. 유럽은 물론 이웃 노르딕 국가들과도 달랐던 방역 예외주의는 스웨덴 특유의 민족성, 즉, 역사적으로 만들어진 '스웨덴은 남다르고 특별하고 잘한다'는 민족주의적 우월주의 의식에 기인한다는 점이다. 스웨덴은 특별하고 우월하다는 문화는 오래되었지만(김인춘 2016)[37] 오늘날과 같은 예외주의는 사회주의와 자본주의(시장자유주의)를 뛰어넘는 스웨덴식의 사회민주주의가 1930년대부터 대외적으로 유명해지면서 형성되었다. 스웨덴의 평화중립 노선, 보편적 복지국가, 합리적 노사관계, 민주적인 헌정체제, 세계 최고 수준의 자유와 평등, 경제적 번영, 정치적 안정, 투명성, 사회적 신뢰와 시민적 덕성 등 스웨덴의 뛰어난 성과와 제도는 오랫동안 스웨덴 예외주의를 보증해왔다(Edling 2013). '스웨덴 방식(Swedish way)'이나 스웨덴 모델도 스웨덴 민족주의 또는 스웨덴 예외주의 정서를 내포하고 있다. 문제는 이러한 스웨덴 예외주의가 '치명적'('Sweden's deadly exceptionalism')이라는 비판을 받을 수 있다는 점이다. 스웨덴은 항상 옳고 잘한다는 국수주의적 우월감과 보이지 않는 인종

---

37) 스웨덴은 17세기에 핀란드 영토는 물론, 발틱 및 독일북부 일부 지역 등을 차지한 제국이었다. 스웨덴인들의 문화적 특성(Swedish silence)으로 평소 드러나지는 않지만 우월주의 의식은 코로나 팬데믹 상황에서 그 모습을 보여주었다고 볼 수 있다.

주의가 그것이다(Jansson 2018: 88)38). 스웨덴 예외주의는 1980년대 이후 신자유주의와 유럽통합, 1995년 스웨덴의 EU 가입으로 약화되었고(Pierre 2015), 2010년대 들어 극우정당의 득세로 종말을 맞았다는 평가도 있다. 팬데믹 초기 피해가 커 우월한 예외주의가 '평범한 예외주의(unexceptional exceptionalism)'가 되었다는 주장도 있지만(Andersson and Aylott 2020), 코로나 팬데믹을 통해 스웨덴 예외주의 의식은 여전하다는 점이 드러났다. 테그넬 박사는 팬데믹 초기 스웨덴에서 다수의 사망자가 발생한 것은 세계 최고의 투명성으로 사망자 보고가 정직하게 이루어졌기 때문이라고 말했다. 코로나 대응이 장기전에 될 것이라는 예측이 맞았고, 대부분의 나라들이 위드 코로나를 하고 있으며, 최근 들어 스웨덴의 상황이 크게 호전되면서 스웨덴인들은 결국 자신들의 판단이 옳았다고 생각할 것이다.

2022년 2월 25일자로 스웨덴 코로나조사위원회의 최종보고서(Final report SOU 2022:10)가 발표되었다.39) 주요 내용은 위기관리 및 리더십의 문제가 있었고, 2020년 봄 신속한 조치가 제대로 이루어지지 않았으며, 일방적으로 보건청에 의존한 의사결정 방식의 문제를 지적했다(Summary in English SOU 2022:10, p.3). 특히, 팬데믹 대응에서 중앙정부, 보건청, 광역지자체가 제 역할과 임무를 다하지 못했고 이들의 문제점들을 지적했다. 스웨덴은 매우 분권화된 나라로 분리되고 분산화된 구조가 코로나 대응을 어렵게 만들었고 이에 궁극적으로 중앙정부에 책임이 있다고는 했지만 명확한 판단을 내리지는 않고 공식적인 책임소재에 대해서도 언급하지 않았다. 이 보고서의 결론은 스웨덴의 자율방역을 '근본적으로 옳았다(fundamentally correct)'고 평가하며 적극 옹호했다(Summary in English SOU 2022:10, p.3, p.7).40) 스웨덴의 자율방역이란

---

38) '보이지 않는 인종주의'도 스웨덴의 치명적인 예외주의의 특징이라고 한다. 코로나 피해가 이민자 거주지역에 집중되었지만 이에 대한 특별한 대책이 없었다는 점에서 일리가 있는 주장으로 보인다. 또한 2021년 12월 초 기준 스웨덴들과 달리 임시거주 외국인(주로 난민, 이주근로자)은 백신패스(증명서)를 받지 못하고 있다고 한다.

39) https://coronakommissionen.com/publikationer/slutbetankande-sou-2022-10/.
아래 영문요약 (Summary in English SOU 2022:10) 참조.
https://coronakommissionen.com/wp-content/uploads/2022/02/summary_20220225.pdf.

40) 2월 25일 최종보고서 발표 직후 기자회견에서 멜린(Mats Melin) 코로나조사위원회 위원장은 '조언과 권고에 기반한 대응이 '근본적으로 맞았다(fundamentally right)'고

다른 나라들과 '다른 방식'으로 스웨덴과 같이 법치주의와 민주주의의 오랜 문화를 가진 노르딕 국가들 간에도 방역의 '이념적(ideological)' 차이가 있었다고 한다. 이웃 노르딕 국가들을 포함하여 다른 나라들은 록다운, 금지 등 '엄격한 대응'을 '불완전한 정보(incomplete information)'에도 '바로 (immediately)' 했으나 스웨덴은 그렇지 않았다고 한다. 방역대응은 과학과 검증된 경험에 기반해야 하며 정확한 정보에 따라야 한다는 것이다. 자율적 조치와 개인의 책임, 신중한 느린 대응의 스웨덴 방역은 개인의 자유를 보장했고, 장기적으로 지속 가능하며, 국민들이 수용한 방역이었다고 평가했다. 스웨덴은 잘했다는 스웨덴 예외주의의 모습이라 할 것이다.

정부의 방역정책에 대한 스웨덴인들의 여론은 우호적이다(Esaiasson et.al. 2021). 스웨덴 예테보리 대학 조사연구소(SOM)의 2020년 4~5월 조사에 따르면 정부에 대한 신뢰도는 약 65%였고, 글로벌 여론조사기관 입소스(Ipsos)의 2020년 11월 조사에서는 약 62%의 스웨덴 국민이 '정부가 좋은 리더십을 보인다'고 답했다. 이러한 조사 결과는 팬데믹 초기 큰 피해에도 정부에 대한 높은 신뢰는 상당 기간 이어졌으며 오히려 강한 결집력('rally effect')을 보였음을 의미한다. 유럽연합(EU) 유럽외교협의회(the European Council on Foreign Relations, ECFR)의 연구에 의하면 팬데믹 대응 관련하여 스웨덴인들이 정부를 가장 신뢰하는 것으로 나타났다.[41] 대부분의 스웨덴인들이 방역이 너무 느슨했다고 답하면서도 정부에 대한 신뢰는 여전했다. 2021년 10월 입소스(Ipsos)의 the Nation Brands Index에 의하면 의료보건 위기 대응에서 스웨덴이 세계 60국 중 7위로 평가되었다. 이는 2020년 가을 이후 2021년 여름까지의 팬데믹 대응 성과를 평가한 것으로 같은 조사에서 2020년에는 15위였다고 한다.[42]

팬데믹 3년째를 맞은 2022년 1월 전 세계는 백신접종에도 불구하고 감염

말했다 그는 또한 '국가는 필요 이상으로 개인의 자유를 제한해서는 안된다', '더 센 강제적 조치를 한 나라들이 필연적으로 더 나은 결과를 가져오지는 않았다', '오래가고 반복되는 록다운이 필요하다고 생각하지 않았다'고 말했다.

41) The European Council on Foreign Relations. *Policy Brief 1*. September 2021.
42) 2021년 조사에서 독일 1위, 캐나다 스위스 공동 2위, 호주 4위, 뉴질랜드 5위이며, 강력한 조치로 코로나19 사망자가 스웨덴의 1/10 수준이었던 노르웨이와 핀란드가 각각 6위, 8위로(덴마크는 조사대상 제외) 평가되었다고 한다.

자 수가 폭증하고 일부 나라는 팬데믹 이후 최악의 상태를 보이고 있다. 이러한 상황에서 봉쇄와 통행금지를 재도입하거나 백신패스만 하는 등 각 나라의 방역대응은 다양하다. 미국은 연방정부나 뉴욕 등 대도시는 경제 봉쇄나 학교 봉쇄를 하지 않는다고 한다. 이스라엘도 확진자 수 최다기록을 보이지만 봉쇄 전략은 취하지 않는다고 한다. 스웨덴은 100인 이상 실내 대중행사(public events)만 백신패스를 적용하고 지금까지와 같은 권고 중심의 자율방역을 유지한다. 중요한 점은 2020년 10월 스웨덴은 벨기에, 스페인, 영국, 이태리 다음으로 인구대비 코로나 사망률이 높았으나 2021년 중반부터 지속적으로 낮아져 2022년 1월 7일 기준 스웨덴의 인구대비 코로나 입원환자 수와 사망자 수는 유럽 24국 중 하위 4위, 1위로 매우 양호해졌다는 점이다.[43]

스웨덴의 자율방역은 단순히 하나의 방역 방식 그 이상의 중요한 의미를 갖는다. 특히, 우리에게 스웨덴은 사회민주당의 오랜 집권으로 '사회민주주의 국가'이며 '강한 국가'가 사회와 개인을 크게 규제하는 것으로 인식되기도 했다. 강한 국가인 것은 맞지만 개인도 강하고 사회도 강하다는 점, 이러한 사회와 개인이 정치에 참여하고 국가 권력을 감시하면서 함께 전체사회(societal)의 발전을 이루어 왔다는 점이 중요하다. 국가권력을 제한하는 제도와 규범으로 개인의 자유와 사회의 실재적 자율성을 보장하면서 민주주의는 시민개인의 참여와 제한된 권력이라는 성격을 갖게 되었다. 스웨덴에서 강한 개인을 만드는 데 큰 역할을 한 것은 보편적 복지국가로 개인에게 필요한 사회적 기회와 안전을 공정하게 보장하여 개인의 권리와 자유를 확대·강화해 왔기 때문이다. 각 개인으로 하여금 평등한 가치와 권리를 더 많이 갖게 하여 더 많은 자유와 독립을 누릴 수 있게 한 것이다. 스웨덴 복지모델의 성공에는 민간기업 중심의 경쟁력 있는 산업, 효율적이고 공정한 시장경제체제 또한 매우 중요했다. 스웨덴에서 권력, 정치, 헌정체제의 목적과 기본적 역할은 개인의 최대한의 자유와 권리를 보장하는 것으로 그것이 사회민주주의인지 자유민주주의인지는 중요하지 않다.[44] 중요한 것은 개인의 자유와 권리를 위해 존재하는 권력과 민주주의로,

---

43) https://www.thelocal.se/20220108/in-numbers-excess-deaths-in-sweden-during-pandemic-now-among-lowest-in-europe/ 기사 참조.

44) 스웨덴 헌법은 개인의 기본권과 민주주의 원리, 정부구성 등을 담고 있으며 정치적, 이념적 정체성이나 가치를 나타내지는 않는다. 이는 노르웨이, 덴마크 헌법도 마찬가

이러한 권력과 민주주의를 가능하게 한 헌정체제, 사회적 신뢰와 투명성, 시민의식이 중요했다(김인춘 2020). 의미있는 성문헌법이나 판례법에 기반한 법 시스템 없이도 법치와 민주주의가 잘 작동할 수 있었던 것은 신뢰와 합리적이고 실용적인 원칙에 기반한 정치가 중요했기 때문이다.

스웨덴의 방역 예외주의의 본질은 헌정주의와 의회주의에 기반하여 제한된 국가권력과 개인의 자유라는 스웨덴 법치주의와 민주주의 그 자체였다. 사회적 신뢰와 합의, 개인의 자유와 책임이라는 문화적 규범이 구속력 있는 규제보다 중요했고 유의미했다. 결론적으로 법치주의와 민주주의 관점에서 스웨덴 자율방역의 의미와 함의는 다음과 같이 요약될 수 있을 것이다. 첫째, 스웨덴은 개인의 자유를 제한하고 행정권력을 강화할 수 있는 법의 도입과 실제 시행에 매우 신중했다는 점이다. 권력 분산과 자제의 전통이 지켜졌으며 권력의 투명성과 공개성, 제한성을 보여주었다. 둘째, 팬데믹 기간 정부에 대한 스웨덴인들의 신뢰가 여전히 높다는 것은 전문가에 의한 자율방역에 동의하거나 최소한 반대하지 않는다는 것을 의미한다. 건강권, 생명권은 그 어떤 기본권보다 더 중요하기에 개인의 자유권 제한이 불가피할 수 있다. 다만 스웨덴은 코로나 바이러스로 장기간 지속될 것이라는 전문가의 의견을 따랐기에 지속가능한 방역이라는 예외적 대응을 할 수 있었다. 강력한 방역으로 인해 또 다른 집단의 건강과 생명이 희생되고 위협받는 상황도 고려해야 했고, 특히 봉쇄로 인한 교육, 돌봄, 사회적 관계, 의료, 고용과 같은 사회적 권리와 기회의 축소나 상실은 스웨덴 복지모델의 부분적 포기를 의미하기에 선택할 수 있는 방안이 아니었다. 셋째, 강제적 조치를 취하지 않았지만 구속력 없는 규칙이나 권고라 해도 대부분의 스웨덴인들이 이를 지켰다는 점은 사회적 규범과 신뢰의 중요성을 보여주었다.[45] '사회규범으로서의 법'이 실현된 것이다. 2022년 초, 코로나 3년차에 전세계적으로 폭증하고 있는 감염자 수를 고려할 때 방역의 성공과 실패를 평가하는 일은 쉽지 않고 평가 자체도 의미가 없어지고 있다. 결국, 어떤 방역이었냐만 남을 것이다.

지이다.
[45] 권고 사항임에도 2022년 1월 기준 12세 이상 인구의 82%가 2회 백신을 완료하였다.

제4장
민주적 자본주의와 보편적 복지국가

1. 민간기업의 성장과 스웨덴 자본주의의 발전

민간기업의 성장과 노동과 자본의 조직화

 스웨덴은 서유럽 국가들에 비해 늦은 1870년대에 산업화가 시작되어 1890년대에 이르러 본궤도에 진입하게 되었다. 이 시기 스웨덴은 큰 호황을 누렸는데, 영국과 유럽대륙의 2차 산업혁명에 따른 경제 붐으로 스웨덴의 철광석, 목재, 펄프 등에 대한 수요가 급증했고 19세기 후반에 진행된 세계적 자본주의의 팽창, 즉 1차 세계화로 무역 규모 또한 커졌기 때문이다. 이에 따라 1870년대와 1890년대 사이에 기업가정신이 크게 고무되면서 많은 기업들이 설립되었고 해외시장 개척도 활발하였다. 19세기 자본주의의 특징대로 스웨덴은 이미 19세기 중반에 자유무역과 재산권 제도를 확립하여 19세기 후반 들어 자본과 상품, 노동력의 자유로운 이동이 가능하였다(Sejersted 2011). 1870년대는 유럽에서 자본주의 체제가 발전하면서 기업의 성장과 경쟁이 심화되던 시기로 시장통제를 목적으로 한 기업연합인 카르텔(cartel/kartel)이 급속히 발전하였는데 스웨덴도 예외가 아니었다. 특히 19세기 후반, 당시 신흥 경제강국이던 미국과 독일에서 대기업[1]이 성장하기 시작하였다. 19세기 후반까지 세계적 우위를 차지했던 영국 방식의 산업발전 단계가 끝나고 미국, 독일, 일본 등 경쟁하는 주요 선진 경제세력들에 의해 새로운 방식의 산업발전 단계가

---

[1] 양동휴(2014)에 의하면, 대기업이란 여러 소단위 사업체로 구성되고 피라미드 형태의 경영자 그룹이 운영하는 기업을 말한다.

시작된 것이다. 기술혁신과 새로운 산업경영 방식, 체계적인 자본축적, 투자 증대가 그 핵심이었다(킨들버거 2004; 양동휴 2014). 이러한 배경에서 수정주의 사회주의자였던 베른슈타인(Eduard Bernstein)은 중간계급과 자본가계급이 성장한 19세기 후반 노동계급의 실질임금도 상승하여 이전보다 윤택한 삶이 가능해졌고 보았다. 또한 카르텔과 트러스트, 금융시장 및 교통의 발전 등으로 자본주의는 더 발전하고 있다고 하면서 혁명적인 마르크스 이론을 거부하고 계급타협과 실용적 개혁을 강조했다.

스웨덴은 비록 규모면에서는 작았지만 당시 새로운 방식의 산업발전을 성공적으로 달성한 나라 중 하나로 기술혁신과 새로운 산업경영에서 뛰어난 성과를 보였다. 또한 금융 및 무역부문은 국내산업과 효율적인 연관 관계를 구축하였고, 고성장산업을 중심으로 자본축적과 투자확대가 이루어진 것이다. 역사적으로 대기업은 기술이 진보하고 시장이 커지면서 소단위 단일기업이 시장을 통해 자원을 배분하는 것보다 대기업 내 자원 배분 방식이 더 효율적이 되는 시점에 등장했다고 한다. 세계적으로 19세기 후반 들어 인구 증가, 도시화 진전, 국민소득 증가와 함께 시장 규모가 급속히 커졌는데, 이 시기 시작된 중화학공업은 거대한 설비투자가 필요했으므로 대규모 자본이 동원되어야 했다. '규모의 경제' 실현을 위해 이들은 애초에 독점 대기업으로 출발했다. 이 시기에 기계, 철강, 화학, 전기, 석유, 자동차 부문 등에서 대량생산을 가능하게 할 기술혁신이 일어났다. 기업의 수직, 수평적 결합을 통한 산업조직의 독과점화도 19세기 말에 나타나게 되었다(양동휴 2014). 또한 20세기 초 '과학적 관리'로 대표되는 산업합리화와 미국식의 근대적 기업경영은 독과점화 경향을 더욱 강화하였다(Sejersted 2011. 44).

역사적으로 이러한 독과점적 대기업이나 다양한 형태의 기업집단(business group)의 존재는 일반적인 현상이라고 한다. 18세기 말 자본주의 발전단계에서부터 시작하여 21세기까지도 존속하고 있기 때문이다. 이스라엘, 스웨덴, 네덜란드, 독일 등 미국과 영국을 제외한 거의 대부분의 선진국에서 소유분산보다 집중화된 소유가 일반적인 것도 이러한 독과점적 기업집단 또는 대기업의 존재에 기인하는 것이다. 더구나 소유분산이 이루어지지 않은 경우, 주로 가문이 중요한 소유자이자 통제자이고, 가문을 중심으로 한 기업집단에서 지배가문은 경영에 참여해 왔다(이건범 2013). 독일의 경우, 19세기 후반 통일과 국내시장 확대로 기업 규모가 급속히 커졌다. 또한 산업화 초기부터 유럽 전역으로의 시장 확대가 독일의 기업 규모와 운영에 큰 영향을 미쳤다. 자본시장 발달이 늦은 독일이 기업에 대한 대규모 자본조달을 위해 만든 신용은행이 미국식 투자은행의 성격까지 갖는 독일형 종합은행으로 발전하면서 독일식 기업지배구조의 역사적 연원이 되었다. 은행이 기업의 지분을 갖고 기업의 경영에 영향을 미치는 것이 그것이다. 세계시장을 상대로 경쟁해야 했던 독일 대기업에게 국내에서는 기업끼리 경쟁을 회피하는 카르텔이 지극히 합법이었다(양동휴 2014).

스웨덴은 바로 이러한 19세기 중후반 이후 등장한 신흥 선진국의 산업발전 성격을 그대로 보여주었다. 무엇보다 독일과 유사한 은행 제도로 산업자본과 금융자본의 결합이 가능했다. 19세기 중반부터 등장한 스웨덴의 상업은행은 중앙은행과 별도로 민간부문에 대한 신용 제공과 투자를 담당해 왔다. 스웨덴에서는 상업은행이 일반기업의 주식을 직접 소유하거나 경영에 참여하는 것이 1911년 도입된 은행법(The Banking Act of 1911)에 의해 허용되었다. 은행으로 하여금 지분을 직접 소유하여 투자은행이 가능하도록 만들었던 것이다(Hogfeldt 2007). 이는 독일의 영향을 받은 것으로 금융자본의 산업지배를 가능하게 만들었다. 그 결과, 1914-20년 시기에 카르텔과 기업합병이 많이 나타났고 스웨덴 은행들이 대다수 상장기업의 지배주주가 되었다. 특히, 1920년대 초와 1930년대 초에 많은 기업들이 파산했는데 이들 기업을 은행이 인수하게 되면서 은행을 소유한 가족기업들은 급속히 성장하게 되었다. 발렌베리(Wallenberg) 가문의 스톡홀름엔실다은행(Stockholms Enskilda Bank, 1856년 설립, SEB)도 여러 기업들을 인수했는데, 지금의 ABB(ASEA), 스카니아, 에릭슨 등이 그들이다.[2] 1916년에는 외국인의 의결권을 20%로 제한하는 법이 도입되면서 외국자본이 필요했던 여러 산업(철광석, 광산, 제지 등)의 기업에서 최대한의 해외 투자금을 확보하기 위해 차등의결권이 등장하게 되었다. 즉, 스웨덴 주식의 의결권을 차등적으로 크게 하여 상대적으로 외국인 지분의 의

---

2) 1911년에 도입된 은행법은 민간금융가들의 제안에 따라 자유당과 스웨덴 사회민주노동자당(Sveriges socialdemokratiska arbetareparti, Swedish Social Democratic Workers' Party, 이하 사회민주당)에 의해 도입되었다. 1938년 이후에는 사회민주당에 의해 새로운 제도를 통해 금융자본과 산업자본의 결합과 연계를 구축할 수 있었다

결권을 20% 아래로 낮추는 것이다. 이는 차등의결권 제도를 가져왔는데 특정 주식(주로 오너 주식)은 일반 주식의 1천배까지 의결권을 갖게 만들었다. 이로서 스웨덴 오너의 지배구조는 매우 강해졌고 독점자본 형태의 피라미드식 소유구조가 만들어졌다. 이러한 스웨덴식 기업 지배구조 및 소유구조는 1938년 노사대타협의 영향으로 지속될 수 있었다. 스웨덴의 차등의결권은 1:10의 형태로 지금도 유지되고 있다.

스웨덴 기업들은 기술혁신과 산업합리화, 생산성 제고에서 뛰어난 성과를 보여주었다. 산업합리화와 생산방식의 혁신적 발전으로 1920년대 들어 스웨덴 산업의 효율성이 크게 높아졌다. 19세기 말부터 1차 세계대전까지 주요 기업 및 산업의 혁신클러스터(cluster)로 다수의 '뛰어난 기업들(genius companies)'이 설립되었다. 국제적 관점에서 볼 때 스웨덴 경제의 황금기는 이 시기였다(Maddison 1982). 이 시기가 중요한 이유는 스웨덴의 산업화와 성장의 기반이 되었고, 1920-30년대의 고성장은 물론 전후 경제의 안정적 성장과 복지국가의 발전에도 중요한 영향을 주었기 때문이다. 또 다른 중요한 이유는 유명한 발렌베리 가문의 대기업집단과 지배구조가 형성된 시기이기 때문이다. 지금까지 세계적 경쟁력을 자랑하는 압축기 등 장비업체인 Atlas(Atlas Copco)는 1873년, 전화기 및 통신장비 회사인 에릭슨(Ericsson)은 1876년, 중공업 회사인 알파라발(Alfa-Laval)은 1883년, 전기기술회사인 ASEA는 1883년, 볼 베어링 회사인 SKF(Svenska Kullagerfabriken)는 1907년, 가전제품 회사인 일렉트로룩스(Electrolux)는 1919년에 각각 설립되었던 것이다. 1891년 설립된 자동차회사는 1911년 합병을 통해 트럭과 버스를 생산하는 스카니아(Scania-Vabis)가 되었다. 이 시기에 설립된 많은 기업들은 활발한 기술혁신과 특허로 해외 수출을 크게 확대하였다.[3] 이러한 스웨덴의 산업 혁신과 성장에 산업자본가들이 금융인으로 또는 기업을 키우고 재건하는 중요한 역할을 했다. 그만큼 기업과 경제의 급속한 성장이 가능하였고 국가의 부가 증대될 수 있었다.

---

3) 지금도 세계적으로 유명한 스웨덴 버너인 프리머스(Primus)스토브는 1882년에, 공구인 스패너(spanner)는 1892년에, 에릭손(Lars Magnus Ericsson)의 전화수화기는 1895년(1884년 발명)에, 볼보(1926년 설립)의 모태인 볼베어링은 1907년에 각각 특허를 취득했다. 이외에 다이너마이트, 셀시우스 온도계, 진공청소기, 안전성냥, 하셀블라드 카메라 등 수많은 발명품이 등장하였다(Bergh 2011).

스웨덴 자본세력은 19세기 말부터 막대한 자본축적에 성공하여 경제적으로나 정치적으로 큰 힘을 갖게 되었다. 1900년대부터 대기업 중심의 산업발전이 이루어지면서 경제구조도 대기업 중심으로 자리잡게 되었다. 자동차 회사인 볼보(Volvo)는 1926년에 설립되었고, 1937년 설립된 사브(SAAB)는 항공기 생산업체로 2차 세계대전 후에는 승용차도 생산했다.

19세기 말에서 20세기 초 발렌베리 가문의 은행인 SEB는 이들 다수 중화학엔지니어링 기업들의 주요 금융기관이었다. 스웨덴의 초기 산업화와 경제성장 과정에서 발렌베리의 절대적 위치는 다른 나라에서는 볼 수 없는 사례였다. 은행을 통한 대부와 투자로 발렌베리는 당시 거의 모든 주요기업의 지배적 오너가 되었다. 천연자원 기업인 광산회사(Stora), 수력발전회사(the Norwegian Norsk Hydro)까지도 지배했다. 물론, 이들 기업은 각자 경영인 중심으로 독립적으로 운영되었지만 기술개발과 해외수출을 중시한 발렌베리 가문은 오너이자 금융가(자본가)로 적극적으로 투자결정과 경영인 선택에 관여했다. Atlas는 초기부터 발렌베리 가문이 키웠지만 다른 많은 기업은 지분을 늘려 인수한 것들이었다. ASEA 경우 소수주주였지만 1900년대 들어 자본투자로 지배하게 되었고, 1920년대 말에는 최대주주가 되었다. Alfa-Laval 또한 1920년대 말에 최대주주가 되었고 1930-40년대에 지분을 더 늘려 발렌베리 소유가 되었다.

1930년대 초 발렌베리는 성냥회사(Svenska Tändsticks AB, Swedish Match)와 에릭슨 지분을 인수하여 회사를 재구조화했고, 1930년대 말에는 Swedish Match의 지배주주가 되었다. 1908년 톨(Paul Toll)과 함께 회사(The Kreuger & Toll)를 설립한 스웨덴의 사업가이자 금융인 크뤼게르(Ivar Kreuger)는 1917년 설립한 성냥회사(Swedish Match)가 크게 성공하자 막대한 금융차입과 순환출자를 통해 수많은 기업을 소유하며 '크뤼게르 재벌(the Kreuger group)', '크뤼게르 왕국'을 만들었다. '성냥왕'으로 불린 크뤼게르가 대공황으로 사업 운영이 어려워지자 1932년 3월 자살했고 크뤼게르 재벌은 파산했다. 당시 크뤼게르는 에릭슨을 지배하고 있었는데 그는 1930년 5월 1천배의 의결권이 있는 차등의결권 B 주식을 발행했다. 기존의 차등의결권이 없는 내부 B 주식(80만 주)을 해외시장에 매각하여 필요한 자본을 만들기 위해서였는데 당시 스웨덴법은 외국자본에게 최대 20%의 의결권 지분만 인정했기에 차등의결권이 있는 주식을 갖고 기존 주식을 모두 팔 수 있었던 것이다. 크뤼게르는 1930년 그가 갖고 있던 에릭슨 주식을 경쟁사였던 미국의 전화기 회사 ITT(International Telegraph and Telephone Corporation)에 매각했고, ITT는 최대 단일주주로 에릭슨을 통제하고 있었다. 물론, 20% 스웨덴법에 의해 실제로 지배할 수는 없었다. 크뤼게르 파산 후 스웨덴 정부는 조사위원회를 구성해 에릭슨의 복잡한 소유구조 문제를 해결할 방안을 모색했다. 발렌베리 가문은 자신의 은행인 SEB와 또 다른 스웨덴 거대은행인 한델스방켄(Handelsbanken, 1871년 설립) 간 컨소시움을 구성해 ITT의 에릭슨 지분을 인수했다. 에릭슨의 소유구조 문제를 해결하는데 마르쿠스 발렌베리(Marcus Wallenberg Sr. 1864-1943)가 핵심역할을 했고, 발렌베리 가문은 후에 에릭슨을 지배하게 되었다.4) 발렌베리는 1차 대전 중에 Scania-Vabis(1921년 청산됨)를 취득했다. 그는 1920년대에 SKF 이사회의 이사가 되었고 1930년대 초 SKF에 대한 지배적 위치를 획득했다. 발렌베리는 1920년대-30년대에 사브에 대한 지배권까지 가지면서 볼보5) 외 거의 모든 스웨덴 대기업을 소유하게 되었다. 1950년대 후반과 60년대 초에 걸쳐 Alfa-Laval과 ASEA를 통해 Electrolux의 주요주주가 되었다.

산업자본가들과 혁신적인 기업가들에 의해 스웨덴의 산업은 1920년대-30년대에 '성숙' 단계에 이르렀다(Erixon 1996). 19세기 말부터 성장한 기업들과 이들 기업의 오너인 발렌베리의 위치는 확고해졌고, 이들 기업과 발렌베리 가

---

4) 발렌베리 가문의 영향력은 Marcus Wallenberg Sr.가 에릭슨의 이사로 선출되고 부의장으로 임명되는 데 나타났다. Waldemar Borgquist 이사회 의장은 산업계와 무관한 중립적인 인사였다. ITT측 이사는 2명이었고 Handelsbanken측 이사는 1인이었다. Marcus Wallenberg Sr.가 새로운 이사회fmf 주도했고, 에릭슨은 3개의 은행에 막대한 채무가 있었으나 1932년 7월 그는 1933년 말까지 대출 연장을 합의했다. 이에 더해 추가 대출을 받았고 1933년 봄에 외국은행들과도 합의 이루어져 위기를 극복했다. 1934년부터 에릭슨은 정상화되기 시작했고 1937년이 되어서야 5년 만에 주주배당을 할 수 있었다. 크뤼게르 회사(The Kreuger & Toll, 1908년 설립된 건설회사)는 1941년에 모두 청산되었다. 발렌베리는 1960년 ITT의 Ericsson 지분을 모두 인수하여 지배주주가 되었는데 거의 30년 만인 1960년에 에릭슨은 완전히 스웨덴 기업이 되었다.
https://www.ericsson.com/en/about-us/history/company/the-consequences-of-expansion/untying-the-knots.
5) 1926년 설립된 볼보(Volvo)는 1930년대, 40년대 인수합병을 통해 성장하여 세계적인 자동차 회사가 되었다.

문은 지금도 중요한 위치를 갖고 있다. 1930년대부터 견고해진 스웨덴 산업의 성공은 주요 대기업의 경영자와 오너들이 새로운 해외시장의 기회와 위험에 잘 적응한 결과이기도 했다(Erixon 1996; Maddison 1982). 1932년 집권한 사회민주당은 이들 자본세력(사실상 발렌베리)과 협력적인 관계를 구축했다. 사회민주당 정부가 추진한 스웨덴 복지모델에 대한 자본세력의 지지는 연대임금과 노동시장정책에 대한 우호적인 입장과 적극적인 참여에서도 나타났다. 그 결과 '볼보에 좋은 것은 스웨덴에도 좋다(What's Good for Volvo is Good Also for Sweden)' 표현에서 볼 수 있듯이, 스웨덴의 전후 황금기에 임금근로자의 이익은 주요 기업의 성장 및 이익과 충돌하지 않았던 것이다.

전후 스웨덴 경제의 안정적 성장과 산업발전은 획기적인 대안적 경제정책인 렌-마이드너모델(the Rehn-Meidner model)에 기반했다. 생산직노조총연맹(LO) 소속 경제학자인 렌(Gösta Rehn)과 마이드너(Rudolf Meidner)가 1940년대 후반 만들어 1951년 LO 총회에서 발표한 렌-마이드너모델의 목표는 완전고용(2-3% 실업률), 낮은 인플레이션, 소득과 부의 평등, 고성장이었다. 이러한 목표를 실현하기 위한 방안으로 렌과 마이드너는 적극적 노동시장정책(active labour market policy, ALMP), 긴축적(tight) 거시경제정책, 연대임금정책(solidaristic wage policy)가 필요하다고 제안했다. 정부는 물론 노사 모두 이러한 정책에 적극 참여했고 그 결과 전후 성공적인 스웨덴 모델이 가능할 수 있었다. 스웨덴의 상품수출이 크게 늘면서 1960년대 들어 Electrolux 등 스웨덴 기업의 대규모 해외투자가 나타났다. 이는 고임금이나 노사관계, 정부정책에 대한 반발 등으로 인한 자본탈출이 아니었다. 오히려 조세나 정책금융, 연대임금정책은 대기업에 매우 유리하게 작용했다. 해외 생산(조립)공장은 스웨덴의 수출과 성장에도 크게 기여했다. 제조업의 생산성 증가로 사용자들이 급증한 사회보장기여금을 거의 모두 부담하는 등 노동중시 정책에도 해외경쟁력은 유지되었다. 노사가 서로에게 도움이 되고 상호이익이 가능했다. 사회민주당 정부 입장에서는 이들 대기업들의 성장은 노동우선을 만족시키는 데 정책보다 더 효과적이었기에 대기업들의 성과는 사회민주주의 프로젝트에 더 중요했다고 한다(Erixon 1996).

1870년대부터 1920년대까지는 국제적으로 자본주의적 세계화가 심화되던 시기로 경제적으로는 자유시장경제와 무역확대, 대외적으로는 제국주의적 식민주의와 1차 세계대전이 나타났던 시기이다. 정치적으로는 기존의 자유방임 국가와 함께 새로운 권위주의 체제가 등장하였다. 이러한 시기에 스웨덴은 매우 전략적이고 실용적인 대외노선으로 경제적으로 크게 성장하였으나 19세기 후반부터 강력한 대중사회운동의 등장했고 자유주의 세력 및 사회주의 세력의 민주화 요구가 강해졌다. 더구나 1814년부터 스웨덴-노르웨이 연합(1814-1905)의 형태로 사실상 지배해온 노르웨이가 1905년 독립하면서 국내의 정치적, 사회적 혼란은 극에 달하게 되었다(김인춘 2016). 급속한 산업화로 스웨덴 사회는 기본적으로 자본가와 노동자의 양대 계급을 중심으로 발전되었고, 따라서 정치적 동원 또한 이 두 계급에 기반하여 이루어지게 되었다. 노동운동 및 사회민주주의 세력 또한 조직화에 성공하여 정치사회적으로 큰 힘을 갖게 되었다.6) 1898년에 스웨덴 생산직노조총연맹(the Swedish Trade Union Confederation, Landsorganisationen, LO)이 창설되었고 노동운동의 급속한 성장으로 1907년에 산업노동자의 48%가 노동조합에 가입하여 스웨덴의 노동조합은 일찍부터 노동계급의 조직화에 성공하였다. 노동세력은 20세기 초부터 산업화의 과정에서 계급적 결속 및 조직화, 그리고 정치세력화를 추진하여 자본계급과 힘의 균형을 이루었고 정치공간에서 핵심적 주체로 성장하였다.

한편, 산업화로 자본축적을 이룬 기업가들은 노조에 대응하여 조직화를 시작하였다. 1896년 엔지니어링산업협회(VF, Verkstadsföreningen)가 가장 먼저 조직화되었다. 자본세력을 대표하는 스웨덴사용자연맹(SAF)이 1902년에 설립되었고 LO와 전국 차원의 노사협상은 1906년에 처음 시도되었다. 산업 및 지역조직을 회원 단체로 한 SAF는 매우 집중화된 중앙조직이었지만 회원 기반은 약한 편이었다. 주요 수출산업을 지배하는 대기업들은 내수 중심의 중소기업이 대부분인 SAF에 그리 협조적이지 않았기 때문이다. 중소기업과 대기업간 이해관계가 일치하지 않았는데 이들은 노사관계, 경제정책 등에서 이견을 노출하였다. 1935년 LO 노조원이 1백만 명을 넘어섰지만 SAF 전체 회원 기업의 LO 노조원은 30만 명에 불과하였다. 수출 대기업들은 자신들만의 특수한 이익단체인 'the Big 5(Direktorsklubben)' 조직을 통해 활동했는데,

---

6) 스웨덴의 민주화는 19세기 초부터 시작되어 1919년 보편적인 평등참정권이 도입됨으로써 완성되었다. 이 과정에서 사회민주주의자들과 자유주의자들이 중요한 역할을 하였다.

1933-53년에 매우 활발하였다. 이들은 모두 가족기업집단이었다. 이 시기에 스웨덴 모델의 모든 것, 즉 노사관계, 기업지배구조, 사회 코포라티즘, 복지제도 등이 확립되었는데, 수출 대기업의 막후 역할이 매우 컸다.[7]

스웨덴 노사관계는 국가규제보다 노사 각자 또는 노사 양자적 관계에서 자율규제가 선호되었다(Kjellberg 2017). 1905년 4개 노조와 엔지니어링 산업간 노사합의인 '엔지니어링 합의(Engineering Agreement)', 1906년 LO-SAF간 '12월 타협(December Compromise)'으로 노사 양자간 경영권과 노동권을 인정하는 자율규제의 스웨덴 모델을 만들었다. 그럼에도 스웨덴에서는 20세기 전후 급속한 산업화와 노동운동의 성장으로 노사분규가 빈번히 발생했는데 1920년대까지 다수의 파업과 극심한 노사대립을 겪었다. 당시 자유당 정부는 1928년 노조의 반대에도 노동시장과 노사관계를 안정시키기 위해 단체협상의 제도화와 노동법원(National Labor Court) 설립을 법제화하였다. 노동을 규율하기 위한 법적 조치가 취해지는 상황에서 노조지도부는 사용자의 주장을 받아들임과 동시에 자신들의 근로조건을 개선시키는 문제를 제기하게 되었다. 사용자들은 그동안 생산합리화를 통해 경제성장을 이루고 실업을 줄이자고 주장해 왔다. 이에 1928년 단체협약 관련 규정이 만들어졌고 생산직노조총연맹(LO)와 스웨덴사용자연맹(SAF)은 산업평화의 제도화를 위한 협약을 맺게 되었다. 대공황으로 인한 심각한 경제위기 문제가 있었지만 1933년 이후 경제상황이 좋아지고 노사분규가 줄어들면서 스웨덴 노사는 법제화보다 자율적으로 노동시장문제를 해결하고자 하였다. 특히, 사회민주당은 일찍부터 노사문제의 제도화에 적극적이었는데, 1935년 노사정간 산업평화 협상을 이끌기도 하였다. 산별 단체협상과 높은 노조조직률, 높은 사용자단체 가입률이 노사간 자율협상을 가능하게 하였다.

노사 간 협력정신은 1930년대 중반에 나타났는데 1936년 단체협상 규칙이 도입되었고 LO와 SAF 간 1938년 '살츠쉐바덴(Saltsjöbaden)' 합의로 최종 타결된 것이다. 1935년 나온 정부 위원회의 보고서는 노사평화를 위해 노조 상위조직의 권한을 강화하여 단체협상 합의와 노동분쟁에 최종 결정권을 갖도

---

[7] 당시 수출 대기업은 사회민주당에 호의적이지 않았으나 1936년 사회민주당의 재집권으로 정치적 중립을 표방하였고 1938년 이후 사회민주당 정부와 협력적 관계를 구축하게 되었다(Korpi 1978).

록 제안했다. 단일한 전국 단위 노동조합(LO)의 권위와 통제로 산별 노조나 개별 기업의 노조 지부는 중앙의 승인 없이 파업을 할 수 없고 임금협상도 할 수 없도록 한 것이다. 이러한 노사합의가 안되면 정부개입이 불가피하다는 입장이었다. 1936년 LO 총회는 금속노조 주도로 1941 총회에서 중앙조직화를 결정하기로 했고 이는 1936년부터 시작된 노사 협상(Saltsjöbaden negotiations)에 긍정적으로 작용했다. LO는 정부 위원회의 권고에 따라 1941년 노조조직을 중앙집중화하여 스스로 자율규제를 했다. 이는 1938년 합의의 후속조치이기도 했다. 사용자 단체인 SAF도 이러한 노사 중앙조직간 합의 규칙을 환영했다(Kjellberg 2017).

세계 대공황의 영향으로 1931년 실업이 급증하고 외국의 수요가 줄면서 스웨덴 수출산업이 큰 타격을 입게 되었다. 스웨덴은 대공황에 대응하고자 세계 최초로 시행한 케인즈주의적 경제정책으로 재정지출을 크게 늘렸다. 노동계층과 농민 모두도 극심한 피해를 입었는데 이들은 공통적으로 국가의 강력한 경제개입을 요구하였다. 이에 따라 1933년 사회민주당 정부와 농업당간 '위기협약(Crisis Agreement)'이 이루어졌다. 노동계급에게는 임금을 올리고 농민계급에게는 농산물보조금을 지급하는 것을 핵심으로 한 이 협약은 두 계급 간의 '적녹연맹(red-green coalition)'이었다. 케인즈주의적 수요관리정책이었던 '위기협약'은 그 후 포괄적이고 보편적인 스웨덴 복지국가의 전조가 되었다. 자본세력도 이러한 정책에 적극 협조하였다. 사회민주주의 이론가인 비그포르스(Ernst Wigforss) 재무장관(재임 1932-45)은 수요관리정책을 입안하고 실시하였는데, 일반 국민들의 전반적인 삶을 향상시키기 위해 적극적 노동시장정책, 주택건설보조금제도, 특별실업보험제도 등 스웨덴식 뉴딜정책으로 나타났다. 실업을 줄이고자 특별예산으로 공공근로사업 및 실업부조를 확대하였다. 가격유지를 위해 카르텔이 장려되었고, 경제 현대화와 **빠른 산업화**를 위한 산업구조조정 계획도 도입되었다. 퇴직연금 급여도 크게 올렸다. 이러한 개혁적인 사회정책의 재원은 소득세, 상속세, 재산세의 누진율을 크게 높임으로써 충당하였다. 중간계층 이상이 경제적 부담을 대부분 담당하였던 것이다. 그러나 기업에 대한 법인세는 낮은 수준으로 유지하였다.

팽창적 재정정책에도 불구하고 1932-36년 경제정책의 온건성이 유지되었는데 이는 사회민주당 정부가 디플레이션에서 벗어나자 곧 물가안정을 위해

적자재정을 균형재정으로 전환시켰기 때문이다. 성장 위주의 재정 확대는 장기적인 지속적 경제성장 달성에 도움이 되지 않는다고 보았기 때문에 균형재정으로 물가안정을 추구했다. 스웨덴 사회민주당은 연합정부에 참여한 1920년대 초부터 물가안정을 중요시했다. 시장의 자율적 기능과 물가안정을 강조했기 때문에 경제적인 관점에서는 자유주의자들과 별 차이가 없었다고 한다. 그러나 경제공황기에는 수요관리에 중점을 두고 임금과 경제성장에 대한 새로운 정책방안을 제시하였다. 저소비와 저임금을 경제공황의 원인으로 보면서 정부지출이 수요를 진작하여 성장을 유도할 수 있다고 보았다. 이러한 개혁정책의 성과에 힘입어 사회민주당은 1936년 총선 승리 후, 보수적인 농민당과 공식적인 연합정부를 구성하여 정권의 기반을 공고히 하였다. 극심한 실업은 1930년대 말이 되면서 8-9%의, 대공황 이후 가장 낮은 수준이 되었다. 경제 회복의 원인은 케인즈주의적 재정정책뿐만이 아니었다. 경제공황 시기에도 스웨덴 공공지출은 완만히 증가하였고 영국이나 독일보다 낮은 수준의 공공지출을 유지하였다. 1933년 위기협약에서와 같이, 당시 스웨덴 경제정책은 영국의 정통 통화주의나 독일의 보호주의적 카르텔 정책과도 구별되었다. 1925-31년 시기의 영국의 금본위제도는 영국 산업의 가격경쟁력을 떨어뜨려 실업을 증가시키고 불황을 심화시켰다.[8] 스웨덴은 1931년 금본위제의 폐지로 독립적인 경제정책이 가능해졌고 1933년 고정환율제의 채택으로 스웨덴 화폐인 크로나(Krona)가 저평가되면서 수출이 늘어나고 수입이 억제되는 효과가 나타났다. 1930년대 대부분의 기간 동안 국제수지는 흑자를 기록하였다. 1933년 위기협약에서 이미 사회적 타협에 의한 이해관계 조정이 시작되었다. 대공황과 전체주의가 확산되던 당시 유럽의 상황에서 민주적 거버넌스에 의한 스웨덴 방식의 사회타협 시스템이 작동된 것이다.

스웨덴 사회민주주의자들이 전통적 사회주의 이념인 분배보다 생산의 문제와 산업 효율성을 중시했다는 점은 매우 특이한데 이는 실용적 개혁주의에 기

---

[8] 당시 영국 경제는 금본위제만이 문제는 아니었다. 19세기 후반까지 세계적 우위를 차지하였던 영국 경제는 19세기 말부터 침체되기 시작하였는데, 미국, 독일 등 신흥 경쟁 국가들과 달리 기술혁신, 체계적인 자본축적과 투자확대 등이 미흡했다. 1919년 이후 1930년대까지 영국 경제는 기업가 정신의 쇠퇴, 기술혁신의 부재, 수출 부진, 기술교육의 부족 등으로 침체를 겪었다.

인했다. 독점화와 자본집중 현상을 초래할 수 있음에도 산업합리화는 산업구조 발전과 고용에 대한 국가의 책임을 다하는 데 중요하고, 스웨덴 국민경제의 견실한 성장 및 노동시장의 균등한 발전과도 밀접한 관계가 있다고 보았기 때문이다(Sejersted 2011, 44-45). 스웨덴은 1870년부터 1914년까지 당시 서구의 세계화 조류, 즉 1차 세계화에 적극 참여하고 활용함으로써 1932년 사회민주당 집권 이전에 이미 높은 수준의 경제성장을 달성하였다. 더구나 당시 자유 자본주의와 제국주의적 팽창이 1차 대전으로 비화되었지만 중립외교 노선으로 전쟁을 피할 수 있었던 것도 스웨덴의 지속적 경제발전에 중요한 요인이었다. 그 후 사회민주당 집권 하에서도 이러한 민간기업과 기업가정신의 중요성이 인정되어 왔다. 1930년까지 스웨덴은 당시의 자유시장경제 국가들과 마찬가지로 '작은 정부'와 '시장경제'에 기반하여 수출지향형 산업화에 매진하였다.9)

스웨덴은 1870년에서 1970년까지 100년간 일본과 함께 세계에서 가장 빠른 경제성장을 이룬 나라로 알려져 있다. 특히, 1870년대부터 1950년까지 생산성 증가 속도는 세계 최고 수준이었고, 1970년 당시 스웨덴의 국민소득은 세계 4위를 기록했다(Bergh 2011; Lindbeck 1997). 1870-1970년의 한 세기에 걸친 급속한 경제성장을 가져온 요인은 경제개방, 교역조건의 개선, 기업가정신 고양, 안정적이고 효율적인 규칙, 대규모의 인프라투자, 광범위한 인적자본 투자, 사회평화, 자율적인 시민사회 등 다양하다. 한국 사람들이 스웨덴에 대해 가지고 있는 '좌파적 국가'라는 선입견과 달리, 스웨덴은 원래부터 자유롭고 다원주의적이며 개방적인 나라였다. 19세기 중반에 언론의 자유, 반부패 및 선진관료제, 특허권 제도가 도입되었다(Rothstein 2008).

정부는 물적, 제도적 인프라와 인적자본 투자에 집중하였는데, 이는 빠른 경제성장에 결정적인 기여를 하였다. 의무교육, 통신, 교통 등이 중요했는데, 19세기 말에 이미 문맹률은 유럽에서 가장 낮았다. 당시 스웨덴의 경제력은 유럽 16위로, 상대적으로 후진국이었다. 그러나 풍부한 자연자원, 기술혁신과 뛰어난 산업화 전략, 우수한 교육을 바탕으로 스웨덴은 고도성장을 이루면서 1929년에는 유럽 8위의 부국이 되었다. 1870년대부터 사회민주당이 집권한

---

9) 스웨덴의 GDP 대비 총조세(total tax revenue)는 1955년 24.0%, 1960년 25.5%로 같은 년도 미국의 23.6%, 26.5%와 차이가 없었다(Du Rietz et. al 2010).

1932년까지 자유무역과 시장경제로 급격한 경제성장이 이루어져 평등과 효율의 '스웨덴 모델'이 형성되기 전에 비교적 부유한 나라가 되었던 것이다(이주경 2004). 특유의 '스웨덴 모델'을 발전시킬 수 있는 물적 토대가 마련되었던 것이다. 이를 바탕으로 1930년대 사회민주당 정부는 분배정책을 바로 시행할 수 있었는데, 재정정책, 노령연금, 사회서비스, 의료보호, 교육 등에서 개혁적 정책이 도입되어 보편적, 평등주의적 복지국가의 기초를 다지게 되었다. 사회민주당은 1932년 집권 직후 고율의 누진적 개인소득 및 재산세, 소비세를 바탕으로 실업보험, 국민연금, 사회복지 등 정부지출을 늘렸다. 대기업 중심의 산업정책과 복지국가를 근간으로 한 스웨덴식 사회경제모델이 구축되었고 1970년대 초까지 성장과 분배 모두를 얻을 수 있게 되었다.

  스웨덴은 19세기 후반부터 급속한 경제성장이 이루어지면서 민간자산이 크게 증가했는데 특히, 1910년대까지 금융자산은 더 크게 늘어났다. 19세기 후반 스웨덴의 산업화는 개방경제의 특성상 많은 외국 자본의 유입과 동시에 일어났다. 당시 스웨덴 기업가들의 자본이득은 영국, 프랑스, 독일 등 경제규모가 큰 나라들에서보다 더 중요했다. 거의 모든 민간 자산의 축적은 금융시장 등에서의 자본이득에 의해서 가능했는데 이는 다른 나라들과 매우 다른 사례이다. 정치 및 경제 제도는 그 나라의 자산축적에 중요한 역할을 한다. 스웨덴의 정치 상황과 복지국가 제도는 유럽 대륙이나 영미국가들과 달리 스웨덴의 민간 자산축적을 어렵게 했다(Waldenström 2015). 전후 스웨덴 복지국가가 발전하면서 정부자산이 매우 크게 늘었는데 이는 포괄적인 공적연금 시스템 때문이었다. 1960- 1970년대, 지급해야 할 공적연금은 전체 민간 자산의 거의 두 배에 이르렀다. 19세기 스웨덴은 다른 유럽 산업화 나라들과 달리 낮은 소득으로 저축할 수 없었고 따라서 국내자산을 축적할 수 없었다. 20세기 후반에도 다른 유럽 나라들과 달리 포괄적인 보편적 복지국가라는 정치제도로 민간 저축이 매우 작았다. 경제규모가 큰 부국들을 대상으로 분석한 피케티의 자산소득 비율 형태가 후발 산업화의 소국이자 20세기 들어 특유의 정치경제제도, 즉 보편적 복지국가를 가진 스웨덴에도 적용되는가. 유사점과 차이점이 발견되는데 19세기 대부분 시기 스웨덴은 가난하여 저축할 수 없어 국부 수준이 매우 낮았다. 20세기에는 국부 수준이 다른 서유럽국가들과 비슷해졌는데 국부의 구조는 달랐다. 포괄적인 공적연금시스템으로 정부자산이 훨씬 빠르게 증가했고 중요했다. 자산-소득 비율의 장기적 진화에서도 역사적 경제 정치제도의 역할이 중요함을 알 수 있다.

19세기 후반 이후 스웨덴 고유의 자본축적과 자본권력은 오늘날에도 그 특징을 보여주고 있다. 크레딧스위스(Credit Suisse)의 2014년 자료에 의하면 스웨덴의 자산지니계수는 주요 선진국에서 미국 84.6(Gini's coefficient × 100), 스위스 80.2 등과 함께 가장 높은 그룹에 속하는 것으로 나타났다(Credit Suisse Global Wealth Databook 2014). 2014년 기준으로 한국 74.1보다 높은 79.4로 나타나 여전히 부의 불평등 정도가 상당히 높다. 주요 16개 선진국들 8개 나라는 71.5(핀란드)에서 79.4 사이로 나타났고, 낮은 나라로는 일본 63.4, 이탈리아 66.1, 영국 68.2, 프랑스 69.7로 나타났다.[10] 스웨덴은 전통적으로 소수 가문(발렌베리 가문 등 9개 또는 15개 가문)과 기업 집단에 의한 부의 독점이 매우 컸기 때문이다. 또한 크레딧스위스의 2014년 세계 각국의 자산 집중도 자료를 보면 스웨덴 전체 성인 중 100만 달러 이상의 재산이 있는 성인의 비중은 6.4%로 독일의 2.9%나 영국의 4.2%는 물론 미국의 5.9%에 비해서도 높다. 주요 선진국 중 스웨덴보다 높은 나라는 노르웨이(6.8%)와 스위스(10.8%)뿐이다. 평등한 보편적 복지국가로 알려진 스웨덴과 노르웨이의 큰 자산불평등은 패러독스가 아닐 수 없다.

스웨덴 자본주의는 다른 노르딕 국가들과 마찬가지로 대표적인 성장중심(growth-oriented) 경제이다. 이들 나라의 자본주의는 보편적 복지모델과 매우 긴밀하게 연계되어 있다. 노르딕 기업들은 19세기부터 자국의 경제, 사회, 정치적 발전 궤적과 함께해 오면서 양호한 경제성장, 높은 고용률, 보편적 복지국가 발전에 기여해 왔다. 광물, 목재 등 천연자원과 함께 기업 및 기업가를 우대하고 소국 개방경제로 19세기 중반 무역자유화로 무역이 증대되었는데 천연자원 수출이 크게 증가했다. 19세기 후반 들어 기술혁신, 기업가정신과 발명, 정부 R&D 등이 나타났는데 스웨덴은 이러한 면에서 크게 앞섰다. 조직된 자본주의로서 정부 역할이 중요했는데 규제 외에도 다양한 지원과 지도가 있었다. 이러한 정부역할과 1945년 이후 복지국가의 발전과 공공부문의 급속

---

[10] Credit Suisse 2014. *Global Wealth Report 2014*. Credit Suisse Research Institute Trends in the wealth share of the top decile by country, 2000-2014. p.33.

한 확대로 1970년까지 '황금기'였다. 노르딕 국가들의 자본주의는 많은 유사성을 가지고 있지만 국가별 차이를 본다면 스웨덴은 복지 자본주의(Swedish welfare capitalism), 노르웨이는 민주적 자본주의(Norwegian democratic capitalism), 덴마크는 협동적 자유주의(Danish co-operative liberalism), 핀란드는 실용적 성장중심 자본주의(pragmatic growth-oriented capitalism)로 특징된다고 한다(Fellman et.al. 2008). 노르딕 국가들은 모두 똑같지는 않지만 모두가 복지자본주의이자 민주적 자본주의라 할 수 있다. 보편적 복지국가와 공정한 시장경제체제를 가지고 있기 때문이다.

스웨덴은 1938년의 살츠쉐바덴 협약으로 상징되는 계급타협에 기초하여 2차 세계대전 이후 자본주의 황금기 동안 사회민주당의 주도 하에 사회경제적 평등, 완전고용과 보편적 복지를 구현해 왔다. 2차 세계대전 후 경제호황으로 1940년대 말 인플레가 발생하자 1951년 생산직노조총연맹(LO) 소속의 두 경제학자, 요스타 렌(Gösta Rehn)과 루돌프 메이드너(Rudolf Meidner)가 제안한 긴축적 총수요정책, 연대임금정책과 적극적 노동시장정책을 중심으로 한 정책 패키지를 제안했다. 이것이 1950년대 말 사민당 정부가 채택한 렌-마이드너 모델로 스웨덴 모델의 기초를 이루고 있다. 인플레 없는 완전고용, 구조개혁과 생산성 제고, 산업합리화를 목표로 했다. 렌-마이드너 모델에 따라 산업 간, 산업 내 임금 격차 축소를 위한 '연대임금정책'을 통해 저임근로자의 임금 수준을 높여 생산성이 낮은 한계기업과 사양산업을 퇴출시켰다. 이러한 산업합리화 과정에서 발생한 실업은 성장산업으로의 이동을 촉진하는 '적극적 노동시장정책'으로 고용을 보장했다. 연대임금정책은 고임금근로자에 대한 임금억제 정책이기도 했는데 높은 경제성장 시기에 인플레를 관리하는 데 기여했다. 적극적 노동시장정책은 일자리이동 지원, 직업(재)훈련, 이사 지원 등과 같은 노동시장프로그램을 통해 성장산업 및 산업지역으로 양질의 노동력을 공급하는 것이다. 완전고용과 노동력 이동에 기반한 노동시장 유연성이 고임금노동체제를 가능하게 만들었다. 연대임금제도는 노조는 물론 사용자단체(SAF)의 높은 조직률과 노사 중앙조직의 권위와 권한에 기반한 노사협상과 조정으로 가능했다.

렌-마이드너 모델은 전후 스웨덴 경제를 재구조화한 획기적인 전략이었다. 스웨덴 노동시장은 완전고용정책과 적극적 노동시장정책으로 오랫동안 높은 고용률과 낮은 실업률을 보여왔다. 2차 세계대전 후 스웨덴은 경제를 자본집약적 고임금산업으로 발전시켜 1950년대와 1960년대에 년 7% 이상의 높은 경제성장을 달성했다. 이에 고용도 크게 증가해 실업률은 1-2%로 완전고용 상태를 유지했고 제조업 비중이 매우 높은 고용구조를 갖게 되었다. 1960년대 중반 제조업 고용은 전체 고용의 약 40%를 차지했고, 특히 중화학산업이 전체 제조업 고용의 50%였다. 스웨덴 경제는 19세기 후반부터 수출대기업 중심으로 발전했고, 전후 케인즈주의 시기에 프랑스, 이탈리아, 영국 등 당시 많은 유럽나라들과 달리 국영기업 비중이 매우 낮은 민간 중심의 경제구조를 발전시켰다.

2차 대전 후 스웨덴의 복지 자본주의는 연대임금제도가 그 핵심이었다. 근로자간 임금격차를 줄여 평등을 달성하려는 목표 외에 경쟁력 있는 대기업에게 내부유보 자본의 축적과 동시에 산업 합리화를 가능하게 하였다. 1951년에 합의된 연대임금제도는 낮은 법인세와 함께 수출 대기업에 매우 유리하게 작용했다. 시장원리의 기업구조조정이 연대임금을 매개로 작동하여 자본의 효율성을 극대화시켰고 스웨덴 독점자본 형성에 크게 기여했다. 이들 독점 대기업은 내부유보 자본으로 설비투자, 교육 및 연구개발에 적극적이었다. 그만큼 고용도 늘어났다. 누진적 개인소득세뿐 아니라 1950년대의 완전고용과 연대임금으로 본격적인 복지국가 확대 전에 이미 불평등 줄어들었고 상층계급의 소득비중은 축소되었다(Roine & Waldenstrom 2008). 1960년대부터 복지국가가 크게 발전하면서 근로자 모두에게 소득평등과 기회평등이 보장될 수 있게 되었다. 따라서 소득평등과 기회평등의 복지국가가 '자본주의 왕조가문(capitalist dynasties)'과 공존하게 되었다(Henrekson & Jakobsson 2000). 전통적으로 이들 자본주의 가문은 소수의 거대 금융가문으로 주요 기업들의 주식을 보유하거나 투자(지주)회사를 통해 소유와 지배력을 행사해 왔다. 정치권력과 경제권력의 분리 모델로 정치권력을 장악한 사회민주주의 세력이 자본시장에서 대기업의 경제권력을 용인한 것이다.

1970년대 경제위기와 1980년대 이후 신자유주의적 '제3의 길'

2차 세계대전 후 경제적 번영과 함께 복지확대를 추진해 온 스웨덴은 복지국가가 최고조에 달한 1970년대에 오일쇼크로 인한 세계적 경제침체로 위기를 맞게 된다. 외부 요인뿐만 아니라 스웨덴 모델 내부적으로도 문제가 나타나기 시작했다. 1960년 말부터 노조는 비승인 파업을 일으키며 전투적이 되었고 임금인상을 요구하게 되었다. 1970년대 들어 임금인상뿐 아니라 연대임금을 위협하는 임금부상(wage drift) 현상이 나타났고 노동정치는 더욱 급진화되었다. 급진화된 노동정치는 LO가 연대임금으로 축적된 기업이윤을 노조에게 신주형식으로 배분을 요구하기에 이르렀다. 임노동자기금(wage-earners' fund, Löntagarfonder)이라는 매우 급진적인 기업지배구조의 개혁을 제안한 것이다. 1970년대의 악화된 경제 상황 하에서 기업의 도산을 막고 산업보호와 고용유지를 위한 재정투입과 복지지출의 급증으로 재정적자가 크게 늘었고 이를 해결하기 위해 막대한 외채를 조달하게 되었다. 수출경제에 기반한 스웨덴 경제의 대외 환경이 악화되면서 조세수입이 줄어든 상황에서 정부의 역할을 확대하여 성장과 고용을 촉진하고자 했던 것이다. 그러나 1980년대 들어 신자유주의적 세계화의 심화, 유럽통합의 진전 등 대내외적 환경변화로 전후 스웨덴 모델에서 벗어난 '제3의 길'이라는 새로운 전략을 채택하여 신자유주의적 경제정책이 도입되었다. 기존의 중앙 차원의 노사합의, 코포라티즘에 기반한 노사정 조정, 국가의 정책적 자율성에 기반했던 스웨덴 모델은 더 이상 작동되기 어렵게 되었다. 1970년대의 노사갈등, 1980년대 이후 임금협상이 탈중앙화되면서 전통적 사회적 합의모델은 약화되었다. 공공부문 노조의 조직화 및 영향력 확대, 이에 따른 노노간 이해관계 갈등, 급속한 임금인상과 인플레, 수출기업 중심 금속산업 노사의 중앙임금협상 포기, 자본의 생산방식 변화 및 해외 이동 등이 1970년대와 80년대의 변화된 환경이었다. 근본적으로 경제의 세계화 현상이 그것이다. 임금억제에 대한 노동계급의 불만도 분출되면서 노사관계도 새로운 국면을 맞게 되었다. 물가가 오르고 노사간 임금교섭도 불안정해져 임금은 지속적으로 상승했다.

    1970년대 들어 고용보호법, 공동결정법 등 산업민주주의가 제도화되었고, 노동운동이 급진화되면서 1976년 임노동자기금(wage-earners' fund)안이[11] 등

---

11) 임노동자기금은 1976년 스웨덴생산직노조총연맹(LO)총회에서 LO소속 경제학자 마이드너에 의해 마이드너보고서(Meidner report)가 발표되면서 논쟁이 시작되었다. 임노동자기금안에 따르면 근로자 50 또는 100인 이상 기업은 연간이윤의 20%를 신주의 발행으로 노조가 관리하는 임노동자기금에 적립하도록 하는 것이다. 이윤이 높은 기

장했다. 당시 조직적으로나 정치적으로 강했던 LO는 사회민주당의 핵심 기반이었고 사회민주당은 40여 년 동안 장기간 집권할 수 있었다. LO와 사회민주당은 전후 렌-마이드너 모델의 연대임금정책으로 독과점적인 대기업 가문과 공존, 조화를 이루며 스웨덴 경제 발전을 촉진시켰다. LO는 매년 SAF와 협상을 통해 동일노동 동일임금 원칙 하에 전 산업 노동자의 임금, 즉 평균 임금을 정하는 것이다. 그 결과 수출을 중심으로 하는 흑자 대기업은 노동비용이 감소하여 더욱 수출 경쟁력이 높아졌고 임금상승으로 경쟁력이 떨어지는 기업들은 자연스럽게 구조조정으로 연결된다. 그러나 연대임금정책이 장기간 시행되자 수출 대기업들은 막대한 수익을 냈고 상대적으로 적은 임금을 받는 수출 대기업 노동자들의 불만이 나타나기 시작한 것이다. 그 결과 LO 중앙의 승인 없는 파업(wild cat strike)이 만연해졌다. 성장률은 낮아졌고 재정적자와 국가채무는 크게 증가했지만 스웨덴의 분배정책과 공공부문 확대는 1970년대와 1980년대에 그대로 이어졌고 1976-1982년 보수연립정부 하에서도 복지축소는 쉽지 않았다.

1976년 집권한 우파정부는 긴축정책과 증세를 실시했으나 경제운용의 실패와 복지 축소에 대한 유권자들의 반발로 1982년 총선 후 사회민주당 정부가 재집권하게 되었다. 복지국가의 발전으로 공공부문 근로자가 급격히 늘었고 병가급여, 조기퇴직 등 복지수급자 수도 크게 늘면서 복지국가에 대한 비판도 커져 갔다. 고성장과 완전고용에 기반한 고부담-고복지의 스웨덴 복지모델은 1970년대 이후 변화된 경제 환경에서 과중한 비용부담과 부작용의 문제

업일수록 신주 발생이 증가하여 소유의 이전이 촉진되어 새로운 형태의 집단소유 자본이 되는 것이다. 당시 스웨덴 수출대기업은 사회민주당의 정책으로 막대한 이윤을 축적하고 있었기 때문에 부의 집중을 막고 이들 기업의 지나친 임금상승보다 전체 근로자의 임금연대를 강화해야 한다는 주장이다. 기금은 노조와 근로자의 경영참여 강화, 노동에의 재분배, 중소기업 지원 등으로 활용된다는 것이다. 임노동자기금의 성격은 이미 1950년대에 도입된 스웨덴의 투자기금제도, 보충연금제도의 강제적인 공공저축이 공공투자자본으로 활용된 것처럼 사회화된 투자자본의 한 형태였지만 기업소유 구조를 바꿀 수도 있다는 점에서 매우 급진적이었다. 자본가의 경영권과 소유권을 보장했던 1938년 살츠쉐바덴 계급타협에 반하는 것이었다. 우파 및 자본세력의 반발, 공공부문노조의 비협조와 사회민주당 내의 이견으로 이 방안은 결국 실패했다. 1984년 사회민주당 정부는 크게 완화된 마이드너플랜을 도입했지만 1992년 우파정부에 의해 폐지되었다.

에 직면하게 된 것이다. 80%가 넘는 높은 한계소득세율은 근로인센티브를 약화시켰고 1970년대 들어 실업과 임금격차가 확대되면서 강력한 누진세에도 불구하고 재분배 효과가 약화되었다.12) 이러한 상황에서 사회민주당은 1982년 재집권하여 경제성장과 고임금·고복지체제를 지속시키기 위한 새로운 방안을 모색했는데 '제3의 길'이 그것이었다. 사회민주당 정부는 복지국가의 지속가능성을 높이기 위한 구조개혁을 시작했는데 연금개혁을 위한 1984년 연금위원회가 설치된 것이 대표적이다. 재정적자를 해소하기 위한 제1순위로 복지지출의 삭감이 현실화되면서 복지국가의 재편이 불가피해졌고 이러한 상황에서 세계화와 유럽통합의 심화는 복지개혁을 가속화했다.

한편, 사회민주당 정부는 기존의 경제정책을 포기하고 자본시장 자유화를 핵심으로 하는 신자유주의적 경제정책을 도입했다. 금융권의 신용 확대, 성장과 완전고용을 위한 공공지출, 기업투자 확대가 이루어지면서 단기적으로 고성장과 저실업을 가져왔다. 적극·소극적 노동시장 지출은 지속적으로 늘었고 실업보험 급여는 90% 수준으로 높아졌다. 재정확대에 따른 세금인상은 임금인상으로 이어졌고 강력해진 공공부문 노조가 임금인상을 주도했다. 이에 더해 1980년대 들어 신자유주의적 세계화와 유럽통합이 급속히 진행되면서 사회민주당 정부의 자본시장 탈규제와 해외자본의 급속한 국내유입은 자본시장과 부동산시장의 전례 없는 성장을 가져왔다. 1980년대의 급격한 자본시장 개방과 신자유주의적 경제정책으로 2차 세계대전 이후 구축된 기존의 관리된 경제모델이 사실상 해체되었다. 노사 및 노사정 중앙임금합의도 어려워져 임금조정에 실패하면서 급격한 임금인상을 초래했다. 이에 더해 자본시장 개방으로 막대한 신용공급이 이루어졌고 그 결과 인플레이션과 1980년대 후반 버블경제가 만들어졌다. 결국, 버블붕괴로 1991년 금융위기를 맞았고 고실업과 함께 스웨덴 모델은 질적으로 변화하게 되었다. 은행도산에 직면하여 구제금융을 통한 금융기관의 국유화 등 위기극복프로그램이 실시되었고 복지·노동

---

12) 스웨덴의 근대적 재산세(Modern wealth taxation)는 1910년 소득·재산세법(1910 Ordinance of Income and Wealth Taxation, SFS 1910:115.1)에 따라 1911년 도입되었다. 1910년 조세개혁은 스웨덴의 소득세 시스템에서 지불능력원칙(ability-to-pay principle)을 확립하고 정부 지출의 증가에 따라 이루어졌다. 1차, 2차 세계대전 시기와 양차대전 사이에 군사 지출을 위해 여러 유형의 재산세가 도입되었다.

개혁이 추진되었다. 고실업과 금융부문 재정지원으로 심각한 재정위기가 초래되었다.

1991~1993년 스웨덴 경제위기는 1930년대 이후 가장 심각했으며 그 결과 스웨덴 복지모델의 급격한 개혁과 변화를 가져왔다. 스웨덴 복지국가의 핵심 요소였던 임금정책이 와해되고 실업증가와 고용감소는 재정에 이중의 부담을 주어 경제위기와 노동시장의 문제는 복지국가의 위기로 발전했다. 고성장과 완전고용이 더 이상 가능하지 않게 되면서 재정과 공공부문에 대한 구조조정이 불가피해졌다. 1990년대 들어 EU 가입이 추진되고 1991년 우파가 집권하면서 스웨덴 복지국가는 새로운 상황에 진입하게 되었다. 1990년대 초반은 복지개혁과 조세개혁이 동시에 이루어지면서 스웨덴 복지국가가 근본적으로 변화한 시기였다. 1990-91년 조세개혁으로 개인소득세와 법인소득세가 대폭 인하된 반면, 간접세인 소비세가 인상되고 다양한 세금감면제도가 폐지되었다. 1930년대부터 재산세가 재분배의 수단으로 역할을 하게 되었고, 1940년 0.1%의 실효세율이 지속적으로 높아져 1970년대 중반 1%가 넘으며 최고 수준에 도달했다. 1970년대 중반부터 1980년대 동안 실효세율은 큰 변동을 보이다가 1990년 조세개혁으로 1990년부터 크게 낮아졌고, 2000년대 들어 지속적으로 낮아지는 경향을 보였다(Du Rietz and Henrekson 2015). 사회민주당과 우파정부 합의로 이루어진 1991년 조세개혁은 한계소득세와 법인세의 대폭 인하, 과세기반 확대, 조세지출(tax expenditure) 대폭 축소 등 매우 급진적인 것이었다. 문제는 경제위기로 재정지출이 크게 증가된 상황에서 조세수입이 감소하면서 1990년대 초 경제상황을 더욱 악화시키는 예상치 못한 결과를 가져왔고 재정적자는 1993년 GDP의 11.2%를 기록했다. 국가채무 또한 크게 증가하여 1970년대 GDP 대비 30% 수준에서 1994년 82.5%, 1996년 84.4% 늘었다. 재정적자 11%, 국가채무 84%는 EU의 규제기준인 3%, 60%를 크게 상회하는 것으로 당시의 경제위기가 얼마나 심각했는지를 보여준다. EU 가입을 위해서도 재정적자와 국가채무를 줄여야 했고 복지개혁과 재정긴축, 경제회복으로 1990년대 중반 경제위기를 극복하게 된다. 자국 통화가치 하락으로 스웨덴 수출대기업의 경쟁력이 높아지면서 수출이 크게 늘었던 것이다.

성공적인 금융위기 극복으로 1993년 들어 경제가 정상화되기 시작했고 1994년 11월 EU가입 국민투표(52.3% 찬성)와 1995년 1월 정식 가입한 후 산업 생산성과 경쟁력이 높아지게 되었다. 지속적인 개혁과 급여 삭감으로 스웨덴 복지제도는 과거와 다른 성격을 갖게 되었다. 1990년대 이루어진 많은 경제개혁과 복지개혁은 결과적으로 스웨덴 복지모델을 변화시키면서도 지속가능하게 만들었고 개방과 경쟁을 통해 경제적 성과도 높아졌다. 1990년대 중반 이후 최근까지 분권화되고 약화된 사회협약을 시행해 오고 있는 반면, 연금, 조세 등 중요한 구조개혁을 달성함으로써 스웨덴의 고용과 경제, 복지제도는 양호한 성과를 보여주고 있다. 1997년부터 노사 중앙조직의 비공식적 조정과 제조업부문의 3년 단위 노사협상의 진행으로 노사간 협상 관행이 유지되면서 '새로운 스웨덴모델'이 구축되고 있다. 1994년 재집권한 사민당 정부는 실업률을 낮추기 위해 노조 및 지자체와 함께 새로운 직업훈련프로그램을 시행하여 1990년 중반 이후 노동시장정책은 명목실업률을 낮추는 데 성공하고 저물가와 균형재정도 달성했다. 1995년 10.4%의 실업률이 2000년 5.3%로 낮아졌다. 1995년 이후 경제성과는 양호해졌고 2008년 글로벌 금융위기 이후에도 스웨덴은 안정적인 성장을 지속해오고 있다.

2008-09년 글로벌 금융위기로 미국, 영국, 일본 등 거의 모든 선진국들이 경제, 사회적 어려움을 겪었다. 유로존 재정위기는 EU 국가들에게 큰 도전이었고 스웨덴도 경제적으로 큰 영향을 받았다. 수출중심 개방경제인 스웨덴의 무역규모가 줄고 실업이 증가했기 때문이다. 세계경제가 하강국면에 처하자 2008-09년 2년 연속 마이너스 성장을 했다. 다만 1990년대 초 경제위기 이후 지속적으로 개혁을 추진해 왔고 경쟁력을 유지할 수 있었기에 2008년 경제위기의 영향은 심각하지는 않았다. 유로(euro)를 도입하지 않았기 때문에 유로존 재정위기의 직접적인 영향을 받지는 않았고, 1990년대 초반 스웨덴의 성공적인 경제위기 극복 경험이 세계 각국에서 회자되었다. 스웨덴은 1991-93년 금융위기를 겪은 후 위기의 근본 원인을 해결해왔는데 2007년 재정 흑자 3.6%로 글로벌 금융위기에 대응할 수 있었다. 국가채무 한도는 GDP 대비 45%(여러 선진국들 100% 전후)로 정해져 있는데 이는 1990년대 초 위기 당시 큰 재정적자로 외부자금의 차입이 어려웠고 환율방어를 위해 금리를 500% 인상했음에도 화폐가치가 폭락한 경험에서 비롯되었다. 두자리 수의 인플레이션과 금융위기를 겪은 중앙은행(the Riksbank)은 년 2% 인플레 목표제를 도입하여 시장의 신뢰를 얻어왔다. 또한 환율을 유연하게 유지하여 수출 증대에 기여하

고 경제침체를 막는 버퍼역할을 하도록 했다. 중앙은행은 과감하게 통화량을 늘렸고 2009년 마이너스 금리(negative interest rate)로 소비를 진작했으며 경제 회복 후에는 다시 금리를 올렸다. 스웨덴은 내수부양을 위해 세계에서 가장 먼저 2009년 7월부터 2010년 10월까지 마이너스 금리정책을 도입했다. 전통적으로 대외 경쟁력을 자랑해온 기계산업과 화학산업, 새로이 성장한 IT산업을 중심으로 수출이 확대되었고 이를 기반으로 스웨덴경제는 빠르게 회복되었고 견고한 성장세를 유지하게 되었다. 스웨덴은 은행의 자금 여신, 주택시장 성장, 균형재정의 힘으로 성장, 일자리창출, 경쟁력 강화를 이룰 수 있었다. 그 결과 스웨덴은 경제회복으로 2010년 5.5%의 성장률을 기록했다(미국 2.8%, EU 1.8%). 물론 스웨덴 금융기관들이 큰 손실을 입었는데 글로벌 금융위기로 큰 타격을 받은 발틱 국가들(Lithuania, Latvia, Estonia)에 돈을 많이 빌려주었던 것이다. 다만 과거의 경험으로 위험한 부동산 대출 많이 하지 않고 보수적으로 해왔기에 금융위기의 영향은 미미했다.

다른 한편, 소득보장, 고용서비스, 의료 및 복지서비스 등 기존의 포괄적인 복지제도로 자동적인 재정 지출이 이루어져 효과적으로 경제가 회복될 수 있었다. 2008년 글로벌 금융위기 직후 스웨덴 복지정책은 기본적으로 기존의 정책이 지속되었다. 복지예산을 확대하고 1차 국세 상한선 상향 조정으로 중·저소득층의 실질임금 상승을 유도하고 저소득층에게는 연금 세금을 환급했다. 저소득층 지원 제도가 강화되어 2012년 1월부터 저소득층 아동양육가족의 주택수당을 아동 수에 비례해 인상했는데 이는 기존의 보편적 아동수당과 선별적 주택수당에 추가하여 지원하는 저소득층 복지이다. 2012년부터는 빈곤연금생활자의 삶의 질을 위해 주택보조비를 지급하고 있으며 임대 면세기준을 상향 조정하여 저소득층의 소득증대 효과를 가져 오게 했다. 2008년 경제위기 이후 스웨덴은 중산층의 소득안정과 중하층의 소득지원을 확대한 것이다. 2006년 우파 집권 이후 복지개혁에 비판적인 시각에도 불구하고 2010년 재집권에 성공했다. 2014년 9월 총선에서 '양극화 해소와 국민통합'을 강조한 좌파가 근소하게 이겼지만 사회민주당은 소수정부로 기존의 정책을 대부분 유지하고 있다.

1980년대 들어 중앙임금협상 및 노사정 협의주의의 약화, 세계화와 사민당 정부의 신자유주의적 정책노선 등으로 노조의 힘과 권한은 약화되기 시작했다. 중요한 것은 1950년대 중반부터 시행된 렌-마이드너 모델의 산업합리화에 따른 실업과 이들 실업자들을 위한 적극적 노동시장정책으로 노동시장의 유연성이 어느 정도 확보되었다는 점이다. 또한 중앙임금협상에 의한 임금조정과 연대임금으로 임금유연성도 가능했다는 점이다. 따라서 노동시장의 유연안정성이 이미 제도화되어 있었기에 1980년대 이후 급격한 노동시장 유연화나 탈규제가 나타나지 않았다. 다만, 사회민주당 정부는 2000년 적극적 노동시장정책 프로그램 미참여 시 실업수당 수급권을 박탈하는 활성화정책을 도입했다. 2006년 말 우파정부의 출범과 2008년 글로벌 금융위기로 사용자측이 공세적으로 노동유연화를 추진할 수 있었지만 유연안정성을 추구하면서 EU와 OECD 회원국 중 최고 수준의 고용률과 최저 수준의 장기실업자 비율을 보였다. 노동시장의 고용보장체계, 적극적 노동시장정책, 실업자 보상체계로 고용안정성과 소득안정성에 기반한 사회통합과 경제적 효율성을 달성해 온 것이다. 고용보호법은 정규직과 임시직 모두를 보호하며 임시직이나 시간제 노동자들에게 상근 정규직과 같은 노동조건을 보장하는 차별금지법을 2002년 도입하여 유연성을 보장하면서도 안정성을 보장하고 있다. 파견노동자 사용을 규제하기 위해 2012년 도입된 사적고용중개법도 임시직의 안정성에 기여하고 있다.

스웨덴의 경제는 1990년대 초 금융위기 이후 1990년대 후반에 확립된 '통화주의적 사민주의 모델'을 통해 재정 건전성과 물가안정을 장기간 달성할 수 있었다(신정완 2012). 이에 2008년 글로벌 금융위기에 처해 적극적인 경제위기 극복 정책을 집행하는 것이 가능했고 성공적으로 극복할 수 있었다. 2010년 총선에서 보수당 중심의 부르주아정당들이 재집권하는 데 크게 기여했다. 2014년 이후 사회민주당이 집권하고 있지만 의회 내 소수세력으로 고성장을 포기한 '통화주의적 사민주의 모델'이 지속되고 있다. 1990년대 이후 스웨덴 복지모델에 대한 매우 상반된 평가, 즉, 실패한 사회민주주의 정책이라는 주장과 여전히 세계 최고 수준의 복지 제도에 대한 사회적 합의가 유지되고 있다는 주장이 있다. 둘 다 맞지 않다. 자본주의 사회에서의 복지가 궁극적으로 의미하는 바는 일할 능력이 없는 사람이 일할 수 있게, 혹은 일할 수 있을 때까지 사회가 도와주는 것이다. 따라서 복지제도는 노동정책, 산업정책, 경제정책과 연동이 되게 마련이다(신정완 2012). 성장과 분배, 형평성과 효율성을 양립시키고 최대화하는 전략이 스웨덴의 복지전략이자 성장전략이었다.

성장은 '자본주의적 정당성(capitalist legitimation)'의 핵심 메커니즘이다. 스웨덴 사회민주주의자들도 1920년대부터 수용했던 논리이다. 성장이 낮아지고 넓게 공유되지 못하여 '수익이 줄어들면(diminishing returns)' 여러 문제가 발생하게 된다. 따라서 '성장모델', '성장의 정치'는 중요할 수밖에 없다(Blyth et.al 2022). 어떤 방식으로, 어떤 수단으로 성장할 것이냐는 수많은 논쟁이 있다. 사회주의적 방식의 경제성장도 있다. 스웨덴은 대내외적 도전에 대응하여 1980년대에 기존의 복지자본주의에 신자유주의적 경제정책을 도입한 '제3의 길'이라는 새로운 성장방식을 선택했다. 1990년대 초 금융위기 이후 스웨덴식 통화주의는 뉴노멀이 되었고, 결과적으로 2008년 글로벌 금융위기를 잘 극복할 수 있었다. 스웨덴 경제가 수출주도 균형성장 전략에서 글로벌 금융위기 이후 소비주도 균형성장 전략으로 적응되고 있다는 분석(Erixon & Pontusson 2022)은 스웨덴 경제의 금융화(financialisation) 임팩트를 보여준다. 소비가 임금상승뿐 아니라 부채와 자산효과에 의해서도 이루어지고 있기 때문이다. 글로벌 금융위기 이후 금융화의 가속이 스웨덴 경제를 수출주도에서 부채주도 자산기반 경제로 이동시켜 영미체제와 유사해졌다는 비판적 관점도 있다. 스웨덴의 금융주도 축적레짐(finance-dominated accumulation regime)의 동학과 모순, 위기경향을 제대로 직시하여 지나치게 이상화된 스웨덴 경제와 사회를 바로 잡아야한다는 주장이다(Belfrage & Kallifatides 2018). 스웨덴이 현재 실제로 금융주도 성장레짐인지, 그리고 금융주도 성장레짐이 맞는다면 어떤 문제를 내포하고 있고 과연 지속가능한지에 대한 전문적인 논의와 연구에 관심을 가져야 할 것이다.

스웨덴 경제와 사회는 1980년대, 90년대를 거치며 구조적으로 전환되었다. 무엇보다 수출중심의 개방경제 체제이기에 대외적 환경변화가 중요한 요인이었다. 그러나 내부적으로도 코포라티즘적 조정과 합의에 기반한 전후 스웨덴 모델이 사실상 와해된 여러 계기들이 있었다. 가장 중요했던 계기는 '임노동자기금'을 둘러싼 논쟁이었다. 경제와 복지제도의 성숙으로 스웨덴 복지자본주의의 전성기였고 동시에 스웨덴 모델의 위기가 나타나기 시작한 1970년대에 생산직노조총연맹(LO) 중심의 스웨덴 노동운동은 새로운 성장모델을 추진하면서 매우 급진적인 방안인 '임노동자기금'을 제안했다. 소수 대기업들의 부는 계속 증가하여 자본의 집중이 심화되었고 임노동자기금은 사실 이를 타개하기 위한 것이었다. 자본의 집중과 이윤의 독점을 해체함으로써 새로운 성장엔진을 찾고자 했던 것이다. 세계적인 경쟁력을 보유한 제조업 기반 기업들과 금융 부문 주요 은행들까지 함께 보유하고 있는 발렌베리로 대표되는 몇몇 기업 가문들이 스웨덴 경제 대부분을 독과점하고 있었기 때문이다. 임노동자기금안은 기업에서 발생하는 이윤 가운데 일부를 신규 발행 주식의 형태로 바꾸어 노조가 소유하는 기금에 적립하는 것이다. 장기적으로 노조는 기업의 지배주주가 될 수 있고, 대부분의 민간 대기업이 노조의 지배력 아래 놓이는 '민주적 사회주의' 사회가 가능해지는 것이다(신정완 2012). 사실상 노조(노동자)가 기업을 지배하고 소유하게 되는 것이다. 기업은 자본가(대주주)의 것이 아니게 되고, '노동자 경영권'이 실현되는 것이다. 자본에 의한 기업의 경영권을 노동의 경영권으로 도전한 것으로 장기적으로 노동에 의한 기업지배가 가능해지는 매우 급진적인 기업지배구조를 추구했던 것이다.

임노동자기금안은 보수세력과 자본의 극심한 반대를 불러왔다. 자본의 기업 경영권을 인정한 기존의 사회적 합의가 훼손된 상황에서 자본세력은 임노동자기금 반대 투쟁과 함께 해외 직접투자를 확대하게 되었다. 이에 더해 노동세력의 결집도 불발되면서 임노동자기금이라는 급진적인 시도는 결국 1980년대 들어 LO의 패배로 마무리되었다. 이는 1930년대에 이루어진 노동과 자본간 타협과 공존에 기반한 전후 스웨덴 모델의 성공의 부작용으로 나타난 수출대기업의 자본 및 이윤 집중 문제를 둘러싼 갈등과 투쟁의 과정이자 결과였다. 그 결과, 진보와 보수, 노동과 자본간 힘의 균형이 깨지게 되었고, 자본의 세계화, 유럽통합의 심화 등 대외 환경의 구조적 변화에 편승한 보수파와 자본세력은 스웨덴 모델의 신자유주의적 전환을 추진했다. 사회민주주의자들 또한 1980년대 들어 신자유주의적 세계화를 수용하고 자본시장을 개방하게 되면서 스웨덴 경제의 금융화가 나타나게 된 것이다.[13] 역사적으로 기

---

13) 수출 중심의 개방경제체제인 스웨덴은 역사적으로 '세계화'를 잘 활용하여 경제적으로 성장해왔다는 점에서 이러한 전환을 전략적 선택으로 볼 수도 있다. 세계화는 상품·서비스·기술·투자·사람·정보가 자유롭게 국경을 넘나드는 현상이다. 1870년대-1차 세계대전의 1차 세계화(세계화1.0), 2차 세계대전 후의 2차 세계화(세계화2.0) 시기에 스웨덴은 경제적으로 크게 성장했다. 스웨덴 사민주의자들은 1980년대의 금융자

업에 대한 자본(주주)의 지배는 자본주의 그 자체였지만 슘페터와 피터 드러커가 예견한 바와 같이 기업과 자본주의는 항상 변화해왔다. 따라서 더 좋은 기업, 더 좋은 자본주의를 위한 혁신과 쇄신의 노력은 자본주의를 극복하려는 노력만큼 중요하다고 할 것이다. 기업지배구조는 다양하며 더 공정하고 민주적인 지배구조도 가능하다. 급진적인 기업지배구조를 상정한 임노동자기금안은 실패했지만 스웨덴의 투명한 기업지배구조는 여전히 스웨덴의 민주적 자본주의를 지탱해주는 핵심 요소이다.

2. 스웨덴의 기업지배구조와 민주적 시장경제

1938년 대타협과 이해관계자 기업지배구조 모델

스웨덴은 특유의 기업지배구조로도 유명하다. 사회민주당이 오랜 기간 집권해 왔고 매우 평등한 문화를 가진 나라에서 차등의결권(dual class voting)과 함께 독점적인 가족대기업의 경영권이 수세대에 걸쳐 지속되고 있기 때문이다. 그러나 이것은 매우 표면적인 모습으로 실제 스웨덴의 기업지배구조는 모범적인 이해관계자 모델로, 노조와 근로자, 소액주주의 이익을 중시하며 투명하고 합리적인 지배구조를 가지고 있다. 발렌베리 가문 등 가족대기업의 경영권이 수세대에 걸쳐 지속될 수 있었던 것은 1920-30년대에 확고해진 산업자본의 힘과 1938년 대타협의 결과였다. 20세기에 민주국가로서는 매우 드물게 장기 집권해 온 사회민주당은 노조세력과 함께 완전고용과 경제성장, 보편적 복지국가를 달성하면서 동시에 자본계급의 이익을 보장해 왔다. 자본집중과 독점자본을 용인하고, 지배주주를 위한 차등의결권을 보장하였으며, 낮은 법인세를 통해 자본계급의 이익을 옹호해왔던 것이다. 이에 보편적 복지와 경제민주화, 사회적 평등을 추구해온 사회민주당과 노동세력은 왜 자본의 이익을 옹

본주의와 탈냉전 이후의 3차 세계화(세계화3.0)를 수용한 것이다. 이러한 3차 세계화는 브렉시트(Brexit)와 트럼피즘(Trumpism)을 계기로, 그리고 최근 신냉전의 도래로 후퇴 또는 종말을 향하고 있다는 분석이 많다.

호하였고, 자본주의 발전 과정에서 자본계급의 이익은 어떻게 사회적으로 보장되었고, 그리고 이 과정에서 사회적 타협은 어떤 역할을 했는지, 이러한 자본이익과 사회적 타협이 스웨덴 모델의 발전에 미친 영향을 검토하고자 한다.

스웨덴 모델의 성공은 역사적으로 스웨덴 고유의 제도와 정책이 발전되고 개혁되는 과정에서 자본의 이익을 사회적으로 구성하고 자본이익이 경제성장과 사회적 평등에 기여할 수 있도록 정치적으로 조정하고 타협해온데서 비롯되었다. 이 과정에서 자본세력은 경제적 행위자일 뿐 아니라 정치사회적 행위자로서 사회 및 국가와 합리적으로 협력하고 상생해 왔다. 스웨덴 기업과 산업의 발전, 이에 따른 자본계급의 형성, 1938년 사회적 대타협은 민주적 시장경제와 보편적 복지국가에 기반한 스웨덴 사회민주주의의 발전에 결정적인 역할을 하였다. 이로써 그 후의 포괄적인 경제사회정책, 중앙임금협상, 연대임금, 적극적노동시장정책, 산업민주주의 등이 이루어졌기 때문이다. 렌·마이드너 모델이 대표적이다. 1932년 사회민주당의 소수정부에 이어 1933년 구성된 사회민주당과 농민당의 '적녹연맹'이 1936년 선거에서 압승하자 당시 막대한 자본을 축적한 자본세력은 노사정 협상에 적극적으로 참여하게 되었다. 1930년대 중반부터 사용자 단체인 SAF는 노조의 파업에 매우 부정적인 입장을 가진 보수당과 거리를 두면서 사회민주당 정부 및 노조와 협력을 강화하게 되었다. 그 후 SAF는 사회민주당 정부의 지원에 힘입어 정치적, 경제적으로 중요한 독립된 조직으로 발전하였다. LO의 조직화에도 적극적이었던 사회민주당은 이미 지배적 헤게모니를 갖게 되었지만 자본의 이익을 대표하고 노사협상을 담당할 자본 대표 기구의 제도화를 원했던 것이다. LO와 SAF는 1936년 사회민주당 정부의 지원과 중재에 힘입어 노사문제에 대한 국가개입을 배제하고 노사 당사자간 자율적으로 해결해야 한다는 데 의견을 같이하고 스톡홀름 근교의 휴양지인 살츠쉐바덴(Saltsjöbaden)에서 협상을 시작하였다. 협상 끝에 LO와 SAF는 1938년 '기본협약(Basic Agreement)'이라는 역사적 타협으로 산업평화를 제도화시키는 데 성공하였다. 법제화 과정을 거치지 않고 노사간 자율적 합의에 의해 노사관계를 질적으로 변화시킨 계기가 되었다. SAF는 스웨덴 모델의 상징이 된 살츠쉐바덴 노사협상을 먼저 제안하였고, 중앙임금협상의 제도화를 실질적으로 주도하였다. 사회민주당 정부 또한 노사협력과 사회적 타협을 적극적으로 중재하여 1938년 살츠쉐바덴 노사 기본협

약이라는 대타협이 이루어졌다.14)

　1938년 협약은 자본의 경영권과 노조의 단결권을 상호 인정함으로써 계급 타협을 이루었지만 단순히 노사간의 타협에만 국한되지 않았다. 1938년 대타협은 자본의 이익을 보장한 조세개혁(안재홍 2013)과 결과적으로 스웨덴식 가족대기업의 기업지배구조를 완성시켰기 때문이다. 자본세력은 노조를 인정하고 완전고용과 복지국가를 통한 과감한 소득재분배 정책을 수용하는 대신, 소유 및 경영권 보장, 파업 자제를 약속받았던 것이다. 또한 생산성 증가에 따른 임금인상 원칙에 합의하고 사회적 연대에 입각한 단체임금협상 등을 약속한 이 협약은 1970년대까지 스웨덴 노사관계의 핵심을 이루어 왔다. 스웨덴 노사관계의 핵심은 중앙집권적으로 조직된 노동조합과 사용자단체가 노사관계에 대한 국가의 개입을 가능한 한 배제하면서 중앙단체교섭과 중앙집권적 협의구조를 통해 노사간 쟁점들을 일괄적으로 타결함으로써 산업평화와 계급 타협을 자율적으로 유지한다는 것이다. 노사분규가 발생하더라도 분규 해결이 노동법원으로 이관되기 전에 먼저 당사자간 협상을 통해 중앙 차원에서 노사갈등을 해결한다는 데 상호 합의하여 노동문제를 평화적으로 해결해가는 관행이 정착되는 계기가 되었다. LO와 SAF는 임금인상의 자제와 임금협상을 제도적으로 중앙 집중화할 것에 합의했다. 중앙단체교섭과 연대임금정책은 이러한 노사관계를 뒷받침해준 중요한 제도이자 정책이었다. 이러한 노사, 노사정 타협으로 복지모델이자 노동모델, 생산모델이기도 한 스웨덴 모델이 발전하게 되었다.

　1938년 협약에 참여한 자본은 수출대기업들이었는데 이들은 기업의 지속적인 성장을 위해 무엇보다 임금관리와 노사평화가 필요했다. 스웨덴 사회민주당의 경제정책이 케인즈주의 경제정책과 다른 중요한 차이는 바로 재정정책보다 사회 코포라티즘 조정 방식으로 임금과 투자문제를 해결해 온 것이다.

---

14) 당시 비그포르스 재무장관은 정치권력을 장악한 노동운동이 기업에 우호적인 여건을 제공해야 한다고 주장했는데, 이는 노사정간 협력을 통해 경제성장을 달성해야 함을 강조한 것이다. 1938년 상원선거, 1940년 하원선거, 1942년 지방선거 모두에서 사회민주당은 50% 이상의 지지를 얻어 승리하였다. 그럼에도 한손 총리는 연합정부의 중요성을 강조하였는데, 권력공유는 권력독점보다 더 민주적일뿐 아니라 사회갈등을 줄여 사회적 합의를 도출할 수 있다고 믿었기 때문이다.

생산수단의 공적소유를 거부한 스웨덴 사회민주당은 '사회적 조정(social coordination)' 방식을 채택하여 사회적 시장경제를 운영해 온 것이다. 1983년 금속노조(Metall)과 엔지니어링산업협회(VF)가 부문별 단체교섭을 체결하기 전까지 SAF는 LO와 전국 수준의 임금교섭과 단체협약을 체결해 왔다. 1938년 사회민주당은 법인세를 개혁하여 자본재 투자에 대한 면세를 실현하였는데 이는 대기업에 큰 혜택을 준 것이었다. 그 대신 축적된 내부유보 자본을 재투자하고 합리화하도록 함으로써 사회민주주의 헤게모니 하에서도 스웨덴의 법인세는 유럽에서 낮은 수준을 유지했다. 반면, 개인소득세와 사회보장세는 1980년대까지 크게 높아져 대주주에 대한 세금은 90%에 달했고, 1955년부터 부담하기 시작한 사용자의 사회보장세는 임금 대비 40%까지 증가하였다(Du Rietz et al 2010). 그 결과, 고용과 조세에 기여하는 기업의 성장이 중요하다는 인식이 사회적으로 확고해졌다. 스웨덴이 자유로운 기업 활동을 중시한 것은 '손실 나는 기업보다 이윤 나는 기업이 더 낫다'는 원칙에 기반한 것으로 이는 비약적 경제성장과 사회경제적 평등의 달성에 기여했다. 1938년 비그포르스 재무장관이 '자본의 양보와 타협'을 강조함과 동시에 '모든 영역에서 민간기업의 활동에 친화적인 조건'을 제공해야 한다고 역설한 것이 이를 보여준다(안재홍 2012, 68). 스웨덴의 민간기업 중심 자본주의체제는 사회민주당 집권 이후에도 견고하게 유지되어 왔다.

중요한 것은 1938년 대타협으로 스웨덴식 기업지배구조가 제도화되었다는 점이다. 자본세력이 사회민주당의 장기 집권 가능성을 현실로 받아들이게 되면서 기업지배구조는 자본의 이익과 노동의 이익, 사회민주주의 이념이 맞물리면서 형성되었기 때문이다. 이로써 스웨덴의 기업지배구조는 이해관계자 모델과 지배구조의 '정치결정론(political determinants of corporate governance)'(Roe 2006)을 보여주는 사례로 회자되어 왔다. 정치결정론에 의하면 기업지배구조에 영향을 주는 비경제적인 요인들이 중요한데, 노동권력, 유권자 성향, 정치적 대표성의 성격, 이념, 지정학, 국가권위, 계급연합, 정치체제의 기원(민주적, 귀족적) 등과 같은 '정치적 맥락(political context)'이 그것이다. 노조가 강하고 정치지형이 진보적일수록 집중화된 내부주주가 나타나고 이해관계자들의 이익을 더 고려하게 된다는 것이다. 독일이나 스웨덴, 네덜란드에서 보듯이 노동세력의 힘과 사회적 합의, 그리고 문화적 전통에 의해 도입된 노사

공동결정제도는 기존의 저발전된 자본시장을 지속하게 만든다고 한다. 미국과 달리 저발전된 자본시장은 은행의 역할이 큰 유럽 대륙형 자본주의의 특징이었다. 이러한 여러 사회, 정치, 법제도적 요인들이 지배구조에 미치는 영향으로 인해 지배구조의 다양성이 나타나고 지속되며, 따라서 지배구조의 정치적 결정요인에 대한 분석이 필요하다고 한다(Roe 2003, 2006; Culpepper 2010).

스웨덴의 자본집중 현상을 보면, 스웨덴의 산업 전체가 발렌베리(Wallenberg) 가문, 볼보그룹의 귈렌함마르(Gyllenhammar) 가문, 상업은행인 한델스뱅크(Handelsbanken)의 룬드베리(Lundberg) 가문 등 소수의 부유한 가문에 의해 지배되고 있음을 알 수 있다. 특히 최대 기업집단인 발렌베리 가문은 상장주식 시가총액의 약 40%, GDP의 약 30%를 차지할 정도였다. 스웨덴의 자본집중 현상은 1950년대와 60년대의 연대임금정책과 산업정책에 의해 생산성이 높은 (수출)대기업의 자본축적이 급격히 증가한 데서 비롯되기도 하였으나, 실제로 2차 대전 이전부터 이러한 현상은 두드러졌다.

발렌베리 가문의 기업은 1856년 스톡홀름엔실다은행(Stockholm Enskilda Bank, SEB 스톡홀름민간은행)을 설립하면서부터 시작되었는데, 1920년대부터 사회민주당과 긴밀한 협력을 유지해 왔고 좌파 정치세력과의 이러한 상호 공존은 발렌베리 번영에 중요한 토대가 되었다. 1932년 단독 집권한 사회민주당 정부는 1934년 스웨덴판 글라스 스티걸 법(미국 Glass-Stegall법 1933년 도입된 금산분리법)을 도입하여 기존의 내부(가족)대주주의 소유형태에서 외부분산주주 소유형태로 바꾸고자 했다. 은행법을 개정해 은행의 기업소유와 경영참여를 전면 금지하는, 금융자본과 산업자본의 분리법을 도입한 것이다. 1933년 스웨덴의 5대 수출 대기업(에릭슨, ASEA, Electrolux, SKF, Alfa)의 회장모임이 결성된 후 4대 재벌가문(Wallenberg, Bonnier, Johnson, Söderberg)은 자본세력을 대표하여 스웨덴의 글라스 스티걸 법, 법인세 등에 대해 사회민주당의 정치권력과 협상을 하게 되었다. 1938년 대타협으로 은행법 개정은 사라지고 노사협력과 자본이익의 보장, 대기업의 성장과 보편적 복지국가의 발전이 동시에 가능해지면서 스웨덴의 사회 코포라티즘이 본격적으로 발전하게 되었다. 스웨덴에서 사회 코포라티즘은 독자적인 노조와 사용자조직이 자발적으로 국가와 협력함으로써 발전되었는데, 1938년 협약은 강한 국가와 자율적인 사회조직인 강한 노동과 자본이 서로 협력한 결과였다.[15]

1936년 총선에서 사회민주당이 재집권하자 자본세력은 노사정 협상에 참여하여 정부정책에 적극 협력하게 되었다. 이에 1938년 살츠쉬바덴 대타협 이후 사회민주당 정부는 소유 및 경영권이라는 자본의 특권을 인정하였을 뿐아니라, 은행들이 기존의 지주회사(투자회사) 또는 새로 설립한 지주회사에 기존의 은행 소유 주식을 과세 없이 양도할 수 있도록 허용함으로써 자본세력과 타협하였던 것이다. 발렌베리 은행(SEB)이 소유한 기업들을 발렌베리 가문의 지주(투자)회사인 인베스토르(Investor AB, 1916년 설립)로 이전하게 된 것이다. 최대 1: 1000의 차등의결권 제도를 통해 소유지분에 비해 더 큰 지배력을 행사할 수 있었고, 금융자본과 산업자본이 결합된 피라미드식 기업지배구조를 공고히 하게 되었다.

폐쇄적인 내부 대주주에 의한 소유 및 경영구조와 자본에 대한 사회적 감시라는 스웨덴식 기업지배구조가 형성된 것이다. 이 과정에서 발렌베리 가문은 매우 큰 역할을 했다. 발렌베리와 같은 대기업들이 지배주주체제를 유지할 수 있었던 것은 사회민주당이 지주회사를 통한 피라미드 소유구조와 차등의결권을 허용함으로써 가능했다.16) 정치권력과 자본권력의 타협 또는 협력이 이루어져 자본세력의 이익이 정치적으로 해결된 것이다. 성공적인 '자본이익의 정치적 구성(political construction of business interests)'(Martin & Swank 2012)으로 노사(정)간 조정이 가능해졌고, 이는 사회 코포라티즘으로 제도화되어 성장과 평등에 기여했다. 당시 무역과 자본이동이 용이한 개방된 국제경제 환경에서 스웨덴은 무역을 중시하는 개방경제를 선택하면서도 국내자본의 해외 이동을 막고 국내투자를 촉진함으로써 완전고용과 보편적 복지의 토대를 마련한 것이다.

---

15) 민주적 코포라티즘(democratic corporatism)으로 불리는 사회 코포라티즘(social corporatism)은 나치즘과 같은 권위주의적(또는 국가주의적) 코포라티즘과 대비된다.
16) 발렌베리 가문은 1925년 당시 스웨덴 최상위 25개 기업 중 2개만을 지배했으나 1967년에는 10개를 지배하게 되었다. 피라미드 소유구조는 발렌베리재단 → 지주회사 → 자회사로 연결되는 기업지배구조를 말하는데, 발렌베리공익재단에 대한 면세혜택으로 이러한 소유구조가 가능하였다. 14개 개별기업의 이윤은 지주회사에 배당되고 다시 재단은 지주회사로부터 세금없는 배당을 받아 그 수익이 발렌베리공익재단에 모아지는 것이다. 스웨덴에서 공익재단은 상장주식의 상당 부분을 소유하고 있다(장승우 2006).

1938년 합의의 중요성은 합의 그 자체의 내용에 있기보다 스웨덴 산업화(경제발전)를 위한 국가, 은행과 투자회사, 수출대기업을 중심으로 조정 제도를 구축했다는 데 있다. 집중된 자본소유구조의 등장은 경제정책의 중요한 요소였는데 이것이 사회민주당에 필요한 수출중심 산업화와 보편적 복지국가 발전에 확실한 재정적 자원을 확보해 주었기 때문이다(Reiter 2003). 자본권력과 정치권력 간 민주적이고 대등한 분리와 공존을 통해 정치적으로 자본계급의 이익을 보장해준 것이다. 사회적 대타협을 통해 자본세력은 노동권 및 사회민주당의 정치권력을 인정하고 현실정치에 대해 중립을 유지하는 대신, 사적 소유권을 존중하는 자본주의 시장경제라는 제도를 보장받았다. 근로자의 고용과 해고는 사용자 고유의 경영 권한임을 보장받은 자본가들은 사적 부의 축적을 막기 위한 높은 소득세, 노조와 사회의 감시를 받아들였다. 사회민주당 정부는 투자자본에 대한 세금감면과 노동에 대한 복지 확대를 약속하였다. 거대한 가족소유기업의 경영권을 보장하는 스웨덴식 기업지배구조의 틀이 이 시기에 만들어졌다(Henrekson & Jakobsson 2011; Hogfeldt 2004). 사회적 타협의 결과, 스웨덴의 기업지배구조는 내부 대주주(주로 가문 오너)의 소유 및 경영 지배로 귀결되었지만 스웨덴의 높은 투명성과 사회적 신뢰의 문화, 강한 노동운동 등으로 오너 가문은 사회적 감시 하에 있게 되었다.

　　계급타협과 경제회복을 달성한 1930년대에 사회민주당 정부의 가장 중요한 성과는 '생산성의 정치(politics of productivity)'를 시작한 것이었다. 경제정책은 생산수단의 공적소유가 아니라 효율과 성장의 과실을 공유하는 '생산성의 정치'라는 목표를 중심으로 입안되었다. 부의 축적 원천으로 경제 합리화와 실업해결 등을 위한 구조적 변화, 즉 경제의 구조조정이 우선되었다. 경제 합리화와 생산성 향상이 노사 모두에 이익이 된다는 점을 강조하였다. 노사가 협력하여 생산성을 높이면 단위비용이 낮아지고 임금이 올라 노사 모두에 보상이 되기 때문이다. 사회민주당은 임금상승이 경제효율성과 장기적 성장에 긍정적인 영향을 가져온다는 확실한 입장을 갖게 되었다. 이러한 입장은 1951년 렌-마이드너(Rehn-Meidner)모델이 된 LO 보고서(「Trade Unions and Full Employment」)로 발전되었다. 성장을 강조한 LO 보고서는 자본주의적 합리화에 대한 노동운동의 인식 변화를 보여준 것이었다. 스웨덴 노조는 일찍부터 생산성 향상이 성장의 원천이자 고임금의 원천임을 인식하고 이를 지지하고 옹호해 왔다. 높은 노조조직률과 사회민주당의 집권은 생산성 증대에 따른 이익금(surplus)을 공정하게 배분하는 데 중요한 역할을 하였다. 사회민주당은 계급연합과 계급타협을 바탕으로 1940년대 이후 경제성장, 완전고용, 복지국가를 동시에 지향하는 사회민주주의 복지국가, 즉 복지자본주의의 제도적 기반을 확실히 구축하게 되었고 유럽의 후발 산업국이었던 스웨덴은 경제적으로 번영한 부자국가로, 1960년대에 서구 복지국가의 모델로 부상하였던 것이다.

사회민주당은 사회적 평등과 정의라는 사회주의 이상을 의회주의와 자본주의 시장경제라는 현실과 조화시키기 위해 끊임없이 노력하였다. 마르크스주의에서 출발한 만큼 당의 강령은 이념적 선명성이 뚜렷했지만 현실정치에서 자본주의 시장경제체제 자체를 거부한 적은 없었다. 자본집중과 대기업의 성장이 생산성과 효율성 측면에서 유리하다는 인식을 가졌으며, 이러한 자본주의적 발전의 성공이 스웨덴 모델에 중요하다고 본 것이다. 유명한 스웨덴 사회민주주의 이론가 비그포르스(Ernst Wigforss, 1925-26년 & 1932-49년 재무장관 역임)는 집중된 자본소유, 즉 대기업은 장기적으로 '주인 없는 사회기업'이 되어야 한다고 보았다. 이 점에서 소유의 집중은 '주인 없는 사회기업'이라는 궁극적인 목표로 가는 길에서 자연스럽고 바람직한 중간 정거장으로 볼 수 있다는 것이다(Wigforss 1956). 이 주장은 자본주의적 성공이 사회주의로 이행된다고 본 슘페터의 주장과 유사했다.[17] 집권 사회민주당에 의해 보다 실용적이고 합리적인 전략이 채택되었는데, 산업의 국가 소유는 제한되었고 정부, 노조, 기업집단의 노사정 3자 협의 조정방식이 그것으로 이는 스웨덴 사회 코포라티즘 모델의 핵심 특징이었다. 이 모델은 소수의 가족 대기업의 존재를 전제했고, 이들 힘있는 산업자본가 엘리트는 3자 모델을 수용했으며, 사민주의자들은 강한 정치권력으로 대대적인 복지개혁을 추진했고, 노동운동은 민간산업을 사회화하지 않는 온건한 개혁과 근로윤리를 다하는 것으로 타협되었던 것이다. 소수의 대기업과 극소수의 오너 집단의 지배가 없었다면, 서로 다른 노사정 엘리트들 간에 이러한 타협과 협상을 발전시키는 것은 매우 어려운 일일

---

17) 슘페터는 자본주의적 성공이 사회주의로 이행된다고 하였다. 혁신에 의해 생산관계가 충분히 발전되면 기업가를 대신하여 전문가 집단이 발전을 담당하게 되고 비판적인 지식계급에 의해 자본주의 가치관이 무력해질 것이며, 이러한 결과로 자본주의가 소멸된다고 보았다.

것이다(Steinmo 2003; Katzenstein 1985; Reiter 2003). '역사적 타협(historical compromise)'(Korpi 1982)으로 불리기도 하지만 이러한 타협의 본질은 중간계급에 경제적 부담을 준 정치지도자와 대기업 엘리트 간의 견고한 동맹 사례로 보기도 한다(Swenson 1991). 고임금의 중간계급은 조세부담은 물론 연대임금으로 상대적으로 손해를 보았기 때문이다. 이는 민간 자산이 애초에 매우 불평등하게 분배되어 있는 상황에서는 부자와 가난한 근로자간 정치적 동맹이 나타날 수 있다는 해석과도 유사하다(Roine 2000).

1940년대 중반부터 노동과 자본의 대표가 정부의 각종 위원회, 입법 및 정책연구에 참여하여 자신들의 이해를 표출하고 조정하여 정책에 반영하는 사회코포라티즘 체계가 본격화되었다. 사회민주당 정부가 주도한 비공식 노사정 협의체인 '목요클럽'(1945-55)과 '하프순드(Harpsund)회의'(1955-64)에도 참여하였다. 사회민주주의자들은 경제성장과 고용의 토대가 되는 투자를 위해 자본과의 협력관계를 매우 중요시했다. 소위, '하프순드 민주주의(Harpsund democracy)'라 하여 총리의 하계 별장 관저가 있는 하프순드에서 사회민주당 지도자들이 재계의 대표들을 만나 경제 현안들을 협의하였다.18) 자본계급의 이익과 민주적 자본주의가 공존하고 함께 성장하는 스웨덴 모델은 매우 독특하다. 사회민주주의자들은 대기업의 국유화 대신 자본세력의 기득권을 인정해줌으로써 공존을 선택했고, 이를 통해 자본의 해외 유출을 막고 자신들의 대대적인 개혁프로그램에 대한 자본가들의 지지를 얻어낼 수 있었다. 도산상태에 빠진 기업을 국유화하는 대신, 기업이나 은행이 인수·합병하도록 함으로써 결과적으로 자본집중을 조장하였다. 사회민주주의자들의 핵심 목표인 경제성장과 완전고용을 위해 규모의 경제를 추구하고 자본집중을 용인하였던 것이다. 사회민주당 정부의 우호적인 산업정책이 없었다면, 사회민주당과 수출대기업 간의 협력이 없었더라면, 발렌베리와 같은 거대 기업가문은 존재하기 어려웠을 것이다. 대신, 스웨덴 기업들로 하여금 수익을 내지 못하면 퇴출되어야 했고, 자본을 활용하여 효율성과 생산성을 높여야 했으며, 시장에서 살아남아 성장해야 한다는, 철저하게 시장경제 원칙을 고수하게 만들었다. 시장규

---

18) 스웨덴의 노사정 3자협의 제도는 네덜란드의 법제화 과정을 거친 제도들과 달리, 법적 근거가 없는 비공식적 성격을 가진 스웨덴 특유의 제도였다.

율은 노동과 자본 모두에게 적용되었던 것이다.

자본가는 물론 근로자 개인에 대한 세금은 무거웠지만 기업법인에 대한 세금은 유럽에서도 매우 낮은 수준을 유지함으로써 기업에 우호적인 정책기조를 유지하였다. 사민주의자들은 개인에 대한 조세, 즉 누진소득세, 부유세, 자본이득세, 상속세 등으로 사적 재산(private fortunes) 축적을 막아왔는데 이러한 높은 세금은 '조세 사회주의(taxation socialism)'를 일정 정도 작동하게 만들었다. 기업법인의 재산과 자본가의 재산을 분리하고자 한 것이다. 그러나 대기업 가문들에서 보듯이, 결과적으로 가문의 사적재산 형성이 가능하였고 새로운 진보적 정치 환경에서도 이들 가문은 강력한 소유권을 제도화하여 자신들의 부에 대한 통제를 유지할 수 있었다. 사회민주당 정부가 이러한 대기업의 활용 가치를 인정하여 스웨덴 산업을 발전시키고자 했고, 실용적이고 점진적인 개혁으로 사회의 지나친 혼란을 야기하지 않으려 했기 때문이다(Henrekson & Jakobsson 2002; Meidner 1993). 기존의 부유한 자본가들은 자신들의 많은 주식지분을 자신들이 통제하는 자기 소유의 지주회사나 재단에 이전시키고, 차등의결권, 상호지분소유 등의 제도화된 기업지배구조 하에서 제한한 자본으로 많은 기업을 지배할 수 있었다. 그 결과 소유가 분산된 주주자본주의는 물론, 소유와 경영이 분리된 경영자 자본주의(managerial capitalism)도 나타나지 않았다. 그럼에도 자본세력은 투자와 기업의 성장이라는 본래의 임무와 투명한 지배구조와 경영에 충실하고, 완전고용, 보편적 복지국가, 계급평등과 같은 사회민주주의 이념을 중시함으로써 스웨덴의 민주적 자본주의의 발전에 중요한 기여를 하게 되었다.

기업지배구조와 노동의 경영 참여

공식적으로 기업지배구조 체제는 회사법, 증권시장 규제(주로 자본시장법), 노사관계(노동법)의 세 개 규칙에 의해 구성된다. 그리고 각 법에 보장된 권리와 의무에서의 차이, 지배구조의 메커니즘에서 어느 것을 더 중시하는가에 따라 기업지배구조의 형태는 다양하게 나타난다(Cioffi 2000). 지배구조 메커니즘은 공식적 권리의 법적 소송에서부터 이해관계자 집단들 간 비공식적 협상관계까지 다양하다. 따라서 이러한 공식적, 비공식적 차이들은 지배구조

체제를 만들뿐만 아니라 지배구조를 둘러싼 정치를 반영하는 것이기도 하다. 주주모델에서 볼 때 근로자는 주주중심주의를 위협하는 또 다른 대리인이며, 이러한 관점은 지배구조의 세 개의 규칙 중 회사법과 자본시장에 의한 규제 두 개를 고려하는 것이다. 노사관계라는 지배구조의 제3의 요소는 거의 고려하지 않는 것이다. 지배구조 체제는 세 개의 구성 요소가 각각 어떻게, 얼마나 변화하느냐에 따라 전환이 나타난다. 신자유주의적 세계화와 금융자본주의로 이해관계자 모델을 비롯하여 거의 모든 선진 자본주의 국가들에서 증권 및 자본시장 규제는 상당히 자유화되었다. 탈규제로 자본시장이 개방되고 커지면서 정부에 의한 법적 규제 또한 많아졌다. 노사관계에 대해서도 자유화와 탈규제의 압력이 있었지만 자본시장과 달리 큰 변화는 없었고, 지배구조와 노사관계 간 기존의 관계가 전반적으로 유지되어 왔다. 이러한 점에서 이해관계자 모델이 지속되고 있고 주주모델과 대비된다는 것을 알 수 있다.

시장경제체제에서 중요한 요소가 자본과 노동을 제공하는 자본시장과 노동시장이다. 기업은 시장의 핵심 주체 중 하나이고, 시장경제 체제에서 상장기업은 자본시장과 불가분의 관계를 갖는다. 자본시장(증권시장)이나 노동시장(노사관계)은 지배구조의 유형에 따라 기업지배구조와 다른 관계를 갖게 된다. 미국식 분산주주모델은 발달된 거대 자본시장과 밀접히 관련되어 주주의 권한이 강한 반면, 근로자나 노조는 지배구조에 어떤 역할을 하거나 의미 있는 영향을 주지는 않는다. 스웨덴, 네덜란드, 독일을 비롯한 유럽대륙의 이해관계자 모델은 자본시장보다 은행 중심의 금융체계를 통해 기업이 발전해 오면서 자본시장이 발달하지 못하고 주주의 권리보호에 대한 인식도 낮은 편이었다. 자본시장의 규모 문제뿐 아니라, 대륙법(Civil law) 전통으로 이들 나라에서는 법, 규범, 고용규제로 자본의 영향력을 제한함으로 투자자 보호가 상대적으로 미약했던 반면 노동자의 경영참여는 일반적이었다. 프랑스, 독일, 스웨덴, 네덜란드 등 많은 유럽 국가들에서는 기업이란 자본과 노동의 통일적 조직체라는 인식과 문화가 있어 근로자의 경영참여가 법에도 반영되어 있다. 독일과 스웨덴의 노사공동결정 사상 또한 진보적 노동운동과 역사를 같이한다. 19세기 기독교민주주의 사상에는 기업경영에서 자본가와 노동자는 이익공동체라는 사고가 있었고 이 유산이 남아 있는 것이다.[19] 스웨덴의 공동결정법 또한 19세기 개혁적 대중사회운동 시기에 나타난 모두의 '의사결정 참여

(medbestämmande)'라는 사고에서 비롯되었다. 남유럽이나 영국에서도 기업에 따라 노동이사제를 채택하기도 한다.

주주의 이익을 최우선하는 협의의 미국식 주주모델과 달리, 이해관계자 기업지배구조모델 또는 이해관계자 자본주의는 광의의 지배구조 개념이기에 포괄적이고 다양한 지배구조 유형들을 포함한다. 주주모델과 대립되는 개념에서부터 주주모델의 보완적 형태 또는 주주모델과 공존되는 모습도 보인다. 기업지배구조의 다양성이 그것으로 기업지배구조는 하나의 보편적인 특정한 형태를 갖기보다 각 지역에 따라, 각 나라마다 상이하고 다양한 형태를 갖는다. 지배구조의 지역비교연구가 보여주듯이 같은 법적 형태의 주식회사이지만 세계적으로 기업지배구조의 다양성이 존재하는 것은 각 지역, 각 나라의 특수한 역사적, 정치사회적 환경이 중요한 영향을 미쳐왔기 때문이다. 각 나라의 지배구조를 결정하는 법적, 사회적, 정치적, 경제적 요인들은 복합적으로 작용한다. 특정 지배구조가 어떻게 형성 변화하는지, 정치사회적으로 합의할 수 있는 지배구조의 형태가 있는지, 합의의 과정을 살펴보는 것은 중요한 문제이다. 기업의 규모와 영향력이 커지면서 광의의 기업지배구조 개념이 갈수록 중요해지고 있다. 광의의 기업지배구조는 경영전략적 관점에 더해 기업을 둘러싼 여러 이해관계자들(주주, 경영자, 근로자, 채권자, 소비자, 지역주민, 사회전체 등)의 이해를 반영하고 이들의 관계를 조정하는 메커니즘을 말하며, 이는 기업의 사회적 책임론과도 밀접한 관련이 있다. 내부 기업지배구조를 개선하고 사회적 책임을 다함으로써 궁극적으로 경제적 공정성과 사회의 지속가능한 발전에 기여하려는 것이다. 따라서 최적의 기업지배구조는 기업의 경제적 목적을 달성하고 준법과 사회적 기대를 충족시키면서, 기업가치를 최대화하는 것이다. 주주이익을 중시하는 협의의 주주모델 지배구조가 제대로 되면서 동시에 광의의 지배구조, 즉 다양한 이해관계자들의 이익을 고려하는 기업이 좋은 기업이 되는 것이다.

기업이 사회적으로, 정치적으로 중요한 것은 투자와 생산, 고용창출과 세금의 원천일 뿐 아니라 인구의 다수를 차지하는 근로자들에게 일자리와 근로

---

19) EU 27개 회원국의 50%가 (스칸디나비아 국가들, 독일, 네덜란드, 그리고 중부 및 동유럽의 구 공산권 국가들) 노동자대표의 감사위원회 및 이사회 참여를 법으로 보장하고 있다.

소득을 제공하기 때문이다. 근로자가 기업으로부터 근로소득, 즉 임금을 공정하게 받느냐는 생존의 문제이자 공정의 문제이다. 따라서 기업이 어떻게 구성되고 작동하는가, 즉 기업지배구조는 임금을 포함하여 노동 전반에 큰 영향을 미치게 된다. 노사관계는 지배구조의 실제적 내용의 하나이기에(김재구 2000) 지배구조와 노사관계 간에는 상당히 복잡하지만 매우 중요하고 밀접한 관계가 존재한다. 따라서 지배구조가 선진적으로 개선되어 노사관계의 발전에 긍정적으로 작용할 수 있도록 하는 것이 중요하다. 지배구조란 기업의 이해당사자들(stakeholders)이 상호간의 이해와 갈등을 조정·통제하는 메커니즘으로 특히 주주, 경영자 및 근로자들의 상대적인 힘의 관계에 의해 다양한 방식으로 운영되고 있다는 점에서 근로자와 노조가 기업경영과 지배구조에서 어떤 위치와 권한을 갖는가는 매우 중요하다. 노사관계 제도는 지배구조의 비교연구에서뿐 아니라 스웨덴, 네덜란드, 독일 등 코포라티즘 거버넌스 연구에서도 필요한 중요한 요소이다. 따라서 노동의 경영참여 등 노사관계는 기업지배구조와 밀접한 관계를 갖는다.

기업지배구조 체제를 구성하는 세 개 규칙 중, 주로 인수합병, 주주투표권 등과 관련되는 회사법은 자본시장법과 노동법 사이의 중간 수준의 변화를 보였다고 한다. 이러한 중간 수준의 변화는 자본시장법과 노동법 간 회사법의 매개적 역할과 지배구조에서 회사법의 중심적 위치를 의미한다고 볼 수 있다. 지배구조를 구성하는 이러한 세 개 법의 변화 동학은 정치경제적 전환의 중요한 성격을 보여주는데, 이는 국가 간 지배구조 체제의 차이와 다양성의 지속을 의미하기 때문이다. 선진 민주주의 복지국가들에서 볼 수 있는 좋은 기업지배구조는 세 개의 법을 준수하고, 노동의 경영참여와 공평하고 합리적인 노사관계 관행을 중시하는 것이다. 비합리적인 노사관계뿐 아니라, 자본시장을 왜곡시키는 지배구조는 후진적인 나쁜 지배구조라 할 것이다. 미국의 경우 자본시장이 매우 투명하고 효율적이며, 기업 및 CEO에 대한 시장규율이 강할 뿐 아니라, 엄격한 회사법이 적용되고 있다는 점에서 나쁜 지배구조라기보다 미국만의 고유한 지배구조라 할 것이다. 그러나 시장의 공정성을 중시하고 소액주주, 노조 등 이해관계자들의 이익을 잘 반영하는 민주적 시장경제 체제에서는 기업지배구조가 이해관계자들의 이해 충족에 중요한 역할을 하게 된다. 이러한 '좋은' 기업지배구조의 핵심은 기업이 자본시장의 공정성과 효율성에 최소한 부정적 영향을 끼치지 않는 것이 매우 중요하다. 스웨덴 기업의 지배구조는 내부 대주주인 가족대기업이 많음에도 공정한 거래와 투명한 경영으로 소액주주의 권리를 침해하지 않으며, 대등한 민주적인 노사관계와 단체협상, 노동의 경영참여를 보장하는 특징을 갖는다.

노사관계의 특성이 실제로 기업경영에 어느 정도 영향력을 행사하고 있는가에 따라 지배구조에서 노사관계가 차지하는 비중이 달라진다. 노조의 힘이 약한 미국과 달리, 스웨덴이나 독일과 같이 노조의 힘이 강하고 노사관계가 대등하고 합리적일 때, 기업의 지배구조에서 노조의 위상은 확고하게 자리잡을 수 있기 때문이다. 대등하고 합리적인 노사관계를 갖는 네덜란드에서도 마찬가지이다. 지배구조와 노사관계 간의 관계는 두 가지 측면에서 볼 수 있는데, 지배구조의 변화가 노사관계에 어떤 영향을 미치는가, 노사관계의 개선 및 근로자의 경영참여(노동이사제, 단체교섭 또는 노사협의를 통한 참여, 작업장 수준의 의사결정 참여, 종업원지주제 등)를 가능하게 할 것인가가 그것이다. 근로자의 경영참여는 대표적으로 스웨덴, 네덜란드, 독일의 기업지배구조와 노사관계의 특징이기도 하다. 지배구조 개혁에 의한 경영의 투명성 제고와 근로자의 경영참여는 경영정보의 공유와 신뢰성을 높여 노사관계를 향상시킬 수 있다. 로(Mark Roe)에 의하면, 투명성과 좋은 지배구조는 노조의 권리와 근로자의 이익을 보장해주고, 노조대표의 이사회 또는 감독이사회에의 참여는 정보 공유 요구를 크게 줄인다고 한다. 정보 공유는 매우 중요한데, 감독이사회 거버넌스, 투명성 규칙, 공시규제, 증권시장 등이 잘 운영되고 작동되기 위한 필수적인 요소이기 때문이다.

신자유주의적 세계화와 금융자본주의로 이해관계자 모델이 주주모델의 요소를 수용하게 되면서 기업지배구조의 변화와 다양성은 더욱 두드러졌다. 변화가 나타난 것은 1980년대 이후 대부분의 나라들에서 자본시장이 개방되고 커지면서 주주모델 요소가 강조되는 지배구조 수렴화 현상이 나타났기 때문이다. 1980년대, 90년대를 거치며 금융시장의 세계화와 유럽통합의 심화로 이해관계자 모델이 지배적인 유럽대륙에서도 자본시장의 개방 등 자유화와 탈규제, 경제시스템의 개혁이 이루어졌다. 유럽지역의 고실업, 저성장, 기술혁신 지체 등에 대한 위기의식과 영미식 경제이론에 대한 순응은 특히 지배구조 부문에서 두드러졌다. 기업의 수익률이 중요해지고, 자본시장의 압력,

조직의 효율성과 경쟁력 등이 강조되면서 세계화 시대의 기업지배구조 개혁은 특이한 패러독스를 보였다. 역사적으로 주주모델 및 경영주의(managerialism)와 거리를 두었던 유럽의 중도좌파 정당들이 미국식 주주모델에 따라 주주 이익을 중시하는 지배구조 개혁을 추진했기 때문이다. 독일, 프랑스, 이태리 등 유럽의 중도좌파 정당들은 자신들이 친시장, 친기업임을 강조하며 기존의 금융자본-우파정치 동맹을 깨고 자본시장과 이해관계를 갖게 된 중간계급 유권자의 지지를 받기 위해 지배구조 개혁을 활용한 것이다. 오히려 보수-경영자 기득권 동맹은 지배구조 개혁에 대한 지지를 자제했다고 한다(Cioffi & Höpner 2006). 스웨덴에서도 1980년대 사회민주당 정부가 자본시장을 개방하고 탈규제하면서 노동계급을 포함한 중간계급이 대출로 부동산 투자에 나섰던 것도 이와 유사한 현상이었다. 유럽 지역의 이해관계자모델에서 지배구조 체제를 구성하는 세 가지 요소 중 자본시장이 가장 크게 변화했음을 알 수 있다. 실제로 이사회와 주주, 근로자, 감사, 정부감독기관 및 법원 등 여러 행위자들의 규제와 관행을 분석한 연구에 의하면, 많은 경로의존적인 차이들이 남아있지만 상당한 수렴도 나타났다고 한다(Hopt 2011). 결국, 수렴된 부분도 있고, 각 나라 고유의 중요한 특성이 지속되기도 하는 것이다. 2008년 글로벌 금융위기 이후 세계적 불평등 문제에 대한 분노로 이해관계자 지배구조 모델에 대한 관심이 다시 커져왔다. 유럽 국가들뿐 아니라 'Occupy Wall Street' 운동 등 미국에서도 이러한 현상이 나타났는데 세계경제포럼(the World Economic Forum)을 비롯하여 일부 미국의 기관투자자들(블랙록BlackRock 등)도 이 문제에 관심을 보였다. 영국, 프랑스 등에서도 기업의 목적에 대해 다시 검토하는 모습이 나타났는데 이는 1980년대 이후 주주모델 요소가 강조되어 온 경향과 다른 모습이다. 자본시장 개방과 주주중시 경영으로 수렴화되는 현상에도 불구하고, 각국은 자국의 독특한 산업구조와 제도를 여전히 상당 부분 유지하면서 지배구조의 차이는 지속되고 있는 것이다. 노사관계는 물론, 금융시스템에서도 시장중심(자유자본주의)형, 합의와 타협(사회 코포라티즘)형, 국가주도형이 남아 있는 것이다. 이에 매우 투명하고 공정한 스웨덴의 기업지배구조를 구체적으로 살펴보도록 하겠다.

스웨덴의 기업지배구조 — 평등대우원칙, 자율규제, 노동의 경영참여

스웨덴은 법적규제보다 자율규제가 중시되고, 노동의 경영참여가 이루어지는 합의와 타협의 기업지배구조를 특징으로 한다. 스웨덴에서 상장회사는 '공적' 성격을 갖는 것으로 사회적으로 인식된다. 이들 기업의 지배구조는 법률, 규정, 자율규제에 기반한 합리적이고 좋은 관행의 조합들에 의해 규제되는데 회사법, 기업지배구조코드(The Swedish Corporate Governance Code, 이하 코드), 시장규칙, 관련기관들[20]의 권고 및 보고서 등이 그것이다. 반면, 스웨덴에서는 노동자의 경영참여가 법적으로 보장되어 있는데 1976년에 도입된 노동이사법(the Act on Board Representation for Employees, Lag om styrelserepresentation)과 공동결정법(the Codetermination Act, Medbestämmandelagen, MBL)이 그것이다. 스웨덴의 지배구조는 자율규제, 규범, 법에 기반하여 작동되며, 노사관계와 기업지배구조 간의 관계가 민주적이고 협력적이다. 스웨덴의 기업지배구조에서는 무엇보다 준법경영과 투명경영이 사회규범으로 인식되고 있고, 코드 준수와 자율규제가 중요하다. 또한, 오너의 책임성, 노동이사제와 공동결정제를 통한 노동의 경영참여, 소액주주 보호, 회사 이익 중시, 인수 친화적인 인수규칙, 자본권력에 대한 정치사회적 견제와 압력 등을 특징으로 한다. 그 결과 기업과 기업인에 대한 사회적 지지가 매우 높은데 한국 기업이 스웨덴 모델을 벤치마킹하기 위해서는 이러한 조건과 특징들에 대한 검토가 있어야 할 것이다.

노동이사법에 따라 근로자 대표는 회사의 이사회에 참여한다. 공동결정법은 산별노조의 활동 보장에 관한 법으로, 회사 경영에 대한 노동조합의 정보권, 협의권, 교섭권을 보장한다. 감독이사회와 경영이사회로 이원화된 네덜란드와 달리, 스웨덴 기업의 지배구조는 단일 이사회 체제이다. 스웨덴의 노동이사제 의하면, 근로자가 25명 이상인 기업에서는 정이사 2명과 부이사 2명의 노동이사를, 근로자가 1천명 이상의 기업에서는 정이사 3명과 부이사 3명을 둔다고 한다. 이사회 구성원의 1/4~1/3을 차지하는 노동이사의 선발권은 기업

---

20) 금융보고위원회(the Swedish Financial Reporting Board), 증권위원회(the Swedish Securities Council), 금융보고감독위원회(the Council for Swedish Financial Reporting Supervision) 등.

과 단체교섭을 담당하는 산별노조가 가지며, 최대 4년 임기의 노동이사는 회사의 이익을 위해 최선을 다해야 하는 의무를 지닌다. 노동이사는 스웨덴의 '회사등록청(the Swedish Companies Registration Office)'에 등록되는데 단체협약을 체결한 산별노조가 없거나 노조가 노동이사를 선발하지 못한 경우 노동이사는 없게 된다. 스웨덴 민간부문(salaried employees in industry and services) 25개 노조들의 협의체인 PTK(The Council for Negotiation and Cooperation)에 따르면[21], 법적으로 노동이사제 도입이 가능한 회사는 1만5천500여개이나 회사등록청에 노동이사를 등록한 회사는 1천800여개로 노동이사제는 일반적이지 않고 주로 대기업에 적용되는 것으로 보인다. 참고로, 에릭슨은 17명 이사 중 6명, 볼보는 16명 중 5명의 노동이사가 활동하고 있으며, 모두 LO의 선출에 의한 것이다. 노동이사는 주주를 대표하는 이사와 동일한 권리를 갖지만 단체교섭이나 단체행동 등 회사와 노조 사이에 이해 충돌이 발생하는 문제를 다루는 이사회 결정에는 관여할 수 없다고 한다.

  2004년 설립된 스웨덴 '기업지배구조협의회(The Swedish Corporate Governance Board, Kollegiet för svensk bolagsstyrning, 이하 협의회)'[22]는 스웨덴의 지배구조코드(The Swedish Corporate Governance Code)의 운영과 시행을 담당하는 민간조직이다. 업계 및 관련 이해당사자들이 운영하는 자율적인 비영리 민간조직인 협의회에 의해 만들어진 코드는 스웨덴의 기업지배구조를 발전시키고 좋은 지배구조를 촉진하는 역할을 해왔다. 또한 코드는 주식시장의 건전한 관행을 촉진하고 기업 인수 규칙을 관할한다. 이러한 규범과 자율규제(Swedish

---

21) 노동이사제 관련해서는 PTK(https://www.ptk.se/)의 *Company board member - A handbook for employee representatives on Swedish company boards* (2019) 참조 (https://www.ptk.se/wp-content/uploads/2021/04/PTK-Skrift-2019-Company-board-member.pdf).

22) 협의회는 자율규제를 위해 업계의 여러 조직들에 의해 구성된 비영리 단체인 '증권시장 원칙을 위한 협회(The Association for Generally Accepted Principles in the Securities Market, Föreningen för god sed på värdepappersmarknaden)'를 구성하는 3개의 단체 중 하나이다. 협회의 주요 회원은 스웨덴상장사협회, 스웨덴투자기금협회, 기관투자자협회 은행가협회, 주식거래인협회, 기업연맹the Confederation of Swedish Enterprise), 보험업협회(Insurance Sweden), 전문회계기구(FAR, the institute for the accounting profession in Sweden) 등이다.

self-regulation)를 통해 상장기업의 지배구조와 주식시장의 건전한 발전을 이루어 국내·외 투자자들, 의회와 정치인들, 일반대중들로 하여금 주식시장과 상장기업에 대해 높은 신뢰를 갖도록 하는 데 기여하는 것이다.[23] 강제보다는 규범[24]으로 좋은 지배구조와 주식시장의 건전한 관행을 만들어 규칙과 질서의 정립과 개방성과 투명성을 높이는 것이다. 이는 스웨덴 기업들이 유연하고 효율적으로 가치를 창출하는 데 필수적인 요소이자 기업의 역동성과 국제경쟁력, 스웨덴 경제 전체의 번영에 필요한 전제조건이기도 한 것이다. 협의회는 관련 주제에 대해 연구 분석하고, 지배구조의 이해관계자들과 소통하며, 관련 법 및 규제, 해외 기업지배구조 동향 등을 모니터링하여 자본시장의 행위자들로 하여금 투자자의 관점에서 각 기업의 코드 규칙 준수에 대해 판단하도록 한다. 그러나 협의회는 감독이나 심판 역할을 하지는 않으며, 스웨덴 법 또한 지배구조 코드를 공식적으로 채택하지는 않고 있다.

2020년부터 적용되는 개정된 지배구조코드[25]의 주요 내용

- 기업의 목적은 주주를 위한 이윤창출임을 강조하면서도 장기적으로 지속가능한 가치 창출을 위한 자유로운 경영활동에 중요한 것은 기업에 대한 사회와 정치권의 신뢰이며 신뢰는 기업의 책임이라고 명시하고 있다. 좋은 지배구조란 지속가능하고 책임성을 가지며, 주주를 위해 최대한 효율적으로 운영되는 것을 의미한다.
- 스웨덴의 기업지배구조 모델은 오너십의 역할, 주주총회, 이사회, 경영자, 법정감사로 구성된다. 지배구조의 규칙들은 주주총회, 추천위원회, 이사회의 임무, 이사회의 구성, 이사의 임무, 이사회 의장, 이사회 절차, 이사 및 경영자 평가, 이사 및 경영자 보수, 지배구조 지속가능성, 보수에 대한 정보 등이다.

---

23) https://www.bolagsstyrning.se/start.
24) 스웨덴 문화에서 '규범'은 지켜야 하는 약속으로 사실상 사회적 강제의 의미를 갖는다.
25) http://www.corporategovernanceboard.se/UserFiles/Koden/The_Swedish_Corporate_Governance_Code_1_January_2020.pdf 참고.

- 코드는 강제적인 것은 아니지만 사회적으로 지켜야할 높은 수준의 규범으로 관련 법률을 보완하는 역할을 한다. 협의회는 자율규제가 법보다 더 효과적이라고 보고 자율규제의 역할을 촉진하는 것을 주요 임무로 하고 있다. 자율규제가 바람직한 영역에서는 법보다 자율규제가 나은 대안이 되도록 하는 것이다. 상장기업은 코드를 제대로 준수했는지를, 준수하지 못한 기업은 못한 이유를 매년 보고서에 적시해야 한다. 코드 준수에 실패할 경우 주식시장으로부터 징계 과정을 거쳐 경고, 과태료, 상장폐지의 벌칙을 받게 된다. 코드의 내용은 대부분 법에 정해진 규칙을 포함하기에 이러한 벌칙은 논란이 되지는 않는다.
- 코드의 목적은 적극적이고 책임있는 오너십을 위한 우호적인 조건을 만들고, 오너, 이사회, 경영자간 역할과 책임을 분명하고 균형적으로 나누며, 스웨덴 회사법이 규정하는 평등처우 원칙이 실현되도록 보장하는 것이다. 또한 주주, 자본시장, 사회에 대해 최대한의 기업 투명성을 보장하는 것이다.
- 자율규제란 업계와 이해관계자들이 관련 규칙과 통용되는 좋은 관행을 함께 만들어 합의하고 지키는 것이 가장 좋은 방안이라고 서로 합의한 것을 말한다. 자율규제는 지나치게 세세한 법률을 피할 수 있는 중요한 방안으로, 정부 개입 및 통제에 대한 대안으로서 스스로가 스스로를 규제하는 것이다. 그 결과 일반대중, 투자자, 정치인, 기업의 신뢰와 합의는 증권시장의 건전한 작동을 가져오고, 증권시장의 윤리적 발전과 지속은 궁극적으로 기업과 주주의 이익을 위한 것이 된다.

스웨덴의 지배구조코드와 자율규제는 역사적으로 스웨덴의 노사관계가 정부개입과 법제화보다 자율적으로 이루어진 관행과 유사하다고 볼 수 있다. 코드와 마찬가지로 스웨덴의 인수(takeover)규칙도 법률보다 자율규제를 선호하는 영역으로 협의회가 인수합병 규칙을 정한다. 자율규제의 주요 이점은 많은 경험을 가진 시장의 최고 전문가가 적극적으로 규칙 만들기에 참여하여 규칙 관계자들의 폭넓은 지지와 높은 수준의 규정 준수를 이끌어낸다는 점이다. 자율규제의 또 다른 장점은 변화에 유연하게 바로 대응할 수 있고, 시장 현실과 동떨어진 법률에 비해 기업의 비용 부담을 줄일 수 있다는 점이다. 지배구조 관련 유럽연합(EU)의 여러 강제적 규칙들이 스웨덴의 자율규제 관행에 도전이 되고 있지만 EU 규제 내에서 자율규제를 활용하고 있다. 자율규제의 의의와 역할을 중시하는 정부 당국 또한 시장 당사자로 하여금 EU 규제에 대한 대안적 해결책이나 EU 규제를 보완하는 방안을 만들어내도록 하고 있다.

스웨덴 기업지배구조의 주요 특성[26]

적극적인 오너십과 책임성: 스웨덴 주식시장의 오너십 구조는 영미와 크게 다르다. 대륙 유럽 국가들보다도 더 집중된 내부의 단일 대주주 또는 소수의 대주주 형태를 갖기 때문이다. 스웨덴 상장기업의 50% 정도는 차등의결권으로 내부대주주의 지배권을 강화하는데 이들 내부 대주주는 이사회 이사 등의 역할로 적극적인 오너십의 책임을 진다. 스웨덴 사회는 등기이사 등으로 회사에 대해 공식적인 책임을 지는 대주주를 긍정적으로 보는 동시에 대주주는 회사와 다른 (소액)주주에 손해를 끼쳐서는 안된다고 생각한다. 이는 대주주의 경영 지배권을 인정하는 데 대한 사회적 조건이자 압력인 셈이다. 주주들은 이사 및 감사 추천과정에 참여하며, 이사회가 아니라 주주총회에서 결정되는 추천위원회는 회사법이 아니라 코드에 의해 규정된다.

소액주주 권리 보호: 소액주주 보호의 가장 중요한 원리는 회사법에 규정된 '평등대우원칙(principle of equal treatment)'이다. 회사와 대주주 간 불합리한 합의나 거래 등으로 소액주주가 대주주에 비해 불공정한 대우를 받으면 소액주주는 이러한 거래를 무효화하기 쉽지 않고 평등원칙이 훼손되게 된다. 스웨덴 회사법은 주주총회에서 회사나 다른 주주에 불이익을 주거나, 일부 주주나 어떤 사람에게 부당한 이득을 주는 결의를 할 수 없도록 규정하고 있다. 이사회나 회사의 대표 또한 회사나 다른 주주에 불이익을 주고, 대주주나 어떤 사람에게 부당한 이득을 줄 수 있는 법적 행위나 여타 어떤 조치도 할 수

---

26) https://thelawreviews.co.uk/title/the-corporate-governance-review/sweden.
　　Saidac, Christoffer, Mattias Friberg and Khaled Talayhan. 2021. "The Corporate Governance Review: Sweden." *The Law Reviews* (29 March 2021).
　　https://thelawreviews.co.uk/title/the-corporate-governance-review/sweden.

없다. 스웨덴 회사법은 주주총회의 여러 결정사항에 대해 가중다수결(qualified majorities)을 요구하는 등 소액주주를 보호하는 여러 규정을 갖는다. 소액주주가 불공정한 대우를 받았다는 점이 드러나면 그 거래는 무효화될 수 있고, 소액주주는 손해액을 받게 된다. 만약 대주주가 그 거래가 정상적인 비즈니스 과정임을 증명하면 그 거래는 불공정하다고 간주되지 않는다. 불이익을 받은 소액주주는 회사법에 의해 보호되는데, 10% 주주 (단일 대주주 또는 공동의 주주들) 등 일정 조건이 충족되면 특정 문제를 해결하기 위한 임시 주주총회를 이사회에 요구할 수 있는 권리가 그것이다. 소액주주는 임시 주주총회를 통해 회사의 경영과 회계에 대한 조사 제안을 하고, 임시감사나 특별조사관을 지명할 권리를 갖는다. 소액주주는 자신들이 추천하고 스웨덴 회사 등록청(the Swedish Companies Registration Office)이 임명한 임시감사(extra auditor)가 기존감사와 함께 회사의 감사에 참여할 수 있도록 할 수 있다. 임시감사는 기존감사와 동일한 권한과 의무를 갖고 함께 회사와 독립적으로 모든 것을 감사하게 되고, 특별조사관은 조사 결과 보고서를 회사에 제출하고 주주들에게 배포하며 주주총회에서 발표한다. 이사회가 소액주주의 요구사항을 해결하게 되면 임시감사나 특별조사관은 필요하지 않게 된다.

이사회와 경영자의 책임: 이사회와 경영자는 기업의 장기적 이익을 위해 선한 신념으로 다른 이해관계자들의 이익을 적절히 고려할 수 있는 폭넓은 재량권을 갖는다. 스타우트(Lynn Stout) 주장과 마찬가지로, 주주이익 극대화를 법적으로나 코드에서 의무화하지는 않는다. 이사회는 건전한 지배구조를 위해 근로자, 고객, 협력업체, 지역사회 등 다양한 이해관계자들에 대해 책임을 갖는다고 스웨덴의 코드는 명시하고 있다. 경영의 투명성과 공시가 중시되고, 기업의 사회적 책임과 ESG 준수 등이 강조된다.

기업인수 및 방어: 스웨덴의 기업지배구조는 평등대우원칙이 중시된다. 이사회는 기업과 주주의 이익을 중시할 것이 요구되며, 이러한 규칙과 원칙에 반하는 그 어떤 주주의 제안도 하게 해서는 안된다. 기업과 주주의 이익에 반하는 이유로 인수 공격의 대상이 되는 이사회는 주주총회 결의 없이는 방어적 조치를 취할 수 없다. 시장원칙과 주주권이 중요한데, 인수자가 인수하려

는 기업의 지분 취득을 제안하면 주주들은 그 제안을 받을 것인지에 대해 개별적으로 의사표명을 하기 때문이다. 따라서 주주들이 찬성하면 인수하려는 측은 이사회를 장악할 수 있게 된다. 이러한 면에서 스웨덴의 기업인수 규칙은 '인수 친화적(takeover-friendly)'이다. 따라서 이사회는 항상 기업경영권을 지키기 위해 백기사 등 대안입찰자(alternative bids)를 찾아야 한다. 포이즌 필27) 등의 방어권 수단은 법적으로 허용되지 않으며, 새로 인수한 오너는 새 이사회를 구성할 수 있다. 물론, 스웨덴 기업들은 차등의결권 제도로 경영권을 방어할 수 있다. 1990년대 이후 축소되었지만 기업에 따라 여전히 10배가 가능한 차등의결권이 보장되기 때문이다. 합의된 시장규칙과 기존에 수용되어 온 좋은 관행을 중시하는 스웨덴 지배구조의 특성상, 코드와 마찬가지로 인수 규칙 또한 협의회가 기본적으로 정한다. 법 이전에 자율규제와 규범이 먼저 중시되는 것이다. 합병(statutory merger)은 회사법에 의해 이루어진다.

발렌베리(Wallenberg) 가문을 비롯하여 스웨덴의 가족 대기업집단에 대한 사회적 지지와 안정적인 경영권은 잘 알려져 있다. 스웨덴은 경제는 물론 정치, 사회에 미치는 가족 대기업집단의 큰 영향력에도 모범적인 지배구조와 경제민주화가 실현되어온 중요한 사례이다. 최대 자본가 집단인 발렌베리 가문은 산업과 금융 부문의 많은 기업들에 대해 5대째 안정적으로 지배력을 행사해오고 있다. 발렌베리 가문이 소유지분에 비해 더 큰 지배력을 행사할 수 있었던 것은 차등의결권 주식제도와 가문이 설립한 공익재단들이 투자회사인 인베스토르(Investor AB)를 집중적으로 소유하고, 인베스토르가 지주회사로서 많은 기업들을 소유하는 피라미드형 소유지배구조에 의해서였다. 이러한 가문이 사회적 지지를 받고 안정적인 경영권을 유지할 수 있었던 것은 산하 기업들의 높은 수준의 독립성, 기업 경영의 투명성, 노동자 경영참여제도 등 모범적인 기업지배구조가 중요한 역할을 했다. 또한, 발렌베리 가문의 우수한 경영능력과 노블레스 오블리쥬의 실천, 은행 중심의 스웨덴 금융제도 등도 중요했다. 차등의결권 제도로 소유지분에 비해 더 큰 지배력을 행사해온 스웨덴

---

27) poison pill 적대적 인수합병(M&A) 시도가 있을 때 기존 주주들에게 시가보다 싼 가격에 지분을 인수할 수 있도록 권리를 부여해 경영권을 방어하도록 하는 제도이다. 국내에서는 무능하거나 부도덕한 경영진의 교체가 어렵다며 도입되지 않고 있다.

기업들은 지분과 지배 간 괴리가 큰 한국의 재벌체제와 유사한 소유지배구조의 모습을 보인다. 이에 한국에서도 재벌의 경영권을 보장해주는 사회적 대타협 방안이 거론되기도 했다. 그러나 발렌베리 가문과 한국의 재벌들 간에는 근본적인 차이점이 있고, 매우 다른 조건 하에서 지배력을 행사해왔다는 점이 지적되어야 할 것이다. 스웨덴에서는 사회민주당의 장기 집권과 강력한 노동조합의 존재 등 거대 자본가 가문의 권력 남용을 견제할 수 있는 정치사회적 조건도 있었기 때문이다. 이에 한국에서 발렌베리 가문의 사례가 한국 재벌들의 경영권을 보호하고 3세로의 경영권 승계를 지원하자는 주장을 뒷받침하는 사례로 활용되는 것은 바람직하지 않다는 견해(신정완 2015)는 타당하다. 한국의 재벌들이 소유지분에 비해 더 큰 지배력을 행사하는 것이 용인되려면 어떤 조건들이 충족되어야 하고 어떤 기업지배구조를 가져야 할 것인지는 명백하다.

물론, 스웨덴의 경제체제나 기업지배구조가 문제가 없는 것은 아니다. 산업자본과 금융자본의 결합, 소수 가족대기업집단에 의한 경제지배와 독점적인 자본집중, 소유-지배 간 높은 괴리도, 신산업 분야의 새로운 기업 성장 지연 등이 그것이다. 이 모든 것들은 한국에서라면 크게 비판받을 문제들이기 때문이다. 이 모든 것들이 용인될 정도로 정치사회적 타협과 합의가 스웨덴에서는 이루어졌던 것이다. 로(Mark Roe)의 지배구조 정치결정론을 가장 잘 보여주는 사례라 할 것이다. 스웨덴의 대기업들은 투명하고 민주적인 지배구조로 사회적 책임을 다해왔고, 이들 대자본의 역할이 스웨덴 복지국가 발전에도 기여한 측면이 있었다(김인춘 2007). 기업의 소유구조 및 지배구조에의 급진적인 도전과 실패는 전후 스웨덴 모델을 와해시키고 '사민주의적 통화주의'를 가져왔다. 자본세력은 임금협상의 탈중앙화와 임노동자기금을 계기로 전후 강한 노동정치와 사회적 합의로부터 벗어나게 되었지만 여전히 스웨덴 자본주의와 시장경제 체제의 민주성과 공정성에 기여하고 있다. 1990년대 이후 신산업이 발전하고 경쟁력 있는 중소기업이 다수 등장하여 경제성장과 일자리 창출에 크게 기여해 오고 있는데 이는 기존 대기업과 이들 기업 간 시너지 효과도 중요했기 때문이다(이현 2019). 변화된 노사관계와 자본시장의 성장으로 노동과 자본세력 간 조정에 기반했던 스웨덴의 기업지배구조 또한 일정 부분 전환되었다. 다수의 이해관계자 자본주의 국가들과 마찬가지로 자본시장법의 큰 변화에도 회사법과 노동법은 거의 변하지 않았고, 노동의 경영참여와 높은 수준의 규범에 기반한 자율규제, 자본에 대한 정치사회적 감시와 압력은 스웨덴의 기업지배구조 모델을 여전히 민주적이고 투명한 이해관계자 모델로 존재하게 만들고 있다.

공동결정제의 운영과 성과

스웨덴의 시장경제는 경쟁력 있는 기업과 이에 기반한 질적 성장뿐 아니라, 공정한 시장과 평등하고 합리적인 노사관계로 잘 알려져 있다. 2차 세계대전 후 산업합리화, 연대임금제, 적극적 노동시장정책, 완전고용과 임금억제를 목표로 한 렌-마이드너 모델의 성공이 이러한 성과에 중요한 역할을 했다. 그 결과 가족 대기업집단의 경영권이 보장된 이해관계자 기업지배구조와 노사관계 간 상호 윈-윈(win-win)하는 우호적인 밀접한 관계가 지속될 수 있었다. 전후 스웨덴 모델의 연대임금제를 중심으로 지배구조와 노사관계 간 노동정치와 사회적 합의가 가능했기 때문이다. 1938년 합의된 노사대타협 정신이 노동정치와 사회적 합의로 전후 사회정책 및 경제정책 각 부문에서 발전되었던 것이다. 1950-70년대의 연대임금 정책은 고임금 근로자의 임금억제를 가져왔고, 결과적으로 대기업의 이윤을 크게 늘리게 되었다. 더구나 사회민주당 정부는 배당 등에 중과세하면서 기업 이윤의 사내유보를 유도했고, 대기업집단에 유리한 은행 자본의 공급으로 대기업의 자본집중이 심화되었다. 연금을 비롯하여 사회보장제도를 통한 공공저축의 확대, 정부의 정책금융과 투자 조정 개입은 기존의 저발전된 증권시장(자본시장) 제도를 지속시켰다. 유럽대륙형 모델인 은행 중심의 금융 제도가 지속된 것이다.

스웨덴의 노동시장은 1970년대 노동이사제, 공동결정제, 고용보호법의 도입으로 노동자 권리보호를 강화했고, 노조의 강한 협상력으로 단체협상이나 노사정 협의에서 자신들의 요구를 대부분 관철할 수 있었다. 특히, 노동의 경영참여를 보장하는 공동결정법(the Codetermination Act, MedbestaËmmandelagen, MBL)과 노동이사제(the Act on Board Representation for Employees, Lag om styrelserepresentation för de privatanställda, LSA)가 중요했는데 이들 법은 대내외적으로 큰 주목을 받았다. 1976년 6월 사회민주당 정부에 의해 '세기의 개혁(reform of the century)'이라 불리며 도입된 공동결정법은 작업장 민주주의를 목표로 했다. 기업의 이사회에 노동대표가 이사로 참여하는 노동이사제는 원래 1973년에 임시 실행되었고 1976년 정식으로 도입되었다. 이들 법의 주요 목적은 근로자들로 하여금 노조조직을 통해 기업의 경영활동에 더 많은 영향력을 행사하고 기업의 정책에 의견을 제안하여 경영에 참여하고 공유할 수 있는 권한을 주는 것이다. 노동자의 경영참여와 관련하여 가장 중요한 질문과 논란은 경영참여가 기업에 좋은 자원(resource)이 되는지 부담으로 작용하는지가 그것이다. 자원이 된다는 주장은 상호신뢰, 새로운 아이디어 제공, 정당성을 가져와 노사 간 플러스 섬(plus-sum)게임이 된다고 한다. 부담이 된다는 관점은 신속하고 효과적인 결정을 방해해 경영활동에 지장을 준다고 한다.

스웨덴의 공동결정법은 형식과 내용에 제한이 없고 조정이 가능한 '옴니버스(omnibus)' 성격을 가진 법으로, 공동결정의 내용과 구체적인 운영시스템을 노사가 같이 만들 수 있도록 여지를 주었다. 이에 따라 공동결정제가 잘 작동하기 위해서는 경영자와 노동대표의 역량과 협의가 중요했다. 노사 간 공동결정의 형식과 내용에 대한 상호간 합의는 실용적이고 민주적인 노사협력과 단체협상의 오랜 관행과도 연관될 수 있었다. 1970년대부터 시행된 스웨덴의 공동결정제와 노동이사제에 대한 성과와 평가는 경영자와 노조 모두 긍정적이다. 노동의 경영참여를 법제화한 공동결정제와 노동이사제가 자율적인 노사관계를 중시한 스웨덴의 전통과 맞지는 않지만 노사는 기존의 전통과 관행에 맞는 경영참여 형식을 이루어냈기 때문이다. 공동결정제가 기업 내 권력관계의 근본적 변화를 목표로 한 것은 아니었던 만큼, 실제로 그러한 권력변화는 나타나지 않았다고 한다. 기업 경영에서는 이사회와 경영자가 중요한 역할을 하지만 작업환경 및 재조직, 인사 및 노무문제 등에서는 노동의 역할과 의견이 중요하기에 이러한 분야에서 노동의 역할이 있었기 때문이다. 공동결정제와 노동이사제가 도입될 때 기업경영에 부정적 영향을 줄 것이라는 불안과 비판이 있었지만 이러한 문제는 거의 없었다.

근로자 경영참여와 관련하여 1980년대와 90년대에 실시된 연구조사 결과를 보면 경영자들은 공동결정제와 노동이사제가 기업에 중요한 자원이 된다고 평가하는 것으로 나타났다(Levinson 2000). 노동의 경영참여가 노사 간 협력을 증진시키고, 조직의 변화를 이끌고 신뢰를 구축한다는 것이다. 이 연구는 1980년대와 90년대에 진행한 3회의 조사에 기반한 결과로 주요 내용은 다음과 같다. 다소 비용이 들지만 다수의 경영자는 협력관계 증진, 기업 운영관련 새로운 아이디어 제공, 의사결정 과정에서 중심이 되고, 어려운 결정을 이끌어내는 데 도움이 되는 등 근로자 경영참여제도의 장점을 강조한다고 한다. 1996년 조사 결과를 보면, 경영자의 3/4이 공동결정에 긍정적으로 평가했고 5%만 부정적으로 답했다고 한다. 노동이사에 대해서는 60% 이상이 긍정적으로 답했다. 공동결정에서 노동대표의 지위와 영향력을 보면 변화가 추진되고 해결방안이 구상되는 중요한 초기단계에서는 대부분 참여하지 못하는 것으로 나타났다고 한다. 노동이사는 공식적으로 의사결정 단계에 참여하기 때문에 공동결정에서는 초기 참여가 일반적이지 않은 것으로 보인다. 공동결정제에서 노동대표가 얼마나 의사결정 과정에 통합되는지가 중요한데, 1980년대 중반 조사에서는 약 50% 기업에서 높은 수준의 통합모델, 1/3은 혼합모델(통합과 협상)이 이루어진다고 한다. 1996년 조사에서는 혼합모델(mixed model)이 43%로 나타났다. 공동결정의 통합모델이란 공동작업을 통해 초기부터 결정과정에 참여함으로써 노동자의 의견을 반영하여 합의를 도출하는 방식으로, 이 방식이 사용자에게 주는 주요 장점은 유연하고 비공식적이며 결정의 정당성이 부여된다는 점이다. 통합적 공동결정모델이 협상모델(negotiation model)과 달리 지식 향상, 제안제도, 정보 공유 및 전달 등 지역 노조조직의 필요를 충족시키기 때문이다. 시행 초기인 1970년대 후반과 80년대 초를 보면, 협상 형식이 다양하게 많아졌고 지역노조의 조직과 자원이 급속히 확대되었다고 한다. 1980년대는 보다 차분하게 구체적인 아젠다(의제)를 중심으로 합리적 운영이 이루어지면서 도입 시기와 달리 공고화 시기에 더 많은 노조 대표들이 결정과정의 초기부터 참여하는 경향을 보였다고 한다. 공동결정제와 노동이사제는 스웨덴의 노사관계와 작업장의 변화에 중요한 역할을 해왔다. 의사결정에서 협상과 통합적 참여가 결합된 실용적인 혼합방식이 주로 사용되면서 경영자와 노동대표가 공동결정의 형식과 내용에서 기업과 근로자 모두에게 이익이 되는 상당한 '참여의 기술'을 가지게 되었기 때문이다(Levinson 2000). 노사 당사자들이 상호간 협의로 최적의 방식으로 공동결정 방식을 변화시켜 온 것이다.

노동의 경영참여는 대내외적으로 스웨덴의 노동정치와 민주적 계급투쟁의 성과로 간주되어 왔다. 사회민주당과 노조(LO)로 구성된 잘 조직된 사회민주주의의 성과로서의 스웨덴 모델이 그것이다(Korpi 1983). 이와 함께 스웨덴 모델은 자본의 이익도 고려한 계급 간 타협과 고용주(자본) 이익 관점에서 이해되기도 한다(Swenson 2002; Mares 2003). 스웨덴의 노동의 경영참여와 작업장 민주주의도 광의의 계급타협이며, 이는 작업장 안전과 노사평화를 추구한 서유럽 국가들의 노동참여(worker participation)와 유사했다고 한다(Hedin 2015). 1980년대 이후 임금협상이 중앙보다 산별 차원에서 이루어지고 노조의 힘이 약화되는 등 스웨덴의 노사관계에서 큰 변화가 나타난 시기에 개별 일터와 작업장에서의 노동참여는 노사 간 협력관계의 발전과 지역노조(노조지부)의 활성화를 가져왔다. 임금협상에서 노조의 힘이 축소되었지만 노동의 경영참여를 통해 기업경영과 작업장에서 노동의 영향력이 커졌고 작업장의 안전과 노사평화에도 기여해 왔다. 전반적으로 공동결정은 경영자와 노조 간에 잘 운영되며, 현장에서 노동의 참여 수준이 매우 높은 것으로 나타났다고 한다(Levinson 2000). 스웨덴 노사관계가 갈수록 작업장 차원에서 노사 양자(bipartite)간 의사결정을 통해 이루어지고 있는 상황에서 노동의 경영참여는 노사관계의 일환으로 기업에 중요한 자원이자 자산이 되는 것이다. 기업경영에 참여하여 영향을 주고 근로자의 지위와 영향력을 높이는 공동결정의 의의는 기본적으로 협력적 노사관계와 상호 신뢰에 기반한 합의에 기반하여 달성되고 있음을 알 수 있다.

3. 민주적 시장경제와 보편적 복지국가

좋은 기업지배구조와 공정하고 효율적인 시장, 공평한 분배에 기반한 스웨덴의 민주적 자본주의는 보편적 복지국가의 급속한 발전에 중요한 물적, 제도적 토대가 되었다. 복지 자본주의(welfare capitalism)가 그것이다. 의회를 통해 정치권력을 추구한 사회민주당은 사회혁명 대신 민주적 방식으로 정치적 정의, 사회적 정의, 경제적 정의를 위한 사회개혁을 목표로 하였다. 공리주의적 실용주의를 선택한 사회민주당은 국민의 현재적 관심, 즉 고용과 복지를 최대한 충족시키기 위한 사회정책에 주력했다.28) 평등친화적이고(equality- friendly) 성장친화적인(growth-friendly) 정책 패키지로 고용 증대와 양질의 일자리, 기술 및 교육, 조세와 공적 소득이전 정책, 공공사회서비스를 통한 여성의 사회참여 증진을 강조했다. 그 결과 성장과 분배의 선순환을 이룰 수 있었고 높은 여성고용과 양질의 일자리로 경제성장에 부정적 영향을 주는 불평등을 크게 감소시켰다.

중요한 점은 스웨덴의 보편적 복지국가가 정치적 타협과 사회적 합의로 발전했다는 점이다. 1933년 사회민주당과 농민당의 정책연합인 적록연맹과 1938년 노사 대타협은 전후 보편적 복지국가 발전의 토대가 되었다. 스웨덴에서는 1907년 남성보통선거권이 도입되면서 동시에 비례대표제도도 도입되었다. 자유주의자들과 사회주의자들이 주도한 참정권 운동은 남성보통선거권을 실현시켰고, 보수주의자들은 보통선거권이 자신들의 지배적 지위를 약화시킬 것을 우려하여 비례대표제를 제안했던 것이다. 당시 양대 정치세력이었던 보수+자유 합의로 하원 의원의 비례대표제가 도입되었다. 스웨덴의 타협 및 공존의 정치는 20세기 초 민주화 시기부터 작동했던 것이다. 1889년 창당 이후 노동조합운동과 연계하여 성장을 거듭한 사회민주당은 1920년에 최초로 소수정부를 구성했고, 1932년에는 다수당이 되어 단독 소수정부로 집권하게 되었다.29) 1932년 총리가 된 사회민주당 한손(Per Albin Hansson) 당수는 스웨덴의 타협의 정치를 견고하게 뿌리내리게 한 정치인으로 1930-40년대 계급 타협적 경제정책과 적록연맹, 노사타협 등을 통해 계급 간 사회연대를 이끌었다.

---

28) 사회민주당은 자본주의 사회에서 노조원의 이익실현을 목표로 하는 노동조합운동의 의의를 부정하지 않았으며 오히려 스웨덴 사회민주주의가 이런 점에서 당시 국유화와 사회주의 혁명을 추구한 독일 사회민주주의와 다르다는 점을 부각시켰다.
29) 1920년, 1928년 총선에서 사회민주당은 일부 산업의 국유화를 주장하기도 했지만 유권자의 지지를 크게 얻지 못하였다. 이에 따라 국유화 계획은 사실상 완전히 포기되었다. 한손(Per Albin Hansson) 사회민주당 당수는 1928년 의회 연설에서 국가는 모든 국민의 생존을 보장하는 '국민의 집'(folkhem, the home of the people), 즉, 복지국가가 되어야 함을 역설하였다. '국민의 집'이라는 슬로건은 국가가 모든 국민의 안락한 집과 같은 존재가 되어야 한다는 공동체적 이념을 나타낸 것으로, 전통적인 국유화의 이슈 대신, 보편적 복지국가의 이념이 사회민주당의 주요 목표임을 분명히 하였다. 이에 따라 스웨덴의 복지국가는 1930년대 한손 수상(재임 1932-46)의 사회민주당 정부가 빈곤추방과 인간적인 삶을 보장하려는 계획으로 본격화되었다.

1932년 집권한 사민당 단독 소수정부는 대공황으로 인한 경제적 위기를 극복하고자 세계 최초로 케인스주의적 수요부양정책을 시행했다. 공공근로사업의 규모 증대와 공공근로 인력의 임금 인상, 실업보험의 도입, 영세 농민들에 대한 지원 등을 통해 스웨덴은 비교적 순조롭게 경제위기를 극복할 수 있었다. 이러한 케인스주의적 수요부양정책을 입안하고 집행한 핵심 인물은 당시 재무부 장관이었던 비그포르스(Ernst Wigforss)였다. 사민당은 농민과 농업에 대한 지원정책을 고리로 1933년 농민당과 '적록연맹'의 정책연합을 결성했고 1936년부터는 사민당-농민당 연립정부를 구성했다. 이를 통해 안정 과반수 의석을 확보할 수 있었고 이에 기반하여 1976년까지 연정 또는 소수정부로 장기간 집권할 수 있었다. 1930년대 유럽에 등장한 전체주의적 권위주의와 달리, 스웨덴은 이러한 민주적 타협과 연대로 '가운데 길(middle way)'이라는 독특한 스웨덴 모델을 통해 인간의 존엄과 자유를 존중하고 자율적인 시민사회를 발전시켜왔다.

스웨덴 복지국가의 발전 — 노사 대타협과 정치적 합의

스웨덴 사회민주당과 노조는 1920년대부터 경제적 공정성뿐 아니라 경제적 효율성도 중시하면서 이들의 사회민주주의 이념은 개혁적이고 실용적인 성격을 갖게 되었다. 이에 따라 전후 유럽의 경제민주화는 공정하고 효율적인 시장경제에 기반한 성장과 완전고용, 계급타협에 기반한 고임금과 복지국가를 의미하게 되었다. 모두가 이러한 고임금과 복지국가의 혜택을 받느냐에 따라 연대임금과 관대한 보편적 복지국가가 중요해졌다. 스웨덴 복지국가의 근간은 1928년 사회민주당 한손(1932-1946년 총리재임)당수가 의회 연설을 통해 주창한 '인민의 가정(Folkhemmet, the People's Home)' 개념에 있다. 국가는 모든 인민의 가정과 같은 역할을 함으로써 노동자 및 사회적 약자에 일정 수준의 삶의 질을 보장하고 평등한 사회적 권리를 갖도록 해야 한다는 것이다.[30] 사민당이 지향하는 평등한 사회의 모습을 좋은 가정의 이미지와 결합

---

30) 한손은 1928년에 의회에서 '인민의 가정, 국민의 가정'이라는 유명한 연설을 했다 이 연설의 일부는 다음과 같다. "가정의 기초는 공동성과 공동의 감정이다. 좋은 가정에서는 그 누구도 특권을 인정받지 않으며 소외되지도 않는다. 또 편애 받는 사람도

시킨 이 연설 이후 '인민의 가정'이란 용어는 사민당의 평등주의적, 개혁주의적 노선을 대표하는 용어로 널리 사용되었다. 1925년 당수가 된 한손은 러시아혁명을 모범으로 삼아 급진적 사회변혁을 추구하려 한 사회민주당 내 좌파 세력과 달리 점진적 개혁노선을 고수한 대표적 정치인이었다. 한손의 '인민의 가정' 개념은 약자에 대한 배려를 통해 사회통합의 길을 만들었다(신정완 2012). 이러한 평등적이고 보편적인 복지 사상은 1930년대 이래 지금까지 스웨덴 복지국가의 이념으로 자리잡아 왔다. 사회민주당 집권 이전에도 연금제도 등 중요한 복지제도가 도입되었지만 사회민주당이 집권한 1932년 이후 한손 정부는 빈곤추방과 인간적인 삶을 보장하는 정책을 본격적으로 발전시켜 왔다. 세계대공황과 2차 세계대전의 위기에 직면했던 1930년대와 40년대 전반에 총리이자 사회민주당 당수로서 한손은 정치적, 경제적, 안보적 위기를 성공적으로 극복하는 데 중요한 역할을 했다.

'인민의 가정'이라는 국가적 슬로건과 1932년 사회민주당의 집권으로 스웨덴은 '제3의 길'을 향한 급진적인 발전 경로로 나아가기 시작했다. 이러한 스웨덴과 스웨덴 복지국가를 공산주의(또는 사회주의)와 자본주의의 효과적인 타협, '가운데 길'로 서술한 차일드(Marcus Childs)의 1936년 책(*Sweden: The Middle Way*)이 널리 알려지면서 스웨덴은 모범적인 예외적인 나라로 인식되어졌다. 사회민주당의 오랜 복지 이념인 '인민의 가정'이 추구한 복지를 통한 사회통합, 생산적 복지, 경제발전과 사회발전의 양립은 스웨덴 모델의 핵심이었다. 잘 알려진 바와 같이 스웨덴 복지제도의 특징은 복지제도의 포괄성, 대상의 보편성, 급여의 적절성, 그리고 사회서비스 공급의 공공성이라 할 수 있다. 그리고 이러한 제도적 특성을 뒷받침하는 높은 수준의 복지지출이다(주은선 2014). 평등과 연대와 효율의 스웨덴 모델은 스웨덴을 1930년대부터 '도덕적 강대국(moral superpower)'으로 만들었고 스웨덴의 위대한 성과는 국가에

없고 따돌림당하는 사람도 없다. 어떤 사람이 다른 사람을 무시하지도 않는다. 누구도 다른 사람의 희생에 기초하여 이득을 보고자 하지 않으며, 강자가 약자를 억압하거나 수탈하지 않는다. 좋은 가정에서는 평등, 배려, 협력, 도움주기가 지배한다. 커다란 인민의 그리고 국민의 가정에 적용한다면 이는 현재 국민을 특권층과 소외층, 지배자와 신민(臣民), 수탈자와 피수탈자로 나누는 모든 사회적, 경제적 장벽의 철폐를 의미한다."

'초정당성(hyper-legitimacy)'을 주게 되었다.31) 인민의 가정은 '새로운 스웨덴 나라 만들기' 프로젝트로 국가를 만들고 '현대적 인간'이라는 국민을 만드는 것이기도 했다는 관점도 있다. 사회공학적 접근으로 사회 시스템을 효율적으로 계획하고 변화시켜 새로운 현대적인 스웨덴 주체성 만들기, 유토피아적 국가 만들기 프로젝트였다는 것이다(Jansson 2018).

'인민의 가정' 개념은 복지국가 프로젝트일 뿐 아니라 이념적 프로젝트, 국가건설 프로젝트, 경제적 프로젝트, 사회적 프로젝트, 민족주의적 프로젝트이기도 했다. 이념적으로 평등, 연대, 집단주의를 증진하고, 강하고 중앙집중화된 복지국가를 건설하며, 산업화와 경제성장, 경제적 안전을 보장하고, 가족 및 지역사회 자선으로부터 개인을 해방·독립시키며, 전문가와 전문기술관료에 의해 상상된 현대적인 스웨덴 민족주의를 만드는 것이었다. 민주적이고 민족주의적인 강한 복지국가, 평등과 연대의 강한 사회, 복지국가에 의한 '국가 개인주의(Swedish state-individualism)'로 개인의 해방과 자유를 달성하여 독립적인 강한 개인을 만드는 것이다(Trägårdh & Berggren 2006). '인민의 가정' 프로젝트는 사회민주주의의 이념의 헤게모니와 스웨덴의 전통적인 전문 관료제적 행정시스템으로 성공적으로 실현될 수 있었다. 보편적 복지는 대부분의 복지급여 및 수당, 사회서비스가 개인 기준으로 제공되었는데, 이는 주체적이고 독립적인 개인이라는 전통적 규범을 현대적으로 제도적으로 강화한 것이다. 각 개인으로 하여금 누구에게도 의존하지 않고 독립적인 삶을 유지할 수 있게 하는 것이 스웨덴 복지제도의 중요한 목표이기 때문이다. '함께 혼자(alone together)'라는 '스웨덴식 개인주의'는 스웨덴 복지시스템의 핵심 요소로 작용해 왔다. 강한 개인에 기반한 강한 공동체, 즉 '개인화된 집단주의(individualized collectivism)'가 그것이다(Törnqvist 2019).

한손 총리 시기였던 1930년대와 40년대 전반에 가족정책 등 사회복지정책이 대폭 강화되었고, 노동정책 영역에서 노동계급 및 취약계층의 이익을 증진하는 개혁정책이 지속적으로 추진되었다. 그 결과, 1920년대까지 심각했던 스웨덴 사회의 빈부격차와 사회 불평등은 급속히 개선되기 시작했다. 평등주의적 보편

---

31) 문제는 이러한 스웨덴 예외주의가 '치명적인'('Sweden's deadly exceptionalism') (Jansson 2018. p.88) 성격을 갖게 되었다는 점이다. 스웨덴은 항상 옳고 잘한다는 우월감과 보이지 않는 인종주의가 그것이다.

주의 원칙하에 연금, 가족수당, 의료보험, 산재보험 등이 도입되거나 기존의 제도가 확대되었다. 당시 스웨덴도 대공황의 영향을 받아 실업과 빈곤문제가 심각했는데 적극적 노동시장정책, 주택건설보조금제도, 특별실업보험제도 등의 스웨덴식 뉴딜정책이 시행되었다. 이러한 개혁적인 사회정책의 재원은 소득세, 상속세, 재산세의 누진율을 크게 높임으로써 충당되었다. 사민당 정부가 복지개혁을 추진하는 데에는 당시 정치적으로 강했던 보수적인 농민당과의 연립정부('적녹연정, red-green coalition')가 중요한 역할을 했는데, 사민당의 주요 지지세력이었던 노동계급과 농민당의 주요 지지세력이었던 농민계급의 이익을 동시에 보장하면서 복지개혁을 추진할 수 있었던 것이다. 또한 1938년, 정부의 적극적인 중재로 살츠쉐바덴(Saltsjobaden) 노사대타협이 이루어져 사회 코포라티즘이 제도화된 것도 스웨덴 복지국가가 발전하는 데 중요한 기반이 되었다. 자본가계급이 사민당의 복지개혁을 지지하게 되었기 때문이다. 이 시기에 한손 총리는 자본가들이 투자와 생산에 매진하는 것이 스웨덴에 좋은 일이라고 말하며 자본계급과 긴밀히 협력해왔다. 또 다른 중요한 요인은 1870년대부터 급속한 산업화로 자본축적이 이루어져 있었으며, 1차 세계대전에 개입하지 않아 분배를 위한 조세와 재정의 확대가 가능했다는 점이다. 2차 세계대전이 발발하자 한손 총리는 사민당을 중심으로 거의 모든 정당이 참여하는 거국 전시 연립정부를 구성하였고, 1차 세계대전에서와 마찬가지로 1814년 이후 지속되어 온 비동맹 중립노선을 표방하며 전쟁에 참여하지 않았다.

2차 세계대전 후 본격적인 복지개혁을 추진했고 1950년대 초에 기본적인 제도가 완성되었다. 1946년 연금개혁을 시작으로 1947년 아동수당법, 1949년 산업재해보상법, 1954년 주택수당법, 그리고 1955년에는 병가보험법이 도입됨으로써 보편적인 사회보험제도가 구축되었다. 1955년에는 국민 모두에게 거의 무상의 의료서비스제도가 시작되었고 1959년에는 기초노령연금에 더해 소득연계 보충연금제도가 도입되었다. 정치적으로 강했던 스웨덴 사민당과 노조의 영향력뿐 아니라 서유럽의 다른 복지국가들에서와 마찬가지로 전후 케인즈주의적 경제정책과 전후 경제호황은 이러한 복지확대와 재정확대를 가능하게 했다. 스웨덴 복지국가는 1960년대에 들어 더욱 확대되었고 소득대체가 가능할 정도의 사회급여시스템이 구축되기 시작했다. 1960년대 도입된 주요 사회보장정책은 1962년 장애연금의 자산조사 폐지, 1963년 병가수당 기간 상한제 폐지, 1967년 병가수당 임금대체율 80%, 1964년 실업급여 지급기간 130일에서 150일로 확대, 1968년 아동양육가정 주거보조비, 1969년 기초노령연금에 대한 추가급여 도입(자산조사 조건) 등이다. 1970년대 확대된 주요 정책은 1970년 60세 이상 근로자의 장애연금 자격 완화, 1972년 출산유급휴가제, 1974년 부모보험제와 아버지출산휴가 수당, 1974년 실업급여기간 300일 확대와 실업부조제도 도입, 1976년 파트타임근로자 연금 도입, 1976년 기초장애연금에 대한 추가급여, 1977년 산업재해 수당 및 연금자격 대폭 확대, 병가수당 임금대체율 90% 등이다.

보편적 복지제도의 확대로 복지지출이 급증했는데 1970-71년 조세개혁으로 누진적 조세를 더욱 강화하고 사회보장세, 소비세 등 역진적 조세도 강화했다. 사회보험에 대한 고용주의 부담도 크게 늘렸는데 이러한 높은 증세는 복지국가에 대한 사회적 합의와 국가에 대한 높은 신뢰로 가능했다. 스웨덴의 분배성과는 지니계수, 빈곤율 등 거의 모든 지표에서 세계 최고 수준이 되었다. 복지 및 재정 확대, 높은 조세에도 1960년대까지 스웨덴은 서유럽에서뿐 아니라 OECD 내에서도 양호한 경제적 성과를 달성할 수 있었다. 적극적 노동시장정책이라는 제도적 장치를 통해 실업률을 낮추고 복지비용을 최소화하면서 세입을 극대화하여 포괄적, 보편적 복지체제가 갖는 재정비용의 문제를 해결했다. 높은 노동비용만큼 노동생산성의 증가를 가져오게 함으로써 기업의 경쟁력을 유지하고 고용을 늘려 복지국가와의 선순환을 이루어냈다. 따라서 공공부문에 의한 2차 분배뿐 아니라 노동시장에 의한 1차 분배가 복지국가의 발전에 중요한 역할을 했다. 협력적 노사관계와 정부의 노동정책이 중요한 역할을 했는데 1930년대부터 중시해온 완전고용정책, 1950년대 중반 이후의 연대임금정책에 의한 임금조정 등이 시장임금 격차를 축소시켜 사회적 평등과 소득안정에 기여해 온 것이다. 복지국가의 발전으로 공공부문 고용이 크게 늘면서 1960년대 중반에 이미 전체 고용에서 차지하는 비중이 20%에 이르게 되었다. 스웨덴 여성의 높은 노동시장참가율은 이러한 공공부문, 특히 사회서비스 분야 고용 증가에서 비롯되었다. 매우 관대한 출산 및 육아휴가로 인해 0세아의 제도적 아동돌봄 비율은 0%이고, 공공 중심의 아동돌봄서비스 공급으로 인해 만 5세 아동의 돌봄서비스 이용 비율은 98%에 달한다. 1970년대까지 사회보험, 공적부조, 공공사회서비스 등 모든 사회복지제도가 완비되었고, 연금을 제외한 사회보험의 소득대체율은 80-90% 수준에 달했다.

1960-70년대는 스웨덴 복지국가의 최고 팽창기였다. 2차 세계대전 후 스웨덴 복지국가의 발전은 엘란데르 총리(Tage Erlander, 1946-1969 총리 재임)에 의해 이루어졌다고 해도 과언이 아니다. 엘란데르 총리는 '강한 정부', '강한 사회'를 목표로 공공영역을 확대했는데, 이는 국유화보다 보편적 복지국가의 발전을 통해 달성되었다. 전후 국유화 논쟁에서 엘란데르 총리는 자본세력과 타협을 선택했고, 이러한 타협에 기반하여 스웨덴 모델을 발전시키고 완성했다. 1946~47년 노령연금개혁, 아동수당 및 주택수당 도입 등 스웨덴 복지정책의 기틀을 잡았고 국가노동위원회의 설치로 실업문제에 대처하고 국가주택위원회에서 주택건설과 공공주택 문제를 담당했다. 이 시기에 중요한 개혁은 1950년 3-3-3 학제를 9년의 단일 의무교육시스템 시행. 기초지자체가 운영하는 직업학교에 대한 정부 보조금 지급(1955), 민간 고등학교에 대한 보조금 지급(1958), 1964년 직업 예비학교(fackskola) 도입했고 지역 거점 종합대학과 대학들이 설립되었다. 지자체가 운영하는 대중교육기관(vuxenutbildning) 도입(1967). 엘란데르 총리 시대 스웨덴은 세계 10대 경제대국에 속했고 군사력 수준도 매우 높았다.

스웨덴은 사회민주주의 이념을 실용적이고 독창적으로 실현하고, 민주적 계급투쟁과 타협으로 그 목표들을 달성하여 왔다. 복지를 위해 성장을, 경제민주화를 위해 민간기업을, 평등을 위해 효율을 후퇴시키거나 포기하지 않았고, 성공적으로 양립시켜 왔다. 자본의 이익에 대한 사회적 합의와 타협이 가능했기 때문이다. 자본의 이익이 자본계급만의 이익이 아니라 스웨덴 복지국가의 이익이 되고 '을', 즉 노동계급의 이익도 되게 한 것이다. 이러한 포지티브 섬(positive sum) 게임을 가능하게 만든 스웨덴 모델은 사회적 대타협에서 시작되었고, 그 핵심은 자본계급의 이익을 보장한데서 비롯되었다. 1932년 집권한 스웨덴 사민주의자들은 1970년대 초까지 친자본의 시장주의적인 성장모델을 선택했다. 평등주의 정책으로 일컬어지는 동일업종 내의 임금평준화 정책, 즉 동일노동 동일임금 정책은 경쟁력 낮은 기업의 시장 퇴출을 통해 산업합리화와 자본집중을 촉진하였다. 놀라운 점은 이러한 산업 합리화와 생산성을 중시한 결과, 자본의 독점화 정도가 매우 높아졌다는 사실이다. 분배정책은 무엇보다 중간 근로계층의 부담으로 가능했고, 자본 및 기업에 대한 조세

부담은 상대적으로 낮았다. 노동시장 유연성, 시장원리에 의한 경제구조 합리화, 대기업을 중심으로 한 자본 및 산업 집중정책 등이 시장주의적 성장극대화 정책이었다. 공급측면의 문제들을 해결하여 성장을 이루었고, 궁극적으로 분배를 가능하게 했던 것이다.

사회적 형평성과 경제적 효율성의 양립

스웨덴 모델은 처음부터 경제적 효율성과 사회적 형평성의 조화와 양립을 추구해왔다. 전후 관대한 보편적 복지국가와 소득재분배 제도의 급격한 진전도 경제적 효율성과 성장에 기반했다. 단순하게 보면, 스웨덴 복지자본주의, 즉 스웨덴 모델은 많은 사람과 많은 기업으로 하여금 일과 생산, 조세 기여를 잘하게 만들고, 그 성과를 공정하고 효율적으로 분배하는 것이라고 할 수 있다. 스웨덴 모델의 성장정책과 분배정책은 생산성과 효율을 중시하여 처음부터 생산적 복지를 추구해왔다. 20세기 전후의 초기 산업화시대는 물론, 2차 대전 이후에도 시장경제를 바탕으로 개방과 무역에 의한 대기업 중심의 성장정책을 추구해왔다. 시장친화적 정책은 효율성을 높여 성장을 달성하는 데 기여하였고, 이를 기반으로 고용 증대, 인적자본에의 투자 확대, 복지, 삶의 질 향상 등을 성취해 왔다. 1960년대부터 크게 늘어난 재정지출은 보육서비스, 교육 및 직업훈련, 보건·의료 등과 같은 투자적 성격에 집중하였다. 고용을 늘리고 사회 전반적으로 안전도를 높여 그만큼 실업급여, 산재급여, 공공부조와 같은 소비적 지출을 최소화하였다.

스웨덴 재정 세입은 개인소득세가 가장 많고 간접세인 소비세, 사용자 사회보장세 순으로 나타나고 있다. 법인소득세와 근로자 부담 사회보장세는 낮은 편이다[32]. 1947년 조세개혁으로 상속세와 고소득층 세율을 높여 누진성이 강화되었고, 1971년 조세개혁으로 새로운 조세시스템이 도입되었다. 당시 지방세는 소득공제가 가능했기 때문에 지방세의 증가로 인해 국세가 크게 감소하는 문제가 발생했다. 또한 누진적 가족통합과세로 인해 배우자(주로 부인)의 노동시장 참여에 불리한 문제가 나타났다. 이에 1971년 조세개혁은 추가적

---

32) *Taxes in Sweden*. 2018. Swedish Tax Agency.

인 누진성 강화와 함께 지방세 공제를 폐지하고 배우자 분리과세를 도입하였다. 이에 따라 개인소득세는 1970년 이후 급속히 늘어 한계소득세율이 80%를 넘게 되었다. 1980년대 들어 지나친 고율의 소득세에 대한 비판이 커졌고, 그 결과 1983-85년 조세개혁으로 근로소득세가 축소된 반면 사회보장세, 소비세, 자본이득세가 강화되었다. 1990-91년의 조세개혁으로 대폭적인 세율인하가 이루어졌다. 국세와 지방세를 합한 한계소득세율이 50%대 수준으로 낮아졌고 이에 더해 고소득자의 국세는 최고 20%와 25% 두 구간으로 만들어졌다(김인춘 2013).

스웨덴을 포함한 북유럽 복지국가는 세계 최고수준의 복지는 물론, 1인당 국민소득, 민주주의 지수, 혁신과 국가경쟁력, 성평등 및 계급평등, 국민행복도, 투명성 및 청렴도 등 많은 면에서 세계적으로 최상위권을 차지하고 있다. 북유럽 국가들은 경제규모는 작지만 각자의 경쟁력으로 혁신을 통해 경제적 강소국의 지위를 유지하고 있다. 북유럽 복지국가의 특징은 높은 조세를 기반으로 복지의 범위가 포괄적이고 관대하여 보편적이라는 특징을 갖는다. 무상교육, 소득보장제도, 고용정책, 공공주거 등으로 모두에게 평등한 사회적 기회를 보장하고 이를 통해 사회자본과 양질의 인적자원으로 질적 성장을 촉진해 왔다. 특히, 북유럽 복지국가는 발전 초기부터 공공사회서비스의 중요성을 강조했는데 이는 공공사회서비스의 생산적 기능과 재분배 기능 때문이다. 노동시장 참가와 육아를 동시에 가능하게 하는 공공보육서비스, 적극적 노동시장 정책을 통한 노동력의 활용, 인적자본 개발에 대한 강조 등 적극적 복지·노동정책은 경기변동과 세계화에 대한 적응 또한 용이하게 하여 국가 경쟁력에도 기여해왔다. 북유럽 국가들은 복지에 대한 정책적 우선순위가 높고 정부재정에서 차지하는 비중이 크기 때문에 복지정책은 모든 정책의 중심이 되고 있다. 정부정책의 분배 기능은 고용과 임금으로 대표되는 노동시장에서의 1차 분배, 공적이전소득과 공공소비(public consumption)의 복지정책에 의한 2차 분배 모두에서 성과를 보여 왔다. 1차 분배에서는 특히 노사협상 또는 노사정 협약이 중요한 역할을 해왔다.

스웨덴은 오랫동안 매우 성공적인 코포라티즘적 정책조정을 실현해온 나라 중 하나로 유럽에서 사회 코포라티즘이 제도적으로 가장 잘 발전된 나라 중 하나이다. 1930년대부터 노사정 삼자협의 제도를 통해 완전고용, 임금조정과 안정, 복지확대, 생산성 제고와 경제성장이라는 성공적인 '스웨덴 모델'을 만들어 왔다. 계급간 합의와 협력으로 스웨덴의 사회 코포라티즘은 지속적으로 발전되어 왔다. 두 가지 차원의 사회 코포라티즘이 모두 작동한 것이다. 노동시장에서 노사간 협상 차원의 코포라티즘(negotiative corporatism)으로 임금자제와 노사평화가 1970년까지 유지되었다. 다른 하나는 국정 차원의 코포라티즘(administrative corporatism)이 작동되어 조직된 이익집단이 정책결정과정에 공적으로 포함된 것이다. 모든 국가 위원회에 대표로 참여하여 국정의 파트너가 된 것이다. 많은 위원회는 자문뿐 아니라 결정권한도 가지고 있었다. 정치적, 외형적 협력관계 외에 누가 자본을 통제해야 하는가라는 이념적 문제가 제기되었지만 '1948년 계획경제대논쟁'의 후퇴에서 보듯이 급진적인 노선은 힘을 갖기 어려웠다. 사회민주주의자와 자본간 비공식 접촉 등으로 정치적 합의를 이끌어 내었다.33) 다원주의적, 민주적 성격의 국정 차원 코포라티즘은 1950년부터 시작되어 1970년대까지 비교적 잘 작동하였다.

1970년대까지 제도화된 사회 코포라티즘을 실행해온 스웨덴은 1970년대 말부터 여러 대내외적 도전과 위기에 직면했다. 1970년대의 내부적 노사갈등, 1980년대 이후 세계화와 유럽통합으로 임금협상이 탈중앙화되면서 전통적 사회적 합의모델은 쇠퇴했다. 1990년대 초 경제위기 상황에서 정부 주도의 일시적인 노사정합의가 이루어지기도 했으나 노사정 협력체제는 크게 약화되었다(Howell & Givan 2011; 김인춘 2017). 서유럽 국가들 중 1990년대 이후 코포라티즘이 후퇴한 나라들이 있는데 '후퇴한 코포라티즘(declining corporatism)' 유형의 대표적인 나라는 스웨덴과 벨기에, 독일이다. 스웨덴과 독일은 전형적인 전통적 사회 코포라티즘 국가로서 역사적 경험과 제도에 기반하여 사회협약이 이루어져 왔다. 그러나 1990년대 들어 두 나라는 노사타협과 노사정 3자협의 제도가 크게 약화되면서 코포라티즘 체제가 후퇴하였다. 강력한 수출중심

---

33) 1970년대 들어 정치적 대립이 커지면서 자본세력은 싱크탱크를 통해 자신들의 이해관계를 구축하고 이념투쟁을 강화하였다. 사민주의자들은 자본의 구조적 힘을 약화시킬 경제민주주의 문제를 해결하지는 못했으나 1969 Kirua 파업으로 1970년대 들어 산업민주주의가 비약적으로 발전하였다. 고용보호법, 공동결정법, 작업장환경법 등이 그것이다. 또한 공적연금제도, 1967년 국영 투자은행(Swedish Investment Bank) 설립 등으로 국가가 막대한 공공저축을 통제하게 되면서 신용사회주의(credit socialism) 논란이 나타났다.

자본의 힘과 효율과 국가 경쟁력을 중시하는 신자유주의적 경제사회정책을 통해 경제성과와 대외적 경쟁력은 강화되었으나 분배는 악화되었다. 그럼에도 스웨덴과 독일의 코포라티즘 후퇴는 전후의 매우 성공적인 노사 자율주의적 코포라티즘과 비교하여 상대적으로 약화된 것으로, 유럽 전체의 비교 관점에서 보면 여전히 사회협약 기제가 작동되고 있다는 점은 강조되어야 할 것이다.

1990년대 중반 이후 최근까지 다양한 형식의 분권화되고 약화된 사회협약을 시행해 오고 있는 반면, 연금, 조세 등 중요한 구조개혁을 달성함으로써 스웨덴의 고용과 경제, 복지제도는 양호한 성과를 보여주고 있다. 1997년부터 노사 중앙조직의 비공식적 조정과 제조업부문의 3년 단위 노사협상의 진행으로 노사간 협상 관행이 유지되면서 '새로운 스웨덴 모델'을 구축하고자 하였다(Tsarouhas 2008). 또한 사용자단체는 노조와 협력하여 제2의 살츠쉐바덴 협약 같은 새로운 노사협력 모델을 만들기 위해 지속적으로 노력하였다.[34]

복지개혁과 스웨덴의 고행정분권-고재정분권 복지모델

1980년대 들어 신자유주의적 세계화가 본격화되고 1990년대 초 경제위기를 겪으며 스웨덴에서 대대적인 노동개혁과 복지개혁이 추진되었다. 1990년대는 복지국가의 성격이 전환된 시기였는데 통화주의적 경제정책과 재정긴축, 노동시장의 변화가 중요한 요인이었다. 사회보험의 소득 대체율을 낮추고 공공사회서비스의 효율화와 민영화가 복지개혁의 핵심이었다. 2000년 사회민주당 정부는 실업수당 수급자격을 강화하고 장기실업자의 노동시장 편입을 촉진하기 위해 공공부문 임시직 일자리를 알선하고 보조금을 지급하는 플러스잡(Plusjobb) 정책을 도입했다. 특히 2006년 우파연합정부가 집권하면서 복

---

34) 스웨덴 사용자단체인 SN(사용자총연맹 SAF 전신)은 'A New Basic Agreement', 즉 '제2의 살츠쉐바덴' 협약을 목표로 '스웨덴 모델'을 혁신하는 데 노력하고 있다. 2007년 스웨덴 노사는 1938 살츠쉐바덴 협약 체결 70주년을 맞아 SN, LO(생산직노조중앙조직), PTK(Swedish Council for Negotiation and Cooperation 사무직노조협상카르텔)을 주체로 하여 '제2의 살츠쉐바덴' 협약을 목표로 협상을 시작하였다. 최근까지 다양한 협의를 지속해 오고 있으며 2016년에 최종합의가 가능할 것으로 예상되고 있다.

지개혁이 더욱 구체화되었다. 무엇보다 일하는 사람의 동기부여와 경기부양을 우선하면서 소득세 감면으로 소비촉진을 꾀하였다. 소득세 감면정책은 2007년 근로장려세제(EITC, earned income tax credit)[35]의 도입으로 구체화되었는데 근로동기를 강화하여 고용을 높이기 위한 것이다. 중간소득자의 경우 월 1,700 크로나의 근로장려금을 받는다. EITC는 주로 미국, 영국 등 자유주의 국가들이 저소득근로가구를 대상으로 하는 소득지원제도이나 스웨덴은 최고한도 내에서 모든 임금근로자를 대상으로 하는 보편적 EITC를 시행하고 있다. 복지의 구조적 문제인 근로의욕 저하 요인을 과감히 축소하고자 병가수당, 실업수당 등의 소득 대체율을 낮추고 빠른 직장 복귀를 촉진하고자 했다. 근로의욕을 높임과 동시에 기업 활동과 노동시장 활성화를 촉진하여 복지재원을 확보하고자 하였다. 법인세 인하와 고용지원금 지급, 사용자 사회보장세 축소, 고용지원서비스 강화 등이 그것이다. 임금격차 축소, 여성의 고용증대, 여성의 고급인력우대, 사회 각 분야의 여성비율 증대 등을 통해 사회 각 부분의 경쟁력 높이고 공정하고 상생하는 사회구조를 추진했다. 복지서비스에 대한 개인 및 가족의 선택권과 책임성을 강조하면서 복지에 대한 국가의 책임을 완화하고자 했다. 복지제공 기관의 비효율적 운영, 방만한 경영, 예산낭비 등의 문제를 해결하기 위해 경쟁체제 도입, 민영화 진행, 다양한 선택의 자유, 공공서비스의 슬림화와 효율화를 추진해 왔다. 이러한 개혁 방향은 2010년 우파연합정부의 재집권으로 더욱 구체화되었고, 2014년 사회민주당 집권 후에도 지금까지 지속되고 있다.

복지개혁의 원칙은 선택의 자유와 효율을 중시하는 복지와 성장의 연계로 복지국가의 지속가능성과 경쟁력을 중시했다. 성장과 고용을 위한 복지정책의 중요성을 강조하면서 연금 및 실업급여 개혁을 통해 일할수록 더 많은 혜

---

35) 근로장려세제로 불리는 EITC는 미국, 영국 등 주로 자유주의 국가들이 채택한 저소득층 소득지원제도이다. EITC는 기본소득 모델의 하나인 '마이너스소득세(negative income tax)'에서 비롯된 것으로 정해진 최저생계비보다 적게 버는 사람들에게 그 차액을 국가보조금으로 메워주는 것이다. 소득이 일정금액 이하인 사람들에게 가구별 근로소득수준에 따라 산정된 근로장려금을 세금환급의 형태로 지급하여 근로빈곤층의 근로유인을 제고하고 실질소득을 지원하기 위한 근로연계형 소득지원제도이다. 일정구간에서는 근로소득이 많을수록 지급되는 근로장려금도 많아진다. 스웨덴은 2007년 도입했는데 모든 근로계층을 대상으로 하지만 근로장려금의 한계가 설정되어 있다.

택을 받는 근로인센티브를 강화했다. 소득평등과 사회통합을 가져오는 복지국가는 경제성과에도 기여해 모두에게 혜택이 돌아갈 수 있게 된다. 1994년 사회민주당 정부가 복지개혁을 주도했는데 1991년 경제위기가 발생하면서 정책목표는 이미 완전고용 대신 인플레이션 억제와 긴축으로 이동했다. 1990년대 이후 스웨덴 복지개혁의 대표적 사례는 연금개혁과 노인요양서비스 개혁이라 할 것이다. 10년 넘는 기간 동안 사회적 논의와 합의를 거쳐 1998년 성공적으로 연금개혁을 이룬 스웨덴은 기초연금과 확정급여방식의 소득비례연금의 조합을 최저보장연금과 명목확정기여(Notional Defned Contribution, NDC) 방식의 소득비례연금, 그리고 보험료 중 2.5%를 의무적으로 연금펀드 계좌에 넣어 투자하도록 하는 프리미엄연금(premium pension)의 조합으로 개혁하였다. 세계적인 공적연금 축소 경향에 따른 것이다. 저소득층에 대한 보장을 높이고 조기퇴직 억제 등 제도의 합리성을 강화한 연금개혁은 노후소득 보장에서 공적연금 역할 비중을 크게 줄이고, 프리미엄연금과 퇴직연금 활성화를 통해 사적연금의 역할 비중을 늘린 것이었다.

보육 및 보살핌, 의료, 교육, 고용서비스 등 주요 공공사회서비스도 개혁과정을 거쳐 왔는데, 서비스의 질을 제고하고 선택의 자유와 접근성을 강화하는 것이었다. 이러한 사회서비스 개혁은 일반적으로 복지(재정)분권화 및 일부 복지민영화로 나타났는데, 그 내용과 성격은 노르딕 국가들마다 다소 차이가 있다. 중요한 것은 사회보험제도는 중앙정부 차원에서 운영되고 사회서비스의 제공은 지방정부(주로 기초지자체)가 책임을 지고 있다는 점이다. 그 결과, 중앙정부의 법적 관리·감독 하에서도 지방정부의 자율성은 높은 편이다. 1992년 에델개혁(ädelreformen)이 시행되면서 노인요양서비스 공급의 변화가 진행되었다. 에델개혁은 서비스 분권화, 탈시설화, 80세 이상 노인에 대한 돌봄의 집중 등이 그 내용으로 노인돌봄 지출의 축소와 효율성 제고를 추구하였다. '합의에 의한 개혁'으로 1990년대 이후 노인돌봄서비스의 시장주의적 개혁과 복지행정의 분권화에 의해 촉진되었다(신정완 2021). 주요 정당들과 이해당사자 단체들 사이의 폭넓은 합의에 의해 추진되었고, 따라서 큰 정치적 갈등 없이 순탄하게 진행되었다. 노인돌봄서비스의 시장화가 추진될 수 있었던 요인은 다양한데 1990년대 초에 노인돌봄서비스의 시장화에 반대하는 정치세력이 소멸하여 강력한 '복지다원주의 연합'이 형성되었다는 점이 중요했다. 또한 노인돌봄서비스의 공급주체인 코뮨들이 1990년대에 재정여건이 매우 악화되어 비용절감을 위한 개혁에 나서야 했다. 1997년에는 선택의 자유를 위해 병원, 학교, 노인요양원 등의 민영화가 이루어지면서 공공사회서비스 공급이 축소되었다. 좌파정부와 우파정부에서 일관되게 이루어진 공공보건의료서비스 감축으로 1990년대 중반부터 2000년대 내내, 노인인구 비율의 증가에도 스웨덴의 공공보건의료 지출은 1980년대 8%를 넘었던 것이 6%대로 줄어들었다(주은선 2013).

1990년대에 진행된 스웨덴의 '성공적인' 구조조정, 2000년대 이후 새로운 성장의 동력과 주체의 창출로 견고한 경제성장과 강한 복지국가의 선순환을 새롭게 재구성하게 되었다. 공공사회서비스에서도 선택성과 시장원리를 도입하는 개혁이 진행되었는데(신정완 2021), 복지축소가 나타나고 효율성을 강화한 개혁에도 복지체계의 보편주의적 원리와 제도들은 상당부분 보존되었다. 이러한 복지체계의 유지는 과거 산업합리화와 적극적 노동시장정책 조합처럼 첨단분야 중소기업의 창업이 갖는 불확실성의 위험을 경감시킴으로써 새로운 기업가들이 혁신과 경쟁을 위한 다양한 실험적인 활동을 할 수 있게 했다. 분권화된 교섭과 지역 혁신체계, 보편적 복지의 결합과 같은 제도와 정책의 조합 방식으로 성장(효율성)과 복지(형평성)의 선순환을 이룬 것이다 이러한 스웨덴 모델의 변화를 중앙임금협상과 연대임금 등 '노동에 기반한 조정 모델'에서 '혁신에 기반한 조정 모델'로의 이행으로 보기도 한다(이현 2019).

2008년 미국에서 시작된 글로벌 금융위기로 유럽의 많은 국가들이 심각한 재정위기와 경제위기를 겪어 왔다. 그 결과 저성장과 고실업의 '뉴 노멀(new normal)' 시대가 되면서 긴축과 복지축소, 사회적 양극화와 불평등 심화가 나타났다. 신자유주의적 세계화 및 화폐통합을 완성한 유럽연합(EU)과 함께 대부분의 유럽 국가들이 자본시장과 노동시장, 경제정책에서 신자유주의적 정책을 도입했기 때문이다. 북유럽 4개국 중 핀란드는 EU 회원국이자 유로존(eurozone) 국가이나 덴마크와 스웨덴은 유로화를 사용하지 않는 EU 회원국이며, 노르웨이는 EU에 가입하지 않았다. 유로존인 핀란드는 다른 북유럽 국가들보다 더 직접적이고 심각한 경제위기를 겪게 되었고, 수출경제인 스웨덴 또한 글로벌 경제위기의 영향을 크게 받았다. 수출중심의 개방경제이며 상당한 대외채권을 보유한 스웨덴은 수출 감소와 실업문제, 해외 자본투자로 위험에 처한 자국 은행에 대한 재정지원 등의 문제로 어려움을 겪었던 것이다.

1980년대 이후 노동운동의 약화와 경제체제의 변화, 1990년대, 2000년대의 복지개혁으로 스웨덴의 분배 상황은 악화되었다. 1975년 가처분 지니계수 0.212, 1981년 0.198에서 2014년 0.281로 높아져 이웃 노르딕 국가들뿐 아니라 벨기에, 오스트리아, 네덜란드 보다 나빠져 OECD국가 중 11번째로 평등한 나라가 되었다. 이에 스웨덴을 더 이상 사회민주주의 복지모델로 보기 어렵다는 주장도 있다(Bengtsson 2019; Nelson 2017; Belfrage & Kallifatides 2018; Fritzell, J. et.al 2013). 세계불평등DB(the World Inequality Database, WID)에 의하면 스웨덴의 전체소득 중 상위 10%의 비중은 1980년대 초 22%에서 2015년 28%로 증가했다. 스웨덴 시장소득의 지니계수는 1990년대 중반부터 계속 증가하여 2000년대에도 지속되면서 시장소득 분배 면에서 스웨덴은 다른 자본주의 국가와 차별성이 없어지고 있다. 물론, 가처분소득 중 공적 이전소득이 차지하는 비중이 2009년 기준 32.7%에 달하고, 공적 이전소득의 불평등 완화 효과(지니계수 완화 효과)가 0.121로 다른 나라보다 높아 사회보장제도의 재분배 효과가 여전히 다른 나라들보다 강하게 작동되고 있다는 점은 긍정적이다. 다만 스웨덴이 금융주도 성장레짐의 성격을 보이고 있고 사회적 불평등이 악화되고 있는 현실에서 스웨덴을 이상적인 사회경제모델로 보기 어려운 것도 사실이다(Belfrage & Kallifatides 2018). 결국, 스웨덴의 사회적 평등은 '사회정치적 구성(socio-political construction)'으로 영원할 수 없고 정치에 따라 변한다는 점을 보여준다(Bengtsson 2019). 스웨덴이 서유럽 국가들과 유사해지면서 진보적인 스웨덴모델이 자유주의적 성격을 보이고 있는 것이다.

스웨덴 복지국가는 중앙정부와 지방정부간 명확한 역할 분담이 이루어져 있다. 중앙정부 차원에서는 각종 사회보험 업무를 담당하며, 광역지자체 차원에서는 의료 및 교통 업무를, 기초지자체 차원에서는 교육 및 사회복지 서비스 업무를 담당한다. 스웨덴 중앙정부의 특징은 각 부서가 직접 정책을 집행하는 것이 아니라 각 부서 산하 전국 각 지역에서 운영되고 있는 360여개의 행정청이 집행하도록 되어 있다는 점이다. 주무장관은 정책을 결정할 뿐이며 직접 정책을 집행하는 행정청 일에 세세히 간섭하지 않도록 되어 있다. 광역지자체 복지 역할은 20개 광역지자체 의회(Landstingsfullmäktige, County Council)가 정책을 결정하며 20개 광역지자체 정부(Landstingsförvalt-ni-

ningskontor, County Administrative Office)가 보건의료법에 따라 주로 의료복지정책을 집행한다. 복지서비스 차원에서는 광역지자체의 역할은 크지 않다. 290개 기초지자체 정부(Kommun, Office of Municipality)는 사회서비스법에 따라 사회서비스 제공을 책임지고 있다.

중앙정부의 지자체 관리 감독은 기본적으로 복지에 관한 법률 및 감독관청을 통해 이루어진다.36) 이외에 중앙정부 산하 각종 감독기관이 광역 및 기초지자체에서 담당하는 복지서비스에 대한 감독을 실시한다. 그중 중요한 감독관청은 보건복지청, 의료 복지감독청 등이다. 보건복지청(Socialstyrelsen, The National Board of Health and Welfare)은 스웨덴 정부의 보건사회부 산하 국가기구 사회복지서비스와 의료 및 보건 분야에 대한 스웨덴 정부의 전문 감독관청이다.37) 또 다른 중요한 국가 기관은 광역행정청(Länsstyrelsen, County Administrative Board)이다. 광역행정청도 스웨덴 중앙 정부의 지자체 운영에 대한 감시, 감독을 위해 중요한 역할을 한다. 광역지자체 의회 및 사무소와 별

---

36) 지방정부법(Kommunallagen), 보건의료법(Hälso och sjukvårdslagen), 사회복지서비스법(Socialtjänstlagen), 학교법(Skollagen), 노인복지법(Lagen om vård och omsorg), 일부기능장애자 지원 및 서비스법(Lagen om stöd och service till vissa funktionshindrade), 아동복지특별법(Lag med särskilda bestämmelser om vård av unga) 등이 있다.
  스웨덴 지방정부법(The Swedish Local Government Act).
  http://www.government.se/contentassets/9577b5121e2f4984ac65ef97ee79f012/the-swedish-local-government-act 참고.

37) 보건복지청의 본부는 스톡홀름에 위치해 있으며 위메오, 스톡홀름, 외레브로, 옌셰핑, 예테보리, 말뫼 6개 주요도시에 지역사무소를 두고 있다. 보건복지청의 사회복지서비스에 대한 감독 역할은 지자체가 제공하는 사회복지서비스가 법률에 규정한 수준에 미달할 경우 상당히 심각한 제재조치를 취할 수 있게 되어 있다. 특히, 2008년에 사회복지서비스에 대한 감독 관리를 강화하려는 취지로 조직 재정비를 단행하였는데 당시 스웨덴 정부는 보건복지청의 감독 기능을 강화하였다. 사회복지서비스의 여러 부분에 대해 가능한 한 최대한 전국적으로 동일한 감독 기준을 수립하고 또 이에 따라 지자체는 보건복지청, 사회보험청, 고용서비스청 등의 지역사무소와 긴밀한 협력관계를 유지하고 있다. 2013년 스웨덴정부는 질병치료 및 복지 관련 새로운 감독청인 의료 복지감독청 (Inspektionen för vård och omsorg)6)을 설치하여 법률, 규칙 및 기타 세칙에 따라 의료 및 복지가 안전하고 질 높은 서비스로 운영되도록 감시, 감독하도록 하고 있다. 지자체가 사회복지서비스법 및 일부 기능장애자에 대한 지원 및 서비스법에 따른 사회서비스와 필요한 각종조치 의무를 게을리 했을 경우 지자체에 벌금을 물릴 수 있는 제재조치를 도입했다. 김인춘(2013, pp.67-69) 참고.

개인 광역행정청은 각 광역지자체에 설치되어 있는 중앙정부의 대표부이며 중앙정부를 대표하여 광역행정을 조율하는 기관이다. 광역행정청의 사무 및 감독 영역은 매우 광범위하여 광역지자체의 발전을 추진하며, 광역지자체의 상황에 대해 정부에 보고를 하며, 광역지자체에서 발생한 상황이 정부의 정책에 특히 중요하다고 간주되는 사항을 정부에 보고하도록 되어 있다. 즉, 광역행정청의 주요 목적은 각 광역지자체의 실정에 맞추어 국회 및 중앙정부가 결정한 사항이 잘 실행되는가를 감독하는 기관이다.[38] 광역행정청의 최고책임자는 주지사(Landshövding, County Governor)이며 6년 임기로 중앙정부가 임명한다. 주지사를 보좌하는 광역행정청 부지사(County DirectorGeneral, Länsrådet 또는 Länsöverdirektören)도 중앙정부가 임명한다.

기초지자체의 지방세는 다양한 공공사회서비스 비용으로 충당되고 빈곤층 및 장기실업자의 기초생활 지원비 등으로 지출된다. 상대적으로 가난한 기초지자체의 경우 복지지출이 많아 지방세의 과세지표가 높게 책정되는 것이 일반적이다. 잘 사는 기초지자체의 경우 일반적으로 지방세율이 낮고 기초지자체로의 할당도 적은 편이다. 그만큼 저소득층을 위한 복지지출이 상대적으로 적기 때문이다. 중요한 것은 상대적으로 가난하여 지방세율이 높은 기초지자체일수록 중앙정부 교부금(statsbidrag)이 많다는 점이다. 평균적으로 기초지자체 수입원의 약18%가 중앙정부 교부금으로 이루어져 있어 교부금 또한 기초지자체 복지지출에 중요한 역할을 하고 있다. 따라서 상대적으로 가난한 기초지자체의 지방세율이 높은 경우가 많은데 다소 높더라도 높은 복지급여로 부담보다 더 많은 복지혜택을 받고 있는 것이다. 교부금을 통해 부담보다 더 많은 혜택을 받기 때문에 결과적으로 지역 간 형평성을 높이고 있는 것이다. 광역지방세는 치과를 포함한 모든 의료서비스로 지출된다. 지자체 재정균등화제도는 지자체간 복지격차를 줄이기 위한 중앙정부의 중요한 기능이다. 스웨덴 복지제도에 있어 중요한 정책 목표는 모두에게 거주지에 상관없이 균등한 복지서비스를 제공하는 데 있다. 지자체 재정균등화제도는 전국적으로 균등한 복지서비스를 위해 전국적으로 균등한 재정적 조건을 만들려는 것이다. 기

---

38) 의료 및 복지감독청(Inspektionen för vård och omsorg) 홈페이지 www.ivo.se 참고. 현재 스웨덴에는 21개의 광역행정청이 있으며 직원 수는 약 6,500명이다.

초지자체의 세금이 낮다는 것은 그 만큼 세원이 견고하다는 것이며, 그 반대로 기초지자체의 세금이 높다는 것은 그만큼 세원이 취약하다는 것을 의미한다. 사실상 수입균등화 및 지출균등화 교부금은 중앙정부의 별도 지출과 상관없이 실행되는데, 이는 모든 비용이 광역 및 기초지자체에서 중앙정부에게 지불하는 기여금으로 이루어지기 때문이다(김인춘 2015).

스웨덴의 조세는 대부분 소득세(국세 및 지방세), 소비세, 사회보장세로 구성되어 있다. 지방(소득)세는 모든 임금소득자가 대상이 되며 지자체가 직접 관리하고 있다. 지방정부의 조세권과 독립조세로 재정분권이 실현되고 있는 것이다. 지자체의 지방세 세율은 최저 29%, 최고 34.3%이며 평균 약 31%이다. 지방세의 광역-기초지자체 배분은 지역에 따라 다소 상이한데 20-40%는 광역자치단체(Landsting)로, 60-80%는 기초자치단체(Kommun)로 할당된다. 광역지자체 수입의 약 70%는 지방세이고, 20% 정도는 각종 정부보조금이며, 나머지는 수수료 및 기타 수입이다. 광역지자체 지출의 대부분인 약90%가 의료복지에 사용되고 있다.39) 지방세는 1960년대와 1970년대에 급격하게 증가했는데 이 기간 동안 지자체가 운영하는 복지서비스 기관이 많이 건설되었기 때문이다. 광역지자체에서는 보건, 의료시설이 확대되었고, 기초지자체의 경우 아동 및 노인복지 시설이 확충되었다. 1950년 약10%에서 1960년 15%, 1970년 20%, 1980년 30% 수준으로 지방세가 급속히 증가하였다.

스웨덴은 에코국가로서의 복지국가로도 잘 알려져 있다. 스웨덴은 노르웨이, 덴마크, 네덜란드, 영국과 함께 에코국가 분류에서 제도화와 내면화가 가장 잘 이루어진 '견고한 에코국가(thick ecostates)'로 평가되고 있다(Duit 2008)40). 스웨덴의 환경문제에 대한 인식은 1970년대에 본격화되었는데, 특히 원자력 문제가 사회적 쟁점이 되면서 1980년 국민투표를 통해 원자력 발전소를 해체하기로 결정한 바 있다. 1980년대 말에는 브룬트란트 보고서에 따라 지속가능발전 개념이 국가 차원에서 채택되었고, 1996년에는 '생태적으로

---

39) 스웨덴 광역 및 기초지자체 협의회(Sveriges Kommuner och Regioner(SKR), The Swedish Association of Local Authorities and Regions).
40) 제도화와 내면화(internalization)에 따라 4개의 유형으로 나누었는데 thick ecostates(제도화, 내면화 모두 높아), hollow ecostates(제도화 높고 내면화 낮고), soft ecostates(제도화 낮고 내면화 높고), thin ecostates(제도화, 내면화 모두 낮아)이다.

지속가능한 사회', 즉 에코 또는 그린복지국가의 구축을 국가비전으로 제시하였다. 당시 사회민주당 정부의 페르손(Persson) 총리는 스웨덴 복지국가를 향후 25년 동안 그린복지국가로 전환한다는 목표를 세웠다. 이후 스웨덴 환경정책의 담론은 '그린 인민의 가정(gröna folkhemmet, Greening of the People's Home)'으로 상징되었다. 2010년 EU 집행위원회로부터 첫 유럽녹색수도로 선정된 스톡홀름은 도시의 지속가능성과 저탄소 녹색성장에서 리더 역할을 하고 있다. 복지와 경제적 성공은 물론 에코 면에서도 큰 성과를 달성하고 있는 스웨덴은 재생에너지, 에너지효율화 기술, 온실가스 및 탄소 감축, 폐기물 감축 등에서 세계 최고수준을 자랑하고 있다. 복지나 환경보호를 중시하면 경제성장에 부정적인 영향을 주게 된다는 논리보다는 사회보장을 통한 적극적인 분배와 환경 분야에의 투자가 성장을 촉진할 수 있음을 보여주고 있다. 사회구성원의 잠재능력을 높이는 교육, 보건 등의 공공사회서비스, 사회보장, 노동시장 정책이 생산과 복지 증진에 기여하기 때문이다. 즉, 스웨덴의 그린복지국가는 경제성장과 복지, 친환경을 달성하고 있는 것이다. 지역공동체와 지역민의 활발한 참여, 기초지자체의 강한 자율성과 민주성으로 복지서비스나 환경정책에서 시민사회와 다양한 사회집단의 참여가 활발하다. 스웨덴의 민주적 에코주의 거버넌스는 개방적이고 정책결정 과정에 더 많은 이해관계자들이 참여하여 소통 중심적 성격을 갖는다. 그 결과 급진적, 반성장적 환경주의를 거부하면서도 그린복지국가를 실현하고 있다.

제5장

타협의 정치와 스웨덴 민주주의

1. 스웨덴 민주주의의 역사적 전개와 자유주의

스웨덴은 2018-2022년 의회를 중심으로 스웨덴 민주주의 100주년 기념행사를 다양하게 진행하고 있다.[1] 1917년 의회민주주의 확립, 1921년 보통선거권 완성을 기념하는 행사이다. 100주년 행사를 통해 스웨덴 민주주의의 역사와 중요성, 의미에 대한 인식을 높이고, 민주화 과정에 대한 지식, 이 과정에서 의회가 해온 역할에 대한 많은 지식을 제공하고, 현재와 미래의 민주주의 및 정치의 중요성에 대한 관심을 불러일으키는 것을 행사의 주요 목적으로 하고 있다. 20세기 스웨덴의 완전한 민주주의, 보편적 복지국가, 경제적 번영은 19세기 후반의 강력했던 대중사회운동과 20세기 초의 제도적 민주화에 기반하였다. 따라서 지난 민주주의 100년은 스웨덴 역사에서 매우 중요하고 의미있는 시기였다. 1930년대 이후 스웨덴 사회민주당이 주도한 평등과 연대의 성공적인 스웨덴 모델은 세계적으로 유명해졌고 우리에게도 잘 알려져 있다. 그러나 이를 가능하게 한 19세기 후반과 20세기 초반의 사회 변화와 정치적 타협, 자유주의자들의 역할은 우리에게 덜 알려져 있다. 민주주의 100주년을 맞아 스웨덴 의회는 이러한 중요한 사실과 의의를 다시 조명하고 있는 것이다.

서구는 물론 다른 많은 나라들에서 19세기는 자본주의, 민주주의, 사회주의가 급속히 발전하고 제도화가 이루어진 시기였다. 스웨덴에서도 19세기에 모든 사람의 평등한 가치, 민주주의와 정치적 권리, 공동결정(co-determination, Medbestämmande) 등 새로운 민주적 사상이 등장하게 되었다. 스웨덴의 급격

---

1) http://firademokratin.riksdagen.se/global/in-english/# 참조.

한 산업화로 도시로의 이주가 진행되었고, 해외이민도 크게 증가하였다. 1870-1910년 사이 인구의 1/5인 약 100만 명의 스웨덴인들이 자신들의 권위주의적 국가와 정치적 불평등, 경제적 불평등을 벗어나 새로운 삶의 기회를 찾아 미국 등으로 떠났다. 1866년 신분제 의회가 폐지되었으나 투표권은 소수의 부유한 남성에게만 가능했고, 사회는 여전히 계급 차별적이었다. 노사갈등도 심했고, 국가는 노동 억압적이었다.[2] 인구문제가 심각해지자 이를 해결하기 위해 당시 보수 정부는 사회개혁을 추진하기도 했고, 인구의 급격한 감소로 근로자 임금이 상승하고 근로자들의 협상력이 높아지기는 했지만 경제적 불평등은 개선되지 못했다. 19세기는 물론 20세기 초에도 정치, 교회, 문화, 산업 등 스웨덴의 거의 모든 부문이 상층계급 출신의 남성들에 의해 독점되었고, 인구의 90% 이상은 투표권을 갖지 못했다. 노동자집단 등 중하층 사회계급들이 이러한 불평등한 사회구조에 문제를 제기하고 정치 변화를 요구하게 되었다. 1차 세계대전 시기까지도 스웨덴은 정치적으로 민주적이지도 평등하지도 않았고, 투표권은 소수의 남성에게만 허용되었다.

대중사회운동과 자유주의의 역할

19세기 후반, 20세기 초 스웨덴은 대중사회운동의 시대였다. 음주절제운동, 권위적인 스웨덴 국교회(the Church of Sweden)로부터 해방되려는 자유교회운동(Free Church movement), 노동운동, 참정권 운동[3], 여성운동 등이 그것으로 국민의 다수가 이러한 운동에 참여했다. 1870년대부터 시작된 이러한 운동으로 1900년경에는 스웨덴인의 1/3이 노동조합, 음주절제운동, 자유교회운동의 회원이었다고 한다. 이에 더해 정당들이 중요한 역할을 했는데, 특히 사회

---

2) 1879년 Sundsvall 파업, 1899 파업금지법(1899 Åkarpslagen law), 1906년 Mackmyra 분규 등 1920년대까지 스웨덴은 매우 심한 노사분규를 겪었다.

3) 1890년 보통선거권협회(the Swedish General Suffrage Association)가 설립되었고, 1903년에는 여성선거권협회(the National Association for Women's Suffrage, Landsföreningen för kvinnans politiska rösträtt, LKPR)도 설립되어 여성 참정권 운동이 본격화되었다. 1907-09년 남성 보통선거권 도입, 1918-1921 남녀 보통선거권 도입, 1965-75년 선거연령을 지속적으로 낮추어 현재의 18세가 되었다. 1907-1909년 사이 투표권을 가진 사람은 전체 인구의 약 9%에서 19%가 되었다.

민주당이 주도한 대중모임을 통해 도회지나 공장에서 스스로 조직된 대중들이 공부하고 토론하면서 사회를 바꾸려는 노력을 함께 했다. 토론, 합의과정, 투표 등 민주주의를 위한 시민교육도 행한 이들 운동단체들은 국가, 교회, 기업 등 기득권 헤게모니와 지배세력에 도전하게 되었다. 당시 기차, 전보, 우편, 다양한 팜플렛과 잡지들, 출판업의 발전으로 사회운동과 정치캠페인은 더욱 활발하게 이루어질 수 있었다. 스웨덴은 북유럽의 헤게모니 국가로 나폴레옹 전쟁 직후인 1814년부터 스웨덴-노르웨이 연합왕국 형태로 노르웨이를 지배해왔다.[4] 19세기 말까지 왕을 포함한 스웨덴 지배계급은 제국주의적, 팽창주의적 인식을 가졌다. 1814년부터 스웨덴과의 동군(同君)연합으로 대외적 주권이 없었던 노르웨이가 완전한 독립을 위한 민주적 헤게모니 투쟁 끝에 1905년 독립을 선언했다. 스웨덴의 기득권 보수세력은 노르웨이의 분리를 막고 연합체제 유지를 위해 전쟁을 주장했다. 1905년 노르웨이의 독립과 정치적 갈등, 노동운동 등 급속한 사회변화와 사회갈등으로 스웨덴은 국가적 혼란과 난관에 처하게 되었다(김인춘 2016; 김인춘 2020). 자유주의자들과 사회민주당 지도자 브란팅(Hjalmar Branting)은 저항세력을 조직하고 총파업 등을 통해 주도적으로 전쟁반대 운동을 이끌었다. 이러한 스웨덴의 전쟁 반대 운동과 노르웨이 독립 지지 운동은 1905년 평화적인 연합해체와 그 후의 노르딕 지역 협력에도 기여하게 되었다.

대중사회운동은 대중의 정치의식을 일깨워 스웨덴의 민주화에 매우 중요한 역할을 했다. 이와 함께 주시해야 할 것은 이 시기에 대중운동과 노동운동 간 '사회동맹(social coalitions)'이 이루어졌다는 점이다. 특히 1900-1910년대에 이루어진 스웨덴의 보통선거권의 완성과 평화, 완전한 의회민주주의로의 전환은 사회민주당의 지지와 자유당 지도자들의 주도로 이루어졌다는 점이다. 자유-노동의 반엘리트 '사회적 연대', 즉 자유주의 지식인집단과 노동운동 간 개혁적 연대가 중요한 역할을 했던 것이다. 민주화가 이루어지기 전 개혁적인 자유주의자들과 사회민주주의자들 간 소위 '자유-노동(Lib-Labism)' 연대가 이루어지면서 노동자들 또한 자유주의의 영향을 받게 되었다. 부르주아 자유

---

4) 12세기부터 1809년까지 핀란드는 스웨덴의 동쪽지역 영토로 스웨덴의 지배하에 있었다. 1809년부터 1917년 독립할 때까지 핀란드는 러시아제국의 핀란드대공국이었다(김인춘 2017).

주의자들과 노동계급 간 소통과 강력한 연대는 스웨덴의 평화적인 민주주의 발전에 중요한 역할을 했다(Hurd 2000). 역사적으로 스웨덴 의회(Riksdag) 및 지방의회는 재산과 교육받은 엘리트에 의해 지배되었는데, 1884년 총선 이후 부르주아 자유주의자들과 노동계급의 연대는 1909년 남성보통선거권 도입과 1917년 기본법인 의회법 개정에 결정적인 역할을 했다. 이로써 스웨덴의 귀족주의적 헌정주의가 해체되고 민주적 헌정주의, 즉 의회민주주의가 확립되었다.5) 1880-90년대 영향력이 컸던 개혁적 자유주의 지식인집단과 학생들이 사회운동에 앞장섰는데 자유-노동 연대는 사회민주주의적 노동운동의 힘을 약화시키기보다 노동운동으로 하여금 사회개혁의 중심적 역할을 할 수 있게 만들었다. 1870-1930년 시기 사회동맹으로 중하층 대중과 노동자들은 참정권 운동과 경제적 평등을 위해 단결했고, 그 결과 민주화를 이루고 사회개혁을 추구할 수 있었다. 민주화는 물론 스웨덴 복지국가의 발전이 1930년대 이후 사회민주당에 의해서만 이루어 진 것은 아니었던 것이다(Björck 2008; Östlund 2003).6) 물론, 조직된 노동운동의 강한 개혁적 추동력이 없었다면 자유주의 지식인들의 역할은 분명 한계가 있었을 것이지만 자유주의자들과 노동운동 상호간의 이니셔티브와 상승작용은 매우 중요했다(Hurd 2000).

20세기 스웨덴의 평등주의는 1870년대 이후 잘 조직된 대중사회운동의 강한 평등주의, 불평등한 기존 사회구조에 저항하는 반헤게모니(counter-hegemonic) 문화, 대중의 적극적인 정치참여에서 유래되었음을 알 수 있다. 왕과 귀족이 지배했던 농업사회가 1870년대부터 1920년대 사이에 산업화 사회와 정치적 민주주의로 근대화되고 전환되었고, 경제적 불평등은 1920년 이후부터 감소되기 시작했다. 1870-1950년 반헤게모니적 전환이 이루어져 1920년대부터 1980년대까지 사회경제적으로 매우 큰 평등이 이루어졌다(Bengtsson 2019). 분배적 조세와 자본소득 감소가 중요했고, 완전고용과 고임금, 기업지

---

5) 1884년은 당시 스웨덴·노르웨이연합체제에서 스웨덴의 지배를 받던 노르웨이가 스스로 의회민주주의를 선언한 시기로 노르웨이 민주주의 발전에는 물론 덴마크, 스웨덴의 민주주의 운동에도 영향을 주었고 궁극적으로 1905년 노르웨이가 스웨덴으로부터 분리·독립하는 기반이 되었다(김인춘 2016).

6) David Östlund, *Det sociala kriget och kapitalets ansvar: Social ingenjörskonst mellan affärsintresse och samhällsreform i USA och Sverige 1899-1914* (Stockholm, 2003); Henrik Björck, *Folkhemsbyggare* (Stockholm, 2008).

배구조와 노사관계, 노동운동과 사회민주당의 힘, 보편적 복지국가 등이 이러한 평등을 가능하게 했다. 결론적으로 19세기 말 20세기 초의 사회운동과 대중동원, 민주화에 기반하여 1920-1980년에 급격한 전환이 있었다. 이는 근대 초의 어떤 조건들, 즉 17-18세기 스웨덴 사회의 평등을 보여주는 대규모 자영농, 연대의 문화적 특성, 정치문화 등이 역사적으로 지속되어 20세기 스웨덴의 평등이 이루어졌다는 '스웨덴의 특수경로(Swedish Sonderweg)'(Alestalo & Kuhnle 1986; Berggren & Trägårdh 2009) 설명과는 다른 관점이다. 1870년대 이후 반헤게모니적 대중사회운동의 거대한 조직적 힘이 20세기 스웨덴의 평등주의에 중요했다는 것이다. 노동운동, 적극적인 정치참여와 참정권 운동, 선거권, 소득 및 부의 평등을 위한 정치적 활동들을 통해 반헤게모니가 달성되었다고 한다.

1905년 총리가 된 자유주의자 스타프(Karl Staaff 1860-1915, 1905-1906 & 1911-1914 총리재임)는 자유연합당(the Liberal Coalition Party) 정치인으로 참정권운동에서 중요한 역할을 했다. 보수세력으로부터 스웨덴 사회와 전통을 파괴하는 정치인이라는 거센 비난을 받았던 스타프는 민주화 개혁을 위해 보수적이고 반민주적인 기득권세력과 강경하게 대립했다. 결국, 사회민주당이 주도한 노동계급의 조직화와 자유당의 전략으로 보수세력의 양보를 이끌어내 1907년 남성보통선거권이 도입되었다. 이는 한편 1905년 노르웨이의 분리 독립 후 보수세력 스스로의 개혁의 결과이기도 했다. 남성보통선거권이 도입되자 구엘리트 집단인 보수당은 자신들의 정치적 지위를 유지하기 위해 비례대표제를 제안하게 되었다. 선거권을 가진 남성대중들이 당시 좌파세력이었던 자유당과 사회민주당을 대거 지지할 것을 우려했던 것이다. 신엘리트 집단인 자유당과 사회민주당은 처음에는 비례대표제를 반대했으나 보수당과 자유당 스타프의 타협으로 도입되었다(Przeworski 1988).

1911년 9월 남성보통선거권이 적용된 첫 총선에서 자유당 40.2%, 보수당 31.3%, 사회민주당 28.5% 지지로 스타프 총리의 자유당 정부가 다시 구성되었다. 스타프 총리는 1912년 6주간의 출산휴가를 도입했고, 1913년에는 조세에 기반한 연금제도를 도입했다. 스타프 정부는 여성 참정권 법안을 의회(the Riksdag 하원)에 제출한 첫 정부였고, 비록 보수파가 절대다수를 차지한 상원에 의해 부결되었지만 평등한 보통선거권을 위해 지속적으로 노력했다.[7] 군

비증강을 반대한 스타프 총리는 이로 인해 구스타브 5세 왕(Gustaf V 1858-1950, 1907-1950 재위)과 갈등을 겪고 1914년 2월 사임했다. 왕이 자유당 정부의 국방정책을 비판하자 스타프 총리는 왕의 정치적 불개입 관례를 파기한 것이라며 왕의 자제를 요구했고 왕이 거부하자 내각이 총사퇴했던 것이다. 사실 스웨덴은 역사적으로 강한 군 엘리트와 국방력을 보유했고 20세기 초에도 군사비 지출이 많았다고 한다.8) 스타프 총리 사임 후 1917년 10월까지 보수파가 집권했지만 1914년 3월 총선(보수37.7%; 사회민주당 30.1%; 자유당 32.2%)과 1914년 9월 조기총선(보수파 36.5%; 사회민주당 36.4%: 자유당 26.9%)에서 사회민주당과 자유당은 여전히 높은 지지를 받으며 보수세력을 크게 앞섰다. 1915년 스타프 전 총리 사망 후 평등한 보통선거권과 완전한 의회주의를 주장해온 온건파 에덴(Nils Edén 1871-1945, 1917-1920 총리 재임)이 자유당 대표가 되었다.

1917년 의회주의를 위한 정치적 대타협과 민주주의로의 전환

1차 세계대전의 막바지였던 1917년은 자유당 출신 에덴 총리 주도의 정치적 대타협으로 스웨덴에서 의회주의가 이루어졌던 중요한 해이다. 사회적으로 대중사회운동은 여전히 강했고, 정치적으로는 스웨덴의 경제위기와 중립외교가 큰 쟁점이 되었다. 전쟁으로 원자재 수출입이 막히면서 제조업 중심의 스웨덴 기업들이 부도상황에 몰리게 되었고, 중립외교로 어느 쪽과도 확실하게 경제협력을 하기 어렵게 된 것이다. 더구나 스웨덴 내부적으로 친독, 친영파가 존재했고, 좌우파 간 대립과 갈등은 정치적 위기는 물론 민주주의 위기까지 초래될 수 있었다. 1917년에 보수파 정부는 경제위기를 해결하지 못해 3월 (Hammarskjöld 정부), 10월 (Swartz 정부) 잇달아 사퇴했고, 더 이상 정부를 구성할 수 없게 되자 결국 자유당에 내각 구성을 요청하기에 이르렀다. 그

---

7) https://www.riksdagen.se/en/how-the-riksdag-works/democracy/the-history-of-the-riksdag/ 참조.
8) 1913년 당시 스웨덴의 군사비 지출은 국가 지출의 42%로 노르웨이, 덴마크, 네덜란드, 벨기에 등에 비해 크게 높았다고 한다(Hans Lindblad, Karl Staaff: Försvaret och demokratin (Stockholm, 2015).

러나 자유당 지도자 에덴은 자유당만의 정부를 반대하고 자유-사회민주당 연정을 요구했다. 에덴은 의회민주주의를 위해 사회민주당과 협력하고자 했고, 사회민주당 또한 완전한 보통선거권을 위해 투쟁하고 있었다(Koblik 1969). 1917년 9월 총선(사회민주당 31.1%; 자유당 27.6%; 보수파 24.7%)에서 승리한 자유당은 같은 해 10월 브란팅(Karl Hjalmar Branting 1860-1925, 1920(3월-10월) & 1921-1923 & 1924-1925 총리재임)이 이끄는 사회민주당과 연정을 구성하여 자유-사회민주당 동맹을 내각 차원에서 실현했다. 에덴 총리 내각에 브란팅재무부 장관을 포함하여 사회민주당 출신의 5명의 장관이 정부에 참여하게 되었다. 다수를 차지한 자유당과 사회민주당 그리고 에덴 총리는 완전한 의회민주주의와 보통선거권을 목표로 했다.

1917년 10월 신임 에덴 총리는 구스타브 5세 왕과 스웨덴의 민주화 과정에서 중요한 이정표가 된 합의를 이루었다. 왕이 의회민주주의 원칙을 존중하고 정치에 개입하지 않겠다고 약속함에 따라 의회민주주의 제도가 완전히 자리 잡게 되었다. 자유-사회민주당 연정의 에덴 정부는 바로 왕의 행정 권한을 정부로 넘겼고 내각은 정치적으로나 법적으로 의회에 대해서만 책임지게 되었다. 완전한 의회민주주의의 도입이 헌법개혁이 아니라 헌법변천으로[9] 가능했던 것이다. 에덴 정부의 자유당과 사회민주당은 영국, 미국과 접촉하며 경제위기를 해결할 수 있게 되었고, 스웨덴과 서구 간 연계가 유지될 수 있었다. 의회 의석 다수를 가진 에덴 정부는 23세 이상의 완전한 보통선거권 의안을 의회에 제출했다. 에덴 정부는 우파와 완전한 보통선거권을 합의하고 정치적 대타협을 이루어 사회, 경제, 외교, 정치의 복합 위기를 극복하게 되었다. 1917년 러시아혁명과 1918년 독일혁명 등 혁명의 물결이 유럽을 휩쓸면서 스웨덴에서도 혁명의 공포가 나타나면서 스웨덴 의회는 1919년 5월 완전한 보통선거권을 최종적으로 의결했다. 에덴 총리는 1917년 사회민주당의 브란팅 대표와 함께 완전한 보통선거권으로 헌정주의적 군주제에서 완전한 의회민주주의로의 전환을 이루고 당시 심각했던 경제, 정치, 외교적 위기를 극복했던 것이다(Premfors 2003; Koblik 1969). 에덴 총리는 1920년 3월 스웨덴의 국제연맹

---

[9] 왕은 아무런 권한이나 영향력을 갖지 못하게 되었고 의회민주주의에 의한 내각제는 1974년 헌법개혁으로 성문화되었다.

가입 문제가 해결된 후 사퇴했다. 1921년 9월 총선에서 처음으로 완전한 보통선거가 실시되었고, 총 의석수 230명 중 5명의 여성이 당선되었다. 브란팅이 이끄는 사회민주당이 36.2%로 제1당이 되고, 자유당은 25.8%의 보수당에 이어 18.7%의 지지율로 제3당이 되었다.10)

에덴 총리 사퇴 후 후임이 된 브란팅 총리는 1889년 사회민주당 창당 주요 멤버로 1896년 사회민주당 출신 첫 의원이 되었고, 1917년 사회민주당 출신 첫 연정 각료가 되었으며, 1920년 사회민주당 출신 첫 총리가 되었다. 브란팅은 독일 베른슈타인(Eduard Bernstein)의 수정주의를 수용하여 의회주의에 기반한 개혁적 사회주의를 옹호했다. 1917년 러시아 볼세비키 10월 혁명은 스웨덴 사회민주당을 분열시켰는데 10월 혁명을 지지하고 브란팅을 거부한 좌파세력이 탈당하여 사회민주좌파당(the Social Democratic Left Party of Sweden)을 창당했다. 1917년 말 러시아로부터 핀란드가 독립 한 후 올란드(Åland) 섬의 스웨덴 귀속문제를 둘러싸고 핀란드와 스웨덴 간 갈등이 발생했다. 브란팅 총리는 국제연맹이 이 문제를 중재, 결정하도록 했고, 국제연맹은 1921년 6월 올란드의 핀란드로의 귀속과 비무장자치를 결정했다.

1932년 단독 집권한 사회민주당은 사회적 평등과 경제적 평등을 위해 대대적인 사회개혁을 추진했다. 1926년 Möllevången 사태 등 노사갈등이 심각한 상황에서 노사문제를 해결하기 위해 정부개입과 입법을 추진하였고, 금융자본-산업자본의 통합을 해체하는 금산분리 입법도 추진했으나 1938년 노사간 대타협과 정치적 타협으로 해결했다. 자본주의와 사회주의의 '가운데 길(middle way)'인 스웨덴 방식의 특별한 민주주의라 할 보편적 복지국가로의 전환이 시작되었다. 19세기말 20세기 전반 스웨덴의 거대한 전환은 그 이전 스웨덴의 '구체제'와는 다른 세상이었다. 그러나 산업화가 시작되기 전 평화롭고 아름다웠던 과거의 '구체제'를 중시하는 관점에서는 이러한 구체제가 20세기로 연속되었다고 강조한다. 이 이론이 실제로 스웨덴에서 매우 광범위하게 수용되어 '국가적 신화'(the status of a national myth)'의 위치를 갖고 있기도 하다. 스웨덴 복지국가의 사회문화적 기원 이론이 그것이다. 그러나 1900

---

10) 자유당은 1923년 음주절제운동과 금주법 문제를 둘러싸고 2개의 당으로 분열되었다가 1934년에 다시 합쳐지기도 했다. 완전한 보통선거권이 실현된 후 사회민주당 지지율이 크게 높아지면서 자유당은 상대적으로 그 힘이 약화되었다.

년 전후 자유주의자들에 의한 민주화와 사회민주주의적 복지국가가 발전되기 이전인 1850-1920년 시기 스웨덴은 서유럽에서 경제적 불평등이 가장 심한 나라 중 하나였고 정치적 민주화도 늦었다. 19세기 말, 20세기 초 기업가들에 의한 자본축적, 20세기 초 자유주의자들이 주도한 민주화와 사회적 연대 등은 사회민주주의자들이 1930년대부터 사회적 분배와 평등을 위한 거대한 개혁의 중요한 토대가 되었다. 이 모든 과정에서 성문 헌법보다 의회에서의 타협과 합의, 문화적으로 강력한 사회 규범과 신뢰가 결정적으로 중요한 역할을 했다. 이러한 점이 스웨덴 민주주의를 강화시키고 성공적인 '스웨덴 모델', 특별한 '스웨덴 예외주의'를 만들어 왔다.

귀족주의적 헌정주의에서 사회민주주의의 '제3의 길'로

스웨덴은 처음부터 민주주의에 우호적인 조건이 존재했거나 또는 이러한 조건이 만들어지기 용이한 사회였던 것은 아니다. 스웨덴은 역사적으로 오랜 기간 스웨덴 동부 영토로 핀란드 지역을 가졌고(12세기-1809년), 1814년-1905년까지 노르웨이를 지배한 군사강국이자 식민제국이었다. 그만큼 20세기 초까지 귀족주의, 관료주의, 엘리트주의, 권위주의가 강하게 남아있었다. 1870년대 들어 시작된 급격한 산업화는 수많은 혁신적 민간기업과 자본계급을 만들었고 이들은 막강한 자본권력을 갖게 되었다. 스웨덴의 권위주의와 엘리트주의는 더 강화되었고 이에 따라 지배계급과 피지배계급이라는 '두 개의 나라(two nations)'가 나타나게 되었다.[11] 마이클 알버터스와 빅터 메날도에 의하면(Albertus & Menaldo 2018) 스웨덴은 뿌리깊은 권위주의의 유산을 가졌고, 스웨덴 민주주의는 엘리트주의의 기원을 갖는다고 한다. 중요한 근거로 1974년에 개정된 헌법을 들고 있다. 1809년 도입된 헌법을 165년 만에 개정한 것이다.[12] 1809년 권력분립, 의회권한 강화 등을 명시한 근대적 헌법 도입으로

---

11) 19세기 중반부터 20세기 초까지 수많은 스웨덴인들의 해외이민(주로 북 아메리카대륙)은 이러한 사회적 배경도 중요했다. https://sweden.se/migration/ 참고.
12) 이는 현재까지 세계적으로 미국(1789-), 노르웨이(1814-), 네덜란드(1815-), 벨기에(1831-) 다음으로 오랜 기간 지켜져 온 헌법으로 알려져 있다(International Institute for Democracy and Electoral Assistance 2014). 다만, 공식적인 헌법 개혁은 1974년이지만

헌정주의가 실현되었지만 스웨덴의 '귀족주의적 헌정주의' 성격으로 인해 1866년까지 4개의 계급에 의한 신분제의회(the Four Estates)가 유지되었다. 신분제 의회를 대신하여 1866년 양원제(bicameral)가 도입되었지만 151명의 상원은 간선으로 각 지역의 귀족과 부르주아지로 구성되었고 임기는 8년이었다. 신분제 의회 폐지는 '사회신분'을 폐지하여 '사회를 보존(society-preserving)'하는 것이었으나 이는 사회의 변혁과 개혁을 위한 디딤돌이 되기보다 개혁의 진전을 막는 장애물로 작용하여 서유럽에서 가장 늦은 민주화를 가져왔다. 상원과 같은 권한을 가졌지만 4년 임기의 233명 하원 의원에 대한 투표권은 일정한 소득과 재산이 있는 남성에게만 부여되었다(전체 인구의 5.5%)[13] 그 후 참정권이 확대되고 20세기 들어 보통선거권이 실현되었지만 이러한 양원제는 1970년까지 유지되었고 1970년 의회법(the Riksdag Act) 개정으로 1971년 350명의 단원제로 대체되었다.[14]

스웨덴은 헌정주의의 역사는 오래되었지만 민주화는 늦게 이루어진 나라에 속한다. 17세기 후반 영국의 청교도혁명과 명예혁명, 18세기 후반의 미국혁명과 프랑스 혁명에 의한 헌정주의 다음으로 헌정주의가 나타났기 때문이다. 유럽대륙에서 19세기 중·후반에는 부르주아 계급이 만들어낸 부르주아 민주주의 정치체제와 대비되는 진보주의 또는 마르크스주의에 기반한 급진적인 프롤레타리아 민주주의가 나타났다. 착취 받던 노동계급이 자신들의 권리를 주장하며 나섰고, 다양한 사회주의 세력이 노동계급의 삶의 질 개선을 위해 사회주의 운동을 펼쳐나갔다. 노동운동과 여러 진보세력이 참정권, 노동보호 등을 위해 투쟁했고 그 결과 자유민주헌법(개정), 의회주의, 참정권 확대 등 민주주의 제도가 도입되면서 현대 민주주의의 체제가 구체화되었다. 자신의 권리를 보장받고 정치적 주체가 되려는 새로운 계급에 의해 민주주의가 진전된 것이다. 스웨덴은 핀란드전쟁(1808년 2월-1809년 9월 스웨덴제국과 러시

1917년 의회주의 도입 등 헌법변천이 이루어졌다.

13) Herlitz, Nils 1939. *Sweden: A Modern Democracy on Ancient Foundations.* The University of Minnesota Press.

14) 1973년 총선에서 좌, 우 블록이 똑같이 175석을 차지하게 되어 추첨으로 결정을 하게 되자 1976년부터 349명으로 바꾸었다.
http://www.riksdagen.se/en/how-the-riksdag-works/democracy/the-constitution/.

아제국 간 전쟁)으로 1809년 핀란드 영토를 상실한 직후 '위로부터의 혁명'으로 왕(구스타브 4세)이 폐위되고 의회 헌법위원회가 설립되어 1809년 헌법이 만들어졌다. 왕의 삼촌인 찰스 13세(Charles XIII)가 왕과 의회 간 권력분립과 의회의 각료 임명권이 명시된 헌법을 수용하고 새로운 왕이 되었다. 귀족주의적 헌정주의였지만 내각책임제의 모습을 갖게 된 것이다. 19세기 중반 노르딕 국가들에서는 1848년 혁명과 같은 민주주의 투쟁이 나타나지는 않았는데, 이는 상대적으로 늦은 산업화로 노동계급이 형성되지 않았고, 당시 범스칸디나비아주의(Pan-Scandinavism)의 영향으로 지역적 안정이 유지되어 있었기 때문이기도 하다. 그럼에도 1814년 삼권분립, 국민주권, 자유권을 명시한 노르웨이의 자유민주헌법 도입으로 이미 자유주의와 민주주의의 기운이 노르딕 지역에 퍼져나가고 있었다.

제도적으로 스웨덴 민주주의는 노르웨이의 영향을 받았는데 노르웨이는 1814년, 당시로서는 매우 진보적이고 민주적인 헌법을 제정·선포하였다[15]. 19세기 후반부터 스웨덴은 산업화가 급격히 진행되었는데 기존의 귀족주의적, 엘리트주의적 정치체제는 노동계급의 등장으로 새로운 계급관계와 사회갈등에 직면하게 되었다. 19세기 말부터 나타난 강력한 대중운동인 노동운동, 자유교회운동, 금주·절제운동(Temperance movement) 등이 그것이다. 특히, 스웨덴 자유·진보주의자들은 노르웨이 민주주의를 목표로 하면서 노르웨이 진보주의자들과 교류하고 연대하기도 하였다. 1905년 스웨덴-노르웨이 연합으로부터 노르웨이의 분리독립은 스웨덴에 큰 충격을 주었고 그 결과로 스웨덴 우파세력의 자기혁신이 나타났다. 당시 스웨덴 국민들의 해외 이민이 절정에 달했고 우파세력은 자국민의 해외이민 반대운동까지 전개하기에 이르렀다. 역사적으로 스웨덴 민주주의는 대표성의 위기나 민주화의 단절을 경험하지는 않았지만, 민주화를 위협한 요인은 많았으며, 실제 서유럽에서 민주화가 지체되었던 나라였다(Bengtsson 2019). 유럽에서 선거권의 확대로 민주주의가 급속히 발전하고 제도화된 시기는 19세기 말부터 20세기 초이다. 이 시기는 또한 대중민주주의의 성립과 자본주의의 확립이 동시적으로 일어나면서 대표성

---

15) 노르웨이 헌법은 미국헌법 다음으로 오래된 자유민주헌법으로 역사적으로 노르웨이의 번영과 주권의 토대가 되었다. 김인춘(2014) 참고.

의 위기와 민주주의의 위기가 나타나기도 했다(Eley 2002; 오경환 2014). 특히, 자본주의 발전과 대중민주주의가 가져온 계급정치의 등장은 노동계급을 대표하는 사회주의 계열 정당들의 성장을 가져왔다. 사회주의 계열 정당이 창립된 시기를 보면 1871년 포르투갈 사회당이 최초이고 그 다음이 1875년 창립된 독일 사회민주당이다. 스웨덴은 1889년에 사회민주노동당(이하 사회민주당)이 창립되어 유럽에서는 늦은 편에 속하였다. 덴마크사회민주연맹(1876), 체코사회민주당(1878), 스페인사회주의노동자당(1879), 헝가리노동당(1880), 프랑스사회주의노동당(1880), 네덜란드사회민주리그(1880), 폴란드프롤레타리아트당(1882), 영국사회민주연합(1883), 벨기에노동자당(1885), 노르웨이노동당(1887), 스위스사회민주당(1888), 오스트리아사회민주당(1889)보다 늦었기 때문이다(Eley 2002, 63). 핀란드노동당은 1899년에 설립되었다. 노조총연맹의 설립도 늦었다. 스웨덴의 노조총연맹(LO)은 1898년에 설립되었지만 영국 TUC는 1868년에, 스페인총노조연맹은 1888년에, 독일과 헝가리는 1891년에, 오스트리아는 1893년에 설립되었다(Eley 2002, 70).

　스웨덴은 의회민주주의나 (남성)보통선거권 도입도 늦었다. 노르웨이는 1884년에 의회주의를 완성하였지만 스웨덴은 1917년에 완성되었다. 남성선거권은 독일은 1871년(1849년 제국헌법), 노르웨이는 1898년에 도입되었지만 스웨덴은 1909년에 도입되었다. 1809년 스웨덴에서 신헌법이 제정되었지만 귀족주의적 헌정주의와 전략적인 대외 식민주의가 지속되었고, 1866년까지 4계급의 신분제 의회가 유지되었다(김인춘 2016). 19세기 말, 20세기 초 강력한 보수적 민족주의 세력이 정치를 지배했고, 독점적 자본가집단의 부상과 영향력 확대, 급속한 산업화로 인한 노사간 계급갈등은 민주주의로의 전환을 위협하고 지체시켰던 것이다(Sejersted 2011). 그럼에도 중요한 것은 1차 세계대전 이전에 치러진 유럽 각국의 총선에서 스웨덴 사회민주노동당이 다른 나라의 사회(민주)당 계열 정당보다 높은 지지율을 획득했다는 점이다. 가장 높은 지지율을 얻은 정당은 핀란드 사회민주당(1903년 노동당에서 사회민주당으로 재창당)으로, 1913년 총선에서 43.1%를 획득했고, 두 번째로 높은 지지율이 1914년 9월 총선에서 36.5%를 획득한 스웨덴 사회민주노동당이었다. 세 번째는 독일사회민주당으로 1912년 총선에서 34.8%를 얻었다(Eley 2002, 66). 19세기 후반에 이르러 노르딕 국가들에서도 노동운동과 사회주의 세력이 등장하면서 민주주의로의 전환이 시작되었다. 핀란드에서는 19세기 후반 산업화로 도시와 지방에서 노동계급이 형성되면서 노동계급과 사회주의 세력은 1905년 유럽 최초로 도입된 보통선거라는 민주주의 제도를 통해 의회 내 절대 다수파가 될 수 있었다. 그러나 러시아제국 지배 하의 핀란드대공국이라는 정치적 조건과 핀란드 보수세력의 저항으로 좌파세력은 정상적으로 집권할 수 없었고, 이러한 내·외부적 조건과 계급투쟁은 결국 1918년 초 핀란드 내전으로 귀결되었다(김인춘 2017).

이러한 정치사회적 대전환기에 스웨덴은 다른 유럽 국가들과 달리 대표성의 위기와 민주화의 단절을 겪지는 않았다. 뿌리깊은 권위주의와 엘리트주의의 유산, 1909년 총파업 투쟁과 1931년 '오달렌(Ådalen) 사태'를 비롯하여 극심한 노사 갈등, 보수주의와 사회주의간의 이념 갈등, 전통적인 지배계급과 피지배계급 간 갈등이 1930년대까지도 심각했었다는 점에서 이는 매우 중요한 사례이다. 스웨덴의 사회(민주)주의 이념과 노동운동이 기존 정치와 권력을 타파하고 변화시켰다 하더라도 19세기 말, 20세기 초 노동자를 포함한 시민들의 주체적 자아와 사회적 각성, 민주적 토론과 학습이 민주적 전환에 결정적인 역할을 했던 것이다. 급격한 산업화와 함께 구조적이고 전사회적인 전환의 시기에 '시민들의 역량'으로 스웨덴은 평화롭게 민주주의를 발전시킬 수 있었다는 것이다(Berman 1998; Herlitz 1939; Hurd 2000; Safstrom 2016). 그 후, 잘 알려진 대로 1932년 사회민주당의 집권과 1938년의 노사대타협으로 '스웨덴 모델'의 기반이 구축되었고 보편적 복지국가와 완전한 민주주의가 가능해졌다.

스웨덴에서 경제가 성장하고 참정권이 확대되면서 1차 세계대전 직전부터 자유주의자보다 사회주의자들이 더 강력한 세력으로 등장하게 되었다(Hurd 2000: 246).[16] 1909년 남성선거권이 이루어졌으며, 1921년에 완전한 보통선거권이 가능해졌다. 남성선거권 도입 후 보수당은 자신들의 다수파 지위가 흔들

---

16) 당시 주요 정당은 자유당, 보수당, 사회민주당이었다. 1911년 총선에서 자유당 40.2%, 보수당 31.2%, 사회민주당 28.5%의 지지율을 보였다. 1914년 총선에서는 자유당 32.3%, 보수당 37.7% 사회민주당 30.1%, 1917년 총선에서는 자유당 26.9%, 보수당 36.5%, 사회민주당 36.4%를 보였다. 1921년 총선에서는 자유당 19.1%, 보수당 25.8%, 사회민주당 36.2%를 보였다.

릴 수 있다는 판단에서 자유당에 하원 비례대표제를 제안하였고, 당시 대립적인 양대 세력이었던 보수-자유 합의로 비례대표제가 다수제 선거를 대체하게 되었다. 1917년 총선에서 자유-사회민주당 연합정부가 수립되었고 의회민주주의(Parliamentarism)가 확립되었다.17) 러시아 볼세비키 혁명과 1차 세계대전이라는 세계적 격변의 와중에 스웨덴의 자유주의자 및 사회주의자들의 완전한 민주주의 요구는 제도적 민주주의의 완성으로 귀결되었던 것이다. 1920년대 이후 사회민주당이 지배정당이 되고 1932년부터 1976년까지 연정 또는 소수정부로 집권하면서 노동계급의 절대적 지지로 보편복지를 제도화하고 완전고용, 소득보장 등 사회적 연대와 평등을 실현해왔다. 1930년대 유럽의 사회정치적 상황, 즉 억압적 전체주의와 공산주의가 강해지던 시기에 스웨덴은 불평등한 자유자본주의도, 억압적인 사회주의도 아닌 '제3의 길'을 모색하고 실현하게 된 것이다. 이러한 진보적이고 평등한 스웨덴은 거의 사회주의에 다다른 체제로까지 환영받았다(Molin et.al. 2001; Stephens 1979).

1809년 제정된 스웨덴 헌법은 20세기 들어 변화된 정치사회 상황을 반영하지 못하고 있었다. 19세기 말부터 등장한 노동운동 및 참정권 운동을 포함한 다양한 사회개혁운동에 힘입어 1910년대에 제도적 민주화를 거치면서 민주주의의 대전환을 이루었다. 앞선 민주화와 규범적 헤게모니에 기반하여 이루어진 1905년 노르웨이의 분리·독립은 스웨덴에 큰 충격을 주었고 민주적 개혁을 촉진시켰다. 급진적(폭력적) 계급혁명은 없었지만 노사분규를 포함하여 사회갈등과 정치적 대립은 1930년대 초까지 이어졌다. 1932년 사회민주당의 집권과 함께 사회적 타협과 정치적 합의로 스웨덴은 주체적인 개인과 민주적인 '강한사회'를 향하여 지속적으로 발전할 수 있었다. 스웨덴은 1974년까지 국가 기본법의 하나였던 의회법으로 권력구조도 바꿀 수 있을 정도로 국민의 대의 기구인 의회가 막강했고 그만큼 의회민주주의가 강했다. 스웨덴은 독립적인 헌법재판소 제도가 없고 의회 내 상임 위원회 중 하나인 헌법위원회가 헌법 관련 사안을 담당한다. 1974년 헌법 개정으로 왕의 실권이 없어

---

17) http://www.riksdagen.se/en/how-the-riksdag-works/democracy/the-history-of-the-riksdag/. 스웨덴의 의회민주주의는 1809년 헌법(1974년 헌법으로 대체됨)에서 비롯되었다는 관점도 있다. 1809년 헌법은 의회의 각료임명권이 보장되어 의회 주권에 기반한 내각책임제가 시작되었다는 점이 그 근거가 되고 있다.

지고 완전한 의회주의가 헌법에 명시되었으며, 정부 구성의 권한이 국왕이 아니라 의회 의장에게 부여되었다. 헌법 개정으로 국왕이 주재하던 국가평의회(Council of State, 1809-1974)가 수상이 주재하는 스웨덴 정부(Government of Sweden, Sveriges regering, 1975년-현재)로 변경되었다.[18] 국민소환제가 도입되었고 새로운 사회계급들이 대표될 수 있도록 큰 변화가 있었다. 사실상 사문화되어 형식적이긴 하지만 귀족주의적 헌정주의 성격이 1974년까지 남아있었던 것이다.

1930년대부터 사회민주당이 지배적 정당이 되어 정책적으로나 법률적으로 많은 변화들이 있었지만 1974년이 되어서야 헌법이 최종적으로 이러한 변화를 반영하여 개정된 것이다. 이는 헌법 일반의 안정성 및 최고규범성을 보여준 동시에 스웨덴 헌정주의의 보수성을 보여준다고 하겠다. 헌법에는 국가를 운영하는 데 가장 중요하고 가장 기본적인 내용들이 담겨있고, 모든 법과 제도는 헌법을 바탕으로 제정되는 것이다. 1809년 헌법으로 대지주 자본가 및 귀족, 고위관료, 산업가에 의한 권위적인 과두정치(agrarian oligarchy)와 엘리트중심 민주주의가 이루어져 왔지만(Albertus & Menaldo 2018)[19], 1809년 헌법 정신인 권력분립과 자유, 국민주권 원칙에 기반하여 지속적으로 법과 제도를 만들어왔던 것이다. 특히, 의회법(the Riksdag Act, Riksdagsordningen)이 중요했는데 스웨덴의 의회법은 준헌법의 지위를 갖고 있다.[20]

---

18) http://www.riksdagen.se/en/how-the-riksdag-works/democracy/the-history-of-the-riksdag/.
현행 스웨덴 헌법은 the 1949 Freedom of the Press Act, the 1991 Fundamental Law on Freedom of Expression, the 1810 Act of Succession regulating the monarchy, the 1974 Instrument of Government 4개로 구성되어 있다. 의회법은 준헌법의 지위를 갖고 있다. 사실상의 헌법은 1974년에 개정된 정부조직법(the 1974 Instrument of Government, Regeringsformen)이다.
19) 1909년 일부 남성투표권이 도입되었지만 재산에 따라 1인 4천표까지 가능하여 상원은 경제엘리트가 장악했다. 차등투표권 제도는 완전한 보통선거권이 도입된 1921년에 폐지되었다.
20) 스웨덴은 헌법재판소를 갖고 있지 않으며 헌법 관련 사항은 의회 내 헌법위원회(The Committee on the Constitution, 1809년 설립)가 담당하고 있다.

2. 사회적 규범과 타협의 정치

    2020 EIU 민주주의 지수에 따르면 스웨덴 민주주의는 노르웨이, 아이슬란드에 이어 세계 3위로 평가되고, 2021년 지수에서는 노르웨이, 뉴질랜드, 핀란드에 이어 세계 4위로 평가되고 있다.[21] 스웨덴은 노르웨이 노동당과 함께 20세기 중반 40여 년 동안 사회민주당의 지배적 헤게모니로 사회적 연대와 평등의 사회민주주의를 구현해 온 나라로 잘 알려져 있다(김수진 2007). 개혁적인 분배정치와 노동정치로 누진적인 고세금에 기반한 보편적 복지국가와 노동세력의 정치사회적 지배를 이루었던 것이다. 자유민주주의에 더해 평등민주주의를 실현하게 된 스웨덴은 집단적 공동체적 가치뿐 아니라, 독립적인 개인의 자유와 강한 사회의 자율성을 중시했다는 점에서 진정한(genuine) 민주주의를 추구하고 발전시켰다. 시민에 의한 참여민주주의와 숙의민주주의는 개인과 사회의 주체성이 전제되어야 하기 때문이다. 자유롭고 독립적인 개인과 정의로운 '강한 사회(strong society, starka samhället)'를 주창한 한손 총리(1932-46년 총리재임)와 엘란데르 총리(1946-69년 총리재임)는 '제3의 길'로 상징되는 스웨덴 사회민주주의와 스웨덴 모델을 만들어 낸 가장 중요한 정치인이었다. 이 두 총리 재임 시기에 분열되고 갈등적인 사회가 공공의 이익이 중시되는 사회로 전환되었고, 이러한 전환을 가능하게 한 여러 제도와 정책, 화합과 비폭력의 정치적 신념 등이 대중으로 하여금 '공공정신(public spiritedness)'을 갖게 만들었다고 한다(Berman 2011).

---

21) https://www.eiu.com/n/campaigns/democracy-index-2020/ 참조.
    2020년 평가에서 뉴질랜드, 캐나다가 각각 4위, 5위이며 2921년 평가에서 아이슬란드는 5개로 나타났다. EIU(The Economist Intelligence Unit)는 2006년부터 세계 165개 국가의 민주주의에 대한 평가를 발표해 오고 있다. 5개의 항목(electoral process and pluralism, functioning of the government, political participation, political culture, and civil liberties)에 따라 평가하여 종합적으로 각 나라를 완전한 민주주의(full democracy), 결함 있는 민주주의(flawed democracy), 하이브리드 체제(hybrid regime), 권위주의(authoritarian)로 구분한다.

스웨덴의 민주주의와 정치는 실용적이고 민주적인 합의와 타협으로 이루어져왔다. 스웨덴의 소극적 의회주의(negative parliamentarism)[22] 제도는 찬성하지는 않더라도 관용할 수 있는 사회·문화적 규범을 요구한다. 이러한 관용은 상대를 인정하고 포용하는 다양성의 원리를 모두가 사회·문화적으로 내면화, 일상화하는 데에서 비롯된다. 사회적 규제와 합의 구축이라는 규범이 그것이다. 스웨덴은 '아래로부터의 역량 강화와 사회적 신뢰', '위로부터의 투명성(top-down transparency)'이 제도화, 일상화되어 있는 사회이다. 이 두 요소가 동시에 상호작용하면서 사회적 자유와 신뢰, 평등, 문화적 공존과 포용의 스웨덴 사회를 발전, 지속시켜 왔다. '아래로부터의 역량강화와 신뢰'는 민주적 숙의, 타협과 합의의 민주적 절차, 반대 의견에 대한 관용, 절제와 균형 등으로 이를 시민들이 학습하고 내면화한 것이다. 스웨덴 민주주의는 이러한 민주시민의 힘에 기반하고 있으며, 스웨덴 정치는 사회적 규범과 규제, 합의정신에 따라 작동하고 있는 것이다.

타협의 정치, 공존의 정치

스웨덴의 보편적 복지국가와 사회민주당의 헤게모니는 1933년 사민당과 농민당의 적록(red-green)연맹과 1938년 노사대타협이 중요했다. 그러나 1900-1910년대 민주화시기에는 자유주의 세력과 노동운동 세력 간, 자유주의 세력과 보수세력 간 타협이 중요했다. 1907년 남성보통선거권이 도입되면서 동시에 비례대표제도 도입되었다. 자유주의자와 사회주의자들 주도한 참정권 운동은 남성보통선거권을 가져오게 만들었고 보수주의자들은 보통선거권이 자신들의 지배적 지위를 약화시킬 것을 우려하여 비례대표제를 제안했던 것이다. 당시 양대 정치사회세력이었던 보수세력과 자유주의 세력 간 합의로 하원의 비례대표제가 도입된 것이다. 스웨덴의 타협 및 공존의 정치는 20세기 초 민주화 시기부터 작동했던 것이다. 1932년 총리가 된 사회민주당 한손(총리재임 1932-1946년) 당수는 스웨덴의 타협의 정치를 견고하게 뿌리내리게

---

[22] 소극적 의회주의란 의회 표결에서 반대가 과반이 되지 않으면 가결로 인정하는 제도이다. 기권은 반대가 아니므로 반대표로 간주되지 않는다.

한 주인공이다. 1930-40년대 계급 타협적 경제정책과 적록동맹, 노사타협 등을 통해 계급 간 사회연대를 이끌었던 것이다. 사회민주당은 1889년 창당 이후 노동조합운동과 연계하여 성장을 거듭했다. 사회민주당은 1920년에 최초로 소수정부를 구성했고 1932년에는 다수당이 되어 단독 소수정부로 집권하게 되었다.23)

브란팅(Hjalmar Branting 1860-1925, 1907-25 당수 역임; 1920 & 1922-23 & 1924-25년 총리 역임) 당수 하에서 사회민주당은 세력을 크게 확장할 수 있었다. 19세기 후반부터 본격화된 산업화와 급속한 경제성장으로 경제엘리트의 힘이 강했는데 이들은 상원에서의 지배적 위치를 활용하여 자본계급의 이익을 보호하고 극대화해 왔다. 스웨덴의 일방적인 엘리트중심 민주주의는 1910년대까지 지속되었으나 1차 세계대전을 계기로 이루어진 개혁(특히, 1918년, 1921년 선거권 확대)과 보수당 정부의 실책 등으로 우파가 위기에 처하게 되었다. 이러한 상황에서 사회민주당과 좌파세력은 급성장하게 되었다. 1917년 러시아 볼세비키 혁명에 비판적이었던 브란팅 당수에 반발하여 사회민주당 내 급진세력이 분리되어 공산당(the Swedish Communist Party, 현 좌파당의 전신)이 되었다. 1920-32년 기간에 사회주의 세력과 비사회주의 세력 간 대결로 인한 불안정한 소수정부 시기에 브란팅 당수는 총리를 역임하였다. 브란팅 총리는 1920년 보통선거를 통해 집권한 첫 총리로 그 후 스웨덴의 정치사회적 갈등을 해결하는 데 중요한 역할을 하게 된다. 스웨덴 사회민주당은 1917년 러시아 볼세비키 혁명 이후 반공산주의 개혁주의를 표방하면서 자본주의적 경제성장과 완전고용을 우선적으로 추구해 왔다. 1932년 사회민주당이 집권하고 1936년 red-green 동맹으로 사회민주당-농민당 다수연합정부, 1938년 노

---

23) 1920년, 1928년 총선에서 사회민주당은 일부 산업의 국유화를 주장하기도 했지만 유권자의 지지를 크게 얻지 못하였다. 이에 따라 국유화 계획은 사실상 완전히 포기되었다. 한손(Per Albin Hansson) 사회민주당 당수는 1928년 의회 연설에서 국가는 모든 국민의 생존을 보장하는 '국민의 집'(folkhem, the home of the people), 즉, 복지국가가 되어야 함을 역설하였다. '국민의 집'이라는 슬로건은 국가가 모든 국민의 안락한 집과 같은 존재가 되어야 한다는 공동체적 이념을 나타낸 것으로, 전통적인 국유화의 이슈 대신, 보편적 복지국가의 이념이 사회민주당의 주요 목표임을 분명히 하였다. 이에 따라 스웨덴의 복지국가는 1930년대 한손 수상(재임 1932-46)의 사회민주당 정부가 빈곤추방과 인간적인 삶을 보장하려는 계획으로 본격화되었다.

사정 사회적 대타협으로 사회민주당은 진보정책의 황금시대를 열게 되었다. 높은 경제성장과 완전고용을 달성하고, '사회공학적(social engineering)' 또는 사회(계급)통합적 사회정책과 복지정책 등으로 1976년까지 단독 또는 연합정부나 소수정부로 집권할 수 있었다. 이러한 성공에 대해 권력자원이론(power resources)은 노동운동(노조)과 중도좌파 정당의 힘을 강조해 왔다(Korpi; Palme). 1940년 총선에서 사회민주당은 53.8%의 지지율로 230석 중 134석을 차지했다.24)

그러나 1920년대 30년의 소위 노르딕 나치즘이라는 극우 국가주의자들, 극심한 노사갈등과 정치적 갈등의 혼란에도 민주주의로의 전환을 이루고 사회타협으로 스웨덴 모델로 이끈 데에는 오히려 스웨덴 보수당(1904년 창당)의 역할이 매우 컸다는 주장도 있다. 즉, 보수당이 온건 보수세력을 통합하여 극우세력과 거리를 두고 약화시켰을 뿐 아니라 사회적 대타협, 전후 타협정치에서 중요한 역할을 해왔다는 것이다(Ziblatt 2017). 실제로 1905년 노르웨이의 분리·독립 후 기존의 권위적 보수세력은 크게 약화되었고 새로운 개혁적 보수세력이 '국내 공고화(domestic consolidation)라는 모토로 근대화, 산업화 등 보수개혁정책을 추진하였다(Strath 2005). 또한, 전후 사회민주당 정부의 경제성장과 완전고용, 보편적 복지정책은 강한 국가와 관료 주도 엘리트 중심 민주주의의 성공적 개혁으로 평가되기도 한다(Albertus and Menaldo 2018). 역설적이게도 오랜 권위주의의 유산인 스웨덴의 강한 국가와 엘리트 관료체제는 스웨덴 사회민주주의의 중요한 물적 국가기제(state apparatuses)로 작용했다는 것이다. 중요한 것은 헌정적으로는 1974년 헌법개혁으로 대중민주주의(popular democracy)가 도래했다는 점이다. 다시 말해 스웨덴 민주주의의 역사적 유산과 사회적 기원은 엘리트주의와 자본가계급이라는 점이다(Tilton 1974).

이러한 엘리트주의와 권위주의의 유산에도 스웨덴은 매우 민주적이고 대중(시민) 중심의 민주주의를 발전시켜왔는데, 노조와 사회민주당이 선거정치

---

24) 1968년 총선(하원)에서도 사회민주당은 50%가 넘은 지지율과 단독 의석 과반(50.1%, 233석 중 125석)을 차지했다. 지방의회에서 간선으로 구성되는 상원도 지방의회 선거에서 사회민주당이 강해짐에 따라 상원 또한 사회민주당이 지배하게 되었다. 스웨덴 사회민주주의와 사회민주당의 헤게모니는 그 누구도 도전할 수 없을 만큼 강해졌다.

에서 성공하고, 특히, 사회민주당의 한손 총리(1932-1946년 총리 역임)와 엘란데르 총리(1946-1969년 총리 역임)의 역할이 매우 중요했다. 한손 총리(Per Albin Hansson 1885-1946)는 스웨덴의 역사적 대전환을 성공적으로 이루었고, 에르란데르 총리 (Tage Erlander 1901-1985)는 23년간 총리로 재임하여 민주국가에서 가장 오래 재임한 총리 중 한 명으로 전후 스웨덴의 개혁정치를 이끌었다. 이 두 총리는 보수주의자들과 협력하고 타협하면서 1930년대 이후 스웨덴 모델을 확립시키는 데 결정적인 역할을 했다. 그 결과, 오랜 엘리트 민주주의 체제 하에서도 사회민주당의 지배적 헤게모니로 개혁적인 사회정책 및 복지정책을 실시하고 진보적인 법과 제도를 도입할 수 있었다. 전후 자본주의 황금기에 스웨덴은 민주적인 타협의 정치로 세계적인 복지국가와 복지자본주의를 이룰 수 있었다.

스웨덴 모델은 1980년대를 거치면서 또 다른 전환의 길을 가게 되었다. 그 결과 1990년대 이후 스웨덴은 정책과 제도에서 여타 서유럽 국가들과 유사한 모습을 보여 왔다. 2000년대 이후에는 정치적으로도 '보통국가'가 되고 있다. 사회민주당의 지지율 하락으로 더 이상 지배적 정당의 지위를 갖지 못하고 극우정당인 스웨덴민주당이 제3당으로 부상했기 때문이다. 오는 2022년 9월 스웨덴 총선이 실시된다. 코로나19, 우크라이나 전쟁, 스웨덴민주당의 극우포퓰리즘 등 주요 변수들이 많이 등장했다. 총선 결과는 알 수 없지만 2018년 총선 후에도 스웨덴은 정치적 교착상태를 겪은 바 있어 어떤 결과가 나오더라도 정치적으로 큰 문제가 되지는 않을 것이다. 정치지형의 변화로 지난 4년 동안 정부구성의 교착, 현직총리 불신임 가결 등 정치적 혼란이 있었지만 정당정치와 의회정치 내에서 모두 민주적 절차와 정치적 합의로 해결되었기 때문이다. 또한 견고하고 안정된 시민사회와 자율적이고 독립적인 개인들이 스웨덴 정치를 감시하는 보이지 않는 강력한 힘을 갖기 때문이다.

2018년 9월 9일 총선 결과, 총 의원 수 349명 중 중도좌파세력(사회민주당, 좌파당, 녹색당) 144석, 중도우파세력(온건당, 중앙당, 자유당, 기독민주당) 143석, 반이민극우정당(스웨덴민주당)은 62석을 차지했다. 스웨덴민주당은 2014년 총선에서 49석을 차지한데 이어 크게 약진한 것이다.[25] 어느 세력도

---

25) 구체적으로 보면 사회민주당 100석, 우파인 온건당 70석, 극우인 스웨덴민주당 62석,

단독 과반을 갖지 못해 소수정부나 (대)연정이 필요하게 되었다. 스웨덴 정치에서 소수정부나 (대)연정은 흔한 일이었지만 중도좌파세력은 물론, 일부 중도우파세력(주로 중앙당과 자유당) 또한 스웨덴민주당과의 연정을 반대하면서 새 정부 구성은 혼란에 빠지게 되었다. 결국 총선 후 4개월이나 더 지난 2019년 1월 18일에야 새정부가 탄생할 수 있었다. 그 기간 동안 기존의 중도좌파(사회민주당, 녹색당 연정) 소수정부는 정치적 결정은 할 수 없는 임시정부(caretaker government)로서 일상적 정부 업무를 수행하게 되었다. 법에 따라 정부 구성을 포함한 정치적 문제는 의회 의장의 권한 하에 의회에서 논의되고 결정되었다.

정부 구성 과정에서 현직 총리인 스테판 뢰벤 총리(Stefan Löfven, 당시 사회민주당 당수)가 사임을 거부하자 사상 처음으로 현직 총리가 의회에서 불신임되는 일이 발생했다. 우파정당인 온건당 당수가 의회 의장에 의해 첫 정부구성권이 부여되었고 총리 후보가 되었으나 의회에서 부결되었다.26) 공식적인 총리 후보가 의회에서 부결된 것 또한 사상 처음이었다. 그 후 스테판 뢰벤 당수에게 정부구성권이 부여되었고 기존 소수정부(사회민주당, 녹색당 연정) 연장을 목표로 총리 후보가 되었으나 의회에서 부결되었다. 이 모두는 각 정당이 자신들의 이념과 정책을 우선했기 때문이다. 결국 중도우파동맹이었던 중앙당과 자유당이 사회민주당과 협의하여 뢰벤 당수를 새 정부의 총리로 합의('January Deal')함으로써 사실상 중도우파·중도좌파의 연정(사회민주당, 녹색당 + 중앙당, 자유당)이 이루어지게 되었다. 정당 간 서로 다른 정책을 조정하고 타협했기에 가능했다. 뢰벤 총리의 의회 인준에서 115명 찬성, 153명이 반대, 77명 기권으로 가결되었는데 반대가 과반을 넘지 못해 가능했다.27) 사회민주당이 중앙당, 자유당과 합의한 우파적 경제정책에 반대한 좌파

중도인 농민당 31석, 좌파당 28석, 기독민주당 22석, 자유당 20석, 녹색당 16석 이다.
26) 스웨덴 의회 의장은 4번의 정부구성 지명권을 가지며 총리로 추천된 후보를 의회에 공식적으로 제안할 수 있다. 4번 모두 실패하게 되면 재선거를 하도록 되어 있지만 지금까지 이런 상황은 발생하지 않았다고 한다. 스테판 뢰벤 총리는 불신임되었지만 불신임 상태에서 임시정부를 맡을 수 있다. 총선 후 전개된 상황 관련
  https://www.thelocal.se/20181122/timeline-this-has-happened-in-swedish-politics-since-the-elections 참고.
27) 스웨덴의 정부구성에서 negative parliamentarism 제도는 반대가 과반이 아니면 가결

당(the Left Party)은 마지막에 기권하여 새 정부 구성에 소극적으로 동의했다. 중요한 것은 스웨덴 의회주의 역사 상 총선 후 가장 늦게 정부가 구성되고, 3명의 총리(후보)가, 헌법에 규정된 소극적 의회주의(negative parliamentarism) 제도 하에서 과반 찬성이 아니더라도 가결될 수 있는 상황에서, 의회 인준이 부결되었지만 스웨덴 정치인이나 일반 시민 누구도 의회 밖에서 특정인을 비난하거나 시위를 하지 않았다는 점이다. 반이민을 주장하는 극우정당 스웨덴민주당의 돌풍에도 불구하고 이민자들에 위협을 가하는 일은 발생하지 않았다. 스웨덴 '정치'와 '민주주의'의 진면목을 볼 수 있는 중요한 사례였다. 높은 정치참여(투표율 87.1%)와 투표 후에는 정해진 절차를 존중하고 기다리는 시민의식이 그것이다. 모두가 함께 그 결과가 최선은 아닐지라도 추구될 수 있는 차선이라는 믿음을 가지게 하는 정치, 그것이 민주주의임을 보여준 것이다. 사실 정치에서 '최선'이란 불가능한 목표일수 있으며, 더구나 누구에게는 최선일지라도 다른 누구에게는 최악일수도 있기에 민주주의 국가에서 다양성과 공존의 문화, 타협과 합의의 정치는 중요할 수밖에 없게 된다. 이러한 주체적이고 독립적인 개인과 시민의식은 역사적으로 사회적 차원의 집단적인 학습과 계몽이 중요했다.

3. 권력과 민주주의의 민주화 — 스웨덴의 '권력조사위원회(1985-1990)'

권력조사의 배경과 개요

'권력 및 민주주의 조사'(이하 권력조사)는 1972년 노르웨이에서 시작되고 1980년대~1990년대 스웨덴, 덴마크에 이어 2010년 핀란드에서 마무리된 민주주의 성찰 프로젝트라 할 수 있다. 노르딕 국가들에서 차례로 이루어진 이러한 권력조사는 지역적 정체성과 상호협력, 완전한 민주주의라는 노르딕 지역의 고유한 특성을 보여준 사례이다. 권력조사는 노르딕 사회민주주의의

된다는 헌법에 따른 것이다.

쇠퇴, 신자유주의적 세계화, 유럽통합, 사회적 격차의 심화 등 새로운 환경에서 공적인 자기성찰과 자기비판을 통해 권력이 투명하고 정당하게 행사되는지, 민주주의가 모든 시민의 권리와 자유, 정치참여를 보장하는지, 권력과 민주주의가 사회공동체와 정치공동체의 지속과 진보를 위해 작동하는지를 조사하기 위해 시행되었다. 의회와 정부, 학자집단이 함께 장기적인 관점에서 이러한 문제들과 도전들에 대해 연구·검토했으며, '노르딕 민주주의 모델'을 지속·발전시키고 민주적이고 개방적인 시민권력 및 사회의 주체성과 자율성을 강화하는 것에 중점을 두었다. 권력의 민주화, 투명성, 개방성(openness), 분산화, 그리고 시민 참여와 시민 권력의 확대를 통해 민주주의의 개혁을 목표로 한 것이었다(김인춘 2020). 정치적 민주주의는 물론 평등민주주의가 크게 발전된 노르딕 국가들에서 1970년대, 80년대에 정치엘리트 스스로 자기비판의 관점에서 민주주의 및 권력 조사를 계획하고 시행한 것은 놀라운 일이 아닐 수 없다. 자신들의 권력과 민주주의에 스스로 의문을 갖고 성찰하려는 시도는 이미 노르딕 민주주의와 권력의 투명성과 정당성을 보여준다고도 하겠다.

   북유럽 국가들의 민주주의가 도전에 직면하게 된 배경은 유사했는데 신자유주의적 세계화, 유럽통합의 심화와 유럽연합(EU)의 초국가성, 이주민 증가와 다문화, 사회적 격차의 확대, 개인주의화 및 노령화 등 내부의 사회문화적 변화, 정치적 갈등과 대립의 심화, 사법영역의 역할 확대와 정치의 사법화 증대 등이다(Elmgren & Götz 2016, 1). 이들 나라의 정치에서 민주주의와 민주적인 권력은 매우 중요한 요소이고 실제로 높은 수준에서 달성되고 있다고 인정됨에도 이러한 권력조사를 시행한 것은 그들이 얼마나 '민주적이고 정당한 권력'을 중시하는지를 보여준다고 하겠다. 또한 노르딕 4국 모두가 이러한 프로젝트를 시행한 것은 노르딕 공동체라는 문화적 유산과 노르딕이사회(the Nordic Council, 1952년 설립)가 추구하는 상호간의 협력과 연대의 영향이 중요했다. 노르딕 지역에서는 19세기부터 옴부즈맨(Ombudsman, 1809년 스웨덴 의회에서 최초 도입)과 조사위원회(commissions of inquiry)라는 제도가 중요했다. 일반적으로 옴부즈맨은 시민을 위한 감시와 감찰을 의미하고, 조사위원회는 정당, 시민사회, 이익단체, 학자 및 전문가들이 참여하여 특정 쟁점이나 문제에 대한 합리적이고 실용주의적 접근을 통해 문제 해결을 도모하는 것이다(Marklund 2013; Götz & Marklund 2015).[28] 권력조사는 이러한 옴부즈맨과 조사위원회의 전통을 이은 것이다.

노르웨이와 스웨덴은 두 차례에 걸쳐 권력조사를 실시했다. 1차 조사가 1970-80년대에 이루어졌기에 대내외적으로 급격한 변화가 일어난 1990년대의 상황을 반영하여 2차 조사가 진행된 것이다.[29] 이러한 권력조사 프로젝트의 배경은 1970년대부터 나타나기 시작한 사회적, 정치적, 경제적 변화로 기존 제도와 담론, 국가적 목표에 대한 평가와 함께 변화에 대한 새로운 대응이 필요해졌기 때문이다. 1970년대와 80년대에 이루어진 노르웨이와 스웨덴의 권력조사는 거대해진 복지국가에 대한 비판이 등장하고 1930년대부터 장기 집권했던 중도좌파 정당(노르웨이 노동당, 스웨덴 사회민주당)의 정치적 헤게모니가 약화되는 상황에서 진행되었다. 40여 년의 장기집권과 중앙집권적인 보편적 복지국가와 사회개혁으로 관료주의적 비효율과 피로감이 나타났던 것이다. 전통적으로 스웨덴과 노르웨이는 중앙집중화된 관료시스템이 강했고, 이러한 체제가 국가 차원의 보편적 복지국가를 거치며 더욱 견고해졌던 것이다. 노르웨이와 스웨덴은 권력조사를 통해 관료적이고 일률적인 보편적 복지국가 담론에 자유와 개방성(openness) 개념을 통합하고자 했고, 이는 정책적으로 공공서비스의 선택의 자유, 복지 분권화 및 민영화 등으로 나타나게 되었다. 1990년대와 2000년대 보수 및 자유주의 정당들도 권력조사 프로젝트를 시행했는데, 유럽통합과 세계화로 자국의 정책 자율성이 도전받게 되면서 이러한 환경변화에 대응해야 했기 때문이다. '세계화 트릴레마'(Rodrik 2012) 상황에서 노르딕 정체성과 민주주의가 약화될 수 있다는 우려가 그것이다. 세계화 트릴레마는 심화된 세계화와 유럽통합에 참여할수록 국민국가의 주권과 민주

---

[28] 스웨덴 의회가 1900년 구성한 해외이민 관련 조사위원회가 대표적인 사례로 1913년 발표된 보고서(Sundbärg 1913)에 의하면 상층계급과 강력한 관료제에 대한 일반 국민의 불만이 이민의 중요한 요인으로 명시되었다. 스웨덴에서는 19세기 말부터 대량 해외이민으로 20세기 들어 인구문제가 큰 정치사회적 문제로 대두되었다. 당시 노르웨이는 스웨덴과의 연합관계로 대외적 주권이 없었고 1905년 분리독립 후에도 스웨덴의 영향을 크게 받고 있었다.

[29] 노르웨이 권력조사는 1차 1972-1982년, 2차 1997-2003년 이루어졌고 스웨덴은 1차 1985-1990년, 2차 1997-2000년 이루어졌다. 덴마크 1997-2003년, 핀란드는 2007-2010년 권력조사가 시행되었다.

주의는 영향을 받게 된다는 것으로, 막대한 석유수출에 따른 노르웨이 오일경제의 세계경제 통합, 스웨덴의 수출중심 개방경제는 이러한 상황을 잘 보여준다.30) 주권국가의 자율성과 민주주의가 약화될 수 있는 환경에서 권력조사를 통해 역사적·사회적 맥락에서 새로운 담론과 전략을 모색하고자 했던 것이다. 노르딕 권력조사의 핵심은 '민주주의와 권력이 어떤 상태에 있는지(the state of democracy and power)'를 조사하는 것으로, 이는 노르딕 고유의 '정치·문화적 관행(politico-cultural practice)', '자각의 정치문화(political culture of Nordic self-understanding)'(Elmgren & Götz 2016)로 평가된다.

권력조사의 중요한 목적은 '권력의 내부 작동에 대한 개방적, 공공적 접근을 가능하게 하여 권력에 대한 새로운 공적 담론을 만들고 참여민주주의, 책임성, 신뢰를 제고하는 것이다'(Elmgren and Götz 2016:2). 학문적이라기보다 실천과 실행을 위한 장기적 관점의 정치적 프로젝트로, 당장의 구체적인 정치적 활용방안을 찾고자 한 것은 아니었지만 권력조사는 투명성과 자기성찰의 담론을 제시하여 국가(정부)의 정당성을 높이는 데 기여했다. 정치란 진보적(progressive)이고 합리적인 투쟁과 노력의 과정이라는 인식과 학자들의 사회참여와 헌신을 긍정적으로 보는 관점이 결합했던 것이다. 이는 노르딕 정치문화에 깊이 내재되어 있는 것으로, 진보를 위해 이성적으로 노력하고 분투하는 과정이 곧 정치라는 인식에 따라 권력과 민주주의는 개별 사회구성원과 전체 공동체를 더 나아지게 하는 데 기여하고 역할을 해야 하는 것을 의미한다. 권력조사는 노르딕 민주주의에 대한 '감사(audit)'이자 성찰이었는데, 이는 궁극적으로 유권자와 시민개인을 존중하고 신뢰하며 이들의 의사와 이익을 중시하려는 노력이다. 그리고 이것이 바로 권력과 민주주의가 해야 할 일이라고 보는 것이다. 의회와 정부 주도로 이루어진 권력조사는 그 자체로 국가권력과 밀접한 관계를 가졌지만 학자와 전문가들이 대거 참여했고 정부(의회)와 참여 학자들 간 상호적이고 효과적인 교류로 의미있는 결과를 이끌어냈다는 평가를 받았다. 반면, '권력에 대한 비판적 연구(critical studies of power)'임에도 권력의 문제와 파워 엘리트를 체계적으로 제대로 드러내지 못했다는 비판도

---

30) 세계화 시대에 민주주의, 주권(국민국가), 세계화를 동시에 달성할 수 없다는 '세계화의 역설' 이론으로 3개 중 1개 또는 2개만 달성할 수 있다고 한다. '작은 세계화'라 불리는 유럽통합의 심화는 실제로 각국의 주권의 약화를 가져왔다.

있었다. 정치적 동기와 학자들의 협동연구가 결합된 권력조사 프로젝트는 외형상 개방적인 노르딕 정치문화를 보여주는 '공적 이벤트(public events)'라는 평가도 있었다(Karvonen, 2004; Sørensen & Torfing, 2001). 권력조사는 1972년 노르웨이에서 처음 시작되었는데(1972-1982년 1차 조사) 그 성과와 반향이 컸고, 이는 스웨덴이 1985년 권력조사를 시작하게 된 직접적인 계기가 되었다. 노르웨이는 탈냉전과 세계화 심화 등 새로운 환경에 대응하고자 1997-2003년 2차 조사를 시행했다.

스웨덴 권력조사위원회[31]

스웨덴권력조사위원회(the Swedish Power Investigation)의 정식 명칭은 '스웨덴의 권력과 민주주의 연구(Utredningen om maktfördelning och demokrati i Sverige, The Study of Power and Democracy in Sweden)로 권력조사위원회(Maktutredningen, The Power Investigation)라는 약칭으로 불린다.[32] 권력조사의 목적은 스웨덴에서 권력이 어떻게 분배되어 있는지(maktfördelning), 권력의 성격과 권력의 분배가 민주주의(demokrati)에 어떤 영향을 주는지를 검토하는 것이었다. 즉, 삶의 조건과 개인적 자원 분배에서의 차이가 시민의 정치과정에의 참여 역량과 정도를 어떻게, 얼마나 결정하는가의 문제이다 (Petersson 1991). 이 문제를 조사하기 위해 기업부문, 공공부문, 이익단체, 여론(언론)기관에서 권력자원과 영향력이 어떻게 분배되어 있는지를 조사하도록 했다. 이 문제는 스웨덴 사회가 스웨덴 민주주의의 가치와 이상에 접근하

---

31) 이 장은 Petersson (1991), Marklund (2013)을 중심으로 소개한다.
32) 권력조사연구의 공동연구책임자는 Olof Petersson(chairman, Department of Government, University of Uppsala), Yvonne Hirdman (Department of History, University of Stockholm), Inga Persson (Department of Economics, University of Lund) and Johan P. Olsen (University of Bergen and the Norwegian Research Center in Organization and Management, Bergen)의 4인으로 구성되었다. 주 연구사무실은 웁살라대학의 the Department of Government였다. 기본적 참고자료는 다음과 같음. Petersson, O. 1988. "The Study of Power and Democracy in Sweden", *Scandinavian Political Studies*, 11, 145-158. SOU 1990:44. *Demokrati och makt i Sverige. Maktutredningens huvudrapport.* Statens offentliga utredningar(SOU), Stockholm 1990.

고 있는지, 멀어지고 있는지를 보려는 것이다. 정부가 조사위원회를 구성했지만 연구프로젝트는 완전히 독립적이며 자율적으로 진행되었고 정책적 방안 제시보다 객관적이고 순수한 학문적 조사와 분석을 하도록 했다. 스웨덴에서 권력조사위원회가 만들어지고 활동하게 된 근본적인 배경은 전후 보편적 복지국가를 완성하는 과정에서 집중화된 권력에 대한 문제였다. 대표적으로 관료집단, 자본세력, 노조조직 등이 그것이다. 이러한 극소수집단으로의 권력 집중이 민주주의를 위협할 수 있다는 문제의식이 그것으로 권력과 민주주의의 민주화를 위한 시도이자 노력이었다. 또한 권력의 투명성을 강조하면서 권력의 공유와 분산 문제도 공론화되었다. 권력조사위원회의 활동은 심도있는 논의와 연구결과를 도출했지만 1991년 스웨덴 경제금융위기로 제대로 빛을 발하지 못한 측면이 있었다. 1991-93 경제위기는 1930년대 초 스웨덴 경제위기 이후 가장 심각했던 위기였다. 경제위기와 스웨덴의 1994년 유럽연합(EU) 가입 결정으로 스웨덴 모델은 1990년대 들어 조정과 전환의 길로 접어들었지만 스웨덴 모델의 힘은 권력조사위원회와 같은 공론과 합의 노력에 있음을 보여주었다.

연구결과물은 약 20개의 저서와 90개의 보고서로 나왔다.[33] 주요 연구내용과 연구결과는 스웨덴 모델, 권력문제, 민주주의에 대한 것이다. 구체적으로 보면, 연구 범위와 분량에서는 스웨덴 모델의 전환 문제가 가장 많이 연구되었다. 협력적 노사관계, 중앙임금협상, 역사적 타협, 합의 문화, 완전고용, '강한 사회', 보편주의, 사회공학(social engineering)과 전문가의 지배, 코포라티즘, 중앙집중화, 여성친화적 사회 등으로 특징지어지는 스웨덴 모델이 전환의 위기와 기회에 처해있다고 분석했다. 변화의 내부적 요인과 외부적 요인이 이러한 전환을 추동하고 있다는 것이다. 둘째, 가장 중요하고도 민감한 주제였던 권력 문제에 대한 연구는 공공부문의 권력, 민간자본의 권력, 노사조직 등 이익단체의 권력, 언론기관의 권력으로 나누어 조사되었다. 관료조직의 거대한 공적권력의 배타성 문제, 민간대기업의 사적권력의 집중과 폐쇄성 문제가 많이 논의되었다. 중요한 것은 스웨덴의 산업화와 민주화가 현대 스웨덴의 권력구조를 만들었다고 본 것이다. 스웨덴은 19세기 후반부터 제조업 중심의 수출

---

33) 연구목록 http://www.olofpetersson.se/_arkiv/dokument/svmupubl.htm.

기업이 성장했으며 이들 민간(가족)기업이 20세기 들어 거대기업으로 성장하면서 막강한 자본권력을 갖게 되었기 때문이다. 스웨덴은 1920년대까지도 보수적이고 권위적인 정치세력이 강했고 자본권력은 이들 정치세력과 유착관계를 형성하기도 했던 것이다. 1930년대부터 개혁적인 사회민주당이 정치권력을 갖게 되었고, 복지국가의 성장으로 공공부문이 급속히 팽창하면서 좌파정치의 힘과 관료조직의 권력화가 나타났다. 스웨덴의 관료제는 이미 1870년대부터 권위적일 뿐 아니라 매우 전문적이고 효율적인 조직으로 형성되었는데 이러한 조직적인 특성이 공공부문의 확대와 함께 권력화되었던 것이다.

세 번째의 연구주제는 민주주의와 시민권 문제였다. 스웨덴 사회가 민주주의 이상에 가까이 접근하고 있는지의 문제이다. '스웨덴 민주주의의 이상'은 서구민주주의 전통에 비해 집단주의적 관점, 즉 평등의 이념이 지배적으로 구현되는 민주주의이다. 그러나 권력조사연구는 '시민'과 '제도'라는 새로운 관점을 보여주었다. 이는 민주주의에서 자유의 이념, 거너넌스에서 제도의 중요성을 말하는 것이다. 그동안 스웨덴 모델은 계급이나 집단이 중요했으며, 계급이나 집단의 위계적 상층조직이 코포라티즘적 방식으로 결정하는 구조였다. 시민의 중요성이 강조되면서 시민의 개인성과 자율성이 중요한 가치가 되었다. 또한 정부와 의회 중심으로 법과 정책에 의한 제도화가 중요해졌다. 결론적으로, 권력조사연구에 따르면, 당시의 스웨덴 사회시스템은 근본적이고도 대대적인 변화가 진행되고 있으며, 기존의 전통적 제도와 시스템은 약화되고 새로운 시스템이 등장하고 있었다. 개인주의와 집단주의 간의 새로운 균형은 보편적 사회복지와 개인의 선택의 자유를 조화시키는 것으로 자유로운 개인의 선택과 집단적 연대를 조화시키는 것이다.

스웨덴권력조사위원회(이하 조사위원회)가 설치된 배경은 1930년대부터 1970년대까지 스웨덴사회민주노동자당(the Swedish Social Democratic Workers' Party, Sveriges socialdemokratiska arbetareparti, SAP, 이하 사민당) 주도로 발전해온 스웨덴(복지)모델에 대한 재평가와 혁신의 필요성에서 비롯되었다. 1932년 집권 후 사민당과 스웨덴 특유의 코포라티즘으로 경제성장은 물론 분배에서 중요한 성과를 달성한 스웨덴 사회민주주의 체제가 50여 년 만에 수술대에 오르게 된 것이다. 시민의 참여 증대, 제도의 투명성과 개방성 확대로 정의롭고 공정한 권력, 완전한 민주주의(full democracy)를 구현하려는 것이다. 주목할 것은 외부의 충격이나 힘에 의해서가 아니라 스스로, 좌·우파가 같이 이러한 프로젝트를 진행했다는 점이다. 스웨덴 모델은 1970년대에 전성기와 함께 위기를 맞게 되었다. 복지국가가 고도로 발전한 1970년대 들어 우파는 물론 좌파와 사회운동세력으로부터 복지국가에 대한 부정적 시각이 등장한 것이다. 관료적이고 비효율적이며 비민주적이라는 비판이 그것이다. 비대한 복지국가뿐 아니라 영향력이 큰 코포라티즘 체제의 권력구조, 관료조직의 권력화와 배타성, 자본집중으로 인한 (가족)독점자본체제 문제, 권력의 폐쇄성, 사적권력의 집중 심화, 민주주의 및 공권력의 약화 등 스웨덴 사회의 '적폐'가 심각한 상황에 처했기 때문이다. 이러한 문제들은 학자 등 전문가뿐 아니라 좌파는 물론 우파 정치인들로부터도 제기되었다. 권력의 독점과 폐쇄성으로 인해 시민의 참여가 축소되고 정치인의 역할이 약화되면서 민주주의가 위협을 받게 되었기 때문이다. 1976-82년 집권했던 우파 정치세력은 이러한 문제들뿐 아니라 세계화와 개인주의화라는 대내외적 환경변화에 스웨덴이 적극적으로 대응하기 위해서는 스웨덴 모델에 대한 재검토와 혁신이 필요함을 역설하게 되었다.

스웨덴 모델에 대한 본격적인 비판은 스웨덴 좌파당(The Left Party, 과거 스웨덴 공산당) 당수이자 유명 정치인인 헤르만손(C. H. Hermansson, 1917-2016)으로부터 시작되었다. 헤르만손은 이미 1960년대에 스웨덴의 독점자본과 15개의 가족소유 대기업집단 문제를 제기하면서 자본의 집중현상을 비판했다. 스웨덴 경제가 사실상 '15개의 가족(Sweden's fifteen families)'에 의해 지배되고 있다는 것(Hermansson 1965; Einhorn and Logue 2003, 317)으로 자본이라는 사적권력의 독점 문제를 제기한 것이다. 스웨덴의 관료조직 문제는 관료제 자체가 가지고 있는 권위주의적 성격과 더불어 스스로 이익집단화되는 일반적인 경향이 2차 세계대전 후 스웨덴 복지국가의 급속한 발전과 더불어 권력화되는 현실을 보여주었다. 핵심은 선출된 정부가 관료조직을 통제할 수 있는가이다. 이 문제는 1932년 사민당정부가 추진하기 시작한 스웨덴 복지국가의 형성기부터 나타났는데 스웨덴 복지국가, 즉 '인민의 집'(또는 '인민의 가정')을 직접 설계하고 시행한 정치인이자 당시 사회부 장관이었던 몰러(Gustav Möller, 1924-26 & 1932-51 재임)는 관료들의 반대를 꺾고 강력하게 복지국가의 행정조직을 구축해 나갔다고 한다. 스웨덴의 근대적 관료체제는 이미 17세기에 만들어져 전통적으로 강했다. 몰러는 관료적 온정주의와 재량권을 최소화했고, 노조가 관리하는 실업보험과 같이 수혜자 자신들이 복지업무를 담당해야 한다고 했다. 그러나 1951년 몰러의 사임 뒤 스웨덴 복지국가가 급속히 발전하면서 같이 확대되고 강해진 관료조직의 이해관계는 통제되지 못하였다(Rothstein 1985). 1970년대 들어 스웨덴의 보편적 복지국가는 대외적으로 모범의 대상이 되었지만 내부적으로는 관료화와 비효율, 비민주성 문제를 안게 되었던 것이다.

한편, 스웨덴은 사회적 조정과 합의를 위한 민주적 코포라티즘 국가로 잘 알려져 왔다. 스웨덴의 코포라티즘은 중앙집중화된 강력한 노사조직으로 그 권위를 인정받았고 정치적 역할도 중요했다. 1938년 살츠쉐바덴 노사협약을 시작으로 1950년대 들어 스웨덴의 노사정은 중앙조정과 협약으로 많은 중요한 성과를 이루어왔다. 스웨덴 모델의 핵심인 중앙임금협상, 연대임금, 적극적 노동시장정책 등이 이러한 코포라티즘 조정과 합의로 이루어졌다. LO와 SAF로 대표되는 노사 중앙조직은 정부정책을 실행하는 임무를 맡으면서 준 독립적인 정부부서로서의 역할을 했다.

1970년대 초부터 자본세력은 공공지출의 삭감을 적극적으로 요구하기 시작했다. 그러나 스웨덴 복지국가의 중요한 다수의 정부 위원회와 기관에 자본측 위원으로 참여한 SAF의 대표들은 이러한 요구를 하지 않았다. 조세 및 재정지출과 관련하여 코포라티즘 위원회에서의 자본 대표의 행동과 자본세력 전반의 행동이 다른 것은 이들이 코포라티즘 제도 내에서 이득을 보고 있었기 때문이다. 사민당 정부는 1938년에 이어 2차 대전 후 대자본세력과 타협했고, 자본세력은 코포라티즘 체제에 깊이 관여하게 되었다. 코포라티즘에 대한 논쟁의 출발점은 국가에 대한 노사조직의 영향력이 갈수록 커져 변화가 필요한 시점에 이르렀다는 인식이다. 노사조직 대표들은 정치적 책임영역과 노사조직의 책임영역에 대한 명확한 구분의 중요성을 강조했다. 정치문제에서는 공익에 따라 정치인이 책임지고 판단해야 한다는 것이다. 이익집단조직의 임무는 그들의 특수이익을 추구하기에 정치영역에서의 결정에 참여해서는 안된다. 참여하게 되면 특수이익이 정치적 결정에 지나친 영향력을 갖는 것이다.

보편적 복지국가와 권력집중 문제

자본권력의 독점과 집중뿐 아니라 정치권력의 집중도 문제가 되었다. 전후 스웨덴 복지국가를 건설했던 엘란데르 총리는 1968년 압도적인 지지의 총선 결과에도 사임했고 후임 총리는 오랜 동지였던 올로프 팔메(Olof Palme)였다. 엘란데르 총리는 스웨덴 복지국가의 원칙으로 '강한 사회'(det starka samhallet, the strong society)와 '자유선택사회'(valfrihetens samhall, the freedom of choice society) 두 개의 개념을 중시했다. 사회보장을 통해 구조적 불평등을 개혁하기 위해 국가는 강해야 한다는 것이다. 또한 구조적 불평등에 대한 보상은 누진세, 관대한 보편적 복지급여를 제공함으로써 더 많은 개인들이 진정한 선택의 자유를 갖게 해야 한다는 것이다. 이러한 보편적이고 관대한 복지정책은 사회투자정책으로 경제성장을 촉진하고 사회보장을 완성했다. 사민당 정부는 다양한 정부위원회를 통해 야당, 시민운동단체, 노조, 사용자단체, 관계기관 등이 참여하도록 하여 이러한 개혁정책을 수행할 수 있었다. 보다 나은 사회보장과 사회복지는 비용 면에서 효율적이고 스웨덴 경제의 대규모 구조합리화를 이끌어 전반적인 사회변화를 가져오게 하는 것이다.

1970년대 들어 많은 연구들이 커져가는 반기득권 정서와 사회단체의 회원 수 감소를 발견하기 시작했다. '강한 사회'에 대한 반발로 냉정하고 무익하며 융통성 없는 사회 환경이라는 '콘크리트 사회(the concrete society)'라는 개념이 등장했는데, 이는 복지국가의 보살핌 및 평등이라는 이상과 동떨어진, 관료화되고 경직된 사회가 된 것에 대한 비판이었다. 개인의 자유와 자율, 사회의 다양성과 자율성이 결핍된 강한 사회의 한계였던 것이다. '강한 사회'는 엘란데르 총리의 복지국가의 원래 목표인 선택의 자유에 더 이상 도움이 되기 어려워졌다. 결국, 1970년대 들어 복지국가에 대한 비판이 커졌고 사민주의자들도 대중의 불만을 이용한 우파정당의 공세에 사민주의가 위험에 처해졌다고 보았다. 사민당은 1976년 총선에서 경제민주주의(economic democracy)로 사회적 평등을 위해 복지국가를 더 확대하겠다고 약속했지만 패배했다. 44년 만에 정권을 잃은 후 정치학자 페터슨(Olof Petersson)이 실시한 조사에 의하면 관료주의, 인간미 없는 익명의 비대한 국가기구가 결정적인 패인이었다고 한다(Petersson 1977). 또한 총선 전에 나타난 권력부패와 정치엘리트 간 내부

네트워크의 정치스캔들도 문제였다. 시민, 정치인, 행정부 간의 관계가 권위적이고 경직되어 있었던 것이다.

1976년 총선 후 사민주의자들은 스웨덴 복지국가의 사적권력에 대해 문제를 제기했다. 이 문제는 1975년 급진적인 사민당 프로그램에서도 제기되었던 문제였다(SAP 1975). 사민주의자들은 자신들이 조직화로 모든 것을 해결하려고 한 '조직괴물'(organisation freaks)이었다고 말했다. 임노동자기금 등 1970년대에 추진한 여러 개혁들이 기대한 결과를 가져오지 못했고, 일반 국민들은 사민당의 개혁과 입법에 대해 제대로 알지 못했다. 총선 후 사민당은 사적권력 문제(the problem of private power), 특히 언론을 통해 행사되는 사적권력 문제를 제기하게 되었다. 1976년 우파 집권 후 정치권력, 경제권력, 미디어권력에서 권력집중이 더욱 드러나게 되었다. 사적권력 네트워크와 이익집단의 조직화가 매우 강했으며, 특히 사적권력인 경제권력, 즉 가족재벌 문제는 여전히 심각했다. 공권력의 경우도 관료권력과 국가기구의 힘이 강해 우파든 좌파든 선출된 정부가 영향력을 행사하기 어려워졌다. 국가(정부)기구와 관료의 독립성은 헌법에 보장되어 있고, 사민주의자들에 의해 크게 확대된 공공부문은 이들의 권력을 더욱 강화시켰다. 그 결과 엘란데르 총리가 강조했던 복지국가의 두 원칙, 즉 강한 사회와 자유선택이 대체관계가 되어 복지서비스의 성과를 중시할수록 참여의 규범은 경시되는 문제가 나타났다. 포괄적인 보편복지의 질적 성장을 위해 전문가와 복잡하고 거대한 행정시스템에 의존하게 되면서 정책 결정과 실행에 대중의 참여가 사실상 불가능해지고 복지국가로부터 시민이 소외되면서 시민의 권리가 박탈될 위험도 커졌다(Rothstein 1984).

사적권력은 물론 공적권력(공권력)의 집중과 배타성이 심화되면서 국가권력의 주인인 주권자는 갈수록 권력으로부터 멀어졌다. 누가 공권력을 가져갔나? 어떻게 공권력을 되찾아 올 수 있나? 이 문제를 검토하기 위해 우파정부는 1979년 정책계획위원회(The Government Committee on Public Policy Planning, Fövaltningsutredningen)를 구성하여 행정의 통제와 효율성을 제고하는 방안을 모색했다(SOU 1983:39). 1983년 '경제와 사회 연구연맹'(Centre for Business and Policy Studies, Studiefobundet Naingsliv och Samhalle, SNS)은 2개의 중요한 보고서에서 1982년 총선 후 실각한 우파정부의 실패를 분석했다.

이 보고서는 스웨덴 모델의 시스템적 무기력과 혁신의 위기를 비판했는데 이는 1970년 말부터 자본 측이 제기한 스웨덴모델의 쇠퇴 담론과 같은 맥락이었다. SNS는 1980년대 이후 스웨덴 모델이 시장주의적 요소를 강화시켜가는 방향으로 변모해온 과정에서 중요한 역할을 했다. SNS 소속 주류경제학자들이 생산하고 유포시킨 '규범정책' 담론이 중요한 역할을 수행했던 것이다. 이들은 물가안정을 무엇보다 중시하고 시장규범의 준수를 강조하는 규범정책을 통해 스웨덴 경제의 문제점들을 해결할 수 있다고 주장하였다. SNS는 정상급 경제학자들의 집결과 동원, 효과적인 네트워킹 활동 등을 통해 규범정책 담론을 정책과 제도로 구현시켜갔다. 사민당의 경제전문가들은 규범정책 담론에 상당히 동조하였으며, LO는 이에 저항하였으나 이에 비견할 만한 종합적이고 설득력 있는 대항담론과 전략을 제시하지 못하였다(신정완 2010). 신정완의 분석에 의하면 SNS의 규범정책 담론 확산 활동의 성공은 스웨덴 경제학계의 학자들이 학맥으로 긴밀하게 연결되어 있어 학문적 입장의 동조화 경향이 강했기 때문이라는 것이다. 이 점만 보더라도 스웨덴 내 다양한 엘리트(권력)집단이 폐쇄적이고 네트워크로 집중되어있음을 보여준다고 하겠다.

이러한 우파의 공세뿐 아니라, 권력을 소수의 엘리트(권력)집단에 빼앗겼다는 일반의 인식이 커지면서 정치적 수세에 몰릴 것을 우려한 사회민주주의자들도 권력조사에 적극 나서게 되었다. 1976년 총선 전부터 권력조사 요구가 있었지만 1980년 초 의회에서 이 문제가 논의되기 시작했다. 정치인들은 헌정 문제와 관련하여 정치와 정치적 결정이 개인의 권리와 사회발전에 좋은 결과를 가져올 수 있도록 행정부를 이끌어야 한다는 데 의견을 같이했고, 그 방안을 모색하는 정치적 기구의 설립에 합의했다. 1983년 11월 좌파정당도 이러한 기구의 설립에 동의했다. 이는 바로 민주주의 문제였다. 권력이 어디에 누구에게 있는지, 왜 주권자가 권력으로부터 멀어져야 하는지, 정치와 권력에의 시민 참여 문제, 개인의 진정한 자유가 그것이다.

공공부문의 팽창과 코포라티즘은 역설적으로 스웨덴 사회를 위계적으로 만들고 권력의 집중화를 가져왔다. 행정조직, 기업, 노사조직이 중앙집중화되면서 권력은 갈수록 집중된 반면, 선출된 권력인 의회는 행정조직에 대한 권력을 상실해갔다. 그 결과 시민들은 정치적 의사결정으로부터 점점 더 소외되었고 권력집단과 일반 주권자 간의 거리는 멀어졌다. 이에 좌파당은 권력조사의 필요성을 강조하면서 조사를 주도했다. 스웨덴의 관료시스템은 보수적이었지만 오랜 기간 국가운영에서 중추적 기능을 담당해 왔고 스웨덴의 민주화와 복지국가의 발전에서도 중요한 역할을 했다. 역사적으로 강력했던 스웨덴의 군사력은 이러한 관료제를 강화시키는 역할을 했다. 17세기부터 18세기 초에 걸쳐 완성된 스웨덴의 강한 '관료국가(Bureaucraticstate, Ämbetsmannastaten)'는 18-19세기의 프러시아(독일) 관료제와 19세기의 노르웨이의 관료엘리트와 더불어 유럽에서 유명했다. 19세기 말 20세기 들어 발전한 정당 시스템과 복지국가는 이러한 관료국가에 기반하여 발전하였다고 한다(Anton 1980). 1888년 자유무역과 보호주의 간 갈등으로 지주 중심의 농촌당(the Country party, Lantmannapartiet)이 조직되면서 정당 시스템이 발전되었다. 사회민주당 정부의 복지정책이 사실상 권위적으로, 그리고 효율적으로 실시될 수 있었던 것도 역사적으로 강했던 관료시스템에 기인했다고 한다. 사회민주당의 오랜 집권에도 스웨덴의 전문기술관료의 권한은 여전했다. 2020-2021년 코로나19 방역에서 스웨덴 보건청 전문가들이 거의 모든 것을 결정한데서 보듯이 수평적 분권화로 각 분야의 강한 전문 관료집단은 여전히 강한 권한을 가지고 있다. 공권력(public power)은 분산되는 반면, 사적권력(private power)이 집중된 스웨덴 사회의 모순적인 권력관계는 더욱 더 철저한 권력조사를 필요로 했다. 재계, 관료, 사회조직, 미디어 등의 권력에 대한 조사뿐 아니라, 공적 이해관계와 사적 이해관계가 권력 네트웍을 통해 어떻게 연결되고 있는지에 대해서도 조사가 필요했다. 권력집중 및 권력집단 간 내부연계 문제는 사회적으로 큰 파문을 가져왔다. 의회의 헌법위원회(the Committee on the Constitution, Konstitutionsutskottet)는 노사대표를 포함한 조사위원회를 구성하고자 했다. 그러나 1985년 3월 정부가 전문적이고 독립적인 연구자들을 위원으로 임명할 것이라고 칼손 부총리(Ingvar Carlsson)가 공식 발표했다.

권력조사위원회의 활동 및 결과에 대한 평가

조사위원회 운영과 활동의 목적은 첫째, 평등과 정의를 위해 사적권력(private power)의 실체를 드러내는 것이고, 둘째, 민주주의와 효율성을 위해 공적권력(public power)의 행사를 개선·향상시키는 것이다. 조사위원회의 성과에 대해서는 과거의 스웨덴 모델을 보다 투명하고 민주적이며, 개방적이고 효율적으로 변화시키는 역할을 했다는 평가를 받았다. 즉, 순응주의적이고 (conformist), 조합주의적인(corporatist) 스웨덴 모델에서 보다 역동적이고 유연하며 참여하는 '열린사회(open society)'를 지향하게 되었다는 것이다(SOU 1990:44). 물론, 조사위원회가 사적권력을 충분히 드러내고 밝혀내지 못했고, 스웨덴 복지모델에 대한 바람직하고 명확한 혁신 방안을 제시하지 못했다는 비판도 있었다. '스웨덴식 적폐청산'은 권력과 제도의 투명성과 개방성, 효율성을 높여 시민의 참여, 개인의 자유와 평등을 향상시키는 것이었다. 바로 민주주의 전반, 특히 시민민주주의와 사회민주주의 수준을 더욱 높이는 것으로, 권력과 민주주의가 어떻게 개인의 자유와 평등을 위해 작동되어야 하는지를 재검토하고 그 방안을 모색한 것이다.

1985년 당시 권력문제 조사라는 정치적, 학술적인 문제는 사회민주당과 우파 야당 간의 정치적 대결로 이어졌다. 우파 야당은 스웨덴모델을 버리고 대처리즘 유형의 신자유주의를 선호하면서 '시스템 전환(systemskifte, systemic shift)'을 주장했기 때문이다. 급진적이었던 당시 사회민주당 팔메 총리는 이러한 주장을 비판했고, 칼손 부총리는 권력조사가 향후 스웨덴 정치와 스웨덴모델에 결정적인 영향을 주어 바람직한 시스템 전환의 역할을 할 가능성을 강조했다.[34] 1985년 6월 조사지침이 완성되자 칼손 부총리는 조사위원 임명 결정을 언론에 발표했다. 위원회의 임무는 스웨덴 사회에서 권력과 민주주의의 문제를 분석하는 것으로, '누가 권력을 가지고 있고 왜 그(녀)가 권력을 갖는지(Who has power and why?)', 스웨덴 사회의 권력구조(power structures in Swedish society)는 어떤 문제를 가지고 있는가, 민주주의가 어떤 상황에 처해있는가 등의 매우 비판적이고 구조적인 문제를 조사 분석하는 것이었다. 위원회는 또한 더 많은 사람들이 자신의 삶뿐 아니라, 사회 전체의 발전에 대해서도 참여하고 결정할 수 있는 실질적 기회를 가질 수 있는가에 대해서도 연구하

---

34) 팔메(Olof Joachim Palme) 총리는 1986년 2월 암살로 임기 중 사망했으며, 칼손(Gösta Ingvar Carlsson) 부총리는 1986년 3월 총리가 되어 1991년 10월까지, 1994년 10부터 1996년 3월까지 총리직을 수행했다. 팔메 총리는 스웨덴 사회민주당 내 급진파로 1969년 5월부터 1976년 10월까지, 1982년 10월부터 1986년 2월 28일까지 총리직을 역임하면서 진보적인 사회·경제정책의 도입과 발전에 크게 기여했다.

는 중요한 임무를 부여받았다. 이러한 연구들은 실로 민주주의의 전제 조건에 대한 학술적 지식을 심화시키고 정치의 역할이 무엇인가에 대한 것이었다. 권력조사 연구에서 핵심 질문은 세 가지였다. 첫째, 권력의 분배와 시민의 영향력 문제, 둘째, 4개 부분(기업, 공공부문, 사회조직들, 여론)에서 권력과 영향력 문제, 셋째, 시민의 참여와 감시 기회가 증가하고 있는가가 그것이다. 권력조사를 수행하는 전문가들은 행정부, 재계, 이익단체간의 관계, 즉 '철의 삼각동맹(iron triangles)', 공공부문과 민간부문 간 관계, 여론형성 등을 연구하게 되었다. 이러한 질문들은 기본적으로 권력이 갈수록 모호해지면서 인과관계와 책임을 증명하기 어려워졌고, 사회 전체를 지배하는 것도 어려워졌다는 인식에서 비롯된 것이다. 따라서 후기 산업사회라는 사회변화 속에서 민주적 복지국가 거버넌스란 어떠해야 하는가라는 매우 중요한 문제를 연구하는 것이다.

칼손 부총리는 권력조사의 결과가 의회의 입법 결정에 기초자료가 될 수 있도록 전문가 중심의 위원회로 운용되고 작동되어야 한다고 강조했다. 조사의 조정 임무는 총리실(the Prime Minister's Office)이 담당했고 웁살라 대학교 정치학자인 페터슨(Olof Petersson) 교수35)가 전체조사를 이끌게 되었다. 경제학자, 사회학자, 역사학자 등 많은 학자들이 참여했고, 노르웨이 정치학자 올슨(Johan P. Olsen)교수36)도 참여했다. 역사학자인 히드만(Yvonne Hirdman) 교수는 젠더 관점에서 여성의 사회적 불평등 문제를 제기하면서 여성주의적 사회비판, 양성평등, 여성운동의 중요성을 강조했다. 정부는 1986년 2월 권력조사 예산의 배정을 웁살라대학이 관리하도록 하고, 1991년 총선 전인 1990년 여름 프로젝트가 끝나는 것으로 계획했다. 142명의 사회과학자들이 직간접적으로 참여했고, 125개의 보고서 및 자료가 발간되었다(SOU 1990). 스웨덴 산업의 자본집중과 기업의 사적 소유권에 대한 조사, 관료조직의 네트워크 조사도 진행했다. 거의 모든 사회과학적 주제가 망라되었고, 정당정치, 행정 등 많

---

35) 페터슨 교수는 1992년 우파 정부의 빌트(Bildt) 총리가 임명한, 린드벡(Assar Lindbeck) 교수가 이끈 경제위원회(일명 린드벡위원회)에 참여했다. 당시 1930년대 이래 가장 심각한 경제위기 상황에서 경제 및 정치 시스템의 개혁을 논의하고 1993년 3월 경제위기 극복 방안을 제시했다(SOU 1993:16). 페터슨 교수는 1995년부터 2008년까지 신자유주의적인 싱크탱크(SNS)에서 활동했으며 2001년 사임한 바 있다.
36) 올슨 교수는 1972-1982년간 진행된 노르웨이의 권력조사를 총괄한 바 있다. 스웨덴의 권력조사는 성공적인 연구로 평가되는 노르웨이 사례를 많이 참고했다고 한다.

은 연구가 이루어졌다. 사회학적 연구 내용은 교육, 삶의 조건, 가족생활, 여론 등으로 실증적인 현지조사도 많이 이루어졌다. 중요한 연구주제였던 스웨덴 파워엘리트에 대한 조사는 제대로 실행되지 못했지만 그동안 연구되지 않았고 조사하기 어려웠던 여러 주제에 대한 연구가 이루어졌다. 5년간 진행된 권력조사 연구는 1970년대와 1980년대 스웨덴 사회의 문제와 모순뿐 아니라, 시민들의 일상 삶의 모습을 한눈에 보여주었고 향후 스웨덴 모델에 대한 열린 토론의 장과 기초자료를 제공했다.

권력조사위원회의 활동과 그 결과는 1990년대 스웨덴의 개혁과 민주주의에 중요한 영향을 주었다. 1990년 권력조사가 마무리되는 시점에서 연구의 원래의 목적, 즉 권력이 어디에 있는지, 누구의 책임인지에 대한 논쟁이 시작되었다. 이미 1980년대 들어 자본시장 탈규제 등 사회민주주의자들에 의한 신자유주의적 개혁이 시작되었고, 1990년에는 부동산 과열 등에 의한 거품경제로 금융위기의 전조가 나타나면서 스웨덴 모델에 대한 논란도 커져왔다. 454 페이지에 달하는 최종보고서(*Demokrati och makt i Sverige, Democracy and Power in Sweden*; SOU 1990:44)가 1990년 12월 발간되었다. 최종보고서의 핵심 내용은 기존의 스웨덴 모델은 낡았고 새로운 혁신과 전략이 필요하다는 것이었다. 스웨덴의 1970년대는 번영과 진보의 시대이면도 동시에 혼란의 시대였다. 복지국가의 발전이 최고조에 달한 시기였고, 대외환경의 변화로 경제적 어려움이 나타났으며, 근로자들의 불만과 노사갈등, 신사회운동의 등장과 이념 갈등 등이 그것이다. 1980년대 들어서는 신자유주의적 세계화가 본격화되면서 전통적인 스웨덴모델의 약화와 함께 새로운 국가 전략과 정책에 대한 논란과 갈등도 커졌다. 권력연구가 진행되던 1986년 2월 급진적 스웨덴 모델의 상징이던 팔메 총리가 암살되는 큰 사건이 발생했고, 1991년 경제위기가 발생하면서 스웨덴은 그야말로 국가적 위기와 대전환의 기로에 처하게 되었다.

권력조사위원회의 결과에 대해서는 여러 측면과 관점에서 다양한 긍정적, 부정적 평가가 나왔다. 먼저 부정적 평가를 보면, 수많은 연구들에도 불구하고 권력조사는 실제로 권력이 재계, 정치, 조직, 미디어 등에서 어떻게 작동하는지 직접 증명하지 못했다는 비판이 있었다. '누가 권력을 갖고 있는가(Who has power?)'라는 질문은 '권력이 어디에 있는가(Where is power?)'로 대체되었다는 것이다. 민간 대기업의 사회적 책임과 경제민주화에 대한 조사뿐 아니라, 스웨덴 정치와 사회에 중요한 영향력을 갖는 노동운동 헤게모니에 대해서도 조사가 제대로 이루어지지 않은 문제도 있었다. 공공서비스의 민영화와 시장화가 복지서비스의 다원화에 긍정적인 영향을 줄 것이라는 조사 결과에 대해 중도 및 좌파세력은 불만을 드러냈다. 또한 청년세대의 권리와 당면한 문제 및 관심사에 대한 논의가 부족했다는 비판도 나왔다. 많은 연구자들이 참여한 권력조사 자체가 과연 얼마나 비권력적일 수 있는지에 대한 우려도 있었고, 정부가 사회과학자 특수집단에 중요하고 포착하기 힘든 권력에 대한 연구를 위탁하는 것이 정당한가에 대한 의문도 제기되었다. 연구 자체가 정부 편향적일 수 있고, 정치인 및 시민들과의 소통보다 학자 및 지식인들 내부의 논의에 그쳤다는 평가도 있었다. 따라서 조사결과가 권력 문제를 제기하는 데 성공적이지 못했다는 학계의 평가도 있었다. 물론, 조사위원회의 관점은 민주적 정치란 본질적으로 사회적 갈등과 각축에 대해 끊임없이 토론을 하는 것이고, 권력조사는 스웨덴의 민주주의와 권력의 상태에 대해 합의를 도출하기 위한 것은 아니라는 것이었다. 모든 견해와 비판, 조사를 통해 더 나은 민주주의와 권력을 모색한 위원회 활동 결과에 대한 이러한 많은 비판은 스웨덴 사회의 민주성과 투명성을 보여준다고 할 수 있다.

스웨덴 사회의 평등문제, 젠더, 페미니즘에 대한 논의와 논쟁이 컸던 것은 긍정적이었다는 평가도 있었다. 스웨덴 복지국가를 표현하는 긍정적 용어였던 '인민의 가정(folkhemmet, the people's home)'에 내재한 사회통제의 부정적인 측면이 제기되면서 공동체주의적 성격을 가진 스웨덴 복지국가의 합리적 도덕성에 대한 재평가도 이루어졌다. '사회공학적' 공권력의 문제도 제기되었다(Therborn, 1992). 언론인들의 입장은, 새로운 변화가 더 나은 미래를 약속할 것이라고 확신할 수는 없지만, '스웨덴 예외주의'는 끝났고 새로운 이념의 수용과 세계화에 적응해야 한다는 것이었다. 대부분의 토론과 평가는 '과거의 죄(sins of the past)', 즉 '적폐'에 집중되었다. 좌파세력은 우파와 자본가집단을 위기에 처한 스웨덴 모델의 책임자로 보면서 민간대기업의 사적권력, 이와 매칭되는 부르주아 관료조직의 보수적 파워엘리트 집단이 스웨덴 사회를 지배한다고 비판했다. 반면, 우파세력은 장기간 집권해온 사회민주당 정부가 지배해온 공권력과 좌파 파워엘리트가 관료조직과 대중운동을 정치화해 왔다고 보았다. 자본가집단은 그들대로 기업활동의 자유가 제약되어 왔고, 갈수록 노조와 정부의 권력이 기업을 지배한다는 점을 강조했다. 그러나 정치인들은 공무원과 관료의 힘이 갈수록 세져 자신들도 관료조직에 의존한다고 주장했다. 관료와 노조지도부는 위에서 모든 결정을 한 정치인과 자본가집단에 책임이 있다고 주장했다. 1980년대 들어 스웨덴 모델이 위기에 처하게 되자 누구도 자신의 책임을 말하기보다 각자의 입장을 강조한 것이다. 어쨌든 각 부문의 주요세력들이 각자의 주장을 하게 되었고, 권력과 민주주의 문제에 대한 의견을 제시했던 것이다. 결국, '권력은 어디에나 있었고, 어디에도 없었다(Power is everywhere, but also nowhere).' 권력조사위원회는 권력을 모호한, 관계적, 상황적 권력으로 정의하면서 공적, 사적 파워엘리트는 항상 함께 존재했고, 서로 세력의 균형을 맞추면서 스웨덴의 합의주의 정치문화와 복지사회의 발전에 기여했다고 말했다.

1990년 여름 최종보고서가 공개되었을 때 1991년 9월 실시되는 총선 캠페인 과정에서 복지국가에 대한 시스템적, 이념적 비판 논쟁은 물론, 미래의 전략과 청사진에 대해 많은 주장과 토론이 있을 것으로 예상되었다. 그러나 1990년 봄부터 경제상황이 악화되었고, 스웨덴과 유럽(EEC/EU)과의 관계 변화, 1986년 2월 팔메 수상의 암살 등 스웨덴은 엄청난 정치적 격랑에 빠지게 되었다. 결국, 권력이라는 예민한 쟁점에 대한 연구조사는 조사 자체의 한계뿐 아니라 전혀 예상하지 못한 상황 변화로 인해 원래의 목적을 제대로 달성하지 못하게 되었다. 1991년 경제위기가 발생하면서 권력과 민주주의 조사라는 원래의 문제에 대한 사회적 논의는 축소된 반면, 스웨덴 모델의 위기가 경제적 요인에 있고, 우파적인 시장중심의 해결책이 요구된다는 광범위한 여론이 형성되었다. 그럼에도 권력조사위원회는 비대한 복지국가 운용 문제, 노사 코포라티즘과 정부위원회 시스템의 문제, 사적권력이 공권력과 연계되는 사적권력 네트워크가 권력을 모호하게 만든다는 점을 분명히 했다. 이 문제들은 1980년대 초 권력조사의 필요성이 커졌을 때 사회 전반적으로 정치와 공공부문 문제의 공론화, 권력의 투명성과 개방성에 대한 강력한 요구가 등장하게 된 결정적인 요인들이었다. 공공부문에 대한 참여와 감시와 혁신, 지자체 등 로컬 민주주의에 대한 아래로부터의 요구 등이 그것이다. 이러한 요구가 정당정치로 수렴될수록 정치(인)의 힘이 커져 관료조직에 영향력을 행사할 수 있고 일반시민의 편익이 높아질 수 있는 것이다. 쇄신에 대한 이러한 요구는 사적권력의 집중, 공권력에 대한 사적권력의 영향력에 대한 좌파의 비판은 물론, 공공부문에 대한 사회민주당의 영향력에 대한 공적 견제와 감시를 주장하는 우파의 요구도 수용하게 되는 것이다.

권력조사의 의의와 민주주의 — 권력의 개방, 사회적 공유 및 분산

권력조사 프로젝트가 진행된 1985-90년은 스웨덴 모델이 1930년대 이후 50여년 만에 나타난 가장 중요한 구조적 변화와 전환의 시기였다. 1980년대 중반 자본시장의 개방은 스웨덴 경제는 물론, 신용자유화로 개인의 가계생활에도 큰 변화를 가져왔다. 또한 이 시기는 임노동자기금제도에 대한 이념적 갈등이 매우 첨예했던 시기로 자본세력(및 우파세력)의 힘이 커지고 있던 시기였다. 노조와 노동계급의 힘은 수출산업 근로자와 내수근로자 간 이해관계의 확대, 막강해진 공공부문 근로자 등 내부의 분화로 약화되고 있었다. 이에 세계화와 유럽통합의 심화, 자본세력(특히, 수출 대기업)의 공세(특히, EU 가입 요구)로 사회민주주의자들은 전통적인 스웨덴 모델을 포기하고 신자유주의적 경제정책을 수용하기 시작했다. 임금 및 성장률이 높아지는 등 긍정적인 성과가 나타나기도 했지만 이 모든 새로운 상황은 거품경제 상황으로 전개되면서 스웨덴은 이미 경제적으로 1990년에 위기 상황에 봉착하게 되었다. 결국 권력조사의 의의와 목적은 제대로 구현되지 못하게 된 상태에서 경제위기와 1991년 우파로의 정권변화는 권력조사 결과를 포함하여 스웨덴 모델 자체를 뒤흔들게 되었다. 1991-3년 경제적, 정치적 위기로 인해 권력조사에도 불구하고 권력의 공적 통제에 대한 숙제는 해결하지 못했다. 스웨덴에서 권력조사는 좌파당의 요구에서 시작되었다. 풍요로운 복지국가에서 민간 사적권력의 집중과 심화가 국가의 자율성과 공권력을 무력화할 수 있는 상황으로 전개되었다는 비판 때문이다.

권력조사는 사민주의자들에게 스웨덴 복지국가의 민주주의와 효율성, 자유와 권력을 어떻게 조화시킬 것인가를 고민하게 만들었다. 스웨덴 기업들은 전후 자본세력의 정치적 중립 관행을 버리고 세계화된 경제 환경에서 집중된 사적권력을 조직적으로, 성공적으로 활용하고 있었다. 결론적으로 공권력이든 민간권력이등 권력은 항상 열려있어야 하고 감시되어야 한다. 권력은 스스로 숨는 본래적 능력을 가지며 더 숨을수록 더 위험하다는 '권력빙산(iceberg of power)'이론이 권력에 대한 감시의 필요성을 보여준다. 권력의 집중과 폐쇄성에 대한 의구심이 커지면서 이에 대한 연구와 논의를 위해 구성된 권력조사위원회는 그 한계에도 불구하고 스웨덴의 파워엘리트 집단이 자신들을 조사하도록 외부에 스스로 위탁할 만큼 정직하다는 믿음을 확인시켰다. 이는 '감시로서의 거버넌스(governance as scrutiny)'라는 개념으로 우파와 사민당세력을 융합하는 데 중요한 역할을 했다. 스웨덴 방식의 거버넌스 혁신, 즉 위로부터의 획일적인 계획 및 관료주의 대신, 참여, 분권화된 공공서비스, 개방성 등 새로운 관점이 중요해지면서 1970년대와 80년대의 좌·우파간 정책적, 이념적 격차와 갈등은 크게 줄었다. 1990년대 이후 다원주의와 정체성의 정치, 포용과 자유, 안전과 정의, 책임성과 대표성에의 강조는 새로운 정치적 거버넌스의 특징이 되고 새로운 국가적 내러티브(narratives)를 만드는 역할을 했다. 보편적 복지국가의 이념은 다른 방식으로 존중되었던 것이다.

복지국가 정치는 보다 더 민주적이고 효율적으로 작동하기 위해 시장적 대안을 수용했다(Scharpf 1999). 개인주의와 세계화의 수용을 강조한 조사보고서는 새로운 환경에서 스웨덴 모델의 혁신, 스웨덴 민주주의의 토론에 기여했다. 1970년대부터 1990년대까지 후기 산업사회 스웨덴의 정치적, 사회적 발전을 분석하고 논의한 중요한 시도는 권력조사의 중요한 결과나 주요 보고서의 해석과 평가 여부를 떠나 그 노력과 의의는 유의미하다 할 것이다. 비록 의도하지 않았더라도, 권력조사의 가장 중요한 성과는 오늘날 스웨덴이 시민 중심의 '열린사회'가 되는 움직임을 수용하면서 과거 스웨덴 모델의 모습을 살펴보는 데 기여한 것이다. 권력조사가 위탁한 수많은 연구들은 단순히 복지국가의 비판이나 지지 입장으로 축소되지 않는다. 조사의 전반적인 결과는 1980년대에 근본적인 전환이 일어났다는 광범위한 일반의 믿음을 확인시키는 데 기여했다. 코포라티즘에 기반한, 매우 기계적인 복지국가에서 역동적이고 경쟁적인 복지국가가 된 것이다. 권력조사는 스웨덴 복지국가의 동맥경화 신드롬 또는 무기력의 비판에도 불구하고 복지국가는 변화하고 혁신할 수 있음을 보여주었다. 글로벌 시대에 기업의 혁신에 걸맞게 과거의 스웨덴 모델에서 미래의 열린사회를 지향하는 스웨덴 모델의 혁신이 그것이다. 1985년 6월 권력조사가 공식화되면서 전문가의 조사 결과는 의회의 정책결정에 기초자료가 될 보고서뿐 아니라 일반인들 모두에게 영원히 공개되는 문서가 된다. 권력조사 최종보고서는 전후 40여 년 동안 지속된 사회관계의 위계적 구조에 기반한 기존의 코포라티즘과 스웨덴 모델은 시대에 뒤떨어졌고, 이는 다원적, 시민적 민주주의의 발전에도 도움이 되지 않는다고 강조했다. 즉, '열린사회'의 스웨덴이 되어야 한다는 것이다(Petersson 1990). 제도의 개혁과 혁신으로 경쟁력 있는 복지국가를 만들고, 개인의 선택, 투명성과 다양성, 통합이 중시되는 열린사회, 사회적 자유주의가 그것이다. 이러한 제언은 1990년대 이후 보다 적극적인 스웨덴 모델의 혁신, 시민민주주의의 활성화, 권력의 사회적 공유와 분산 확대 등에 기여해왔다.

제6장

강한 개인과 강한 사회
- 권력의 사회적 공유와 분산

1. 강한 개인과 시민민주주의 — 사회규범과 '보이지 않는 헌법'

스웨덴은 다른 노르딕 국가들과 마찬가지로 사회적 규범과 '보이지 않는 헌법'이 그 어떤 법이나 제도보다 강한 힘을 발휘해 왔다.[1] 이러한 점은 매우 중요한데 문화민주주의에 내재되고 문화민주주의에 의해 강화되는 사회문화적 규범은 강한 개인과 강한 사회의 토대가 되기 때문이다. 비록 스웨덴이 1990년대 이후 '보통국가'가 되고 있다 하더라도 사회적, 문화적 차원에서 각 개인과 사회가 규범적 힘을 유지하면서 '스웨덴 모델'의 주요 가치는 지속되고 있는 것이다. 스웨덴의 보편적 복지국가, 효율과 형평의 균형을 이룬 스웨덴 모델은 20세기 중반의 사회민주주의자들의 정책에만 의한 것이라기보다 그 이전의 문화 및 사회적 토대가 더 중요하다는 주장도 많다(Sanandaji v 2016; Kildal & Kuhnle 2005; Berggren & Trägårdh 2006). 노르딕 지역에서는 역사적으로 문화와 공동체에 내재되어 있는 개인의 자율성과 주체성, 각자의 잠재력 계발을 강조하는 'bildning(빌드닝 또는 bildung빌둥)'이라는 윤리 규범이 발전해 왔다. 이러한 전통적인 규범은 스칸디나비아 3국에서 19세기 말, 20세기 초 민주적인 산업사회로의 평화적 전환과 1930년대 이후 보편적 복지국가로의 발전에 크게 기여했다고 한다.[2] '강한 개인'과 '강한 사회'의 민주주

---

[1] 이는 '얀테의 법칙(Jantelagen)'이라는 노르딕 지역의 오랜 규범이 잘 보여준다.
[2] https://www.uio.no/english/research/strategic-research-areas/nordic/research/research-groups/living-the-nordic-model/events/2019/2019-nordic-education.html Nordic Modes of Bildung,

의를 가능하게 만드는 데 중요한 역할을 했다는 것이다. 스웨덴인들의 문화적 특질을 말할 때 '스웨덴인의 과묵함(the Swedish silence, en Svensk tiger)', '혼자가 강하다('alone is strong, ensam är stark)'라는 격언이 회자되는데 그만큼 독립적인 강한 개인을 중시해왔다.

민주화 100주년을 맞아 스웨덴 정부는 2018년 '강한 민주주의를 위한 전략'으로 민주주의의 강화, 공고화, 방어를 제시했다. 사회적 배제 현상, 대화와 소통의 비민주성, 반민주적 행동 등의 문제들을 지적하며 이에 대한 반성과 대안을 제시하는 것이다. 세계 최고 수준의 민주주의를 인정받고 있는 노르딕 국가들은 항상 민주주의의 약화 가능성을 전제하면서 민주주의를 지키고 강화하기 위해 노력해오고 있다. 이들 나라에서 진행되었던 '권력과 민주주의 조사'가 이를 잘 보여준다. 민주주의는 항상 증진되어야 하고, 사회 속에 뿌리 내려야 하고, 지켜져야 한다는 것이다. 스웨덴은 민주주의의 기본 가치를 참여, 개인 존중, 합의에 두고 있다(신필균 2021). 민주적 과정 또한 개인존중, 참여, 합의에 기반하여 구성된다. 참여란 선거 과정에서 투표를 통한 정치참여는 물론, 모든 정책 협의와 결정 과정에서의 참여를 말한다. 또한 시장경제 체제의 운용과 경제발전 과정에의 참여도 매우 중요하게 본다. 개인 존중이란 공동체 구성원 각자의 모든 개별적 가치, 이해관계, 특성을 존중하여 다양한 구성원들 중 누구도 배제되지 않고 공동체의 의사결정에 참여하는 것이다. 이러한 참여를 통해 궁극적으로 공동의 합의를 도출해 내는 것이 성숙된 민주주의의 모습이다. 개인 존중은 대부분의 서비스와 복지급여가 개인 기준으로 제공되는 스웨덴 복지정책에서 잘 나타난다. 합의(consensus)란 '모아진 의견'으로 스웨덴의 합의문화는 복지국가, 민주주의 발전 과정에서 가장 중요한 특성이며 사회통합과도 연계된다. 민주주의, 복지국가, 사회통합은 서로 불가분의 관계인 것이다. 참여, 개인 존중, 합의라는 규범은 민주주의, 복지국가, 사회통합에 가장 중요한 핵심 요소라 할 것이다.

Schooling, and Upbringing—The interplay between individualism, collectivism, and institutionalised lives.

https://ec.europa.eu/eurostat/web/products-eurostat-news/product/-/asset_publisher/VWJkHuaYvLIN/content/DDN-20180706-1/pop_up.

https://ec.europa.eu/eurostat/web/products-eurostat-news/-/edn-20210601-2.

스웨덴은 사회적 규제(social regulations)와 합의구축(consensus-building) 이라는 강한 전통을 가지고 있다. 사회적 규제와 합의구축이라는 규범은 또한 스웨덴의 정치를 지배한다. 스웨덴의 대중의 힘은 강한 민주적인 전통을 가지고 있기 때문이다. 노동운동뿐 아니라 일상적으로 민주적 결정을 하게 되는 수많은 다양한 결사체 조직들과 공익단체를 갖고 있는 것이다.3) 스웨덴뿐 아니라 노르딕 국가들에서 결사체 조직들에서의 활동과 경험으로 매우 강하고 오랜 민주주의에 대한 근본적인 인식이 있다. 민주주의의 안정과 미래는 시민의 정치적 영향력이 넓어지고 깊어지는 것을 요구한다. 노르딕 결사체들, 역사적으로 자발적 결사체의 강력한 정치적, 민주적 역할, 보다 일반적으로 이들의 사회에서의 의미있는 위치가 중요했던 것이다(Selle et.al. 2018). 비록 스웨덴 헌법이 다른 나라의 헌법에 비해 상대적으로 민주주의를 강하게 보장하지는 못하지만 개인의 인권과 기본권, 자유의 원리에 대한 광범위한 학습과 이해는 스웨덴 민주주의를 강하게 만들어 왔다.4) 스웨덴에서 개인의 독립과 주체성이 제도적으로 강력하게 추진된 계기는 1972년 스웨덴 사회민주주의여성연맹(Sveriges Socialdemokratiska Kvinnoförbund)이 발간한 <미래의 가족 — 사회주의적 가족정책>(The Family of the Future - A Socialist Family Policy, Familjen i framtiden - en socialistisk familjepolitik)이라는 보고서에서 비롯되었다. 이 보고서는 매우 진보적인 가족 모습을 제시했는데 무엇보다 공공보육을 중심으로 한 가족정책과 젠더평등정책을 강조했다. 성평등에서 더 나아가 모든 개인의 더 나은 삶을 위해 여성은 남성으로부터, 노인은 자녀로부터, 청소년은 부모로부터 독립하여 자유를 누리게 해야 한다는 것이다.

민주주의를 강화하기 위해 스웨덴은 1998년 민주주의 담당 장관(Minister for Democracy) 제도를 도입했다. 민주주의 담당 장관은 1998-2006년 기간 동안 법무부 소속이었다가 통합·성평등부(Ministry for Integration and Gender Equality) 소속 (2006-2010), 총리실 소속 (2010-2014)이었다가 2014년 이후 현재까지 문화부 소속으로 변화해 왔다.5) 민주주의는 제도의 차원과 함께 문화의 차원이 중

---

3) https://www.thelocal.se/20171115/swedens-democracy-is-strong-new-report-says.
4) "How robust is Sweden's democracy? (Clue: not very)" April 26, 2018. The Local Olle Wästberg & Daniel Lindvall, Folkstyret i rädslans tid. Stockholm: Fri Tanke, 2017. (The Rule of the People in a Time of Fear).

요하다는 것이다. 민주주의, 민주시민은 법제도 이전에 '삶의 방식'이고 '문화'라는 인식은 민주시민 의식이 높은 나라들에서 많이 발견된다. 스웨덴의 문화부 장관은 공식적으로 '문화·민주주의 장관(Minister for Culture and Democracy)'으로 불린다. 문화 민주주의 가치를 내면화하고 실천하는 것이 곧 민주시민이고 민주주의라고 보는 것이다. 타인 인정과 포용, 높은 자존감과 행복이 바로 문화 민주주의인 바, '스스로의 공부학습과 즐거움'을 지향하는 문화 민주주의 전략이 중요한 것도 이에 기반하고 있다. 스웨덴 문화부(Ministry of Culture)는 업무에 대해 '문화부는 문화, 미디어, 민주주의, 인권, 종교단체, 언어, 사미인 문화, 반차별, 시민사회 관련 업무를 책임진다. 핵심 업무영역은 시민사회, 문화, 민주주의와 인권, 미디어이다.'6) 문화부는 민주주의 정책의 새로운 목표를 채택하고 있는데 '참여와 동등한 영향력을 특징으로 하는 지속 가능한 민주주의'가 그것이다. 이 목표를 달성하기 위해 정부는 모두가(특히 청년층) 참여할 수 있고 목소리를 낼 수 있는 정치 평등의 확대를 목표로 하고 있다.7) 포용과 관용, 다양성의 문화 민주주의 가치 내면화는 문화예술 차원의 민주주의의 목표인 것이다. 결국, 민주주의 수준이 높은 북유럽 국가들의 함의는 평등, 자유, 포용, 다양성 등 민주주의 가치를 내면화한 민주시민의 참여가 중요하다는 것이다. 결국, 스스로 공부하고 각성된 민주시민(개인) 위에 굳건한 공동체 (마을, 지역, 사회, 국가 등등)가 만들어 질 수 있는 것이다.

사회적 갈등은 보편적이기에 민주주의는 갈등, 타협, 협력을 통해 발전해 왔고, 권력은 상호견제와 민주적 통제, 절제와 제한을 통해 민주화되어 왔다. 노르딕 국가들에서는 일방적 다수결이 아닌 숙의민주주의와 합의정치로 분열과 극단의 정치를 막고 비배제적·비독점적 방식, 즉 권력의 분산과 공유로 사

---

5) https://urbact.eu/sites/default/files/media/report_democracy_and_participation_-_the_ swedish_model.pdf.

6) The Ministry of Culture is responsible for issues relating to culture, media, democracy, human rights at national level, the national minorities and the language and culture of the Sami people. The Ministry is also responsible for anti-discrimination work and issues concerning civil society, faith communities and burial and cremation services. https://www.government.se/government-of-sweden/ministry-of-culture/.

7) https://www.regeringen.se/rattsliga-dokument/statens-offentliga-utredningar/2016/01/sou-20165/.

회통합적이고 민주적인 정치가 이루어져 왔다. 노르딕 민주주의는 시민사회와 소통하고 시민의 참여를 촉진하여, 그 어떤 권위주의나 권위주의적 요소를 최소화하려는 노력과 함께 시민(사회)의 감시와 견제로 '더 개방적이고 반대의견에 관대한 정부'를 지향해 왔다. 오래된 헌법을 유지하면서 민주주의를 발전시켜온 스칸디나비아 3국, 헌법개혁을 통해 민주주의를 발전시켜온 핀란드 모두 '법의 지배'에 충실한 민주 헌정주의 체제이다. 중요한 것은 법과 제도적 차원의 민주주의는 물론 도덕적 규범과 성찰, 합의민주주의와 참여민주주의라는 시민문화와 정치문화로 개인의 권리와 자유, 사회·문화적 평등과 다양성을 달성해 왔다는 점이 중요하다.

민주주의의 발전은 헌법이 보장하기보다 헌법이라는 최고 규범에 따라 자유와 평등을 심화시키는 법제도를 만드는 정치권력, 사회적 규범에 있음을 보여준 것이다. 이러한 정치권력은 당연히 주권자(시민)로부터 나오는데 스웨덴의 유권자들은 이미 시민민주주의와 사회민주주의의 규범과 가치를 내면화하고 그 규범이 사회적으로 뿌리내려 있었다. 오랜 역사를 가진 스웨덴의 대중시민교육과 문화민주주의가 중요한 역할을 했던 것이다. 스웨덴 시민들은 '민주주의는 완벽하지 않다'라는 인식을 가지고 모든 문제를 민주적 절차와 타협, 사회적 신뢰에 기반하여 해결한다. 복지 또한 신뢰라는 인식이 매우 강하기 때문에 높은 세금도 부담해온 것이다.

2. 대중시민교육(Folkbildning)과 민주주의의 발전
— 강한 개인과 강한 사회를 위한 문화민주주의

문화정책과 문화민주주의

스웨덴 정부의 현대적 문화정책은 1920년대에 본격적으로 시작되고 1970년대까지 급속히 발전해 왔다. 문화정책의 역사는 18세기까지 거슬러 올라가고 19세기 들어 활성화되었는데 이때부터 정부는 왕에 의해 설립된 문화예술 기관을 감독하거나 운영하게 되었다. 20세기 초 문화정책의 주요 영역은 문화교육, 공공박물관, 공연장, 공공도서관 등이었고, 상당부분 민간후원자나 자원봉사의 지원을 받았다. 한편, 19세기 말 급속한 산업화로 등장한 노조운동은 노동자들 스스로의 자기계발을 위한 평생교육운동을 확산시켜 왔다.8) 이는 민중고등학교(folk high schools) 형태로 1868년 2개의 학교가 만들어졌고, 19세기 말, 20세기 초에 전국적으로 크게 확산되었다. 노조운동, 금주운동, 자유교회운동 등에 의한 대중 문화교육도 활발하였다. 민중고등학교 등 다양한 대중시민교육(folkbildning)9)은 인격을 함양하는 방법으로서의 학습 또는 지식(bildning)과 관련되며 스웨덴 문화정책의 핵심이 되었다. 스웨덴어 'bildning'은 '계몽(enlightenment)'를 뜻한다고도 한다.10) 1912년부터 도서관에 대한 국가지원이 시작되었고, 1928년에는 전국의 오케스트라를 대상으로 국가지원 정책이 도입되었다. 1930년대 등장한 스웨덴 복지국가모델이 문화정책을 포함하면서 문화와 예술에 대한 정부차원의 개입이 증가하였다. 초기 복지국가의 전형적인 문화프로그램은 기존의 대중 문화교육 및 평생교육을 정부가 지원하면서 국가주도 이념과 회원 중심의 대중운동조직 이념이 합해진 조합주의적 모델로 조직되었다. 1930년대부터 스웨덴 문화정책의 주요 특징은 수준 높은 문화에의 평등한 접근을 강조한 것이었다. '인민의 가정(Folkhemmet)'이라는 1930년대의 복지국가 이념이 교육과 문화에도 큰 영향을 끼쳤던 것이다. 스웨덴 정부는 복지국가 건설을 목표로 사회복지제도 마련과 함께 높은 수준의 문화적 환경을 만들고자 노력을 경주해 왔다. 특히, 각 개인의 표현의 자유를 보장하고 문화시설의 특정지역 또는 특정계층에의 편중을 방지하기 위해 문화예술 기관 및 활동의 지방 분산을 문화정책 목표의 우선과제로 설정하였다.

2차 세계대전 후 '풍요로운 사회'를 지향하고, '모두를 위한 최고의 것'이라는 복지정책의 슬로건을 통해 스웨덴의 문화정책도 큰 변화를 맞게 되었다

---

8) 이러한 대중교육운동은 덴마크의 교육운동가인 그룬트비(Grundtvig)에 의해 국민고등학교라는 형식으로 1840년대에 처음 시작되었다. 그 후 이러한 교육운동이 1864년 노르웨이의 민중고등학교, 1868년 스웨덴의 민중고등학교 등 주변 나라들로 확산되었다.
9) folkbildning은 인민 또는 대중이라는 뜻의 folk와 계몽 또는 교육을 의미하는 bildning이 합쳐진 용어로 대중 성인교육으로 알려져 있으나 이 글에서는 주로 대중시민교육으로 사용하고자 한다.
10) http://www.statvoks.no/emma/FRAMSYN-engoctober.pdf p.3.

(홍재웅 2011). 평등이 크게 강조된 1960년대의 정치·사회적 이념이 문화영역에도 적용되면서 문화정책을 둘러싼 많은 토론이 진행되었다. 1960년대 들어 문화정책은 예술가 지원이나 순수 문화예술 활동에서 벗어나, 더 많은 국민들이 문화 활동을 할 수 있도록 문화교육을 강화하고 독서활동을 중시하였다. 1940년대에 도입된 공립 음악학교가 1960년대 들어 전국적으로 급속히 확대되어 거의 모든 기초지자체(290개 지자체 중 283개 지자체가 운영하고 있음)가 각각의 음악학교를 운영하게 되었다. 모든 아동 및 학생들이 음악교육의 기회를 갖도록 하는 것이다. 또한 문화기관을 지방으로 분산하고 대중문화에 대한 지원도 시작하게 되었다. 이러한 정치·사회적 환경 변화와 많은 의제는 오늘날 스웨덴 문화정책의 근간이 된 '1974년 문화정책법'으로 발전되었다. 문화예술에 대한 국가의 역할과 책임이 크게 강화되었다. 모든 문화예술은 인간으로 하여금 감동과 놀라움의 경험을 통해 마음과 영혼을 맑게 하고 아름다움의 '선한 정신'을 갖게 한다고 전제된다. 아름다움은 유다모니아적 (eudaimonistic) 행복감과 삶에 대한 깊은 성찰을 가져다 줄 수 있고, 이는 높은 자존감과 윤리적 덕성을 지닌 주체적 개인을 가능하게 할 것이다. 평등가치와 자유정신, 도덕과 관용을 지닌 주체적 인간이 그것이다. 문화예술이 주는 메시지와 이미지를 함께 이해하고 공유하고, 사회에 영향을 미침으로써 사회를 다르게 또는 새롭게 구성하는 기능을 한다.

스웨덴의 문화정책은 개인의 표현의 자유를 보장하고 이러한 자유를 모든 사람이 평등하게 누릴 수 있는 여건과 환경을 조성하는 데 초점이 맞추어져 있다. 국민 개개인들이 문화예술을 직접 경험하도록 함과 동시에 창의력을 개발하도록 지원하고 모든 사람이 문화생활에 참여할 수 있는 기회를 제공하는 것이다. 이러한 스웨덴 문화정책은 문화교육과 밀접한 관계를 갖는다. 사실 오랜 기간 스웨덴은 문화부와 교육부가 하나의 정부부처로 통합되어 있었다. 문화부는 1991년 교육부로부터 분리되었으나 예술교육 등 많은 문화 참여 교육활동은 여전히 교육부의 책임이다. 교육부와 문화부의 영역은 서로 밀접하게 연계되어 있고 이 두 부처는 2004-2006년 짧은 기간 다시 통합되기도 했다. 스웨덴의 정규교육은 1920년대부터 기존의 전통적 교육과 다른 대중적·진보적 교육운동이 시작되었다. 무엇보다 활동중심교육을 강조하였는데 이는 삶과 연관된 교육과정, 책임있는 민주시민 교육, 특히 스웨덴의 문화예술교육과도 크게 관련되었다. 1932년 사회민주당이 집권한 이후 교육개혁이 추진되었고, 특히 1940년대부터 1972년까지 이루어진 일련의 교육개혁으로 기존의 전통적 교육을 전면적으로 변화시켰다(이윤미 2015). 12년의 무상 공공교육과정에서 문화예술교육은 중요한 교과의 하나로 강조되고 있다. 모든 학생들에게 문화예술을 경험하게 하고 특히 독서를 중시한다.

문화복지와 문화민주주의를 목표로 해 온 스웨덴의 문화정책은 복지국가와 밀접한 관계를 맺으며 발전해 왔다. 복지국가의 한 부분으로서 국가 문화정책의 중요한 목적은 모든 국민들에게 문화에 대한 접근을 보장하는 것으로 문화예술 활동에의 적극적 참여와 고급문화에의 평등한 접근을 강조하는 것이었다. 복지와 권리로서의 문화 개념은 스웨덴 문화정책의 근간이다. '문화의 민주화 단계(1960년-1975년)'[11]는 복지국가의 등장과 더불어 국민에게 정치와 문화를 교육하는 일이 국가적 과제로 격상되었다. 당시 공연예술의 주관객이 고소득, 고학력, 전문직에 한정되어 있던 상황을 바꿔 많은 소외집단도 평등하게 문화예술을 향유할 수 있는 기회를 제공하려는 계획이 본격적으로 수립되게 되었다. 문화예술의 사회적 역할과 영향에 대한 연구를 보면 문화예술을 통해 사회적 배제를 감소시키고 지역 사회에의 소속감을 높이며 지역 주민의 건강과 행복을 추구한다는 데 있다. 스웨덴의 문화부(The Ministry of Culture)는 '문화와 민주주의 담당(Minister for culture and democracy)'이라는 공식 명칭을 갖는 문화부 장관 책임 하에 '더 많은 사람들에게 더 많은 문화(more culture for more people)'를 목표로 하고 있다. '문화와 민주주의 담당 장관'이란 표현은 문화가 곧 민주주의이고, 민주주의가 곧 문화임을 보여준다. 또한 교육과 문화의 밀접한 관계는 문화가 곧 교육이고, 문화와 교육과 민주주의가 하나임을 보여주는 것이다. 문화 및 민주주의 관련 정책은 사회와 구성원의 결속을 위한 정책적 노력의 하나로 다양한 문화정책, 소수자·인권 및 민주주의 증진 정책을 포괄하고 있다. 현재 스웨덴 문화부의 주요 업무 영역은 시민사회(civil society), 문화(culture), 민주주의와 인권(democracy and hu-

---

11) 스웨덴은 1531년 구스타프 바사 국왕이 루터교를 국교로 정한 이후 1951년에야 종교자유가 허용되었다. 국교의 막강한 권위와 강제를 거부하는 자유교회운동이 19세기 말부터 등장하기 시작하였다. 루터교의 국교 지위는 개방화와 세계화, 다문화라는 급변하는 사회 환경에 따라 1995년 의회에서 공식 철폐되었다.

man rights), 미디어(media)이다. 스웨덴 정부는 시민사회를 민주주의 관점에서 보고 있다. 또한 문화부는 차별금지 및 사회통합 업무도 담당한다.12)

스웨덴의 문화정책에서 중요한 비중을 갖는 것이 공공도서관과 독서진흥이다. 공공도서관은 단순히 도서를 모으는 곳이 아니라 독서진흥을 통해 시민들의 문화적 소양을 높이는 적극적 역할을 한다. 20세기 초 노조와 정당을 중심으로 민주사회를 이끌어갈 시민교육 차원의 학습동아리 운동이 크게 일면서 생겨난 작은 도서관들이 전국적인 공공도서관 체계로 발전해 온 것이다. 스웨덴에는 1600년대에 세워진 왕립도서관을 비롯하여 예테보리대학 도서관, 룬드대학 도서관, 웁살라대학 도서관 등 4개의 주요 도서관 외에 400여 개의 공공도서관이 있다. 국립중앙도서관은 스웨덴의 모든 공공도서관(주로 기초지자체 도서관)을 조정하는 역할을 하면서 교육부에도 보고한다. 1997년 1월에 발효된 '도서관법'은 모든 행정기관의 공공도서관 설치를 의무화했으며, 스웨덴 국민들이 공공도서관 책을 무료로 대출받을 수 있도록 법률로 보장하고 있다. 만민교육이라는 전통에 바탕을 둔 스웨덴의 도서관들은 전시회, 연주회, 토론 등을 위한 시설로 활용되기도 한다. 유럽연합 27개국의 15세 이상을 대상으로 EU 집행위원회가 조사한 '유로바로미터-유럽의 문화활동' 2013년 보고서에 따르면 스웨덴 국민의 연평균 독서율은 90%로 세계 1위로 나타났다. 2009-2020년 스웨덴 성인 연간 독서율은 80%(2010년)에서 86%(2014, 2015년)로,13) 우리의 성인 연간 독서율 47.5%(2021년)와 크게 비교된다. 공공도서관 이용률도 74%로 세계 최고 수준임에도 스웨덴 정부는 독서진흥을 위해 많은 노력을 하고 있다. 1996년 제정된 도서관법을 대체해 2014년 1월부터 시행 중인 스웨덴의 새 도서관법은 지식의 소통과 자유로운 여론 형성을 통한 민주사회 발전에 도서관이 중요하다는 철학 아래 '모든 사람을 위한 공공도서관'을 목표로 하고 있다. 특히, 어린이와 청소년의 문해력과 독서활동을 촉진하고, 장애인과 외국계 이주민, 사회적 소수자를 위한 서비스를 강화하는 게 핵심이다. 2002년 정부는 독서생활을 진흥하기 위해 도서에 대한 부가가치세를 25%에서 6%로 낮추었고, 그 결과 책값이 낮아지면서 독서가 늘어났다고

---

12) http://www.government.se/government-of-sweden/ministry-of-culture/.

13) https://www.statista.com/statistics/592626/share-of-individuals-reading-books-over-the-last-year-in-sweden/.

한다. 스웨덴 문화정책은 문화복지와 문화교육의 중요성을 강조하고, 문화와 창의성의 융합을 중시한다. 문화민주주의와 보편적 문화교육에 기초하여 문화예술을 발전시켜왔다는 점이 특히 중요하다. 문화정책은 문화적 권리를 확대하는 것으로 보편적 복지정책의 핵심 요소였다. 독서진흥과 다양한 공공 예술교육이 중요한 역할을 한 것으로 평가된다. 2차 세계대전 후 스웨덴 문화정책의 기본 이념은 예술적 자유와 문화민주주의를 확보하기 위해 예술과 문화를 융성시키는 것이었다. 1990년대 이후 세계화의 심화와 스웨덴 복지모델의 변화로 문화정책도 변화하였다. 문화정책의 분권화, 지자체의 문화산업 활성화, 창조산업 및 문화산업의 활성화, 문화예술과 산업의 융합, ICT와 혁신을 통한 문화산업 발전 등이 그것이다. 지역 커뮤니티 차원의 공적 문화지출 비중이 높다. 스웨덴 문화정책분석기관(The Swedish Agency for Cultural Policy Analysis)에 의하면 2020년 기준 공적문화지출 비중은 중앙정부가 50.3%, 광역정부 13.6%, 기초정부 36.1%%로 나타난다.

스웨덴의 대중시민교육은 사회문화적 규범의 발전과 문화민주주의에 큰 영향을 주었다. 역사적으로 스웨덴 민주주의의 발전은 참여와 연대, 평등과 자유의 융합, 평등교육 및 대중시민교육과 밀접히 연관되어 왔다. 노르딕 국가들의 '아래로부터의 역량강화와 사회적 신뢰'는 19세기 중·후반부터 마을과 지역공동체에서 스스로 즐겁게 모이고, 학습·토론하고, 성찰하는 동아리 활동에서 비롯되었다. 스스로 삶과 삶의 의미를 찾는 '삶을 위한 교육'이 중요했다. 제도만큼 또는 제도 이상으로 사회적 규범이 민주주의에 중요했다는 점은 노르딕 국가들의 공통점이다. 성공적인 보편적 복지국가도 고조세·고복지만큼, 또는 그 이상으로 사회적 신뢰와 연대, 문화적 공존과 관용 등의 사회·문화적 규범이 중요했던 것이다. 호네트가 말한 대로, 이미 사회적으로 자유에 대한 이해가 이루어져 있을 때 제도화된 자유, 즉 법적 자유가 그 가치와 의의를 다 할 수 있음을 보여주는 것이다. 바로 민주적 삶의 사회적 토대가 보편적 복지국가가 자리잡기 전에 먼저 뿌리내려 있었던 것이다(Honneth 2012, 2014). 사회·문화적 차원이란 일상적 삶과 관계, 다양한 사회집단과 지역사회로 구성되는 시민사회 또는 제3섹터이다. 북유럽 국가들이나 네덜란드에서 보듯이, 이러한 시민사회 또는 제3섹터의 민주적 역량이 강해야 사회적 연대와 재분배를 위한 사회민주주의나 개인의 자유를 중시하는 정치적 민주주의가 제대로 작동될 수 있다.

폴크빌드닝은 평생교육 그 이상의 교육이고 일반적인 정규교육과는 다른 교육이다. 스스로를 위한 계몽의 기회이고 각자가 자신의 학습을 책임지는 교육이기 때문이다. 폴크빌드닝은 초기부터 기본적으로 모두에게 교육을 제공하고, 특히 공식교육 기회를 접하기 어려운 사람들에게 교육·학습 기회를 주는 것이다. 자유롭고 개방된 분위기에서 토론과 교육에 참여하고자 하는 모두에게 민주적이고 자율적인 접근을 가능하게 하였다. 서로 다른 모두의 관점과 생각을 존중한다. 정부가 거의 모든 예산을 지원하지등 사회영역과 밀접한 관계를 맺고 사회의 민주주의 발전에 기여하는 등 거시적 사회변화를 추동하는 역할을 해왔다. 빌드닝 개념은 대중시민교육(folkbildning), 대중교육(popular bildning)의 형태로 모두에게 교육의 권리와 문화적 이해를 확대하기 위한 민주주의 운동의 한 부분이 되었다. 학습동아리(study circle)는 폴크빌드닝의 핵심이다. 학습동아리 참여를 통해 자신의 경험과 지식을 쌓고 다른 사람들의 경험과 지식에서 배움을 얻기도 한다. 학습동아리 참가자들은 서로 학습을 공유하고 자신의 관심사항과 배움의 열망을 축적하는 것이다. 폴크빌드닝은 시민사회의 한 부분으로 대부분의 대중운동은 학습동아리협회와의 파트너십에 의해 이루어져 왔다. 이러한 network으로 서로 간에 관계와 협동을 할 수 있다.[14] 스웨덴 정부는 폴크빌드닝에 1912년부터 재정지원을 하면서 폴크빌드닝은 문화정책의 핵심이 되었다. 공적지원을 받지만 운영은 정부로부터 독립적이고 자율적이며, 모든 정당들이 스웨덴 사회에서의 폴크빌드닝의 중요성을 인정하고 있다. 오늘날 시민의 정치적 참여와 담론 형성, 시민교육을 위한 '학습동아리 민주주의(study circle democracy)'라는 공동체 시민교육이 바로 이러한 대중시민교육에서부터 비롯된 것이다. 스웨덴을 '고대 아테네민주주의에 기반한 현대의 민주주의(a modern democracy on Ancient foundations)'로 보는 배경이다(Herlitz, 1939).

스웨덴의 대중시민교육(folkbildning)과 민주주의 발전

스웨덴에서는 역사적으로 폴크빌드닝(folkbildning)이라고 하는 시민들의

---

14) http://www.folkbildningsradet.se/globalassets/rapporter/ovriga-rapporter/significance-of-folkbildning_web-2.pdf?epieditmode=true 참조.

자발적 공부모임이 발전해 왔다. 19세기 후반 소수에게만 고등교육 기회가 주어지던 시기에 일반 대중의 지식에 대한 열망과 스스로 지역사회와 사회발전에 참여하기 위한 동기에서 시작되었다. 오늘날에도 폴크빌드닝의 핵심 개념은 '모두가 스스로 지식과 자기계발을 할 권리를 보장'하는 것으로, 그 목표는 교육·학습의 격차가 최소화된 사회를 만드는 것이다. 문화정책 관련 중앙정부 예산지출에서 가장 큰 비중(28%)을 차지하는 것이 대중시민교육(folkbildning) 지원이다(Harding 2015. 36).15) 폴크빌드닝은 사회적 공간에서 일반대중의 교육과 참여, 스스로의 계몽을 중시했다. 1868년에 시작된 민중고등학교(folk high schools, 오늘날의 시민학교)는 자유주의적인 대중시민교육을 담당하였으며 19세기 말, 20세기 초에 크게 확산되어 민주주의 교육과 계몽에 큰 역할을 하였다(Lund 1938). 현재 폴크빌드닝은 전국적으로 150여개의 시민학교와 10개의 학습동아리협회(study associations)가 정부지원으로 운영되고 있으며 학습동아리는 매년 30만여 개의 공부모임과 25만여 개의 문화프로그램에 200만 명 이상의 시민들이 참여하고 있다. 학습동아리협회 중 대표적인 것이 ABF(Arbetarnas Bildningsförbund, the Workers' Educational Association, www.abf.se)이다. 현재 9만여 학습동아리에서 75만여 명이 참가하고 있으며 스웨덴 대중시민교육의 30%를 담당하고 있는 가장 큰 단체이다. ABF는 사회민주당과 노조가 연계해 민주주의, 다양성, 정의, 평등을 목표로 1912년 노동자교육기관으로 설립되었다. 1889년 사회민주당 창당과 1898년 노조총연맹(LO)의 설립으로 노동조직화가 본격화되었고 20세기 들어 이념대립과 노사대립이 심화되어 왔다. 이러한 상황에서 ABF는 자유롭고 자발적인 교육활동을 중시했고, 사회민주당과 연계되어 있었지만 정당이나 종교로부터 자율적으로 활동하였다. 노동운동과 사회를 발전시키기 위한 목적으로 회원들을 교육하였고, 특히 모든 시민이 문화적 가치(cultural values)를 접하고 향유할 수 있도록 하였다. ABF는 민주적인 정치조직이자 문화조직이고, 노동조직이자 협동조직이었다.16) 특히 ABF의 영향력은 1920년대, 30년대에 매우 컸는데 당

---

15) http://www.culturalpolicies.net/web/sweden.php.
16) 2차 세계대전 전에 설립된 주요 협회로 1940년에 설립된 Medborgarskolan(www.medborgarskolan.se)는 보수적 가치를 앞세운 사회개혁운동 단체이다. Sensus(1930년 설립)는 국가종교 교리에 입각한 시민교육단체이고, Folkuniversitet(1933년 설립)는 대

시 일반아동의 공교육이 13-14세까지만 가능하였기 때문이다(Elgán and Scobbie, 2015: 32). 따라서 일반 성인은 물론 청소년들이 정치적으로, 문화적으로 성장하고 성숙하는 데 중요한 역할을 했던 것이다. '민주적 시민', '문화적 시민'으로 재탄생할 수 있도록 지원한 것이다.

오늘날 모든 대중시민교육(folkbildning)은 크게 두 분야로 구분되는데 시민학교(folk high schools)와 학습동아리협회(study associations)가 그것이다.[17] 학습동아리협회는 학습동아리, 문화프로그램, 기타 폴크빌드닝 활동으로 구성된다. 시민학교는 최장 4년 동안 진행되는 장기강좌와 단기강좌가 있다. 장기강좌 중 일부 특별강좌는 전문직업교육 프로그램로 구성된다. 단기강좌는 최대 3주 기간으로 다양한 문화활동 프로그램으로 구성된다. 2010년 기준으로 150개의 시민학교와 10개의 학습동아리협회가 있다. 전국적으로 운영되는 150여개의 시민학교 중 100여 개가 협회, 재단, 대중운동단체, 비영리단체와 연관되어 운영되며 나머지 50여 개는 지자체가 운영하고 있다. 두 종류의 단체 모두 정부의 지원을 받고 있다. 시민학교는 매 학기 약 2만6천5백 명이 장기코스에 참여하고 약 8만 명이 단기코스에 참여하고 있다. 전국 조직인 10개의 학습동아리협회에서는 매년 30만 개 가까운 공부모임(study circles, studieförbund))이 운영되고 200만 명의 이상의 시민들이 참여하고 있다. 또한 25만여 개의 문화프로그램이 운영되고 150만여 명이 참여하고 있다. 공부모임의 주요 과목은 음악, 미술, 미디어, 인문학, 사회과학, 심리학 순으로 인기과목이라고 한다. 특히 음악, 미술, 미디어가 전체 활동의 61%를 차지하여 문화예술 경험과 교육에 큰 역할을 하고 있다.[18]

폴크빌드닝은 시민들이 자발적으로 조직하고 운영하며 스스로 학습내용을 개발하고 공부한다는 특징이 있다. 어학강좌, 창조적 작업활동, 문화·취미활

학생들이 조직한 시민교육기관이다(von Essen and Åberg 2009). 1967년 설립된 SV는 농민과 도시자영업자 유권자들을 중심으로 하는 시민교육단체이다. 중요한 것은 설립 당시의 정치적 노선과 달리 모든 협회가 문화예술, 토론, 교양 등의 시민교육을 중시하고 실시하고 있다는 점이다.

17) www.eaea.org/country/sweden. 2017년 5월 29일 검색.
18) Folkbildningsradet. *Facts on folkbildning in Sweden*. Swedish National Council of Adult Education.
   http://www.folkbildningsradet.se/globalassets/fakta-om-folkbildning/fbr-facts-web.pdf.

동, 예술 강좌, 직업교육 등의 교육프로그램을 제공한다. 이러한 대중시민교육은 민주주의 창달, 문화생활 향상, 국민의 교양 수준을 높이는 차원의 교육뿐 아니라 노동인력 확보와 고급화, 생산성 향상이라는 국가의 경제적 목표에도 기여하고 있다. 2007년 개정된 '폴크빌드닝지원법(The Decree on Government Subsidies to Folkbildning)'에 따르면 대중시민교육은 민주주의 발전과 강화에 기여하고 있음을 명시하고 있다. 구체적으로 사회발전에 대중의 참여를 촉진하고, 교육격차를 줄이며 사회 전반의 교육수준을 높이고, 문화생활에의 관심과 참여를 확대하는 데 기여하고 있다고 평가하고 있다. 2010년에는 정부가 '신교육법(The new Education Act - for knowledge, choice and security)'을 의회에 제출하여 통과되었다. 이 법안은 성인교육에서 지식의 중요성을 강조하면서 3개의 교육프로그램으로 시민교육 정책목표를 추구하고 있다. 기초지자체 성인교육(municipal adult education), 학습지체자성인교육(education for adults with learning disabilities), 이민자스웨덴어교육(education in Swedish for immigrants, Svenska för Invandrare, SFI)가 그것이다. 이 법안에서 만들어진 중요한 결정은 시민학교(folk high schools)로 하여금 SFI의 스웨덴어 교육과 성인평생교육을 같이 운영하게 만든 것이다.

의회와 정부로부터 사무를 위임받은 비영리협회인 스웨덴시민교육위원회(Folkbildningsrådet, The Swedish National Council of Adult Education, 이하 위원회)가 2005년 발간한 *Folkbildning of the future, its role and objectives*에 폴크빌드닝의 목표는 스웨덴 민주주의를 발전시키는 것임을 명시하고 있다.[19] Folkbildningsrådet는 폴크빌드닝 관련 비영리 중앙조직으로 정부와 의회가 위임한 업무를 수행하고 있다. 위원회는 정부지원금을 학습동아리협회와 시민학교에 배분하고, 예산서와 연차보고서를 정부에 제출하고, 평생교육활동을 평가하는 활동을 한다. 위원회는 3개의 회원조직으로 구성되는데 스웨덴학습동아리협회연합(The Swedish National Federation of Study Associations), 시민학교운동조직(the Interest Organisation for Popular Movement Folk High Schools), 스웨덴지자체협회(the Swedish Association of Local Authorities and Regions, Sveriges Kommuner och Landsting)가 그것이다. 위원회가 2011년 발간

---

19) http://www.statvoks.no/emma/FRAMSYN-engoctober.pdf.

한 The Significance of Folkbildning to Swedish Society에 폴크빌드닝은 스웨덴 사회의 민주화에 중요한 기여를 했다고 한다. 시민의 사회참여와 사회에 영향력을 발휘할 수 있는 기회를 확대하였기 때문이다. 교육격차를 줄이고 사회의 전반적인 교육 수준을 높인 것이다. 학습동아리협회와 시민학교가 시민들의 다양한 문화활동에의 접근 기회를 확대시켰다.[20] 스웨덴 사회에 폴크빌드닝이 미친 영향은 매우 크다. 2005년 법에 명시된 폴크빌드닝에 대한 국가 지원의 목표는 첫째, 민주주의를 발전시키고 강화하는 데 기여하는 활동들을 지원하는 것이다. 둘째, 시민들로 하여금 사회의 발전에 참여를 촉진하고 개인의 삶의 조건과 삶의 다양성을 증진하는 데 기여한다. 셋째, 교육격차를 없애고 사회의 교육과 문화적 각성 수준을 향상시키는 데 기여한다. 넷째, 문화생활에의 참여와 관심을 확대하는 데 기여한다.

대중시민교육은 민주주의와 지역사회 참여를 강화하기 위한 것으로, 의회와 중앙정부가 대중시민교육을 지원하는 가장 중요한 이유는 '사회의 민주적 발전'에 기여하기 때문이다. 위원회는 개인과 사회의 필요에 맞게 자유롭고 독립적인 대중시민교육이 이루어지도록 여건을 조성하고 평가하고 감독한다. 위원회의 'The significance of Folkbildning for society 2020'[21] 보고서는 대중시민교육이 민주주의를 발전시키고 강화하는 데 기여한다는 점을 보여준다. 스웨덴은 민주주의를 위한 시민교육의 중요성을 매우 중시하고 강조한다. 스웨덴 민주주의를 발전시키고 강화하는 데 중요한 역할을 한다고 본다. 사회와 개인 참가자의 교육 및 훈련, 지역사회의 필요에 집중적으로 부응하기 때문이다. 민주주의란 무(無)에서 나오는 것이 아니라 사회에서 '대화와 약속(conversation and commitment)'을 통해 함께 만들어 내는 것이다. 시민교육은 사람들 간 모임을 만들고, 학습과 대화를 촉진하여, 민주주의를 강화하는 노력을 한다. 민주주의는 궁극적으로 각 개인과 사회에 달려있으며, 개인과 사회를 임파워먼트하여 강한 개인과 강한 사회를 만드는 것이 곧 민주주의를 발전 지속시키는 길인 것이다. 위원회(Folkbildningsrådet)와 같이 선진 민주주

---

20) http://www.folkbildningsradet.se/globalassets/rapporter/ovriga-rapporter/significance-of-folkbildning_web-2.pdf?epieditmode=true pp.3-5.

21) https://www.folkbildningsradet.se/globalassets/rapporter/2021/folkbildningsradets-samlade-bedomning-2020.pdf 참조.

의 국가들에서는 비영리 사회조직의 역할이 매우 중요하다. 사회를 실제적으로 구성하는 이들 조직과 결사체들은 자율적으로 다양한 활동과 서비스를 통해 사회적 신뢰, 민주주의, 강한 사회를 만드는 데 매우 중요한 역할을 한다. 제3섹터, 비영리영역, 사회적경제, 시민사회 모두 이러한 자발적인 결사체 조직들을 전제하는 것으로, 이들의 개방적이고 수평적인 사회적 협력과 민주적 의사결정은 자유와 공화의 공공영역을 의미하게 된다. 민주주의란 제도와 정치영역을 넘어 경제·사회적 삶에서도 사회적 연대와 협력, 민주적 의사결정이 실현될 때 가능하기 때문이다(Gould 1989).

3. 시민민주주의와 권력의 사회적 공유 및 분산

지방분권의 의의는 지역민의 참여와 협치에 의한 '로컬민주주의', '동네민주주의'의 발전을 가져오는 것으로 지방분권의 하부구조를 굳건히 하는 것이다. 주민들이 생활지역과 밀접하게 연계된 문제 해결과정에 직접 참여해 목소리를 내고 이를 통해 주민의 삶의 질을 높이며 지역 커뮤니티의 정체성도 정립해 나가는 '동네민주주의'는 지방분권시대에 중요한 요소이다. 이는 북유럽 국가들을 포함한 거의 모든 복지 선진국에서 복지서비스 분권화를 통해 지역의 역량과 연대를 강화하는 포용적 커뮤니티와 유사하다. 지역 커뮤니티의 힘은 민주주의를 위해서도 복지를 위해서도 갈수록 중요해지고 있으며, 유명한 경제학자인 라구람 라잔(Raghuram Rajan)에 의하면 경제 또한 커뮤니티의 힘에 의해 활성화될 수 있다고 한다. 선진국 경제의 고령화와 세계화로 인한 노동력의 이동과 이주는 기존 커뮤니티의 구성과 성격을 변화시키고 있다. 이에 사회적 분리나 차별 없이 평등하게 교육과 취업, 사업 기회를 갖고 문화 다양성을 인정받음과 동시에 이민국의 가치와 규범, 의무를 중시하는 '포용적 지역주의(inclusive localism)'가 중요하다는 것이다(Rajan 2019).

민주주의 지수가 높은 북유럽 국가들은 모든 공공정책이 민주주의에 기반하고 있으며 민주주의를 목표로 하고 있다는 공통점을 갖는다. 역사적으로 북유럽 국가들의 민주주의 발전은 개인과 사회를 중시하면서 참여와 연대, 평등과 자유의 융합, 평등교육 및 대중시민교육과 밀접히 연관되어 있다. 그 결과 이들 나라의 민주주의는 EIU 민주주의 지수에서 최상위의 '완전한 민주주의(full democracies)'로 평가되고 있다. 헬드(Held)에 의하면 민주주의란 자유와 평등, 모든 제도에의 평등한 참여기회, 개인의 자유와 분배의 보장을 말하며, 궁극적으로 자율적인 개인(시민)의 숙의와 참여를 핵심으로 보고 있다. 달(Dahl)은 민주주의의 5개 기본원칙으로 효과적인 참여, 투표의 평등, 계몽적 이해, 의제의 통제, 모든 성인의 수용을 꼽고 있다. 스웨덴의 대중시민교육(Folkbildning)은 이러한 민주주의를 위한 교육·학습과 문화민주주의의 장이었다. '시민참여'와 '계몽'이 그것이다. 폴크(folk)가 인민, 시민을 의미한다는 점에서 민주주의의 '참여' 원칙에 부합하고, 빌드닝(bildning)이 학습, 계몽, 문화를 의미한다는 점에서 달의 '계몽적 이해' 원칙과 일치한다. 달의 '계몽'은 바로 문화민주주의인 것이다. 스웨덴의 폴크빌드닝은 모든 사회구성원이 스스로 교육되어야 하고 정치적 과정과 결과를 잘 이해할 수 있는 기회와 역량을 가져야한다는 점에서 '계몽'이고 문화민주주의이다. 스웨덴 시민의 폴크빌드닝이나 스웨덴 정부의 문화정책 모두 근본적으로 민주주의에 기반하여 민주주의를 목표로 하고 실천해 왔다. 이 논문은 민주주의를 도덕적 규범으로 이해해야 한다는 달의 민주주의 개념을 적용하여 '계몽적 이해'가 바로 문화민주주의이며 문화 민주주의 수준과 직접적으로 관련된다는 점을 보여주고자 했다. Folkbildning은 시민사회의 한 부분으로 사회 속에서 평등한 시민을 구현한다는 민주주의 원리를 구현해온 것이다.

　　문화정책의 출발점은 문화의 본질적인 가치와 역할이 사회에서 인정되고 중시되는 것이며, 이에 따라 문화 및 예술적 가치가 모든 공공정책 영역에서 고려되고 반영되도록 하고 있다. 이러한 문화정치(cultural politics)는 민주적인 사회에서 다양한 경험과 생각, 이야기들이 문화정책을 통해 집단적으로 성찰되는 것이며, 이는 일상의 민주주의에 필수요건이라고 보기 때문이다. 문화민주주의가 실현되는 시민민주주의가 중요하며 이러한 시민민주주의가 바로 '성숙된 민주주의'를 위한 가장 중요하고 기본적인 조건이 되는 것이다. 민주주의 자체가 '인민의 지배'이자 '자기통치'라는 점에서 스웨덴의 폴크빌드닝은 그 자체가 시민 민주주의이자 문화 민주주의라 할 것이다. 스웨덴의 문화정책에서 폴크빌드닝은 중요한 부분을 차지하고 있다. 오늘날 이민 증가와 다문화 사회에서 폴크빌드닝은 평등과 사회통합에 더욱 중요한 역할을 하고 있다. 이민자들에게 평등한 기회를 제공하고자 하기 때문이다. 물론, 폴크빌드닝이 실업 등 많은 사회문제 자체를 해결하지는 못하지만 통합의 노력은 중요하다. 이민자는 물론 모두에게 스스로 지식과 자기계발, 인격을 함양할 수 있도록 많은 기회를 제공하기 때문이다. 스웨덴은 문화 민주주의와 보편적 문화교육에 기초하여 문화예술을 발전시켜왔다. 중요한 것은 스웨덴의 문화정책이 예술과 문화가 인간적인 사회를 만들고 이를 확산시킨다는 믿음에 기반해 있다는 점이다. 오늘날 스웨덴의 문화정책은 모든 시민이 문화를 경험하고 창조적 역량을 계발하는 데 중점을 두고 있으며, 문화와 창의성은 사회의 다른 영역에도 필수적인 요소로 간주되고 있다. 폴크빌드닝을 포함한 스웨덴의 문화정책은 문화민주주의를 구현하는 데 중요한 역할을 하고 스웨덴의 문화민주주의, 시민민주주의, 권력의 사회적 공유와 분산을 상징적으로 보여주는 사례가 알메달렌 민주주의 축제이다.[22]

알메달렌 축제는 많은 사람들이 참여하여 함께 경험하고 서로 소통하고 성찰하는 문화행사이자 정치행사다. 함께 밥을 먹고 춤을 추면서 페스티벌 같은 분위기를 만들어 낸다. 정치를 삶의 한 부분으로 여기고 정치가 일상의 하나임을 확인하는 무대가 알메달렌이다(최연혁 2018).[23] 2018년 50주년(1968-2018년)을 맞이한 알메달렌은 반이민극우성향의 스웨덴민주당을 포함하여 모든 정당들에게 기회가 주어지는 매우 민주적이고, 다양성을 존중하는 포용적인 행사다. 'Almedalen Week-a good week for democracy'라는 표현대로 알메

---

[22] 매년 여름 스웨덴의 휴양지 고틀란드섬의 작은 마을 알메달렌에서 열리는 정치 축제 '알메달렌 주간에 정치인과 기업인, 언론인, 시민단체 관계자들은 4,300여 개의 프로그램을 운영하며 한 주 동안 시민들과 격의 없는 토론을 벌인다. 정책 박람회, 정치 박람회라고도 불리는 알메달렌에서 스웨덴 국민들은 정치를 즐기고 기꺼이 행사에 참여한다.

[23] 알메달렌 축제는 우연히 시작되었다. 1968년 7월 당시 올로프 팔메 교육부 장관이 가족과 이 섬으로 여름휴가를 왔는데 주민들은 총리 내정자이기도 한 팔메 장관을 만나고 싶어 했다. 팔메 장관은 알메달렌 공원에 주차된 트럭에 올라가 주민들 앞에서 즉석연설을 했다. 이 연설은 전국적으로 큰 반향을 불러 일으켰고 다음해 총리가 된 팔메는 다시 같은 장소를 찾아 주민들을 만나면서 알메달렌이 탄생하게 되었다. 최연혁. 2018. 『알메달렌, 축제의 정치를 만나다』. 스리체어스.

달렌 축제는 민주주의를 경험하고 실천하고 심화시키는 것으로, 이는 모두를 위한 더 나은 사회, 더 나은 세상을 만들기 위한 중요한 행사로 일상으로 스며든 소통의 정치가 발휘하는 힘을 보여 준다. 스웨덴 정치는 '일상'과 '소통'에 있으며 사회의 모든 구성원이 참여해야 하는 권리이자 의무이기도 하다. 정치가 일상이자 권리이고 의무임을 가장 쉽게 알 수 있는 증거는 투표율이 높다는 점일 것이다.[24] 알메달렌을 찾은 모든 사람들은 시민이자 정치인으로 이는 일반 시민과 정치인(권력자)을 구분하거나 분리하지 않는 평등한 선진 민주국가의 모습이다. 북유럽 국가들의 정치는 유권자와의 소통, 정당 간의 조정과 협치에 있다. 알메달렌과 폴케묘데가 가능한 것도 이러한 부정부패나 특권의식이 없는 노르딕 정치인, 선진적 민주정치 때문일 것이다.

　스웨덴 알메달렌의 성공사례를 이웃 나라들인 노르웨이, 핀란드, 덴마크도 벤치마킹했는데, 특히 덴마크의 정치축제 폴케묘데(Folkemødet 민중회의)'는 알메달렌 만큼 성공적이다. 총리 등 정치인들과 시민들은 매년 6월 중순 코펜하겐 남동쪽에 있는 작은 섬 보른홀름에서 나흘간 10만여 명이 참여하는 정치축제를 벌인다. 이민, 지속가능한 발전, 교육, 환경, 사회통합, 성평등 문제 등 다양한 주제를 놓고 시민들은 묻고 토론하고 정치인들은 대답하며 소통한다. 알메달렌이나 폴케묘데는 정당에게는 자기 당의 정책을 설명하고 홍보하는 기회이고, 시민들에게는 각 정당의 정책 차이를 이해하는 정치학교가 된다. 소통의 기회뿐 아니라 학습과 배움의 장이기도 하다. 알메달렌은 다양한 참가자들로 하여금 다양한 주제에 대해 서로 만나 토론하고 더 나아가 여러 선출직 공무원들과 장관, CEO, 기관장 등과 교류할 수 있는 중요한 기회를 제공하며 또한 학습과 배움의 장이 되기도 한다고 한다. 2014년 나치정당 모임이 등장하고, 2016년 처음으로 왕족이 참석하는 등 알메달렌은 매우 역동적이면서 다양한 모습을 보이고 있다. 2018년 행사는 행사 수 4,311개, 주최자 수 1,929명, 참가자 및 방문자의 수 4만 5천여 명으로 역대 최대를 기록했고, 다수의 후원 및 협력기관, 친환경적이고 순조로운 행사 진행이 돋보였다고 한다. 반민주적 집단들도 참여했다. 주최기관이 매우 다양한데, 비영리단체 주관 24%,

---

24) 2018년 9월 총선의 투표율은 87.1%였다. 한국의 경우 2016년 총선 투표율 58.0%, 2017년 대선 투표율 77.2%였다.

기업 주관 23%, 대중 미디어 주관 12%, 정부기관 및 지방자치단체 주관 약 12%, 의회 및 정당 주관 약 3.5%(140개 행사) 등이다. 정치인들을 포함해 8,250명이 행사 전반에 협조했다고 한다. 정당지도자들, 장관들, 정치인들의 행사 후원 및 협력 관계 중요했다. 사회민주당 소속 한 정치인은 637개의 행사에 참석, 노동부 장관은 20개 행사에, 환경당 대변인도 20개 행사에 참여할 정도로 정치인들이 공공 및 민간 기관은 물론 일반시민들과 접촉하고 협력하는 모습을 보였다고 한다.[25]

2018년 알메달렌 행사의 주요 주제는 지속가능성을 포함한 보건복지, 디지털화 민주주의와 산업 그리고 기후/환경이었다고 한다. 가장 일반적인 행사진행 방식은 세미나였고 모든 행사 중 절반 이상이 그 형식으로 진행이 되었다. 다른 형식으로 진행된 행사는 주로 대화, 토론장 그리고 질의응답 형태로 이루어졌다. 영어로 진행된 행사(2017년 134개, 2018년 125개)도 중요하다고 생각된다. 50년 역사를 통해 노하우가 구축되었던 것이다. 1983년 이후부터 더 이상의 발전은 어려울 것이라는 알메달렌에 대한 평가가 있었지만 지속적으로 발전해왔고, 알메달렌 위크는 앞으로도 스웨덴 민주주의는 물론 세계적으로 유명한 민주주의 축제로 굳건히 자리를 지킬 것이라는 점에서 배울 점이 많다고 생각된다. 알메달렌은 3개의 가치 – 개방, 민주주의, 접근성 – 를 중시하고 특히, 50주년을 맞아 국내외적으로 언론의 자유 관련 행사를 개최했다고 한다. 스웨덴의 알메달렌은 이웃 노르딕 국가들뿐 아니라 발틱 3국(에스토니아, 라트비아, 리투아니아)에도 영향을 주어 유사한 민주주의 축제를 하게 만들었고 노르딕·발틱지역의 민주주의 심화에도 큰 기여를 한 것으로 알려져 있다. 이들 노르딕·발틱국가들은 새로운 협력발전기구(International Platform for Democracy Festival)의 설립을 추진 중이다. 이러한 국제적 확산과 국제적 활동에 알레달렌은 중요한 역할을 하고 있다. 네덜란드나 벨기에, 한국도 이러한 민주주의 축제를 벤치마킹 하고 있다.[26] 지금까지 알메달렌 위크는 유기적으로 발전해 왔으며 향후 더 전문적인 행사와 새로운 콘텐츠를 추가하기 위해 노력하고

---

25) 중앙선거관리위원회 부설 선거연수원 국제심포지움(2018.11.2.) 자료 참고. 저자는 이 행사에 토론자로 참여했다.
26) 중앙선거관리위원회 부설 선거연수원이 2018년 11월 한국 정치축제를 처음으로 개최한 바 있다.

있다. 지난 10년간 알메달렌 위크는 상당한 성장을 거두었고 앞으로도 알메달렌 위크가 민주주의적 논의와 토론, 네트워킹의 장으로서 기능하기 위해서는 해결해야 할 과제가 많기 때문이다. 많은 과제가 지역 차원의 해결책을 요하는 만큼 고틀란드주(고틀란드는 자자체로서 광역 주의 위치를 갖는다)는 다양한 이해 당사자들과 함께 협력하고 있다.

알메달렌은 정치행사이기도 하지만 문화축제이기도 하다. 알메달렌의 정신인 'We Do Democracy'는 문화예술 활동이 민주주의를 강화하는 데 매우 중요하다는 점을 상기시킨다. 민주주의 사회에서 시민들의 정치참여와 이를 통한 정치적 효능감의 상승은 절차적 민주주의를 넘어 실질적 민주주의로 나아가는 데 있어 매우 중요한 요소이기 때문이다. 실질적 민주주의는 사회 민주주의적 평등과 분배뿐 아니라 참여와 다양성, 포용의 시민 민주주의와 문화 민주주의가 실현되는 모습이라고 생각한다. 스웨덴의 수많은 공립문화센터, 공립예술학교 등 주 정부와 국가 차원의 적극적인 문화예술활동 지원과 자발적인 활동이 학생 및 시민들의 민주시민 정신 함양, 사회적 연대, 민주주의를 심화시키는 데 중요한 역할을 하고 있다. 한국의 투표율은 북유럽에 비해 상당히 낮다. '2016년 촛불' 이후 직접 민주주의에 대한 관심이 커졌지만 대의 민주주의 하에서 제도적으로 가장 중요한 직접 민주주의 방식인 '투표'에의 참여가 낮은 것은 여러 측면에서 문제가 아닐 수 없다. 최근 투표율이 높아졌지만 지방선거의 경우 더욱 심각하다 할 것이다(2018년 지선 60.2%; 2020년 총선 66.2%). 이는 지역 공동체 주민 스스로가 정치적 주체로서 스스로의 문제해결에 참여하여 목소리를 내는 '동네민주주의'의 성숙에 문제가 될 것이기 때문이다. 스스로 참여하는 주체성과 책임성이 미흡한 상태에서 지방분권이 과연 어떤 성과를 가져올 것인지도 생각해 보아야 할 것이다. 물론 그동안 지나친 중앙화로 인한 결과라는 주장도 가능하겠지만 1995년 이래 지방선거를 통한 지자체장과 지방의회로 정치적 분권화의 수준이 높았다는 점에서 설득력이 약하다 할 것이다.

스웨덴의 민주주의 발전은 궁극적으로 하버마스적 공공영역 담론의 가치가 중요한 역할을 하였다. 공공영역에 '시민'과 '문화'가 민주적으로 내재되었던 것이다. 민주주의가 사람들의 생활 속에 습속으로 자리잡은 것이다. 역사적으로 공공영역이라는 사회적 공간이 민주적 토론과 합의를 가능하게 했고,

노동자들이 교육과 학습으로 무장된 '문화적 시민'으로 재탄생했던 것이다. 문화와 공동체에 내재되어 있는 개인의 자율성과 주체성, 각자의 잠재력 계발을 강조하는 '빌드닝(bildning 또는 빌둥 bildung)'이라는 윤리 규범과 1868년부터 시작된 스웨덴의 대중시민교육(folkbildning)과 문화교육이 그 역할을 한 것이다. 허드에 의하면 단순히 부르주아 계급의 등장으로 자유주의와 민주주의가 가능했던 것은 아니다. 허드는 1870-1914년 시기 스웨덴 스톡홀름 항구와 독일 함부르크 항구의 공공영역 담론과 계급관계에 대한 비교연구를 통해 민주주의의 발전은 '부르주아 민주주의 이론'이 말하는 부르주아 계급의 성장이 아니라 공공영역에서의 사회적 연대와 문화적 자원이 중요한 요인임을 보여주고 있다(Hurd 2000). 도덕성과 자율성, 교육, 품위의 개념으로 조직되고 구성된 공공영역의 중요성이 그것이다. 스톡홀름 항구지역에서 정치개혁 및 사회개혁을 위한 자유-노동의 사회적 연대는 스웨덴의 평화적인 민주주의 발전에 중요한 역할을 했다. 자유주의적인 공공영역은 하층계급의 공공영역에의 접근에 대한 규범, 즉 공적활동에 참여하는 정당한 행위자로서 노동자들에게 합리적이고 자기규율적인 공적 행위가 요구되었다. 이는 교육과 '사회적 몸가짐(social grooming)', '품위(respectability)'에 대한 강조였다. 금주·절제운동 같은 캠페인은 '반헤게모니 도덕성(counter-hegemonic morality)'을 함양하는 데 기여하면서 진실되고 정신적으로 성숙한 공적 인간으로서의 노동자라는 이미지를 고양했다. 노동계급 스스로 교육과 학습, 자기규율을 통해 '시민성'과 '문화성', '계몽'을 함양했던 것이다(Gougoulakis & Christie 2012). 함부르크에서는 부르주아 자유주의자들과 노동계급간 공공영역에서의 소통과 연대가 매우 약했다고 한다. 이는 선거권의 확대가 19세기 민주주의의 큰 과제이자 성과였다는 점에서 스웨덴 보다 빠른 1871년에 남성선거권이 도입된 독일에서 오히려 민주주의가 후퇴했던 경험을 설명해준다. 즉, 선거로 구현되는 대표성을 대체할 민주주의에 대한 사유가 독일의 공공영역에서는 부족했기 때문이다(오경환 2014). 민주주의에 대한 사유는 과거에는 물론, 현재에도, 미래에도 민주주의를 견고하게 지키는 방법일 것이다. 그리고 민주적으로 성숙된 강한 개인과 이들 개인으로 구성된 강한 사회가 민주주의의 중요한 기본 요소이자 기초라고 할 것이다.

3

네덜란드 민주주의의 특성
강한 사회와 사회적 자유주의

제7장

사회적 자유주의와 합의제 민주주의

1. 네덜란드 민주주의의 역사적 전개

강한 개인과 강한 사회, 즉, 자유롭고 독립적인 개인과 자율적이고 수평적인 사회의 전형을 찾는다면 네덜란드라고 할 수 있을 것이다. 네덜란드(The Kingdom of the Netherlands)는 매우 개방적이고 '모든 자유가 당당한 나라'이다(주경철 2003). 합의제 민주주의와 폴더모델(polder model)로 잘 알려져 있는 네덜란드는 우리에게 팔로 둑을 막아 나라를 구한 소년 이야기, 풍차와 튤립의 나라, 다문화의 나라, 합법적인 안락사와 마리화나를 포함해 모든 것이 자유로운 나라로 연상된다. 네덜란드는 수평적이고 자율적인 강한 사회의 특성을 잘 보여준다. 역사적으로 종교개혁과 '종교의 자유'는 네덜란드 민주주의의 발전과 강한 사회를 추동해온 주요 요인이었다. 네덜란드인들은 국가교회인 네덜란드개혁교회(Nederlands Hervormde Kert, NHK)의 권력 지향적 권위주의와 엘리트주의에 대한 개혁 요구가 강했다. 1834년 가난한 농민, 자영업, 저학력자 등 중하층 네덜란드인들이 종교의 자유와 국가권력으로부터 자유로운 자유교회(free church)를 부르짖으며 국교회와의 분리운동(Afscheiding)을 시작했다. 이러한 자유교회운동은 정치적으로 중요한 계급투쟁의 성격도 가졌는데 교회의 국가종속을 반대한 자유교회는 네덜란드 사회에서 중요한 역할을 하게 되었다. 종교의 자유를 핵심으로 하는 개인의 자유권 요구는 자유민주주의의 발전과 정치적 민주주의의 토대가 되었던 것이다. 이러한 기본권 확대와 강한 개인과 강한 사회의 특성으로 네덜란드에서는 사회에 깊이 뿌리내린 민주적인 정당과 다당제에 기반한 합의주의적 의회정치와 연립정부가 발전해왔다.

여러 가지로 '좋은 나라'로 알려져 있고 평가받는 네덜란드는 개인적 자유뿐 아니라 사회적 자유를 가장 잘 보장해온 나라이기도 하다. 개혁적 자유주의와 사회주의 세력의 영향으로 모두에게 평등한 기회와 보편적 복지를 제공하여 사회적 자유와 평등을 보장해 왔기 때문이다. 관대한 사회보험은 물론 보편적 공공사회서비스가 잘 발달하여 북유럽 복지국가들과 같은 수준과 성격의 복지국가로 평가받아왔다. 이 또한 기독교적 공동체주의와 네덜란드 칼뱅주의의 '하나 된 네덜란드 인민의 공화국'에서 비롯된 기독교적 복지국가의 영향도 있었다. 1960년대 이후 세속화로 네덜란드인들의 종교생활이나 종교적 신념은 크게 약화되었지만 역사적으로 뿌리내려진 기독교적 가치와 사회적 규범은 여전히 중요하다. 경제적으로도 부강하고 분배와 복지, 민주주의 수준 또한 매우 높아 과거 김대중 정부의 노사정위원회, 노무현 정부의 복지국가 비전, 박근혜 정부의 노동개혁은 네덜란드를 벤치마킹했던 것이다. 이러한 벤치마킹의 성과는 미미했는데 실용주의적 타협과 합의의 문화적·규범적 토대가 약한 상태에서 단순히 하나의 제도를 도입하는 일의 한계를 보여준 것이기도 했다.

네덜란드 현행 헌법은 1983년 헌법으로 이 헌법은 1815년 헌법[1]에서 유래하여 1848년, 1917년 개정을 거쳐 왔다.[2] 1814년 노르웨이 헌법과 마찬가지로

---

1) 나폴레옹 전쟁 말기인 1813년 네덜란드는 독립을 선언하고 근대적인 입헌군주제 헌법을 만들어 1815년 입헌군주국이 되었다. 1815년 빈회의의 결과로 가톨릭이 우세한 남부 네덜란드(현 벨기에 지역) 지역이 네덜란드에 통합되었으나 남·북 지역 간 내재하고 있던 종교 갈등과 남부 네덜란드에 대한 국왕의 일방적 통치로 인해 1830년 벨기에가 분리·독립하였다.

2) https://www.constituteproject.org/constitution/Netherlands_2008.pdf?lang=en.
권력구조에 대한 중요한 변화를 가져오는 새로운 헌법이라는 의미에서 헌법개혁이라 부르고 작은 수정(minor revision)만을 거칠 경우에는 기존 헌법의 수정 또는 개정이라 하지만 새로운 헌법이라고 부르지는 않는다. 따라서 미국, 노르웨이 헌법과 마찬가지로 네덜란드 헌법은 1815년에 제정되어 수정을 거쳤지만 현재의 헌법은 1815년 헌법이라고 하고 200년이 넘은 헌법이라고 보기도 한다. 현행 헌법을 1815년 제정된 헌법과 동일시하는 관점을 따른다면 1789년에 제정된 미국 헌법, 1814년에 제정된 노르웨이 헌법에 이어 세계에서 세 번째로 가장 오랜 헌법으로 볼 수 있다. http://comparativeconstitutionsproject.org/files/Norways_Enduring_Constitution.pdf?6c8912.

몇 차례 수정을 거친 현 네덜란드 헌법은 기본권(fundamental rights) 보장이 핵심이다. 모두에게 최대한의 자유와 권리를 보장하는 것이다. 네덜란드 헌법 1조는 '네덜란드의 모든 국민은 평등한 환경에서 평등한 대우를 받아야 한다. 종교, 신념, 정치적 의견, 인종 또는 성별 등의 어떠한 배경에 바탕을 둔 차별도 금지되어야 한다.'[3] 노르웨이, 스웨덴 헌법에서처럼 네덜란드 헌법 1조는 개인의 기본권을 담고 있을 뿐 정치적 신념이나 국가 정체성을 헌법에 반영하지는 않는다. 네덜란드는 노르웨이, 스웨덴, 덴마크와 함께 헌법변천(constitutional changes)이 유용하게 작용해온 대표적인 나라이기도 하다(정극원 2016). 헌법변천의 개념은 성문의 헌법규정들이 조문의 개정 없이 헌법현실에서 시대의 흐름에 맞게 탄력적으로 적응해 갈 수 있다고 보는 관점이다. 헌법변천은 헌법조항과 헌법현실의 괴리의 문제를 해결하는 순기능을 가지고 있으며 이를 통해 새로운 규범내용을 형성하게 되면 향후의 헌법개정에 있어서 곧바로 반영될 수 있게 된다는 장점이 있다. 헌법 개정의 경직성에도 헌법을 살아 있는 헌법으로 만드는 기능을 가지고 있는 것이다. 그러나 이러한 헌법변천은 사회와 정치에서 높은 신뢰와 투명성의 조건 하에서 헌법규범이 민주적인 제도와 관행으로 실현되는 나라에서만 가능할 수 있다. 즉, '헌법규범의 규범적 효력'이 작동하는 가운데 헌법현실의 변화가 헌법규범을 유지 강화할 수 있을 때 가능할 것이기 때문이다. 이는 네덜란드와 스웨덴의 헌정주의와 민주주의의 본질을 보여준다.

네덜란드는 의회민주주의 국가이자 입헌군주국이다.[4] 스웨덴도 의회민주

International Institute for Democracy and Electoral Assistance(IDEA) https://www.idea.int/ 참조. 한편, 네덜란드는 1787년까지 가장 성공적인 근대 연방공화국이었다. 미국 헌법 입안자들이 네덜란드 경험을 많이 참고했고 미국헌법은 네덜란드 유산을 갖고 있다는 견해도 있다(William H. Riker. 1957. "Dutch and American Federalism." *Journal of the History of Ideas* Vol.18, No.4: 495-521. University of Pennsylvania Press).

3) 'All person in the Netherlands shall be treated equally in equal circumstances. Discrimination on the grounds of religion, belif, political opinion, race or sex or any other grounds whatsoever shall not be permitted.' https://www.government.nl/topics/constitution/constitution-and-charter\.

4) 분권화된 단일국가(unitary state)이기도 하다.
https://www.netherlandsandyou.nl/about-the-kingdom/facts-about-the-netherlands/the-netherlands-as-a-democracy.

주의 국가이자 입헌군주국이지만 1974년 헌법개혁으로 국왕의 국가수반 지위를 없앴고, 단원제를 도입했으며, 내각 구성권은 의회 의장에게 주어졌다. 네덜란드는 여전히 국왕의 국가수반(Head of state) 지위가 유지되고 있으며 간선에 의해 선출되는 상원을 유지하는 등 과거 권위주의적 군주제 유산의 일부가 그대로 지속되고 있다. 네덜란드 국왕은 여전히 실권을 가지고 있는데 국정 최고의 의결기관인 내각의 의장은 총리가 맡지만 국왕은 내각 각료를 임명하고 총리 후보를 지명하는 역할도 한다. 입법 과정에서도 국왕의 재가(정부 발의 법안 경우) 또는 비준(의회 발의 법안 경우)이 요구되는데 국왕의 재가 또는 비준 전에 국왕최고자문위원회(Council of State)에도 회부된다.[5] 스웨덴은 1974년 헌법개혁으로 명실상부한 대중 민주주의(popular democracy), 진보적 민주주의(progressive democracy)를 이루었으나 네덜란드는 형식적이지만 전통적 성격의 헌정주의를 가지고 있다. 이러한 헌정주의는 월터 배젓의 『영국 헌정』[6]에서 말한 군주제의 '존엄적 부분'이 네덜란드에서 여전히 작동하고 있음을 보여준다. 네덜란드 민주주의 체제가 매우 높은 수준의 자유와 평등을 달성할 뿐 아니라 권위주의적 전통도 유지하고 있는 것이다.

네덜란드는 역사적으로 보수적인 종교정당에 의해 민주주의가 발전하였고 (Ziblatt 2017), 사회적 분리인 '기둥화(pillarization, 페르쥐일링 verzuiling)'의 전통에 기반하여 타협과 합의주의, 보편적 복지국가가 발전해온 매우 특이한 사례이다(Therborn 1989). 헌정적 위기나 민주주의 퇴보 없이 안정적, 점진적으로 민주화가 이루어졌지만 네덜란드 민주주의는 역사적으로 개인의 자유 중시, 기둥화와 엘리트에 의한 자치, 강한 시민사회로 특징되어 왔다(Velde 2019). 이 과정에서 중도·보수의 종교정당이 중요한 역할을 했던 것이다. 역

---

5) 네덜란드 의회는 양원제로 비례대표제에 의해 직선으로 4년 임기의 150명의 의회(하원), 지방의회가 선출하는 75명의 간선 상원으로 구성된다. 네덜란드의 의회는 하원만이 단독으로 법률안 발의권과 수정권을 보유하며 상원은 하원을 통과한 법률안을 거부할 수 있으나 수정할 수는 없다. 외교부, 『네덜란드 개황』(2012).

6) 월터 배젓(Walter Bagehot. 1826-1877)은 『영국 헌정』(*The English Constitution*. 1867)에서 통치기구를 '존엄적 부분'과 '기능적 부분'으로 구분하고 군주제가 전자, 의회와 내각이 후자에 해당한다고 봤다. 입헌군주제에서 군주는 '군림하되 통치하지 않는다'는 의례적 존재가 됐지만 정치체제의 정통성을 담보하는 중요한 역할을 담당한다는 것이다. 『영국 헌정』(이태숙·김종원 역. 지만지 2012) 참조.

사적으로, 사회적으로 개인의 종교의 자유를 우선하면서 개인적 자유와 사회적 자유를 모두 보장해온 나라로 세계 최상위 수준의 민주주의 국가이다. 어떻게 이러한 민주주의를 만들 수 있었는지에 대해서는 많은 이론과 연구가 있지만 주체적인 강한 개인과 자율적인 강한 사회에 기반한 평등과 연대의 시민민주주의와 사회민주주의의 실천적 요소가 중요했다고 판단된다. 이는 헌법이나 선거 등 민주주의 제도와 다른 차원으로, 어떤 사회·문화적 규범과 정치적 실천이 민주주의를 가능하게 했는지에 대한 질문이다. 선거와 투표에 의한 대표성(representation)의 기제는 가치로서의 민주주의의 핵심이라기보다는 민주주의의 '운영기제(modus operandi)'에 불과할 수 있기 때문이다(오경환 2014). 민주주의의 본질이 사회갈등을 조정·관리하고 사회통합을 이끌어 내는 것이라는 점에서 네덜란드는 중요하고 성공적인 사례이다. 갈등의 관리와 사회통합은 법 등 제도적으로도 이룰 수 있지만 정치·사회 시스템이 작동하는 기본적인 사회·문화적 원리나 규범에 의해 더 큰 영향을 받기도 한다. 법이나 민주적 시스템만으로는 민주주의가 제대로 작동하지 않는다는 점은 오늘날 민주화된 나라들에서 나타나는 민주주의 위기가 잘 보여준다.

민주주의를 지키는 것은 제도보다 규범이 더 중요하다는 사례들은 이미 많이 소개되었다(스티븐 레비츠키 & 대니얼 지블렛 2018). 그렇다면 규범이란 무엇이고 어떻게 실천, 실현되는 것인가. 민주주의가 점진적으로 발전하고 성숙된 나라들은 역사적으로 구성되고 축적되어온 '헌정적 규범'과 '민주주의 문화'가 중요했다. 민주주의를 점진적으로 발전, 완성시킨 대표적인 나라 중 하나인 네덜란드가 바로 그러했다.[7] 1848년 프랑스 2월 혁명의 영향을 받아 발생한 네덜란드의 1848년 무혈 의거로 네덜란드 왕국 기본법이 도입되었다.[8] 정치적 자유와 의회민주주의를 보장한 1848년 헌법 이후로 개인의 자유가 신장되고 사회와 민주주의가 발전하였으며, 산업혁명이 가속화되었다. 1815년 헌법을 수정하여 만들어진 자유주의적인 1848년 기본법은 절대군주제

---

[7] 네덜란드는 독립전쟁과 종교전쟁을 통해 1648년 스페인으로부터 완전히 독립했다.
[8] 나폴레옹 시대인 1795-1813년 프랑스의 영향력 하에 놓였다가 1815년 빈회의에서 네덜란드와 벨기에를 포함한 저지국의 독립이 인정되어 네덜란드 연합왕국이 되었다. 1830년 벨기에가 분리·독립한 후 네덜란드는 내부적으로 발전과 개혁 과정을 거치게 되었다.

를 탈피하고 직선제에 의한 하원과 의회 민주주의를 도입했다. 그 결과, 군주가 모든 권한을 갖고 국정을 운영하는 군주제에서 의회의 다수당 또는 다수연립에게 통치의 합법성을 부여하면서 의회가 국정운영을 책임지게 되었다(이옥연 2011). 1848년 기본법을 작성한 요한 루돌프 토르베커(Johan Rudolph Thorbecke 1798-1872년, 1849-53 & 1862-66 & 1871-72년 수상역임)는 군주 대신 총리를 중심으로 내각이 주축이 되어 정책 입안과 집행에 대한 책임을 지는 통치 질서를 제시했던 것이다. 그러나 재산과 세금에 기반하여 소수에게만 부여된 투표권이었고, 군주의 강력한 권한은 여전히 남아있어 군주가 각료를 임명하고 의회를 해산하기도 했다. 1849년부터 세 차례 수상을 역임한 요한 루돌프 토르베커는 자유주의와 의회민주주의 정착을 위해 노력했고, 이에 힘입어 네덜란드는 1868년 의회주의를 완성하게 되었다. 1868년 네덜란드 의회는 군주가 구성한 내각의 정책을 거부했고 이에 내각이 사퇴하면서 의회주의가 이루어지게 된 것이다(Wielenga 2015). 당시 네덜란드 의회는 자유주의 세력이 강했고, 종교적으로 소수파였던 가톨릭 세력이 의회주의를 지지했던 것이 중요했다.9) 의회주의가 도입되고 토르베커 내각 하에서 정치적, 경제적으로 자유주의가 확대되었지만 남성의 10%만 선거권을 가졌고(1888년) 기둥화된 사회구조가 정치적 민주주의와 독립적인 정치영역을 제한하기도 했다(Aerts 2010). 1917년에 남성보통선거권이, 1919년에 여성투표권이 이루어졌다.

   19세기 후반 들어 정치와 정치지도자들은 유권자와 일반대중, 시민사회의 영향을 크게 받게 되었다. 1860년대부터 네덜란드에는 대중사회운동, 해외식민지정책, 교육정책, 참정권 등 여러 쟁점에 대해 사회적 논란과 공론이 진행되었다. 시민들이 협회, 클럽 등 다양한 모임과 결사체를 통해 견해를 피력하고 의견을 교환하면서 토론문화가 형성되었다. 이미 정치적으로 다양한 세력이 등장하여 시민과 정치(인) 간 접촉이 활발해지고 사회와 의회 간 소통이 이루어지면서 사회적 담론과 여론이 정치와 정책결정 과정에 큰 영향을 미치게 되었다. 시민과 사회가 정치의 주체와 장이 된 것이다. 근대 정당으로 제도화되

---

9) 1868년 총선결과(총 75석)는 Liberals 36석, Conservatives 20석, Conservative Liberals 10석, Catholics 5석, Anti-Revolutionaries 4석이었다.

지는 않았지만 정치적 이념의 구분도 명확해지게 되었다. 자유주의(liberal), 보수주의, 반혁명주의(anti-revolutionary), 가톨릭 세력이 그것이다. 그리고 이러한 각각의 종교적, 이념적 사회세력이 정치적 지지 세력이 되면서 의회주의를 위한 최소한의 정치적 대표성과 정당성을 갖추게 되었다. 반혁명주의는 프랑스 혁명과 같은 혁명을 반대하는 보수적인 이념으로 1879년 네덜란드 최초로 반혁명당(Anti-Revolutionaire Partij)이라는 이름으로 전국 정당으로 발전했다. 1908년에는 기독역사동맹(The Christian Historical Union, Christelijk-Historische Unie, CHU)이라는 프로테스탄티즘의 기독민주주의 정당이 만들어졌다. 자유당, 가톨릭 정당도 만들어져 네덜란드는 20세기 초에 정당정치 시대를 맞게 되었다(Wielenga 2015).

　자유주의자들은 1857년 교육법을 만들어 자유주의 이념에 기반한 탈교파의 공립학교 제도를 도입하게 되면서 전사회적으로 '교육투쟁'이 벌어지게 되었다. 기둥화가 나타나던 시기에 종교기관에 의해 설립 운영되는 사립학교의 재정지원을 둘러싼 학교 갈등이 나타났다. 공립학교에만 지원해야 한다고 주장한 사회주의자 및 자유주의자들과 사립학교의 지원도 요구한 종교 세력들 간에 대립이 나타난 것이다. 프로테스탄트와 가톨릭 세력은 이미 자신들의 종교에 기반한 독립적인 사립학교를 운영해 왔기에 이 법을 반대했던 것이다. 오랜 논쟁과 투쟁 끝에 1878년 의무교육법 도입으로 국가가 모든 보통교육을 책임지도록 했고 이에 따라 사립학교도 정부의 규제를 받는 대신 일정 정도 재정 지원을 받게 되었다. 이로서 교육의 질이 높아지고 모두가 교육의 혜택을 볼 수 있게 되었다. 국가와 종교기관 간의 교육논쟁은 1920년 평화협정(pacification agreement)으로 교육은 국가의 권리이지만 종교기관이 학교를 설립·운영하는 전통적 특권을 인정하는 타협이 이루어지면서 마무리되었다. 즉, 교육에 대한 국가의 역할(재정지원)과 종교의 역할(학교운영권)을 구분하였다. 교육의 기둥화는 종교뿐만 아니라 정치적 이념에 따라 나누어지기도 하였다. 19세기 중반부터 1920년까지 다른 분야로 확대되어 교육기관은 물론, 정당, 노조, 사용자단체, 주택조합, 신문, 병원, 스포츠클럽 등에서 다양한 종교조직들이 결성되었다. 이들 종교조직들은 교육이나 빈민부조 등에 대한 정부의 역할 강화를 반대하고 자신들의 배타적 영역을 확고히 하였다.

　'교육투쟁'을 둘러싸고 네덜란드 사회는 극도로 분열되었고 종교와 이념에 따라 정치·사회적으로 '칸막이(compartmentalization)' 같은 사회적 분리현상이 나타나게 되었다. 이는 종교와 이념의 자유에 기반한 네덜란드 특유의 정치문화와 '기둥화'라는 사회적 분리구조를 만들게 되었다. 즉, 사회전체가 프로테스탄트, 가톨릭, 사회민주주의, 자유-보수주의라는 크게 4개 기둥(pillars)의 주요 정치·사회세력으로 분리된 것이다.[10] 신교인 프로테스탄트는 칼뱅파 등 다양한 종파로 또 다시 분리되었다. 학교, 병원, 정당, 노동조합, 스포츠클럽, 결사체 등 다양한 정치·사회 조직이 이들 종교 및 정치이념에 따라 각자 따로 모였고, 각각의 조직은 교육, 레저, 다양한 사회서비스 등 구성원의 사회경제적 안전과 정체성을 제공하게 되었다. 그리고 각 조직의 엘리트 지도자들은 정치사회적으로 자신의 조직을 대표하여 '기둥화 정치(the politics of pillarization)'를 이끌었다. 사회민주주의와 자유주의 세력은 20세기 들어 정치적 이합집산을 거쳐 진보파와 보수파로 분리되었다. 네덜란드의 사회적 분리현상은 최소 100년간 지속되었으며 1870-1960년대가 전성기였다. 역사적 전통을 갖는 이러한 사회조직은 코포라티즘과 합의 민주주의의 기반이 되었다. 분리된 각 사회집단은 자신들을 대표하는(할 수 있는) 정당을 통해 협의주의를 구현하고 소수집단의 목소리를 제도적으로 반영해왔다. 네덜란드의 합의제 정부(consensual government)는 분리된 사회조직들이 상호 이해갈등을 조정하고 협상과 타협을 통해 합의안을 이끌어내 왔다(선학태 2012; Kelly 2019).

사회적 분리현상의 심화와 정치적 자유주의는 다양한 결사체 및 정당의 설립을 가져왔고 이들 정당과 사회운동은 각자 정치적 영향력과 대표성을 확대하기 위해 노력하면서 정치와 사회의 민주화에 기여할 수 있었다. 진보정당들뿐 아니라 사회문제에 적극적인 '사회적 가톨릭 정치(social Catholic politics)'는 기본권 확대와 평등을 강조했고 투표권 확대에 소극적인 보수적인 종교지도자들도 노동세력의 급진주의를 막고 자신들의 세력 확대를 위해 노동자 및

---

10) 네덜란드 사회를 배타적으로 분리한 이러한 '기둥'은 최소 2개에서 5개까지 존재했던 것으로 보고 있는데, 가톨릭 조직이 가장 강력하고 동질적이었으며 여러 개신교파들도 중요한 기둥역할을 하였다. 이에 더하여 칼빈파, 사회주의, 자유주의가 작은 기둥역할을 하였다. 기둥화 현상은 벨지움, 오스트리아, 이태리 등 다른 유럽 나라에서도 나타났지만 네덜란드는 그 범위가 넓고 정도가 강하며 구조화되어 있다는 특징이 있다. 스웨덴 또한 사회주의(노조운동) 세력을 중심으로 시민교육, 스포츠클럽 등에서 약한 기둥화 현상이 있었다.

저소득층의 지지가 필요해졌다. 이에 사립학교에 대한 재정 지원과 투표권 문제로 인한 사회적, 정치적 갈등을 동시에 해결하고자 1910년대 들어 헌법 개정을 추진하게 되었다. 군소정당들은 큰 정당들만 유리한 기존 제도의 변경을 요구해왔고, 기둥에 기반 한 다양한 사회세력과 정당들은 사표 없는 최대한의 득표를 위해 비례대표제를 도입하게 되었다. 이러한 민주화의 진전에는 네덜란드의 대외적 위상 약화도 영향을 미쳤다. 17-18세기 부강했던 네덜란드는 크고 작은 식민지전쟁을 치렀는데 특히 남아프리카에 거주하는 네덜란드계 백인인 보어인과 영국인들 간 벌어진 보어전쟁(Boer, 1899-1902년)의 패배로 남아프리카는 영국 식민지가 되고 네덜란드는 강국의 자리에서 물러나게 되었다. 나폴레옹 전쟁 후 가장 큰 전쟁이었던 보어전쟁의 패배는 네덜란드 민족주의에 큰 상처를 주었고 결국 팽창적·공격적 민족주의는 사라지고 국제법과 평화, 규범을 중시하는 노선을 갖게 되었다. 헤이그 평화회의와 평화궁(Vredespaleis), 국제사법재판소(ICJ)와 국제상설중재재판소(PCA)가 보여주듯이 규범과 중립을 지향하는 강소국으로 전환하면서 내부적으로도 민주화가 진전될 수 있었던 것이다.

1917년 헌법개정으로 네덜란드는 합의제 민주주의와 사회적 자유주의를 확고히 하게 되었다. 헌법개정으로 이루어진 '화평민주주의(pacification democracy)'는 실용주의, 현실주의, 엘리트간 협의, 타협의 특징을 가졌다. 또한 '화평'은 각 정치·사회조직의 엘리트들에 의한 타협과 정치라는 폐쇄성과 탈정치화의 모습도 보였다. 1차 세계대전 당시 중립을 지켰던 네덜란드는 1917년 헌법개정으로 사립학교에 대한 공립학교 수준의 재정 지원, 투표권 확대와 보통선거(25세 이상 남성, 1922년 여성참정권), 비례대표제 도입이 이루어지게 되었다. '1917년 화평(the Pacification of 1917)'으로 평가되는 헌법개정은 기독교 보수세력과 진보세력의 오랜 요구사항이 모두 반영되어 서로를 존중하는 타협과 합의 정신이 발휘되었다. 19세기 자유주의자들이 추구했던 투표권 확대와 민주주의가 1917년 헌법 개정으로 실현되었고 그 결과 정치사회적 안정과 사회집단 간 상호 인정과 공존의 문화가 형성되어 왔던 것이다. 헌법개정 후 첫 선거였던 1918년 7월 총선[11])에서 가톨릭 정당이 제1당이 되었고

---

11) 비례대표제로 치러진 1918년 총선 결과 17개 정당이 원내 진입했으며 8개 정당은

개신교 정당들(ARP, CHU)도 크게 선전하여 네덜란드 역사상 첫 가톨릭 총리가 탄생했다. 1%도 안되는 낮은 최소득표율의 비례대표제로 1918년 총선 후 의회에 진입한 정당은 17개에 이르렀고 이 중 8개 정당이 단 1석으로 원내정당이 되었다. 비례대표제는 다양한 사회세력들에게 정치적 기회를 제공했고 소수집단도 목소리를 낼 수 있게 하여 선진적인 민주사회를 만드는 데 중요한 기여를 했다.

종교정당들에게 가장 중요했던 종교의 자유는 집회 및 결사, 표현의 자유 등 개인의 자유와 기본권의 확대를 가져왔고 네덜란드 민주주의의 발전에 중요한 역할을 할 수 있었다. 1917년 헌법개정으로 개인의 자유와 권리를 보장하는 민주주의와 정치사회적으로 실용주의와 관용주의가 자리잡아 왔던 것이다. 1918년부터 1930년대까지 10% 이상 득표한 주요정당은 가톨릭당(Roomsch-Katholieke Staatspartij, RKSP), 칼뱅파의 반혁명당(Anti- Revolutionaire Partij, ARP), 사회민주주의노동자당(SDAP)이었다. 가톨릭당 주도로 종교정당들은 연정을 통해 1939년까지 집권했고 사회민주주의노동자당은 1939년에서야 연정에 참여할 수 있었다. 네덜란드의 종교 정당들은 19세기 자유주의의 유산을 계승했기에 보수화되지는 않았으며(Rooden 1999) 2차 세계대전 후에도 주요 정치세력으로 존재하면서 정치적 역할을 다해왔다. 종교정당들은 무엇보다 도덕을 중시하고 사회적 시장경제를 지지하면서 복지친화적·노동친화적 성향을 보였다. 그 결과 공동체주의적인 중도 노선의 네덜란드 '기독교 민주주의'가 성공적으로 발전하고 실현될 수 있었다. 여러 정당으로 나누어진 좌파세력은 1946년 노동당(Labour Party, Partij van de Arbeid, PvdA)으로 통합되어 처음으로 노동당 주도의 드리스(Willem Drees. 1948-1958 총리 재임) 정부가 구성되었다.

1차 세계대전과 러시아혁명을 거친 전간기는 네덜란드에서도 좌파급진주의와 경제위기의 영향으로 불안정한 시기였다. 특히 독일의 나치즘 등 1930년대는 다양한 형태의 반자유·반민주적인 국가주의와 권위주의가 강했던 시기였다. 1930년대는 네덜란드의 민주주의와 강한 사회의 시험대였다. 1929년 미

단 1석으로 원내정당이 되었다. 1922년 선거부터 원내진입을 위한 최소득표율을 상향하였으나 여전히 10-13개 정당이 원내정당이 되어 민주적인 다당제와 연정이 관행이 되었다.

국발 대공황으로 네덜란드 또한 경제적으로 큰 어려움에 봉착했다. 네덜란드에서도 국가사회주의가 나타났는데 1931년 민주주의를 반대하고 독일과 이탈리아의 파시스트당을 지지하는 국가사회주의운동당(The National Socialist Movement in the Netherlands, Nationaal-Socialistische Beweging, NSB)이 창당되어 A.A. Mussert(1894-1946)[12] 대표는 상당한 영향력을 갖기도 했다. 1933년 사회민주주의노동자당(SDAP), 네덜란드사회주의노조(NVV)는 공산주의, 파시즘을 반대하면서 NSB를 비판하였으나 1935년 주의회 선거에서 NSB는 8%의 득표로 상당한 힘을 보여주었다. 정치인들 중에도 권위주의적 보수주의를 선호한 정치인들이 있었는데 대표적으로 보수 칼뱅교 정당 출신의 강력한 총리였던 콜린(Hendrik Colijn 1869-1944, 1925-26년 & 1933-39년 총리재임)이 있다. 1933년 총선으로 집권한 신교도 반혁명당의 콜린(Colijn, 1925-26, 1933-39 총리 재임)정부는 긴축정책으로 경제위기에 대응하고자 했다. 보수적이었지만 콜린총리는 경제위기와 좌파급진주의 운동에 대항해 내부적으로 질서, 강제력, 권위를 강조하면서 유럽대륙의 반민주적인 파시즘 돌풍을 막았다.

대공황의 경제위기는 1933년 총선에도 영향을 주어 군소 좌파정당들의 득표율이 높아졌다. 1934년 실업급여 삭감에 항의하는 암스테르담의 노동자들 시위로 6명이 사망하고 200여 명이 부상당한 참사가 발생했다. 경제위기 대응 실패로 콜린 연립정부는 1935년 가톨릭당과 연정을 했으나 1939년 경제정책 갈등으로 콜린정부는 사퇴하고 처음으로 SDAP이 참여한 가톨릭당(RKSP)주도의 기독역사연합(CHU), 좌파자유주의의 VDB(The Free-thinking Democratic League, Vrijzinnig Democratische Bo) 연정이 구성되었다. 1935년 9월 사회민주주의노동자당(SDAP)은 혼합경제와 사회보장을 확대한 'Plan for Labour'라는 위기대응방안을 발표했다. 이 방안은 1932년 스웨덴 사회민주당의 위기대응프로그램의 영향을 받은 것으로 적자재정, 공공일자리창출 등 케인즈주의적 경기대응 수요관리정책이었다. SDAP는 유권자의 지지를 확대하고자 1937년에는 군주제폐지, 군축 등 기존의 노선을 포기하고 보다 실용적인 사회민주주의의 신노선을 표방하였다. 그 결과 SDAP은 유럽에서 가장 늦게 정부에 참

---

[12] NSB는 1945년 5월 해산되었고, Mussert 대표는 1946년 5월 처형되었다.

여한 사회민주주의 정당이었으나 사회민주주의 사회세력이 처음으로 기독민주주의 국가 네덜란드에서 수용된 것이다.

가톨릭 정당(RKSP) 일각에서도 의회나 정당이 필요 없는 사회조직을 중심으로 구조화된 '조합주의 사회(corporative society)'를 지지하기도 했다. 이러한 국가주의, 권위주의 세력이 커질수록 이에 대항하는 세력도 강해졌는데 1935년 진보적인 자유주의자들과 사회민주주의자들에 의해 'Dutch Movement for Unity through Democracy(EDD)'가 설립되어 파시즘, 국가사회주의, 공산주의 반대 운동이 전개되었다. 가톨릭, 프로테스탄트 등 종교세력도 파시즘과 국가사회주의, 공산주의를 반대하면서 주요 정당들이 모두 자유주의와 민주주의를 수호하게 된 것이다. 19세기의 자유주의 사상과 기독민주주의, 자유로운 개인과 자율적인 사회에 깊이 뿌리내린 다양한 사회단체들이 강한 힘을 가지고 있었기에 민주주의가 위험에 처하지 않았던 것이다. 네덜란드는 역사적으로 민간 및 종교 차원의 공공재가 중요한 국가 자원의 역할을 해왔는데 교육, 복지서비스, 사회적경제, 비영리조직 등이 그것이다. 필라(pillars)에서 비롯된 사회단체의 참여 경험은 시민사회의 자발적인 결사체의 조직과 참여를 촉진해 왔다. 그 결과 오늘날 네덜란드는 결사체에의 참여율이 세계에서 가장 높고, 복지믹스(mix), 커뮤니티 케어, 협동조합 및 사회적 기업도 세계적으로 가장 활발한 나라이다.

2차 세계대전으로 네덜란드는 5년간 독일의 점령지가 되었다. 독일 점령 직후인 1940년 7월 변호사 에인트호번(Louis Einthoven)과 정치인 호만(Johannes Linthorst Homan), 드 퀴(Jan de Quay) 주도로 '네덜란드연합(the Dutch Union, Nederlandsche Unie)'이라는 온건한 정치사회운동 단체가 설립되었다. 이 단체는 창립 선언문에서 네덜란드인들은 새로운 정치현실을 받아들이고 독일 점령군에 협력해야 한다고 촉구하면서 강력한 중앙집중적인 권위로 국가의 단합을 강조했다. 독일과 협력해야 네덜란드의 문화와 삶을 보호하고 보존할 수 있다고 믿고 보다 온건한 정치운동단체의 필요성을 강조했다. 이는 당시 파시즘 성격의 NSB가 정치권력을 독점하여 독일점령군과 함께 네덜란드를 지배하고 네덜란드의 미래를 결정하게 되는 상황을 막고자했던 것이다. 독일인들과 건설적인 협력관계를 유지하면서 독일을 지지하지는 않는 입장을 보인 네덜란드연합의 주요 의제는 강한 지역공동체 정신, 사회의 유기적 발전의 심화, 모두를 위한 노동 의무였다. 또한, 종교 및 신앙의 자유에 대한 헌신을 강조했다. 이 단체는 당시 독일정부가 설립을 허용한 만큼 독일과의 협력을 중시하면서도 네덜란드 민족주의를 주창하였다. 그 결과, 1년도 안되는 기간 동안 당시 인구 10%인 약 80만 명의 회원을 가진 네덜란드 역사상 최대 규모 정치사회운동 단체가 되었다고 한다. 그러나 이 단체의 지도부는 독일의 소련 침공에 대한 공식 지지를 거부하고 국가사회주의와 명확하게 거리를 두었으며, 네덜란드의 국가주권을 촉구하였다. 이 단체는 결국 독일에 의해 1941년 5월 해산되었고 3인은 감금되었다.

2차 세계대전 종전과 함께 네덜란드는 빠른 전후복구와 사회안정을 위해 정치적 협력과 국가적 단합을 추진했다. 1945년 5월 24일 'the Dutch People's Movement(The Nederlandse Volksbeweging, NVB)'라는 대중사회단체가 설립되어 국가적 연대로 새로운 통합된 네덜란드를 만들자는 운동이 나타났다. 독일 점령군들에 의해 인질로 수용되어 있었던 네덜란드의 지도자급 인사들이 만든 이 운동단체는 파시즘 및 공산주의의 척결과 네덜란드 정치를 새롭게 하려는 것을 목표로 했다. 기둥화된 정치 지형을 변화시켜 더 이상 기독교정당과 세속정당 간 대립에 의해 정치가 지배되어서는 안된다는 것이다. 주목할 것은 의회민주주의에 대한 정치적 합의가 있었고, 온건개혁노선으로 변화한 네덜란드 사회민주주의가 전후 네덜란드에서 중요한 정치세력이 되었다는 점이다. 이러한 환경에서 진보적 미래를 위해 중도좌파세력의 통합이 이루어졌다. 1946년 2월 기존의 진보적 정당인 SDAP, VDB, CDU이 노동당(Labour Party, PvdA)으로 통합되었고, 정치개혁운동단체인 NVB(The Nederlandse Volksbeweging, Dutch People's Movement, 1945년 설립) 출신의 배닝(Willem Banning)이 노동당 대표가 되었다. SDAP 유산을 계승한 노동당은 좌파 자유주의와 진보적 프로테스탄트의 연대로 하나가 된 것이다.

가톨릭당과 개신교 정당, 사회주의, 중도 자유주의자들은 2차 대전 후 네덜란드의 합의정치와 복지국가의 발전에 중요한 역할을 했다. 정치적으로는 중도우파 기독교 정당과 중도좌파 노동당의 양대 정치 세력이 중심이 되어 번갈아 연정을 구성하여 타협과 합의를 통해 전후의 경제적 번영과 복지국가, 정치안정과 사회통합을 이루었다. 전후 혼합경제를 지향한 네덜란드 정부는 1945년 성장, 인플레, 고용, 안정을 목표로 설립한 경제정책분석처(The

Netherlands Bureau for Economic Policy Analysis, CPB)의 과학적이고 합리적인 정책 개발을 통해 경제성장, 복지국가, 교육확대, 합리적 노사관계 등의 성과를 이루었다. 정부개입으로 임금억제정책이 이루어졌고 이는 수출경쟁력을 가져와 1973년까지 매우 양호한 성장이 지속되었다. 노동당 출신의 빌럼 드레이스(Willem Drees, 1948-58 총리 재임) 정부가 전후 재건과 경제성장, 사회정책 발전에 중요한 역할을 했으며, 1958년부터 1973년까지 기독민주당 주도의 중도 보수 정부 하에서도 복지는 크게 확대되어 관대한 보편적 복지국가가 완성될 수 있었다(김인춘).13) 전후에도 기존의 기둥중심의 안정적인 합의정치가 1960년대까지 지속되었고 각 조직의 엘리트들의 권위는 여전히 강했다.

네덜란드는 1956년 최저득표율을 1%에서 0.6666%로 내리고 의회(하원) 의석수를 100석에서 150석으로 늘렸다. 0.67%라는 매우 낮은 득표 하한선을 채택한 선거제도로 인해 신생정당이나 극소정당의 의회 진입이 용이했고 그만큼 소수집단의 정치참여와 정치적 영향력이 보장되었다. 단순히 대의제 민주주의, 즉 '대표성'을 위한 선거가 아니라 다양한 집단이 실질적으로 대표되고 대표될 수 있게 만든 것이다. 이는 이미 19세기 후반부터 발전해온 시민사회의 다양성을 제도적으로, 정치적으로 인정한 것이다. 1960년대 들어 세속화가 심화되고 공공서비스를 제공하던 민간 비영리 사회서비스 단체의 일부 업무를 중앙정부가 담당하면서 사회적 분리구조가 해체되기 시작했다. 1967년 총선에서 중도의 사회 자유주의 노선을 표방한 신생 정당인 D66(Democrats 66)이 7석을 확보(의석점유율 4.7%)했는데, 이는 1960년대 반체제 혁신운동의 결과로 네덜란드 사회에서 진보적 가치관이 중요해진 결과였다. 탈종교와 세속화, 탈권위, 탈기둥화가 본격적으로 나타나면서 계급 및 정책 중심의 선거정치가 시작되었다.14) 20세기 후반에는 정치적 이합집산이 빈번했는데 1973년

---

13) 네덜란드는 전후 재건과 국가 위상을 위해 대외적으로도 적극적인 조치를 취했다. 1946년 벨기에·룩셈부르크와 함께 베네룩스(BENELUX) 3국을 결성하고 나토(NATO)에 가입하였으며, 1952년에는 유럽석탄철강공동체(European Coal and Steel Community), 1967년 EC(European Community) 창립회원국(벨기에·프랑스·서독·이탈리아·룩셈부르크·네덜란드 6국)이 되었다.

14) D66은 1981년 연정에 참여했고 1994년, 1998년에도 연정에 참여할 수 있었다. 94.9%의 투표율을 기록한 1967년 총선으로 제1당이 된 가톨릭정당(지지율 26.5%) 주도의 4당 중도우파 연합정부가 구성되었다. 사회민주주의를 표방한 노동당은 제2당이 되었

보수적인 기독교민주주의 계열 정당들인 KVP, ARP, CHU가 합쳐져 중도 우파의 기독민주당(CDA, Christian Democratic Appeal)이 되었다. 1989년에는 좌파 군소정당인 CPN, PSP, PPR, EVP가 합쳐져 중도 좌파의 녹색좌파당(Groen-Links)이 만들어졌다. 물론, 지속적으로 다양한 연립정부(소연정, 대연정)가 구성되어 왔다. 분리구조의 해체(depillarization)가 진행되었지만 종교적 소수집단은 분리구조의 유산으로 여전히 중앙정부로부터 종교기관뿐 아니라 종파교리에 충실한 교육기관이나 언론·방송매체에 대한 재정지원을 요구할 권리를 가졌다. 소수집단에게든 다수집단에게든 교육, 사회서비스 등을 제공하는 모든 제3섹터 조직들은 네덜란드 사회에서 핵심적 위치를 갖고 중요한 역할을 하기 때문이다. 이는 네덜란드의 사회통합 정책이기도 했다. 1983년에는 헌법 텍스트를 완전히 다시 작성하고 기본권을 추가한 헌법개혁이 이루어졌다. 정치적 독트린(political doctrine)이 삭제되었고 기본권이 중심이 되었으며 법치주의와 헌정주의가 명시되었다. 네덜란드 민주주의는 1983년 헌법에 기반하면서 헌법변천과 '보이지 않는 헌법'이라는 사회와 정치에서의 높은 신뢰와 투명성, 헌법규범의 작동으로 안정적으로 실현되고 있다.

2. '필라(pillars)' 사회와 '서로주체적' 동등분리

19세기 중반부터 1960년대까지 네덜란드 사회와 정치는 '기둥화'[15]로 특징되고 기둥화에 의해 지배되었다. 19세기 네덜란드 사회는 부르주아 중간계

다(지지율 23.6%).
15) 기둥화 현상을 설명하는 이론으로 해방의 논리가 있는데, 이는 당시 가톨릭, 칼빈파, 노동계급(사회주의)은 기본적 권리를 갖지 못한, 사회경제적으로 소외되었던 집단으로 기둥화는 이들에게 해방 또는 완전한 시민권을 획득하는 방안이 되었다. 이 세 집단이 배타적 조직화를 시작하자 종교적 다수인 개혁파 교회(Dutch Reformed)와 자유주의자들은 이에 대응하여 자신들의 조직을 형성하였다. 또 다른 설명은 사회통제 및 보호를 위해 기둥화 현상이 나타났다는 주장으로 가톨릭의 경우 종교엘리트들이 신자들을 보호하기 위해 만들었다는 것이다. 사회통제 관점은 엘리트들이 자신들의 지위를 강화하기 위해 배타적으로 종교적, 정치적 분리를 강화한 것으로 본다.

급이 시민사회의 추동력이 되었고 국가의 역할은 매우 제한적이었다. 오랜 상업의 발달로 국민성이나 사회문화가 상인적인 실용주의, 계산적인 합리성, 신뢰와 신용을 중시해 온 한편, 극심한 종교전쟁을 치른 칼뱅주의의 전통으로 정직, 성찰과 같은 사제적인 에토스 또한 강했다. 이러한 에토스는 각각의 개인을 중시하는 자유주의와 다양성, 상호존중과 사회적 신뢰를 강화하는 역할을 해왔다. 그 결과 네덜란드 사회는 극좌, 극우를 포함한 다원적 자유주의, 조화와 합의를 중시하는 강한 사회코포라티즘과 협의주의, 그리고 시민사회(또는 제3섹터, 비영리영역, 사회적경제)의 비중과 역할이 크다는 특징이 있다. 사회적 분리(pillarization system)가 가져온 다양한 자발적 조직 및 결사체들의 중앙 조직을 의미하는 '사회재벌(societal conglomerates)'과 이들에 의한 '사회정치(social politics)'는 네덜란드 사회의 고유한 특징이 되었다(Roebroek 2006). 네덜란드개혁파교회, 프로테스탄트, 가톨릭, 칼뱅파 등 종교기관이, 그 후 사회주의, 자유주의 세력이 학교, 병원, 노조, 사업자단체, 정당, 신문, 주택조합, 스포츠클럽 등을 조직하고 연결하여 거대한 사회조직을 만들었던 것이다. 네덜란드라는 국가, 사회 공동체가 지향하는 목표나 또는 그를 구현하는 방법에 대해 최대 다수가 참여할 수 있게 한 것이다. 중요한 것은 정당 이전에 사회적으로, 또는 종교적으로 다양한 결사체에 참여하여 민주시민의 사회적 삶을 내면화한다는 점이다.

19세기 말, 20세기 초에 구축된 종교 및 정치이념에 따른 사회적 분리구조는 아이러니하게도 사회적 안정을 가져왔고 정치적으로 협의주의(consociationalism) 및 합의 민주주의(consensus democracy)의 토대가 되었다. 극단적인 사회적 분리와 격리로 인해 갈등의 잠재력이 큰 만큼 집단 간 협의와 조정이 필수적이었고 이는 정치적으로 다당제와 연립정부, 합의제 민주주의를 발전시켜왔다. 각 사회조직이 정치적으로 중요했던 것이다. 자유주의적인 시민적 전통으로 시민적 활동이나 시민사회의 역량이 컸으며 사회가 국가보다 먼저라는 인식이 강했다. 이는 다양성과 자율성에 기반한 강한 시민사회와 고신뢰 사회를 발전시켜왔다. 네덜란드 사회전체를 규정 짓던 사회분화현상으로 절대 다수가 자신이 속한 필라의 정당을 지지하면서 정치적 선택의 폭을 제한했고 정치적 소극성을 초래했지만 이는 역설적으로 정치적 안정을 가져왔던 것이다. 이에 더해 정치지도자들의 합리적이고 실용적인 태도, 관용주의, 정치엘리트간 협의와 타협이 중요했다.

　네덜란드의 사회 분리현상은 1917년 헌법개정으로 오히려 공고화되기도 했는데 학교를 포함해 노조, 결사체 등이 종교와 이념에 따라 더 분리되고 조직화되었기 때문이다. 반면, 이러한 과정은 '해방(emancipation)'이라 불리기도 했는데 그만큼 각 개인과 다양한 조직이 서로 대등하게 정치적으로나 사회적으로 자유롭고 주체적인 활동이 가능해졌기 때문이다. 네덜란드의 사회 분리현상은 상호인정과 공존의 '서로주체적'(김학노 2018) 분리였다. 필라(pillars)는 약자들에게 독립적인 사회·정치적 공간이 되었고 또한 약자들을 위한 합의와 관용의 기능을 한 것이다. 정치, 경제, 문화, 사회 등 각 분야는 이들 조직들에 의해 움직여졌고, 새로운 정당과 사회운동은 정치적 경쟁을 통해 정치와 사회의 민주화에 기여했다. 필라에 기반한 안정적인 정치체제는 전후에도 갈등을 해소하는 '화평의 정치(pacification politics)'(Lijphart 1976)를 지속할 수 있게 했다. 민주주의와 관용이 개인과 조직으로 구성된 사회에 뿌리내리고, 종교와 이념, 계급으로 분화되고 구조화된 사회 체제가 지속되면서 사회의 균형과 조화가 이루어졌던 것이다. 학교, 언론, 정당, 사회단체, 스포츠 및 레져, 병원 등 전반적인 사회활동이 기둥들에 의해 작동되었는데, 가톨릭 신자는 가톨릭 병원을 이용하고 가톨릭 학교, 가톨릭 언론, 가톨릭 정당, 가톨릭 사회단체에 소속되어 지도자들을 신뢰하고 그들의 결정을 존중했다.

　네덜란드 특유의 '기둥화' 사회와 '서로주체적' 분리는 종교전쟁을 비롯한 네덜란드의 역사와도 연관되어 있다. 네덜란드는 종교전쟁(30년 전쟁)을 거쳐 1648년 베스트팔렌(Westphalia) 조약으로 완전한 독립과 주권국가를 이루게 되었다.[16] 17세기 내내 아시아, 아프리카, 아메리카에 진출하여 다수의 해외 식민지를 획득하고 무역을 확대함으로써 막대한 부를 축적하고 해운, 금융 등 다양한 산업 발전의 토대를 만들 수 있었다. 그 후 식민지를 둘러싸고 영국과의 수차례 전쟁(영란전쟁)으로 국력이 약해졌으며 이러한 국력약화 문제는 1770년대 들어 정치적으로 큰 쟁점이 되었다. 이러한 상황에서 1780년대에 나타난 네덜란드 '애국운동(The Patriot Movement, The Patriottentijd)'은 영국과

---

16) 1581-1795년 네덜란드연합공화국(The United Provinces of the Netherlands, The Dutch Republic) 시기와 특히 1650-72년의 '진정한 자유'의 시기는 네덜란드 자유주의의 기원이었다.

미국의 민주주의 혁명과 유사한 성격의 혁명적인 민주주의 운동이었다(Prak 1991). 이 운동은 시민 주권자가 권한을 갖고 스스로를 통치하려는 시민정치와 자율적인 사회공동체를 위한 혁명적인 정치운동이었으나 영국과 프러시아의 외교적 개입으로 끝나게 되었다. 프랑스 혁명 후인 1794-95년 프랑스군의 침입을 받게 되었다. 프랑스의 억압적 지배 하에서도 네덜란드는 자유·평등·박애의 프랑스혁명 이념을 비롯하여 법령체제 등 근대적인 변화가 나타나기도 했다. 나폴레옹 점령 시기인 1806년에 도입된 교육법에 따라 교육재정에 대한 정부의 역할이 확대되었는데 이러한 유산으로 네덜란드의 교육은 중앙정부의 지배 하에 있게 되었다. 네덜란드 사회의 기둥화 뿌리는 19세기 전반기의 교육제도에서 비롯되었다. 국가에 의한 대중 공공교육이 시작되면서 종교적으로 중립적인 초등 공립교육기관이 지역에서 크게 증가하게 되었다. 이에 종교기관도 여러 (대)학교를 설립하기 시작했는데 평등교육 사상이 전파되면서 공립학교와 사립종교학교에 대한 공평한 재정지원 문제가 등장하였다. 이것이 1850년대부터 네덜란드 정치의 핵심 쟁점이 되었던 교육관할권 문제로 확대되었던 것이다.

이러한 네덜란드 역사는 1870년대부터 나타나기 시작한 종교, 이념 등에 따른 독특한 사회분리(social segmentation)현상을 가져왔다. 프로테스탄트, 칼뱅파, 가톨릭 등 종교적 분화와 자유주의, 사회주의, 공산주의 등 이념적 분화가 그것으로, 이러한 사회적 분화는 각 집단별로 수직적으로 구성된 소위 '기둥들'로 구조화된 사회를 구성하게 된 것이다. 이들 기둥들은 상호 대등하고 독립적인 사회적 분리로 나타나면서 역설적으로 다양한 사회 집단과 세력 간 협의와 합의, 관용을 중시하는 문화를 만드는 역할을 해왔다. 가톨릭과 개신교간 종교전쟁 후 개신교 중심의 네덜란드 국가로 독립했지만 가톨릭은 자신들의 종교를 지키기 위해 종교의 자유를 매우 중시했다. 19세기 들어 강해진 자유주의 이념은 종교의 자유를 포함하여 개인의 자유와 권리의 확대를 추구했고, 이에 가톨릭 세력은 자유주의자들과 협력적 관계를 갖게 되었다. 19세기 후반 급속한 산업화로 다수의 노동계급이 출현했고 이들의 정치참여 욕구에 부응하여 자유주의자들과 사회주의자들은 소수에만 허용된 투표권의 확대를 요구하게 되었다. 또한 사회적 분화와 분리, 갈등과 대립은 정치적 투쟁과 대표성을 위한 정당 설립을 촉진했다. 1879년 보수 칼뱅교 세력의 반혁명당

(Anti-Revolutionary party)을 시작으로 1885년 자유주의연맹(Liberal Union), 1894년 사회민주주의노동자당(Social Democratic Workers' Party), 1904년 가톨릭리그(가톨릭당) 등 종교와 이념에 따라 다수의 정당이 출현했다. 네덜란드 사회의 기독교 이념은 국가와 코포라티즘의 성격에 중요한 영향을 미쳤는데, 기독교 교파들에 의한 '기둥화'가 큰 역할을 하였다. 네덜란드의 '기둥화'는 사회, 경제, 정치 및 문화 등 모든 영역에서 종교 및 정치적 이념에 따라 조직이 구성되는 과정으로 19세기 후반기에 형성되어 1920년 교육협정으로 완전히 뿌리를 내리고 1945년까지 전성기였다. 교파 또는 이념에 따라 조직된 정당, 노동 및 사용자 단체, 사회단체 등은 2차 세계대전 전까지 자유주의적 코포라티즘의 제도적 기반이 되었다.[17]

기둥화는 장기간에 걸쳐 사회, 정치, 정부 정책에 중요한 영향을 미쳤다. 종교 및 이념에 따른 기둥화는 곧 사회적 분절이었지만 갈등이 표면화되지 않았고, 정치적 차이는 상부 엘리트에 의해 해결되면서 안정된 민주적인 사회를 지탱시킬 수 있었다. 다만, 각 사회집단의 수직적 분리는 종교적 사용자 단체는 종교적 노동에 적대적이지 않았고, 종교적 노조는 사회주의적 성격의 노조와 경쟁하였기에 결과적으로 노동 및 사용자 조직의 계급 정체성과 노사갈등을 약화시켰다. 각 집단(기둥)을 대표하는 주요 정당은 각 집단을 위한 고유한 주거, 고용, 교육, 문화, 스포츠, 복지, 대중매체 등을 운영할 수 있는 재정 지원을 중앙정부로부터 받으며 상호 분리된, 그러나 동등하고 대등한 사회적 분리구조를 유지시키는 역할을 했다. 정당은 물론 노동조합, 사용자단체, 학교, 신문 등 언론기관, 스포츠클럽 등이 모두 종파별·이념별로 결속되어 있었던 것이다. 그 결과, 각각의 사회적 분리구조에 기반한 정체성과 연대의식이 형성되었고, 각 집단은 서로 간 교류나 접촉을 최소화하면서 갈등의 소지도 최소화되었다(Uitermark 2012; 이옥연 2014). 각 집단은 교육, 문화, 복지 등 각 분야의 조직을 만들면서 모두가 조직의 충성스런 구성원이 되었고, 생애에 걸쳐 다양한 복지서비스와 보호를 받게 되었다. 네덜란드 사회와 일상생활의 많은 공간과 성격이 종교·종파별로 구별되었고 20세기 중반 이후 세속화의 진행에도 일종

---

[17] 네덜란드는 물론 벨지움, 오스트리아 등 코포라티즘 형성에 종교의 역할이 컸던 나라는 강하고 안정된 코포라티즘을 가져왔다. Wilensky(1981), Katzenstein(1985) 참조

의 종교적 사회계층으로 정착되었다. 매우 독특한 형태와 성격의 상호 '인정'과 '분배'가 충족되는 사회로 '서로주체적 분리'의 사회이기도 했다. 종교의 자유와 '기둥화'의 유산, 협의주의는 네덜란드 고유의 코포라티즘과 합의제 민주주의 시스템으로 진화해왔다. 상호인정과 대등한 관계의 '서로주체적 분리' 현상이었던 기둥화는 다양성과 관용, 강한 사회를 만들어 네덜란드의 사회적 자유주의와 합의제민주주의를 정착시키는 역할을 했던 것이다.

3. 사회적 자유주의, 합의제 민주주의, 극우 포퓰리즘

사회적 분리현상은 사회 코포라티즘을 형성시키는 토양 역할을 하였다. '기둥들'이 각각 정치집단으로 발전하면서 자율적인 사회조직에 의한 수직적 다원주의를 가져왔기 때문이다. 1879년 정통 칼뱅파 교회에 의해 설립된 반혁명당(Anti-revolutionary Party)은 최소국가(minimalist state)를 주장하고 정부의 자유주의적 의무교육정책(Liberal Education Act of 1878)에 반대하면서 정치적으로 성장했다. 사회민주주의노동당(1894)의 전신인 사회민주주의연대(Social-Democratic League)는 노조운동을 기반으로 1881년에 설립되었다.[18] 네덜란드개혁파교회(Dutch Reformed Church)는 1908년 기독역사연합당(Christian Historical Union Party)을 만들었다. 자유주의자들은 자유주의연합(Liberal Union)을, 가톨릭은 가톨릭당을 설립하였다. 이들 기둥들은 서로를 인정하였고, 어느 한 세력도 다수를 점하지 못하였기 때문에 각 기둥의 지도자와 엘리트들은 정치적 쟁점 등 여러 문제에 대해 서로 협력하고 타협하는 문화를 발전시켰다. 네덜란드의 연립정부 또한 기둥화에 의한 정당시스템의 결과이자 '기둥들'이 서로 협력해온 증거이기도 했다. 네덜란드의 종교적 다원주의 전통은 교파에 따른 다양한 이익단체의 결성을 촉진하였을 뿐만 아니라 교파 간 조정도 가능하게 하였다. 이는 높은 수준의 협의시스템, 즉 협의민주주의를 발전시켰고 20세기 전반기의 자유주

---

18) 공제회 성격의 근로자 모임은 1850년대부터 활발하였고 1861년 최초의 단위 노조가 설립되었다. 1866년에는 최초의 전국 단위의 노동조직이 설립되었다.

적, 관용적 코포라티즘으로 진화되었다. 전통적으로 협의민주주의라는 정치문화를 발전시켜 온 네덜란드는 역사적으로 나타난 다양한 사회적 균열(종교, 지역, 이념, 계급 등)로 인해 정치적 조정과 타협의 필요성이 커지면서 코포라티즘이 발전되어 왔던 것이다.

자유주의자와 신교 세력의 대립, 신교의 분열, 계급갈등 등 19세기의 정치적 전통과 사회적 균열 및 분리구조는 중앙(국가)의 지배력 약화와 내부적인 사회통합의 결여를 가져왔다. 중하층 대중의 정치적 동원 이전까지 성직자, 상인 및 도시전문직 등의 부르주아의 영향력이 강했으며 이들 부르주아 세력이 사회 변혁의 주역으로 활동했다. 19세기 후반 들어 산업혁명의 진전으로 계급구조는 크게 자본과 노동의 양대 계급으로 변화하였고, 정치적으로 사회주의, 자유주의, 종교 정당 등이 나타나게 되었다. 민간영역에의 개입을 자제했던 국가였지만 어느 한 집단이 지배적 위치를 갖지 않도록 사회집단 간의 관계를 규제하는 역할을 하게 되면서 국가와 사회가 긴밀하고 복잡한 관계를 형성하기 시작하였다. 네덜란드는 많은 서유럽의 역사적 경험과 달리 사회주의와 초기 자유주의의 지속적인 연합이 결여되었다. 정당 간 경쟁이 심화되면서 사회주의자들은 종교 정당과 종교단체가 사회복지에 대한 정부의 역할에 관심을 갖도록 압력을 가하기도 하였으나 초기의 사회복지정책은 보수적인 종교조직에 의해 큰 영향을 받았다. 20세기 초 네덜란드 코포라티즘의 형성은 종교조직의 영향을 많이 받았는데, 이는 종교조직, 특히 가톨릭이 코포라티즘의 주요 주체였기 때문이다. 중도 성향의 가톨릭당은 1901년 이후 거의 모든 연정에 참여하였다. 칼뱅파 정당은 20세기 전반기에 성공적으로 연정에 참여했던 반면, 노동당은 다른 정당들의 거부로 1939년까지 연정에 참여하지 못하였다. 2차 세계대전 이후 재건 시기에 10년 이상 지속된 가톨릭과 노동당의 연정(1946~1958년)은 전후 경제, 사회정책에 매우 중요한 영향을 미쳤고 이는 전후 네덜란드 모델의 토대가 되었다. 네덜란드 노동당(PvdA)은 독자적인 강력한 노선을 통해 정책을 추진하는 방식이 아니라, 중도 우파정당들과의 정책적 합의 속에서 사회민주주의 노선을 이끌어 왔다.

군주제적 헌정주의의 유산과 함께 과거 최소 100년 동안 견고하게 작동해 온 사회적 분리현상, 0.67%의 득표 하한선과 극단적인 다당제, 이민자를 비롯한 다양한 이질적인 사회집단, 그리고 계급 갈등은 심각한 사회적 갈등과 배제, 정치적 대립과 적대적 지배를 초래할 수 있는 충분한 조건들이다. 그럼에도 불구하고 네덜란드가 안정적이고 수준 높은 민주주의를 구현해 온 것은 합의 민주주의 시스템과 그 시스템을 제대로 작동할 수 있는 역량이 중요했다(Hendriks & Toonen 2019). 심각한 사회갈등이나 그 지속은 민주주의의 위기나 실패의 원인이 아니라 그 결과라는 점을 네덜란드는 보여준다. 협의주의(consociationalism) 또는 협의 민주주의(consociational democracy)가 네덜란드의 민주주의를 지켜왔던 것이다. 정당 간, 사회세력 간의 협의주의뿐 아니라 네덜란드 의회, 국왕, 내각 간에도 협의주의가 작동한다. 심하게 분리 또는 분열된 다원주의 사회에서 협의주의는 대연정, 소수비토(minority veto), 비례대표제, 부문자율성(segmental autonomy)의 4개의 요소를 통한 권력공유(power-sharing)로 장기적이고 지속적인 안정과 평화를 이룰 수 있다는 이론과 가설은 오래되었다(Kelly 2019; Lijphart 1968). 네덜란드의 협의주의는 권력공유의 실천으로 극단적 균열의 해소와 공유된 충성심을 통해 안정과 평화, 번영을 이룬, 세계적으로 가장 성공적인 사례로 평가되어 왔다. 실제로 네덜란드는 대연정과 비례대표제는 물론, 대부분의 소수세력이 정치·사회적으로 대표되고 있고, 부문자율성도 잘 이루어져 있다. 비례대표제와 대연정은 유럽 대부분의 국가들에서 시행되고 있고, 소수파의 대표성이나 비토 또한 광범위하게 채택되고 있다. 네덜란드의 협의주의와 권력공유의 고유성은 바로 시민사회, 특히 제3섹터라는 부문자율성에 있다. 미국을 포함하여 많은 선진국들에서 제3섹터가 다양한 역할을 하지만 네덜란드의 제3섹터가 가장 규모가 크고 강하며 중요한 역할을 하고 있다는 사실은 여러 비교연구에서 확인된다.[19]

19세기 후반부터 네덜란드의 구조화된 기둥화 사회와 정치, 그리고 전후의 정치적 타협과 사회적 협력 분위기는 1960년대 들어 변화하기 시작했다. 파업과 높은 임금인상이 나타나고 정치는 좌파세력의 통합과 우파세력의 연합으로 인해 나타난 양극화로 대립적 모습을 보이게 되었다. 이러한 변화는 탈분화현상인 '탈기둥화(Ontzuiling)'로 나타났는데 1960년대 중후반부터 기둥화는 크게 약화되고 세속화와 개인주의화가 심화되었다. 탈종교화, 이념화, 참여, 양극화, 개방성, 정치화가 두드러지면서 집회 및 시위가 크게 증가하고 개

---

19) https://thirdsectorimpact.eu/ 참고.

인의 자유가 극대화되면서 매우 자유롭고 민주적인 '열린사회'가 되었다. 개인들의 정치참여 열정이 커지면서 각 기둥의 엘리트들은 폐쇄성을 버리고 개방성을 수용하게 되었으며 유연한 이념과 혁신을 추구하게 되었기 때문이다. 사회적 분리현상이 와해되어 다양한 사회집단들이 직접 접촉, 교류하게 되면서 마찰과 긴장도 나타났지만 탈기둥화와 함께 등장한 다양한 결사체와 시민운동은 급진적이면서도 실용적이고 개방적인 성격을 갖게 되었다. 노동계급의 생활수준이 향상되고, 구조화된 집단 간 분리 체제가 해체되면서 유권자들은 더 이상 그들이 속했던 기둥의 엘리트의 권위를 따르지 않고 사회적, 경제적 문제 등에 따라 독자적인 투표를 하게 되었다. 1958-80년 사이 가톨릭 인구는 42%에서 24%로 줄었고, 무종교는 24%에서 50%가 되었다. 로마가톨릭당(RKSP)을 계승하여 1945년 창당된 가톨릭인민당(Katholieke Volkspartij, KVP)의 득표율은 1963년 32%에서 1972년 18%로 낮아졌다. 이에 1977년 총선에서 가톨릭인민당, 개신교의 반혁명당, 기독역사연합(CHU)은 기독민주당(the Christian Democratic Appeal, CDA)이름으로 연합하였고 1980년에는 CDA로 공식적으로 통합되었다.

　탈기둥화로 일반 대중의 시위와 정치참여가 활성화되면서 정치는 대립적인 모습을 보였다. 노동당 출신의 요프 덴아윌(Den Uyl, 1973-1977 총리 재임) 정부의 강성 진보노선과 1977년 총선은 이러한 모습을 잘 보여주었다. 양극화 전략으로 노동당은 33.8%의 역사적 승리를 했지만 반노동당 정서가 강해지면서 KVP·ARP·CHU이 연합한 기독민주당은 1977년 총선에서 약 32% 득표하여 1977년-89년간 CDA와 우파인 VVD가 집권했다. 네덜란드의 정치와 사회 발전에 중요한 역할을 해온 기독민주주의(Christian Democracy)의 힘을 보여주었다. 루버스(Lubbers, 1982-94년 총리재임)정부 시기 기독민주당은 1980년대 중반부터 종교색을 줄이고 중도노선으로 전국적인 포괄정당을 추구해왔다. 급진적인 노동당에 대한 거부감이 커짐에 따라 노동당 또한 1980년대 말 온건노선으로 전환하여 온건 사회민주주의를 지향하게 되었다. 노동당은 1989년 기독민주당 주도의 좌우연정에 참여하게 되었다. 네덜란드의 정당들은 다양한 사회집단과 사회세력을 대표하고 있으며, 매우 낮은 최소득표율과 전국적 비례대표제로 다수의 정당들이 총선에 참여하며 10개 이상의 정당이 의회에 진입하고 있다. 이러한 다당제 특성상 항상 연립정부가 구성되며 좌우

대연정도 자주 구성되어 왔다(Luther & Deschouwer 1999). 현재 네덜란드의 주요 정당으로는 중도좌파의 사회당(Socialist Party, SP), 녹색좌파당(Green Left, GL), 노동당(Labour Party, PvdA)이 있고, 중도의 D-66당(Democrats 66) 과 기독민주당(Christian Democratic Alliance, CDA)이 있으며, 중도우파의 자유민주당(People's Party for Freedom and Democracy, VVD)과 기독연합(Christian Union, CU), 극우의 자유당(Freedom Party, PVV)이 있다. 자유민주당(VVD)은 시장경제 표방 중도우파 보수정당. 19세기 중반 자유주의세력에서 시작하여 1948년 창당된 보수 정당으로 고소득 자본가계급, 보수중산층의 지지를 받고 있다. 노동당(PvdA)은 1884년 창당된 사회민주노동당에서 비롯되었고 1946년 좌파세력 흡수하여 만들어진 중도좌파 정당으로 노동계층, 농민 및 진보적 청년계층의 지지를 받고 있다. 사회당(Socialist Party)은 1972년 설립된 공산주의 정당으로 시작되었으며, 1991년 독립적이고 보다 온건한 사회주의노선을 채택하였고 2005년 EU 헌법조약 반대운동에 앞장섰다. 기독교연맹(CU)은 해방파 개혁교회의 GPV와 프로테스탄트의 RPF가 2001년 합병되어 만들어진 정당이다. 기독민주당(CDA)은 1848년 이후 기독교 세력으로부터 비롯된 중도온건 기독민주주의 성향의 정당으로 1977년 개신교 정당 2개(ARP, CHU)와 가톨릭국민당(KVP)의 3개 당이 통합되어 만들어졌다. 66년 민주정당(D66)은 사회자유주의를 표방하는 중도 정당이고, 녹색당(The Greens, De Groenen)은 1989년 창립된 환경주의 정당이며, DENK(운동당)은 2015년 노동당 출신 의원들이 만든 정당으로 좌파 다문화주의를 표방한다. 자유당(PVV)은 극우 정당으로 다문화 반대, EU 탈퇴와 보호무역을 주장하는 정당으로 2004년 자유민주당 의원 빌더스(Geert Wilders)가 탈당하여 만든 1인 정당에서 시작되었고 2006년 자유당으로 명명되었다.

네덜란드의 권력분산과 권력공유, 강한 사회 특성은 지방자치와 분권에서도 비롯되는데[20] 현재 12개의 주가 있으며 각 주에는 주지사와 주의회(Provincial Council)가 있다. 주지사는 주의회의 후보자 검토와 내무부장관의 권고로 국왕에 의해 임명되며 주행정위원회 의장 및 주의회 의장으로서 주

---

[20] 1581년 7개주 연합의 네덜란드 공화국이 성립된 이래 지방자치와 지방분권은 지속적으로 발전해왔다.

차원의 행정감독 및 공공질서 유지의 책임을 진다. 주의회는 임기 4년의 주의원으로 구성되며 주의 최고 입법기관으로 주민을 대표한다. 주의회의 주의원 중 최소 3명, 최대 7명은 임기 4년의 주 행정위원으로 선출되어 주행정위원회를 구성한다. 기초자치단체로 355개의 시가 있는데 시장과 4년 임기의 시의회(Municipal Council)가 있다. 시의회는 임기 4년의 시의원으로 구성되며 인구에 따라 9~45명으로 선출된다. 시장은 6년 임기로 시의회 및 주지사의 추천에 따른 내무장관의 건의로 국왕이 임명하며 시의회와 자치행정위원회의 의장이 된다. 의원 및 주의원과 달리 시의원의 선거권 및 피선거권 대상은 국적자뿐 아니라 해당 시에 거주하는 EU 회원국 국민과 5년 이상 합법적으로 거주한 자를 포함한다.

극우 포퓰리즘과 민주주의

이미 소수 이민자들이 많았던 네덜란드에 1970년대부터 이민이 크게 증가하고 1990년대 들어 유럽통합이 심화되면서 외국출생인구수는 갈수록 늘어났다. 네덜란드는 역사적으로 소수집단, 특히 종교적 소수집단에 대한 정치적 대표성 및 사회적 권리 보장이 제도적으로 잘 이루어져왔고 사회적 관용과 개방성, 다양성의 수준도 매우 높았다. 그럼에도 이민자들이 급속히 늘면서 네덜란드의 정체성을 구성하는 기본적인 가치 및 규범을 거부하는 소수집단, 특히 이슬람 이주자들의 문제가 나타나기 시작했다. 이들에 대한 네덜란드인들의 반감은 1970년대-80년대 실업 증가와 경제위기와 함께 반이민정서로 확산되기 시작했다. 현재 인구 1,700만 명 중 21%가 외국계로 무슬림 인구만 100만 명을 넘고 종교적으로 무슬림은 인구의 6%를 넘고 있다.21) 유럽에서 8.8%인 프랑스에 이어 두 번째로 무슬림 인구 비율이 높은 나라다. 1990년대를 거치며 이주자, 특히 무슬림 인구가 증가하면서 이주민의 동화를 강조하는 여론뿐 아니라 반이민 정서도 커져왔다. 1990년대 유럽의 다른 나라들처럼 네덜란드에는 유고내전과 아프리카의 내전, 기근 등으로 인해 수많은 난민들이 몰려들어왔다.

---

21) 네덜란드의 종교는 가톨릭(31%), 네덜란드 개신교(14%), 칼뱅(Calvin)파(7%), 기타 종교(8%), 비종교(40%) 등의 분포를 보인다. 외교부 『네덜란드 개황』 2012.

급증하는 난민과 밀입국자들로 정부의 업무 폭증과 함께 네덜란드인들은 여러 불편을 겪게 되었다. 그러나 1998년 사회민주당·자유당 연합정부가 이민에 관대한 입장을 보이면서 이민문제는 정치적으로 큰 논란이 되었다. 이에 반이민 및 이민자 복지 축소를 주장하는 극우 정당이 등장하게 되었고 민족주의적 극우 정당의 부상과 함께 국가 정체성의 문제도 나타났다.

이러한 배경에서 신민족주의 성향 정치 신인이었던 극우 리스트 당(LPF) 지도자 핌 포르투완(Pim Fortuyn)은 정치엘리트주의가 지배하는 정치현실과 이주자 문제를 제기하며 기성 정치인들에 대한 전례없는 도전으로 국민적 관심을 끌었다. 그는 강력한 이민정책, 범죄와의 전쟁, 관료주의 철폐, 교육 및 보건 분야 여건 개선 등과 같은 대중영합주의 정책을 주장했다. 총선 직전인 2002년 5월 6일 핌 포르투완의 암살 사건이 발생하면서 네덜란드의 안정된 합의제 정치가 위기에 직면했다. 핌은 합의(컨센서스)를 중시하는 네덜란드 정치·사회시스템을 대결과 경쟁의 시스템으로 바꿔야 한다고 주장했다. 2002년 5월 15일 총선 결과 암살된 핌 포르투완이 설립한 정당은 17%의 지지로 26석을 얻어 제2당으로서 연립내각에 참여하는 놀라운 결과가 나타났다. 이에 정치적 합의주의와 사회적 포용 정신이 약화되는 현상이 나타나고, 좌우 간 대립이 심화되었다. 정치 신인으로서 이 같은 성과를 거둘 수 있었던 배경에는 사회적 분리현상에 대한 거부감으로 나타난 탈분리현상, 정치엘리트주의에 따른 정치적 불만과 무관심, 세속화 현상의 확산, 이데올로기 정당 쇠퇴 등으로 기존 정당들의 지지기반이 약화되었기 때문이다. 또한 탈냉전, 9.11테러, 유럽통합 심화, 신자유주의 등과 같은 급변하는 외부 환경에 정치권의 대응이 적극적이기 못했다는 점이 자리하고 있다(장봉익 2010).

사상과 종교의 자유를 가장 중요한 가치로 삼고 있는 네덜란드에서 이 같은 정치적 암살이 벌어진 것은 초유의 일이었다. LPF는 2002년 이후의 선거에서 의석을 얻지 못하고 크게 위축되었지만 핌 포르투완의 정치적 유산은 2006년 헤이르트 빌더스(Geert Wilders)가 창당한 우익대중주의, 유럽회의주의, 반세계화, 반이슬람주의를 표방하는 신민족주의 정당인 자유당(The Party for Freedom, Partij voor de Vrijheid, PVV)에 의해 상속되었다(Vossen 2016). 최근 들어 신민족주의 성향의 포퓰리즘은 이주자 비중이 급속히 커진 유럽 강소국을 중심으로 활성화되었는데 노르웨이의 진보당(2017년 총선에서 제3

당), 스웨덴의 스웨덴민주당(2018년 총선에서 제3당)이 대표적이다. 이 두 나라는 경제 상황이 매우 양호하여 노동 이민이 필요한 상황이었음에도 불구하고 신민족주의 성향의 정당이 선전하고 있는 것은 그 만큼 반이민, 반무슬림 정서가 커져있기 때문이다. 관용과 화합을 중시하는 개방적인 문화를 가진 네덜란드에서 2000년대 이후로는 무슬림에 배타적인 사회분위기가 확산되어 왔으며 정치적 폭력도 발생했다.22) 2002-2006년 우파정부는 난민 강제 추방 등 외국인에 대한 강경정책을 시행했는데 이에 대한 시민사회 일각의 비판과 함께 일부 지방정부의 불복종도 나타났다. 2006년 11월 22일 치러진 네덜란드 총선에서 제1당을 유지한 기독민주당 41석, 노동당 33석, 사회당 25석을 얻어 좌파의 우세가 나타났다. 처음 열린 새 의회 회의에서 노동당이 제안한 난민 추방 중단 결의안이 좌파연합에 힘입어 75대 74로 가결되었다. 사회당, 녹색좌파당, 기독연합, 민주주의 66, 동물보호당(Party for Animals)으로부터 지지를 얻었던 것이다. 이민문제를 둘러싼 정치적, 사회적 갈등과 대립은 갈수록 심화되었고 반이민 극우 정당인 자유당(Party for Freedom, PVV)이 그 중심에 있다.23) 2010년 총선에서 15.5% 지지율과 24석을 얻은 자유당은 우파연정에 참여했다. 자유당 대표인 극우 정치인 헤이르트 빌더스(Geert Wilders)의 돌풍은 2017년 총선을 앞두고 여론조사에서 1위를 차지하는 등 최고조에 달했다.

극단적인 다당제로 28개 정당이 비례대표 명단을 낸 2017년 3월 총선에서 자유당(PVV)은 13.1%의 지지율로 제2당이 되고, 100년 동안 네덜란드 정치의 핵심으로 사회민주주의를 표방해온 노동당이 38석에서 9석으로 폭락하는 이변과 충격이 나타났다. D66이 19석, 녹색좌파당이 14석으로 크게 약진한 것과 대비되었다. 총선 후 내각 구성이 7개월 넘게 지연되었고 2017년 10월 26일에야 자유민주당(VVD), 기독민주당(CDA), 중도 성향의 민주66당(D66), 기독교연합(CU)의 4당 중도우파 연합정부가 구성되었다. 집권 자유민주당

---

22) 핌 포르투완의 암살뿐 아니라, 반무슬림 영화를 만들었던 영화감독 테오 반 고흐가 이슬람 근본주의자에게 피살되었고 극우파들이 무슬림 모스크를 공격하는 사건도 발생했다.

23) 자유당은 총선에서 지속적으로 의석수를 늘려왔다. 2006년 총선에서 9석(5.9% 지지율), 2010년 24석(15.5%), 2012년 15석(10.1%), 2017년 20석(13.1%)을 얻었다. 반이민·반엘리트의 민족주의 포퓰리즘 정치인 빌더스는 유럽 여러 나라의 반이슬람주의자와 극우정당에 큰 영향을 주었다.

(VVD) 마르크 뤼터(Mark Rutte) 총리의 중도우파 3기 내각이 구성된 것이다.24) 녹색좌파당은 2017년 총선 결과 자유민주당, 네덜란드자유당, 기독민주당, 민주66당에 이어 제5당이 되었다. 2021년 3월 총선 결과, 극우 자유당은 10.8%의 지지율과 17석을 얻어 제3당이 되었고, 노동당은 여전히 5.7%와 9석으로 충격을 주었다. 집권 자유민주당은 21.9%와 34석으로 제1당을 유지하면서 연정을 통해 재집권했다. 반이민을 주장하면서 원래의 네덜란드인들끼리만 서로 자유롭게 살자는 일각의 배타적 자유주의는 자유당의 높은 지지율로 나타났다. 2021년 총선에서 자유당의 지지율 하락은 극우 포퓰리즘에 대한 네덜란드 사회의 견제가 어느 정도 작용했다고 볼 수 있다. 네덜란드가 다문화주의를 포기한 것은 아니지만 사회 전반적인 반이민 정서는 강해 보인다. 서구에서 다문화주의에 입각한 다문화정책이 주류문화와 비주류문화의 공존을 인정했지만 내국인이 비주류인 이민자를 사회적 약자이자 복지정책의 대상으로 인식하게 만들어 사회적 편견을 조장하는 측면도 있었다. 오늘날 서구에서는 다문화주의의 한계를 극복하고자 다양한 문화의 단순한 공존을 넘어 상호교류에 초점을 두는 상호문화주의를 발전시키고, 외국계 주민의 사회통합을 위해 상호문화정책을 추진하고 있다. 네덜란드는 외국계 주민을 위해 상호문화정책을 추진하는 대표적인 국가이다(오정은 2011).25)

네덜란드는 신자유주의적 세계화와 유럽통합, 심화된 다문화를 가장 직접적으로 경험한 나라로 선진 민주국가 중에서 우파 포퓰리즘 정당이 비교적 일찍 나타났고 그 득표력도 센 나라에 속한다. 무역의존도가 높은 개방경제, EU 및 유로(euro) 회원국, 인구대비 높은 이민자 비율 등이 그것으로 이러한 대내외적 환경변화는 네덜란드의 정치와 사회에도 큰 영향을 주어 왔다. 극우 포퓰리즘의 등장은 네덜란드 정치의 변동성을 확대시켰고 이러한 현상은 지금까지 이어지고 있다. 자유당 대표 헤이르트 빌더르스(Geert Wilders)는 2002년 암살

---

24) 루테 1기 내각(2010.10-2012.11)은 우파소수 연립정부였으며, 루테 2기 내각(2012.11-2017.10)은 노동당을 포함한 좌우 대연정이었다.
25) 네덜란드의 틸부르크시는 일반시민과 외국계 주민이 상호 교류하는 기회를 제공하는 데 역점을 두고 다양한 상호문화 사업들을 운영하는 모범적인 경우이다. '세계의 집' 운영, 사교의자 설치, 세계축제 개최, T-퍼레이드 지원, 이웃중재자 프로그램 운영 등이 상호문화 사업들의 대표적인 예다.

된 '핌 포르투인의 정신(Pim Fortuyn's spirit)'을 계승하고자 2004년 자유민주당을 탈당하고 2006년 극우 자유당을 창당했다. 자유당은 반이민, 반이슬람, 반EU, 반세계화를 내걸고 극단적 민족주의를 표방하면서도 긴축을 반대하는 등 국내적으로는 진보적인 정책을 주장한다. '네덜란드 가치'를 중시하고 지키겠다는 자유당은 2006년 첫 총선에서 9석으로 제5당이 되었고, 2010년 총선에서 반이슬람 구호로 돌풍을 일으키며 24석을 얻어 제3당으로 네덜란드 사회와 정치의 핵심으로 부상했다. 2009년 유럽 의회 선거에서는 네덜란드에 배분된 25석 중 4석을 차지하며 제2당이 되었다. 2012년 총선에서 15석으로 제3당, 2017년 총선에서 20석으로 제2당이 되었다. 2021년 총선에서 자유당은 여론조사에서 1당으로 예측되었으나 유권자들의 극우 견제심리로 17석의 제3당이 되었다. 노동당은 9석의 제6당으로 크게 후퇴했다. 덴마크, 오스트리아, 스웨덴, 핀란드 등 EU 내 강소국 그룹을 이끌며 EU의 개혁을 주장하고 있는 뤼터 총리는 2010년부터 현재까지 재임하고 있다(김인춘 2019).

　2006년 네덜란드 국민들은 유럽을 정치적으로 통합할 유럽연합(EU)헌법을 압도적 표 차이로 부결시켰다. 2008년 글로벌 금융위기와 2011년 유로존 재정위기는 네덜란드 국민들로 하여금 유럽통합 심화를 더욱 꺼리게 만들었다. 근검한 네덜란드인들이 그리스, 스페인 등 재정적, 도적적으로 해이한 재정위기 국가들을 도와야 했기 때문이다. 2010년 10월 중도 우파 자유민주당(VVD, 1948년 창당)의 마르크 뤼터(Mark Rutte) 1기 내각이 구성되었다. 자유민주당과 기독민주당 연정에 극우 포퓰리즘 정당인 자유당(Partij voor de Vrijheid, PVV)의 암묵적 지지를 받으며 '자유와 책임'을 모토로 한 루터 정부는 전임 기독민주당 정부의 보수적 정책노선을 계승했다. 기독민주당 출신의 발케넨더(Jan Peter Balkenende, 2002-2010년 총리 재임) 연정이 2010년 2월 무너진 후 8개월간의 관리내각(care-taker government)을 거쳐 어렵게 구성된 루터 연립정부의 주요 정책은 복지예산 등 정부지출 감축, 이민유입 축소 및 부르카 착용 금지, 정부기관 규모 축소, 유럽·NATO 중심 외교정책 등이다. 2011년 유로 재정위기의 여파로 네덜란드는 재정적자 3%라는 EU 지침에 따라 추가적인 재정긴축을 해야 했는데 추가적 긴축과 유럽통합을 반대하는 자유당의 연정 탈퇴로 2012년 4월 연정이 와해되었다. 2012년 9월 실시된 총선에서 41석으로 승리한 루터 총리의 자유민주당이 중도좌파의 노동당(PvdA,

38석)과 연정에 합의하여 2012년 11월 2기 루터내각이 수립되었다. 10개 전후의 정당이 의회에 진출해 있는 다당제 체제에서 좌우연정은 언제나 가능한 일이며 이는 타협과 합의의 정치를 만들어온 요인이기도 했다.

유권자의 선택으로 등장한 포퓰리즘 정당과 정치 지형의 변화는 네덜란드 민주주의에 어떤 영향을 줄 것인가. 2016년에는 '민주주의 포럼당(Forum for Democracy, Forum voor Democratie, FvD)'이라는 또 다른 포퓰리즘 민족주의 정당이 등장했다. FvD를 창당하고 2017년, 2021년 하원 의원으로 당선된 정치인 티에리 보데(Thierry Baudet)는 EU 탈퇴와 반이민, 네덜란드 문화 수호를 주장하는 민족주의적 보수주의자이다. FvD은 2017년 총선에서 2석, 2021년 총선에서 8석을 얻었다. 역사적으로 규범과 공동체를 중시한 네덜란드 기독교 민주주의의 본산이자 강력한 중도정당의 역할을 해온 기독민주당의 위축과 극우 및 우파정당의 득세는 극우정당의 연정참여 가능성을 높이고 있다. 그럼에도 2010년 연정을 구성한 우파 자유민주당 내에서도 자유당과의 연대를 반대하는 의견이 있어 자유당은 연정 구성에 참여하는 대신 사안별로 정책 협력을 하는 형식으로 1년 6개월간 연대한 바 있다. 좌파정당은 물론 우파정당도 극우정당을 참여시키지 않는 것은 보수정당 내부에 민주주의 가치를 지키려는 경향이 강함을 알 수 있다. 레비츠키와 지블렛에 의하면 민주주의를 중시하는 정당들이 서로의 연합을 통해 반민주적 극단주의를 배제함으로써 민주주의를 수호해 왔다고 한다(Levitsky & Ziblatt 2018). '민주주의 규범 연합(democracy norm co-alition)'에 참여하는 보수정당의 리더십이 중요한 것이다.

문제는 모든 포퓰리즘 정당이 반민주, 반자유적인가라는 것이다. 법치주의와 민주적인 과정을 통해 유권자의 선택으로 등장한 포퓰리즘 정당은 그 자체로 반민주적이라 할 수는 없을 것이다. 다만 '법에 의한 지배'를 우선하는 법치주의나 '구세적(redemptive)' 성격의 민주주의(Canovan 1999)를 강조하면서 인민을 정당한 권위의 유일한 원천으로 상정하는 정치는 위험할 수 있다. 참여와 해방을 위한 반(反)제도적 열정을 포용하고 정치를 통해 구원을 약속하는 '인민의 정치', '인민과 엘리트의 적대 관계' 이데올로기가 그것이다(정병기 2021). 오늘날 민주주의 선진국인 EU 회원국들에서도 민주주의와 법치주의 간 파트너쉽이 실패하고 있는 모습이 나타나고 있다. 일부 EU 회원국들에서도 법치주의에 대한 존중이 약화되고 있으며 이를 제재하기 위한 수단들은 효과가 없다고 한다.26) 민주주의와 법치주의(법의 지배)가 더 이상 같은 개념이 아닌 것이다. 오늘날 유럽에서 각국의 유권자들이 원하는 것과 EU 법원 및 EU 기구들이 실제 하는 활동 간에 긴장이 커지고 있다. 기존의 대의 민주주의와 EU의 다차원적 거버넌스 구조로 인해 자신들이 제대로 대표되지 못한다는 생각과 EU에 대한 낮은 신뢰로 많은 나라에서 직접민주주의에 대한 유권자들의 관심이 커져왔다. 이는 유럽의 여러 나라에서 포퓰리즘의 등장을 가능하게 했고, 민주적으로 선출된 정부가 이들 유권자의 지지를 얻기 위해 법의 의한 지배로 권력을 행사하는 국가들까지 등장했다. 전문가들은 법의 지배가 민주주의의 '수호천사'인지 '천벌(nemesis)'인지에 대해 토론하면서 법치주의 원칙의 근본적인 가치를 강조한다(Bond and Gostyńska- Jakubowska 2020). 직접민주주의 그 자체가 목적일 수는 없고 경제적 불평등, 사회적 배제 및 정치적 소외 등 본질적인 문제들이 해결되어야 할 것이다. 직접민주주의와 대의 민주주의 간 균형, 참여와 토론의 숙의 민주주의로 민주주의를 증진하여 극단적 포퓰리즘에 대응하고 민주주의의 민주화가 요구된다. 법원이나 언론 등 다른 독립적인 단체들이 이러한 자의적 또는 권위주의적 권력행사를 막는 역할을 하는 것도 중요하다.

반이민 문제로 사회적, 정치적 갈등이 커지면서 네덜란드 민주주의의 약화까지 우려되고 있다. 테러와 불법이민 등에 대응하기 위한 법적 조치들로 포용과 다양성이 약화되고 있는 것이다. 2017년 확대 적용된 시민권 박탈법(law on the revocation of Dutch nationality)27) 등 이민 및 반이슬람 문제는 향후

---

26) 2020년 1월 27일 스웨덴 EU대표부가 주최하고 SIEPS와 CER가 주관한 '법의 지배와 민주주의' 주제의 세미나는 이러한 현실을 보여준다. 이 세미나에서 스웨덴의 EU부장관 한스 달그렌(Hans Dahlgren, Minister for EU Affairs)은 법의 지배와 민주주의의 관계와 관련하여 스웨덴 정부는 EU의 토대인 법의 지배를 중시한다는 점을 강조했다. EU 집행위원회 법무위원장인 디디에 랭데르스(Didier Reynders, Commissioner for Justice)는 법의 지배와 민주주의를 대립시키는 포퓰리즘 주장에 대응해야 한다고 강조하면서 법의 지배와 민주주의라는 공통의 가치를 수호하기 위해 타협하지 않을 것이라고 말했다. EU 집행위원장(Ursula von der Leyen)은 법의 지배에 대한 위협이 EU의 작동과 기능에 도전이 되고 있다고 하면서 'EU는 법 공동체(the EU is a community of law)'임을 강조하고 있다. 이에 EU 집행위원회는 매년 모든 회원국들을 모니터링하여 위험을 찾아내 해결방안을 모색하고 초기 지원을 제공하는 프로그램을 운영하고, 법치주의 문화를 확산시키는 활동도 하고 있다.

네덜란드 정치와 민주주의에 큰 문제가 될 것이다. 과거 네덜란드의 극심한 분리구조가 큰 갈등 없이 조정, 관리되었듯이 이민문제 또한 협의주의를 통해 합리적이고 실용적인 방안이 나올 수 있을까. 네덜란드는 민주적 거버넌스, 성공적 기업가정신과 개방경제의 오랜 역사를 가지고 있다. 종교와 이념적으로 '분리된 사회(divided country)'라는 전통에도 이러한 분리가 사회적 안정과 경제적 번영에 갈등적 요소로 작용하지 않았고 견고한 실용주의가 네덜란드 모델의 핵심 특성이었다. 실용주의와 협의주의는 매우 이질적이고 분리된 네덜란드 사회가 폭력적 투쟁이나 갈등을 야기하지 않고 엘리트들 간의 강력한 조정과 타협을 통해 조화와 합의를 이루게 한 출발점이었다. 1980년대 이후 네덜란드의 사회 코포라티즘이나 개혁프로그램은 역사적으로 다수의 시민에게 가장 좋은 여건을 제공해 주는 공리주의적 실용주의와 포용적인 다원주의, 성숙된 시민성(civicness)으로부터 비롯되었다. 극우 포퓰리즘의 등장 등 21세기 네덜란드 정치의 변동성은 비례대표제와 다당제에 의한 대표성의 확대, 권력의 개방성, 적극적인 정치참여라는 견고한 민주주의의 결과이기도 하다.

---

27) https://www.government.nl/topics/dutch-nationality/loss-of-dutch-nationality/revocation-of-dutch-nationality-by-the-authorities.

제8장

사회 코포라티즘 보편적 복지국가 이해관계자 모델

1. 기독교 민주주의와 복지국가의 발전

복지국가의 발전은 대부분의 선진 민주주의 국가들이 20세기에 경험한 극적인 변화의 축소판이라 할 수 있다. 네덜란드의 복지국가 또한 예외가 아니다. 오히려 네덜란드의 복지국가는 늦게 출발하였지만 가장 빨리 발전한 사례로서, 코포라티즘이라는 네덜란드 특유의 정치제도가 복지국가의 발전과정에 큰 영향을 미쳤다. 코포라티즘의 성격과 환경변화에 따라 복지국가의 제도와 성격이 변화하였기 때문이다. 네덜란드에서는 역사적으로 종교적 동원에 기초하여 자유주의적 성격의 코포라티즘과 복지국가가 형성되었는데, 이는 1950년대까지 보편적 복지국가의 발전을 가로막는 요인으로 작용하였다. 그러나 1960년대와 1970년대의 급속한 복지국가의 발전을 가져온 것 또한 변화된 성격의 코포라티즘으로 가능했다. 좌파가 비교적 약한 환경에서 복지정책에 미치는 조합주의적 정치의 영향은 매우 컸다. 네덜란드 복지국가가 1960년대에 뒤늦게 본격적인 발전을 시작한 것이나, 1960~1970년대에 급격한 발전을 보인 것도 종교조직에 의한 코포라티즘 기제의 성격과 변화에 기인하였다. 1960년대 들어 종교적 동원방식이 계급적 동원방식으로 변화하고 코포라티즘적 정책결정 방식에 대한 비판이 커지면서 정책결정 권한이 코포라티즘 기구에서 정부와 의회로 많이 이전되었다. 1960년대 말에 이르러 기둥화가 와해되면서 기존의 협의연합이 무너지고 계급에 기반한 새로운 이익연합이 형성되었다. 이러한 상황에서 가톨릭당 정부는 보편적 사회보장제도를 주도하여 노동당의 사회민주주의자들이 추진하였던 것보다 더 포괄적이고 관대한 복지국가를 발전시켰다. 이에 19세기 후반기부터 1970년대까지 사회적 합의와 복지수준이 가장 높은 나라 중 하나인 네덜란드에서 사회적 타협 모델인 코포라티즘이 어떻게 형성되고 제도적으로 발전·변화하였는지를 살펴보고 코포라티즘과 복지국가의 관계를 분석하고자 한다.

복지국가 연구의 주요 주제는 복지국가의 형성과 발전, 사회보장정책의 내용과 성격에 주로 초점이 맞추어져 왔다. 정치적 사회적 주체들 간의 갈등, 타협 또는 연합의 관계 속에서 분배의 문제가 주로 논의되었던 것이다(Esping-Andersen 1990; 김영순 1996). 복지국가의 발전을 설명하는 다양한 이론 가운데 서유럽에서 복지국가의 발전이 코포라티즘과 밀접한 관계를 가져왔다는 사실은 매우 중요하다. 2차 세계대전 이후 서유럽에서 노동과 자본은 임금 억제에 합의함으로써 국제경쟁력을 향상시키고, 국가는 사회보장정책을 통해서 노동계급에게 '국내적 사회보상'을 보장했다는 주장이 그 하나이다(Katzenstein 1985). 코포라티즘 기제에 의한 임금 조정은 국가 차원의 사회임금을 확대시켰고 이러한 복지국가는 다시 코포라티즘의 작동을 지속 가능하게 해주었던 것이다. 또한 역사적으로 19세기 말부터 노동운동 및 사회민주주의적 정치세력의 성장으로 노동계급의 경제적, 정치적 요구를 받아들여야 할 통로가 필요하였고 이에 노동계급과의 조합주의적 타협으로 사회보장 제도의 도입이 시작되었다는 것이다(Maier 1984). 노동계급의 성장과 사회보장제도의 도입 사이에 코포라티즘적 기제가 작동하였던 것이다. 코포라티즘적 합의와 복지국가는 세계경제의 변동, 국내경제, 사회·정치적 환경 변화에 따라 상이한 관련성을 맺어왔다. 이른바 자본주의의 '황금기'로 불리는 2차 세계대전 이후부터 1차 석유위기가 발생했던 1973년까지는 복지정책이 제도적 변화와 정치적 혁신의 초점이 되었다. 이 시기 정책적 자율성은 유례없는 고성장과 더불어 '합의정치(politics of consensus)'의 기반이 되었고, 개별국가들로 하여금 케인즈주의적 수요 창출, 경제성장, 복지정책이라는 혼합경제를 추진할 수 있도록 해주었다(Ruggie 1982). 이러한 '수요중심'의 정치는 복지 자본주의의 발전에 기여했다. 그러나 자본주의 황금기에도 코포라티즘은 임금·생산성 연계의 제도화, 노동력의 재생산 및 인적자본에의 투자 등에 개입하여 생산의 정치를 가능하게 하였다.

에스핑 안데르센(Esping-Andersen 1990)은 선진 자본주의 경제체제를 사회보장제도의 포괄성, 보편성, 보장의 관대성을 기준으로 한 탈상품화의 정도에 따라 사회 민주주의 복지국가, 기독 민주주의(또는 보수적) 복지국가, 자유주의적(또는 잔여적) 복지국가로 구분하였다. 기독 민주주의 복지국가는 사회자본주의(social capitalism)로, 자유주의 복지국가는 자유 자본주의(liberal capitalism)로, 사회민주주의 복지국가는 사민주의적 자본주의(social democratic capitalism)로 발전되어 왔다는 것이다.[1] 잘 알려져 있듯이, 독일, 오스트리아, 네덜란드 등은 기독 민주주의 복지국가의 대표적 사례이며, 북유럽의 복지국가들은 사회 민주주의적 복지국가로 구분하였다. 그러나 사회 민주주의적 복지국가가 변화하고 있듯이 이러한 각 복지국가의 유형은 그 성격이 고정 불변의 것이 아니다. 뿐만 아니라 한 나라의 복지국가는 처음부터 그 성격이 결정되어 지속되는 것이 아니라 시기적으로 변화하기도 있다. 네덜란드의 기독 민주주의 복지국가는 19세기 후반기에 자유주의적 복지국가로 시작하여 기독 민주주의 복지국가로 발전하였고, 1960년대 이후 포괄적이고 관대한 사회보장급여로 사회 민주주의적 복지국가의 성격을 보이기도 하였다. 민주주의와 자본주의 모두 성공적이었던 네덜란드 사회 민주주의의 특징은 노동운동이나 사회주의 정당이 강하지 않으면서 복지국가 및 사회적 평등 수준 매우 높다는 점이다.

2차 세계대전 이후 보편적 사회보장제도로 발전한 영국의 복지국가는 1980년대 이후 신자유주의적 성격을 갖게 되었다. 국내외적 환경변화로 복지국가의 성격도 변화할 수 있는 것이다. 그러나 국가경쟁력을 강화하고 세계화에 능동적으로 대처하기 위한 개혁에도 불구하고, 세계화가 심화되면서 나타난 결과들, 예를 들어 경제 및 사회양극화 현상의 심화, 노동시장 탈규제로 인한 실업 및 근로빈곤층 증가, 재규제(reregulation)의 필요성 증대 등과 같은 문제들은 국가 및 사회적 동반자의 역할과 협력, 즉, 사회적 합의와 복지정책을 요구해 왔다. 세계화에 적극적으로 대응하고 국가경쟁력을 높이기 위한 사회적 동반자의 역할이 중요해지면서 코포라티즘에 대한 관심이 1990년대 이

---

1) 북유럽의 중도우파 정부도 사민주의적 사회보장정책을 유지해왔기 때문에 사민주의적 복지국가보다 스칸디나비아 복지국가가 더 정확한 표현일 수 있다. 또한 최근에는 남부유럽형 또는 지중해 모델의 복지국가 유형을 포함하여 4가지 유형으로 분류하기도 한다.

후 다시 증대되었고 사회적 합의 모델의 부활로 이어지고 있다(강명세 1999; Streeck 2004). 또한 세계화가 그 어떤 영향력을 가졌다 하더라도 그 파급효과는 모든 나라에 일률적으로 나타나지는 않았다. 세계화로 사회·경제정책이 신자유주의적으로 수렴된다는 주장은 경험적으로 지지되지 않고 있으며, 세계화에의 대응 방식 및 그 결과가 국가마다 상이하게 나타나고 있는 것이 사실이다. 더 나아가 세계화가 코포라티즘과 관련된 다양한 제도를 위협하는지도 확실하지 않다. 세계화에도 불구하고 서유럽에서 기존의 제도를 유지해온 나라들, 개혁을 통해 제도의 유연화를 이룬 나라들, 새롭게 사회적 합의를 추진한 사례들은 코포라티즘이 여전히 유효하다는 것을 보여주고 있다.

네덜란드는 스웨덴과 함께 복지국가가 세계적으로 가장 잘 발달된 나라이다. 복지국가의 발전을 가져온 요인은 다양하지만 서유럽의 경우, 일반적으로 노동운동 및 좌파 정치세력의 등장, 노사간 또는 좌우파간 타협 등이 중요한 요인이 되었다. 그러나 특히 네덜란드에서는 코포라티즘이 복지국가의 성격과 발전 과정에 중요한 요인으로 작용해 왔다. 2차 세계대전 전까지는 '기둥화'에 의한 코포라티즘이 네덜란드의 자유주의적 복지체제의 성격을 결정하였고, 2차 세계대전 이후 1950년대까지 서유럽 대부분의 국가들이 보편적 사회보장제도를 도입할 때 네덜란드는 이러한 제도의 도입을 제약했던 종교세력 중심의 코포라티즘 기제로 인해 복지국가의 발전이 지체되었던 것이다. 그러나 코포라티즘의 기제가 변화하면서 1960년대와 70년대에 복지국가가 급속히 발전하였다. 19세기 후반기 이후 1970년대까지 네덜란드에서 코포라티즘의 형성, 제도화 및 변화가 복지국가의 성격과 발전 과정에 심대한 영향을 주었던 것이다. 코포라티즘의 형성과 제도화, 복지국가 발전에 관한 네덜란드 사례는 코포라티즘과 선진 복지국가에 대한 이해를 보다 정확하게 할 뿐만 아니라, 최근 들어 한국에서 사회적 균열과 갈등, 양극화 문제를 해결하기 위해 자주 제기되고 있는 민주적 코포라티즘 또는 사회적 대타협에 대해서도 중요한 함의를 가질 것이다.

네덜란드 사회는 대단히 종교적이었을 뿐만 아니라 종교적 관용주의가 강하여 일찍부터 다양한 교파들이 발전하였다. 19세기 중반부터 이들 종교단체들은 비종교적 민간단체 및 국가를 견제하기 위해 병원, 요양원 등의 사회복지기관을 설립하기 시작하였다.[2] 19세기 후반기부터 1920년 교육협정까지 다양한 교파의 종교기관이 빈곤구제 등 사회사업 활동을 확대하였는데, 1900년 대부터 1920년까지 최고조에 달했다. 교육문제와 마찬가지로 빈민부조에 대한 국가의 역할을 둘러싸고 논쟁이 있었는데, 1854년의 구빈법은 구빈활동이 민간 또는 종교적 자선활동의 영역이라는 종교기관의 주장을 수용하여 국가는 최후의 책임만을 갖도록 하였다. 그 결과 민간 구빈기관이 크게 증가하여 1899년에 7,476개에 달하였다. 이들의 사회사업은 독자적인 세력을 형성하였고 이는 바로 네덜란드 특유의 이원적 사회보장시스템이 만들어지는 데 기여했다(Burger et al. 1997, 8).

19세기 말부터 급격한 산업화를 이룬 네덜란드는 20세기 전후로 사회가 급속히 현대화되었다. 네덜란드 복지국가는 19세기의 자유주의 모델에서 20세기 들어 대륙형으로 변화하였는데, 기둥화의 전성기였던 1870년대부터 2차 세계대전 발발까지 자유주의적 성격을 바탕으로 조합주의 유형(corporatist model)으로 발전하였다. 20세기 초반 산재보험, 장애보험, 질병보험 등 근로자를 대상으로 하는 비스마르크(Bismarck)형 사회보험제도를 도입하였던 것이다. 1901년 도입된 '노동자보상법(Workmen's Compensation Act)'은 경제활동 참여기간에 따른 급여시스템을 구축하였고 사회부조 수급자를 감소시키는 효과를 가져왔다. 보다 발전된 조합주의적 사회보장제도를 위해, 특히 칼뱅파의 영향으로, 노동협의회(Works Councils), 병가, 노령, 장애연금을 도입하기 위한 입법이 1차 세계대전 전에 시도되기도 하였다.3) 그러나 가톨릭당 주도의 연정에서 모두 실현되지는 못했지만 이러한 노력은 이후의 입법에 중요한 영향을 미쳤다. 1차 세계대전과 대공황 시기에도 네덜란드의 복지제도는 근로자 중심의 보험제도 이상으로 확대되지 않았다. 1920년대 초에는 기존 사회보장의 급여영역이 확대되기도 하였으나 1930년대는 사회보장 관련 법률이 거의 도입되지 못하였다. 1930년대까지 사회보장정책은 기업 이익을 우선하여 대부분의 복지비용을 근로자가 부담하도록 하였다. 이로 인해 네덜란드 코포라티즘은 '사용자 중심(employer-led)'의 코포라티즘으로 평가되고 있다(Crouch

---

2) 19세기 이전부터 네덜란드는 민간, 특히 종교조직에 의해 매우 체계적이고 효과적인 자선사업이 실시되어 왔다. 킨들버그(주경철 역 2004: 169) 참조.
3) 1913년에 설립된 노동위원회(Labor Councils)는 노사간 공적 조합주의 기구로 근로자 장해연금 및 병가연금을 담당하였다.

1993).4)

기독교 정당의 정치적 성공은 사회·경제정책의 결정과정에 중요한 영향을 미쳤는데, 사회보장 관련 법령의 도입이 지연된 것도 기독교 정당과 관계가 깊다. 역사적으로 복지 제공에 대한 정부의 역할이 제한적이었고 기독교 정당은 정부의 개입 및 역할의 최소화를 주장하였기 때문이다. 자유주의자들도 이러한 기독교 정당과 정부를 비판하기보다 조합주의적 해결 방식, 즉 국가 주도의 사회보장정책보다 노사가 중심이 된 사회보험제도를 선호하였다. 주요 사회보장제도에서 일반부조급여(General Assistance)만 정부가 직접 집행하고, 산업별 노사조직으로 이루어진 조합주의 기구인 산업보험위원회(Industrial Insurance Boards, 1901년 설립)가 근로자연금, 실업보험 등 노사가 기여금을 낸 근로자보험프로그램을 관리·운영하였다.5) 그 결과 노사조직은 사회보험을 포함하여 노사관계의 모든 사항을 관리하게 되었다. 2차 세계대전 전까지 교육, 의료, 사회복지 등의 사회서비스는 대부분 민간부문에 의해 제공되었다. 교육에 대한 중앙정부의 역할은 재정지원 차원이었으며, 의료 또한 민간의 영역으로써 정부는 의료시스템을 규제하고 국민건강을 조사하는 데 그쳤다. 2차 세계대전 이후 중앙정부와 민간의료기관의 관계를 재설정하고, 의료기관을 감독하기 위한 법령들이 도입되었다. 의료수가법(1965년)을 통해 의료비에 대한 법적 규제를 시작하였고, 병원운영법(1971년)을 도입하여 민간의료부문에 대한 영향력을 높이고 의료기관에 대한 감독을 강화하였다. 그럼에도 민간 의료기관의 자율성은 유지되었고 중앙정부의 통제에도 의료보험기금은

---

4) 이러한 성격은 2차 세계대전 이후의 복지지출에서도 나타났는데, 실질적으로 사용자의 사회보장기여금 비중은 1948년의 59%에서 1970년 41%로 낮아졌다. 같은 기간에 가계가 담당한 사회보장 세입 비중은 18%에서 51%로 증가하였다(Cox 1993, 176).
5) 1952년에 도입된 사회보험조직법(Social Insurance Organization Act)은 자발적 가입에 기초한 근로자연금인 기존의 산업보험위원회를 모든 근로자의 의무가입 형태로 바꾸었다. 기존의 25개 산업보험위원회에 1개의 위원회가 추가되었는데, 이는 기존의 산업보험위원회에 포함되지 못한 여타 모든 근로자를 대상으로 하였다. 또한 산업보험위원회 대한 관리, 감독은 자본측 5명, 노동측 5명, 정부측 6명(위원장 포함)의 위원으로 구성된 공적 3자 조합주의 기구인 사회보험이사회(Social Insurance Council, 1952년 설립)로 하여금 맡도록 하였다. 노령연금, 공공부조 등의 국가연금은 노사정 3자의 공적 조합주의 기구인 국가보험은행(National Insurance Bank. 후에 Social Insurance Bank으로 이름이 바뀜, 1901년 설립)이 담당하였다.

국가가 아니라 민간 보험시스템으로 운영되었다(Veldheer and Burger 1999; Burger et al. 1997). 근로자와 사용자의 강제적 기여에 의한 의료보험기금은 나치 점령기였던 1941년에 도입되었다.

2차 세계대전 이후 교육, 사회보장, 의료 등 모든 복지영역에 중앙정부의 영향력이 확대되었다. 국가의 분배적 기능이 커지면서 민간 구빈활동 중심의 '사회사업(social work)'은 2차 세계대전 이후 '복지사업(welfare work)'으로 발전하였다. 재건사업에 집중된 전후 정부의 복지사업은 국가 보조금을 수단으로 지역차원의 복지프로그램을 확대하였다. 기둥화가 조직적 기반을 제공하게 되면서 2차 대전 이후 복지국가의 발전은 종교기관과 코포라티즘 기구에 의해 이루어지게 되었다. '조정의 정치'는 복지국가의 운용에도 핵심적 가이드라인이 되었는데, 보조금 배분, 기둥조직의 자율성, 기둥조직 간 시설 배분의 비례대표 원칙, 인구집단 간 비례분배 원칙 등이 그것이다. 사민주의자들도 직접적인 정부 통제보다 조합주의적 방식을 선호하였다. 1930년대의 경제공황과 전후의 경제적 피폐에 대한 네덜란드 사민주의자들의 조합주의적 경제계획 방식은 국가의 적극적 경제개입을 주장한 영국 사민주의자들과 대비되었다. 네덜란드 사민주의자들의 관점은 정부의 역할 확대를 원하지 않았던 가톨릭이나 칼빈파와 크게 다르지 않았다. 다만 이들은 기독정당보다 정부의 역할을 조금 더 강조했을 뿐이다. 모든 사회보장 관련 법령에서 노조 및 사용자 조직의 역할이 우선되고 중앙정부의 역할은 제한되었다. 2차 세계대전 중 런던에 있던 네덜란드 망명정부는 영국의 비버리지(Beveridge) 사회정책의 영향을 받아 보험원칙의 포괄적 사회보장제도인 전시 복지개혁안(the Van Rhijn Report)을 발표하였다. 그러나 이 개혁안에도 불구하고 네덜란드의 복지국가는 2차 대전 직후에도 거의 발전하지 못하였다. 역사적으로 종교적 동원에 기초하여 자유주의적 성격의 코포라티즘과 복지국가가 형성되었는데, 네덜란드의 코포라티즘은 1950년대까지 보편적 복지국가의 발전을 가로막는 요인으로 작용하였다. 종교 및 이념으로 분절된 기둥화사회의 정치적 타협 기제인 네덜란드의 코포라티즘은 원래 사회복지에 대한 국가의 역할 확대를 막기 위해 고안되었다. 노동계급의 동원에 의해 코포라티즘이 발전된 북유럽 국가들에 비해, '사회문제'에 보수적이었던 네덜란드의 가톨릭 주도 코포라티즘은 노동계급의 동원을 막기 위해 조합주의적 해결 방안을 제시하였던 것이다(Esping-Andersen and

Korpi, 1984: 180). 기독정당, 기독교파의 사용자/노동조직, 종교적 사회단체 등이 사회문제에 개입하여 문제해결의 주체 역할을 하였던 것이다.

노동당은 1946년 가톨릭당과 연정함으로써 네덜란드 정치에 대한 종교의 지배를 약화시키는 계기를 만들었다. 그러나 노동-가톨릭(Red-Roman)연정 지도부의 복지개혁 노력에도 불구하고 전국민을 대상으로 하는 보편·정률주의의 사회보험제도인 전시 복지개혁안은 1960년대에 와서야 실행되었다. 1946~1958년의 노동-가톨릭 연립정부가 추진한 복지개혁은 복지보편주의를 반대하는 세력이 지배하고 있던 코포라티즘 기구에 의해 거부되었기 때문이다. 종교조직이 중심이 된 보수적 조합주의 기구로 인해 정부는 1950년대까지 복지개혁을 추진하지 못하여 복지국가의 발전이 지체되었다. 네덜란드의 코포라티즘은 집단간 권력 공유와 모든 이익집단의 대표성을 인정한다는 원칙이 존중되었다. 이에 따라 정부의 정책결정은 보수적인 종교세력이 지배하고 있던 노동재단, 사회경제위원회와 공유하고 있었고, 강력한 보수세력의 반대로 노동당은 보편적 복지국가라는 목표를 제대로 실현할 수 없었던 것이다. 네덜란드에서 보편적 복지국가가 발전하게 된 중요한 전환의 계기는 좌파정당과의 경쟁으로 중도우파의 가톨릭당이 1960년대 들어 복지개혁 노선을 지지하게 되면서부터이다.

노동당 정부는 1951년 공적연금에 대한 사회경제위원회의 동의를 얻어 모든 개인의 공적 퇴직연금법(Public Retirement Pensions Act)을 1957년 1월 1일자로 발효시켰다. 공적 퇴직연금법은 네덜란드 최초의 보편적 사회보험제도로서 사회복지 프로그램에 공적보험의 개념이 도입되는 계기가 되었다. 신교 및 가톨릭의 사용자조직 및 노조조직이 보편적 사회보험의 제도화를 반대 하였지만 노동당의 주도적 역할, 포괄적이고 관대한 퇴직연금에 대한 국민적 지지는 우파정당으로 하여금 공적 퇴직연금제도를 수용하지 않을 수 없게 만들었다. 보험원칙의 포괄적 공적보험시스템을 제안한 전시 복지개혁안이 처음으로 실행되었던 것이다. 이러한 국가 복지프로그램은 1952년 사회사업부(Ministry of Social Work)의 설립을 계기로 급속히 발전하였다. 민간·종교 단체가 담당했던 복지서비스 제공을 공공부분에서도 담당하기 시작하였고 조합주의 기구들에 의해 결정되었던 국가의 복지정책은 1962년 이후 정당이 중요한 역할을 하게 되었다.[6] 보편적, 포괄적 사회보장시스템이 만들어지기 시작하였다. 1960년대 초부터 1980년대 말까지 사회보장과 관련한 많은 법과 정책이 정부의 권한을 강화하는 방향으로 도입되었다. 1960년대 중반 들어 복지사업 개념이 유행하면서 주로 사민주의자들에 의해 구상된 사회개혁을 실행하는 역할이 부여되었다. 복지사업은 자본주의 사회를 지식, 권력, 소득의 공평한 분배가 이루어질 수 있는, 편안하고 열린 공동체로 개혁하는 것을 목표로 하였다. 복지사업 및 정부의 복지정책은 지속적으로 확대되어 보편주의 원칙 하에 모든 사회구성원의 복지를 제고하고 민주적 참여와 개인적 발전을 추구하기에 이르렀다.

서유럽에서 복지후진국이었던 네덜란드는 1960년대 이후 복지정책이 급속히 발전하여 1970년대 들어 스웨덴에 버금가는 세계 최고 수준의 복지선진국이 되었다. 일반적으로 정치적 좌파의 지배, 광범위한 단체협상, 강력한 노조조직과 중앙연맹 등이 복지국가 발전에 중요한 조건으로 인식되었으나, 네덜란드는 이러한 조건이 충족되지 않았다. 좌파가 비교적 약한 환경에서 복지정책에 미치는 조합주의적 정치의 영향은 매우 컸다. 네덜란드 복지국가가 1960년대에 뒤늦게 본격적인 발전을 시작하고 동시에 급격한 발전을 보인 것도 네덜란드 특유의 코포라티즘에 기인하였다(Cox 1993). 20세기 초에 도입된 복지제도로는 1901년 노동자보상법, 1912년 공적부조 성격의 신구빈법, 1919년 자발적 퇴직연금법, 1935년 실업보험기금법(Unemployment Insurance Fund Act) 1940년 노동자아동수당법(Wage-earner's Children's Allowance Act) 등이 있었으나 1960년대 들어 여러 중요한 제도들이 도입되었다. 1960년대 들어 보편적 사회보험정책을 주도한 가톨릭당 정부는 노동당의 사민주의자들이 추진하였던 것보다 더 포괄적이고 더 관대한 복지제도를 도입하였다. 과부·고아공적연금법(1960), 공적부조법(1965), 장애보장법(1967), 부가실업급여법(1965), 질병기금법(1965), 공적아동수당법(1963) 등이 대표적이다. 가구주의 사망에

---

6) 그동안 정당 간 연정구성 합의안에는 주요 쟁점만 명시하고 새로 구성된 정부가 구체적인 정책프로그램을 발표해 왔다. 네덜란드 정부는 정책프로그램을 만들 때 의회보다 코포라티즘 기구와 더 긴밀한 논의를 하게 되는데, 1963년부터 의회는 보다 구체적인 정부구성 합의안을 제출하도록 함으로써 정부정책에 대해 더 큰 권한을 행사하려는 노력을 하게 되었다. 정부구성 합의안을 의회와 정간 계약적 의무사항 차원으로 제도적 변화가 나타나면서 의회와의 관계가 코포라티즘 기구와의 관계보다 갈수록 더 중요해지게 되었다.

따른 과부 및 모든 생존 피부양자에 대한 정률연금 제도인 과부·고아공적연금법의 도입으로 공적사회보험의 범위가 확대되었고, 동일사례·평등지급이라는 원칙이 만들어졌다. 또한 민간 차원의 빈곤구제에 의존하였던 많은 사람들이 국가가 제공하는 사회보장 수급권을 받게 되었다. 1965년의 공적부조법, 1967년 장애보장법 등의 소득보장정책의 도입으로 네덜란드의 보편적 복지국가가 완성되었다. 1960년대의 경제번영에 기반하여 복지프로그램 및 예산을 팽창시킴으로써 유럽에서도 손꼽히는 복지 국가를 구축한 것이다.

네덜란드 복지국가의 발전 과정은 코포라티즘과 밀접한 관련이 있다. 네덜란드 복지국가를 특징짓는 '네덜란드 예외주의(Dutch exceptionalism)'란 비사회주의 정치주체인 중도적 종교정당에 의해 복지국가가 발전된 것을 말한다. 2차 세계대전 이후 1950년대까지는 종교세력이 지배하고 있던 코포라티즘 기구에 의해 복지국가의 발전이 제약되었다. 그러나 사회적, 정치적 격변의 시기였던 1960년대 들어 코포라티즘 기구의 정책결정 영향력이 약화되고 정당 간 경쟁이 커지자 많은 정당들이 유권자의 요구를 의식하여 복지개혁에 대한 정치적 합의를 도출하였던 것이다. 종교의 사회적 중요성이 약화되면서 노사관계에도 영향을 미치게 되었다. 노조 간에 연대가 이루어지면서 네덜란드 정치에 계급적 요소가 중요해지게 되었고, 노동과 자본의 대립은 종교의 역할이 컸던 기존의 조합주의적 정책결정 방식을 약화시켰다.[7] 이는 정부와 의회의 힘을 강화시키고 이익집단 등 시민사회 조직들을 활성화시키는 결과를 가져왔다. 1960년대의 복지국가 발전은 비영리조직(NPO, non-profit organizations), 특히 개혁적(left-liberal) NPO가 중요한 역할을 하였다. 1970년대 들어 복지서비스에 대한 국가의 권한이 강화됨에 따라 복지사업을 실행해 온 민간기관과 복지주도권에 대한 경쟁이 나타나기도 하였으나 협력적 관계를 유지하였다. 이는 네덜란드의 복지서비스가 민간 기관 및 개인의 활동영역이었던 19세기의 종교적 구빈활동의 성격이 존속되었기 때문이다. 기존의 사회사업이 2차 세계대전 이후 복지사업으로 발전하면서 복지사업의 조직 및 정책에서 분절성이 나타났다. 사회민주주의의 영향력이 확대되었음에도 불구하고 재정지원

---

7) 1976년 가톨릭노조와 사회주의노조가 합병하는 등 기둥화가 약화되었다. 또한 많은 종교복지기관이 비종교적 복지기관과 통합하거나 해산되었다.

은 국가가 담당하고 운영은 주로 종교적 복지단체가 담당하는 이원적 복지서비스 형태가 지속되었던 것이다(van Doorn, 1978). 이로서 네덜란드는 공적부조제도는 국가가, 사회보험제도는 노사(정)의 조합주의 기구가, 사회서비스는 민간과 정부가 관리하는 형태가 되었다.

2차 세계대전 후 복지서비스의 발전은 기둥화 구조를 강화하는 기능을 하기도 하였으나 포괄적이고 보편적인 복지국가의 발전은 궁극적으로 기둥화 구조를 약화시키는 데 크게 기여했다. 1957년 공적퇴직연금법을 시작으로 1960년대에 수많은 복지제도가 도입되었는데 1952년 실업법/실업자사회급여법, 1963년 공적아동수당법(Public Children's Allowance Act), 1965년 공적부조법(Public Assistance Act), 1965년 부가실업급여법(Extra Unemployment Provisions Act), 1967년 장애보장법(Disability Security Act) 등이 대표적이다. 1960년대부터 기둥화 현상이 약화되면서 동시에 국가의 역할이 확대되었고, 복지정책에 대한 정당의 역할도 커졌다. 공공재정으로 운영되는 복지서비스가 확대됨에 따라 종교적 복지단체, 비영리 복지단체의 규모와 지출도 크게 확대되었다. 동시에 이들 종교적 복지단체와 비영리 복지단체는 정부 재정에의 의존이 심화되고 이에 따라 정부의 규제·감독이 강화되면서 조직의 자율성이 취약해졌다. 이로 인해 1970년대 말부터 1980년대 초 정부의 재정위기로 지원이 삭감되면서 많은 종교적 복지단체들이 재정적 어려움으로 해산되거나 비종교단체와 통합되었다.

네덜란드 복지국가의 특징은 유럽대륙의 '보수주의적' 유형에 북유럽의 '사회민주주의적' 요소가 혼재되어 있다는 점이다. 사회보험 정책의 측면에서는 기여 중심적 특성이 있지만 공적부조에서는 보편성의 원칙이 강하고 관대하기 때문이다.[8] 1960년대 이후 사회민주주의적 요소가 크게 강화되면서 1980년대 초에 이르러 세계에서 가장 관대하고 광범위한 복지를 제공하는 국가 중 하나로 변모하였다. 특히, 급여수준이 높고 자격 요건이 느슨하였던 장애보장법(1967년) 도입 이후 급여 대상자가 크게 늘어났다. 1970년대의 경제

---

8) 1980년경 네덜란드의 사회보장지출은 GDP의 27%를 차지하고 있다. 이것은 스웨덴의 31% 다음으로 높은 수준이다. 이 시기 덴마크는 26%, 영국은 17%를 나타내고 있다(Evelyne Huber and John D. Stephens, 2001: p.110). 네덜란드는 소득평등과 탈상품화의 수준이 높아 북유럽 사회모델에 포함되기도 한다.

위기 당시 기업들이 까다로운 해고 대신 근로자를 장애보험 수급자로 만들면서 급여 지출이 급증하고 노동력이 축소되는 결과를 가져오기도 하였다. 보편적 복지국가에 대한 유권자의 지지와 합의주의 전통으로 1980년대까지도 노동당은 물론 중도우파의 기독민주당(CDA)[9]도 복지개혁을 추진하지 못하였다. 이러한 네덜란드의 복지제도는 1980년대 초의 높은 실업과 관대한 사회복지로 인한 '네덜란드병'의 한 원인이 되기도 하였다(김학노 2005; Becker 2001). 이러한 재정적자와 고실업의 경제위기 상황을 극복하기 위해 정부의 적극적인 중재로 노사가 자율적으로 임금자제와 고용창출에 합의한 1982년 11월 바세나르 협약은 네덜란드 폴더모델(polder model)을 대외적으로 유명하게 만들었다. 성공적인 네덜란드 모델이라 할 수 있는 폴더모델은 좁게는 네덜란드 노사관계 방식을 말하지만 일반적으로 타협과 협력의 노사정체제 및 합의정치를 의미한다. 또한 폴더모델은 사용자는 해고를 자제하고 근로자에게는 근무시간을 줄여 주면서 사용자는 안정적으로 투자를 할 수 있게 하여 성장을 높이는 협력적인 경제 모델이기도 하다.

2. 사회적 타협과 폴더모델(polder model)

네덜란드는 1982년 '바세나르 협약(Wassenaar Accord)' 이후 고용증대, 노동시장 개혁, 복지국가 개혁 등의 성과를 거두면서 사회 코포라티즘(social corporatism)이 새롭게 주목받게 되는 계기를 제공했다. 이 협약에서 네덜란드 노사는 국가경쟁력 향상과 고용 증대를 목표로 노조 측은 임금인상 자제와 노동시장 유연성 제고를 받아들였다. 또한 노동시장 유연화를 통한 일자리 창출과 함께 노조는 주 36시간 이하의 노동시간 단축을 보장받게 되었다. 바세나르 협약의 성과에 힘입어 '네덜란드의 기적'이란 평가를 받으며 코포라티즘에 대한 새로운 논의를 부활시키는 역할을 하였다(Visser & Hemerijck 2003; Salverda

---

[9] 기독민주당(Christian Democratic Appeal)은 1977년 기존의 KVP(Catholic Peoples' Party), ARP(Anti-revolutionary Party), CHU(Christian Historical Union)의 세 개의 종교정당이 합병하여 만들어졌으며 1980년 공식 통합되었다.

1999). 이에 폴더모델의 뿌리인 초기 코포라티즘과 복지국가 관계의 역사적 발전과 변화 과정을 검토함으로써 최근 코포라티즘의 부활뿐만 아니라, 코포라티즘을 경험하지 않았던 국가들에서 등장한 사회적 합의모델에 대한 이해를 높이고자 한다.[10] 네덜란드의 코포라티즘과 복지국가의 발전은 네덜란드 특유의 사회, 역사적, 제도적 맥락에서 비롯되었기 때문이다. 네덜란드 사회 코포라티즘은 제도적 차원에서는 집단적 이익조정을 가능하게 하는 조합주의적 통합이 이루어지고, 행위 차원에서는 사회적 동반자간 합의가 충족된 '반응하는 코포라티즘(responsive corporatism)'(Visser & Hemerijck 1997. 73)의 특징을 보여주었다. 바세나르 협약은 외형적으로는 노사 간 합의라는 형식을 가졌지만, 정부가 적극적으로 주도한 것이었다. 1960년대 중반부터 사회적 동반자간의 합의 추구라는 행위 차원의 축이 약화되면서 네덜란드의 코포라티즘은 노사 및 노사정으로 구성된 코포라티즘 기구보다 의회 및 정부가 중심이 되는 정책결정 구조로 변화해 왔다. 역사적으로 볼 때, 다양한 교파 및 정치집단에 의해 발전된 네덜란드의 자유주의적 코포라티즘은 2차 세계대전 이후 노사정 3자 조정의 사회 코포라티즘으로 발전되었고, 1982년의 바세나르 협약으로 정부 주도의 코포라티즘으로 다시 변화하였던 것이다. 1990년대 들어 네덜란드의 코포라티즘은 노동시장 개혁, 복지국가 개혁 등에서 정부 주도의 성격이 더욱 두드러졌다. 더구나 네덜란드의 코포라티즘이 1990년대 이후 신자유주의적으로 변형되었다는 주장(정병기 2004)이 옳다면, 네덜란드는 코포라티즘의 형성, 발전, 변형의 배경과 원인, 과정, 성격 등을 파악하는 데 좋은 연구사례가 될 수 있을 것이다.

네덜란드의 코포라티즘은 서유럽에서 가장 오래된 역사를 갖는 나라 중 하나이다.[11] 19세기 후반기에 이미 자유주의적 코포라티즘(liberal corporatism)

---

10) 아일랜드, 포르투갈, 스페인 등 기존의 코포라티즘 이론으로는 설명하기 어려운 사회적 합의 사례들이 그것이다.
11) 일반적으로 네덜란드의 코포라티즘은 협의민주주의(consociational democracy)로 지칭되고 있다. 이 논문은 네덜란드 사례의 정확한 논의를 위해 (민주적/사회) 코포라티즘을 자유주의적(liberal) 코포라티즘과 사회적(social) 코포라티즘으로 나누어 네덜란드에서의 코포라티즘의 형성과 변화를 설명하고자 한다. 자유주의적 코포라티즘은 사용자 주도적 성격(employer-led)의 코포라티즘을, 사회적 코포라티즘은 노동 또는 정부-노동 주도적 성격의 코포라티즘을 말하며, 2차 세계대전 전까지 네덜란드는 자유

이 형성되어 정책결정 과정에 영향을 미치고 있었기 때문이다. 노조 또는 정부의 역할이 중요한 사회 코포라티즘(social corporatism)과 달리, 19세기 중반부터 기독교의 다양한 교파를 중심으로 한 사회적 분리 현상이 발달하면서 종교집단의 정치적, 사회적 역할이 증대되었던 것이다. 이에 정치적 이념에 따른 사회적 균열(cleavages)이 중첩되면서 19세기 말부터 20세기 초까지 수많은 종교조직, 이익단체들이 조직되어 네덜란드의 사회와 정치는 자유주의적 코포라티즘의 이익대표체제를 형성하게 되었다.12) 그 후 대공황, 2차 세계대전 등 1930~40년대의 역사적 위기를 거치면서 사회 코포라티즘으로 발전하였다. 19세기 말부터 시작된 급속한 산업화로 네덜란드 경제는 크게 발전하였지만 2차 세계대전으로 극심한 피해를 입었다. 전쟁이 끝난 후 정부는 섬유, 조선 등 저임금의 노동집약적 업종을 전략산업으로 삼아 경제회복에 매진하였고 동시에 임금안정과 노사협력을 위한 노사(정)간 협의기구를 제도화하였다. 개방경제의 소국인 네덜란드가 '사회적 시장경제'의 성격을 갖는 '국가중심적 협의경제(etatist concertation economy)'로 불리는 국가주도적이고 중앙집중적인 경제체제가 만들어지게 된 것이다(Albeda 1987; 정병기 2004, 203). 산업부문 고용이 1960년에 45%를 기록하면서 네덜란드 경제는 1960년대에 이르러

주의적 코포라티즘 유형으로 분류되어 왔다(Katzenstein 1985; Crouch 1993). 2차 세계대전 전까지 네덜란드의 코포라티즘은 스웨덴, 노르웨이, 오스트리아 등 많은 서유럽 국가들의 코포라티즘과 그 성격이 상이하였다. 19세기부터 종교조직 및 교파에 따라 설립된 사용자조직이 강하고 국가와 노조의 힘이 약하였음에도 노사간 계급갈등이 미미하였고 다양한 종교 및 사회세력들이 조정과 협의를 통해 정치적 쟁점을 해결해 왔다. 오늘날 협의 민주주의로 불리는 네덜란드의 코포라티즘은 19세기적 협의(consociation) 전통에 2차 세계대전 이후의 사회적 코포라티즘 제도가 통합되어 형성된 것이다. 이 논문은 2차 세계대전 이전의 네덜란드 코포라티즘이 같은 시기 다른 서유럽 국가들의 코포라티즘과 그 성격이 상이하였다는 점과 2차 세계대전을 전후하여 네덜란드 코포라티즘이 변화하였다는 점을 강조하고자 자유주의적 성격의 코포라티즘과 사회적 성격의 코포라티즘을 구분하였다.

12) 많은 연구들이 '기둥화(pillarization)'의 유산, 약한 노동운동 및 좌파정당, 강한 기독민주주의, 높은 협의 수준 등 네덜란드 코포라티즘의 예외성과 특수성을 거론해왔다(Schmitter & Lehmbruch 1979; Lehmbruch 1984; Maier 1984; Cox 1993). 그러므로 기존의 일반화된 코포라티즘 이론, 예를 들어 권위주의적(국가) 코포라티즘과 민주적 코포라티즘의 구분, 민주적 코포라티즘의 일반화된 성격 등은 네덜란드의 경험을 충분히 설명하기가 어렵다.

성장의 정점에 이르게 되었다. 그 후 3차 산업이 크게 성장하면서 국가경쟁력을 가지게 되었다. 개방경제 체제인 만큼 정부의 경제정책은 자유무역과 해외시장에서 경쟁력을 유지하는 데 중점을 두었고, 사회정책은 세계경제 환경의 악화로 인해 나타날 부정적인 사회적 영향을 완화시키는 역할을 하였다. 2차 세계대전 후 완전고용은 헌법에 명시될 정도로 정부 구성에 상관없이 중요한 정책 목표가 되었으며, 1950~1960년대의 경제성장으로 실업률은 1~2% 수준으로 유지되면서 완전고용 목표가 달성되었다.[13]

전후 사회 코포라티즘의 제도화가 이루어지면서 노동당과 종교정당 주도로 보편적 복지국가가 발전하게 되었다. 사회민주주의자들, 즉 노동당과 개혁적 기독교 정당 간의 '협의연합'은 안정된 힘의 균형을 바탕으로 코포라티즘 기제를 작동시켜왔는데, 이는 일반적으로 정당시스템의 양극화(polarization)가 약할 때 코포라티즘적 조정이 용이해진다는 사실을 뒷받침한다. 2차 세계대전 이후 네덜란드의 코포라티즘 제도는 '기둥화'라는 독특한 사회, 문화적 전통에 힘입어 오스트리아 및 북유럽 국가들 수준으로 안정적으로 구축되었다. 사회(이익)조직이 중앙집중화되고 독점적 대표성을 갖는 것이 이익 조정 시스템인 코포라티즘의 발전에 중요한 요소가 되기 때문이다. 오스트리아나 북유럽의 노사 중심 코포라티즘과 달리 네덜란드는 '사회재벌(societal conglomerates)'이라 불리는 중앙 집중화된 다양한 사회(이익)조직들이 독점적 대표성을 가지고 복잡한 이해관계를 조정했다. 네덜란드는 역사적으로 중앙정부가 강력하지 않았고 수상의 권한이 약한 반면, 의회 내 위원회의 힘이 강한 특징이 있다. 이로 인해 네덜란드는 강한 코포라티즘 국가로 발전할 수 있었고, 사적이익정부는 국가의 정책결정에 중요한 역할을 하였다. 또한 오스트리아 및 북유럽의 코포라티즘에 비해 네덜란드의 코포라티즘은 2차 세계대전을 거치면서 법제화 과정을 거쳐 '더욱 공식적인(more formalized)' 성격을 갖게 되었는데, 노동재단(StAR: Stichting van de Arbeid, 1945년 설립), 사회경제위원회(Social and Economic Council), SER: Sociaal- Economische Raad, 1950년 설립), 국가중재위원회(National Council of Mediators, CvR) 등이 그것이다.[14]

---

13) 그러나 여성의 노동시장 참가율이 1960년대에도 20% 수준에 불과하여 전체 인구 중 노동시장 참가율은 그리 높지 않았다.
14) 국가중재위원회는 기존에 지역별로 노사분규의 조정을 담당했던 중재위원(4명)을

네덜란드의 코포라티즘은 2차 세계대전을 계기로 전환되고 발전했다. 정치 사회 및 경제영역에서의 조합주의적 협의 전통은 20세기 초부터 시작되었으나 계급타협은 2차 세계대전 중 노사대표가 비밀회동을 통해 전후 경제재건을 위한 협력관계를 구축하기로 한 합의에서 비롯되었다. 이러한 합의는 2차 세계대전 이후 네덜란드 코포라티즘의 양대 핵심기제의 하나로 작동 해온 노동재단 설립으로 구체화되었다. 노동재단은 노사 양측의 사회적 파트너들이 자발적 합의에 기초하여 만든 협의체로, 노사간 현안에 대해 협의하고 정부에 조언하는 기구이다. 또 하나의 중요한 사회경제적 협의기제인 사회경제위원회의 설립을 계기로 노사정 3자 협의체를 제도화하였다. 이로써 정부의 본격적인 조정 개입과 지원이 확대되었다. 정부는 사회경제위원회를 통해 완전고용 및 사회복지정책을 대가로 강력한 임금억제를 요구했고 노동재단도 이를 수용하였다. 국가주도의 제도화된 코포라티즘이 노사간 계급갈등을 타협시키고 임금조정과 경제성장을 위한 정책조정의 역할을 한 것이다(Visser & Hemerijck 1997. 90-91; Visser 1998. 279; Windmuller 1969). 사회보장과 완전고용을 대가로 정부가 주도한 임금억제정책은 1960년대 중반까지 비교적 잘 유지되었다.

노동재단은 현재 FNV(Netherlands Trade Union Confederation), CNV(Christian National Trade Union Conferderation), MHP(Trade Union Confederation for Middle & Higher Management) 등 3개 노조총연맹과 사용자단체 등이 참여하고 있다. 네덜란드의 사용자단체는 매우 잘 조직되어 있는데, 양대 사용자 단체는 네덜란드기업가연맹(Federation of Dutch Enterprises, VNO)과 기독사용자연맹(Christian Employers' Federation, NCW)으로 전체 사용자의 80%를 대표하고 있다.15) 이 두 단체는 긴밀히 협력하고 있으며, 많은 기업들이 두 단체에 동시 가입하고 있다. 노조조직은 기독교노조연맹과 가톨릭노조연맹, 사회주의노조연맹이 별도로 설립되었으나 1976년 사회주의노조 연맹과 가톨릭노조연

1940년 나치 점령정부가 강력한 국가 차원의 근로감독기구로 만든 것으로 1970년에 폐지되었다.

15) VNO는 VNW(Association of Dutch Empoyers)와 CSW(Centeral Social Employers' Federation)가 1968년 합병하여 만들어졌다. NCW도 가톨릭사용자단체와 신교사용자단체가 통합되어 만들어진 것이다.

맹이 합병하였다. 노동재단은 중앙 차원에서 노사협약을 체결할 수 있으며, 이를 바탕으로 노사 양측의 하위 조직에 가이드라인을 제시해 왔다. 노사 간 단체협약 조항을 거부하거나 승인하는 권한을 갖는 국가중재위원회는 임금 등 고용조건에 대한 노사간 단체협약 내용이 기존에 규정된 정부의 방침에 부합하는지를 감독하였다. 다만, 노사간 단체협약의 승인 및 거부 과정에서 노동재단과 협의하도록 하였다. 각각 1/3 위원직의 노사정 대표로 구성된 사회경제위원회(SER, Social and Economic Council)는 노사관계법에 의해 만들어진 노사정 3자 조합주의의 최고위 의결기구로 기능해 왔다. 사회경제위원회는 원래 1946년 연정으로 집권한 노동당 정부가 정부의 경제, 사회정책에 대한 자문 역할을 부여하여 자신들의 정책추진을 보다 용이하게 하기 위해 설립한 기구이다. 네덜란드의 사회적 합의주의는 이 위원회를 기반으로 경제사회정책의 목표와 방향에 대해 결정적인 권한을 행사하면서 성공적인 전후 재건을 담당하였고 1960년대 말까지 노사관계의 온건화를 이루어 냈다.16) 노사정 3자는 저임금 구조 속에서 일자리 창출과 사회복지의 확대를 위해 노력하였다. '네덜란드 병'을 극복하고 안정된 경제성장과 고용창출의 성과를 이룩하는 데 결정적인 계기가 된 1982년의 바세나르 협약은 이러한 협력적인 노사관계의 전통으로 가능했다.

자본 축적의 측면에서 볼 때 코포라티즘은 노동시장에서 커진 조직노동의 힘을 정치영역으로 전환해야 할 필요에서 비롯되었다. 현대 자본주의의 원활한 재생산에 기여할 수 있도록 조직노동을 제도적으로 정치영역에 통합하는 것이다. 일반적으로 좌파정당의 집권이 용이할수록 반대급부가 클 것으로 기대되기 때문에 노조운동은 정치적 타협 또는 협상에 참여할 가능성이 높은 것으로 알려져 왔다. 네덜란드는 북유럽의 국가들에 비해 사회민주주의자들의 힘이 크지 않았고 노조의 조직력도 강하지 않았다. 그러나 종교적 기둥화의 전통으로 인해 정치적으로 강력했던 기독정당이 기독노조와 긴밀한 관계를 유지했으므로 노동운동은 조합주의적 기구에 참여하였다. 이러한 제도적 통합 기제는 극단적 노조 활동을 억제시키는 역할을 하여 실제로 1945년 이후 파업

---

16) 정부의 사회·경제정책에 대한 사회경제위원회의 의견 제시를 정부가 청취해야 하는 의무조항이 1995년에 폐기되었지만 노사가 합의를 이룬 사항에 대해 정부가 무시하지는 못한다.

등 노동쟁의가 줄어들었다. 기둥화에 의한 종교적 공동체라는 네덜란드 고유의 역사적, 문화적 유산은 임금규제에 대한 사회적 합의 도출에 긍정적으로 작용하여 1960년대 중반까지 임금합의가 가능하였다. 좌파가 정치적으로 지배적이지 못했음에도 노사 모두 조합주의적 조정구조에 참여하였던 것이다.

한국 사회에서 네덜란드 코포라티즘에 대한 관심은 1997년 외환위기 이후 노사정위원회의 설립(1998년)을 계기로 나타나기 시작하였다. 네덜란드의 노사정 3자 협의제도가 성공적으로 운영되고 바세나르 협약으로 임금 자제, 고용 증가 등 괄목할만한 경제성과로 매력적인 벤치마킹의 대상이 되었기 때문이다(노사정위원회 2003; 한국노동연구원 2004). 노무현 정부 또한 네덜란드 모델에 관심을 보이면서 주목을 받기도 하였다. 학계에서의 관심은 더 적극적이었는데, 사회협약과 경제성장으로 상징되는 폴더모델(Polder model)에 대한 학문적 관심, 우리에게 주는 시사점 또는 한국에의 적용가능성을 찾으려는 시도들이 있었다. 뿐만 아니라 1997-1998년 외환위기 이후 공공부조, 실업보험 등 한국의 사회보장정책이 크게 확대되면서 '복지병'을 앓았던 네덜란드의 관대한 복지국가 연구를 통해 교훈을 얻으려는 경우도 있었다.17) 비정규노동의 확대, 생산성 저하 등 폴더모델에 대한 비판적 평가가 있기도 하지만(김학노 2005) 강소 중견국인 네덜란드의 코포라티즘은 여전히 우리의 관심을 끌고 있는 것도 사실이다. 우리나라에서 네덜란드코포라티즘에 관한 연구는 대부분 1982년 바세나르 협약 이후의 내용이거나 1970년대 이후의 시기에 집중되어 있다. 바세나르 협약 자체가 2차 세계대전 이후 네덜란드의 사회 코포라티즘의 연장선상에서 가능했고, 사회 코포라티즘은 19세기 후반에 형성된 자유주의적 코포라티즘으로부터 발전되었다는 점에서 네덜란드 코포라티즘에 관한 연구는 시기적으로 확장되어야 할 필요가 있다. 즉, 19세기 후반기부터 1960년대까지 시기에 대한 연구도 매우 중요한 것이다. 최근의 폴더모델을 보

---

17) 김용철(2000), 김인영(2000), 여지영(2002), 류만희(2002), 김학노(2005) 등이 비판적이거나 긍정적으로 폴더모델의 시사점을 제시하고 있다. 물론 재계나 일부 학자들은 네덜란드 모델이 우리와 역사적 조건이나 현실적 여건에서 맞지 않는다는 주장을 하기도 하였다. 한국의 노사정위원회를 중심으로 한 사회적 합의 모델 전반에 대한 논의는 김수진(1998), 송호근(1998), 강명세(1999), 노중기(2002) 등 참조. 폴더모델이란 해수면보다 낮은 간척지(polder)로 바세나 협약 이후의 네덜란드 사회경제모델을 지칭한다.

다 정확하게 이해하기 위해서는 네덜란드 코포라티즘의 형성과 발전, 그리고 이러한 과정과 불가분의 관계를 맺으면서 발전한 네덜란드 복지국가에 대한 역사적 이해가 필요한 것이다.

코포라티즘의 개념과 실제

코포라티즘은 그 개념의 다양성만큼이나 여러 가지 형태로 존재해 왔다. 일반적으로 서유럽의 사례를 의미하는 사회 코포라티즘은 2차 세계대전 이후 노동과 자본이 조직적 차원에서 제도화된 단체교섭을 통하여 임금 및 노사문제를 공동으로 조정하고, 3자 협의제도를 통해 국가가 거시경제 및 복지정책을 조정하는 민주적 기제를 말한다. 계급갈등을 노사(정) 간에 합의된 이익중재장치를 통해 조정해온 민주적인 사회 코포라티즘은 북유럽, 오스트리아 등과 같이 노조운동이 강하고 정치적으로 중도좌파의 집권이 용이했던 나라이거나, 네덜란드, 영국, 독일처럼 전후 사회적 타협이 실현되었던 나라에서 주로 나타났다. 이로 인해 사회 코포라티즘은 무엇보다 노동과 자본의 집단이익이 잘 조직되어 있고, 강한 좌파정당의 존재가 중요한 조건으로 인정되어 왔고, 복지국가의 발전 또한 강한 노동운동이나 좌파정당의 존재가 필요하다고 보았다. 그러나 네덜란드의 코포라티즘과 복지국가는 이러한 조건이 제대로 충족되지 않았던, 서유럽의 많은 나라의 경험과는 그 성격이 다른 사례였다.[18] 노사조직이 종교적 교파에 따라 분절되고, 좌파정당보다 종교정당의 힘이 훨씬 강했던 네덜란드는 역설적으로 '기둥화'에 의해 코포라티즘이 발전하고 사회적 협의와 타협이 가능했다. 복지국가 발전 또한 코포라티즘의 구조변화로부터 영향을 받아왔다.

코포라티즘이란 원래 국가와 사회의 '혼합(mixture)'으로, 중요한 사회세력들이 정책결정 과정에 참여하는 형태의 정치제도를 말한다. '국가사회 협력 모델'인 것이다. 코포라티즘을 '국가기구의 적극적 중재가 이루어지는 가운데 자본주의 질서 유지를 부정하지 않는 노사정 3자의 정치적 협상과 교환이 사

---

18) 카젠스텐(Katzenstein 1985)은 네덜란드와 같은 소국에서 코포라티즘이 발전된 요인을 무역 중심의 개방경제체제에서 찾기도 하였다.

회갈등 해결의 핵심적 수단으로 제도화되거나 적어도 장기적, 지속적으로 기능하는 사회·정치적 운영원리와 과정'으로 파악하면서 '이러한 운영 원리와 과정은 사회경제구조의 변화를 배경으로 국가의 성격과 노사간 힘 관계의 변화에 따라 구체적 성격을 달리해 왔다'고 보는 광의의 관점이 그것이다(정병기 2004, 197).[19] 코포라티즘의 역사는 중세 장원제도까지 거슬러 올라갈 수 있지만, 서유럽의 코포라티즘은 19세기의 역사적 발전 과정과 관계가 있다. 오늘날과 같은 '사적이익정부(private interest governments)'에 의한 '조정합의의 정치(politics of accommodation)'라는 개념의 코포라티즘은 19세기 후반부터 시작되었고, 일찍부터 주요 사회세력 간 협의제도가 발전한 네덜란드가 대표적인 사례라 할 수 있다.[20]

대공황, 파시즘, 2차 세계대전 등 1930~1940년대의 연속적 위기로 서유럽의 코포라티즘은 크게 변화하였다. 특히, 스웨덴, 네덜란드와 같은 유럽 소국의 정치는 이 시기에 근본적으로 재구조화되었으며, 노사 간 정치적 타협에 의한 코포라티즘이 뿌리를 내리게 되었다. 그 후 코포라티즘은 자유무역과 자본주의적 세계경제라는 외부적 압력으로 강화되었으며 유연한 경제적 조정과 정치적 안정이라는 성과를 가져오기도 하였다(안재홍 2013). 계급타협이 소국에서 더 적극적이었던 데에는 정치사회적, 경제적 요인이 있었다. 19세기 말부터 20세기 초까지 우파와 개혁세력 및 좌파와의 정치적 대립이 지속되면서 노동운동을 중심으로 한 개혁적 좌파가 점진적으로 정치적 힘을 확대시켜 온 것이 중요했다. 또한 경제적으로 19세기 말 이후 유럽 소국의 수출특화 전

---

[19] 역사적으로 1차 세계대전 이후 허약한 경제상황, 노조 및 좌파세력의 성장 등으로 노동세력과의 조합주의적 타협이 불가피해지면서 서유럽의 많은 나라에서 다양한 형태와 수준의 코포라티즘 제도가 나타났다(Maier, 1981, 1984; Lehmbruch 1984) 이 논문에서 말하는 코포라티즘은 권위주의적(국가) 코포라티즘을 제외한 민주적/사회 코 포라티즘(democratic/societal)을 말하며 조합주의와 같은 의미로 동시에 사용된다.

민주적 코포라티즘으로도 불리는 사회(societal) 코포라티즘이 작동되기 위해서는 중요한 조건들이 전제되었다. 그러나 최근 아일랜드 등 최근 일부 나라에서도 코포라티즘 형태의 사회적 합의가 실현되면서 코포라티즘이 조건이 다른 환경에서도 작동될 수 있음을 보여주었다. 정병기(2004), 김인춘(2002) 참고.

[20] 사적이익정부에 대해서는 김의영(1999), Schmitter and Lehmbruch(eds)(1979) 참조.

략으로 사회 각 부문 간 격차가 축소되었는데 이는 사회적 합의와 통합을 촉진시킬 수 있는 요인이 되었다. 보통선거권과 비례대표제의 도입으로 상이한 정치 주체 간 권력 공유가 가능해진 것도 중요한 이유가 되었다.

코포라티즘은 경제·사회정책에서 국가 차원의 사회적 파트너십을 구축하여 이익집단, 정부, 정당 간 지속적인 협상과 타협을 통해 갈등문제를 민주적이고 공식/비공식적으로 조정하는 것을 의미한다. 조정의 성격은 나라마다 다른데, 예를 들어 네덜란드는 공식적(formal) 조정이, 스웨덴은 비공식적(informal) 조정이 지배적이었다. 2차 세계대전 후 코포라티즘은 두 번에 걸쳐 주목을 받았는데(Katzenstein 1985, 31), 1950~1960년대와 1970년대 중반이 그것이다. 1950년대와 1960년대는 경제성장과 온건 민주정치가 실현되었던 시기로, 노동조합은 공산주의로부터, 가톨릭교회는 우파로부터 각각 해방되면서 코포라티즘이 경제성장과 민주주의의 확장에 기여할 수 있다는 증거가 나타난 것이다. 대외의존도가 높은 개방경제 국가에서는 이익집단 간 사회적 합의의 필요성이 커졌고, 노사협력에 기반한 코포라티즘은 1960년대까지 경제 재건과 성장, 사회평화에 기여하면서 안정적으로 작동하였던 것이다. 반면, 1970년대 중반 이후 1980년대 들어 성장이 둔화되고 경제위기가 발생하면서 이에 대응하는 방식으로 코포라티즘이 다시 주목을 받게 되었다. 임금자제, 노동시장 개혁, 복지개혁 등을 위한 사회적 합의를 만들어내려는 노력이 나타났던 것이다.

일반적으로 코포라티즘이 강한 나라는 노사 간, 노동 간, 자본 간에 강력한 조정(coordination)을 통해 완전고용 또는 성장과 같은 경제적 성과를 이루고 복지국가를 발전시켜 온 것으로 알려져 있다. 이 과정에서 중앙집중화된 노사 조직과 좌파 정당의 지배가 중요한 변수로 평가되어 왔다. 복지수준이 세계적으로 높은 수준에 속하는 네덜란드는 코포라티즘 또한 강한 나라 중 하나이다.[21] 그러나 네덜란드에서는 정치적 좌파의 힘이 약하였고 노조조직도 강력하지 못했음에도[22] 높은 수준의 코포라티즘과 보편적 복지국가를 발전시켜

---

21) 렘브르흐의 코포라티즘 척도(1~4)에 따르면 네덜란드는 오스트리아, 노르웨이와 함께 4(가장 높은 수준)로 나타나 있다(Lehmbruch, 1984).
22) 2차 세계대전 이후 1970년대까지 네덜란드에서 좌파 집권 기간은 덴마크 25년, 네덜란드 8년으로 오스트리아, 덴마크(25년), 스웨덴, 노르웨이 등에 매우 낮다. 노조 조직

왔다. 네덜란드에서는 19세기 후반부터 20세기 전반까지 자유주의적 성격을 가진 코포라티즘이 형성되어 기독교의 다양한 교파를 중심으로 한 사회집단들이 공적인 이익과 관련된 정책결정 및 집행과정에 참여하면서 사회적 조정과 합의를 실현해 왔다.23) 이러한 기둥 중심의 코포라티즘은 2차 세계대전을 거치며 노사 중심의 사회 코포라티즘으로 변화하였고, 코포라티즘의 성격 변화가 반영되어 발전한 복지국가는 네덜란드의 특수성을 보여준다. 사회 코포라티즘이 발전될수록 사회세력이 국가 권력을 공유하게 되어 국가와 사회영역 간의 경계가 약해지고 대등한 관계가 된다. 따라서 코포라티즘이 투명하고 민주적으로 작동될수록 권력의 사회적 공유와 분산이라는 민주주의의 중요한 요소를 실현할 수 있게 된다.

사회 코포라티즘의 위기와 폴더모델의 성공적인 진화

네덜란드의 코포라티즘은 2차 세계대전 후 노동재단, 사회경제위원회와 같이 그 제도가 보다 공식화되고 확대되었다. 노동과 자본 등의 사회적 파트너로 하여금 정부정책에 대한 책임을 공유하게 하였고, 정부의 모든 영역에 3자 협의기구를 확대시켰다. 기둥화라는 역사적 유산으로 인해 매우 공식적인(formal) 특성을 보인 네덜란드의 코포라티즘 기제는 1960년대 중반까지 잘 작동되었다. 사회경제위원회의 정책 권고에 대해 정부가 이의를 제기하기는 어려웠기에 1960년대 중반까지도 경제정책에 대한 3자 협력과 합의가 지속되었다. 그러나 네덜란드 정치를 지배해온 합의 중심의 조합주의적 정책결정 방식은 1960년대 말에 이르러 공공연한 도전을 받게 되면서 1970년대 들어 크게 약화되었다. 탈기둥화로 정당 간 경쟁과 계급갈등이 심화되면서 나타난 정당체제의 양극화는 조합주의적 합의를 위한 권력기반을 크게 약화시켰다. 안정된 조합주의적 협의체제는 양극화된 정당정치와 양립하기 어렵기 때문이다. 사민주의자들과 개혁적 기독정당 간의 전통적인 협의연합이 무너지고, 시

율뿐만 아니라 노조집중도 또한 네덜란드는 다른 강소국에 비해 훨씬 낮다. 다만 코포라티즘 기제로 인해 노조와 노동당도 정책결정에 일정한 영향력을 가졌다.
23) 20세기 들어 이탈리아, 독일 등에서 나타난 권위주의적 성격의 코포라티즘은 2차 대전과 함께 소멸하였다.

장주의 중도우파정당인 자유민주당(VVD)의 부상으로 정당체제의 양극화가 커진 것이다. 아이러니하게도 1960년대 이후 탈기둥화와 코포라티즘 성격의 변화는 복지국가의 발전을 가져온 중요한 요인이 되었다.

탈기둥화, 세속화, 계급 이익의 추구와 같은 현상이 1960년대 들어 나타나면서 종교적 소속감이 거의 사라지고 기둥화에 의한 사회적 관계가 무너지기 시작한 것이다. 그 결과 종교정당에 대한 지지가 급격히 하락하자 종교정당들은 유권자의 지지를 회복하기 위한 새로운 방안을 모색하게 되었고, 당시 복지개혁에 대한 유권자의 높은 욕구를 당의 정책으로 채택하게 되었다. 유권자의 요구를 의식한 종교정당의 노선변화는 1950년대에는 불가능했던 복지개혁에 대한 정치적 합의를 도출하게 만들었다. 이러한 환경변화에 따라 보편적 복지국가에 대해 보수적이었던 네덜란드 코포라티즘이 개혁적 성향을 보이기 시작하였고, 개혁적 정당 지도자들이 복지정책을 추진할 수 있게 되었다. 1960년대의 사회정치적 변화로 계급연합이 본격화되고 기존의 코포라티즘 기제가 교착상태에 빠지게 되자 종교정당과 가톨릭당 정부가 주도적으로 보편적 사회보장제도를 도입하였던 것이다. 종교조직이 중심이 된 코포라티즘 기구의 성격과 환경변화에 따라 보편적 복지국가로의 발전이 지체되거나 촉진되었던 것이다. 사실, 노동당은 적정 수준의 복지프로그램을 계획하였으나 지지율 하락에 직면한 중도의 가톨릭당은 1960년대 내내 집권하면서 보편적 복지제도를 급격히 확대하였다. 1957년에 발견된 북해 유전의 원유수출로 경제적 여건이 양호해졌고 1960~70년대 복지국가의 급격한 팽창에 따른 막대한 복지비용의 부담도 바로 나타나지 않았기 때문이다. 오히려 중도좌파의 노동당은 1960년대 말에 비용문제를 제기하며 복지팽창에 대한 속도조절을 시도했다. 1960년대 이후 포괄적이고 관대한 공적부조제도와 사회 서비스제도가 구축되면서 네덜란드 복지국가는 대륙형과 북유럽형의 성격을 동시에 갖게 되었다.

경제성장의 전성기였던 1960년대 들어 노사정 3자 간의 협력기반은 약화되고 갈수록 노동자들의 임금인상과 복지요구가 폭발했다. 사회보장제도의 확대로 노동을 기피하는 현상이 나타나기도 하였다. 1960년대 초부터 완전고용이 지속됨에 따라 노조의 영향력이 커지고 노동자들의 임금인상 요구도 커졌다. 2차 세계대전 직후부터 실시된 임금억제정책으로 네덜란드 경제의 경쟁력이 높아졌을 뿐 아니라 당시 서유럽에서 가장 낮은 수준에 머물렀던 임금 수준을 노동자들이 더 이상 감내하려 하지 않았기 때문이다.[24] 결국, 1963년 '노사관계 특별령(the Second Special Decree on Industrial Relations, BBA 1963)'에 의해 정부의 임금정책이 중단되고 국가중재위원회가 가지고 있던 임금결정권 및 단체협약 승인 권한은 노사간 협의기관인 노동재단에 위임되었다.[25] 그러나 노동재단을 통한 노사 간 중앙집중적 임금결정 기제조차 교착상태에 빠지면서 1964년 이후 노동자들의 임금인상 요구는 더욱 강해지고 있었다. 중앙의 사용자단체나 노조연맹 모두 단위 사업장과 노조를 제대로 통제할 수 없었기 때문이다. 1960년대 말에 이르러 임금상승 압박이 더욱 커지자, 중앙 차원의 조합주의적 임금협상모델은 흔들리게 되었으며, 이 과정에서 노조는 더욱 투쟁적으로 변하여 노사갈등은 극에 달하였다.

이에 정부는 1970년 임금협상법(Wage Bargaining Act) 제정으로 임금통제 권한을 다시 확보하여 1982년까지 개입하였다. 소득정책에 대한 갈등이 심화되고 결국 1970년 NVV(사회주의노조총연맹)와 NKV(가톨릭노조총연맹)는 중도우파 정부의 임금통제 입법에 항의하기 위해 사회경제위원회 및 다른 부처의 협의기구에서 임시 탈퇴하는 일이 발생하기도 하였다. 1960년대 말부터 사회경제위원회는 임금조정 역할을 다하지 못했으며, 임금은 지속적으로 상승하여 기업들의 국제경쟁력은 약화되었다. 더구나 1970년대 초 오일 쇼크로 인한 경제위기 이후 노사간 합의 도출은 갈수록 어려워졌고 경제정책에 대한 사회경제위원회의 영향력도 약해졌다.[26] 1960년대 말부터 1970년대 내내 코포라티즘은 작동하지 못하고 교착상태에 빠지게 된 것이다. 중도 좌파와 중도 우파가 번갈아 집권하면서 정치적 경쟁이 심화되고, 계급적 이익정치가 확대되면서 코포라티즘은 약화된 반면 복지국가의 발전은 가속화된 것이다. 1973년에 구성된 중도 좌파 연합정부는 재분배정책을 더욱 강화하였다. 그러나 곧 이은 1973년의 오일쇼크와 세계경제의 침체로 1970년대 중반부터 실업이 늘

---

24) 1960년대 네덜란드의 임금 수준은 독일이나 벨기에보다 20~25% 낮았다.
25) 1945년 10월에 공표된 1차 노사관계 특별령(Special Decree on Industrial Relations, BBA 1945)은 국가의 임금통제를 위한 사전 조치의 성격을 가졌다.
26) 1982년에 구성된 중도우파의 루버스 정부는 이전 정부들에 비해 사회경제위원회에 정책 조언을 자주 구하지 않게 되었고, 대신 행정부의 정책결정이 지배적이 모습이 되었다.

어나고 경제성장률이 떨어지면서 경제는 큰 어려움에 처하게 되었다. 경제침체가 시작되면서 재정적자와 실업률이 갈수록 악화되었지만 정치적 지지를 얻기 위해 복지삭감을 하기 어려웠다.

결국, 소위 '네덜란드병(Dutch disease)'이라 불리는 복합적 경제침체를 겪게 되는데, 네덜란드병은 '복지천국'으로 알려진 고비용 구조와 재정위기, 실업증가, 그리고 산업경쟁력의 약화에서 비롯되었다. 사회복지 비용의 증가로 GDP 대비 공공지출은 1983년 61%까지 상승하고 이를 해결하기 위한 조세부담률이 GDP의 55%까지 상승하면서 경제 활력을 약화시켰다. 기업이윤과 투자가 축소되고 이에 따른 경제활동인구의 감소는 정부의 재정 부담을 더욱 가중시켜 1982년 재정적자는 GDP의 10%를 넘었고 실업률은 13.5%를 기록했다. 노동인구의 13%가 장애급여를 수급했으며 임금상승과 높은 인플레이션이 지속되었다. 이러한 상황은 1970년대를 거쳐 1984년까지 악화되었는데, 그 기간 동안 고용률은 하락한 반면, 사회보장 지출은 지속적으로 증가했기 때문이다. 특히, 연금과 관대한 실업급여, 네덜란드 특유의 관대한 산재장애보험 급여는 퇴직 전 최종임금의 80%를 보장하는데다 물가연동이 되어 있어 만성적 적자 요인으로 작용하고 있었다.

1977년 선거는 심각한 재정적자 문제가 중요한 쟁점이었으며 네덜란드 정치를 근본적으로 변화시킨 선거였다. 3개의 주요 기독교 정당(가톨릭당, ARP, CHU)이 '기독민주어필(The Christian Democratic Appeal, CDA)'이라는 이름으로 공동후보를 냈지만 노동당이 가장 높은 득표를 하면서 처음으로 정부를 구성할 기회를 갖게 되었다. 그러나 노동당이 경제위기 대처방안에 대한 이견으로 연정 구성에 실패하자 CDA는 우파 시장주의인 자유민주당(VVD)과 중도우파 연정을 구성하기로 합의하였다. 근로자의 부담을 늘리게 될 재정 감축과 복지축소 정책이 도입되었다. 1977년 중도좌파 정부가 붕괴된 후 중도우파의 기독민주당이 1994년까지 중도, 좌파, 우파의 군소정당과 연정을 계속하면서 정국을 이끌었다. 계속되는 노조 내부의 갈등, 노사간 합의 도출의 연속적 실패, 유명무실화된 사회경제위원회 등의 문제를 극복하기 위해 1982년 11월 기독민주당의 루버스(Lubbers)정부는 노동재단이나 사회경제위원회와 협의 없이 독자적으로 긴축정책을 추진하였다. 네덜란드의 사회적 합의주의가 위기를 맞게 된 것이다. 노조와 정부 간 긴장이 고조되었으나, 최악의 경제상황과 실업에 처한 정부의 합리적이고 적극적인 조정으로 사용자단체와 노조총연맹이 1982년 11월 24일 노동시간 단축과 고용확대를 위한 바세나르 협약에 합의함으로써 구조개혁이 시작되었다. 노조총연맹(the Federation of Dutch Trade Unions, Federatie Nederlandse Vakbeweging, FNV)의 빔 코크(Wim Kok) 의장이 실업문제 해결을 위한 임금억제 수용과 사용자의 실업극복 노력에 합의하면서 1960년대부터 지속되어온 노사갈등이 해소되고 노동시장이 유연화되었다.

바세나르 협약 이후 네덜란드의 본격적인 구조개혁은 신자유주의와 경직적인 노동시장 및 복지국가 사이의 '사회민주주의적 제3의 길'로 부각되기도 하였다.27) 1983년 가을 파업과 반대 시위에도 공공부문 임금 및 사회보장 급여 3.5% 삭감이 이루어졌다. 그 결과 재정적자가 줄고 이윤 및 투자가 늘어났다. 이러한 환경에서 1980년대 루버스(Lubbers) 총리의 기독민주·자민 연립정부(1982~1994)는 친시장적 실용주의, 지출삭감, 민영화 등으로 경제를 회복시킬 수 있었다. 이에 힘입어 기독민주당은 1986년 총선에서 34.6% 득표율로 크게 승리하여(1982년 29.4% 득표율) 기독민주주의의 강한 전통을 보여주었다. 중도적 성격의 기독민주당은 우파뿐 아니라 좌파와 연립정부를 구성해왔고, 노동당은 1989년부터 1994년까지 루버스 총리의 연정에 참여하여 복지개혁과 구조조정에 나섰다. 복지개혁과 지출삭감이 이루어지고, 50%이던 고용률이 75%로 상승하여 소위 '노동없는 복지', 네덜란드병을 치유해 네덜란드의 기적을 이루었다고 평가받았다. 늘어난 고용의 대부분이 파트타임 고용이었지만 오늘날 전체 노동자 중 시간제 근로자 비중이 매우 높고(36% 이상)에 이르고 변호사, 의사 등 전문직 고소득 직종까지 시간제 고용이 확대되어 있다. 1994년 8월, 바세나르 협약 당시 노조총연맹28) 의장이었던 빔 코크(Wim Kok) 전 의장이 새 총리로 취임했다. 코크 총리의 노동당·자민당·D-66 연립정부(1994~2002년)는 정치, 사회, 경제 각 주체들 간 합의로 네덜란드의 경제위기

---

27) 물론 이에 대해서는 '신자유주의적 제3의 길'이라는 상반된 해석이 있다. 이 논문은 이에 대한 해석을 주요 주제로 하는 것이 아니고 다만 네덜란드 코포라티즘이 국가주도라는 변화된 모습으로 부활되었다는 점을 중요시하고 있다.

28) FNV는 the Dutch Catholic Trade Union Federation(NKV)와 사회민주주의 계열의 Dutch Confederation of Trade Unions (NVV)의 통합으로 1976년 설립되었다.

와 고실업 해결, 복지개혁에 중요한 역할을 했다. 1982년 바세나르 협약 이후 지속적인 개혁과 성장으로 폴더모델이 완성된 것이다. 2000년대 이후 네덜란드는 유럽의 중견국으로 유럽연합(EU)의 개혁을 주장하는 등 EU 내에서 독자적인 위치를 가지며, 혁신적 경제, 역동적인 정치, 민주적인 다양성의 사회를 지속하고 있다.

1982년 바세나르 협약에 의해 새롭게 조명받게 된 네덜란드 코포라티즘은 19세기 말은 물론, 20세기 전반의 코포라티즘과 그 성격과 기능이 매우 상이함을 알 수 있다. 20세기 전반까지는 다양한 사회세력이 참여하는 협의민주주의에 바탕한 코포라티즘 제도가 지배적이었으나 2차 세계대전 이후에는 국가 개입적 노사(정) 조정기제가 중요해졌다. 코포라티즘이 계급적 이익을 조정하기 위한 제도라거나 또는 이익갈등 해결을 위한 국가의 개입으로만 이해되는 것은 교정되어야 한다. 네덜란드의 코포라티즘 제도는 노동과 자본의 경제적 이익집단뿐만 아니라 종교집단도 포괄하여 형성되었기 때문이다. 네덜란드의 코포라티즘은 20세기 초 종교세력이 자신들의 종교적 자유와 이익을 지키기 위한 정치제도로 발전되었다. 종교적 동원에 기반한 네덜란드의 자유주의적 코포라티즘은 국가로 하여금 민간(종교)활동을 침해하지 못하도록 제한하는 역할을 하였던 것이다. 즉, 코포라티즘은 노동과 자본의 이익만 대표하도록 하는 제도라기보다 역사와 상황에 따라 어떠한 사회세력도 사회적 합의에 의해 대표될 수 있는 제도인 것이다. 이 점은 한국사회에 시사하는 바가 크다.

또 다른 네덜란드 코포라티즘 사례의 함의는 사회적 분리 또는 이해관계의 다원화는 코포라티즘의 형성을 가능하게 만드는 중요한 조건이 될 수 있다는 점이다. 일반적으로 코포라티즘이 발전한 나라들은 사회적 분열이 거의 없거나 약한 것으로 이해되기 쉽지만, 사실은 사회 집단의 다양성 또는 이해관계의 복잡화, 분열화 등이 코포라티즘의 형성을 촉진할 수 있다는 점이다. 서유럽의 많은 조합주의 국가들에서 다당제가 정착되어 있는 것이 하나의 증거가 될 수 있다. 그러나 사회적 갈등과 대립이 조정이 쉽지 않을 만큼 심화되었다거나, 네덜란드 사례가 보여주듯이, 이해관계의 갈등과 대립이 커질수록 코포라티즘은 형성되기 어렵거나 이미 존재하는 코포라티즘은 교착상태에 빠질 수 있다는 점이다. 서유럽의 경험을 보면 경제적 호황기에는 사회협약의 도출 및 실행이 비교적 용이하였지만 1970년대와 1980년대의 경제침체 시기에는 어려웠던 이유도 여기에 있다. 네덜란드에서 코포라티즘이 형성되고 발전되었던 조건은 독일 등 유사한 조합주의형 복지국가와도 서로 다르다. 독일의 근로자보험제도는 19세기 말에 대부분 도입되었으나 네덜란드는 1901년과 1913년에 최소한으로 도입되었다. 대부분의 서유럽국가들이 2차 세계대전 직후에 보편적 사회보장제도의 도입을 시작하였으나 네덜란드는 1960년대에 와서 시작하였다. 네덜란드에서 코포라티즘이 형성된 것은 종교세력이 보수적 사회정책을 지키기 위한 것으로, 북유럽, 독일, 오스트리아 등에서와 같이 계급균열을 기반으로 경제적 이해관계를 중심으로 한 코포라티즘과 달리 광범위한 유형의 코포라티즘이 등장하게 되었다. 역사적으로 종교세력이 강했던 네덜란드에서 복지는 비국가(non-state) 조직에 의해 제공되어야 한다는 신념을 가진 종교세력의 노사단체가 코포라티즘 기구에 대표됨으로써 보편적 복지국가의 발전이 지연되었던 것이다.

코포라티즘이나 복지국가의 형성과 발전은 한 나라의 역사와 문화, 그리고 여기서 비롯된 제도로부터 완전히 자유롭지 못하기에 나라마다 그 성격과 구체적인 형태가 다르게 나타난다. 이에 따라 스웨덴은 스웨덴식 사회 코포라티즘, 네덜란드는 네덜란드식, 아일랜드는 아일랜드식의 사회 코포라티즘이 형성, 발전되었고 복지국가도 그러했다. 종교적 기둥화에 의해 형성된 코포라티즘이라는 역사적 유산으로 인해 네덜란드 복지국가는 공적부조를 담당하는 국가, 근로자보험 및 사회서비스를 주로 담당하는 민간 비영리조직이라는 이원적 시스템을 갖게 되었다. 실업보험, 근로자연금 등 주요 사회보험제도는 국가의 역할을 최소화하려는 종교정당의 뜻대로 노사간 조합의 기구가 관할하고, 사회서비스도 공공기관과 민간기관이 역할을 분담하여 운영하고 있다. 네덜란드 코포라티즘의 주요 주체였던 종교세력은 산업화에 따라 노동계급이 증가하자 종교 계열 노조를 조직하여 좌파 노동운동을 막고, 종교계열 사용자단체를 만들어 종교 노조와 협력하게 만들었다. 그러나 코포라티즘 주체들은 오랜 기간 서로를 인정하고 협력하면서 협의 민주주의를 이끌어왔고 보편적 복지국가를 발전시켰다. 이러한 제도적 유산이 1982년 바세나르 협약을 가능하게 만들었다. '네덜란드의 기적'은 하루아침에 이루어진 것이 아닌 것이다. 네덜란드의 사회 코포라티즘은 세계화 시기에 공급조절 코포라티즘으로 변화하여 신자유주의적 구조조정의 수단이 되었다는 주장(정병기 2005)도 있고 유연안정성을 달성했다는 평가(권형기 2007)도 있다. 네덜란드는 세계화 시대의 지배적 담론인 신자유주의적 노동 유연성과 달리 '집단적 협의(collective deliberation)'를 통해 사회협약(social pacts)으로 노동시장의 유연성과 경제적 성과를 이루어 냈다는 것이다. 네덜란드의 유연안정성은 높은 법적, 제도적 고용안정책과 더불어 파트타임에 기초한 유연성 전략을 추구했다

3. 네덜란드 자본주의와 기업지배구조 — 이해관계자 모델

네덜란드 정치는 20세기 동안 안정적인 헌정체제, 합의제 민주주의의 지속과 변화를 통해 폴더모델과 네덜란드 기적을 가져왔다. 1970년대의 경제위기와 사회갈등은 1982년 바세나르 협약으로 극복했으며, 타협과 협력 정신으로 개혁을 통해 폴더모델을 만들었다. 전후 재건과 국가발전을 위해 정치적으로 협력과 합의가 중시되었으며, 1950년대 이후 안정을 되찾고 경제적으로 크게 성장하였다. 정당 간 정치적 경쟁으로 복지국가가 급속히 발전하면서 사회 전반적으로 풍요와 평등이 확대되었다. 이러한 풍요와 평등은 네덜란드 자본주의 및 기업지배구조와도 밀접한 관계가 있었다. 네덜란드의 효율적이고 공정한 시장경제체제와 이해관계자 기업지배구조 모델이 중요한 역할을 했기 때문이다. 잘 알려져 있듯이, 네덜란드는 일찍부터 자본주의 제도와 주식회사를 발전시키고 식민지를 통해 부국이 된 나라이다. 16-17세기 대항해시대에 무역과 해운, 금융으로 근대자본주의의 근간을 만들고 세계화에 앞장선 첨병이었다. 1602년 출범한 네덜란드 연합동인도회사(Vereenigde Oost-Indische Compagnie, VOC, 1799년 해산)는 세계 최초의 주식회사로 자본주의 제도의 발전에 매우 중요한 역할을 했다.[29] 투자자의 돈으로 회사를 성장시킨 것으로 오늘날 주주모델, 주주자본주의의 초기 형태였던 것이다. 동인도회사는 균형과 견제, 소수주주 보호와 주주평등주의로 주주이익과 주주보호를 중시했다고 한다.

네덜란드는 무역 및 식민지 중심의 17세기 전성기를 거쳐 18세기에는 영국

---

29) 1609년에는 세계 최초로 암스테르담 주식거래소가 만들어졌다.

과 프랑스의 견제로 대외 팽창과 무역이 크게 축소되었다. 그러나 기존의 해외 식민지와 초기 자본주의 제도를 가진 네덜란드는 청빈과 근면의 개신교 직업윤리로 19세기부터 자본주의적 발전을 촉진할 수 있었다. 19세기 초 나폴레옹의 네덜란드 지배와 유럽의 1848년 혁명 후 19세기 중반부터 정치, 경제적 자유화가 진행되었고, 1860년대부터 급속한 경제성장이 나타났다. 해외 식민지의 혜택에 더해 농업, 무역, 운송이 발달했고 뒤 이어 제조업이 발전하면서 1880년대에 산업혁명을 이루었다. 지리적 이점과 독일, 영국 등 이웃 경제 대국의 효과로 네덜란드 경제는 크게 발전할 수 있었다. 20세기 들어 다국적 기업이 등장했는데 로얄더치쉘(Royal Dutch Shell. 1907년 설립), 필립스(Philip. 1891년 설립), AKU(1911년 설립, 현재 AKZO Nobel), 유니레버(Unilever. 1929년 설립)가 그들로 이 기업들은 네덜란드 기업의 국제화와 20세기 네덜란드 경제에 크게 기여했다. 뿐만 아니라 경쟁력 있는 중소기업들, 육류, 화훼 등 농축산업도 경제에 크게 기여해 왔다. 1980-90년대에는 은행, 보험회사 등 서비스 부문의 다국적 기업이 발전했다.

네덜란드 자본주의는 역사적으로 영국과 독일 사이에 위치하여 영국의 자유주의적 경제제도와 독일의 대륙형 자본주의 제도 모두의 영향을 받았다. 19세기 말, 20세기 초에는 영국의 영향을 받아 다국적 기업을 포함하여 자유로운 민간기업 중심의 개방경제로 발전해 왔다. 1차 세계대전까지는 자유시장경제(liberal market economy)의 성격을 가졌던 것이다. 1차 세계대전 직전 네덜란드는 당시 팽창적인 세계경제에 힘입어 역사상 최고 수준의 무역 규모를 달성하기도 했다. 19세기부터 발전해온 산업화는 20세기 들어 가속화되었는데 1920년대에도 Philips, Royal Dutch Shell, Unilever, KLM 항공 등 수많은 다국적 기업들이 성장했고 대대적인 농업부문 합리화로 생산성이 크게 증대했다. 기업, 고등교육, 인프라 등이 현대화되고 크게 변화하면서 기술 및 연구개발, 합리화 등으로 생산과 생산성이 증대했던 것이다. 네덜란드는 1921-22년 발생한 글로벌 경제위기로 은행위기와 재정위기에 처했는데 대규모 지출삭감으로 대응한 바 있다. 세계 대공황의 여파로 1930년대 초 심각한 경제위기를 겪은 네덜란드는 1930년대를 거치며 기업 간 카르텔 구성, 노사단체협상, 노사정 조정 등 조정시장경제 체제의 틀을 갖추기 시작했다. 2차 세계대전 후 다른 대부분의 선진 자본주의 국가들과 마찬가지로 전후 호황을 맞았고 네덜란드의 조정시장경제는 1950-60년대에 전성기를 이루게 되었다. 이 시기의 네덜란드는 높은 경제성장뿐 아니라 공평한 분배가 이루어지면서 매우 평등한 사회가 되었다.

무역의존도가 세계 최고 수준인 네덜란드는 외부 충격에 약한 개방경제로 세계경제에 유연하게 적응할 수 있는 능력이 항상 요구되어 왔다.[30] 1973년, 1979년 두 차례의 오일쇼크는 네덜란드 경제에 큰 충격이었다. 더구나 1970년대 들어 고임금이 지속되고 높은 화폐가치로 수출경쟁력이 약화되었는데 1980년대 초까지 네덜란드는 심각한 경제침체를 겪게 되었다. 잘 알려진 대로 1982년 11월 바세나르 협약으로 위기를 극복할 수 있었다. 정치적 격동기였고 경제적으로 파탄 직전이던 1982년 9월 총선 후 취임한 루버스 신임 총리는 긴축정책을 천명하며 재정 적자 축소, 기업의 수익성 회복, 임금인상 억제, 일자리 나누기 등을 골자로 하는 '새 정부 계획'을 발표했다. 루버스 총리는 노사가 타협하지 않으면 정부가 개입하겠다고 선언했다. 이에 크리스 반 빈 경영자연합회(VNO-NCW) 회장과 빔 코크 노총(FNV)위원장 간 협상이 시작되었고 노동시간 단축과 임금 삭감을 골자로 한 바세나르 대타협이 이루어졌다. '네덜란드 기적'의 초석이 된 바세나르 협약은 노사 간 상호신뢰에 기초한 평화로운 합의로 폴더모델의 핵심이 되었다(선학태 2012). 1990년대 이후 신자유주의적 세계화와 유럽의 시장통합으로 네덜란드에서도 시장 자유화 정책이 나타났으나 노사 간 조정과 합의를 중시하는 폴더모델은 지금까지도 지속되고 있다.

스웨덴, 네덜란드가 보여주듯이 1980년대 이후 세계화에 따른 국제경쟁의 격화와 자본시장의 통합으로 선진 자본주의 국가들은 자국의 복지와 노동시장체제를 재편해 왔다. 완전고용을 지향하는 케인즈주의적 수요관리 복지자본주의가 퇴조하고 긴축정책이 도입되기 시작했다. 그러나 통화주의와 탈규제의 신자유주의적 노선만이 유일한 전략이었던 것은 아니다. 네덜란드는 사회협약을 통해 성공적인 복지와 노동시장체제의 재편을 이루었다. 세계화 시대의 재편은 역사적으로 발전해온 복지체제와 노동시장의 다양한 제도적 차

---

[30] 최근 네덜란드의 무역의존도는 120% 수준으로 G20 국가 중 1위이다. 한국의 무역의존도는 72%, 스웨덴은 약 60%로 나타난다.

이에 따라 도전과 위기에 대한 문제의 성격 파악과 해결 능력의 차이가 나타날 수 있다. 제도에 따라 재편의 다양성이 나타나지만 유사한 제도적 조건 하에서도 상이한 재편으로 귀결되기도 하는 것이다. 제도들이 행위자들에게 주는 영향도 확실하지만 네덜란드의 경우에는 행위자들이 제도의 의미와 문제의 성격을 적극적으로 해석하고 집단적 협의 과정을 통해 새로운 대안을 찾은 사례이다. '행위자 중심의 제도주의'가 그것이다(권형기 2007). 스웨덴과 네덜란드는 1980년대 이후 복지국가와 생산체제, 그리고 노사관계 시스템간의 제도적 보완성이 각자의 상황에 맞게 재편되었는데 규제된 조정된 세계화를 지향했다. 사회민주주의가 강했던 스웨덴은 세계화와 신자유주의 방향으로 매우 극적인 변화를 보였다.

세계화 이후 생산체제의 개혁과 재편이란 자본주의적 생산과 사회보장(protection)이 견고히 결합된 조정시장경제에서 생산과 보장이라는 상호작용의 문제를 변화된 환경에서 어떻게 관리하고 해결할 것인가 라는 문제가 그것이다. 세계화의 심화, 기술 및 산업구조의 변화, 고실업, 분권화된 임금협상에도 불구하고 네덜란드와 스웨덴에서는 노사협력에 기반한 생산성 향상, 인적자원관리정책, 노동보호정책, 3자협의 제도의 부활 등 조정시장경제 고유의 제도들이 조정되거나 강화되어 왔다. 네덜란드의 대륙형복지국가의 딜렘마인 '노동없는 복지' 문제를 해결가능한 것으로 만들었다. 적응과 개혁을 위한 동력은 생산-복지간 상호작용의 경제적 효과뿐 아니라, 정치사회적 효과를 극대화하는 것이 중요함을 알 수 있다. 생산영역과 복지영역간의 상호의존에 대한 '정치적 관리', '사회적 조정'이 그것이다. 복지개혁의 정치와 사회적 합의는 밀접히 연관되어 있으며 이는 궁극적으로 협력적 노사관계 시스템에 의해 영향을 받고 있다. 조정시장경제의 경쟁력은 바로 이러한 협력적 노사관계를 도출해 내어 노동시장정책과 제도를 재조정하고 사회적 협의제도를 재구축하는 데 있다(김인춘 2007). 그 결과, 네덜란드는 경제회복과 경제적 부를 모든 사람이 공유할 수 있는 조정시장으로 1980년대 이후에도 소득 불평등이 거의 나타나지 않고 이전의 사회적 평등 수준이 유지되고 있다.[31] 2008년 글로벌

---

31) OECD 자료 (Share of top 1% incomes in total pre-tax income, 1981-2012 (or closest) OECD 2014)에 의하면, 1981-2012년의 세계화 30년간 상위 1%의 소득(세전) 비중 변화를 보면 스웨덴은 4.1%에서 7.1%로 크게 증가한 반면 네덜란드는 5.9%에서 6.3%로

금융위기로 네덜란드도 위기에 처한 은행에 구제금융을 제공하는 등 정부가 적극적으로 역할을 했으며 성장과 분배를 위한 정책적 노력을 해오고 있다.

1920년까지 네덜란드 기업의 소유는 가족 등 내부주주가 지배적이었다. 외부투자자인 주주의 이익을 보호하는 상법이 1838년 도입되었고, 19세기 후반 네덜란드의 산업화로 외부 투자금이 유입되기 시작했다. 기업지배구조에서 중요한 전환은 1928년 도입된 기업의 재무제표 공개 의무화 법이었다. 비록 외부 투자자가 있는 일부 기업에 한 한 것이었지만 당시 불투명한 기업회계를 투명화시킨 매우 중요한 법이었다(De Jong et.al 2014). 1930년대와 2차 세계대전을 거치며 네덜란드에서는 조정시장경제와 지배구조의 이해관계자 모델이 만들어지게 되었다. 1930년대 초에는 이사회가 주주이익을 우선해야하는지 회사이익을 우선해야 하는지에 대한 논쟁이 있었다(Lafarre 2017). 1920-30년대에 외부 투자금의 증가로 증권시장이 성장했고, 피라미드형 지배구조가 만들어졌으며, 기업 의사결정에 노동 참여가 논의되었고 2차 세계대전 직후에 도입되었던 것이다. 1945-1980년은 이해관계자 모델의 전성기로 전후 국가적 차원의 재건과 노사 및 노사정간 높은 수준의 조정이 이루어졌다. 1945년 5월 경영계와 노동계가 사회적 동반자로 전후 경제재건에 책임을 갖고 헌신해야 한다는 취지로 노사 간 상위 협의·협력기구인 노동재단이 설립되었다. 1950년에는 사회·경제정책에 관한 정부의 자문위원회인 사회경제협의회(SER)가 설립되었다.

네덜란드의 기업지배구조와 이해관계자 모델

이해관계자 자본주의 또는 기업지배구조의 이해관계자 모델은 모든 이해관계자들의 이익을 고려하고 시장의 공정성과 지배구조의 투명성을 강화하여 공정경제를 실현하기 위한 것이다. 네덜란드는 스웨덴과 함께 이해관계자 모델의 기업지배구조를 발전시켜왔고, 그 결과 분배의 공정성과 시장의 효율성

미미하게 증가하여 가장 양호한 변화를 보인 것으로 나타난다. Förster, M., A. Llena-Nozal and V. Nafilyan 2014, "Trends in Top Incomes and their Taxation in OECD Countries", OECD Social, Employment and Migration Working Papers, No. 159,OECD Publishing 참조.

을 달성해 왔다. 기업지배구조는 기본적으로 회사법, 자본시장법, 노동법에 의해 규제되며, 이에 더해 노사 각자의 자율규제와 노사 간의 조정 및 타협으로 만들어진다. 주목할 점은 지역 또는 나라별로 나타나는 지배구조의 다양성은 주로 노동법과 노사관계, 정치사회적 환경에서 비롯된다는 것이다. 비교연구에서 발견되는 기업지배구조의 결정요인 중 많은 요인이 비경제적인 요인들이기 때문이다. 기업지배구조는 이들 비경제적인 정치, 사회적 요인들의 종속변수가 되는 것으로, 독립변수인 정치사회적 요인들이 변화하면 기업지배구조도 변화할 수 있는 것이다. 이해관계자 모델에서는 기업의 가치창출 활동을 각각의 이해관계자의 이익을 증진시키는 공동의 과정으로 본다(Grove & Lockhart 2019; Scherer & Voegtlin 2020). 따라서 경영자는 보다 넓은 관점에서 기업의 활동과 존속에 영향을 미치는 이해관계자들을 파악하고, 그들의 요구사항이나 필요를 충족시키기 위해 상호 간의 이해와 참여를 독려하고 관리하는 존재로서 정의된다. 네덜란드의 기업지배구조는 모범적인 이해관계자 모델 중 하나로, 스웨덴과 마찬가지로 성공적인 시장경제와 모범적인 기업지배구조를 동시에 이루었다. 네덜란드 상장기업에 대한 해외투자자의 관심이 매우 크다는 점에서 네덜란드 사례는 이해관계자 지배구조 모델을 고려하는 기업이나 나라에게 중요한 함의를 줄 수 있다.

네덜란드 회사법은 감독이사회, 경영이사회의 이원적 이사회를 규정하고 있으며 이에 따라 상장기업의 대부분은 독립적인 감독이사회 하에 경영이사회가 있는 이원적 이사회(two-tier board)제도를 채택하고 있다. 감독이사회와 경영이사회의 이원적 이사회는 100인 이상 상시고용 기업이거나, 의무적으로 노동협의회(The Works Council Act 1971)[32]를 구성해야하는 50인 이상 고용기업이나, 일정 규모 이상의 자본을 가지고 있는 대기업에 의무화되어 있다. 감독이사회의 노동이사는 협의 및 동의권(consent rights)을 갖는다. 네덜란드 기업의 지배구조는 해당 기업이 일반기업인지 대기업인지, 상장회사인지 아닌지에 따라 다소 차이가 있다. 네덜란드 기업의 소유구조는 지분과 의결권이 창업주 가족 등 소수에 집중되어 있는 '내부(insider) 시스템'으로 분류되며 그

---

32) http://www.dutchcivillaw.com/workscouncilactneth.htm.
   Works Council은 한국의 '노사협의회' 제도로 볼 수 있으나 네덜란드의 Works Council은 권한이 강하고 법적인 노동의 경영참여 기구이기에 노동협의회로 표기한다.

특징은 주주와 경영자 간 관계의 안정성이다. 네덜란드 회사법(Dutch corporate law)은 회사 거버넌스와 관련된 일반적인 민법 규칙으로 기본적으로 민법 2권(Book 2 of the Dutch Civil Code)의 규정에 따른다고 한다. 주주총회, 이사회 등 회사 기구들의 의무와 권한, 대표성, 이해갈등, 경영자 및 이사들의 법적 책임에 대한 규칙들이 명시되어 있다. 재무보고와 기업공시에 관한 규칙도 있다. 대주주의 공시, 금융재무보고, 시장왜곡 방지, 기관투자자의 의무 등 상장기업에 대한 규율은 금융감독법(FSA, the Financial Supervision Act, Wet op het financieel toezicht)에 따르고, 이러한 규칙의 준수에 대한 감독은 금융시장기구(the Dutch Authority for the Financial Markets, Autoriteit Financiële Markten)에 의해 이루어진다.

법적 규제에 더해 모든 상장회사에 기업지배구조코드(the Corporate Governance Code, 2004년 도입, 2016 개정)가 적용된다. 2019년 1월에는 스튜어드십 코드(the first Dutch Stewardship Code)가 발효되었다. 2017년 6월 유럽연합(EU)은 상장기업에 대한 효과적이고 지속가능한 주주 관여의 촉진을 목표로 주주권리 지침II(the Shareholders' Rights Directive II, SRD II)을 발효하였다. 이에 네덜란드는 2019년 12월 SRD II를 이행할 규정을 발표했는데 규제의 주요 내용은 경영이사회 이사 보수정책에 대한 주주총회의 영향력을 강화하고, 모든 거래의 투명성을 높이고 전반적으로 주주의 영향력을 강화하는 것이다. 주주에 정보 공유와 투명성 제고, 기관투자자 및 자산관리자 투자에 대한 주주의 관여, 의결권 자문 권고의 책임성 제고, 투명성 향상, 품질 향상 등이 그것이다. 2022년부터 암스테르담증권거래소(Euronext Amsterdam)에 상장된 모든 회사의 감독이사회의 성별 다양성(1/3 이상)을 강제하는 법이 발효된다. 기업의 사회적 책임(CSR)과 비재무보고지침(Non- financial Reporting Directive)에 따라 500인 이상 기업은 의무적으로 이를 보고해야 한다. 이사해임, 정관개정, 인수합병, 법인해산 등 주요 사안의 경우 주주총회에서 가중다수제로 의결해야 하며, 상장회사는 회사와 관련된 내부정보를 주주, 관련 기관들에 최대한 빨리 발표해야 한다. 지분 10%의 주주들은 주주총회 개최 요구권을 갖는다. 외부감사는 주주총회에서 임명되며 주주총회가 아닐 경우 감독이사회가 임명하게 된다.

네덜란드 기업지배구조의 주요 특징[33]

책임있는 오너십: 공식적으로 이사가 아닌 모회사 또는 지배주주와 같은 제3자라도 사실상의 이사로 회사에 대한 책임을 갖는다. 네덜란드의 책임체제(liability regime)는 경영이사회 멤버들에 적용되지만 다른 제3자들도 이사 책임 범위에 포함될 수 있는 것이다. 회사정책을 결정하거나 정책결정에 크게 관여한 사람들로 이들은 '사실상의 이사(de facto directors, feitelijk beleidsbepalers)'라고 불린다. 원칙적으로 주주는 법인인 회사의 문제에 대해 책임이 없지만 어떤 주주가 실질적으로 회사의 이사로 행동하면 이들은 책임을 져야 한다.

소수주주 권리: 네덜란드 회사법은 주주평등주의 원칙, 정보접근 권리, 주주 행동주의자들의 권리를 보장한다. 이와 동시에 주주는 회사의 모든 이해관계자들과 마찬가지로 '적정성과 공정성 원칙(the principles of reasonableness and fairness)'의 범위 내에서 행동해야 한다. 소수주주 보호를 위해 1994년 도입된 제도가 법적 조사 권한이다(the provisions on the Right of Inquiry in Title 8 of the Second Book of the Dutch Civil Code). 주주총회, 이사회, 재무보고,

---

33) 이 부분은 아래 자료들을 참고하여 작성되었다. Groot, Cees de 2016. "The Duty of Directors to be Guided by the Best Interests of the Company" in Breedveld-de Voogd C.G. et.al.(ed.) *Core Concepts in the Dutch Civil Code: Continuously in Motion.* Wolters Kluwer Nederland B.V. pp.187-209.
(https://scholarlypublications.universiteitleiden.nl/access/item%3A2728410/view).
"Corporate Governance and Directors' Duties in The Netherlands: Overview" by Heleen Kersten and Sandra Rietveld, Stibbe NV.
https://uk.practicallaw.thomsonreuters.com/w-029-3786?transitionType=Default&contextData=(sc.Default)&firstPage=true.
Harvard Law School Forum on Corporate Governance. "The Dutch Stakeholder Experience" Posted by Christian de Brauw, Allen & Overy LLP, August 2, 2020.
https://corpgov.law.harvard.edu/2020/08/02/the-dutch-stakeholder-experience/.
"The Corporate Governance Review: Netherlands" (NautaDutilh 29 March 2021) by Geert Raaijmakers and Suzanne Rutten.
https://thelawreviews.co.uk/title/the-corporate-governance-review/netherlands.
"Netherlands: Corporate Governance Laws and Regulations 2021" ICLG.
https://iclg.com/practice-areas/corporate-governance-laws-and-regulations/netherlands.

기업 공시 등 회사 거버넌스와 관련된 규칙들은 의무적으로 준수되어야 하며, 소수주주(과거주주 포함)는 이와 관련하여 암스테르담기업법원(the Enterprise Chamber of the Amsterdam Court of Appeal)에 기업에 대한 조사를 요청할 수 있다. 최근에는 노동협의회(works council)와 노조도 조사요구를 할 수 있다고 한다. 10% 이상의 주식을 소유한 주주(집단)는 암스테르담 기업담당 법원에 회사의 업무에 관한 조사를 요구할 수 있다. 경영상 문제가 발견되면 법원은 경영이사회 결정을 중지시키거나 무효화하고, 경영자 또는 감독이사회 이사들을 직무정지하거나 해임하고 임시이사를 임명하는 등 개입을 할 수 있다. 이에 더해 금융감독법(FSA)에 따라 상장기업의 경영행위를 감독할 수 있다. 소액주주의 요청에 의해 진행된 이러한 조사 절차는 기업지배구조와 관련된 법의 발전에 중요한 역할을 해왔다고 한다. 회사의 전략과 정책을 결정하는 데 있어 경영이사회와 주주 간에 관련한 문제 등이 그것으로 소액주주의 권리를 보호하는 제도적 장치이다.

노동의 경영참여: 기업지배구조에서 말하는 노동의 경영참여란 기업경영과 관련된 의사결정 과정에의 노동의 참여를 말한다. 일반적으로 노동의 참여와 대표성은 기업 차원의 경영참여 외에 산업별(부문별) 차원의 노사단체협상과 단체협약, 전국(국가) 차원 협의기구인 사회경제협의회(SER)와 노동재단에 참여하는 노동대표가 있다. 기업 차원에서는 감독이사회와 노동협의회(Works Council, Ondernemingsraad)를 통해 노동의 경영참여가 보장된다. 노동조합을 통한 간접적인 경영참여도 있다. 긴급상황 시에는 노조도 이사회에 직접 참여한다. 노동의 경영참여는 기업과 사용자의 의사결정에 영향을 주어 노사 모두에 도움이 된다는 사상에서 비롯되었다. 기업과 사용자는 근로자로부터 지지와 신뢰를 받을 수 받고, 근로자는 자신들의 지위와 이익을 보호할 수 있기 때문이다. 네덜란드는 노동이사제가 중요한 스웨덴이나 독일과 달리 노동협의회가 노동이사제보다 더 강하고 중요한 권한을 갖는다. 1971년 도입된 네덜란드의 노동협의회는 공동결정제와 같으며, 주요 권한으로는 협의권, 정보권, 권고권, 동의권, 협약문서권 등이 있다. 50인 이상의 기업은 노동협의회가 의무화되어 있으며 기업의 매각이나 합병 등 기업의 주요 의사결정에 참여하는 가장 강력한 노동의 경영참여 및 공동결정 기구이다. 노동협의회는 고용근로자 규모에 따라 최소 3인(50인 이하 상시근로자)에서 최대 25명(7천 명 이

상 상시근로자) 위원으로 구성되며 근로자들이 직접 선출한다. 또한 위원과 동등한 권리와 의무를 갖는 1인 이상의 부위원(Deputy Works Council members)을 선출하기도 한다. 노동협의회 설치가 의무가 아닌 10-50인 기업은 근로자의 요구가 있을 경우 근로자대표기구(Personeelsvertegenwoordiging)를 구성해야 한다. 노동협의회나 근로자대표기구가 없을 경우 사용자는 년 최소 2회 이상 모든 근로자와 미팅을 개최하여 기업관련 사항을 논의해야 한다.34)

　기업지배구조 코드: 법적 규제와 함께 자율규제 시스템도 매우 중요하다. 업계 스스로 만든 원칙과 가장 좋은 관행을 규정한 '행동수칙(codes of conduct)', 즉 기업지배구조 코드가 그것이다. 상장회사의 지배구조 규칙을 담은 네덜란드 기업지배구조 코드는 2004년에 도입되었다. 2016년에 개정된 지배구조 코드는 장기적 가치 창출, 문화, 위법행위 보고, 리스크 경영, 단일이사회 회사에의 지배구조 코드 적용 등이 강조되었다. 네덜란드는 1997년 지배구조 관행을 개선하기 위한 민간부문의 '자율규제 이니셔티브(The Netherlands self-regulation initiative 1997년 'The Peters Committee')'를 추진했다. 이러한 자율규제에 대해 부정적인 평가가 있었는데, 기업가치와 지배구조 특성 간 관계는 민간부문 이니셔티브 전후로 달라지지 않았고 효과가 없었다고 한다. 시장은 법적 강제 없이 모니터링에 의존하는 자율규제와 네덜란드 지배구조 관행에 회의적임을 보여준다(Jong et.al. 2005). 그러나 2000년대 들어 관련 기관들의 적극적인 노력으로 매우 빠른 지배구조 개선이 나타났다. 2003년 지배구조위원회(Corporate Governance Committee, chair Mr. Morris Tabaksblat35))가 구성되어 2004년 12월 네덜란드 기업지배구조 코드(일명 the Tabaksblat code)가 만들어졌으며, 모든 상장기업은 연차보고서에 코드 준수사항을 보고하도록 의무화한 것이다.

　2004년 코드가 도입된 후 업계 각 부문에서 각각의 구체적인 코드를 만들고 자율적으로 준수해 왔다. 네덜란드연금펀드코드, 주택기업코드 등이 그것이다. 2010년에는 네덜란드 은행들의 지배구조를 위한 은행코드가 만들어졌

---

34) http://www.dutchcivillaw.com/workscouncilactneth.htm 참조
35) 모리스 타박스블랏(Morris Tabaksblat 1937-2011) 의장은 네덜란드뿐 아니라 유럽 재계의 핵심 인사로 유니레버(Unilever)의 CEO와 유럽기업인라운드테이블(the European Round Table of Industrialists) 의장을 역임한 바 있다.

는데 이는 고객의 이익과 고객에 대한 대우, 이사회 및 위원회의 전문성 등 은행에 특별히 맞추어진 규칙들을 포함하고 있다. 2015년에 개정된 은행코드는 상장은행, 비상장은행 모두에 적용되며 상장은행은 네덜란드 기업지배구조코드와 은행코드 모두에 적용받는다. 코드는 '원칙준수 예외공시(comply or explain)' 시스템을 채택하고 있다. 회사는 자신의 웹사이트에 원칙과 가장좋은 관행 규정을 어떻게 적용했는지를 명기해야 하고 규정을 지키지 못한 경우 합당한 설명을 해야 한다. 각 코드의 모니터링위원회가 매년 각 코드가 준수된 정도와 이와 관련하여 나타난 문제들에 대해 보고한다.

인수합병 관련: 네덜란드의 경우 기업인수는 일반화되어 있다. 그러나 1997년 적대적 M&A에 대한 법 제정과 연기금 및 기관투자가들의 인수합병 시도에도 불구하고 적대적 M&A는 쉽지 않은 편이다. 대부분의 상장회사들이 적대적 M&A로부터 자신을 방어할 수 있는 제도적 장치를 회사정관에 규정하고 있는데, 구체적으로는 의결권이 없는 주식증서 발행, 주요 사항의 의사결정권(경영진의 선임 등)과 특수한 권한을 부여한 특별주식(priority shares)의 내부 발행, 재단 및 우호세력에게 우선주(preferred shares) 발행 등의 방법을 사용한다.36)

공정거래와 정보공개 제도: 경영이사는 장기투자목적으로 주식과 예탁증서를 소유하기 위해서는 허락을 받아야 하며, 이 주식들은 내부거래자 규정을 적용하여 거래되어야 한다. 내부고발자 처리 절차는 투명하고 불이익이 없으며, 필요할 경우 익명성과 기밀이 유지되어야 한다.

기관투자자의 적극적인 주주권행사: 1990년대까지 네덜란드의 기관투자자들은 주주권 행사에 적극적이지 않았다. 1998년 네덜란드 공적연금(Stichting Pensioenfonds ABP, National Civil Pension Fund)37)이 연금기금재단(SCGOP, Stichting Corporate Governance Onderzoek Pensioenfondsen)을 만들면서 기

---

36) 적대적 인수합병과 핵심 기업의 보호 - EU의 2019년 해외직접투자 심사 규제(FDI Screening Regulation)는 회원국과 EU 집행위원회(European Commission)간 회원국의 공공질서에 위험이 되는 외부로부터의 인수나 투자에 대한 정보교환 촉진을 위해 협력 메커니즘 설치를 규정한다. 이에 따라 네덜란드는 2020년 12월 필요한 법적 조치를 가능하게 한 법이 발효되어 외부의 적대적 인수합병에 대응하고 있다.
37) 1922년 설립된 정부 및 교육 분야 직역연금으로 네덜란드 최대 연금이며 세계 5대 연금기금 중 하나이다.

업지배구조에 관심을 가지고 적극적인 주주권 행사를 시작하게 되었다. ABP는 1996년부터 독립적인 기관으로 적극적인 기금투자를 할 수 있게 되었기 때문이다. 주주의 권리를 보호하고 자신들의 투자자산에 대한 수익을 높이고자 기업지배구조 정책에 의견을 반영하고자 한 것이다. 기업과 주주 간 관계는 원칙적으로 장기적이고 신뢰에 기반해야 하며, 이를 위해 기업지배구조는 투명해야 하고 감독이사회와 주주총회의 역할이 중요하다는 점을 강조했다. 이 재단은 2006년 다른 기관투자자들을 포함하여 지배구조포럼 재단(Eumedion Foundation)으로 확대되었다. 지배구조포럼[38]은 네덜란드 상장기업의 지배구조와 지속가능성 분야에서 모든 기관투자자들의 이익을 대표하고, 책임있는 주주로서 좋은 지배구조와 지속가능성을 촉진하기 위해 노력한다. 기업지배구조의 효과적인 시스템은 기본적으로 주주, 이사회, 경영진 간의 협력, 감독, 신뢰에 기반하여 만들어지기 때문이다. ABP는 2008년 기금운용을 전담하는 산하 기관 자산운용사(APG)[39]를 설립했으며, APG는 연금기금 투자자로 2021년 기준 6,270억 유로(euro)(약 850조원)의 자산을 운용하고 있다. 유럽 최대 연기금인 ABP의 자산운용사(APG)는 삼성전자, SK하이닉스, LG화학 등 국내 투자 대기업들에 ESG, 기후위기 대응 등을 강조하며 지속적으로 주주관여(engagement) 활동을 하고 있다. 네덜란드 기업들은 ESG 성적이 매우 우수하며, 미국 Morningstar(Morningstar.com) 등 여러 조사에 따르면 네덜란드는 유럽 내에서 기업 지속가능성 부문에서 1위를 기록하는 등 유럽 최고의 평가를 받고 있다.

이해관계자 지배구조 모델이 견고하고, 주주의 영향력이 강해지면서 2000년대 들어 네덜란드는 경영진 보수에 대한 주주들의 요구사항을 적극적으로 수용하기 시작했다. 경영진의 보수는 주주총회에서 승인되는데 네덜란드에서 경영진 보수정책에 대한 주주의 영향력은 상당히 강하며, 이는 내부대주주가 지배하는 기업에서도 예외는 아니라고 한다(Van der Elst & Lafarre 2017). 네덜란드는 금융회사(은행, 보험회사, 투자기관 등) 임직원의 보너스를 연봉의 20% 이내(20% bonus cap)로 엄격하게 제한하는 법을 2015년부터 시행하고 있

---

38) http://www.eumedion.nl/nl/overeumedion 참조.

39) https://apg.nl/en/about-apg/asset-management/ 참조.

다. 2008년 글로벌 금융위기로 많은 나라에서 금융기관에 막대한 재정투입을 했으며 그 후 금융기관의 건전성을 제고하고 도덕적 해이를 막기 위해 규제를 도입하게 되었는데 보수 규제도 그중 하나였다. 20% 한도에 대한 대응으로 2018년 ING 은행 이사회는 CEO의 연봉을 50% 올리려고 했다가 거센 정치적 역풍으로 그 계획을 취소한 바 있다. 네덜란드 금융기관 CEO의 보수는 미국의 1/10 수준이고 다른 유럽 국가들에 비해서도 1/2 수준이라고 한다.[40] 20% 한도에 예외 사항이 있기는 하지만 현재까지 이 법은 제대로 시행되고 있다. 네덜란드 기업들은 ESG(환경Environment · 사회Social · 지배구조Governance)와 책임성 있는 비즈니스에 중점을 두고 모든 이해관계자의 요구사항을 고려하면서 기업활동을 수행하고 있다. 기업이 환경, 사회, 거버넌스에 미치는 영향에 대한 주주, 정부, 소비자들의 관심이 갈수록 커지고 있기 때문이다. ESG와 유사한 개념으로 기업의 자발적인 사회적 책임(Corporate Social Responsibility)이 있었으나 ESG는 구체적인 수치를 제시하고 이를 통해 기업의 재무개선과 투자자의 이익으로도 돌아올 수 있도록 요구하고 있다는 점에서 차이가 있다. ESG 활동은 기업의 근본적인 투자가치 개선을 위한 것이다.

네덜란드의 '이해관계자 모델(the Dutch stakeholder model)'은 사회경제적으로 기업의 역할이 급속히 커지던 2차 세계대전 후에 발전되었다. 1949년 철광석기업(Doetinchem Iron Foundry)에 대한 네덜란드 대법원의 판결이 중요한 전환점이 되었는데, 이사회는 주주의 이익을 위해서만 행동해서는 안된다고 판결한 것이 그것이다(Groot 2016; De Jong et.al 2015).[41] 1955년 포룸뱅크(Forumbank case)에 대한 대법원 판결 또한 이해관계자 모델과 노동의 경영참여를 중시한 것이었다. 1971년 네덜란드 민법(civil code) 개정으로 새로운 회사법(Wetboek van Koophandel)이 도입되었는데 이 법으로 이해관계자 지배구조 모델이 확고해졌다. 이사회는 기업의 이익을 위해 주주의 이익만 아니라

---

40) https://qz.com/1227973/ing-ceo-ralph-hamers-is-paid-a-tenth-of-his-american-counterparts-but-its-a-dutch-national-scandal/ 참조.

41) The Doetinchemse IJzergieterij 회사 소송사건(1949)이 그것으로 원고(대주주)는 감독이사회는 대주주의 이익에 저촉되는 결정을 할 수 없다고 주장했으나 대법원은 이 주장을 기각한 것이다. 감독이사회는 회사의 이익을 위해 행동할 것이므로 회사이익이 주주의 이익과 충돌할 때 회사이익을 우선한다. 당시 감독이사회는 신주를 발행할 권한이 있었고 신주를 발행한 결과 원고의 대주주 자격이 상실되었던 것이다.

다른 이해관계자들, 특히 근로자의 이익을 고려해야 한다는 점을 명시했기 때문이다. 노동협의회도 이 법에 따라 도입된 것이다. 결과적으로 주주권을 약화시킨 이 회사법 규정은 매우 중요했는데, 상장기업 이사회는 이해관계자들의 이익 갈등을 조정하고 해결할 때 새로운 이해관계자모델의 취지를 이해하고 적용해야했다. '네덜란드 회사법의 성배'(Brauw 2020)로 표현되는 이 회사법 규정은 회사의 이익을 위한 의무가 실제 어떻게 이루어지는지에 대한 지침이 되었고 네덜란드의 모범적인 이해관계자 모델을 완성시키게 되었다. 개방경제와 국제 자본시장 등 외부의 압력은 조정시장경제 제도의 변화를 가져오는데 네덜란드는 1971년 법제화된 노동협의회를 통해 노동의 경영참여와 노사협력이 강화되었다. 노조 업무, 노동협의회, 노동이사제 모두 노사 간 대화와 협의를 위한 것으로 합리적인 노사관계로 노사분쟁은 거의 일어나지 않고 있다, 노사간 단체협상에서처럼 노동의 경영참여는 실용적인 합의문화에 기반하여 건전하게 작동되어 왔으며, 바세나르협약으로 대표되는 폴더모델의 핵심은 노사 모두에 이익이 되는 최선의 협의와 합의를 이끌어 내는 것이다.

    신자유주의적 세계화와 유럽통합이 심화된 1990년대, 2000년대에 네덜란드 상장회사들의 이사회는 정도의 차이는 있지만 주주를 최우선으로 보는 미국식의 주주모델을 벤치마킹하기도 했다. 이에 주주가 아닌 이해관계자들의 이익은 주변적인 것으로 간주되면서 주주 가치를 위한 회사의 전략에 따라 근로자 등 이해관계자들이 불리한 피해를 받을 수 있었다. 그러나 2000년대 들어 관련 기관들의 적극적인 노력으로 지배구조의 변화가 매우 빠르게 나타났다. 기업지배구조 코드(Dutch Corporate Governance Code)가 2004년부터 적용되기 시작하면서 빠른 속도로 개선되었던 것이다. 2008년 글로벌 금융위기는 네덜란드 이해관계자 모델이 새롭게 발전하는 계기가 되었다. 새로운 원칙은 기업지배구조 변화의 분수령이 된 2014년 칸쿤 소송사건(The Cancun case)[42]에 대한 네덜란드 대법원 판결과 2016년 개정된 지배구조코드에 기반한

---

42) 네덜란드의 Lliteras family 가족이 설립한 투자회사인 Cancun Holding I이 2005년 거의 모든 지분을 소유한 자회사 Efesyde를 통해 멕시코 칸툰시의 호텔리조트 사업을 위해 Cancun Holding II를 설립했다. 칸쿤 판결에서 대법원은 하나의 회사로서 합작벤처회사의 이익은 주주에 의해 합의된 협력의 내용과 성격에 의해 정의되며, 합작벤처회사의 경영이사회는 이익이 축소되거나 축소될 위험이 있는 주주의 지위를 보

다. 칸쿤 판결의 핵심은 '이사회는 그들의 임무를 수행하는 데 있어서 회사의 가장 좋은 이익에 기반하여 이루어져야 한다는 것이다'(Brauw 2020). 투자자로서의 주주는 자신의 자산을 그 회사에 위임하기에 이사회가 광범위한 재량을 갖는다는 것은 회사의 내재적 특성이다. 이사회에 광범위한 재량을 주는 네덜란드 대법원의 판단은 그 자체로 회사 경영에서 누구의 이익을 고려해야 하는가에 대해 많은 가이드를 주지는 않지만(Groot 2016) 회사의 이익, 주주평등원칙과 소수주주 이익보호를 중시한 것이다.

기업과 경영진에 대한 신뢰를 높이고 유지하기 위해서는 훌륭한 기업구조와 감독은 필수적인 요소로, 특히 진실성, 투명성, 커뮤니케이션의 적시성 및 명확성이 강조된다. 네덜란드 최대 은행인 ING 금융그룹은 감독이사회의 기능을 강화하고 있다. 하이네켄(Heineken, 1864년 설립)을 비롯하여 네덜란드도 가족경영 대기업들이[43] 많으며 이들 기업은 네덜란드 경제에서 중요한 역할을 한다. 가족경영기업이라도 상장하면 공적 성격을 가지고 일반 상장기업과 같은 경영방식을 따르며, 투명한 기업 지배구조와 장기적인 전략, 합리적인 노사관계는 가족경영기업 성공의 전제조건이기도 하다. 가족들이 의결권의 과반을 실질적으로 보유한 하이네켄은 지주회사에 대한 지분관리회사를 설립하고 그 회사의 지분을 관리하는 또 다른 지분관리회사를 설립하는 중층구조의 다층적 지주회사 구조로 경영권을 지키고 있다고 한다. 가족경영 기업과 전문인 경영기업 중 어느 것이 우월한 경영방법이라고 판단하기는 어려우나 네덜란드, 스웨덴 등 유럽지역에서 나타나는 가족경영 기업을 볼 때 건전한 기업지배구조와 투명한 기업환경 하에서 이들 기업의 경영 우위도 가능함을 보여준다고 하겠다.

호해야할 의무를 갖는다고 판결했다.
43) European Family Business가 정의한 바에 따르면 가족경영기업이란 회사를 설립한 가족이나 친족이 회사 의사결정권의 과반수를 직·간접적으로 소유하며, 동시에 한 가족 이상이 직접적으로 경영에 참여하는 기업을 의미함.

제9장

네덜란드의 제3섹터와 강한 사회
- 권력의 사회적 공유와 분산

1. 공공영역으로서의 제3섹터, 사회자본, 민주주의

경제학자인 라구람 라잔(Raghuram Rajan)은 '제3의 기둥(the 3rd pillar)이라는 개념으로 제3섹터의 중요성을 강조하고 있다(Rajan 2019). 라잔은 국가와 시장 영역을 제외한 비영리의 커뮤니티 영역을 제3의 기둥으로 보고, 국가, 시장, 제3의 기둥 3개 가 서로 균형과 상호보완성을 극대화할 때 경제적, 사회적 성과도 좋아진다고 주장한다.[1] 국가영역도 영리추구영역도 아닌 제3섹터는 지역이나 국가에 따라 다양한 용어들이 사용되어 왔는데 시민사회, 자원영역(voluntary sector), 비영리영역(nonprofit sector), 사회적경제(social economy) 등이 그것이다. 이들 영역은 다양한 기능과 특성을 가지고 있는데, 특히, 공익실현과 사회자본 구축, 사회서비스 제공 역할로 주목받아 왔다. 네덜란드의 제3섹터는 선진 국가들 중 가장 잘 발달해 왔으며, 공익실현과 사회자본 구축, 사회서비스 제공 역할을 해왔다. 자유로운 개인과 사회자본에 기반한 네덜란드의 '강한 사회', 두터운 신뢰에 기반한 협력, 관용, 다양성의 사회공동체는 이러한 제3섹터와 밀접히 연관되어 있다. 세계적으로 제3섹터(the third sector)에 대한 관심과 기대는 갈수록 커져왔다. 20세기 말 이후 세계화의 심화와 사회적 양극화, 전통적 복지국가의 약화와 대안적 사회서비스, 세계 곳곳에서의

---

[1] 네덜란드에서 다양한 분리, 즉 기둥들(pillars)은 사회영역에서의 기둥들을 말한다. 물론 이 기둥들이 정치적으로 강하게 제도화되기도 했지만 기본적으로 사회적 삶과 결사체의 방식이었다.

시민사회 성장과 민주화, 소셜 비즈니스(social business)의 등장 등으로 다양한 제3섹터 조직들이 그 기능과 영역을 확대해 가고 있기 때문이다. 국가조직이나 영리조직이 아닌 시민사회조직(civil society organizations, CSOs), 비영리조직(NPOs), 사회적경제조직(social economy organizations, SEOs) 등이 중요한 사회적, 경제적, 정치적 역할을 하고 있는 것이다. 제3섹터의 역할과 중요성이 커지면서 서구 국가들에서뿐 아니라 동유럽 및 아시아 국가들에서도 관련 연구가 매우 활발하게 이루어지고 있다. 이러한 경향은 1980년대부터 등장하였지만 21세기 들어 거시적인 세계사적 변화와 미시적인 사회경제적 삶의 양식 변화는 제3섹터의 재등장과 이에 대한 관심을 더욱 촉발시키고 있다. 초개인주의적 세계화 시대에 사회적 연계와 연대의 중요성이 커지면서 시민사회와 제3섹터가 다시금 조명을 받게 된 것이다.

서구에서 시민사회로 표현되는 제3섹터는 근대국가보다 더 긴 역사를 가지고 있다. 사회의 발전과 분화에 따라 시장이 등장하고 국가가 성장하였으며 제3섹터는 고유의 사회적 기능과 역할을 담당하여 왔다. 자발적 영역 또는 비영리 영역은 역사적으로 종교적 자선단체나 지역공동체조직에서 시작하여 민간사회서비스기관, 병원 및 의료기관, 대학, 재단, 사회운동단체 등 다양한 분야로 발전하면서 그 범위와 규모가 크게 확대되고 복잡해졌다. 이러한 현상과 발전은 각 나라마다 서로 다른 시기에, 상이한 특성과 형태로 나타났으나 어느 나라에서나 존재해 온 것으로 밝혀지고 있다. 그러나 이러한 현상이 사회과학의 연구대상으로 본격적인 학문적 관심을 갖게 된 것은 1980년대 이후이며 이때부터 비로소 자발적, 자선적, 비영리적 조직을 총칭하는 다양한 용어들이 쓰이기 시작했다(Salamon & Anheier 1996; Evers & Laville 2004). 국가와 시장영역이 아닌 제3의 영역을 의미하는 용어와 개념은 다양하게 발전되어 왔다. 이론적으로는 (시민)사회 개념이 가장 오래되었고 중요하다. 역사적으로 인간사회는 국가 없이 오랜 기간 존재해왔다. 그러나 사회의 발전과 복잡화, 사적소유의 확대로 사회가 분화되었고 18세기 이후 정치조직이 중앙집중화되고 사회로부터 분리되면서 근대국가가 등장하게 되었다. 19세기 들어 산업자본주의와 시민민주주의가 발전하면서 공적인 자발적 결사체들이 본격적으로 등장하게 되었다. 이러한 근대적 결사체(modern associations)는 공동체적 생활영역에서뿐 아니라 시민권 및 정치적 시민사회와 연계되면서 발전하여 왔다. 그러나 이러한 과정은 사회마다 다르게 발전하였고 그에 따라 다양한 용어와 개념, 구성요소를 갖게 되었다. 미국은 결사체 민주주의라고 불릴 만큼 다양한 결사체들에 의해 민주주의와 사회발전이 이루어져 왔다. 이러한 결사체적 시민사회를 비영리영역이라는 용어로 구체화하여 분석한 것이 미국식 제3섹터 개념이다(Salamon 2012). 미국의 비영리영역 개념은 시장영역 및 국가영역과의 명확한 구분과 경계를 통해 비영리성(nonprofit, not-for-profit)과 독립성을 강조하고 있다. 비영리영역 개념은 전세계적으로 확산되어 이 분야의 연구를 획기적으로 발전시켰다.

영국은 역사적으로 자선 및 자원조직으로 구성된 자원섹터가 발달하였으며 광의의 자원섹터는 시민사회단체를 포함한 시민사회로 통칭되고 있다. 19세기 들어 자선단체의 개념은 시민권 문제와도 연계되었으며, 도덕과 자발적인 이타적 행위인 자선이 강조되었다. 자율성과 역량에 기반하여 중요한 사회서비스 생산과 제공을 담당해온 영국의 자원섹터는 국가와 시민 사이의 매개조직 역할을 해왔다. 프랑스에서는 19세기 들어 공화주의적 평등주의에 기반한 호혜적 연대와 사회통합을 추구하는 결사체들이 등장하였다. 다양한 결사체들의 네트워크와 이들의 정치사회적 역할이 커지면서 민주주의의 핵심인 공공정신이 강조되어 왔다. 19세기 전반기에 결사체들의 급격한 성장으로 연대경제가 등장하였고 이는 사회적경제가 발전하는 데 핵심적 기초가 되었다. 역사적으로 영리영역과 경계가 모호한 생산자 중심의 협동조합이 발달해 온 프랑스에서는 1900년 들어 사회적경제(economie sociale)라는 용어가 사용되었고 이 개념은 유럽의 많은 나라로 확산되었다(노대명 2010).[2]

영국과 프랑스의 제3섹터 사례는 유럽에서 시민 결사체주의가 발전하고 확산되는 데 주요 기반이 되었다(Laville et. al, 2012).[3] 독일은 역사적으로 공동체, 결사체(Vereine)라는 용어가 중요했으며 제3섹터 또는 시민사회 개념이 사용되고 있다. 독일의 제3섹터는 역사적으로 공공서비스 제공이라는 중요한 역할을 해오고 있다. 협동조합, 공제단체, 결사체 등 제3섹터 조직들이 사회서

---

[2] 사회적경제 개념은 19세기 프랑스에서 등장하였다고 한다. 사회적경제 개념에 영향을 미친 프랑스의 사상가 프루동(Proudhon, 1809-1865)은 자본주의를 비판하며 생산자 자유의사에 기반한 협동조합조직에 따른 사회를 주장하였다.

[3] http://www.ssc.wisc.edu/~wright/ERU_files/social-economy-2.pdf.

비스를 제공하는 복지체제는 네덜란드, 독일, 오스트리아, 프랑스, 벨지움 등 유럽 대륙형 복지국가의 특징이다. 이들 조직들은 사회적경제의 핵심 구성요소로 정치적으로도 중요한 역할을 담당해왔다. 20세기 들어 복지국가가 발전하면서 국가의 역할이 커져왔으나 오늘날에는 거의 모든 선진복지국가들이 제3섹터와의 협력으로 복지서비스를 제공하고 있다(Pestoff et. al, 2011). 제3섹터 개념은 국가와 연구자에 따라 상이하게 정의되어왔지만 점차 전통적 비영리민간단체, 그리고 최근에는 사회적기업을 포괄하게 됨에 따라 유럽의 사회적경제와 미국의 비영리부문 개념을 통합하는 것으로 정의되고 있다.

시민사회 개념도 여전히 중요한 역할을 하고 있다. 국가-시민사회-시장이라는 3분모델에서 보편적 존재양식을 갖게 된 시민사회는 경제와 국가 사이, 또는 경제 및 국가와 교차하여 존재하는 사회적 상호작용 영역으로, 자선·자원적 영역, 결사체영역, 사회운동 공간, 공적소통의 형태와 조직들로 구성되어 있다. 결사체(associations)란 사적 개인, 국가, 시장과 구분되는 자발성에 기반한 사회집단으로 비영리조직, 시민사회조직, 자원조직 등과 유사한 개념이다. 결사체는 시민사회 영역에 속하며 개인과 가족을 국가(정치)와 시장(경제)에 연결해주는 매개조직(intermediary organization)으로 공동체적 조직과 결사체적 조직으로 구분된다(Hirst 2013; 이홍균 1997; 류태건 차재권 2014). 1990년대부터 민주화와 정치사회적 변혁운동이 진행되고 있는 동유럽에서는 시민사회 개념이 중요한 역할을 하고 있다(Jenei & Kuti). 시민사회는 도덕적인 것, 사회적인 것, 정치적인 것을 융합하여 좋은 사회를 만드는 데 필수적인 요소로서 민주주의를 심화시키고 공동체를 재건하며 불평등과 불의를 바로잡는 중요한 역할을 한다(Edwards 2014). 시민사회는 민주적 가치가 실현되고 시민규범이 진전되는 사회적 참여의 공간이며 성찰적 민주주의 운동으로 민주주의를 확대할 수 있는 장이다. 민주적 가치가 실현되고 시민규범이 진전되는 사회적 참여의 공간인 것이다.

한국은 공익단체, NGO, NPO, 시민사회단체, 민간단체 등 다양한 용어가 사용되어 왔고, 연구대상과 연구자에 따라 제3섹터, 비영리영역, 시민사회라는 개념이 사용되어 왔다.[4] 최근에는 사회적 기업, 협동조합 등 사회적경제

---

4) 시민사회 연구는 1990년대 이후 지금까지 많은 연구결과를 축적해 왔다. 시민사회 연

조직들이 중요해지면서 사회적경제 관련 연구가 활발하다. 이러한 상황에서 한국에서도 제3섹터 개념은 변화된 현실에 맞게 보다 포괄적으로 정의할 필요가 있다는 주장이 나오고 있다(노대명 2011). 기존의 비영리영역이나 시민사회영역과 새로운 사회적경제 영역을 포괄하는 제3섹터 개념이 필요해졌기 때문이다. 이에 한국의 제3섹터 이해를 위해 서구 제3섹터와의 비교 분석은 매우 유의미할 것이다. 무엇보다 시민사회, 비영리영역, 제3섹터, 사회적경제 등 모든 개념이 서구에서부터 비롯되었고, 주요 서구 국가의 제3섹터가 담당하고 있는 다양한 공공적 역할을 한국 사회도 기대하고 있기 때문이다.

오늘날 제3섹터와 관련하여 갈수록 커져가는 정책적, 학문적 관심은 세계화, 경제위기, 민주주의의 위기, 고령화 등 제3섹터를 둘러싼 환경변화뿐 아니라 이러한 환경변화로 제3섹터 자체의 구성요소와 성격이 크게 변화하고 있다. 또한 본질적이고 광범위한 공공적, 공익적 역할을 담당함에 따라 제3섹터는 국가 거버넌스의 중요한 한 축이 되고 있으며, 시민사회나 비영리부문 개념과 비슷하지만 이 둘을 포함하는 개념이다. 정부나 기업을 감시하고 규율할 뿐 아니라 정부의 역할을 보완하거나 시장이 제대로 생산하지 못하는 공공재나 신뢰재를 만들어내어 서비스를 제공하는 역할도 담당하고 있다.

제3섹터의 개념과 구성요소[5]

1980년대부터 복지국가의 위기, 다원주의의 확대, 시장기능의 한계, 정부역할의 변화, 가족의 변화 등 서구 사회의 전반적인 구조 변화로 제3섹터가 크게 주목받게 되었다. 광범위하고 다양한 조직으로 구성된 제3섹터는 시장과 국가를 보완하거나 대체할 수 있는 역할을 하였기 때문이다. 서구에서 자원조직, NGO, NPO는 공통적으로 국가와 시장으로부터 독립된 자율적 영역의 조

구는 인식론적, 규범적 차원의 연구뿐 아니라 참여와 실천적 행위의 중요성을 강조해 왔다(유팔무 김호기 2013). 반면, 민관파트너십 차원의 제3섹터 연구도 나타났다(주성수 1999). 1990년대 후반에는 존재론적 관점에서 연고조직을 포함한 미국의 비영리영역 개념에 기반한 연구 또한 진행되어 왔다(이혜경, 김인춘 1997; 1998). 이들 연구들은 기존의 자발적·비영리영역과 새로운 사회적경제 조직을 통합하는 광의의 제3섹터 개념 연구에 중요한 선행 자료를 제공하고 있다.
5) 이 부분은 김인춘(2016) 내용을 새롭게 정리한 것이다.

직화된 집단을 지칭하며 포괄적으로 제3섹터 또는 시민사회라고 일컬어 지고 있다. 공공성 규범을 핵심으로 하는 이들 자발적 결사체들은 국가마다 그 역할과 비중이 변화되어 왔는데, 특히 사회적경제 조직이 중요한 역할을 하면서 공익의 범위도 확대되어 왔다. 1960년대 후반부터 서구에서는 시민단체나 공익적 주창단체를 공익적 이익집단으로 규정하고 있다(김상준 2003). 집단재를 추구하는 로비집단도 비영리조직으로 보며 이익집단의 관점에서 볼 때 반낙태단체, 반핵단체와 같은 NGO도 로비집단 유형에 해당된다고 보고 있다.

그러나 제3섹터에 대한 유럽과 미국의 개념 정의에는 차이가 있다. 잘 알려져 있듯이 사회적경제 개념은 유럽에서 비롯되었고 비영리영역 개념은 미국에서 발전되어 왔다. NPO는 국가조직이 아니고 이윤창출을 목적으로 하지 않는 조직들을 총칭한다. NPO의 등장은 국가 또는 영리조직의 한계를 보완하고 공익을 위한 서비스와 재화를 제공하기 위해서이다. 미국은 엄밀한 비영리성을 강조한다. NPO는 수익배분이나 잉여창출을 목적으로 하지 않는 조직이며 이윤을 얻을 수도 있으나 이는 활동을 위한 준비금으로 제한된다.[6] 미국은 제3섹터를 비영리부문 개념과 동일시하고 있으며 이는 협동조합 등 경제활동을 통해 수익을 창출하는 조직을 배제하고 있다. 미국의 NPO 개념에서 공공의 일반이익(general interests)은 기능적으로 비영리조직의 필수조건이 되며, 정부와 협력하는 유럽 국가들과 달리 미국에서는 NPO를 정부 기능을 대체하는 독립적 영역으로 간주하는 경향이 있다(김상준 2003). 비영리조직은 자발성이 강하고 주로 공공서비스를 생산 또는 공급하는 단체나 공익을 실천하는 조직을 말한다. 그러나 미국에서는 다양한 결사체들이 발전해왔다. 따라서 결사체 민주주의라는 미국의 전통에서 볼 때 결사체와 NPO의 경계구분은 불가능하거나 무의미하다.[7]

---

[6] 미국의 NPO는 소득세법에 의해 감면 대상이 되며 감면대상은 삶의 질 개선 위한 사회단체뿐 아니라 회원들의 복리를 증진하기 위한 조직을 포함한다. 따라서 노동조합과 같은 회원들의 복리증진을 위한 조직 역시 공익과 배치되는 사적 이익으로 간주하지 않는다(손원익·박태규 2013).

[7] 사회적경제 개념 또한 1972년에 사회학자 에치오니에 의해 학술적으로 발전되었다(Etzoni 1972). 최근에는 사회적 기업이 발전하면서 미국식 제3섹터 개념도 변화될 것으로 보인다.

유럽의 제3섹터는 시장경제와 공공경제 사이에 존재하는 매개적 (intermediary) 공간으로 사회적경제와 동일하거나 유사한 개념이다. 특히, 유럽 대륙국가들은 제3섹터 개념을 사회적경제 개념과 동일시하고 있다. 협동조합, 공제조합, 자발적결사체 등을 포괄하는 사회적경제 개념은 역사적으로 프랑스에서 발전되었고 1970년대 이후 유럽연합(EU)와 유럽의 여러 나라에서 정책적으로 사용되어왔다. 보편적 관점보다 역사적 관점을 중시하며 공공의 이익뿐 아니라 집단의 이익을 위한 조직도 중시한다. 사적 투자수익이 아닌 한 수익배분이 가능하며 재화 및 서비스 생산을 중시한다. 남유럽, 프랑스, 네덜란드 등 많은 유럽 국가들에서 집단적 부(collective wealth)를 창출하는 사회적경제 조직의 역할은 크다. 미국과 달리 제3섹터 조직들은 정부나 시장과 연계되는 매개적 역할을 하며, 수익배분이 가능한 협동조합, 상호부조단체도 제3섹터의 중요한 요소이다. 유럽적 관점은 각 나라마다 역사적으로 고유한 제3섹터의 발전에 관한 분석적 연구를 중시하기 때문에 미국의 분류적 연구는 유럽의 역사적 조건에 맞지 않는다고 본다. 미국식 영리/비영리 이분법이나 정부 및 시장실패에 따른 비영리영역의 역할 강조는 유럽의 역사나 현재의 상황과 맞지 않다고 보기 때문이다(Evers & Laville 2004). 유럽의 제3섹터는 미국의 분류적 차원과 달리 분석적 차원에서 크게 재화 및 서비스 제공조직과 advocacy/시민조직 두 종류로 구분하고 있다.

제3섹터의 범위와 구성조직들(components organizations)을 보면 자원·비영리·비정부(voluntary/nonprofit/nongovernment) 시민조직의 결사체(associations) 영역이 중심이 되며, 그 외 시장이나 국가의 성격이 가미된 다양한 조직들로 구성된다. 혼합조직(mixed organisations), 국가 또는 사적·시장영역(community and market)과 연계되는 부분의 비영리적·준영리적 사회적경제 조직(사회적협동조합 등), 영리적 사회적경제 조직(일반협동조합 등), 특수 NPO 및 민관협력 영역의 조직들로 이들은 모두 유럽의 제3섹터 개념에 포함된다. 미국의 경우 결사체 영역이 크고 혼합조직이나 연계된 부분이 작은 반면, 유럽의 경우 미국에 비해 혼합조직이나 연계된 부분이 크다(Pestoff 1992, 25; Evers & Laville 2004. 17). 제3섹터는 시장영역 및 국가영역의 일부와 연계하거나 협력하면서 그 영역이 갈수록 확대되고 복잡해지고 있다. 서비스 생산, 일자리 창출 등 경제적 역할을 포함하여 권력 감시 및 사회변혁적 역할, 사회갈등 및 이익조정, 사회자본 함양 등 제3섹터의 역할은 중요하고 다양하다. 최근에는 사회적 기업 등 다양한 하이브리드 조직들이 등장하면서 제3섹터는 확대되는 반면, 그 경계는 갈수록 희미해지고 정부 및 시장영역과 중복되는 공간이 커지고 있다. 미국에서도 최근 사회적 기업이 활성화되면서 기존의 비영리조직의 비시장성, 비영리성이 다소 약화되는 경향이 있다.

서구에서 시민사회와 제3섹터의 개념은 국가에 따라 차이가 있지만 역사적으로 다양한 공공적 역할과 공익적 기능을 담당해 왔다는 점에서 공통점이 있다. 제3섹터는 공동체의 공동성과 공동이익을 위한 일체의 활동을 의미하는 공공성(publicness)을 확대하고 강화하는 역할을 한다. 유럽의 제3섹터는 advocacy/NGO와 사회서비스 제공 조직들(mutuals, 협동조합, 협회, 자원조직, 자선조직들)이 핵심이며 이들은 시민사회의 구성요소들이기도 하다. 유럽의 제3섹터는 1980년대 이후 급속한 환경변화에서 발전하고 변화해 왔으며 그 역할이 커져왔다. 이에 따라 제3섹터의 범주(boundaries)는 변화하고 있으며 공공서비스 제공에서 국가 및 시장과의 관계 설정이 중요한 문제가 되고 있다. 복지국가의 변화, 자본주의의 변화, 가족 및 지역사회와 같은 전반적인 사회제도의 변화라는 환경에서 제3섹터의 역할과 비전이 커지고 있기 때문이다. 이러한 변화된 역할은 각 국가마다 다양하게 발전되어 왔으며 공공복지와 연계된 파트너십 관계, 비영리민간복지 형태, 하이브리드 조직의 성장, 사회적 기업 등 이다.

제3섹터의 가장 일반적이고 중요한 역할은 오랫동안 사회에서 담당해온 사회서비스 제공 및 고용 창출이다. 오늘날 유럽복지모델은 제3섹터에 의한 복지 거버넌스가 형성되어 있으며 제3섹터의 성격과 규모에 따라 변화하고 있다. 2000년대 들어 유럽 국가들의 제3섹터 조직들은 복지국가의 구조변화라는 급격한 환경변화에 따라 큰 규모의 비영리조직이 사회서비스를 제공하는 사례가 많아지면서 시장이나 정부 수준의 역할을 하게 되었다(Evers & Zimmer 2010). 둘째, 민주주의 발전 및 사회변혁 역할이다. 이는 정부와 기업을 감시하고 규율하는 기능을 포함한다. 자발적인 공적 결사체는 민주주의의 정당성과 역량을 제고한다. 미국은 역사적으로 자발적 결사체들이 민주주의를 정립시키고 시민사회의 정의와 안정에 기여해 온 것으로 인식되고 있다. 미국 민주주의를 발전시킨 핵심적 요인이 시민결사체에 있다고 한 토크빌의

말처럼 역사적으로 미국에는 다양한 결사체들이 존재해 왔으며 특히 지적, 도덕적 결사체들이 미국 시민사회에 중요한 역할을 해왔다. 개인을 적극적 시민으로 다시 태어나게 하는 시민결사체들의 매개를 통해 개인의 사적이익과 공동체의 공적이익이 조화를 이룰 수 있었다. 20세기 후반 제3의 민주화 물결, 탈냉전 이후 동유럽의 사회변혁 및 민주화 개혁 과정에서 시민사회와 NGO가 중요한 역할을 했다. 시민사회의 민주화를 기반으로 국가와 경제에 대한 민주적 통제, 민주주의의 확대라는 이상은 시민사회가 소통적 행위와 공공성을 가지고 자기성찰적일 때 가능하다(Jensen 2011; Cohen & Arato). 제3섹터가 독립적이고 자율적인 공공영역으로서의 기능을 해야 하는 것이다.

세 번째 중요한 기능은 자발적인 결사체들에 의한 이익조정 및 매개 역할이다. 위의 두 가지 역할에 비해 이익조정 및 매개 역할은 집단이익을 우선하는 결사체들이 특히 중요할 수 있다. 이러한 역할은 국가는 사회이익을 대변해야 한다는 자유민주주의 이념에서 비롯되었고, 다양한 이념과 시스템으로 발전되어 왔다. 대표적인 이익조정 및 매개 이론은 다원주의와 코포라티즘, 즉 조합주의이다. 제3섹터의 이익매개 역할과 민주주의 구현을 적극적으로 옹호하는 것이 결사체 민주주의이다. 민주주의의 영역, 즉 공공영역에서 사회집단은 공적업무에 참여하여 집단적 협상기제를 작동시키는 것이다. 결사체 민주주의 또한 국가와 시민사회를 연결시킨다. 결사체는 사적이익을 공공이익에 기초하여 조정하는 역할을 수향하기 때문에 정책의 공공성을 확보하게 된다(안승국 2012).

광의의 사회 코포라티즘(societal corporatism)은 자율적이고 다원적인 사회의 각 부분들, 민주적 선거 및 정당체제, 다양한 이념 등을 갖는 정치체제 내에서 만들어진다. 국가가 조합주의를 통해 이해관계를 조정하기 위해서는 무엇보다 계급 또는 이해집단의 결사체에 의해 기능적으로 분화된 각 분야의 이익대표체계가 제도화되어야 한다. 네덜란드, 스웨덴, 독일 등 자발적인 결사체가 중요한 역할을 하는 사회, 즉 공공영역으로서의 제3섹터가 발전한 국가들에서 사회 코포라티즘이 발달한 이유이다. 노사를 사회적 파트너(social partners)라고 하는 것도 이 때문이다.

2. 네덜란드의 제3섹터 — 사회적 협의주의와 시민민주주의

네덜란드는 제3섹터가 가장 잘 발달한 나라로 사회자본과 민주주의를 위한 견고한 기초와 토양 역할을 해왔다. 전통적으로 비영리조직으로 발전해 온 네덜란드의 제3섹터는 대부분의 구성 조직이 복지믹스(welfare mix)의 사회서비스 제공 단체, 수많은 결사체와 공익재단들이었다. 이는 기둥화에 의한 사회조직과 결사체의 발전과도 밀접히 연관되어 왔다. 민주적 거버넌스와 성공적인 기업가정신의 오랜 역사를 갖고 있는 네덜란드는 종교와 이념에 따라 수직적으로 기둥화된 '분리된 사회(divided country)'의 유산을 가졌지만 사회적 갈등이나 대립이 크지 않았고, 양호한 소득 분배와 사회적 평등, 합의정치가 오랜 기간 지속되어 왔다. 또한, 이러한 뿌리깊은 사회적 분리가 경제발전과 번영에 갈등적 요소로 작용하지 않았다. 견고하고 성숙된 실용주의와 자유민주주의가 네덜란드 정체성의 핵심이기 때문이다. 그 결과 매우 성공적인 민주주의와 자본주의를 이루어왔다. 실용주의는 역사적으로 네덜란드의 개방경제를 가능하게 했다. 사회의 기둥화는 폭력적 투쟁이나 갈등을 야기하지 않았고, 엘리트들 간의 강력한 타협을 통해 매우 이질적인 네덜란드 사회의 조화와 합의를 이룬 출발점이었다. 네덜란드 특유의 사회적 분리구조 하에서 많은 결사체(associations)조직들이 만들어졌다. 19세기 후반기에서 1차 세계대전 시기는 '기둥화'에 의한 결사체 조직들의 전성기였다. 역사적으로 다수의 시민에게 가장 좋은 여건을 제공해 주는 공리주의적 실용주의를 통해 네덜란드 사회의 이질성과 복잡성에 대처해 왔다. 1980년대 이후 네덜란드의 사회 코포라티즘이나 개혁프로그램은 이러한 특성을 잘 보여준다.

다원주의적 다양성과 성숙된 시민성(civicness)은 네덜란드 사회의 핵심 특성이다. 제3섹터, 즉 시민사회에서의 개인의 결사의 자유는 민주주의의 핵심요소(Gutmann & Thompson 2009)로서 이러한 시민사회가 국가 및 시장과 함께 서로주체적 관계를 발전시키면서 민주주의를 심화시켜 왔던 것이다. 권익주창의 어드보커시(advocacy)활동은 시민사회와 정치와의 생산적인 관계를 구축하였고 이는 네덜란드 제3섹터의 발전에 기여했다. 특히, 신뢰성이 높은 전국적인 큰 조직들이 정치적 영향력을 행사해왔다. 네덜란드의 제3섹터는 정부의 지원금을 받을 수 있으며, 국가와 균형적인 상호관계 하에서 독립적인 감시 기능을 수행해 왔다. 역사적으로 시민적 전통이 강하고 20세기 전반까지 근대화와 산업화, 번영과 현대 복지국가를 성취해 온 네덜란드는 시민적 활동이나 시민사회의 역량이 컸으며, 사회가 국가보다 먼저라는 인식이 매우 강하다. 19세기에는 자본주의 발전으로 성장한 중간계급이 시민사회의 추동력이 되어 시민사회의 규모와 범위가 크고 국가의 역할은 제한적이었다. 민간부문에서 시작된 복지와 보살핌은 WW II 이후부터 1960년대까지 정부에 의한 법제와 규제에 따라 공적 복지국가로 발전되었다. 그러나 '정부지원-민간전달(public funding and private delivery)'이라는 네덜란드 복지국가의 성격으로 제3섹터의 비영리조직들이 복지서비스 전달을 담당해왔다. 네덜란드의 비영리조직(NPO)은 그 역할과 영향력이 강하여 '네덜란드 중원(Dutch midfield)', '사회 중원(societal midfield)'으로 불리어져 왔다. 또한, 네덜란드는 자연적 악조건뿐 아니라 정치사회적 문제 등 해결하기 어려운 사회적 도전들에 대처하는 데 시민사회가 중요한 역할을 한 대표적인 나라이다. 역사적으로 형성된 네덜란드 시민사회의 특성은 사회적 연대, 시민사회 네트워크의 전통, 실용주의적 정책 형성 등이다. 시민성(civility), 즉 시민적 가치는 자원봉사, 법지키기, 다른 의견 이해 등 기본적인 것에서부터 사회적 자유와 포용을 실현하고 다양성과 민주적 절차를 중시하는 것으로 구현된다.

　네덜란드의 제3섹터는 그 구성이 매우 다양하며 크게 3개의 범주로 구분할 수 있다. 첫 번째 범주는 정부의 지원금으로 사회서비스, 보건, 교육 등 공공서비스를 전달하는 비영리조직들로 이들은 네덜란드 복지국가 및 공공부문의 발전과 긴밀하게 연계되어왔다. 비영리조직들은 공공 및 상업적 경쟁자들과 동등한 서비스 공급자이다. 이들 조직은 최근 정부 지원금이 줄면서 축소되고 있으나 지역 차원의 사회혁신과 커뮤니티 만들기에 집중하면서 새로운 기회를 맞고 있다. 두 번째 범주는 회비 또는 이용료, 기부금으로 운영되는 조직으로 주로 문화예술, 스포츠 분야의 단체들이다. 세 번째 범주는 복지국가의 후퇴에 대응하여 등장한 새로운 조직들로 사회적기업, 상호부조(mutuals)단체, 새로운 형태의 시민조직들이 그것이다. 네덜란드의 제3섹터는 자원봉사자뿐 아니라 상당한 수의 유급근로자를 고용하는데 이는 정부의 공공서비스 수행, 다양한 단체 및 조직와의 협력에 따른 결과이다. 한편, 제3섹터에는 제도적 구성요소와 인적 구성요소가 있으며, 제도적 구성요소(institutional components)는 결사체, 비영리조직, 사회적기업, 상호부조단체, 협동조합 등이다. 이들은 공식(또는 비공식) 단체로 민간에 의한 자율적이고 자치적인 조직으로 이익(잉여)을 배분하지 않는(또는 극히 제한적 배분) 조직들, 즉 제3섹터조직들(third sector organisations)을 말한다. 제3섹터의 인적 구성요소(human components)는 제3섹터에서의 개인적 활동을 말한다. 이 개인적 활동은 제3섹터 조직에서 유급의 공식적 활동과 다른 모든 무급의 자원봉사, 비공식적 활동으로 구분될 수 있다. 제3섹터의 임팩트(impacts)는 인적자원 차원과 커뮤니티 차원으로 볼 수 있는데, 인적자원에서는 제3섹터에서의 개인적 활동과 제3섹터에서의 고용이 그것이다. 커뮤니티 임팩트는 민주주의 강화, 커뮤니티 만들기, 범죄 감소, 건강증진 등이다(Kamerāde 2015).

　네덜란드는 제3섹터의 규모와 역할, 중요성이 세계적으로 가장 뛰어난 나라이다.[8] 고용 면에서 네덜란드 비영리부문이 가장 큰 것은 공공 복지서비스를 다양한 정부의 재정지원과 협력으로 비영리 단체 및 조직들이 담당했기 때문이다. 따라서 공립 및 상업적 경쟁자들과 동등한 사회서비스 공급자인 이러한 비영조직들에 대한 시민들의 참여(자원봉사, 기부) 정도와 비영리부문의 경제적 규모가 가장 높은 수준이 되었다. 선진 22개 국가와의 비교연구 결과를 보면 네덜란드의 비영리영역(제3섹터)은 고용, GDP 비중 등에서 가장 큰 것으로 분석되었다. 네덜란드의 제3섹터는 비농업유급고용의 12.9%를 차지하여 22국 평균 4.8%에 비해 두 배가 훨씬 넘고, 총고용 중 제3섹터 고용은 약 14%로 22국 평균 7%의 두 배에 이르고 있다. 노인복지시설의 97%가 비영리 민간단체에 의해 운영된다.[9] 네덜란드 복지국가와 제3섹터는 밀접히 연계되

---

[8] 미국 존스홉킨스 대학의 The Comparative Nonprofit Sector Project (http://www.jhu.ed/~cnp/) 참조. 이 프로젝트는 오랜 기간 주요 선진국가들(22개국)을 대상으로 제3섹터 비교연구를 수행해 왔으며 한국도 초기에 참여한 바 있다. 필자는 초기 연구에 참여한 바 있다. 그 후 제3섹터 비교연구는 EU의 지원으로 Nonprofit Sector Impact라는 프로젝트로 여러 연구자와 연구기관이 참여하여 유럽 국가들을 대상으로 연구가 진행되어 왔다(https://thirdsectorimpact.eu/ 참조).

[9] Burger and Dekker (2001)의 그림 3(p.55), 그림 4(p.56), 그림 6(p.59) 참조. 비교분석

어 있기 때문에 복지국가의 개혁이나 변화는 제3섹터에 그대로 반영되고 있다. 1980년대 이후 네덜란드 복지개혁과 재정문제로 기존의 사회서비스를 담당해온 비영리영역은 상업적 성격이 가미된 '모호한 서비스 섹터(ambiguous service sector)'로 성격이 변화하고 있다고 한다. 고객중심의 비지니즈모델을 중시하는 하이브리드(hybrid) 조직이 많아지고 있기 때문이다.

3. 네덜란드의 시민사회와 자원봉사 ― 사회적 신뢰와 다양성

참여민주주의와 시민민주주의를 촉진하는 자원봉사

자원봉사는 참여민주주의와 시민민주주의의 꽃이라 할 수 있다. 자원봉사 자체가 '참여'와 '시민'에 의해서 이루어지고, 연대, 신뢰, 관용 등 참여의 가치와 시민의 가치를 실현할 수 있기 때문이다. 네덜란드 사회는 높은 수준의 관용과 다양성으로 잘 알려져 있다. 역설적으로 이러한 관용과 다양성은 역사적으로 내부의 사회적 분리와 다양한 이민자의 유입에서 비롯되었다. 종교적으로, 이념적으로, 민족(인종)적으로 서로 다른 사람들이 함께 살면서 하나의 국가 공동체를 유지, 발전시켜야 했기 때문에 서로를 인정하고 협력했던 것이다. 사실, 과거는 물론 현재도 종교와 이념, 민족은 사회갈등의 주요 요소이고, 특히 한 세기에 걸친 뿌리깊은 사회적 분리 구조에도 불구하고 정치·사회적 합의와 타협이 가능했던 것은 무엇보다 민주주의의 가치와 규범에서 비롯되었다. 네덜란드의 민주주의 역사는 매우 오래되었고, 견고한 자유주의 전통은 현재까지 네덜란드 사회를 규정하는 핵심적 요소이다. 선진 복지국가로 경제적 번영, 사회적 자유와 평등을 누려온 네덜란드인들은 어떻게 민주주의를 실천하고 발전시켜온 것일까. 정치적 제도로서의 민주주의 그 이상의 참여 민주주의와 시민 민주주의의 가치와 규범이 사회·문화적으로 실천되고 구현되어

대상인 22개 국은 네덜란드, 아일랜드, 벨지움, 이스라엘, USA, 호주, 영국, 독일, 프랑스, 오스트리아, 스페인, 일본, 핀란드, 루마니아, 체코, 헝가리, 슬로바키아, 브라질, 멕시코, 콜롬비아, 페루, 아르헨티나이다.

왔기 때문이다. 또한 이러한 참여 민주주의와 시민 민주주의가 번영과 자유, 평등을 지속가능하게 만들어왔던 것이다. 네덜란드의 역사적 과정과 실재적 경험을 통해 이를 살펴보고자 한다.

향후 한국의 복지국가나 새로운 사회발전 방향에 대해 제3섹터나 사회적 경제에 대한 중요성이 강조되고 있다(노대명 외 2010; 박태규 외 2016; 주성수 2018; 한상진 2018). 한상진은 한국형 제3의 길에 대해 보편적 복지와 사회적 경제의 결합, 제3섹터가 주도하는 숙의적 협치, 자본주의/사회주의를 뛰어넘는 녹색의 사회적 가치를 지향해야 한다고 말한다(한상진 2018). 제3섹터란 시민사회, 비영리영역, 사회적경제 영역을 말하며, 역사적으로 문화적으로 각 나라마다 고유의 용어와 의미를 갖는다(김인춘 2016). 프랑스의 사회적경제, 미국의 비영리영역 등이 그것이다. 제3섹터란 가장 일반적인 용어로 갈수록 세계적으로 널리 사용되고 있다. 따라서 이 네 개의 용어는 지칭하는 범주, 구성 조직의 구조 등에서 차이는 있지만 사실상 같은 의미를 갖는다고 할 수 있다. 이에 이 글에서도 이 용어들은 같은 의미로 사용될 것이다. 왜 제3섹터가 중요한가, 자원봉사는 시민사회에서 어떤 역할을 하는가? 제3섹터와 자원봉사는 사회자본(social capital)과 민주주의에 어떤 기여를 하는가? 네덜란드는 제3섹터와 자원봉사 측면에서 선진 민주국가들 중 가장 앞서 있는 나라이다. 이에 이론적 배경과 함께 네덜란드의 자원봉사에 대해 살펴보고자 한다.

자원봉사(voluntary work, volunteering)는 타인을 위해 자신의 시간을 보상 없이 내주는 일체의 행위를 의미하거나 사회 또는 공공의 이익을 위한 일을 자발적으로 무상으로 행하는 것을 말한다. 타인이나 사회를 위해 무상의 활동을 하는 자원봉사는 봉사자의 자존감과 삶의 질을 높이고 역량개발, 사회성, 재미 등의 동기와 성과가 있는 것으로 알려져 있다. 또한 전문적인 지식으로 훈련된 봉사자나 단순히 필요한 도움을 주는 일반 봉사자 모두 봉사대상자와 지역사회에 긍정적인 혜택을 주는 것으로 평가되고 있다(Wilson 2000). 자원봉사의 정신은 무엇보다 자발성, 무보수성, 공익성에 있고 이에 더해 이타성, 조직성, 지속성이 요구된다. 자원봉사의 개념이 국가마다 다양하고 특히 자원봉사 영역이 확대되면서 외국에서는 사회공헌(social contribution), 시민동참(civic engagement), 시민서비스(civic service) 등의 용어와 유사하게 사용되기도 한다(지은정 외 2013; 주성수 2013).

자원봉사는 시민사회 및 비영리분야에서 주로 이루어지고 있기 때문에 제3섹터와 밀접한 관계를 갖는다. 자원봉사자들의 활동과 기여에 크게 의존하는 제3섹터에서 자원봉사가 가장 많이 이루어져 왔다. 기존의 NGO, NPO뿐 아니라 사회적 협동조합이나 사회적 기업 등 자원봉사자의 참여를 필요로 하는 조직이 많기 때문이다. 이에 따라 여러 형태와 성격의 봉사활동이 나타나고 있다. 공식적, 비공식적 유형의 봉사활동이 있으며, 활동비용을 받는 자원봉사도 있다. 또한 의무적 성격을 띠는 자원봉사도 있을 수 있다. 자원봉사는 공공서비스를 전달하는 데에도 크게 기여하고 있다. 국가의 복지정책 확대로 많은 시민들이 공공사회서비스의 혜택을 받고 있다. 네덜란드처럼 복지 선진국일수록 사회서비스가 발달되어 있기 때문에 1990년대 이후 복지 선진국들에서 복지국가의 재편과 함께 다양한 사회서비스 제공 형태들이 발전하면서 자원봉사자들은 보다 전문적인 지식과 기술을 가지고 공공서비스 전달과정에 참여하고 있다. 자원봉사가 공공 사회서비스를 대체할 수는 없지만 자원봉사를 통해 비영리 민간복지기관은 재정적인 부담을 줄이고 다양한 복지서비스의 제공이 가능해졌다.

세계나눔지표(World Giving Index)에 의하면 네덜란드의 기부 참여와 자원봉사 참여는 영국, 아일랜드, 호주, 미국 다음으로 높게 나타난다. 복지에서 민간의 자원이 중요한 영미형 국가들을 제외하면 네덜란드가 가장 높은 것이다. 기부와 자원봉사를 통한 참여와 연대는 네덜란드의 민주적이고 자율적인 시민사회와 사회적 신뢰의 토대가 되어 왔다. 자원봉사활동은 모든 사회에서 이루어지고 있는 보편적인 현상으로 결사체적 사회생활의 핵심이었다. 결사체의 활동과 생존에 자원봉사자들의 자발적이고 무급의 노동과 노력은 매우 중요한 요소이기 때문이다. 자원봉사자들은 특히 전통적 성격의 자발적 결사체의 핵심 참여자였다. 역사적으로 자원봉사는 17, 18세기 유럽에 그 어원이 있다. 특히 프랑스에서는 군사적인 자원활동을 자원봉사로 간주했으나 일반적으로 영국 등 유럽에서 자원봉사는 지역사회서비스(community service)를 지칭하였다. 19세기 들어 자원봉사는 영국과 미국 등 서구에서 주로 자선단체를 통해 확산되고 발전하였다. 1844년 영국에서 창립된 YMCA 활동이 유럽 전역으로 확산되고 1851년 미국에서도 시작되면서 자원봉사활동은 전세계적으로 급속히 발전하게 되었다. 19세기 유럽의 전쟁과 적십자(Red Cross)의 봉사활동, 미국 남북전쟁 당시의 민간자원봉사, 1차, 2차 세계대전 등을 거치면서 자원봉사활동은 국제적인 조직과 역할을 하게 되었다. 이와 함께 지역사회 차원에서 교육, 빈곤퇴치 등을 위한 봉사활동이 발전하였다. 2차 세계대전을 거치며 국가의 역할이 강화, 확대되면서 공공사회서비스가 민간봉사활동의 일부를 흡수 또는 대체하게 되었다. 특히, 기초지방자치단체를 중심으로 포괄적인 복지서비스가 시행되면서 민간봉사활동은 이러한 공공복지서비스를 지원하는 형태를 보이기도 하였다. 근대에 들어서면서 사회적 차원에서 자원봉사에 대한 요구가 변화해 왔다. 1단계는 전통적 공동체가 약화되면서 이를 대체하는 단순 자원봉사 활동이 대두되는 시기로서 대표적인 자원봉사가 교회 자원봉사였다. 2단계는 복지국가가 강화되면서 국가의 복지 기능에 협력 또는 역할 분담하는 자원봉사에 대한 수요가 증가하였다. 주로 비영리조직들이 이러한 역할을 담당하였다. 최근 등장하는 마지막 3단계는 복지국가 기능이 후퇴하면서 자발적이고 자율적인 시민사회의 자원봉사에 대한 수요가 증대하게 된다(김경동 2012). 즉, 지역사회나 제3섹터에서의 자원봉사 활동으로 이어지고 있다.

시민들의 자원봉사 참여 정도는 나라마다 다르게 나타나고 있다. 자원봉사의 활성화는 법적, 정책적 지원의 영향을 받기도 하지만 시민사회 및 제3섹터의 발전과 마찬가지로 역사적, 문화적 요인도 작용한다. 자원봉사에 참여하는 이유와 동기는 다양하다. 기존 연구에 의하면 가치(values) 측면에서 가장 강한 동기가 발생하고, 그 다음으로 이해(understanding), 강화(enhancement), 경력(career)이 다소 약한 동기로, 사교(social), 방어적(protective) 이유를 약한 동기로 보았다. 인도주의적 또는 이타주의 가치를 구현하기 위해 가치 동기, 세상에 대한 지식을 확대하고 기술을 습득하기 위한 이해 동기, 심리적 안정과 자긍심을 높이기 위한 강화 동기, 다른 사람들과 공공적인 사교활동을 하기 위한 사교 동기, 그리고 내부 심리적 죄책감이나 갈등을 해소하기 위한 방어 동기로 구성된다(Clary et al. 1998). 가치 동기 외에 개인적 차원에서 합리적 행위로서 이해, 경력, 사교 등이 자원봉사의 동기가 될 수 있다. 결국, 이타심, 사회성 등 자신의 삶의 질 향상, 의무감, 신앙심 등 봉사 활동의 동기와 보상은 다양하며, 대개 이들 요소가 복합적으로 결합되어 봉사를 하게 된다. 자원봉사자는 다양한 형태로 보상을 얻기도 하는데, 보람이나 경험 등의 정신적 보상, 교통비나 식사비, 소정의 활동비 등을 제공받는 재정적 보상, 봉사경력과 같은 보상이 있을 수 있다.

자원봉사는 비공식적인 형태의 자원봉사와 공식적인 자원봉사로 나누어 볼 수 있다(Wilson and Musick 1997). 비공식적인 형태의 자원봉사는 조직화 되지 않은 다양한 형태의 '남을 돕는' 일과 같은 것으로 타인이 아닌 이웃에게 도움을 주어야 한다고 느끼는 일종의 개인적 책임감에 기초하여 봉사를 하게 된다는 것이다(이봉주 2008). 개인 또는 일부 사람들이 형식에 구애받지 않고 자유롭게 봉사활동을 하는 비공식적인 봉사활동은 흔히 있는 당연한 것으로 여겨져 왔고, 보통 잘 알려지지 않기 때문에 그 실상과 규모는 알기 어렵다. 따라서 자원봉사 여부를 어떤 기준으로 판단할 것인지, 자원봉사의 범주를 어떻게 정할 것인지의 문제가 제기될 수 있다. 자원봉사의 범주는 자원봉사를 지칭하는 다양한 용어만큼 나라마다, 연구자마다 다르기 때문이다. 그럼에도 오늘날 자원봉사는 다양한 비영리단체, 공익재단 또는 공공기관 등이 지원하는 공식적인 성격의 시민봉사활동이 중심이 되고 있다(Eliasoph 2011). 자원봉사의 특성의 하나로 조직성이 강조되는 것도 자원봉사의 공식성이 중요하기 때문이다. 공식적인 형태의 자원봉사는 보통 결사체적 조직이나 기관을 통해 행해지는 조직화된 자원봉사로써 사회적, 경제적 기여를 평가할 수 있으며 시민운동, 복지서비스 등 다양한 분야에서 중요한 역할을 하고 있다.

1980년대 이후 복지국가 위기와 신자유주의적 세계화의 심화로 나타난 국가와 시장, 사회제도의 급속한 환경 변화는 전세계적으로 제3섹터의 역할에 주목하게 만들었다. 더구나 21세기 들어 신자유주의의 부작용이 드러나고 국가의 역량에 대한 불신과 불안이 커지면서 시민 스스로 호혜적 사회적경제를 만들고 네트워크와 상호 협력을 중시하고 있다. 제3섹터는 정부부문과 민간부분 모두가 제대로 관심을 갖지 못하는 문제들을 해결하기 위해 제도화된 조직들의 영역으로 시장영역 및 국가영역의 일부와 연계하거나 협력하면서 그 영역이 갈수록 커지고 있다. NGO, NPO에 더해 최근에는 사회적 기업 등 다양한 하이브리드 조직들이 등장하면서 제3섹터의 영역과 역할이 확대되고 있다. 사회서비스 생산, 일자리 창출 등 경제적 역할을 포함해서 권력감시 및 사회변혁적 역할, 사회갈등 및 이익조정, 사회자본 함양 등 제 3섹터의 역할은 점점 중요해지고 다양해지고 있다. 특히 복지국가의 재편, 자본주의의 변화,

가족 및 지역사회와 같은 전반적인 사회제도의 변화라는 환경에서 제3섹터의 역할과 비전이 커지고 있기 때문이다.

이처럼 중요한 사회적 역할을 담당하게 되는 제3섹터는 규범적 힘에 의해 구성되고 규범적 가치가 작동될 때 그 역할과 의의가 실현될 수 있는데, 자원봉사는 제3섹터의 이러한 규범적 힘을 키우는 요소가 될 수 있다. 사회자본이란 제3섹터의 규범적 가치가 실현될 때 형성되고 발전할 수 있기 때문이다. 자원봉사의 시민성이 국가의 강제적 힘이나 시장의 경제적 동기를 지배할 수는 없지만 제3섹터(즉, 시민사회)는 규범적 힘 없이는 자본이나 국가에 종속되거나 스스로 강해질 수 없다는 점에서 자원봉사의 중요성이 있다. 타인이나 공익을 위해 자발적으로 무보수로 봉사하는 다양한 자원봉사활동은 그 자체가 시민성의 발로이다.10) 사회변화를 위해서는 개인의 변화가 중요하며 시민의 역량 강화와 자발적 사회참여를 증진시키는 자원봉사는 개인을 변화시키는 중요한 계기가 될 수 있는 동시에 자원봉사자들의 주체적이고 지혜로운 삶을 통해 사회를 변화시키게 된다. 사회적으로 중요한 기여를 하는 자원봉사는 특히 강하고 포용적 사회를 만드는 데 역할을 할 수 있다. 자원봉사는 사회적 배제를 해결하는 수단이자 시민성의 핵심적 행위이다. 이는 공동체적 사회를 조성하고, 개인과 사회의 관계 속에서 올바른 사회구성원으로서의 자질을 함양하고 인간성을 회복하고자 노력하는 행위이기 때문이다. 자원봉사활동은 시민성을 강화하여 궁극적으로 제3섹터의 공공성과 사회자본의 토대가 될 수 있기 때문이다. 참여와 협력을 통해 시민성을 함양한 주체적 시민은 자발적으로 책임성을 가지며 이웃과 공동체를 배려하는 수평적 관계를 만들게 된다(송호근 2015). 연대와 협력, 자제와 양보가 확장되는 참여와 공공성의 공간이 커지게 되는 것이다.

자원봉사자들은 시민성을 가진 대표적인 시민 개인(civic individuals)으로 볼 수 있다. 자원봉사가 사회문제를 해결하고 공동체적인 발전을 보장하는 것은 아니지만 다양하게 분화된 복잡한 현대사회에서 자원봉사는 필수 불가결한 요소로 자리잡고 있다. 국가와 시장이 해결하기 어렵거나 충분히 관심을

---

10) 시민성(civicness)은 민주적 시민사회의 시민들 사이에 보이지 않게 작동하고 있는 가치와 규범의 총체를 지칭한다.

갖지 못하는 부분들이 많아지고 있기 때문이다. 자원봉사활동은 국가나 시장이 아닌 제3섹터가 담당하고 있는 중요한 역할로서, 사회와 세계가 처한 여러 가지 복잡하고 위험한 문제들을 해결할 수 있는 효과적인 방법이 될 수 있는 것이다. 자원봉사가 한국 사회의 근본적인 변화에 기여하기는 어렵겠지만 사회적 연대, 사회적 신뢰 등의 가치를 돈독히 하여 건강한 사회, 정직한 사회, 소통과 협력으로 사회통합을 이루는 데 기여할 수는 있다. 신뢰와 호혜성의 사회자본을 통해 공동체 의식의 확산, 거래비용의 감소, 정책수행의 정당성 확보, 감시비용 절약 등의 긍정적인 효과를 가져와 궁극적으로는 사회 전체적인 유효성을 증가시킬 수 있다. 한국 사회가 겪고 있는 막대한 불신의 사회·경제적 비용은 시민성과 시민윤리에 기반한 사회자본으로 극복할 수 있고, 무엇보다 자원봉사는 한국사회의 신뢰와 공동체성 회복에 중요한 기여를 할 수 있고 또 해야 한다고 보기 때문이다.

대부분의 선진국에서 자원봉사는 사회적 연대뿐 아니라 공적 재화 생산, 복지서비스 전달 등 중요한 역할을 담당하고 있다. 자원봉사활동이 사회적으로는 물론 경제적으로도 중요한 기능을 하고 있는 것이다. 이에 따라 자원봉사에 대한 사회적 기대 또한 커져가고 있다. 그러나 한국 국민의 자원봉사 참여율은 선진국에 비해 낮다. 15세 이상 인구의 자원봉사 참여율은 2006년 14.3%, 2009년 19.3%, 2011년 17.6%, 2013년 17.7%을 보이고 있다. 이는 미국의 25.4%(16세 이상, 2013년 기준), 영국의 44%(16세 이상, 2012/13년 기준)에 비해 크게 낮은 수준이다(통계청 '2013년 국내 나눔실태', 2014). 문제는 의무적 자원봉사가 일반적인 10대를 제외한 우리나라 성인의 자원봉사 참여율은 더 낮다는 점이다. 10대의 자원봉사 참여율은 80%에 이르고 있다. 실제로 20세 이상 인구의 자원봉사 참여율은 2013년 기준 12.8%로 나타나고 있다(통계청 『사회조사』, 2006, 2009, 2011, 2013).

특히 한국은 시니어(65세 이상)의 자원봉사 참여율이 6.2%로 매우 낮은 것으로 나타나고 있다. 스웨덴 51%, 영국 44%, 네덜란드 40%, 프랑스의 37%, 독일 37%, 미국 24.4%, 일본 18.1%와 크게 비교되고 있다(지은정 외 2013). 선진국에서는 노인인구의 자원봉사가 적극적으로 이루어지고 있다. 프랑스는 영국이나 네덜란드와 달리 1980년대까지 자원봉사 참여율이 높지는 않았으나 1990년대를 시작으로 자원봉사가 크게 늘고 있다. 이러한 증가의 중심에 50대 이상의 프랑스 시니어들의 역할이 중요했다. 노인인력의 자원봉사활동과 같은 사회참여를 증진시키기 위해 프랑스 정부는 적극적인 역할을 하고 있다. 프랑스 시니어들의 자원봉사, 즉 넓은 의미의 사회적 참여가 확대되는 것은 개인적인 동기요인과 사회적 동기요인 두 측면 모두 부합되어 참여가 활발해지고 있다. 50% 이르는 한국의 노인빈곤율을 감안할 때 한국 시니어의 자원봉사 참여가 부진한 이유를 알 수 있다.

15세 이상 인구의 자원봉사 참여율이 40%를 넘는 나라로는 영국, 스웨덴, 네덜란드, 호주 등이다. 30-40% 수준인 나라로는 덴마크, 핀란드, 독일, 룩셈부르크가 있으며 20-29% 수준의 나라로는 대표적으로 미국과 프랑스가 있다(지은정 외 2013. 38). 자원봉사가 활발한 나라들은 대부분 유럽의 복지 선진국들이다. 북유럽과 네덜란드, 스위스, 독일 등이 대표적이다. 이들 나라는 사회서비스 자원봉사 참여와 더 나은 사회로 변화시키기 위한 자원봉사 활동 모두가 활발하다. 사회적 신뢰 또한 높다. 반면 남유럽국가들과 동유럽국가들은 자원봉사 참여와 사회 변화를 위한 활동 모두 낮은 수준을 보이고 있다.[11] 자선영역이나 비영리영역이 큰 영국과 미국도 자원봉사가 활발함을 알 수 있다. 강한 시민사회, 또는 제3섹터의 역할이 큰 나라들에서 자원봉사가 활성화되고 있다.

네덜란드의 자원봉사 — '강한 사회'와 제3섹터의 중심

전통적으로 자원봉사는 네덜란드 시민사회와 제3섹터의 중추 역할을 해왔다. 네덜란드의 복지국가와 시민사회의 힘은 자원봉사에서 나온다. 가족 케어를 커뮤니티 케어로 전환한 것도 이것이다. 역사적으로 종교단체가 사회적 약자들에 대한 보살핌을 제공해왔고, 그 후 기독교 사업가들(Christian entrepreneurs)과 지역 공공기관(local councils)이 이들에 대한 보살핌을 담당해왔다. 당연히 자원봉사자들의 역할이 중요했다. 1960년대부터 신사회운동에서 비롯된 새로운 형태의 자원봉사가 나타났고, '개인주의화(individualization)'와 세속화

---

11) European Values Systems Study Group (EVSSG), European Values Study(EVS 2008) 참조 http://www.europeanvaluesstudy.eu/

(secularization) 경향으로 교회중심 자원봉사는 약화되었고, 지역사회의 시민으로 또는 사회단체 중심의 자원봉사 활동이 활성화되었다. 가정 케어나 커뮤니티 케어에 자원봉사자들이 증가했다.

네덜란드의 자원봉사는 자선적, 사회서비스 제공 활동에서뿐 아니라 정치 및 사회참여적 성격의 봉사활동에서도 활발하다. 네덜란드에서는 자원봉사를 '조직적 맥락에서 의무와 금전적 보상 없이 타인 또는 공동체를 위해 이루어지는 활동'을 말한다(The Dutch Ministry of Health, Welfare and Sports, MVWS). 네덜란드는 제3섹터의 발전이 매우 고도화되어 있는 나라로 복지국가와 제3섹터조직간 협력 관계가 제도화되어 있으며, 대부분의 사회서비스가 비영리조직을 통해 이루어지며 제3섹터의 인적, 물적 자원 또한 막대하다. 역사적으로 네덜란드의 자원봉사활동은 보살핌영역을 돕기 위한 자발적 조직들이 증가함에 따라 시민사회와 비영리영역에서 발전해 왔다.

오늘날 제3섹터에서의 자원봉사활동 조직에는 4가지의 유형이 있다.12) 첫째, 네덜란드의 복지부문은 민관파트너십을 중심으로 다양한 형태와 조직들이 있는 복지부문에서의 자원봉사활동이다. 둘째, 민주주의영역, 즉 정치영역에서의 자원봉사활동이다. 정책결정에 영향을 주거나 정책결정 과정에 참여함으로써 사회 전체적으로 민주주의 수준을 높이고 유권자의 권리와 이익을 보장하고자 한다. 이러한 유형의 조직들은 활동가집단(action groups), 이익집단, 정당 등으로 이들 조직에서 자원봉사 활동하고 있다. 셋째, 지역 차원에서의 자원봉사로서 지역공동체에서의 자원봉사활동은 '서로 함께하고 서로를 위하여(with and for each other)'라는 상호부조(mutual support)를 특징으로 한다. 지역공동체에서의 상호부조는 사회적 관계를 만들고 사회적 결속과 사회자본을 창출하는 데 기여하고 있다. 대표적인 상호부조 형태는 자조조직들(self-help groups and associations)과 문화·스포츠 조직들이다. 그리고 마지막 유형으로는 기업 등 경제영역에서 봉사자 개인의 발전을 위해 자원봉사활동이 있다. 실업 등의 상황에서 자원봉사를 통해 노동시장에 참여하거나 새로운 경험과 기술을 익힐 수 있기 때문이에 수혜자, 봉사자, 지역공동체 모두에게

---

12) Study on Volunteering in the European Union Country Report Netherlands "NATIONAL REPORT - THE NETHERLANDS").

　　http://ec.europa.eu/citizenship/pdf/national_report_nl_en.pdf.

바람직한 혜택을 준다. 봉사자가 가질 수 있는 혜택은 사회적 소외에서 벗어나 의미있는 여가시간을 제공한다는 점이다. 지역공동체 차원에서의 자원봉사 성과는 사회적 결속 및 연대 증진, 사회적 관계 증대와 사회통합 기여, 보살핌 및 복지제공 증대, 적극적인 시민권 촉진, 물리적 환경 개선과 지역공동체 지원, 문화간 세대간 대화 촉진, 사회의 안정 등이다.

네덜란드 정부는 지자체에 대한 자원봉사를 지원하기 위해 지자체협의회 (VNG, association of Dutch municipalities), 비영리단체와 함께 보살핌봉사를 위한 5가지의 핵심기능을 정하였다.[13] 2008년 글로벌 경제위기 이후 네덜란드 또한 사회적 문제를 겪고 있으며 연령, 성별, 교육수준, 장애정도, 출신민족, 재정상태 등에 따라 분리 또는 차별되지 않도록 정책적 노력을 다하고 있다. 네덜란드 정부의 정책에서 사회적 공공선에 대한 책임감을 갖고 편협한 사적이익을 초월하여 사회문제에 헌신하는 시민들과 제3섹터, 자원봉사의 역할의 중요성을 강조하고 있다(Confidence in Citizens WRR Report 2013).

네덜란드의 자원봉사 정책은 현재의 사회정책 목표와도 연계되어 있다. 특히 이민자 지원이 그것이다. 중앙정부는 모든 시민의 '참여'를 자원봉사의 핵심 정책 목표로 정의하고 있으며, 자원봉사는 사회적 포용 목표를 달성하는 데 중요한 역할을 하고 있다. 자원봉사의 사회·문화적 차원을 보면 네덜란드 사회자본의 수준을 알 수 있다. 자원봉사자는 의미 있는 여유시간을 제공하고, 사회적 소외를 막고, 새로운 사회적 연결을 만들고, 일 경험을 얻고, 숨겨진 재능을 발굴하고, 사회적 관심사를 촉진하고, 사회적 기술을 높인다. 지역사회가 갖는 자원봉사의 혜택은 사회적 결속과 연대, 사회적 관여(social engagement)를 높이고, 사회적 포용에 기여하고, 복지와 케어의 질을 높이고 적극적 시민성을 고양한다. 또한 물리적 환경을 개선하고 지역 커뮤니티에 도움을 주며, 문화 및 세대간(intercultural and intergenerational) 대화를 촉진하고, 적극적 노화(active ageing)와 사회의 안정에 기여하는 것이다. 봉사를 받는 사람들은 독립성 향상, 외로움 극복, 사회 행사 참여와 사회통합, 새로운 사회적 연계 만들기, 새로운 관심사 찾기 등을 얻게 된다.

---

13) Ministry of Health, Welfare and Sports, "Core functions. Local support volunteering and careers." March 2009). 참여 비영리단체는 NOV and Mezzo(national association of care-givers and care-giving by volunteers)이다.

역사적으로 자원봉사는 대부분의 사회에서 매우 중요한 역할을 해왔다. 자원봉사는 '작지만 크게(small and big ways)' 세상을 바꾸는 사회적 행위이다. 노숙자 무료급식 봉사활동에서부터 전쟁, 차별을 반대하는 활동까지 포함한다. 이러한 자원봉사활동은 참여자, 수혜자, 지역공동체, 정부, 사회전체에 의미있는 성과와 임팩트를 줄 수 있다. 자원봉사는 민주주의를 발전시키고 도덕적 인간을 만들며, 빈곤을 없애고, 지역문화를 보호하며 질병을 예방하기도 한다. 시민적 개인, 적극적 시민으로서 개인적 삶뿐 아니라 사회적, 정치적 삶에서 자원봉사의 역할은 중요하다(Eliasoph 2013).

자원봉사는 개인의 발전, 사회결속, 사회적 문제의 해결에 기여하며 이에 따라 자원봉사에 대한 기대는 그 어느 때보다 커지고 있다. 자원봉사는 이웃과 지역사회의 사회적 관계와 연대를 만드는 데 결정적으로 중요하다. 특히 사회적 지원이 부족한 지역에서는 자원봉사자들과 자원봉사조직이 의미있는 변화를 가져오게 할 수 있다. 이를 위해 우리의 자원봉사활동의 방향은 보다 지역공동체 중심, 생활중심의 자원봉사와 소통적, 전문적 활동이 중요해지고 있다. 자원봉사 현장의 문제에 대해 대안을 제시하고 변화를 만들 수 있는 자원봉사가 요구되고 있다.

자원봉사활동은 타인과 공공의 이익을 위해 자발적으로 동참(engagement) 또는 참여하는 것이다. 동참 또는 참여는 궁극적으로 시민참여이며 시민참여는 시민성에서 비롯된다. 자원봉사는 시민단체, 비영리조직, 사회적경제 조직들이 제대로 운영되고 역할을 다 할 수 있게 하는 요소이다. 자발적으로 조직되어 비영리성, 공익성, 공공성을 목적으로 하는 이들 조직들은 자원봉사 없이는 그 목적을 달성하기 어렵기 때문에 제3섹터가 추구하는 공공성과 사회자본은 실현되지 못하게 될 것이다. 규범적 가치뿐 아니라 사회적경제 조직들이 추구하는 공익적 재화와 서비스의 생산 및 소비 또한 한계를 직면하게 될 수 있다. 최근 들어 새로운, 하이브리드 조직들이 발전하고 시민사회, 국가, 시장의 역할과 합리성이 서로 중복되고 혼합되면서 자원봉사의 성격과 기능에 큰 영향을 미치고 있다. 자원봉사의 조직적 환경이 변화함에 따라 자원봉사의 성격과 사회적 기능에 큰 영향을 주고 있다. 이러한 제3섹터의 구조 변화와 역할 확대는 전통적인 비영리성, 공익성, 공공성의 가치를 변형시킬 수도 있다. 사회참여와 연대를 통해 시민성을 키우는 자원봉사는 제3섹터의 규범적 가치를 제고하는 역할을 할 수 있다는 점에서 중요하다.

선진국은 물론 한국 또한 자원봉사활동이 직면한 도전과 위험은 적지 않다. 지자체의 경우 예산 축소 또는 부족에 따라 자원봉사를 도구적으로 보는 위험이 있을 수 있다. 자원봉사의 잠재력에 대한 정부의 비현실적인 전망과 기대도 문제로 나타날 수 있다. 지자체와 복지서비스기관은 자원봉사자나 자원봉사기관에 높은 수준의 전문성을 요구하고 자원봉사자의 노동과 노력에 더 많이 의존하고 있다. 자원봉사자를 존중하거나 자원봉사의 가치를 제대로 인정하지 않은 문화에서 이런 요구는 자원봉사자의 능력에 부담이 될 수 있고 전문가와 자원봉사자와의 관계에서 긴장이 발생할 수 있다. 자원봉사에 대한 개인적인 동기요인이 강하더라도 사회적 동기요인이 부합하지 않으면 자원봉사를 할 수 없거나 하더라도 힘든 일이 될 수 있고 성과 또는 미미할 것이다. 자원봉사가 안고 있는 도전과 문제들에 대해 포괄적인 접근이 필요하다. 자원봉사의 이미지를 변화시켜야 할 필요가 있으며, 형식화의 위험, 독립성을 저해하는 문제들을 해결해야 할 것이다. 신자유주의 이후 국가 및 제3섹터의 역할과 성격이 변화하면서 자원봉사의 주체와 대상, 성격 또한 변화하고 있다. 사회적 기업 등 사회적경제 조직의 경우 공익성이 보다 협소하게 해석될 수도 있으며 시민의 책임성이 강조되는 시점에서는 자발성이 헌신성의 의미를 가질 수도 있다. 따라서 자발성과 무보수성, 공익성의 개념을 보다 적극적으로 해석하는 것이 필요하다.

제10장

1990년대 이후 폴더모델의 혁신과 커뮤니티 민주주의

1. 네덜란드의 '참여사회' 비전과 폴더모델의 혁신

네덜란드에서 복지국가의 재구조화에 대한 사회적 논의가 '참여하는 사회(participating society, 'participatiesamenleving.' 이하 참여사회)'라는 개념으로 등장해 왔다. 복지개혁과 분권화, 커뮤니티 복지가 나타나면서 참여사회를 통해 자원봉사 등 제3섹터의 역할을 모색하는 것이다. 새로운 용어는 아니지만 참여사회의 개념은 네덜란드 사회의 비전을 표현하는 용어로 사용하면서 나왔다.[1] 2013년 4월 즉위한 국왕 빌럼 알렉산더(Willem-Alexander)가 그 해 9월 상·하원 합동개원식에서 향후 1년간 정부의 주요 정책 방향에 대한 교서를 발표하는 자리에서 소개되었다. 국왕은 '각자가 자신의 삶과 미래를 개척하면서 사회 전체에 도움이 되는 네덜란드 사회'를 새로운 비전으로 강조했다. 이는 전통적인 복지국가 개념에서 참여사회로의 전환을 의미했는데 사회적으로 큰 논쟁을 불러왔다. 개인의 책임을 중시하는 찬성파와 복지국가의 후퇴 위험을 경고하는 반대파가 그것이었다. 참여사회 비전은 다음과 같다. 첫째, 노령화 및 세계화의 심화로 노동시장과 복지 시스템은 과거와 같이 근로자 및 시민의 요구를 수용할 수 없게 되었고, 이러한 상황에서 정부는 네덜란드의 오랜 협력과 합의의 전통을 바탕으로 공공서비스 공급, 세대 간 결속 강화, 계층 간 소득 불균형 해소를 위해 노력한다는 것이다. 둘째, 네트워크와 정보화 사회에서는 모든 사람들이 독자적인 주체로 존재하기 때문에 누구나 능력이 있는 사람은 모두 자신의 삶에 대해 책임을 지도록 요구받고 있다는

---

1) https://www.dutchnews.nl/news/2013/11/participatiesamenleving_is_new/.

것이다. 셋째, 네덜란드 국민들은 높은 신뢰로 강한 국가를 유지해 나갈 수 있으며, 축적된 신뢰로 국민들을 보호하는 강한 정부를 가진 나라, 사회적 약자를 보호하고 기회를 제공하는 나라, 누구도 뒤쳐지지 않게 하면서 보호가 필요한 곳에 기회를 제공하는 나라를 만든다는 것이다. 따라서 전통적인 복지국가 개념이 점차 참여사회 개념으로 발전하고 있으므로 개인(시민)이나 지역 커뮤니티의 중요성이 커지는 것이다.

'복지국가 활성화(activating welfare state)'와 유사한 복지국가의 후퇴 논란에도 '참여사회' 논의는 2014년 도입된 참여법(participation law "participatiewet." 2015년 1월 발효)으로 연결되었다.[2] '참여법'의 핵심은 재정 및 행정업무의 상당 부문을 중앙정부에서 기초지자체로의 이양을 촉진하는 것이다. 이 법은 더 많은 사람들이 일자리를 갖고 사회에 참여하도록 하는 것을 목적으로 하며 기초지자체의 역할이 매우 중요하다. 기초지자체는 일자리를 갖는 데 도움이 필요한 모든 사람들을 지원(소득지원 포함)하는 행정적 책임을 갖기 때문이다. 커뮤니티 케어와도 연관되는 이 법은 지역 커뮤니티의 공동체 의식이 높은 네덜란드 사회를 더욱 자율적이고 책임성 있게 만들고 있다. 무엇보다 참여법에 따른 분권화 과정이 제3섹터 조직에 큰 영향을 주고 있으며, 커뮤니티 차원의 복지 제공과 자원봉사 활동을 촉진하기 때문이다. 네덜란드 사회의 이러한 변화는 사회영역에서 지역 커뮤니티의 주인의식을 강화하고, 지역 차원의 더 혁신적이고 바람직한 작은 조직들을 만들어내는 데 도움이 되고 있다. 가능한 한 많은 사람을 사회에 참여시키고 강한사회가 되는 것이 중요하다는 것이다. 사회영역에서 제3섹터 조직은 돌봄과 사회서비스의 질을 높이는 데 특히 중요하다. 네덜란드의 제3섹터는 사회에의 참여를 위한 큰 공간과 많은 기회를 제공하여 사회적 포용을 촉진하고, 복지믹스 등 국가 업무의 수행조직으로서의 역할을 하기 때문이다. 새로운 법에 따라 기초지자체가 더 많은 업무를 맡게 되면서 복지서비스에서 갈수록 지역 차원이 더 중요해지고 있다. 제3섹터의 다양한 비영리 조직과 기초지자체의 협력관계가 재설정되면서 커뮤니티의 그룹들이 지역에서 더 큰 영향력을 갖게 되었다. 이러한 변화로 일

---

2) 사회고용부(Ministry of Social Affairs and Employment) 관할하는 이 법의 운용에 대해서는 https://www.rijksoverheid.nl/onderwerpen/participatiewet 참조.

부 집단은 복지국가의 안전망으로부터 멀어지는 위험이 나타날 수 있으며 이에 커뮤니티의 다양한 비영리 조직들이 중요한 역할을 하게 된다.

최근 네덜란드의 커뮤니티 케어(community care)나 '참여사회' 담론은 이미 2007년부터 등장했다. 2007년 도입된 사회지원법(The Social Support Act of 2007)은 기초지자체로 하여금 케어와 자원봉사를 지원할 수 있도록 하기 위해 도입한 것이다. 시민과 다양한 시민단체들이 자원봉사 등 이니셔티브를 갖고 기초지자체와 지역 인프라를 활용하는 것이다. 이는 네덜란드의 복지정책이 분권화, 개인책임, 자조를 강조하는 것과 같은 맥락으로 지역 차원에서 정부와 시민사회 간 '새로운 균형(new balance)'을 추구하는 것이다. 사회지원법의 돌봄과 자원봉사 기능은 보건복지스포츠부(the Ministry of Health, Welfare and Sport), 기초지자체협의회(VNG, Association of Dutch Municipalities), 케어기버협회(NOV, Nederlandse Organisaties Vrijwilligerswerk, National Association of Caregivers)3), 자원봉사협회(Mezzo, care-giving by volunteers)에 의해 만들어졌다. 이 법으로 기초지자체는 보건복지스포츠부가 규정한 5개의 핵심 기능에 기반하여 자신들의 자원봉사정책을 만들 수 있도록 했다. 사회발전, 자원봉사 연결망 만들기, 인프라 및 정보 강화, 홍보 및 확대, 지식 및 경험 축적이 그것이다.

네덜란드에서 지역의 커뮤니티 복지가 중요해진 것은 1980년대 이후부터이다. 1982년 바세나르협약을 계기로 본격화된 노동·복지개혁은 실업률 감소와 일자리 창출이라는 성과를 가져왔다. 그러나 새로운 일자리가 장기실업자를 구제하는 데 도움이 되지 못하였고, 파트타임 일자리의 비중을 크게 늘렸으며, 임금자제와 복지개혁을 통한 시장 메커니즘의 강화가 나타났다(김학노 2004). 특히, 경제적 측면에서, 장기간 노사, 노사정 간 합의를 통해 경제적 성과를 달성해온 폴더모델이 1980년대 이후 신자유주의적 세계화의 수용과 시장중심의 개혁으로 폴더모델이 희생될 수 있다는 우려도 있었다(Delsen, 2002). '네덜란드의 기적'이라는 극찬에서부터 '파트타임 경제'까지 다양하고 상반된 평가를 받았던 네덜란드의 개혁모델의 핵심은 노사 간 합의로 지속적

---

3) 다양한 자원봉사활동 조직들의 단체임 https://www.europeanvolunteercentre.org/nov 참조

인 학습과 조정을 통해 임금안정과 시장기제 강화를 추진했다는 점이다. 또한 노동시장 유연화에 따라 발생한 비정규직을 보호하기 위한 안정화 조치를 동시에 추구한 점에서 영미식 신자유주의 전략과는 분명한 차이가 있다. 네덜란드는 1945년 이후 연대임금제도와 최저임금제로 근로자간 임금격차가 매우 작았기 때문에 노동시장 유연화에도 임금격차를 최소화했던 것이다. 또한, 전통적으로 제3섹터의 고용이 많아 바세나르협약 전부터 파트타임 고용이 많았기 때문에(Salamon & Sokolowski 2018) 높은 파트타임 고용이 바세나르 협약으로 인한 것은 아니다. 따라서 폴더모델의 사회 코포라티즘 조정과 유연안정성은 세계화와 새로운 기술혁신 시대에 중요한 전략이었다고 볼 수 있다.

보편적 복지국가에 대한 유권자 지지와 협의 민주주의 전통으로 1980년대 초까지도 노동당은 물론 중도우파 기독민주당도 복지개혁을 추진하지 못했다. 1970년대까지 네덜란드 복지국가의 사회적 '보상'을 위한 복지체제는 재분배 기능을 충분히 하고 있었다. 다만 일부 관대한 복지가 비효율을 초래해 생산적 기능에 한계를 노출하고 있었다. 네덜란드의 공공지출은 스웨덴 등 북유럽 국가들에 비해 소득이전, 즉 현금복지 비중이 높고 상대적으로 서비스 복지 비중이 낮았다. 네덜란드 복지체제는 사회보험 중심의 현금복지 비중이 높다는 점에서 독일과 같은 대륙형 복지체제의 성격을 가지면서 관대하고 보편적인 복지라는 점에서 북유럽 복지체제의 성격도 갖는다. 노동력 이동과 교육훈련을 통한 인적자본 제고와 근로 인센티브가 중요한 스웨덴의 노동정책과 달리 공급 측면의 요소가 약했던 것이다. 조기퇴직연금, 장애급여, 실업급여 등에 대한 높은 지출 비중은 1980년대 이후 복지개혁으로 축소되고 서비스 복지가 강화되어 왔다. 서비스 복지는 대부분 기초지자체 차원에서 제공되고 지역 커뮤니티를 중심으로 다양한 시민사회 단체와 시민들의 참여가 중요하다.

참여사회로의 전환은 사회보장제도에도 많은 영향을 미치고 있다. 스웨덴과 마찬가지로 전통적인 복지국가는 더 이상 국민들의 기대를 충족시킬 수 없으며 지속가능하지도 못하다는 인식에 따라 사회복지 서비스를 국민들의 생활과 밀접하게 그리고 일관된 방식으로 제공, 조정하기 위해 네덜란드 정부는 세 가지 분야에서 공공서비스 공급을 분산하고 있다. 첫째, 정부는 2015년부터 유아 복지서비스 개혁안을 의회에 제출하여 향후 유아 복지서비스 업무는 중앙정부에서 지방자치단체로 이관되고, 자치정부들은 주거, 교육, 치안, 체육 등 맞춤형 서비스 제공이 가능해진다. 둘째, 2014년 의회 회기에 정부는 장기요양서비스 복지개혁안을 제출하여 재정지출을 효율화하고자 한다. 지방자치정부에 의한 장기요양서비스 제도로 전환하고자 한다. 주택보조 수당은 지불능력이 없는 사람들만 대상으로 제공되고, 간호서비스와 같은 의료 혜택은 일반 의료보험으로 전환할 계획이 그것이다. 셋째, 시정부와 사회단체들은 복지 혜택 수령자와 장애인들의 구직을 지원할 공공고용서비스 기관을 설립하고, 정부와 업계는 2026년까지 이들을 대상으로 125,000개의 신규 일자리를 창출할 계획이다. 기업들은 일정 비율의 장애인을 채용해야 하는바, 정부는 이러한 취지의 법안을 의회에 제출할 예정이다.4) 노동시장 개혁은 노동시장 활성화에 중점을 두고 실업보험법과 고용종료법을 개정하고자 한다. 실업보험법은 실업보험 수령기간을 2년으로 제한하고, 정리해고 대상자들에 대한 구직 훈련비용을 지원하며, 유연근무자들이 더 많은 보호를 받게 한다. 고용종료법은 모든 피고용자들에게 적용되는 계약종료 절차를 단일화하여 공평하고 간소한 형태가 되도록 하는 것이다.

커뮤니티 중심의 비전통적 봉사활동이라 할 새로운 형태의 자원봉사도 많아지고 있다. 네덜란드의 한 연구기관 조사에 의하면 (The Netherlands Institute for Social Research, Het Sociaal en Cultureel Planbureau, SCP) 네덜란드 전체 인구의 약 50%가 자원봉사에 적극적으로 참여하고 있다고 한다.5) 전통적인 조직 중심의 공식적 봉사활동이 네덜란드의 자원봉사에서 중요한 역할을 해 왔으나 최근 들어 자원봉사활동의 형태가 변화하고 있다고 한다. ICT의 발전으로 다양하고 유동적이며 비공식적인 방식이 등장하면서 수요중심의 전통적인 자원봉사 단체에 덜 의존하게 된 것이다. 공급중심의 맞춤형 방식, 단기적 차원의 새로운 형태의 자원봉사 활동이 활발해지고 있는 것이다. 즉,

---

4) Koster, Martijn 2014 "Bridging the gap in the Dutch participation society: New spaces of governance, brokers, and informal politics" Etnofoor, Participation, volume 26, issue 2
 (https://www.researchgate.net/profile/Martijn_Koster/publication/282152255_Bridging_the_gap_in_the_Dutch_participation_society_New_spaces_of_governance_brokers_ and_informal_politics/links/5605464f08aea25f ce328d9a.pdf).
5) Jeroen Devilee 2008 *Volunteers who care - Non-institutionalised voluntary work in support of care users and informal carers* scp-publication 2008/1.

자원봉사자 스스로 자신들의 활동과 방식을 결정하고 조직하는 것이다. 이에 따라 공식적인 봉사단체와의 연계는 약화되고 있으며 전통적인 봉사단체들이 봉사자를 찾는 데 어려움을 맞고 있다. 봉사자들이 새로운 형태의 더 흥미로운 봉사활동을 선호하기 때문이다. 단체들은 봉사자의 요구에 맞게 유연하게 운영하고 조정해야 하는 것이다. 새롭고 다양한 형태의 봉사활동이 많아지면서 봉사자들은 기존 단체에 덜 충성하고 새로운 활동에 더 헌신하는 것이다. 봉사자들의 전문성이 높아지면서 유급 전문스태프와 역량 있는 무급 봉사자 간의 문제도 제기되고 있다.

최근 네덜란드에서 보건케어와 복지서비스 부문에서 특이한 경향이 나타나고 있는데, 복지국가 개혁으로 사회서비스 전달체계에서 자원봉사가 더 중요해지고 있는 것이 그것이다. 또 다른 자원봉사의 새로운 경향은 노인케어 등에서 사회적으로 서비스와 지원을 서로 교환하는 것이다. 이러한 '사회적 자조(social self-help)' 활동은 적극적인 시민의식의 한 형태로 볼 수 있다. 물론, 이러한 변화들이 자원봉사를 사회부조의 한 수단으로만 간주하거나 복지국가 후퇴 과정에서 나타나고 있는 것은 사실이지만 고령화, 복지재정문제에 대해 정책적으로 또는 시민(사회) 스스로 대응하고 있는 것이다. 갈수록 선진 복지국가들에서 정부는 사회복지에 시민들이 더 많은 책임을 갖기를 기대하고 있으며, 이는 개인의 책임성과 지역공동체(communities)에 대한 주인의식(ownership)을 강화한다는 면에서 긍정적인 발전이라 할 것이다.6) 분권화와 자치, 커뮤니티 중심의 사회서비스가 중요해지면서 지역 차원의 자원봉사가 발전해야 하는 것이다. 다양한 자발적 커뮤니티 케어(voluntary community-based care) 형태들이 그것으로 지역 중심의 봉사활동, 새로운 형태의 비공식적인 봉사활동이 중요해지는 것이다. 이다. 자원봉사활동의 '지역사회 착근(local embeddedness)'은 네덜란드에서 중요한 새로운 경향으로 지역 차원에서 새로운 형태의 자원봉사활동이 등장하고 있으며 지역커뮤니티, 기초지자체, 동네이웃이 핵심 역할을 하고 있다.

커뮤니티 케어의 성격을 갖는 복지와 자원봉사가 결합된 다양한 종류의 활동도 많아지고 있다. 농업과 복지가 결합해 사회적 약자를 돌보고 치유하는

---

6) https://thirdsectorimpact.eu/profile/brandsen/.

치유농업(케어팜, carefarm)도 그중 하나이다. 농축산업이 강한 네덜란드의 특성을 살려 농업의 다기능 전략의 하나로 개별 농업경영체가 다양한 사람들이 즐기는 쾌적한 장소의 치유농업으로 전환하였다(전호성, 임영언 2022). 초기의 원예치유에서 사회적 돌봄 대상으로 확대하여 자신감 회복, 사회참여의식 제고, 소통과 교류 증진 등에 중점을 두며 사업수익의 대부분을 돌봄사업으로 충당하여 지속가능한 시스템을 구축하고 있다. 각 지역의 주민들이 자원봉사자로 참여하는 지자체와 연계된 시스템으로, 참가를 원하는 사람들은 지자체를 통해 케어팜을 이용할 수 있다. 지자체는 복지 예산으로 해당 돌봄 비용을 지급해 케어팜의 운영을 지원한다. 유럽 다른 나라에도 다양한 형태의 케어팜이 있지만 네덜란드 케어팜은 특히 건강 증진의 목적으로 농업과 복지 서비스를 결합한 모델로 유명하다(조예원 2020). 네덜란드 케어팜의 시작은 1990년대 후반, 발달장애 등 장애가 있는 사람들이 농장에서 일하는 사례가 늘면서 이러한 활동이 장애를 가진 사람에게 도움이 될 뿐 아니라, 농가 경제와 보건복지 분야에도 도움이 된다는 인식이 생겨났다. 이에 네덜란드 농업부와 보건복지스포츠부는 1999년 '농업과케어국가지원센터'를 만들어 케어팜 지원체계를 만들었고 참가자들도 장애인뿐 아니라 중독자, 노인, 난민, 실업자 등 다양하다. '농업과케어국가지원센터'가 활동을 종료한 2010년부터는 케어팜 관련 농업인들의 연합체인 '케어팜연합'이 만들어져 케어팜의 품질 관리와 정보교류 등의 활동을 하고 있으며 2019년 기준 네덜란드 케어팜은 1,200여 곳에 이른다고 한다.

최근 한국에서 '커뮤니티 케어'가 중요한 복지서비스 패러다임으로 등장하고 있다. 2018년 정부에서 지역사회 중심의 통합 돌봄(커뮤니티 케어) 계획을 발표했는데 바로 네덜란드와 같은 커뮤니티 케어를 추진하는 것이다. 한국 정부가 발표한 커뮤니티 케어의 핵심은 노인을 비롯해 돌봄이 필요한 사람들이 '시설'과 '가족'의 틀을 넘어서 지역 공동체 참여에 기반한 지역 차원의 돌봄 서비스를 받게 하는 것이다. 이러한 커뮤니티 케어를 위해서는 공공성 제고와 시민 역량 강화가 최우선 과제가 된다는 점에서 문제가 나타날 수 있다. 우리 사회의 공공성과 시민성이 약자를 포용할 수 있을 만큼 충분한가가 그것이다. 지역 공동체를 기반으로 한 시민 참여와 시민들의 가치관 변화는 돌봄 환경의 개선과 양질의 보건·복지 서비스를 적정 가격으로 제공할 수 있기 때문이다. 또한 커뮤니티 케어에 대한 시민들의 광범위한 공감과 역량 형성이 커뮤니티 케어의 지속성을 위한 중요한 조건이 되기 때문이다. 모든 나라, 특히 복지 선진국들의 핵심 정책의 하나는 사회혁신과 함께 사회적 포용을 강화하고 사회 불평등을 축소하는 것이다. 고령화, 다문화, 양극화, 저성장과 고실업 등의 문제에 직면하여 갈수록 지역 커뮤니티 차원의 복지시스템이 중요해지고 있다. 네덜란드 커뮤니티 케어의 핵심은 지역중심 봉사활동 등 지역 차원의 사회혁신을 지역 복지에 맥락화하여 추진하는 것이다.

  2026년이 되면 한국 국민의 20%가 노인이 되는 초고령 사회에 진입할 것으로 예측되면서 2019년 6월 커뮤니티 케어 시범 사업이 시행되었다. 커뮤니티 케어란 평소 살던 곳에서 개인이 욕구에 맞는 서비스를 누리고 지역사회와 함께 어울려 살아갈 수 있도록 주거, 보건의료, 요양, 돌봄, 독립생활의 지원이 통합적으로 확보되는 지역주도형 사회서비스 정책을 말한다. 소득, 보건의료, 요양, 복지, 주거를 비롯한 여러 영역에서 사회적 돌봄이 필요한 노인, 장애인, 아동 또는 그 가족 등을 대상으로 이들이 평소 살던 집이나 지역 안에서 자립적·독립적·개별적 삶을 영위할 수 있도록 지원하는 체계의 총체다. '서로돕는 지역사회'가 되어야 하는 것으로 기초지자체의 역할이 중요하며 지역 커뮤니티 구성원의 참여가 필수적이다. 자원봉사와 커뮤니티 참여는 봉사자와 커뮤니티 모두에 도움을 주는 것으로 알려져 있다. 커뮤니티 관련 문제들에 대해 관심을 갖는 것이 중요하며, 자원봉사 활동이 봉사자의 동기와 부합될 때 봉사자와 커뮤니티에 도움이 된다(Stukas et.al. 2016). 네덜란드는 자원봉사, 사회적 경제를 포함한 제3섹터가 발달되어 있어 커뮤니티 케어의 최적 조건을 갖추고 있다. 치매 마을로 우리에게 잘 알려진 네덜란드의 호그백의 경우 170명 정도의 치매 노인을 돌보기 위해 170여 명의 돌봄 인력과 140여 명의 자원봉사자 등 두 배 가까운 인력이 서비스를 제공한다. 네덜란드는 개인보건의료비의 급증, 인력 및 서비스의 질 확보 등의 문제로 2015년 장기요양제도 개혁을 단행했다. 개혁의 핵심은 시설입소 대상자 수를 제한하여 재정적 문제에 대처하고 재가서비스를 강화하는 것이다. 여기서 재가서비스는 커뮤니티 케어 중심으로 제공되는데 지역사회의 간호사와 돌봄인력, 자원봉사자가 예방, 돌봄, 가정간호 등의 통합된 서비스를 제공하는 것이다.

2. 시민민주주의와 커뮤니티 민주주의

네덜란드는 강한 사회와 지방자치의 전통으로 권력의 사회적 공유와 분산이 비교적 일찍 이루어져 왔다. 네덜란드 민주주의의 역사가 개인의 자유 중시, 기둥화와 엘리트에 의한 자치, 강한 시민사회의 특징을 가졌고, 국가와 정치영역이 강하지 않았기 때문이다(Velde 2019). 네덜란드의 자유로운 개인과 강한 사회는 중앙 차원의 정치와 대중민주주의보다 지역 차원의 시민 참여와 민주주의를 발전시켜왔다. 2차 세계대전 후 중앙 차원의 정치와 제도, 사회 코포라티즘이 발전해 왔지만 지역 커뮤니티는 여전히 견고하고 중요했다. 지역주민들에 의한 커뮤니티 민주주의가 잘 작동하여 권력의 사회적 공유와 분산이 실현되어 왔기 때문이다.

2013년 네덜란드 사회의 비전으로 채택된 '참여사회'를 촉진하고 실현하기 위해 네덜란드 정부는 시민참여를 적극적으로 지원하고 있다.7) 지방정부는 자원봉사, 환경캠페인, 돌봄협동조합, 지자체의 의사결정 참여 등 지역사회의 삶의 질을 향상시키는 다양한 활동에 참여하는 시민단체와 시민들을 지원하고 협력하고, 중앙정부는 시민참여와 기초지자체 간 민주적 협력을 촉진하고 지원하는 것이다. 더 많은 사람들이 지역사회에 주도적으로 참여하면서 사회가 중심이 되는 방향으로 정부와 사회의 관계가 변화하고 있다고 한다. 시민과 정부가 함께 더 나은 방안을 찾고 같이 일하는 새로운 방식의 '두-어크러시(Do-ocracy)'8)를 실천하는 것으로 지역 차원에서 시민 스스로 통치하는 민주주의, 커뮤니티 민주주의, 로컬 민주주의(local democracy)를 실현하는 것이다(Lachapelle & Rios 2018; Bogason & Sandra Kensen et.al 2004). 네덜란드 정

---

7) https://www.government.nl/topics/active-citizens/citizen-participation.
8) 2000년대 들어 등장한 '두-어크러시(Do-ocracy)'는 민주주의를 뜻하는 democracy에 '한다'는 뜻의 'do'를 합성한 단어로 개인적으로는 자기주도 삶, 집단적으로는 공유하는 독립적인 삶, 지역사회 차원의 커뮤니티 민주주의를 의미하지만, 지역마다 집단마다 다양한 형태의 두-어크러시가 있다.

부는 다양한 포럼과 기관을 통해 시민참여를 지원하는데 프로데모스(ProDemos)와 모비시(Movisie)가 대표적이다. 프로데모스는 민주주의와 법치주의를 촉진하기 위한 조직으로 민주주의, 사회, 정치의 문제들에 더 많은 사람들이 관심을 갖고 관여하도록 하는 포럼이다. 국가지식연구소인 모비시(Movisie)[9]는 다양한 사회문제에 대한 포괄적인 연구지식과 종합적인 해결방안을 제공함으로써 '독립적인 시민의 사회(society of self-reliant citizens)'를 목표로 한다. 전문가들과 자원봉사자들의 지식과 노력을 통해 도움이 필요한 사람들에게 사회적 안전과 연결망을 제공하고 힘과 용기를 주어 긍정적인 변화를 이루게 하는 것이다. 사회영역은 지속적으로 변화하면서 정부, 전문가, 시민 간 다양한 관계를 만들어 변화하는 사회에 맞는 지식이 필요하게 되고 이에 전문가들의 맞춤형 조언과 상담, 효과적인 실천방안을 제공하는 것이다. 모비시는 시민사회단체, 지방정부, 사회적기업가, 시민운동 등을 지원하고 이들 조직과 전문가들의 역량을 강화하여 사회에의 기여를 최적화하는 것이다.

네덜란드에서 정치인들과 정책입안자들에게 새로운 유행어가 된 두-어크러시는 적극적인 시민의 참여로 사회의 변화에 기여하려는 정치적인 행위이자 직접민주주의의 한 형태이다(Metze et.al 2014). Do-ocracy는 민주주의의 혁신이라는 것이다. '스스로 하는 시민들(do-it-themselves citizens)'에 초점을 둔 Do-ocracy는 아래로부터 스스로 하는 시민들과 도움이 필요한 사람들이 뭔가 하도록('doing') 지원하는 것을 핵심으로 한다. 1990년대 이후 대부분의 유럽 나라들에서 복지개혁과 긴축재정, 민영화, 분권화 등이 나타나면서 지역사회와 지방정부의 역할이 커져왔다. 이에 기초지자체들은 지역의 조직 및 시민들과 함께하는 협치 거버넌스를 발전시켜왔다. 협동조합, 비영리단체, 시민참여 확대 등 다양한 조직의 참여와 지역 활동을 통해 일자리 창출, 사회서비스 생산 및 제공, 사회적 네트워크 강화 등을 담당했던 것이다. 중요한 것은 Do-ocracy나 협치 거버넌스 모두 사회적 신뢰와 투명성에 기반한 개방적, 수평적 분권화여야 한다는 점이다.

복지개혁과 분권화, 이민문제와 다문화는 지역사회의 결속에 갈수록 중요한 영향을 미치고 있다는 점에서 네덜란드의 새로운 참여사회 비전과 사회통

---

9) https://www.movisie.nl/en 참조.

합 노력은 중요하다. 이러한 변화는 네덜란드 비영리영역의 역할을 더욱 확대하고 있다. 역사적으로 중요한 기능을 담당해온 네덜란드 비영리영역은 민간주도, 기둥화, 비영리단체전달-공적지원의 사회서비스 구조의 전통을 혁신하여 새로운 환경에 대응하고 있다. 사회서비스 전달 기관과 시민사회 단체 간의 상호 인정과 수평적 관계는 협력을 증진하며 비관료적이고 비상업적인 제3섹터 조직의 중요성을 강조하게 된다. 네덜란드의 시민사회 단체와 비영리 서비스 단체는 각각 정체성과 역량이 강하며, 이러한 성격이 네덜란드 제3섹터를 활성화시키고 촉진시킨다. 투명성과 책임성에 기반한 아래로부터의 역량강화와 높은 신뢰('bottom-up empowerment/trust')는 네덜란드 제3섹터의 특징이다. 공공 사회서비스의 탈기둥화에서 (비영리)민영화로의 변화, 공공(비영리)과 민간(영리)의 하이브리드로 새로운 비영리조직이 등장하면서 제3섹터의 경계와 구조는 변화하고 있다. 지방정부가 운영해온 공공 주택조합이 비영리 민간단체로 전환되는 것도 이러한 변화의 중요한 사례이다.

이와 함께 2010년대 들어 사회적기업운동에 힘입어 사회적기업들이 지속적으로 증가하고 있다. 정부에서도 사회혁신을 제고하여 사회를 강화시키고 새로운 경제 활성화를 위해 사회적기업을 지원하고 있다.10) 사회적기업을 혁신적인 사회적 스타트업(social start-ups)으로 육성하여 더 나은 경제를 만드는 것이다. 사회서비스 영역에서의 하이브리드 조직뿐 아니라, 영리와 사회적 가치를 동시에 추구하는 사회적기업들도 제3섹터와 밀접하게 연관되어 있다. 지속가능발전 개념이 확산되면서 제3섹터는 지역사회 차원에서 지속가능발전에도 크게 기여해왔다. 친환경 국가로도 유명한 네덜란드는 환경친화적인 제도와 정책을 만들기 위해 적극적으로 노력해 온 생태복지국가이다. 이 과정에서 중앙정부는 조정자의 역할을 하고, 기업, 이해당사자, 지역사회와 시민 등 이해집단들이 자발적으로 참여하고 협력하여 정책을 수립해왔다. 네덜란드 정부와 시민사회 모두 극단적인 환경주의보다 온건한 공리주의적 관점을 보여주었다. 오늘날 재생에너지 부문에서도 중앙정부의 지원보다 급진적 아이디어로 지속가능한 실천을 해온 풀뿌리 이니셔티브와 '커뮤니티의 힘

---

10) 사회적기업 플랫폼인 '네덜란드사회적기업(Social Enterprise NL)은 회원 관리 및 사회적기업을 소개하고 있다(https://www.social-enterprise.nl/onze-leden).

(community power)'이 중요한 역할을 하고 있다(Kooij 2018). 환경 영역에서도 폴더모델의 특징인 협의와 사회적 합의가 적용되어 왔던 것이다.

반면, 네덜란드의 시민참여가 진정한 민주주의, 특히 인민이 권력을 갖는 대중민주주의를 가져오는 것은 아니라는 주장도 있다. 시민참여가 민주주의에 중요하기는 하나 필수적인 요소는 아니고, 오히려 역사적으로 볼 때 대의민주주의를 지지하고 강화하는 수단이었다는 것이다. 오늘날에도 시민참여는 확대되었지만 실제 역할은 제한되어 있으며, 결국 의사결정은 정부가 한다고 본다. 그럼에도 시민참여는 민주주의에 여러 긍정적인 영향을 준다는 점은 인정하고 있다. 시민참여는 많은 사람들로 하여금 공적문제에 더 책임감을 느끼게 만들고, 공적 참여를 활성화시키며, 다양한 의견을 경청하게 만들고, 결정들에 대한 정당성을 높이는 데 기여한다는 것이다. 그러나 모든 관련 집단과 이해관계자들이 대표되는 것은 아니고 배제되는 집단들이 있다는 점에서 문제라 할 것이다. 더구나 시민참여는 결코 만병통치약이 아니며 오히려 높은 기대가 실망으로 나타나기도 한다는 것이다. 따라서 지역 차원의 생동하는 견고한 민주주의를 위해서는 권력을 가지고 의사결정에 직접 참여하여 목소리를 내는 것도 중요하지만 이 보다 더 중요한 것은 민주적 시민성의 가치와 실천이라고 한다(Michels 2006; Michels & De Graaf 2010). 민주적 시민성은 민주주의 가치와 규범을 각 개인들이 내면화하고, 공적 참여로 지역의 문제를 논의하고 협력을 실천하는 것이다. 결국, 각각의 민주적이고 독립적인 개인과 이러한 개인들에 기반한 사회공동체가 중요하며 이는 규범 권력과 규범적 헤게모니의 토대로 작동할 것이다.

네덜란드는 국가적 위기나 전사회적 도전에 대처하는 데 시민사회가 중요한 역할을 해온 대표적인 나라이다. 역사적으로 형성된 네덜란드 시민사회의 특성은 사회적 유대(social bonds)와 시민사회 네트워크의 전통, 실용주의적 정책 등이다. 비영리조직(NPO)의 역할과 사회적 지위가 강해 '네덜란드의 중원(Dutch midfield)'이란 용어는 바로 사회의 비영리활동 영역을 지칭한다. 시민성(civility), 시민적 가치는 거대한 규범이기 보다 법지키기, 다른 의견 이해하기, 타인들 돕기 등으로 나타났다. 네덜란드 비영리영역의 역할은 사회서비스를 제공하는 것 이상이다. 문화, 스포츠 레저, 어드보커시(advocacy), 국제연대, 환경, 종교, 자선 및 자원봉사 등에서 비영리단체들의 활동은 공공담론 형성,

지역 커뮤니티 만들기, 시민참여 등을 통해 사회적 연대와 민주주의 실천에 기여한다. 네덜란드의 제3섹터와 자원봉사는 2008년 글로벌 금융위기와 난민위기 이후 사회·경제적 어려움과 재정압박의 시기에 사회경제적 문제 해결과 시민 참여를 위한 특별한 '재활용 자원(renewable resource)'이 된다고 한다(Enjolras 2018). 이미 제3섹터와 자원봉사가 오랜 기간 경제발전, 복지서비스와 사회자본, 인적개발 등에서 매우 중요한 국가적, 사회적 자원이었고, 새로운 사회경제적 환경에서 이들에게 또 다른 역할을 기대하고 있는 것이다.

네덜란드는 역사적으로 '필라정치(politics of pillars)', '사회정치(social politics)', '사회재벌'이라는 현상이 보여주듯이 권력의 사회적 공유와 분산이 이루어져 왔다. 오늘날 네덜란드의 참여사회와 커뮤니티 민주주의는 이러한 권력의 사회적 공유와 분산의 전통을 지속, 강화하는 것이다. 권력의 사회적 공유와 분산(division of power)이란 소수의 국가기관과 권력 엘리트의 권력에서 사회 전체의 모든 영역과 구성원들의 권력으로 이동하는 것이다. 자본의 권력도 마찬가지로 이해관계자 모델에서처럼 오너와 CEO의 권력이 이해관계자들에게로 분산되는 것이다. 이러한 권력의 사회적 공유와 분산은 지속가능한 폴더모델과 네덜란드 민주주의를 지키는 중요한 기초가 되고 있다. 네덜란드의 민주주의는 그 범위가 넓고 깊이가 깊다. 개인의 모든 자유와 사회적 다양성이 최대한 보장되고, 독립적인 개인과 자율적인 강한 사회, 사회적 규범과 신뢰, 투명하고 공정한 사회경제구조, 높은 수준의 복지와 소득평등 등이 그것이다. 자유민주주의, 사회민주주의, 시민민주주의가 모두 높은 수준에서 실현되고 있는 것이다. 강소국이자 중견국인 네덜란드의 강점은 바로 이러한 민주주의의 성숙과 지속가능한 폴더모델에 있다. 폴더모델 또는 네덜란드 사회 코포라티즘의 안정성과 지속성은 무엇보다 주체적인 강한 개인과 자율적인 강한 사회에 기반하고 있다. 역사적으로 종교의 자유와 스스로의 통치를 위한 독립 국가를 위해 투쟁했고 경제활동의 자유가 활성화되었으며, 이 모든 것들이 개인의 자유와 권리라는 민주주의의 가장 중요한 원리를 사회에 견고하게 뿌리내리게 했던 것이다.

2008년 글로벌 금융위기를 계기로 자본주의와 세계화에 대한 다양한 대안이 제시되어 왔다. 탈세계화, 인간의 얼굴을 한 자본주의, 자본시장 규제, 기본소득, 사회적경제 등이 그것으로 이미 2008년 이전부터 주장된 대안들이다.

이러한 대안들은 사실 칼 폴라니(Karl Polanyi)가 주장한 '사회에 내재된 경제(embedded economy)', 사회의 자기보호, 지역경제 개념과 같은 것으로 인간개인의 삶과 지역적 차원을 중시했다. '사회'를 보호하고 살려야 한다는 것은 인간을 살리는 것이며, 이는 사회를 국가와 시장에 종속시키지 않는 것이다. 국가와 시장이 사회 안으로 들어와야 한다는 것은 진정한 민주주의, 민주주의 발전의 핵심은 '민주주의를 사회적이게 하는(making democracy social)' 것이기 때문이기도 하다. 인간의 경제를 시장 형태로 동일시하는 경향을 비판한 칼 폴라니는 실체적 경제, 즉 '인간의 살림살이'를 위해 사회가 국가와 시장에 영향을 미칠 수 있어야 한다고 강조했다. 국가, 시장, 가계, 비영리를 포괄하는 '사회'와 공존의 경제를 주장하는 레이워스의 '도넛경제학'도 폴라니의 주장과 연계된다(Raworth 2017). 네덜란드의 커뮤니티 민주주의가 폴라니의 거대한, 급진적인 역사적 이론과는 거리가 있지만 독립적인 개인과 강한 사회를 위한 작은, 점진적인, 미시적 민주주의를 활성화하고 강화하는 것은 분명하다.

4
한국사회와 사회적 자유주의
강한 개인 강한 사회 민주주의

제11장
강한 개인 강한 사회 민주주의

1. 개인주의와 사회적 자유주의 — 주체성 다양성 자율성

민주화 35년을 맞은 오늘날, 한국사회에서 진보진영을 포함하여 개인과 시민 담론이 부쩍 강조되고 있다. '자유로운 개인들의 연합'(강정석 외 2022), '독립적이고 자율적인 개인들의 연대를 위하여 가족지원에서 개인지원 복지국가'(이태수·이창곤 외 2022), '개인주의를 권하다'(이진우 2022), '개인주의자 선언'(문유석 2022), '시민정치'(김의영·이현정 편 2019; 송호근 외 2022) 등이 그것이다. 이들 담론은 개인 중시, 개인들의 연합, 사회와 국가의 대등한 균형적 관계, 국가권력에 대한 사회적 견제 등을 주장한다. 소수를 제외하면 오랫동안 정치적으로나 사회적으로 '개인주의'에 대해 긍정적이지 않았던 한국사회에서 개인주의를 권하고, 개인주의자가 되라고 강조하는 것이다. 왜일까? 건국 이후 최근까지 우리는 민족주의적 성격의 국가중심주의와 공동체주의적 집단주의 속에서 살아왔다. '국가가 요구했고 대부분의 '국민'도 따르고 동의했던 것이다. 이러한 국가중심주의에 비판적이거나 코스모폴리턴적 관점에서 국민보다 시민이라는 용어가 사용되기도 하였다. 시민은 시민성을 함축하는 개념으로 선진 민주사회의 핵심 구성요소이다. 중요한 것은 자유롭고 주체적인 강한 개인이 먼저 되어야 시민이 될 수 있다는 점이다. 주체성과 다양성과 자율성을 내면화한 '시민 개인'이 민주사회의 진정한 구성원인 것이다. 국가는 개인의 자유권적 기본권과 사회·경제·문화적 권리의 보장을 통해 강한 개인의 조건을 제공해야 한다. 이러한 개인들로 하여금 공적 자각과 책무감을 갖도록 사회규범이 작동될 때 개인은 시민으로 탄생하고 자유로운 시민 개인들에 의한 민주 사회가 가능해지는 것이다. 따라서 시민은 항상 강한 개인이어야 하고, 이러한 개인들에 기반한 사회공동체는 민주적이고 자율적인 즉, 강한 사회가 되는 것이다. 우리는 여전히 사상의 자유, 정치활동의 자유가 제한되어 있고, 권리의 보장이 미흡하다. 젊은 세대들은 집단주의에 거부감을 보이지만 사회적으로 개인주의는 환영받지 못하고 있다.

개인의 자유와 권리, 주체성과 자율성을 중시하는 개인주의는 자유주의와 한 쌍을 이룬다. 그런데 보수적인 한국사회였고 자유민주주의의 정체(政體)를 가졌지만 한국사회는 자유주의에 대해서도 지금까지 별로 우호적이지 않았다. 그렇다고 한국사회가 사회적 연대에 기반한 민주적 공동체였다고 보기도 어려울 것이다. 사실, 한 인간의 주체이자 사회의 실체인 '개인'은 매우 중요하다. 개인의 자유와 권리 확대는 독립적인 개인들 간 상호 대등한 '서로주체적' 관계를 가능하게 하여 '서로주체적' 통합, 즉 민주적 공동체를 만들 수 있기 때문이다. 강한 개인과 강한 사회는 국가권력, 자본권력 등 모든 지배하는 권력을 견제할 수 있고, 시민참여와 시민책무에 기반하여 다양한 영역과 차원의 시민 정치를 실현할 수 있게 만든다. 근대 서구의 민주주의와 혁명의 역사는 개인의 자유, 즉 기본권적 자유와 사회·경제적 자유를 얻으려는 노력과 투쟁의 과정이었다. 네덜란드와 스웨덴 사례는 개인의 자유와 권리 확대를 통해 사회적 연대에 기반한 민주적 공동체를 만들어 왔다는 점에서 우리에게 중요한 함의를 준다. 네덜란드의 사회적 자유주의와 스웨덴의 사회민주주의가 그것이다. 네덜란드의 사회적 자유주의는 자유주의의 가치는 물론 평등과 연대의 사회민주주의적 가치도 내포하고 실현해 왔다는 점에서 중요하다. 정치권력은 물론 모든 권력으로부터의 자유를 강조하고 사회적 자유를 중시하는 진보적 자유주의, 즉 사회적 자유주의는 모든 개인이 평등하게 누려야 할 적극적 자유를 추구하는 것이다. 이러한 개인의 자유를 위협하는 정치권력, 자본권력 등 모든 거시, 중간, 미시적 차원의 공사(公私) 권력을 제한하고 통제하는 것이 진정한 민주주의라고 보는 것이다.

네덜란드의 개인주의와 자유주의는 잘 알려져 있다. '더치 페이'(정확하게는 'going dutch')와 세계 최초 안락사 합법화(2001년)가 이를 잘 보여준다. 스웨덴 개인주의도 사실 매우 유명하다. 스웨덴의 개인주의는 일단 '과묵함(Swedish silence)'과 '혼자는 강하다(alone is strong, ensam är stark)'라는 격언이 잘 보여준다. 호프스테드 문화지표에 의하면 스웨덴은 71%로 강한 개인주의 성향을 보인다(Hofstede Insights 2018). 세계 최대 국외거주자 커뮤니티인 인터네이션(InterNations)에 의하면 스웨덴인은 사귀기 힘든 사람들로 외부인들에게 인식되고 있다. 세계가치조사(The World Values Survey, WVS)에서도 스웨덴은 강한 개인주의 성향의 나라로 분류되고 있고, 유럽연합 통계기관(Eurostat)에 의하면 스웨덴은 1990년대부터 1인가구 비중이 50%를 넘어 유럽연합 회원국 중 가장 높다. 수세기 전부터 젊은이들이 타 지역으로 일하러 간 데서 비롯되었다는 1인가구는 20세기 들어 관대하고 보편적인 복지국가로 인해 지속적으로 증가해 왔다. 보편적 복지로 누구에게도 의존하지 않는 개인적이고 독립적인 삶이 가능해지면서 나타난 '국가 개인주의'의 영향이 그것이다. 자신과 가족을 중시하는 문화로 식사는 각자(개인 또는 가족)가 해야 한다는 사고도 강하다. 이러한 문화로 인해 사적(민간) 도움보다 공적 도움을 우선시한다. 기업이든 공적 영역에서 사적 고려나 연고는 사실상 존재하지 않으며, 사적·공적 영역에서 개인의 프라이버시는 매우 중요한 가치로 간주된다. 최소한 1-2주 전에 약속해야만 친구나 친지 집을 방문할 수 있을 만큼 스웨덴 개인주의의 '명성'은 유명한데 그만큼 독립적인 강한 개인을 중시해왔던 것이다. 2020-21년 코로나 팬데믹 상황에서 거리두기를 규제하지 않았던 것도 이러한 '홀로 문화'와 관계가 크다.

중요한 것은 스웨덴 개인주의가 평등주의 및 합의주의와 함께 한다는 점이다. 스웨덴인들은 '튀지' 않고 남을 배려하며 합의를 중시하고 다양한 사회 커뮤니티 등 집단에의 소속감도 강하다.[1] 자신을 존중하는 만큼 타인도 존중한다는 평등주의 사고는 스웨덴의 오랜 문화이다. 스웨덴과 네덜란드의 개인주의는 각 개인의 독립과 주체, 자유와 자율을 중시하는 것이다. 높은 세금을 수용하고 봉사활동을 포함한 다양한 지역사회 활동에 참여하고, 인정과 연대의 가치를 내면화하며, 장기적이고 공동체적 관점을 중시한다는 점에서 이들의 개인주의와 자유주의를 '이기주의'로 보기는 어렵다. 권리의 주체로서 사회적 책임의식을 갖는 '진정한 개인', '강한 개인'이라는 긍정적 의미의 개인주의인

---

1) 노르딕 지역의 '얀테의 법칙(Jantelagen, Law of Jante)'이라는 사회규범, 스웨덴의 '라곰(lagom)' 문화가 대표적이다. 라곰은 소박하고 균형 잡힌 생활과 공동체와의 조화를 중시하는 삶의 경향을 말한다.

것이다. 오늘날 자유주의는 좌파는 물론 우파로부터도 도전을 받고 있다. 우파에서는 자유주의가 경제적 자유를 제약하고 소수자를 옹호한다는 점에서, 좌파에서는 자유주의가 보편성을 옹호하고 특수성과 정체성에 무관심하다는 점에서 자유주의를 공격한다. 그 결과 시민사회가 갈기리 파편화되고 민주주의에 위험성이 증대된다고 한다(Fukuyama 2022). 따라서 자유주의가 보편적 가치와 규범을 중시하고, 민주적인 시장경제를 추구하며 소수자를 옹호한다면, 즉 사회적 자유주의의 성격을 갖는다면, 자유주의는 21세기에도 민주주의와 강한 사회를 위한 핵심 요소가 될 수 있다. 이에 한국사회에서 사회적 자유주의(Social Liberalism)의 가능성에 대해 살펴보고자 한다.

'자유주의는 진보적일 수 있다' — 진보적 자유주의, 사회적 자유주의

자유주의는 진보적일 수 있다(최태욱·이근식·최장집 외 2011). 20세기의 진보적 자유주의 또는 사회적 자유주의가 그것이다. 사회적 자유주의는 1980년대 이후 스웨덴을 포함한 유럽 국가들에서 사회민주주의와 신자유주의 사이의 '제3의 길' 노선이기도 하다(Oudenampsen 2021). 전후 네덜란드와 스웨덴의 민주적 시장경제 또는 사회적 시장경제, 복지 자본주의는 모두 조정시장경제 체제와 이해관계자 모델을 실현했는데 이는 사회적 자유주의 이념과 크게 다르지 않았다. 특히, 네덜란드의 20세기는 사회적 자유주의 그 자체였고, 스웨덴은 1930년대부터 1970년대까지 개혁적인 노동정치와 사회민주주의를 구현해 왔으나 1980년대부터는 사회적 자유주의의 성격을 갖게 되었다. 네덜란드의 자유주의는 전전은 물론 전후 시기인 1945-58년에도 강했고, 네덜란드의 관대한 보편적 복지국가 발전에도 기여했다(Mellink 2020). 1차 세계대전 이후부터 지금까지 대표적인 사회적 자유주의 국가인 네덜란드는 합의제 민주주의와 보편적 복지국가, 노사합의와 연대임금, 높은 소득평등 수준 등 사실상 사회민주주의가 추구해온 성과들을 이루어왔다.

2000년대 들어 스웨덴 사회민주당의 지지율이 크게 낮아지면서 중도우파와의 연정으로 사회민주당은 중도적인 성격을 갖게 되었다. 1980년대 이후 스웨덴은 자본시장 개방, 자유주의적 연금개혁(주은선 2005), 노인요양서비스 민영화 개혁(신정완 2021) 등 기존 사회모델을 개혁하여 사회적 자유주의로 이동해왔다고 볼 수 있다. 사회민주당의 경제정책 노선이 통화주의와 시장자유화로 전환했고, 사회정책에서도 분권화와 민영화가 이루어졌다. 그 결과 소득 그 이상의 사회적 불평등이 진행되면서 이전의 사회적으로 평준화된 삶(주거, 교육 등)이 지속적으로 분화되어 왔다. 스웨덴 사회민주당과 네덜란드 노동당의 선거정치에서의 후퇴와 신자유주의 노선이 뚜렷해졌지만 이 두 나라에서 이루어져온 사회·경제적 성과는 여전히 중요한 의미가 있다. 정치적 합의, 시장의 효율성과 공정성, 분배와 복지, 노사협력, 정부의 조정 역할 등이 여전히 작동하기 때문이다. 20세기의 네덜란드에서 보듯이 사회적 자유주의는 이해관계자 모델의 민주적 시장경제도 잘 실현할 수 있다. 민주적 시장경제를 이루기 위해서는 제도와 정책으로 시장에 대한 정부의 민주적 개입과 조정이 효과적이고 지속적이어야 하는데 이는 무엇보다 합의제 민주주의와 최소한 사회적 타협, 계급연대를 필요로 한다.

역사적으로 사회적 자유주의는 고전적 자유주의와 달리 사회·경제적 약자를 포함한 모든 시민의 빈곤, 차별, 소외, 배제, 공포로부터의 자유를 중시하고, 시장경제에 대한 국가의 적극적 개입을 주장하는 '새로운 자유주의(the New Liberalism)' 이념이었다. 소극적 자유와 적극적 자유의 조화를 추구했던 것이다. 새로운 자유주의는 19세기 후반 20세기 초 영국에서 출현한 것으로, 전환의 시대에 빈곤이나 극심한 빈부격차 등 당시 영국이 직면했던 사회문제들을 해결하기 위해 등장한 사회적 자유주의 이념이었다. 새로운 자유주의는 공공성 및 공동체와 분리되지 않는 '개인'을 설정함으로써 개인과 공동체의 합치를 추구하고, 국가와 개인을 구분하여 이를 대립적 관계로 바라보는 이분법적 사유를 극복할 수 있는 방안을 제시한다고 한다. 개인의 권리와 자유는 개인과 '공동체' 모두의 발전이 고려되었을 경우 정당성을 획득할 수 있다(박성진 2016). 17세기 종교전쟁과 민족주의를 거치며 발전한 자유주의는 법치주의와 평등이라는 기본원칙에 기반하였고, 개인의 자유로운 행복추구권을 강조한 매우 진보적인 이념이었다. 19세기 정치적 민주주의, 20세기 초 진보주의는 모두 자유주의에서 비롯되었고, 그 후 더 진보적인 사회민주주의가 정치적으로 강해지면서 자유주의는 약화되거나 중도우파로 자리매김했다. 20세기 초 유럽의 사회적 자유주의는 복지를 중시했고 온건 사회민주주의만큼이나 진보적이었다. 최소정부주의 혹은 경제적 자유주의를 앞세우거나 수용한 그 이전의 자유주의와 구분하기 위해 정부의 역할을 강조하는 사회적 자유주의의 사상을 진보적 자유주의라고 불렀다. 실질적 사회문제에 대한 현대 사회민주주의와 사회적 자유주의의 공통 해법은 적극적인 개입과 보편적 복지국가의 건설이었다.

19세기 말, 20세기 초 사회적 자유주의는 민주적 사회주의와 공통점이 있었다(최영태 2007). 두 이념 모두 자유를 중시하고 약자를 보호하고 국가개입의 범위를 확대시켜야 한다고 주장했기 때문이다. 19세기 후반 영국과 독일에서 등장한 사회적 자유주의와 사회민주주의는 자산의 불평등을 인정하면서 사회적 평등을 추구했다. 당시 대부분의 유럽 국가들은 산업사회로 이행 중에 있었고 부의 팽창과 자본주의의 발달이 진행되면서 양극화와 실업, 경기침체 등 여러 가지 사회·경제적 문제도 대두되었다. 정치적으로는 노동계급 및 사회주의 정당의 세력 확대 등 정치적 지형의 중대한 변화가 나타났다. 이러한 정치적, 사회경제적 변화는 자유주의 진영과 사회주의 진영 모두에게 변화를 요구하였는데 자유주의 진영에서는 자본주의 체제와 자유주의 이념의 기본 골격을 유지하면서도 개인에 대한 국가의 책임을 강화하는 방향에서 새로운 이론 모색이 나타났다. 홉슨과 홉하우스 등에 의해 사회적 자유주의 이론이 제시된 것이다.[2] 사회적 자유주의는 기본적으로 시장경제체제를 지지하면서 자본주의 내에서 빈부격차를 해소하고자 했다. 개인의 자산은 개인의 노력뿐 아니라 사회조직에 의해 획득되므로 자산의 사회적 차원을 강조하면서 국가를 통한 재분배를 정당화했다. 사회적 자유주의자들은 국가의 책임을 강조하면서 개인이 능력을 개발할 수 있도록 국가가 충분한 자원과 환경을 보장해야 한다고 주장했다. 동시에 개인들의 자유로운 경제활동을 전제로 하면서 개인의 책임도 중시했다. 2차 세계대전 직후 서독의 질서자유주 또한 사회적 자유주의와 유사하게 고전적 자유주의와 다른 개혁적 성격을 가졌다(이근식

---

2) 『자유주의의 본질』(원제 Liberalism. 1911)의 저자이자 사회적 자유주의의 창시자로 평가받는 레너드 홉하우스(L.T. Hobhouse 1864-1929)는 J. S. 밀의 영향을 받아 고전적 자유주의와 극단적 개인주의를 비판하고 개혁적인 사회적 자유주의를 주창했다. 홉슨 (J. A. Hobson 1858-1940) 또한 사회적 자유주의를 주장했는데, 그는 유명한 『제국주의론』(원제 Imperialism : A Study. 1902)을 통해 제국의 자본주의적 대외 침략을 강하게 비판했다. 마셜은 유명한 저작인 Citizenship and Social Class (1950)에서 시민권 이론을 정립했다.

2009). 질서자유주의는 전후 독일의 경제성장과 사회적 시장경제의 토대가 되었다. 20세기 중반 마셜(T. H. Marshall)의 사회적 평등을 위한 시민권 이론은 사회적 자유주의의 중요성을 상기시켰다.

시장경제와 복지국가를 추구한 '새로운 자유주의', 즉 사회적 자유주의는 한국에 새로운 대안으로 작용할 수 있다(최태욱·이근식·최장집 외 2011; 박성진 2016). 네덜란드와 스웨덴 역사에서도 알 수 있듯이 19세기의 정치적 민주주의, 20세기 초 진보주의는 자유주의와 밀접히 연관되었다. 영국의 자유당, 스웨덴의 자유당, 네덜란드의 자유주의 정당들에서처럼 20세기 초 복지제도의 도입을 주도한 사회적 자유주의는 온건 사회민주주의와 유사했다. 그럼에도 1980년대 이후 시장과 자본의 논리를 최우선해 온 신자유주의(Neo-liberalism)의 영향이 더해지면서 자유주의는 부정적 이미지와 함께 고전적 자유주의로 이해되기도 한다. 현실에서나 이론적으로 다양한 사회주의가 있듯이, 자유주의 사상도 매우 다양하게 발전해 왔지만 자유주의의 모순과 실패를 주장하는 관점도 있다. 무엇보다 자유주의와 국가주의가 함께 할 수 없다는 점을 주장하면서 국가개입을 수용하는 사회적 자유주의는 그 자체가 모순이며 따라서 실패하게 된다는 것이다(Deneen 2019). 그러나 자유주의는 개인의 자유와 자율성을 목표로 개인의 해방을 중시해 왔기에, 개인의 자유를 최대한 보장하려면 정당한 권력을 가진 국가의 역할이 확대될 수밖에 없다. 자유주의가 개인주의와 국가주의를 내포하기 때문에 자유주의는 실패한다는 주장은 자유주의를 고전적 자유주의나 자유지상주의로만 보고 사회적 자유주의와 같은 진보적 자유주의를 도외시한 것이다. 민주주의 국가에서 완전한 자유주의나 완전한 국가주의는 없으며, 자유주의를 훨씬 더 중시한다고 해도 국가의 역할이 사라지는 것은 아니다. 특히, 사회적 자유주의는 국가주의와 대립적이지 않고 오히려 개인의 사회·경제적 자유를 위한 국가의 역할을 강조한다.

한국사회에서 자유주의에 대한 편견과 부정적 관점은 오래되었고 매우 강하다. 이승만 정부 이래로 자유민주주의를 표방해온 보수정권들이 실제로 자유와 민주주의를 억압해 왔기 때문이다. 민주화 이후에도 소극적 자유와 형식적 민주주의를 넘어선 적극적 자유와 실질적인 민주주의는 제대로 실현되지 못하였다. 이러한 미완의 민주주의의 원인으로 자유주의가 지목되기도 한다. 자유주의는 '여유 있는 자들의 이데올로기'로서 다수의 복지를 의미하는 민주주의와 정치적 자유주의는 구분되어야 한다는 것이다(이나미 2020). 자유주의자들이 정치적 자유를 부르짖는 경우는 주로 그들의 재산권이 위협받을 때이며, 자유주의가 등장한 계기 자체가 유산자 계급이 자신의 재산권을 법적, 정치적으로 보장받기 위한 것이었다는 것이다. 이러한 역사적 배경이 있었다 하더라도 이러한 고전적 자유주의는 선진 민주복지국가들에서는 사실상 더 이상 존재하지 않는다. 이들 나라의 극우 포퓰리즘 정당들도 경제정책에서 국가의 역할을 강조한다. 고전적 자유주의, 2차 세계대전 후의 냉전 반공주의, 오늘날의 자유시장주의와 자유지상주의는 19세기, 20세기 초의 자유주의와는 다른 이념이다. 자유주의란 원래 만인의 자유평등과 법치주의, 입헌주의, 정치적 자유주의를 의미했고, 사회적 자유주의는 이에 더해 약자의 권리와 복지를 중시하는 이념이다. 자유주의에 비판적인 입장에서도 자유주의가 갖는 보편적인 원리이자 가치인 '개인의 자유'는 매우 소중하고 적극 보호되어야 한다고 말한다. 우리나라에서도 자유주의가 개인의 자유를 주장하지만 그것을 방치해 왔기에 개인의 자유를 적극 보호하기 위해서라도 자유주의가 아닌 다른 대안이 필요하다고 말한다. 이에 본 연구는 이러한 문제를 인식하고 강한 개인과 사회, 국가의 적극적인 역할에 기반한 사회적 자유주의를 검토하고 한국에서의 실현 가능성을 모색하고자 한다.

개인이 중시되는 사회와 민주주의의 실현

'한국은 개인이 없는 사회'라거나 '진정한 개인은 아직 존재하지 않는다'라는 관점은 일견 타당하다. 중요한 것은 어떻게 모든 개인으로 하여금 주체적인 '진정한 개인', '강한 개인'이 될 수 있도록 할 것인가이다. 더 중요한 것은 개인이 없는 건 아니라는 점이다. 우리나라 젊은 세대의 가치관이 개인의 자유와 권리, 취향을 중시하며 이미 개인주의 성향을 보이고, 청년 1인가구가 급증해 왔기 때문이다. 이에 더해 코로나 팬데믹의 비대면·비접촉의 '나홀로 시대'를 거치며 소비, 레저 등 대부분의 일상 영역에서 개인화, 개인주의 사고가 급속히 확대되고 있기 때문이다. 개인은 있는데 개인주의를 제대로 인정하지 않고 개인을 중시하지 못함에 따라 강한 개인, 진정한 개인으로 거듭나지 못한다고 생각된다. 예를 들어 북유럽 국가들의 개인별 보편복지와 달리 대부분의 정부 지원금(복지)이 가구당으로 지급되는 것도 그 하나이다. 강한 개인의 '함께, 따로', '나 홀로 삶'의 보장은 고립이나 개체화가 아니라 자유로움과 만족감, 성찰의 고독을 가능하게 할 수 있다. 울리히 벡(Ulrich Beck)은 21세기는 개인화의 시대라고 하면서 개인화의 위험성을 제기했지만, 개인이 보편화되어야 사회가 더 높은 단계로 발전할 수 있기에 개인주의를 권한다는 주장(이진우 2022)은 중요한 의미를 갖는다. 개인주의와 공동체주의는 분리되는 것이 아니라 서로 주체적으로 대등하게 함께 가는 것이며, 주체적이고 강한 개인에 기반한 강한 사회공동체만이 다양한 민주주의의 가치를 최대한 실현할 수 있을 것이라고 보기 때문이다. 자유민주주의 가치, 사회민주주의 가치, 시민민주주의 가치가 그것이다.

네덜란드와 스웨덴 민주주의의 특징은 이상을 낮추고 현실을 최대한 높여 이상과 현실의 괴리를 좁혀왔다는 점이다. 네덜란드는 원래 개인주의적이고, 실용적이고 현실적이었다. 스웨덴 또한 전통적으로 자유롭고 독립적인 개인들 간의 상호협력과 공동체를 중시해 왔고, 자유롭고 독립적인 강한 개인을 위해 포괄적인 보편복지와 정치 및 사회 참여를 촉진해 왔다. 스웨덴의 저명한 사회민주주의 이론가이자 재무장관을 역임했던 비그포르스(Ernst Wigforss 1881-1977. 1925-1926 & 1932-1949년 재무장관 역임)의 유명한 급진적인 '잠정적 유토피아' 개념은 미래사회의 총체적 모습을 제시하되 혁명의 이상에 집착하기보다 실현가능한 구체적인 정책을 만들고 실천하는 것을 중시했다. 사민주의자들이 추구하는 유토피아적 비전과 일상정치를 결합시키려 했던 것이다(신정완 2019). 비그포르스의 이상은 현실에서 '나라살림의 계획'이라는 경제사상과 자유와 평등이 조화를 이룬 복지국가 모델로 구현되었다. 최고의 이상에 집착하기보다 실현가능하고 당장의 문제를 해결할 수 있는 구체적인 전략을 구상했던 것이다. 네덜란드는 스웨덴과 달리 역사적으로 사회민주주의와 노동운동이 강하지 않았음에도 사회적 자유주의로 스웨덴과 유사한 분배와 복지의 사회경제적 성과를 이루어왔다. 스웨덴의 사회민주주의 복지국가도 계급연합과 정치연합으로 가능했고, 사회민주당은 노동계급뿐 아니라 다수의 지지를 얻기 위해 노력했던 것이다.

한국의 우파는 '자유'를 중시해왔다. 진정으로 개인의 자유를 중시한다면 정치·개인적 자유의 소극적 자유에서 더 나아가 적극적 자유인 사회·경제적 자유, 문화적 자유를 중시해야 할 것이다. 사회경제적 약자들이 겪는 존재론적 문제를 해결하고, 악화된 사회적 양극화를 해소하여 사회통합을 위한 최소한의 조건을 만드는 것이 그것이다. 또한, 진보·노동운동에 기반하여 강력한 '권력자원(power resources)'을 만들고 동원하려는 한국 진보진영은 이상을 앞세우기 전에 노노타협도, 노노협력도, 최소한의 연대임금도 실현되지 못하는 현실을, 보고 싶지는 않겠지만, 보아야 할 것이다. 수많은 사회경제적 모순을 해결할 장기적 동인을 더 성장한 노동운동에서 찾고자 한다면(노중기 2022), 허약한 노동정치의 현실에서 개혁에 대한 현실적인 실천력을 어떻게 확보할 것인지, 어떻게 민주주의를 심화, 확대시킬 수 있을 것인지를 고민해야 할 것이다. 중요한 것은 사회적 자유주의든 사회민주주의든 명칭이 아니라 무엇을 이루었는가, 무엇을 이룰 수 있는가이기 때문이다. '민주주의와 시장경제의 병행 발전'을 목표로 한 한국 최초의 진보적 자유주의 정치세력이라 할 김대중 정부와 노무현 정부 10년, 문재인 정부 5년의 공과를 객관적으로 평가하는 작업이 필요하다. 이는 중도··진보진영으로 하여금 자신들이 추구하는 가치의 구체적인 실현방안을 검토하게 하여 향후 진보세력 집권 시 모든 개인의 사회적, 경제적, 문화적 자유를 보장하는 데 필요할 것이기 때문이다. 더 중요한 것은 한국의 우파 또한 사회적 자유주의 수준의 개인의 자유와 권리를 달성해야 우리나라가 진정한 선진국, 글로벌 선도국이 될 수 있을 것이라는 점이다.

2. 강한 사회와 권력의 사회적 공유 및 분산

'촛불' 이후의 한국사회

"시민들은 민주주의의 문법에 무지했던 대통령의 '군주의 시간'을 중단시켰다", "'국가의 시대'가 마감되고 '시민의 시대'가 열렸다"(송호근 2017. 39). 2016-17년 겨울의 촛불시위로 2017년 봄에 대통령 파면과 정권교체가 이루어지면서 시민민주주의의 도래가 회자되었다. 수많은 시민들이 촛불시위에 참여했고, 이러한 촛불시위가 시민정치와 시민민주주의(civic democracy)를 만들었다는 것이다. 오늘날 시민정치(citizen politics)란 대의민주주의의 대표성의 위기로 인해 시민들이 직접 정치적 의사와 행동을 표현하는 것을 말한다. 따라서 시민정치는 민주주의에 생명력을 부여하고 현행 민주정치가 본래의 민주적 목표를 향해 가도록 시민적 긴장을 불어넣는 소중한 계기라는 것이다. 시민민주주의는 민주주의의 어떤 유형을 지칭하는 개념이 아니라 '시민적 가치'에 입각하고 시민적 동의와 참여를 존중하는 정치체제로, 시민의 자발적 참여와 책임에서 발원하는 '토크빌적 가치(Tocquevillian value)'에 충실한 민주주의라고 한다. 따라서 시민참여, 시민권, 시민윤리가 이러한 시민민주주의의 핵심 요건이라고 한다(송호근 2017. 44-45).

촛불혁명은 국가중심주의 모델의 지양을 요구했고, 시민적 주인의식으로 시민이 주체이고 국가가 객체임을 선포한 것이라고 한다(윤평중 2018). 한국의 시민들이 촛불'시위'를 통해 정치에 직접 참여하는 직접민주주의 또는 참여민주주의의 형태는 한국의 대의민주주의에 대한 불신과 혐오감이 크기 때문이다. 민주주의란 보다 많은 사람들이 참여할 때 보다 더 나은 형태의 민주주의를 구현할 개연성이 커진다는 논리를 받아들인다면, '촛불시민'의 민주적 참여와 평화적 시위는 매우 바람직하다 할 것이다. 가장 오랜 민주주의의 역사를 가진 유럽에서도 민주주의에 대한 현대적 도전을 다양하게 경험하고 있기에 민주주의의 핵심인 주권자 시민 개인에 대한 성찰과 논의는 한국 민주주의의 발전에 중요한 의미를 줄 수 있다. 민주주의 제도의 구축보다 훨씬 힘들고 시간이 요구되는 '사고와 인식과 행태'의 변화에 대한 고민이 필요하기 때문이다(조홍식 외 2014. 6-8). 시민민주주의의 출발점은 '주권을 행사한다는 주체의식, 정치권력에 영향을 미칠 수 있다는 참여의식, 정치적 운명에 공동책임을 진다는 책임의식의 분출'(송호근 2017. 44)이라는 점에서 '시민'의 '사고와 인식과 행태'에 대한 관심은 중요하다. 촛불혁명과 관련하여 개인의 중요성을 강조한 학자는 '자주적, 자강적, 자조적, 자립적 개인이 우리들 모두에게 마음의 습속이 되지 않는다면 한국의 민주주의는 앞으로도 주기적인 '민주주의 코스프레'나 간헐적인 '민주화 푸닥거리' 상태로부터 크게 벗어나지 못할 것이라고(전상인 2018) 말한 바 있다. 촛불시민들이 공동선과 공동체의 문제점에 관해 자신의 의견을 공개적으로 표명한 것은 맞지만 6년이 지난 지금

이러한 담론이 공공성을 강화하는 데 얼마나 기여했는지는 알 수 없다. '촛불시민'의 의식과 윤리가 과연 민주적 규범과 역량을 갖고 시민민주주의를 강화해 왔는지가 그것이다. 물론, 촛불혁명은 그 자체로 큰 의미가 있으며 정치적으로는 물론 사회적, 개인적 경험 차원에서 한국 민주주의, 특히 시민민주주의의 발전에 중요한 토대가 될 것이다.

시민민주주의는 EIU(Economist Intelligence Unit) 민주주의 평가 지수가 말하는 '완전한 민주주의(full democracy)'의 실현을 위한 중요한 기본적인 요소이다.3) 민주주의 자체가 궁극적으로 '인민의 지배'이자 '자기통치'이기 때문이다. 따라서 시민민주주의의 필요조건은 각 개인의 자유로움과 주체성을 함양하는 문화민주주의가 된다. '시민의 시대'와 시민민주주의는 그 사회와 시민들의 민주적 규범 수준에 의해 보장될 것이고, 사회와 개인의 민주적 수준은 문화민주주의와 밀접히 연관되어 있기 때문이다. 문화민주주의란 포용과 다양성, 문화생산 수단과 분배에의 평등한 접근을 말하며, 이러한 문화민주주의 없는 시민민주주의는 피상적일 수 있다. 우리나라의 '시민'이 노동계급 및 사회적 약자와의 사회적 소통과 연대를 추동할 역량이 있는가하는 의구심 때문이다. 시민민주주의란 정치와 권력, 민주주의 과정에서 '시민'이 핵심적 주체가 되는 것이 그 조건이라면 그 시민은 과연 누구이고 어떤 시민인가. '시민적 가치'와 시민윤리는 어떻게 만들어지고 구성되는가. 시민민주주의가 문화민주주의를 내재하거나 전제한 개념이라고 할 수도 있으나 현재 한국사회에서 논의되는 시민민주주의는 그렇다고 말하기가 어렵다. 한국사회에 만연한 다양한 차별과 배제와 폭력, 심각한 양극화와 사회적 불평등의 조건에서 시민민주주의의 도래를 선언하기는 어려울 것이라고 본다.

촛불시위는 그동안 누적된 사회경제적 불평등뿐 아니라 우리사회의 정치적, 사회적, 문화적 차별과 배제, 폭력이 중요한 요인이었다. 한국은 '일상에서

---

3) 영국 EIU의 '2020 민주주의 지수(Democracy Index 2020)' 보고서에 따르면 한국은 10점 만점에 8.01점을 받아 전 세계 167개 국 중 23위를 기록했다. 전년보다 0.01점 올라 2014년 이후 5년 만에 '결함있는 민주국가(flawed democracy)'에서 '완전한 민주국가(full democracy)' 대열에 복귀한 것으로 나타났다. EIU는 선거과정과 다원주의, 정부기능, 정치참여, 정치문화, 국민자유 등 5개 영역을 평가해 민주주의 발전수준 지수를 산출해왔다. 이 평가 지수는 소득평등 등 직접적인 평등민주주의 요소는 고려되지 않고 있다.

타인으로부터 존중받는다'는 느낌에서 세계 최하위권이고, 특히 한국인은 소득수준이 낮을수록 타인에게서 존중받지 못한다고 느낀다고 한다.[4] 경제적 불평등보다 더 심각한 것이 '경제적 불평등이 사람다움의 자격과 권리를 훼손하고 있다는 점'이며(심보선 2017), 이는 민주주의를 요구해온 시민들이 정작 일상에서 어떤 '사고와 인식과 행태'를 보이는지를 보여준다고 하겠다. 촛불시위와 대통령 파면, 촛불혁명 정부 5년에도 한국사회의 심각한 차별과 배제와 폭력과 비민주성은 사라지지 않았다. 결국, 문화적 요소, 즉 인성과 인격, 시민적 아비투스(habitus)와 민주주의 습관을 함양하는 교육·학습 및 문화의 힘이 중요한 것이다. 문화민주주의란 바로 이러한 교육·학습 및 문화의 힘을 말하며 이는 시민민주주의를 발전시키는 토대가 된다. 시민민주주의를 가능케 할 시민과 결사체의 힘, 참여와 연대의 힘, 신뢰와 사회적 자본, 사회의 민주성과 공공성은 문화민주주의 경험과 깊이 연관되기 때문이다(김인춘 2017). 상호인정에 기반한 서로주체적 사회통합과 분배에 대한 평등 규범과 철학이 학습되고 내면화되지 않는다면, 자유와 평등의 실천에 대한 일상적, 미시적 '작은 민주주의'가 구현되지 않는다면 시민민주주의는 한갓 외형적 트렌드에 지나지 않을 것이다. 따라서 문화민주주의의 사회적 구현은 시민민주주의는 물론 사회민주주의 가치의 사회적 구현에도 필요한 조건임을 네덜란드와 스웨덴의 역사적 경험이 보여준다.

권력의 사회적 공유와 분산

선진 민주주의 국가의 권력은 사회적으로 공유되고 분산되어 있다. 기본적으로 수많은 정치·사회적 결사체, 전문가단체, 대학, 협회, 언론, 노동조합, 공익재단, 비영리조직, 자원봉사단체 등으로 구성된 사회영역인 제3섹터의 규모와 역할이 크기 때문이다. 이들 단체와 조직들은 공공성과 전문성, 책임성을 가지며, 일부 전문가단체와 협회는 준정부기관의 역할을 하면서 정부의 정책결정에 중요한 영향을 미친다. 사회 각 영역과 부분이 공공성과 전문성, 자율

---

[4] 2013년 7월 5일 한국불평등연구회가 주최한 심포지엄에서 임채윤 김근태가 발표한 논문 ("A Better Life in First Class: Inequality in Experienced Well-being and Time Use in Korea") 내용으로, 심보선(2017)에서 재인용한 것임.

성과 책임성을 가지고 정부의 정책결정과 국가운영의 일익을 담당함으로써 권력이 사회적으로 공유되고 분산되는 것이다. 이러한 권력의 사회적 공유와 분산은 바로 뮐러가 말하는 민주주의의 본질이고(Muller 2021), 라잔이 강조하는 '제3의 기둥'의 역할이다(Rajan 2019). 대표적으로 미국, 독일, 영국뿐 아니라 스웨덴, 네덜란드 등 유럽의 강소국들이 그러하다. 이들 나라에서 말하는 권력 분산은 권력(행정)기관 간의 수평적·수직적 분산뿐 아니라 사회적 분산과 공유를 의미한다. 또한 권력기관의 권한은 기능을 위한 권한으로 권력을 위한 권한이 아니라는 점도 매우 중요하다.[5] 네덜란드, 스웨덴에서도 우파 민족주의 포퓰리즘 정당이 강하지만 기존의 민주주의 제도와 관행 내에서 활동하고 있다.

　일반적으로 선진 민주복지국가일수록 지방자치와 분권이 높은 수준에서 이루어지고 있다. 지방자치와 지방분권은 민주시민이 공적 영역에 보다 적극적이고 자발적으로 참여하여 공적 사안들에 영향력을 행사할 수 있는 조건이 되기 때문이다. 시민 참여의 통로가 마련됨으로써 교육 및 의료보건, 아동케어 등 사회서비스 제도들이 보다 세밀하고 효과적으로 자리잡을 수 있다. 연방제가 아닌 단일국가(unitary state)인 노르딕 국가들이지만 복지 분권화 수준은 매우 높다. 북유럽 국가들은 고세금과 고복지에도 경제의 생산성과 공공부문의 효율성이 높으며, 여성과 남성 모두 고용률이 높다는 특징이 있다. 복지에 대한 정책적 우선순위가 높고 재정에서 복지지출이 차지하는 비중이 매우 크기 때문에 복지재정 문제는 모든 정책의 중심이 되고 있다. 현금복지보다 다양한 서비스 복지에 재정지출을 집중함으로써 성장을 촉진하고 분배 기능을 강화해 왔다. 재정자원을 성장친화적이고 효율적으로 지출함으로써 결과적으로 재정이 경제에 다시 투입되게 하는 것이다. 보편적 사회서비스는 이러한 생산과 분배의 선순환을 가능하게 하는 복지의 기본이 되고 있다. 이는 북유럽 국가들이 고복지와 고지출에도 성장과 분배, 재정건전성을 달성하는 데 기여해 왔다. 스웨덴에서는 행정기구의 수평적, 수직적 분권화가 이루어져 있으며 각 기구의 기술관료 및 전문가는 사실상 독립적인 권한을 가지고 있다.

---

[5] 물론, '구세적(redemptive)' 성격의 민주주의(Canovan 1999)나 포퓰리즘 이론에서는 기능보다 권력이 중요하고 법치보다 정치가 중요하다.

기초지자체도 조세권(지방세)을 가지며 연금 등 사회보험을 제외한 모든 사회서비스와 교육, 보건의료 등을 지방정부가 관할한다. 네덜란드도 분권화 수준이 높아 지방정부가 복지서비스 등 많은 중요한 역할을 담당하고 있다. 이러한 복지 분권화에서 중요한 것은 지역사회의 기업(사회적기업 포함), 비영리단체, 협회, 자원봉사자 등 여러 단체 및 기관들이 직접 참여하여 서비스를 생산하거나 제공한다는 점이다. 이러한 복지믹스(mix)는 스웨덴에서는 1990년대 이후부터 나타났지만 네덜란드에서는 19세기 후반 기둥화로부터 시작되었다. 스웨덴의 고용서비스 및 민영화된 학교도 마찬가지이다. 따라서 복지분권화[6]도 행정의 분권화뿐 아니라 지역사회에서의 권력의 사회적 공유와 분산을 가져오게 한다.

오늘날 한국사회는 위로부터의 투명성(top-down transparency)과 함께 아래로부터의 임파워먼트와 사회적 신뢰(bottom-up empowerment and social trust)가 그 어느 때보다 절실한 시점이다. 이는 권력의 민주화, 권력의 사회적 공유와 분산을 위한 전제조건이 되기도 한다. 주체적인 개인, 강하고 자율적인 사회가 될수록 정치인이나 정치권력에 집착하거나 의존하기보다 시민 스스로의 힘과 영향력으로 정치인과 정치권력을 견제하고 통제할 수 있게 된다. 우리나라의 정치권력, 자본권력, 사회권력은 여전히 폐쇄적이고 불투명하다. 정치적, 제도적 민주주의가 완성되면서 중간(meso)조직 및 미시적 민주주의가 갈수록 중요해지고 있다. 국가와 사회를 구성하는 핵심요소인 중간조직은 정당, 기업, 언론, 대학, 전문가단체, 다양한 결사체 등으로 이들 조직의 민주주의가 미흡하고, 일상적 삶의 미시적 민주주의 수준도 낮기 때문이다. 조직의 폐쇄성과 비민주성, 일상적 배제와 혐오 등이 그것으로, 사회의 중간조직들이 각 분야에서 권위와 정당한 권력을 갖기 위해서는 조직 민주화가 중요하다. 선거와

---

[6] 일반적으로 지방분권화란 중앙집권화와 대비되는 개념으로 중앙정부에 과도하게 집중되어 있는 행정기능과 권한을 지방정부에 이양하여 지방의 자립과 자율화를 도모하는 것을 말한다. 복지 영역의 지방분권인 복지분권화는 복지서비스 공급책임 및 복지행정과 관련한 역할분권, 재정책임과 관련한 재정분권으로 나누어 볼 수 있다. 역할분권은 중앙정부, 광역정부, 기초정부에 각각 복지공급 책임을 어떻게 분담할 것인가의 문제이다. 복지분권화는 조세구조, 복지국가 발전 수준, 중앙정부-지방정부간 관계, 중앙정부의 관리 감독체제, 지방자치와 지방정부의 역량, 시민사회의 발전과 사회자본 등과 밀접한 관련을 갖는다.

투표만으로 민주주의가 완성되는 것은 아니기에 지방자치와 지방정부 차원의 민주주의도 마찬가지이다. 권력의 사회적 공유와 분산의 측면에서 지방정부의 권한과 역할이 확대되고 지방의 중간조직들이 필요한 역할을 하는 것이 중요하다. 전체적인 맥락에서 우리의 상황과 조건에 맞는 분권화를 해야겠지만 지방정부의 복지서비스가 갈수록 중요해지고, 지역경제의 활성화와 시민 참여 및 시민정치의 민주화를 위해 오히려 과감한 분권화와 분산이 요구된다고 하겠다. 지방분권의 의의는 지역민의 참여와 협치에 의한 '동네민주주의'(커뮤니티 민주주의, community democracy)의 발전을 가져오는 것으로, 이는 지방분권의 하부구조를 굳건히 하는 것이다. 주민들이 생활지역과 밀접하게 연계된 문제 해결과정에 직접 참여해 목소리를 내고, 이를 통해 주민의 삶의 질을 높이며 지역 커뮤니티의 정체성도 정립해 나가는 '동네민주주의'는 지방분권시대에 중요한 요소이다.

권력의 사회적 공유와 분산은 민주시민(의식)의 문제와 직결된다. '우리가 민주주의를 한다(We Do Democracy)'는 민주시민으로 참여민주주의와 동네민주주의를 실현하는 것을 의미한다. 한국의 투표율은 북유럽에 비해 상당히 낮다. 2018년 9월 9일 스웨덴 총선의 투표율은 87.1%로 한국의 대선(2017년 77.2%; 2022년 77.1%) 및 총선(2016년 58.0%; 2020년 66.2%)의 투표율과 비교된다. '2016년 촛불' 이후 직접민주주의에 대한 관심이 커졌지만 대의민주주의 하에서 제도적으로 가장 중요한 직접민주주의 방식인 '투표'에의 참여가 낮은 것은 민주주의의 여러 측면에서 문제가 아닐 수 없다. 최근 투표율이 높아졌지만 지방선거의 경우 더욱 심각하다 할 것이다(2018년, 60.2%). 정치에 대한 불신이 가장 문제이겠으나, 스스로 참여하는 주체성과 책임성이 미흡한 상태에서 지방분권이 과연 어떤 성과와 결과를 가져올 것인지도 생각해 보아야 할 것이다. 물론, 그 동안 지나친 중앙화로 인한 결과라는 주장도 가능하겠지만, 1995년 이래 지방선거를 통한 지자체장과 지방의회로 정치적 분권화의 수준이 크게 높아졌다는 점에서 설득력이 약하다 할 것이다. 오늘날 '시민(의식)이 바뀌어야 한다'는 인식의 전환은 이미 이루어져 있어 보인다. 다만 스웨덴과 네덜란드에서 보듯이, '교육'과 함께 '스스로의 학습과 즐거움'이 중요한데 스스로의 학습과 즐거움을 통해서만이 진정한 민주시민의 에토스가 형성될 것이기 때문이다. 스스로 배우고 성찰하며, 참여하는 민주시민이 민주주의를 지킨다고 한다.7) 자치분권과 시민참여가 확대될수록 권력의 사회적 공유와 분산, 그리고 민주주의는 확장될 수 있다. 결국, 한국의 시민 개인과 사회가 민주적이고 개방적이며 다양성을 존중하는 주체와 자율의 영역이 되는 것이 중요하며, 스스로 권력과 민주주의의 주체로서 (문화)민주주의 가치를 내면화하는 사회·문화적 토양을 가꾸는 노력이 필요할 것이다.

3. 민주화 35년, 권력과 민주주의의 민주화 ─ 분권화 개방화 투명화

민주화를 이룬지 35년이 되었다. 그동안 1987년 체제, 1997년 IMF체제, 2017년 촛불혁명체제 등 권력과 민주주의를 민주화할 중요한 변곡점들이 있었다. 권력과 민주주의를 민주화하려는 개헌 노력과 시도도 있었고, 이러한 노력과 시도는 지금도 지속되고 있다(강원택 2019). 수많은 전문가들이 한국의 민주주의와 권력에 대해 연구해 왔다. 이 주제는 매우 어려울 뿐만 아니라, 필자가 이에 대한 전문가도 아니기에 노르딕 국가들과 네덜란드의 경험에 비추어 간략히 서술하고자 한다. 노르웨이, 스웨덴, 덴마크, 핀란드 등 노르딕 국가들은 세계에서 민주주의 수준이 가장 높고, 권력이 '권력적'이지 않은 나라들이다.8) 권력을 투명화, 개방화하고, 민주주의를 민주화하기 위한 노력의 일환으로 '권력조사'9)를 국가적으로 시행하기도 했다(김인춘 2020). 보편적

---

7) EIU 평가 기준 수년 동안 세계 1위의 민주주의 국가인 노르웨이의 에이드스볼 (Eidsvoll, 오슬로 북쪽 위치)에 있는 '1814년 헌법센터'의 노르웨이 민주주의 이정표에 있는 내용이다. 헌법센터 부근 호숫가 숲 속에는 노르웨이 민주주의의 발전을 기념하는 10개의 이정표가 세워져 있는데, 이정표 1(1814)은 자유민주주의 헌법을 제정한 1814년을 기념하고 있다. 이정표 10(2064)은 2064년을 바라보며 'Does Democracy have a Future'를 묻고 있다.
 https://www.visitnorway.com/listings/eidsvoll-1814-norwegian-center-for-constitution/291/ 참고.

8) 2021년 EIU 민주주의 지수(Democracy Index 2021)에 의하면 국가별 순위는 노르웨이 (1위), 뉴질랜드, 핀란드, 스웨덴, 아이슬란드, 덴마크, 아일랜드, 타이완, 호주(공동 9위), 스위스(공동 9위), 네덜란드(11위)로 나타난다. 한국은 16위로 평가되었다.

9) 1972년 노르웨이에서 처음 시작되었고 스웨덴, 덴마크에 이어 마지막으로 2007-2010

복지국가를 비롯하여 높은 수준의 민주주의를 달성한 이후에도 노르딕 국가들의 정치인들은 스스로 권력과 민주주의를 성찰하고 혁신하기 위해 지속적으로 노력해온 것이다. 이들 나라의 '권력조사'는 공적인 자기성찰과 자기비판을 통해 권력이 투명하고 정당하게 행사되는지, 민주주의가 모든 시민의 권리와 자유, 정치참여를 보장하는지, 권력과 민주주의가 사회공동체와 정치공동체의 지속과 진보를 위해 작동하는지 라는 문제의식 하에서 시행되었다. 권력과 민주주의가 폐쇄성을 갖거나, 남용되거나, 집중되지 않도록 조사한 것으로, 권력의 분권화, 개방화, 투명화를 실현하려 한 것이다. 이는 또한 시민의 자유와 안정된 삶, 사회적 기회와 참여가 제대로 실현되고 있는지를 점검하고 확인하는 노력이기도 하다. 시민의 권리가 모두에게 충족되게 하는 것이 노르딕 민주주의와 복지국가의 목표이며, 모든 '권력'은 이에 복무하도록 하는 것이다.

촛불혁명으로 탄생한 문재인 정부 5년 동안 권력이 얼마나 투명해지고 열려졌는지 알 수 없지만 '청와대 정부', '특활비'를 비롯하여 여전히 폐쇄적이고 불투명하며 집중된 모습으로 나타난다(박상훈 2018; 최장집 외 2013). 민주화 35년을 맞은 지금 '선출된 권력' 담론과 정치적·제도적 민주주의만으로는 경제사회적으로 평등하고 공정한 실질적인 민주주의는 물론, 투명하고 열려있는 권력, 민주주의의 민주화는 요원하다. 3월 9일 대선 후 소위 '신구권력 정권이양을 보면 우리나라에서 권력과 민주주의의 민주화는 더욱 요원해 보인다. 진정 주권자를 위한, 주권자를 두려워하는 권력과 민주주의인지 의구심이 들기 때문이다. 권력과 민주주의란 정치 권력자를 위한 거창한 구호나 도구가 아니라 주권자와 사회공동체의 더 나은 삶과 진보를 위해 작동해야 하는 기능적 권한인 것이다. 노르딕 국가들에서 보듯이 이러한 권력과 민주주의가 작동되는 것이 곧 좋은 정치가 되는 것이고 좋은 사회가 되는 것이다. 권력이 투명하지 않고, 분산되어 있지 않고, 개방되어 있지 않을수록 권력은 오만해지거나 이용·오용·남용될 수 있고, '권력적'이 될 가능성이 매우 커진다.

모든 주권자를 위한 '투명하고 개방적이며, 공정하고 정당한 권력'이라는

년 핀란드에서 이루어진 광범위한 '권력조사(power investigation, maktutredninger)', '민주주의조사'가 그것이다. 정부·의회 및 학자집단 중심으로 공식적인 권력조사위원회, 민주주의조사위원회를 통해 진행되었다.

노르딕 국가들의 권력조사 정신(spirit)은 오늘날까지 노르딕 민주주의 규범과 시민문화(civic culture)에 내재되어 있다(Elmgren & Götz 2016). 노르딕 국가들은 1980-90년대를 거치며 기존의 보편적 복지국가와 경제사회적 정의, 정치적 책임성과 대표성에 더해 분권화, 다원주의와 정체성의 정치, 포용과 자유, 숙의민주주의와 참여민주주의, 권력의 분산과 개방성이 크게 강조되고 중시되어 왔다. 이러한 요소들은 세계화 시대, 민주주의 위기 시대에 새로운 정치·사회 거버넌스의 특징이 되었고 사회공동체의 새로운 서사(narratives)가 되었다. 이는 궁극적으로 '노르딕 민주주의 모델'을 지속·발전시키고, 민주적이고 개방적인 시민권력, 시민사회의 주체성과 자율성을 강화하는 것이다. 자유민주주의, 사회민주주의, 시민민주주의의 모든 가치와 목표들을 추구하고, 국가는 강한 시민, 자율적인 사회와 함께 권력을 공유하는 것이다.

민주주의란 공동의 의사결정을 위한 제도로 국가에서부터 마을의 조직에 이르기까지 모든 조직에서 작동되는, 작동되어야 하는 원칙이다. 어떤 사회적 가치를, 정책을 더 먼저, 더 중요하게 구현해야 하는지에 대해 공론의 장에서 이성적으로 논의하는 것이 민주주의이다. 스웨덴도 네덜란드도 20세기 초중반까지 보수적이고 권위주의적인 사회였다. 스웨덴은 1930년대 사회민주당 집권 후, 네덜란드는 2차 세계대전 후에야 탈권위적인 열린사회로 변화하기 시작했다. 사회갈등론에서 보듯이, 모든 사회에는 갈등이 존재한다. 갈등은 극한 대립과 적대적 투쟁으로 발전되기도 한다. 노르딕 국가들도 예외는 아니었지만 이들 나라에서 민주주의는 갈등, 타협, 협력을 통해 발전해 왔고, 권력은 상호견제와 민주적 통제, 투명화, 절제와 제한을 통해 민주화되고 정당화되어 왔다는 점이 중요하다. 일방적 다수결이 아닌 숙의민주주의, 타협과 합의의 정치로 분열과 극단의 정치를 막고, 권력의 사회적 공유와 분산으로 사회통합적이고 민주적인 정치를 이루어 왔던 것이다. 네덜란드는 오랜 독립투쟁 및 종교전쟁의 역사와 기둥화의 유산으로 일찍부터 시민의 참여에 의한 권력의 사회적 공유와 분산이 높은 수준에서 이루어져 왔다. 시민의 참여와 협치는 권력의 사회적 공유와 분산의 민주성과 정당성을 제고하게 된다. 자유, 평등, 포용, 분배, 다양성 등 민주주의 가치는 법제도를 넘어 사회문화적 차원에서 뿌리내리고 실현되어야 진정한 가치를 갖게 된다.

네덜란드와 노르딕 민주주의는 시민사회와 소통하고 시민의 참여를 촉진하며, 그 어떤 권위주의나 권위주의적 요소를 최소화해 왔다. 이와 함께 시민과 사회의 감시와 견제로 '더 개방적이고 반대의견에 관대한 정부'를 지향해 왔다. 중요한 것은 법과 제도적 차원의 민주주의는 물론 도덕적 규범과 성찰, 합의민주주의와 참여민주주의라는 시민문화와 정치문화로 개인의 권리와 자유, 사회·문화적 평등과 다양성의 가치를 이루어 왔다는 점이다. 권력은 나눌수록 더 커지고 공유할수록 더 민주적이라는 점을 노르딕 국가들이 잘 보여준다. 분권화는 권력을 공유하고 분산하는 것으로 권력의 투명성과 개방성을 촉진한다. 자각하고 스스로 통치하는 시민 개인, 사회경제적 평등과 공정을 보장하는 민주적 자본주의, 개인의 권리와 자유를 보장하는 자유민주주의는 노르딕 민주주의의 핵심요소이다. 노르딕 국가들의 '권력조사'는 이러한 노르딕 민주주의를 혁신하여 주권자의 의사를 더 존중하고 주권자가 정치에 미칠 수 있는 영향력을 더 확대하고자 민주주의의 민주화, 권력의 개방화, 투명화, 분산화를 강화하려는 것이었다. 노르딕 국가들은 공적권력은 물론 민간권력(기업, 언론, 사회 및 이익단체 등)의 집중과 배타성, 폐쇄성에 대한 사회적 감시도 중요하다고 인식한다. 공적권력은 국가 권력의 주인인 주권자의 것이고, 사적(민간)권력 또한 사회의 주요 조직으로 공공성과 투명성을 가져야 한다고 보기 때문이다. 권력의 분산과 투명성이 중요한 이유는 권력은 스스로 숨는 본래적 성격을 가질 뿐 아니라, 권력의 집중과 폐쇄성은 위험한 결과를 가져올 수 있기에 항상 개방되고 투명하게 감시되어야 한다는 것이다. 노르딕 국가들의 권력조사와 민주주의의 민주화 프로젝트는 '노르딕 민주주의 모델'을 지속·발전시키고, 민주적이고 개방적인 시민권력, 시민사회의 주체성과 자율성을 강화하는 것이다.

    노르딕 국가들의 권력조사 결과를 보면 덴마크가 가장 긍정적으로 나타난다. 사실, 강소국 중에서도 대표적인 강'소국'인 덴마크의 국가와 민주주의는 매우 이상적인데, 강한 개인과 강한 사회에 기반한 높은 수준의 자유, 평등, 참여의 완전한 민주주의를 실현하고 있기 때문이다. 사실, 덴마크는 19세기 후반 노르딕 민중교육이 발생한 산실로, 민중의 자각과 참여, 강한 개인과 사회에 기반한 시민민주주의와 문화민주주의의 모습이 실천되고 발전해온 나라였다.10) 후쿠야마는 세계 최고 수준의 공정성, 효율성, 안정성, 자율성을 달성한 덴마크를 '덴마크로의 길(Road to Denmark, Getting to Denmark)'로 높이

평가하고 있다(Fukuyama 2011). 사실, 많은 국가들에서 진정한 자유민주주의의 달성도 쉽지 않았다. 후쿠야마는 국가권위, 법치주의, 정부(통치)책임성의 균형과 조화를 성공적인 자유민주주의의 세 요소로 보았다. 민주주의 제도의 효과성과 지속성을 담보하기 위해서는 전문 관료집단의 헌신이 중요했다. 스웨덴은 정치인뿐 아니라 전문 관료의 역할이 중요했는데, 정치인과 관료의 모든 권력과 권한은 정치적 고려와 남용 없이 오로지 주권자의 이익을 위해 사용된다는 원칙과 규범이 중요했다. 20세기 중반 사회민주주의 강했던 시기에 스웨덴은 자본에 대한 민주적 통제와 보편적 복지국가를 통해 국가개인주의를 강화하여 개인의 자유로움과 독립성을 중시했다. 또한 사회민주주의와 보편적 복지국가를 통해 평등과 연대의 가치를 실현해 왔으며, 권력의 사회적 공유와 분산을 통해 시민들이 참여할 공간을 지속적으로 확대하여 참여와 숙의의 시민민주주의를 발전시켜왔다. 2018년 9월 스웨덴 총선 결과는 총 의원 수 349명 중 중도좌파세력(사회민주당, 좌파당, 녹색당) 144석, 중도우파세력(온건당, 중앙당, 자유당, 기독민주당) 143석, 반이민극우정당(스웨덴민주당)이 62석으로 나타났다. 새정부 구성은 4개월이나 더 지난 2019년 1월 18일에야 이루어졌고, 그 기간 동안 정치적 대립이 나타났지만 각 정당은 정해진 절차에 따라 합의를 도출해냈고 유권자들 또한 조용히 그 과정을 지켜보는 모습을 보였다.[11] 사회민주당(100석), 중도보수의 온건당(70석)에 이어 제3당이 된 스웨덴민주당과의 연정에 소극적인 사회규범과 민주시민의 힘이 이를 가능하게 했을 것이다.

우리사회의 분열의 민주주의, 적대정치, 주권시민에 대한 미흡한 사회보장

---

10) 역사적으로 북유럽의 강국이었던 덴마크는 19세기 초 나폴레옹 전쟁, 19세기 중반 프로시아와의 전쟁(1, 2차 슐레스비히·홀슈타인 전쟁)으로 국가 존립의 위기에 빠졌고, 일반 민중의 힘으로 나라를 지키고 발전시킨 역사를 가지고 있다. 특히, 19세기 중후반, 덴마크 부흥의 아버지라 불리는 교육가 그룬트비(Nikolai Frederik Grundtvig, 1783-1872) 주도의 민중교육 운동(Folk high school, Folkehøjskole)이 덴마크 발전에 중요한 역할을 했고, 이러한 민중교육운동은 스웨덴 등 다른 노르딕 국가들로 전파되었다.
11) 좌우 어느 세력도 단독 과반을 갖지 못해 소수정부나 (대)연정이 필요하게 되었다. 스웨덴 정치에서 소수정부나 (대)연정은 흔한 일이었지만 중도좌파세력은 물론, 일부 중도우파세력(주로 중앙당과 자유당) 또한 스웨덴민주당과의 연정을 반대했다.

은 여전히 극복해야 할 과제이다. 더 많은, 더 강한 민주주의를 통해 재벌과 대기업, 협회 등 주요 사회조직에 대한 민주적 통제의 필요성도 증대하고 있다. 정치권력뿐 아니라 모든 폐쇄적이고 독점적인 권력의 특권적 자유가 일반 시민들의 평등한 자유에 큰 위협이 되고 있기 때문이다. 민주주의의 평등가치와 시장경제의 효율성을 잘 결합한 체제는 공정하고 풍요로운 분배와 평등을 가능하게 하는 민주적 거버넌스를 제대로 작동하게 한다. 1997년 IMF 구제금융 이후 자본세력과의 조정에 실패했고, 노사정위원회 같이 진보적 제도 또한 성공적으로 작동하지 못했고, IMF 주도의 개혁은 기존 제도를 와해시켜 제도의 부정합과 왜곡을 초래했다. 이러한 부정합과 왜곡의 부작용은 현재까지 지속되고 있으며, 기업지배구조 개혁과 재벌개혁, 노동시장과 자본시장의 민주화, 복지의 확대, 정부와 공공 부문의 개혁 등이 요구되어 왔다. 개인의 자유와 독립, 강한 개인들 간의 연대를 위하여 가구(가족) 지원에서 개인 지원으로 개인 중심 복지체제로 전환되는 것도 중요하다. 보편적 복지국가에서 보듯이 국가개인을 연결하는 복지국가는 개인의 자유와 권리 강화라는 점에서 매우 중요하다. 보편적 복지국가는 모두를 위한 소득보장정책, 서비스복지와 현금복지의 균형, 모든 국민에게 공공이 책임지는 사회서비스를 특징으로 한다.

강한 개인과 강한 사회는 권력과 민주주의의 민주화를 위한 기초가 된다. 국제 비교자료를 보면 한국의 사회적 신뢰와 투명성 수준은 매우 낮다. 한국 사회의 다양성은 오늘날 정치적 민주주의가 크게 진전되고 법제도가 거의 완비된 상황에서도 오히려 위축되고 있다. 사회규범이 제대로 지켜지지 않고, 여러 형태의 혐오와 배제가 이를 보여준다. '한국인의 시민성은 존재하는가'(김석호 2018)라는 질문은 최근 우리가 가장 많이 접하는 문제 중 하나이다. 시민이란 개념은 시민성을 내포하기에 시민성은 시민과 같은 개념이다. '개인은 탄생했지만 시민은 아직 미생'이라는 한국사회에 대한 진단(전상인 2018)은 틀리지 않다. 이 책에서 강조하는 '시민 개인'이 탄생하기 위해서는 주체적이고 독립적이며 자유로운 개인, 즉 강한 개인의 도래가 시급하다. 개인의 자유 또는 '자유로움'은 인간 개인의 인격을 고양할 수 있는 토대가 되며, 자신의 자아를 실현하고 자기 자신이 됨으로써 더 큰 자유를 얻을 수 있다. 평등 또한 마찬가지로 평등민주주의(사회민주주의)는 독자성과 개인성에 기반한 적극적 자유를 실현할 수 있게 한다. 시민민주주의는 참여, 연대, 사회적 네트워크로 관용과 다양성의 가치를 고양하고 사회적 고립을 막게 한다. 민주주의가 사회의 요구에 부응해야 하는 것이 아니라 사회가 민주주의의 요구에 부응해야 하는 것이라면 사회규범, 시민의 힘 등 민주주의의 사회·문화적 요소는 제도만큼, 또는 제도 그 이상으로 중요하다. '규범과 문화로서의 민주주의'가 그것이다. 우리의 경우 기본적으로 권력의 민주화와 책임성, 개방적이고 공정한 대표성의 확립, 정치활동의 자유 등 정치적 민주주의의 가치를 확립하면서 사회민주주의와 시민민주주의를 위한 제도개혁과 사회규범 및 시민문화의 정립이 시급하게 요구된다. 스웨덴과 네덜란드가 보여주는 중요한 함의는 자유민주주의, 사회민주주의, 시민민주주의의 가치들이 공존하고 조화를 이루며 각각의 가치를 최대화하는 것이다.

제12장
한국 자본주의와 분배의 문제

1. 역사적 유산과 IMF 개혁 25년

1997년 경제위기 이후 신자유주의와 한국 자본주의

1997년 경제위기와 IMF 구제금융 사태는 한국사회의 모든 부문에 엄청난 충격을 주었다. 국난(國亂)이라 불렸던 만큼 국가적으로, 사회적으로, 개인적으로 큰 어려움과 희생이 있었다. 1997년 위기가 외환·금융위기에서 비롯된 만큼 한국 자본주의는 구조적인 변화를 겪었다. 동시에 정리해고와 고실업, 빈곤이 사회적으로 큰 문제가 되면서 사회보장제도의 개혁도 이루어지게 되었다. 복지와 재분배 문제가 본격화된 것이다. 30년 이상 지속되었던 권위주의적 발전국가의 유산과 저발전된 우리의 시장경제체제가 하루아침에 미국식 시장자유화 개혁으로 강제되면서 수많은 시행착오와 제도의 왜곡이 나타났다. 미국식 기업지배구조, 자본시장의 왜곡, 노동시장의 이중구조 등이 그것으로 핵심은 시장의 효율성과 공정성이 문제였다. 미국식 자본주의는 엄격한 시장 규율과 효율성에서 우월했고, 스웨덴, 네덜란드 등 서유럽식 자본주의는 투명성과 공정성이 우월했지만 우리는 이 중 어느 것도 제대로 이루지 못했던 것이다. 재벌 등 소수의 대기업은 기술혁신과 시장자유화 개혁을 활용하여 효율성을 높이면서 글로벌 기업으로 성장했지만 막강한 자본의 힘과 자율성 강화로 기업 경영의 투명성과 공정성은 오히려 악화되었다. 효율성과 시장규율, 투명성과 공정성이 제대로 작동하지 않는 시장경제체제는 민주적이지 않다. 따라서 한국 자본주의의 개혁과 발전의 목표는 민주적 시장경제체제를 이루는 것이어야 한다. 민주적 시장경제체제는 시장경제의 지속과 안정적이고 질적인 경제성장뿐 아니라 시장에 의한 1차 분배를 크게 개선하여 2차 분배인 (복지)국가의 재분배 효과를 더욱 높일 수 있게 한다.

한국 자본주의와 사회경제개혁이 안고 있는 문제들은 많은 연구자들에 의해 오랜 기간 깊이 연구되어 왔다(이병천 2014; 이병천·김태동·조돈문·전강수 2021; 이태수·이창곤 외 2022). 권위주의적 발전국가의 유산, 1997년 외환위기 후 김대중 노무현 민주개혁정부 시기의 구조적 모순, 그 이후의 양극화 심화 등이 문제의 핵심으로 다루어져 왔다. 한국의 현 체제가 87년 체제를 부분 체제로 하는 97년 체제라는 주장(손호철 2017)은 1997년 위기와 그 부정적 결과가 그만큼 컸다는 것을 의미한다. 1997년에 만들어진 신자유주의적 경제·사회체제가 중심이라는 것으로 이는 2016-17년 촛불집회 참가자들이 전통적 이슈들 중에서도 경제 모순의 해결과 정치적 민주주의 확대에 높은 관심을 보였다는 경험적 분석(정병기 외 2018. 214)과도 부합하고 있다. 2016-17년 촛불집회는 정치적 민주주의의 결함과 사회·경제적 민주주의가 부재하는 한국적 특수성이 핵심 배경이라는 분석이 그것이다.

자본주의의 변화와 디지털 전환, 정치경제적 위기, 사회적 불평등과 격차의 심화, 인구구조의 변화, 생태위기 등 거대한 변화와 위기의 시대에 개인의 안전한 삶을 보장하기 위해 복지와 고용 등 사회정책은 물론 복지(국가) 시스템의 전면적인 재구조화가 시급하다는 점은 모두가 인식하고 있다. 더구나 코로나 팬데믹으로 인한 일자리 및 삶의 불안, 심화된 불평등은 전환적 개혁을 요구하고 있다. 역진적 선별주의 복지체제를 누진적 보편적 복지국가로 전환하고, 정치·경제·복지의 통합적 접근과 통합적 개혁으로 체제 전환을 이루어야 한다고 전문가들은 강조한다. 새로운 복지국가를 위한 복지정치의 전략으로 노동정치와 계급정치를 통해 '한국 복지국가의 재구조화'를 실현해야 한다는 것이다(이태수·이창곤 외 2022). 우리에게 필요한 새로운 자본주의 모델로 경제민주화를 통해 혁신경제와 사회통합이 선순환하는 새로운 민주적 책임자본주의 모델을 제안하고 있다. 미국식 반독점 시장생태계와 유럽식 참여경제 및 복지체제를 창조적으로 혼합하는 한국형 민주적 조정시장모델이 그것이다(이병천 2014). 그리고 이 모든 자본주의와 복지체제 문제의 근저에는 노동문제가 자리잡고 있다(노중기 2022)는 주장도 매우 중요하다. 이에 한국 자본주의와 분배의 문제를 검토하고 더 나은 방안을 모색하기 위해 먼저 1997년 IMF 경제위기 전후의 발전국가 개혁과 그 결과를 살펴보고자 한다.

1997년 경제위기 이후, 보다 근본적으로는 신자유주의적 세계화가 심화되면서 기존의 한국 발전모델은 급격히 약화되었다. 동아시아모델의 핵심이자 경제성장을 견인하였던 발전국가(developmental state)는 경제위기 이후 변화와 전환의 과정을 거쳐 거의 소멸단계에 왔기 때문이다. 한국의 발전국가는 권위적 또는 국가 코포라티즘의 성격을 갖고 자본간 조정을 주도하면서 경제발전을 우선적으로 추진하였고 1980년대 중반까지 사회갈등을 권위적으로 관리하고 해결해 왔다. 그 후 한국의 발전국가는 민주화와 세계화라는 대내외적 환경변화에 제대로 대응하지 못하면서 발전국가 운용의 전제조건이었던 국가의 권위와 자율성은 크게 약화되었고 국가는 '사회갈등의 장'으로 변모되었다. 국가개입에 기반한 성장방식은 1980년대 이후 산업구조의 고도화, 경제의 복잡화 및 개방화로 인해 점차 그 유효성을 상실해 왔으며, 특히 1997년 이후 금융 및 자본시장 자유화, 신자유주의적 시장개혁 등이 이루어지면서 한국의 발전국가 체제는 급속히 재편되어 왔다(김윤태 외 2017).

그럼에도 한국경제의 전반적인 제도 환경은 여전히 재벌중심적 경제체제의 요소가 강할 뿐 아니라, 경제위기 이후 재분배 등 일부 영역에서 국가의 역할이 커져왔고, 시장보다 국가에 대한 유권자의 기대와 신뢰가 큰 것도 사실이다. 김대중 정부는 시장중심적 개혁을 추진하였지만 정부 주도의 산업구조조정 정책을 실시하는 등 발전국가적 요소를 활용하기도 하였다. 더구나 노사정위원회의 설립으로 서유럽의 사회적 협의주의(social concertation)를 시도하기도 하였다. 한쪽에서는 영미형의 신자유주의적 발전모델을, 다른 쪽에서는 비자유주의적(non-liberal) 발전모델[1]을 채택하였던 것이다. 노무현 정부가 주장한 '좌파 신자유주의'가 신자유주의와 좌파적 정책의 혼합형(hybrid)을 의미하는 것이라면, 이는 한국의 발전모델이 영미모델, 재벌체제, 비자유주의적 모델, 이해관계자 모델 등으로 혼재되어 있음을 보여주는 동시에 어느 한 방향으로의 합의나 전환 또한 어렵다는 것을 보여주는 것이기도 했다. 이명박

---

1) 비자유주의적 자본주의 모델은 스웨덴, 독일, 일본 등 미국의 자유자본주의 모델과 다른 자본주의 모델을 의미한다(Streeck & Yamamura 2001; Ebbinghaus & Manow 2001).

정부, 박근혜 정부 시기에 영미모델과 재벌체제가 더 견고해졌으나 박근혜 정부에서는 경제민주화 담론과 함께 복지가 확대되기도 하였다. 물론, 복지 확대가 복지제도의 전환을 가져온 것은 아니었지만 사회보험제도의 성숙 과정에서의 자연적 지출 증가, 분배와 복지에 대한 국민적 요구와 기대, 정당 간 복지경쟁은 지속적인 복지 확대를 가져왔고 앞으로도 그러할 것이다. 이러한 점에서 어떤 복지를, 어떻게 얼마나 할 것인지에 대한 전면적인 사회적 논의와 합의가 필요하다. 복지국가는 사회경제모델의 핵심으로 정치와 재정은 물론 경제와도 밀접하게 연관되기에 정치·경제·복지의 통합적 접근이 요구되기 때문이다.

발전모델이란 한 국가의 발전을 담보할 경제시스템과 사회시스템의 작동방식을 의미하며 사회(경제)모델로도 불린다.[2] 발전모델의 유형은 연구자에 따라 다양하게 구분되어 왔으나 주로 영미형, 유럽형, 일본형 또는 동아시아형 등으로 나누어져 왔다. 유럽형은 북유럽형, 독일형, 남유럽형으로 구분되고 있다. 발전국가를 핵심으로 하는 동아시아모델은 경제시스템이 강력하고 사회시스템이 종속적인 위치를 갖는 불균형을 보여 왔으나 국가의 개입으로 효율적인 경제성장 달성에는 성공적이었다. 동아시아의 경제적 성공은 '기적'으로까지 불리며 세계적인 주목을 받았고, 특히, 아시아적 가치와 정부-기업간 협력관계는 기적 같은 경제성장의 중요한 요인으로 평가되었다. 그러나 1997년 동아시아 경제위기가 발생하자 정부-기업 간 관계는 불투명한 유착관계로, 아시아적 가치관은 시대착오적인 것으로 평가절하되었다. 특히, 한국에서는 1997년 경제위기와 정권교체가 동시에 이루어지면서 기존의 발전국가 중심의 발전모델은 논란과 극복의 대상이 되면서 급격한 개혁과 재편을 겪어왔다. 1997년 경제위기 이후 한국의 발전모델은 교착상태에 있어왔다. 발전국가는 쇠퇴하였고 새로운 제도들이 도입되었음에도 사회경제모델의 전환은 제대로 이루어지지 못했다. 영미모델이든 유럽모델이든, 또는 발전국가의 쇄신이든, 발전모델의 전환은 노동시장과 노사관계, 기업지배구조, 복지, 국가의 성격과 역할 등 기존의 제도들에 대한 근본적인 변화와 쇄신을 요구해왔다.

1997년 이후 한국의 발전모델은 제도와 성격에서 중요한 변화가 이루어지

---

2) 이 글에서는 발전모델과 사회경제모델을 같은 의미로 동시에 사용하고자 한다.

기는 하였으나 제도 간 연계와 보완성이 약할 뿐 아니라 이해관계자들 간의 갈등으로 제도적 변화가 왜곡되어 왔다. 기존의 비대칭적 국가 코포라티즘(asymmetric state corporatism)이 형식상 노사정 3자의 사회 코포라티즘(social corporatism) 형태로 변화하였으나 노사정위원회(현 경제사회노동위원회)는 실질적인 사회 코포라티즘으로 발전하지 못하였다. 국가 코로라티즘 또는 권위적 코포라티즘이 사회 코로라티즘으로 전환되기도 했다는 외국의 사례들이 있지만(정병기 2015) 우리의 경우는 그렇지 못하였다. 노사는 물론 노노간 연대나 협력도 가능하지 못하였고, 오히려 1998년 1월 노사정 합의가 비정규직을 양산하여 노동의 양극화를 가져왔다. 뿐만 아니라, 1997년 이후 '분절적 코포라티즘(disjointed corporatism)'(Lavdas 2005) 하에서 국가 주도 자본주의에서 시장 주도 자본주의로의 전환은 재벌의 극단적인 이익 사유화와 시장국가를 초래해 오히려 사회적 불평등과 양극화를 심화시켜 왔다. IMF 이후 개혁정부들의 '잃어버린 10년'(조찬수 2014), 고용 없는 성장·임금인상 없는 성장·분배 없는 성장이라는 '3무 성장'(장하성 2014)은 재벌-외국자본-시장국가의 '신자유주의 삼각동맹'(이병천 2014)에 의한 양극화 저성장체제의 모습들이다. 이러한 상황은 부분적인 제도의 변화를 넘어 근본적인 개혁과 전환을 필요로 하였다. 보수진영 또한 저성장과 세계 최하위 수준의 노사협력 등 심각한 사회경제적 문제들을 지적하면서 개혁의 필요성을 강조해 왔다. 보수진영의 산업화 성공스토리는 OECD 국가 중 산재사망률 1위, 자살률 1위 등의 지표가 보여주듯이 그동안의 성장의 이면이 얼마나 불공정했는지를 드러내준다고 하겠다. 이러한 사회경제적 문제와 위기로 인해 2012년 총선과 대선에서 우파 정당마저 경제민주화와 복지국가를 약속했지만 우파 정당 집권 후 약속은 파기되었고 청년층을 중심으로 '헬조선' 신드롬이 확산되어 왔다.

한국의 새로운 사회경제모델[3])이 어떤 방향과 내용으로 전개되어야 할 것인지를 검토하기 위해 자본주의 다양성 또는 발전모델의 다양성에 대한 이론적 분석과 스웨덴, 네덜란드 사례의 함의를 참고하고자 한다. 한국은 1987년

---

3) '새로운' 모델이라는 것은 변화 또는 개혁을 통해 발전된 모델을 의미하는 것이지 현재와 완전히 다른 별개의 모델을 의미하는 것은 아니다. 이 글의 이론적 배경인 자본주의 다양성 또는 제도의 경로의존성은 제도나 모델의 지속, 변화, 혁신, 발전에 주목하고 있다.

민주화와 1997년 외환위기, 2008년 글로벌 금융위기를 경험하며 경제적으로 효율적이면서 동시에 보다 심화된 민주주의, 민주 사회를 어떻게 가능하게 할 것인가라는 어렵고도 중요한 문제에 지속적으로 직면했다. 그 가능성의 하나로 서유럽 선진 국가들이 가진 자본주의와 민주주의의 다양한 결합 방식들에 큰 관심을 가져왔고 그것으로부터 우리의 새로운 발전모델과 전망을 찾고자 했다(권형기 2014). 실제로 2000년대 들어 학계에서 한국의 발전모델의 진로에 대한 논의가 활발히 진행되어 왔다(이정우 2005; 임현진 2006; 이병천 2014; 신정완 2005; 박길성 2003; 정건화 2006; 조형제·정건화·이정협 2006; 김상조 외 2007; 김형가·김윤태 편 2009; 장하준 외 2012). 발전국가가 쇠퇴하고 세계화의 심화와 위기라는 국내외의 환경이 신자유주의적 이념 및 정책의 확산과 이로 인한 사회경제적 위기와 맞물려 있었기 때문이다. 또한, 세계화가 경제와 제도를 하나의 모델로 수렴시킨다는 신자유주의적 이념의 자본주의 수렴화 이론과 지역 또는 국가간 자본주의의 다양성이 지속된다는 자본주의 다양성 이론이 대립하면서 제도 변화를 둘러싼 논의가 사회과학의 중요한 주제가 되었기 때문이다(Streeck & Thelen 2005). 2008년 글로벌 금융위기와 그 후 전개된 자국우선주의와 포퓰리즘은 신자유주의적 세계화에 큰 영향을 주었고 선진 자본주의 국가들은 이러한 환경변화와 도전에 각자의 방식대로 대응해왔다.

한국 사회경제모델의 변화와 전환의 과제

한국의 사회경제모델은 1997년 경제위기 이전에 낮은 투자 효율성, 금융부문의 낙후, 정경유착, 소득분배 불균형, 전투적 노조의 출현 등 압축성장이 초래한 구조적 문제를 안고 있었다. 이러한 상황에서 국제적 자본이동의 심화는 한국과 같이 대외적으로 취약한 경제구조를 가진 나라를 쉽게 위험에 빠지게 만들었다. 발전국가의 시장개입 방식의 한계에 대한 대응으로 한국의 국가는 1980년대 후반 이후 점차적으로 발전모델의 재편을 모색하여 왔다. 경제자유화와 대외개방에 순응하면서도 기술집약적 산업구조조정과 거시경제 관리에서 국가의 역할을 지속시키는, 최소한의 개입이라는 '신자유주의적 규제국가'와는 다른, '연성화된 발전국가' 또는 '국가 우위의 개입주의적 규제국가'[4])를 지향하고자 했다. 그러나 발전모델의 재편 및 전환 과정은 국가의 의도대로 순탄하게 진행되지는 않았다. 관치금융, 노동배제, 정경유착 등 발전국가의 구조적 문제, 국가의 정책대응 실패 및 제도적·정책적 역량의 한계로 1980년대 후반 이후 발전국가 모델이 약화되기 시작하였다. 급격한 정치적 민주화와 시민사회의 이해관계 분출로 국가의 권위, 또는 힘이 크게 약화되어 새로운 제도적 변화와 발전을 추동해내지 못하였다. 또한 1980년대에 진행된 경제자유화 개혁에 따라 대기업의 자율성이 강화되면서 발전국가의 도구적 정당성도 약화되어 갔다(우정은 1999). 1993년에 등장한 김영삼 정부는 국가의 시장조정 수단이었던 산업정책을 포기하고 1994년부터 세계화 정책을 급속히 추진하였다. 정부는 1996년 3월 OECD 가입을 공식 신청하였고 자유화, 개방화, 규제완화 등의 제도 개혁에 박차를 가하였다. 그러나 발전모델의 전환을 둘러싼 국가와 사회세력간의 대립과 갈등으로 김영삼 정부 후반에 이르러 발전국가는 결정적으로 약화되었고[5], 제도적인 준비가 부족한 상황에서 추진된 세계화 정책은 1997년 외환위기를 초래한 중요한 한 요인이 되었다.

정치사회적 측면에서 볼 때, 성공적인 경제성장은 한국의 권위주의 체제를 무너뜨리는 데 결정적으로 기여했다. 발전국가가 창출한 고도 경제성장은 민주화 이행에 유리한 사회구조적 조건을 점진적으로 창출함으로써 시민사회에 대한 국가의 자율성을 약화시키는 결과를 가져왔다. 역사적으로 자본주의적 발전은 중간계급과 시민사회를 활성화하고 이들의 정치적 영향력과 집단행동을 증대시킴으로써 민주주의의 발전과 밀접한 관계를 보여 왔다.[6] 그러나 민

---

4) '연성화된 개발국가', '국가 우위의 개입주의적 규제국가', '제한적 개발국가'는 모두 개발국가의 생존을 전제한 것이다. 이는 기본적으로 시장의 조정 또는 관리에 초점을 둔 유럽형 모델로서 최소한의 개입에 기반한 영미형의 '신자유주의적 규제국가'와 대비된다. 그러므로 개발국가는 국가개입의 측면에서 영미형보다 유럽형에 친화성이 더 있다고 할 것이다. '국가 우위의 개입주의적 규제국가'가 민주화된다면 유럽형 개입주의적 규제국가와 가까워질 수 있는 것이다.

5) 1996년 12월 노동법 파동이 대표적이다. 1996년 4월 김영삼 대통령은 OECD 가입에 맞추어 '신 노사관계 구상'을 발표하고 대통령 직속 노사관계개혁위원회를 구성하여 노동개혁 논의를 시작하였다. 그러나 단일안 마련에 실패한 정부는 정리해고제, 변형(탄력)근로제, 근로자 파견제 등 '3제'를 허용하는 정부법안을 1996년 12월 26일 국회에서 여당 단독 기습 처리하였다. 이에 노조를 비롯한 사회세력의 강력한 반발로 재개정하게 되었다.

주화 이후 정치사회적 불안정성은 오히려 증대되었다. 사회 각 분야에서 민주화의 진전은 노사관계의 합리화와 국민의 사회경제적 권리에 대한 국가의 책임성을 부각시켰지만 민주화 이후 안정적으로 제도화되지 못한 정치적 경쟁과 불투명한 권력은 국가의 역량과 권위를 급격히 제약하여 사회갈등의 조율과 조정 기능을 약화시켜 오히려 갈등을 증폭시켜 왔기 때문이다. 1980년대 후반 이후 한국은 국가기구의 자율성과 역량의 축소로 재벌부문을 효과적으로 통제하지 못했고, 민주화 이행에도 불구하고 민주적 개혁의 부재로 국가정책의 사회적, 민주적 기반을 확립하지 못하였다. 이로 인해 시장 자유화로의 발전모델의 부분적 전환은 재벌이익에 부합되는 신자유주의적 규제국가로 귀결되는 결과를 가져왔다(이병천 2014; 최장집 2006).7) 바로 이러한 연유로 경제위기의 범위와 강도, 그 후유증은 포괄적이고도 심대하였다.

경제위기와 함께 집권한 김대중 정부는 그동안 약화된 국가의 정책수단들과 제도들을 재정비함으로써 국가를 다시금 경제운용의 중심행위자로 부각시키고, 재벌의 영향력을 줄여 신자유주의적 규제국가를 약화시키고자 하였다. 자본시장과 노동시장, 기업개혁 부문에서 자유시장경제의 성격이 두드러졌는데, 이로 인해 노동계나 진보진영에서는 김대중 정부를 신자유주의정부라고 부르기도 하였다. 그 결과, 한국의 발전모델은 1997년 이후 외형적으로는 자본시장 자유화로 주주자본주의가 되었지만 내용적으로는 여러 모델의 다양한 제도들이 혼재하게 되었다. 하이브리드 경제는 구조적으로 신자유주의(세계화)로 갔지만 발전모델 자체가 영미모델로 전환된 것은 아니었다. 자본의 세계화는 이루어졌지만 한국의 대기업이 영미모델의 외부 분산주주 형태로 전환된 것은 아니었다. 또한 신자유주의적 정책지향이라고 하지만 한국의 발전모델은 국가주의적 성격을 존속하고 있다는 점에서 모순적 성격을 보여 왔다. 이에 더해 1998년 노사정위원회라는 새로운 조정시장경제의 성격이 덧붙여졌

---

6) 역사적으로 자본주의와 민주주의의 결합은 자연스럽고 바람직한 것으로 인식되었는데, 부르주아 혁명이 이를 반영하고 있다. 그러나 1980년대 이후 신자유주의적 세계화의 심화로 자본주의는 민주주의로부터 분리되었다는 비판이 커져왔다.

7) 실제로 한국 경제체제의 근본적인 변화는 1980년대 초반부터 이루어졌다. 정부개입의 축소와 민간주도 경제를 강조하면서 경제자유화와 부분적인 금융자유화 조치가 진행된 것이다.

다.8) 국가주의와 시장주의는 기본적으로 대립되는 개념이므로 발전국가가 미국식 신자유주의로 쉽게 전환되기 어려운 것도 이 때문이다. 이러한 맥락에서 노사정위원회를 중심으로 한 노동정책이 노사계급 타협을 성공적으로 이끌었다면 '사회 코포라티즘적 발전국가'(Evans 1995)가 가능했을 수도 있었을 것이다. 이론적으로 산업정책과 경제성장에 성공한 발전국가가 노동참여의 제도화를 보장할 경우 분배와 사회정책을 촉진하여 사회 코포라티즘 유형으로 발전될 수 있기 때문이다. 김대중 정부의 노동정책의 실패로 사회 코포라티즘적 발전국가의 가능성은 사라졌지만 비자유주의적 성격의 새로운 사회경제시스템의 제도화를 시도한 것에 의미를 부여할 수 있을 것이다.

노무현 정부의 등장과 함께 실질적 민주화를 요구하는 다양한 사회세력의 욕구와 참여가 분출되면서 한국사회는 각 부문과 제도를 급진적으로 민주화, 선진화해야 하는 상황에 직면하였다. 사회적 합의를 바탕으로 성장과 분배가 효율적으로 이루어질 수 있는 사회경제시스템의 창출이 그 어느 때보다 절실해진 것이다. 성장과 분배의 동시적 추구, 경제 및 사회의 민주화, 고용과 복지 선진화 등의 가치를 내포한 시스템의 구축이 그것이다. 1997년 위기 이후 10여 년 동안 신자유주의적 개혁에도 불구하고 한국이 영미식 시장주의로 쉽게 전환되지 못했던 이유가 여기에 있다고 할 것이다. 현재의 시점에서 보았을 때 진보정부 10년을 포함한 지난 '25년 개혁'의 결과는 양적 성장과 시장의 확대 측면에서는 양호했으나 사회적 평등과 연대, 권력의 투명성과 개방성, 시민적 자유와 참여 면에서는 실패였다. 폐쇄적이고 비민주적인 정치권력, 이러한 정치권력과 경제권력의 불투명한 유착, 정치적 참여가 막힌 시민들, 사회적으로 배제되고 소외된 개인들, 사회적 불평등 심화 등이 그것이다. 민주화 35년, IMF 구제금융 이후 25여년의 개혁에도 '선진화법'에도 불구하고 선진화 되지 못한 정치를 비롯하여 경제 및 사회의 민주화, 즉 사회민주주의와 시민민주주의는 이루어지기 어려운 목표였다. 경제성장과 국민소득 증가는 지속적으로 이루어져 1인당 국민소득은 3만 달러를 넘었으나 '평균의 함정'과 함께 소득 및 자산

---

8) 노사정위원회의 출범(1998년)은 스웨덴, 네덜란드 등 유럽에서 성공적 모델로 평가되어 온 사회적 코포라티즘 사회협약 체계의 한국적 도입을 시도한 것이었고 경제사회발전노사정위원회로의 전환(2007년) 역시 아일랜드의 위기극복 모델인 사회통합적 사회협약 사례에서 시사점을 얻은 것이었다.

의 분배는 개선되지 않고 오히려 크게 악화되어 왔다. 분배는 다양한 복지제도를 도입해 재정지출을 늘리는 것으로만 가능한 것은 아니다. 추가적인 악화를 막는 단기적 효과는 가능할 수 있지만, 최근 우리의 상황이 보여주듯이, 막대한 재정지출에도 분배효과는 극히 미미한 실정이다. 분배의 토대인 1차 분배를 개선할 수 있는 경제체제와 기업지배구조, 노동 개혁이 시급하며, 경제적 효율성과 정책적 효과성을 달성할 수 있는 제도적, 정책적 노력이 필요하다. 시장의 공정성과 효율성이 달성되는 민주적 시장경제체제로의 전환이 그것으로 이는 시장규율과 사회규율이 작동되는 자본주의이기도 하다.

민주적 시장경제체제 — 시장의 공정성과 효율성 제고

시장의 공정성과 효율성을 어떻게 양립시키고 제고할 것인가. 시장의 공정성과 투명성은 경제민주화 또는 경제민주주의의 핵심이다. 자본주의 체제에서 경제민주화는 재분배 이전에 시장 문제를 중시한다. 온건한 경제민주화 사례인 사회적 시장경제, 조정시장경제, 이해관계자 자본주의가 모두 시장과 경제구조의 공정성과 투명성을 중시한다. 경제민주화나 경제민주주의라는 개념은 매우 복잡하고 모순적이며 이념적이다. 경제민주주의에 대한 합의된 개념도 없다. 정치적 민주주의는 평등한 투표권을 보장하지만 자본주의 체제에서 경제민주주의는 평등한 재산권을 보장하지는 않는다. 사전적으로 경제민주주의란 경제생활에서 민주적인 요구, 정책, 제도 등을 실현하려는 사상으로 근로자의 기업경영 참여 등으로 자본주의 사회의 기업, 경제, 산업 구조 등을 민주적으로 개조할 수 있다는 이념이다. 따라서 민주적인 기업과 민주적인 시장, 민주적인 경제·산업구조를 만드는 것이 경제민주주의를 실현하는 것이다. 로버트 달(Robert A. Dahl)이 정의한 바에 의하면 경제민주주의란 '민주주의를 위해 필요한 경제적 자원의 배분은 경제적 공정성을 실현하기 위해 필요한 배분이다'(Dahl 1986). 경제민주주의를 이루기 위해서는 경제적 공정성을 이루는 것이 가장 중요한 것이다. 경제적 공정성을 위해 어느 수준에서 얼마만큼의 경제적 자원이 배분되어야 하는지, 배분될 수 있는지는 시공간적으로, 각 나라마다 다를 것이다. 역사적으로 토지무상분배, 생산수단의 공유 등 구조적인 경제 공정성을 추구한 농민혁명, 노동자혁명 등 수많은 혁명과 투쟁이 있었고, 합리적인 분배를 위한 온건한 계급타협과 노사타협도 이루어졌다. 경제적 자원을 가장 공정하게 배분하기 위해 사회주의체제가 실현되기도 했다. 완전한(full) 기본소득 개념도 경제민주주의의 한 방식이라고 할 수 있다. 경제민주주의를 실용적으로 말한다면 사회적 책임을 다하는 기업, 공정한 시장, 민주적이고 협력적인 노사관계, 투명한 기업지배구조 등을 의미한다. 기업지배구조를 투명하게 민주화하고 시장을 공정하게 만드는 일이 경제민주주의인 것이다.

우리나라의 시장경제체제는 투명성과 공정성 면에서 민주적이지 않다. 이렇게 된 요인 중 하나는 한국 재벌들의 불공정한 기업활동에서 비롯된다. 재벌중심적 경제체제는 IMF 이후 오히려 지속적으로 심화되어 왔다. 재벌, 즉 가족대자본이 분배나 경제민주화에 긍정적인 역할을 할 수 있음은 이미 스웨덴 사례가 잘 보여준다. 투명한 기업지배구조와 노사타협이 그것이다. IMF 이후 한국은 네덜란드 폴더모델, 스웨덴 보편복지모델을 벤치마킹하고자 했지만 이 두 모델의 담론 형성과 실제 적용은 모두 실패로 귀결되었다. 제도의 경로의존성과 발전모델의 특수성을 인정하더라도 제도 발전의 다양한 변화와 혁신 가능성조차 쉽지 않았던 것이다. 대기업의 불공정하고 불법적인 기업활동, 실질적인 노사타협과 노사협력의 부재가 문제였다. 물론, 성장과 효율성, 평등과 연대의 가치와 목표를 달성할 수 있다면 그 어떤 발전모델이더라도 우리는 채택할 수 있을 것이었지만 1997년 경제위기 이후 25년 동안 한국은 평등과 연대의 가치와 목표에서 갈수록 멀어져왔다. 이러한 점에서 급진적이고 이상적인 목표보다 실질적이고 구체적인 민주적 시장경제체제를 모색해야 할 것이다. 민주적 시장경제체제란 경제적 자원의 공정한 배분을 가능하게 하는 체제이며, 그 핵심 요소의 하나로 투명하고 규범적인 기업지배구조를 상정한 것도 이 때문이다. 기업지배구조의 개선은 다양한 이해관계자들의 이익을 고려하게 하고, 특히 노사관계, 노동과 자본간 소득분배에 큰 영향을 주기 때문이다. 공식적, 비공식적으로 자본에게 시장규율과 사회규율을 강제하는 것이다. 물론 이러한 규율은 노동을 포함하여 모든 시장참여자들에게도 적용된다.

기업지배구조는 국가마다 다양하게 나타나며 정치제도, 생산체제와 노사관계, 정치사회적 권력관계 등 정치사회적 제도와 밀접한 관계를 보여 왔다 (Roe 2003; Lazonick 1993; Gourevitch & Shinn 2005; 이우성 2006). 스웨덴의 기업지배구조는 폐쇄적인 내부대주주 모델임에도 소액주주를 잘 보호하는데 이는 미국식으로 가지 않고도 소액주주를 보호할 수 있는 제도가 가능하다는 것을 보여준다. 스웨덴은 민간기업이 대부분이며 기업활동의 자유가 보장되지만 사회적 감시, 노조와 사회민주당의 압력과 같은 민주적, 사회적 방식으로 대주주(가족) 중심의 투명한 기업지배구조가 지속되고 있다. 한국의 재벌체제가 해체되기 어렵고 그 효율성을 인정하더라도 최소한 유럽식의 민주화된 재벌체제로 전환되어야 하며 이를 위해서는 사회적 감시와 정치적 압력, 노사협력과 사회적 타협의 제도화가 요구된다 할 것이다. 기업지배구조란 기업감시시스템을 의미하는데, 시장에 의한 미국식 기업감시체제가 아니라면 노사타협과 코포라티즘에 의한 이해관계자들이 이러한 역할을 할 수 있기 때문이다[9]. 구체적으로는 기업이윤의 투자화를 촉진하는 (디스)인센티브를 강화하고, 기업이윤의 사적소유화를 억제하여 전반적인 분배의 자원이 되게 만드는 것이다. 이와 함께 경영권 보장문제도 사회적으로 논의할 수 있다. 독일과 같이 은행이 기업감시를 하도록 해야 한다는 주장도 있으나(이병윤 2006) 재벌, 즉 산업자본에 비해 취약한 한국의 금융자본이 이러한 역할을 할 수 있을지는 의문이다. 시장경제시스템이란 시장규율에 다름이 아니고, 규제와 감시, 즉 법적 규율과 사회규율을 통한 시장규율의 정착은 선진적 자본주의 체제의 핵심인 경제시스템의 민주화, 투명화에 필수적 요소라 할 것이다.

2. 민주적 시장경제와 기업지배구조 문제 — '어떤 주주는 더 평등하다'

주주평등원칙이 지켜지지 않는 한국기업의 지배구조 – '어떤 주주는 더 평등하다'

삼성으로 대표되는 한국 대기업의 불투명하고 불공정한 형태와 행태로 인

---

[9] 한국의 대기업들은 과거처럼 감시를 덜 받고 싶겠지만 이는 더 이상 가능하지 않다는 사실도 잘 알고 있을 것이다. 미국의 엔론, 월드컴 사태에서 보듯이 미국식 기업감시시스템도 완벽한 것은 아니다. 따라서 기업지배구조간 비교우위를 논하는 것은 큰 의미가 없다고 보며 대신 기업지배구조와 기업감시제도의 중요성과 다양성을 강조하고자 한다.

해 상장기업의 정신이라 할 주주평등원칙이 크게 훼손되어 왔다. 대주주나 소액주주 등 모든 주주가 동등한 대우를 받아야 함에도 편법과 불법으로 내부 대주주, 즉 재벌오너의 사적 이익을 위해 일반 소수주주들의 이익이 침해되어 왔기 때문이다. 더구나 이 과정에서 자본시장법을 어기고 자본시장을 왜곡시켰다는 점에서 법치주의와 시장 원칙도 훼손해 왔다. 한국은 주주모델도 이해관계자모델도 아닌 '재벌모델'이다. 미국식 주주모델이라고 말할 때 그 주주는 외부분산주주로 모든 주주가 평등하게 대우된다. 우리의 경우 내부 재벌대주주와 일반 소수주주는 평등하지 않으며 이 점이 한국 기업지배구조의 핵심 문제 중 하나이다. 이러한 주주 불평등과 지배주주의 소유·지배 괴리에 대해 경영권을 지키기 위한 불가피한 일이라는 입장과 재벌의 사적 이익, 즉 사익(私益)을 위한 일탈이라는 비판 간 대립은 정치 및 사회영역에까지 확산되어 갈등을 초래해왔다.10) 경영권을 위해 편법과 탈법이 불가피하다는 주장은 법치주의뿐 아니라 사회공동체의 규범을 무시하는 심각한 반사회적 행태라 할 것이다. 이러한 갈등과 한국 자본주의와 재벌모델의 모순을 극복하기 위한 방안으로 재벌과의 대타협을 주장하는 '스웨덴 모델'이 종종 언급되어 왔다. '스웨덴식 계급타협'이 가능하기 위해서는 여러 중요한 조건이 충족되어야 하는데 주주 불평등 문제도 그중 하나이다. 또 다른 중요한 문제는 대부분의 서유럽 나라들에서 시행되고 있는 노동의 경영참여가 보장되지 않고 협력적 노사관계가 이루어지지 못하고 있다는 점이다. 자본주의 시장체제가 근본적으로 추구하는 것은 장기간에 걸쳐 각 이해관계자들이 이해관계를 충족할 수 있도록 공정하게 거래하고 상호 간의 신뢰관계를 구축하는 것이다. 따라서 기업은 주주 및 채권자와 같은 투자자는 물론 근로자, 고객, 공급자, 유관단체 및 경영자가 상호작용을 하며 가치를 창조하는 방식과 활동에 따라 자신의 성장과 존속에 영향을 받게 된다(유재욱·이은화 2021).

2015년 삼성물산 합병 사례는 우리나라의 기업지배구조, 경영권승계 문제와 불법승계, 소수주주 권리, 외부의 행동주의 펀드, 회계법인의 책임 문제, 자본시장법 등 관련법, 대기업에 대한 국민정서와 애국심 등을 둘러싸고 여러 근본적인 문제들을 발생시켰다. 현재까지 삼성물산–제일모직 합병, 삼성바이

---

10) 2016-17년 촛불시위에서도 삼성을 비롯한 재벌 청산 목소리가 컸다.

오로직스 분식 등 '경영권 불법 승계 의혹'과 관련한 법적 심판이 진행되고 있다. 현행 자본시장법에 의하면 상장법인에는 가격 기준을 적용하고 비상장법인에는 가치 기준을 적용한다. 기업의 본질 가치를 어떻게 평가하느냐에 따라 합병 비율이 달라지고, 또 합병 비율에 따라 기업과 주식의 가치도 크게 변화할 수 있는 것이다. 이 법의 취지는 합병조건의 적정성 확보와 대주주 견제를 통한 소수주주의 보호이지만 현실에서는 정반대로 작용하여 불법승계 등에 활용된 것이다. 동일한 지배주주가 지배하는 회사 간 합병에서는 대주주 이익을 위해 합병 구조를 자의적으로 결정할 수 있는 등 견제장치가 없기 때문이다. 특히 회계법인의 가치평가에 대한 실질적 감독기능이 부재하면서 합병과정에서 소수주주들에게 피해가 발생하고 있는 것이다. 이에 대해 전문가들은 상장법인의 시가평가는 유지하되 다른 방식도 허용해야 하며, 비상장법인의 평가는 삭제해야 한다는 의견을 제시했다. 상장법인의 시가평가 경우, 회계법인의 조력, 감독당국과 법원에 의한 합병비율 검사, 이사 책임 가능성 확보, 합병비율 문제와 합병무효화 분리 등이 필요하다고 한다.[11] 자본시장법상 합병비율 산정 조항은 사실상 얼마든지 편법이 가능하다. 따라서 삼성물산 합병은 잘못된 것이 없고 불법이 아니라는 삼성과 일부집단의 주장은 최소한의 자본시장의 공정성과 사회적 규범을 무시하는 것이다. '불법'만 아니면 문제가 없다는 주장은 '법에 의한 지배'로 그 어떤 정치적 독재도 '합법'이 될 수 있는 것과 같다. 선진 민주국가들에서 실현되는 '법은 도덕의 최소한', '규범으로서의 법'이라는 법정신의 중요성이 기업지배구조에서뿐 아니라 우리의 정치와 사회 전 영역에서 구현될 때 진정한 선진국이 될 것이다.

　최근에는 모자(母子)회사 쪼개기 상장이 소액주주의 이익을 침해하는 일이 나타나면서 또 다른 문제가 되고 있다. 모자회사 쪼개기 상장은 기존의 상장회사를 나누어 모회사와 신규 유망사업 자회사 체계로 전환하는 물적분할로, 이를 통해 대주주는 지배력과 이익을 강화하는 한편, 모회사 주식에 투자해온 소액주주만 일방적으로 피해를 보는 문제를 발생시키고 있기 때문이다. 노무현 정부 때 도입된 지주사 전환 촉진 정책은 주력 계열사의 인적분할과 뒤이

---

11) 2020년 5월 26일 '합병비율 산정제도의 문제점 및 개선방향 주제의 한국기업거버넌스포럼 세미나.

은 주식교환, 현물출자 규정을 통해 대주주 일가 지분을 늘리는 방식이었다. 여러 논란이 있었지만 그동안 대기업들의 순환출자 고리는 상당수 없어졌다. 문제는 LG에너지솔루션에서 보듯이, 카카오 그룹, SK 그룹 등 많은 대기업들이 모자회사 쪼개기 상장이라는 또 다른 편법을 광범위하게 이용해 오고 있다는 점이다. 바로 물적분할로 소수주주의 이익을 침해해 오고 있는 것이다. 미국을 비롯하여 선진국들에서는 대주주와 소액주주 간 이해상충과 소송에 대한 우려로 물적분할 후 모자회사를 동시에 상장하는 경우는 매우 적다고 한다. 일본과 미국에서는 기발생주식의 의결권을 희석하는 자본 재구성을 금지하는 규정이 있다고 한다. 전문가들에 의하면 모자회사 쪼개기 상장으로부터 소액주주를 보호하기 위한 방안으로, 법 개정이 필요한 신주인수권 부여 방안, 자본시장법 시행령과 금융투자협회 '증권인수업무등에 관한 규정' 개정 등이 가능하다고 한다. 다수의 전문가들은 물적분할 쪼개기 상장 과정이 대주주 등 특수관계인의 사적 이익화의 수단으로 활용되는 것을 방지해야 하고, 소액주주의 이익이 보호될 수 있는 개선방안을 검토해야 한다고 말한다. 물적분할이 우리나라에서 특별히 문제가 되는 이유는 자본조달과 지배권 희석이라는 두 가지 모순되는 것을 추구하기 때문이다. 따라서 주주의 비례적 이익 보호 의무(SIS, Shareholder Interests Inclusion Standard)와 이해상충 해소 의무의 도입을 법의 기본 원칙으로 하는 것이 근본 해결책이라고 한다.12)

문제는 이미 물적분할이 이루어졌고, 이에 따른 소액주주의 상당한 손실이 발생했지만 이를 해결하기 위한 관련 법 및 시행령 개정은 언제 이루어질지 알 수 없다는 점이다. 더 큰 문제는 우리나라 기업들이 이용해온 여러 편법을 사전에 법으로 막기 어렵다는 점이다. 편법은 법을 악용하거나 이용하거나 시장을 왜곡함으로써 가능하기 때문이다. 그러나 입법으로 모든 것을 해결할 수는 없으며, 법이 기업관련 사안에 부당하게 개입하게 되는 결과가 초래될 수도 있다는 문제가 있다. 시장규제 및 내부규제, 사회적 규제가 필요한 것도 이 때문이다. 네덜란드와 스웨덴에서 경영권 분쟁이나 기업 인수는 '법의 기본 원칙'에 따른 자율적인 기업지배구조코드나 시장규율을 통해 규제된다. 모

---

12) 2022년 1월 6일 이용우 더불어민주당 의원실 주최 '모자회사 쪼개기 상장과 소액주주 보호' 토론회.

자회사 동시상장은 기업지배구조의 문제이자 대주주와 일반주주(특히 소수주주) 간 배분 문제로 소수주주의 평등한 주주권 확립이 시급하다는 점을 또다시 보여준다. 기업 분할 과정에서 소액주주만 피해를 보는 현실은 심각한 문제이며, 대주주나 소액주주 모두가 동등하게 대우받을 수 있는 기업지배구조의 개혁을 위해 제도뿐 아니라 정치사회적 압력과 감시가 필요하다. 2020년 9월 입법예고 되었던 기업지배구조 관련 상법개정안의 이사 및 이사회에 관한 내용은 감사위원회 위원의 분리선출, 집중투표제의 의무화, 이사회 구성의 다양화, 다중대표소송의 도입 등으로 이는 '이사회를 통한 지배주주의 감시'를 구현하려는 목적을 갖는다(송옥렬 2020). 1997년 금융위기 이후 계속되어 온 기업지배구조 개혁이 바로 이러한 내부규제였다. 그럼에도 25년 동안 내부규제를 통한 지배구조 개혁의 결과는 불법·편법 합병, 편법 물적분할 등에서 보듯이 너무나 실망스럽다.

미국식의 시장에 의한 외부규제는 매우 효과적이고 효율적이나 자본시장 등 우리의 현실에서 사실상 불가능하고, 내부규제 또한 제대로 작동되지 못한다면 어떤 방안이 가능할 것인가. 내부규제가 제대로 작동할 수 있도록 이해관계자 지배구조 모델을 강화하는 것이 필요하다. 이해관계자 지배구조 관점에서 보다 다양한 이해관계자들과의 관계를 균형적으로 고려하는 지배구조의 구축 및 활용이 시급한 것이다. 스웨덴, 네덜란드의 기업지배구조는 시장규율, 내부규율, 사회적 규율이 모두 작동하고 있으며, 특히 내부규율과 사회적 규율이 중요한 역할을 해왔다. 따라서 내부규제 강화를 위해 무엇보다 이사회(특히 사외이사)의 역할이 중요할 뿐 아니라, 노동이사제(근로자 이사)가 도입되어야 하고 공동결정제 또한 검토되어야 한다. 노동이사제나 공동결정제 도입은 사회적 논의와 합의가 중요하며, 스웨덴, 네덜란드와 같이 노사관계, 기업지배구조, 기업가치 등에 긍정적인 영향을 미칠 수 있도록 도입되고 운영되고 작동되어야 할 것이다. 소수주주에게 이사의 지명권을 주는 방안도 고려되어야 하는데 이는 그동안 소수주주의 피해가 매우 컸기 때문이다. 이런 방안들이 주장되는 이유는 오랜 기간 수많은 관련법, 내부규제 제도들이 도입되어 왔음에도 우리나라 기업들의 지배구조가 실질적으로 개선되지 않고 있기 때문이다.[13]

물론, 가장 바람직한 방안은 스웨덴, 네덜란드처럼 법의 기본 원칙과 사회

규범에 따라 기업들이 스스로 자율적으로 지배구조를 개선하는 것이다. 최근 우리나라의 (대)기업들이 이사회 중심 경영을 강화하기 위해 이사회, 특히 사외이사들의 효율적이고 독립적 경영판단 역량을 키우려는 노력을 하고 있다. 지배구조의 투명성, 다양한 이해관계자와의 소통을 위해 이사회의 독립성과 전문성을 높여 역할을 강화하려는 것이다.14) 기업지배구조 개선, 기업의 사회적 책임, ESG(환경·사회·지배구조) 경영 등 변화된 사회적 요구에 보다 적극적으로 대처하려는 것이다. 이뿐만 아니라 많은 (대)기업들이 ESG경영 선언, 선포식, 기업지배구조헌장 공표 등 자율규제 노력을 기울이고 있다. 이들의 자율규제 노력이 네덜란드, 스웨덴 수준의 자율규제 성과를 얻을 수 있다면 우리의 기업지배구조는 선진화되어 경제구조 또한 민주화될 것이며 법적 규제는 최소화될 수 있을 것이다.

문제는 우리나라 기업들의 이러한 자율규제 약속은 IMF 경제위기 이후 지난 25년 동안 계속되어 왔지만 제대로 실현되지 못했다는 점이다. 2006년 삼성그룹은 '우리 사회의 목소리를 경청하고 이해하려는 노력이 부족했다'는 반성에 따라 옴부즈맨 성격의 외곽 비판그룹인 '삼성을 지켜보는 모임'(삼지모)을 운영한 바 있다. 삼지모의 성과는 별로 알려지지 않았고 2006년 이후에도 삼성그룹 비자금 조성 폭로 등 여러 불미스러운 사건들이 있었다. 2020년 2월 만들어진 '삼성 준법감시위원회'은 삼성그룹 계열사들이 법을 준수하고 윤리경영을 실천하는지 외부에서 감시하는 역할을 하는 독립적 기구라고 한다. 그 후 2021년 1월 서울고법 파기환송심 재판부가 박근혜 정부 '국정농단' 사건에

---

13) 최근 동원그룹이 소액주주 및 기관의 반발에 최초 합병 계획을 발표한 지 한 달 반 만에 동원엔터프라이즈와 동원산업의 합병비율을 변경하기로 한 것은 사회적 감시와 압력이 작용한 결과이다. 두 기업의 합병은 2015년 삼성물산 합병 건과 유사하게 사실상 오너일가에만 유리한 방안이란 지적과 비난을 받아왔다. 소액주주 중심의 불매운동 조짐과 국회에서의 '동원산업 방지법' 발의와 같은 정치사회적 압력이라는 사회적 규제가 작동된 사례라 할 것이다. 이러한 사회적 규제가 주주이익평등원칙과 자본시장 공정성에 큰 기여를 한 것이다.

14) OECD 보고서[OECD(2017, OECD Corporate Governance Factbook)에 따르면 조사대상 46개국 중에서 단일이사회제도를 택하고 있는 국가가 19국, 이중이사회 제도가 10국, 하이브리드형이 3국, 또한 단일이사회제도와 이중이사회 제도 중에서 기업이 선택이 가능한 나라도 14개국이 있다. 즉, 이사회 구조는 나라와 기업마다 다른 모습이라는 것을 알 수 있다.

연루된 이재용 삼성전자 부회장에게 2년 6개월 실형을 선고하고 법정 구속을 한 바 있다. 재판부는 파기환송심에서 주요 쟁점이 됐던 삼성 준법감시제도의 실효성이 충족되지 않았다고 판단했다고 한다. 기업들의 자율규제 약속은 매우 중요하지만 이러한 사례들을 볼 때 법적 규제는 물론 사회적 감시와 민주적 통제 또한 지속, 강화되어야 한다는 것을 보여준다. 스웨덴, 네덜란드의 이해관계자 모델에서 보듯이, 기업들의 실질적인 자율규제, 준법경영, 윤리경영은 투자자들의 신뢰뿐 아니라 기업에 대한 사회적 지지를 높여 기업의 이익과 경영권 보호, 기업(인)의 명성 및 이미지 제고로도 연결된다.

미국식도 스웨덴식도 아니라면 우리의 기업지배구조는 어떠해야하며 민주적 시장경제는 어떻게 이룰 것인가. 진보진영에서도 미국식에 대한 우호적인 관점이 나타나는데 미국식 반독점 시장생태계와 유럽식 참여경제 및 복지체제를 창조적으로 혼합하는 한국형 민주적 조정시장모델 주장이 그것이다(이병천 2014). 미국식 시장규율도 중시하는 것이다. 2020년 5월 이재용 삼성전자 부회장은 '4세 경영 포기' 선언을 했다. 원론적 성격의 선언이겠지만 '한국식 기업지배구조'를 앞장서서 만들어온 삼성그룹이 소유와 경영 분리 방침을 밝힌 것은 한국기업의 지배구조 변화의 시급성, 필요성, 당위성을 보여준다고 하겠다. 시장규율과 소유와 경영 분리는 미국식 기업지배구조의 핵심이다. 미국의 시장규율은 역사적으로 발달해온 미국 고유의 거대한 효율적인 자본시장에서 비롯되었고 소유 경영 분리 또한 이러한 자본시장의 결과로 나타난 외부 분산주주 모델에서 비롯되었다. 이재용 부회장의 선언을 믿는다 하더라도 IMF 개혁 25년이 보여주듯이 상이한 시장제도의 발전경로로 인해 한국의 자본시장은 효율적이지도 공정하지도 않으며, 따라서 한국은 미국식 주주모델이 되기가 매우 어려운 상황이다. 그리고 사실, 꼭 미국식이어야 할 필요도 없다. 더구나 외국자본에 의한 우리기업의 경영권 개입이나 (적대적) 인수 시도는 애국심과 민족주의적 정서까지 개입될 수 있기에 더욱 그러하다.[15]

---

15) 2015년 7월 13일 <한겨레> 신문에 나온 삼성물산주식회사의 "삼성물산 주주님들께 간곡히 부탁드립니다" 광고에서 삼성은 합병에 적극 반대한 (외국자본인) 엘리엇에 의해 삼성의 미래가 방해받게 된다며 주주와 사실상 전국민에게 삼성의 입장을 애국심에 의지해 호소한 바 있다. 이틀 뒤인 7월 17일 우여곡절 끝에 삼성물산 임시주총에서 가까스로 합병이 가결되었다.

대부분의 상장기업에 개인지배주주가 존재하는 한국적 상황에서 내부자에 의한 사익추구와 이에 대한 미흡한 제도적 규율장치, 빈번하게 나타나는 반사회적 또는 시장 왜곡적인 행태는 정치사회적 규율에 의한 이해관계자 지배구조모델을 필요로 한다. 유럽의 선진 지배구조는 이해관계자의 이익과 함께 '기업(법인)의 이익'을 매우 중시한다. 우리의 기업들은 '4세 경영 포기 선언'을 할 것이 아니라 편법·불법적 사익편취 포기 선언을 해야 할 것이다. 이와 함께 소수주주, 근로자 등 다양한 이해관계자들의 이익을 최대한 적극적으로 고려하고, 가족경영의 정당성을 확보하며, 책임지는 오너십과 지속가능한 성장으로 국민경제에 기여하는 것이 중요하다. 이는 바로 5대째 지속되고 있는 스웨덴식 가족경영 방식으로 모범적인 이해관계자 지배구조 모델이다. 안정적 소유구조와 장기적 성과를 중시하는 한국의 기존 '오너 경영'의 장점에 더해 투자와 혁신을 통해 기업을 성장시키고 주주를 비롯한 이해관계자들의 이익과 사회적 가치를 중시하는 것이 그것이다. 이러한 지배구조가 실현된다면 주주의 지지는 물론 사회적 지지를 얻어 안정적인 경영권을 지속할 수 있게 될 것이다. 경영권 보장은 지분율을 높이는 것이 가장 확실하지만 제도적, 사회적, 정치적 방법의 경영권 방어장치도 가능하기 때문이다.

공정한 시장과 기업지배구조 문제

선진 민주주의 국가들은 공정하고 효율적인 시장, 대등하고 협력적인 노사관계, 투명한 기업지배구조, 사회적 책임을 다하는 기업 등을 중시한다. 기업지배구조를 투명하게 민주화하고 시장을 공정하게 만드는 일이 경제민주화라고 보는 것이다. 이러한 경제민주화는 실현가능하며 실제로 여러 나라에서 구현되어 왔다. 좋은 기업지배구조를 가진 기업과 민주적 시장경제체제를 발전시켜오면서 사회적 불평등이 적은 나라들이 그것이다. 스웨덴을 비롯한 북유럽 국가들, 네덜란드, 독일 등은 노동의 경영참여와 작업장 민주주의를 비롯하여 공정한 경제 질서와 제도, 정책 등을 통해 경제적 자원을 공정하게 배분하면서 민주적 시장경제를 이루어 왔다. 한국에서는 이 수준의 경제민주화에 대해서도 매우 비판적인 지식인들이 많다. 경제민주화는 '민주주의의 탈을 쓴 사회주의 경제'라고 보는 것이 대표적이다(한반도선진화재단 2021). 그러나 불공정한 시장과 심각한 사회경제적 불평등을 해소하여 민주적인 선진·선도 국가가 되기 위해서는 경제민주화는 필수적이다. 민주적 가치와 공동체적 가치를 중시하는 실질적 경제민주주의와 책임자본주의가 그것으로 경제민주주의는 더 나은 자본주의를 실현하고 지속적인 경제발전을 이루기 위한 조건으로 자본주의 경제체제의 민주화와 합리화를 지향한다. 책임자본주의는 '기업사회책임'에 기초해 주주, 노동자, 경영자 등 이해관계자들에게 책임을 다하는 이해관계자중심주의를 말한다. 기업 활동은 모든 이해관계자들의 노력과 기여가 투입되기 때문에 기업은 이해관계자 모두에게 책임을 져야 하는 것이다(이상복 2019). 권위를 정의롭게 배분하기 위해서는 정치적 민주주의와 정치적 기본권의 보장이 필수적이므로 정치적 평등은 분배적 정의의 한 요소이다. 이와 마찬가지로 사회경제적 기회와 권리에 대해서도 정의를 요구할 수 있으며 그 핵심은 사회경제적 자원의 정의로운 배분, 즉 사회경제적 공정성이다. 중요한 것은 공정한 배분을 위한 경제적 공정성은 필요한 만큼의, 나아가 충분한 만큼의 배분을 위한 경제적 효율성도 필요로 한다는 점이다. 따라서 시장의 공정성과 효율성은 민주적 시장경제의 핵심 요소가 되는 것이다.

1997년 IMF 경제위기 이후 기업지배구조 개선에 대한 관심이 관련 학계뿐 아니라 일반인 사이에서도 높아져 왔다. 이에 정부도 상장법인에 대한 사외이사 선임 의무화, 결합재무제표 도입, 신규 및 기존 상호지급보증 금지 및 해소, 소액주주권 행사요건 완화, 집단소송제 도입 등의 소액주주권 권한 강화 등 기업지배구조 개혁에 적극적인 의지를 보여왔다(김재구 2000). 기업경영의 투명성을 높이고 재벌들의 선단식 경영을 통한 도덕적 해이를 견제하려는 이러한 지배구조의 개혁은 일차적으로 금융시장과 자본시장을 겨냥한 것이지만 동시에 이러한 변화의 움직임이 우리나라의 노사관계에도 긍정적 영향을 미치게 하는 것이 중요했다. 그러나 IMF 개혁 25년 된 지금 한국의 기업지배구조는 여전히 후진적이고 불투명하다. 해방과 6.25 전쟁 후 '사업보국'의 주체로 역할을 해온 우리의 기업은 너무나 중요한 국가적 자산이었기에 사회와 국가는 기업의 성장을 위해 적극적인 지원과 지지를 아끼지 않았다. 그 결과 산업화의 성공과 압축적 성장을 이루었으나 그 이면의 여러 문제들은 오랜 기간 도외시되어 왔으며 극복해야 할 필요성도 가능성도 거의 인정되지 않았다. 이러한 우리의 구조적 조건과 급속한 경제발전 과정에서 만들어진 독점적 재벌체제를 무조건 비난만할 수도 없을 것이다. 슘페터(Joseph Schumpeter)는 완전경쟁은 아주 예외적일 뿐이고, 독점을 만악(萬惡)의 근원으로 간주하여 기업에 대해 부정적 이미지를 만드는 것에 대해 비판한 바 있다. 독점기업은 경제발전을 저해하기보다 때로 기술혁신과 총생산량의 장기적 증대에 가장 강력한 엔진으로 작용한다고 그는 주장했다. 1997년까지 우리나라의 재벌기업들도 기술혁신과 총생산량의 증대에 결정적인 기여를 해왔다.

1997년 외환위기와 국가부도 사태, 그리고 IMF 구제금융으로 기존 재벌체제의 정당성은 크게 약화되고 새로운 체제가 만들어지게 되었다. 세계 각국에서 국가(정부)가 민간기업의 지배구조에 개입하는 방안은 여러 가지가 가능하다. 기존의 법에 따라 개입하는 입법적 방안, 정책을 통해 영향력을 행사하여 민간기업의 지배구조를 변화시키는 방안이 일반적으로 시행된다. 일부 국가에서는 정치적 이유로든 어떤 이유에서든 직접 민간기업의 지배구조에 개입하기도 한다. 더 나아가 권위주의 국가에서나, 민주국가에서도 국가적 위기 상황에서 나타날 수 있는 방안으로 정부는 민간기업을 국유화하고 대주주로서 지배구조를 바꿀 수 있다. 우리의 경우, IMF의 기업지배구조 개선 요구에 따라 영미식 지배구조와 주주자본주의가 이식되기 시작하였고, 기업현실에서 회사법이 실질적인 규범력을 가지기 시작하였다. 이를 통해 종래의 잘못된 기업경영 관행을 바로잡아야 한다는 인식도 높아졌다. 대규모 상장회사의 지배구조에 있어서 미국식 감시체계가 도입되면서 사외이사와 감사위원회 제도가 도입되었고 이사회가 감독기관으로 인식되면서 내부통제의 중요성도 부각되었다. 미국식 지배구조가 외부의 압력으로 반강제적으로 이식되었지만 결과적으로 회사경영의 투명성이 높아졌고, 기업경영과 이해관계의 해결에서 법치주의의 확산 등 기업경영의 새로운 기준이 정립될 수 있었다(송옥렬 2014). 그러나 이러한 변화가 근본적인 바람직한 구조변화를 가져오지는 못했고 오히려 기존의 기업지배구조가 왜곡된 형태를 갖게 되었다는 주장도 많았다. 내부규율은 물론 시장규율도 제대로 작동하지 못하면서 기존의 내부자 지배적 특성, 즉 재벌체제가 유지되는 모습이 지속되었다.

새로운 체제는 주주 자본주의 체제였지만 기형적인 모습으로 지속되다가 2015년 삼성물산 합병과 2016년 삼성의 국정농단 연루 사태로 또 다시 터지게 되었다. 국가가 기업에 의해 조종되어 기업의 편법적 사익 추구의 수단이 되어버린 것이다. 세계 곳곳에 생산공장과 현지법인을 가지고 있는 세계적인 글로벌 기업인 삼성이 신문광고를 통해 민족주의적 감정을 자극하면서 삼성물산 합병을 성공시키려 했던 것은 참으로 어처구니없는 일이었다. 이는 이식된 미국식 기업지배구조가 우리나라의 지배주주 시스템과 조화되지 않는 문제, 지배주주의 의사결정에 결정적인 영향을 주는 경영권 승계의 인센티브가 법원에서 적절하게 고려되지 않고 있는 문제로 보기도 하지만(송옥렬 2014) 근본적으로는 우리나라 대기업의 지배구조 자체가 문제였다. 기업지배구조의 3대 요소라 할 회사법, 자본시장법, 노동법이 거의 작동되지 않았던 것이다. 이사회의 책임 등 회사법의 규범력은 IMF 개혁 이후 나타나기 시작했지만 여전히 재벌오너의 영향력은 절대적이었고, 삼성물산 합병에서 보듯이 자본시장법은 제대로 지켜지지 않으며, 노사관계와 노동관련법 준수 또한 매우 미흡하고 후진적이다. 사실, 한국의 후진적인 정치와 입법이 지배구조의 후진성을 보호해온 측면도 크다. 스웨덴과 네덜란드는 이미 1930년-1940년대에 정치권력과 자본권력간 민주적인 합의로 공정하고 투명한 이해관계자 모델의 지배구조를 만들었다.

반사회적이고 불공정한 자본과 자본시장에 대한 법적 규제, 정치사회적 압력, 노동의 경영참여를 통한 감시와 민주적 통제는 강화되어야 한다. 법적으로는 자본의 소유권을 인정하지만 정치사회적으로(민주적으로) 자본을 감시하는 것이 그것이다. 대의민주주의에서 법적으로 정치권력의 위임을 인정하지만 그 정치권력을 항상 감시하는 것과 같은 것이다. 자본권력의 영향력이 커질수록 재벌과 권력과의 불공정하고 불투명한 유착관계가 나타날 수 있고 기업과 시장의 투명성과 공정성을 담보하기 어렵기 때문이다. 소유와 경영의 분리가 선진 지배구조이고 바람직할 수 있으나 한국의 재벌모델, 한국식 주주자본주의의 문제는 미국식 주주모델로는 해결될 수 없다. 불공정한 경제체제와 재벌에 비판적 학자들도 기업의 소유와 경영을 분리해야 한다고 하지만 이는 외부분산주주와 미국식의 경영자 시장이 전제되어야 하기 때문이다. 한국의 경영자는 재벌오너의 측근으로, 막강한 권한에 대해 책임지지 않는 재벌오너의 방패역할을 해온 경우가 많았다. 오늘날 미국에서조차 기업의 목적은 주주를 포함한 모든 이해당사자들 이익의 공정한 분배에 있고, 그것이 기업의 궁극적인 사회적 책임이라는 관점은 갈수록 강해지고 있다(Roe 2021). 경제

제도이자 사회조직으로서의 기업은 재화의 효율적 생산뿐 아니라, 생산에 협력하고 성과에 기여한 모두에게 기업의 이윤을 공정하게 분배할 책임이 있다는 것이다. 기업의 사회적 책임과 ESG 활동에 대한 이해관계자들의 요구, 사회책임투자(social responsibility investment)와 지속가능경영의 중요성이 강조되면서 기업지배구조의 역할과 범위가 확대되고 있다. 경영진과 이사회는 관심과 추구하는 가치가 서로 다른 다양한 주주들과 이해관계자들의 요구를 잘 이해하고 조정해야 하는 중요한 역할과 책임을 다해야 한다. 기업이익 중시, 소수주주 보호, 노동의 경영참여를 핵심으로 하는 이해관계자 모델로의 지배구조 전환은 현실적으로나 당위적으로 불가피하다.

자본시장과 기업지배구조를 논하는 이유는 시장경제 체제에서 가장 중요한 시장의 공정성 때문이다. 스웨덴과 네덜란드의 노동시장의 공정성과 효율성(유연성)에 대해서는 여러 분야에서 많은 연구가 이루어져왔으며 우리에게 주는 함의, 우리의 노동시장이 어떻게 개선되어야 하는지에 대해서 여러 대안과 정책들이 제시되었다. 반면, 자본시장에 대해서는 금융, 주식 등 매우 협소한 전문 연구가 많으며, 자본시장에 대한 연구 또한 경영학 등 관련 학문분과에서 주로 다루어져 왔다. 사회학 등 사회과학분야가 노동시장에 대해 갖는 관심만큼 자본시장에 관심을 가져야 하는 것은 자본시장이 기업지배구조와 민주적 시장경제는 물론 경제적 자원의 공정한 배분 문제와 밀접히 관련되기 때문이다. 노동시장의 공정성 문제가 법적, 정치사회적 문제이기도 한 만큼 자본시장의 공정성 또한 법적, 정치사회적 문제이다. 우리와 같이 자본시장 관련 제도들이 미비하고 여러 편법으로 자본시장이 왜곡되어 있는 현실에서는 더욱 더 그러하다. 자본주의 체제에서 기업은 '자본'이라는 막강한 힘을 갖고 시장은 주로 자본을 중심으로 움직이기 때문에 독점과 자본집중, 부당한 사익 편취, 부당노동행위 등의 문제를 야기하게 된다. 나아가 자본세력이 정치세력과 불투명한 유착을 할 경우 더 나쁜 결과들이 발생할 수 있다. 이를 막기 위한 많은 제도와 장치들이 있는데 자본시장법, 공정거래법, 독점방지, 위법한 내부거래 규제, 노동3권, 기업공시(public disclosure) 등이 그것이다. 기업의 사회적 책임과 지배구조 개선에 대한 사회적 압력과 민주적 통제도 필요한데 이는 막강한 자본권력과 경영자의 정치적 영향력에 대해 사회적으로 더 많은 관심을 가지고 경계하고 감시해야 하기 때문이다. 기업, 특히 대기업집단을 지배한 자본가와 경영자는 막강한 권력을 갖게 되면서 자신들에게 유리한 제도를 위해 '조용한 정치와 비즈니스 권력'을 통해 정치적으로 영향력을 행사해 왔다(Culpepper 2010). 이는 기업지배구조의 정치적 결정 요인에 대한 분석이 필요한 이유가 된다.

공정시장과 기업지배구조 문제는 기본적으로 경제발전과 기업성장의 과실이 노동시장과 자본시장을 통해 공정하게 배분되느냐에 관한 것이다. 모든 주주와 가장 중요한 이해관계자인 노동의 목소리가 합리적으로 반영되고, 오너와 경영진에 대한 상벌(賞罰)이 공정하게 이루어지는 것이 그것이다. 자본주의 국가들에서 기업, 특히 대기업의 지배구조와 소유구조는 역사적으로 정치사회적 영향을 받으며 형성·발전해 왔다. 이에 따라 지배구조와 소유구조에 대한 정치사회적 관점과 정치경제학적 분석이 중요해졌다. 대표적으로 '기업지배구조의 정치결정론'이 그것이다(Roe 2006; 김화진 2010). 선진 자본주의 국가들에서 자본권력과 정치권력의 관계는 역사적으로 다양한 형태를 보여왔지만 주요 사회세력과 정치는 항상 대기업의 형태와 활동에 관심을 가져왔고, 기업 또한 자신에게 유리하도록 정치권력과의 관계를 구축해왔다는 것이다. 김화진(2010)의 연구에 의하면 기업의 지배구조는 국내, 국제정치의 직접적인 영향 아래 놓여 있으며, 지배구조에 대한 정부의 참여, 간섭, 영향력 행사 등 모든 현상은 일정한 패턴으로 설명되지 않고 매우 가변적인 해당 국가의 국내외 정치상황에 좌우된다고 결론내린 바 있다. 이는 정부, 즉 정치와 기업지배구조는 밀접한 관계를 가진다는 것을 의미한다. 민주화 이후, 특히 1997년 금융위기라는 정치, 경제, 사회적 위기를 겪은 후 한국 대기업(대부분 가족재벌)의 나쁜 관행을 혁파하기 위해 지배구조와 소유구조에서 큰 제도적 변화를 이루어 왔다. 오랜 기간 대기업의 경제권력이 강력했고 이들 대기업의 왜곡된 지배구조가 시장경제와 민주주의에 적지 않은 부정적 영향을 미쳐왔다. 자본시장의 효율성과 공정성을 악화시켜 왔고, 변칙적인 부의 축적과 세습은 공동체의 근간인 민주주의와 평등의 원리를 훼손해왔기 때문이다. 노동시장 또한 1987년 민주화 시기까지 절대적인 자본우위와 권위적인 정치권력 하에서 노동의 지위는 열악할 수밖에 없었다.

우리나라에서 기업지배구조를 개선하려는 시도는 오래되었는데 시민단체 중심의 소액주주운동이 그것이다. 주주행동주의(shareholder activism)를 통한 지배구조 개선 노력은 소액주주의 권한을 강화해 기업경영의 투명성을 높이고 비정상적인 경영행태를 사회적으로 감시하려는 것이다. 이를 통해 기업의 무분별한 이윤추구를 제약하고 기업의 사회적 책임을 적극적으로 요구하는 주주권 행사를 해왔다. 시민단체인 참여연대의 본격적인 소액주주운동은 1997년 3월 삼성전자가 현 이재용 삼성전자 부회장과 (구)삼성물산에 각각 450억 원, 150억 원어치의 사모전환사채를 발행해 주면서 촉발되었다. 잘 알려진 대로 1997년 IMF 경제위기 이후 기업지배구조 문제는 재벌개혁의 핵심 사안이 되었다. 1997년 말 경제위기로 기업의 연쇄도산이 이어지면서 주주총회, 이사회, 이사, 감사 등의 제도가 제대로 작동하지 못해 부실 경영의 원인이 되었다는 지적과 비판에 따라 지배구조 개선 작업이 시작되었던 것이다. 영미식 주주자본주의 모델을 바탕으로 한 OECD 기업지배구조 원칙16), 사외이사제(outside director)와 감사위원회의 도입 및 강화, 소액주주의 권한 강화, 기관투자자(외국인투자자 포함) 및 시민단체의 활동 강화, 기업지배권 시장의 활성화, 기업공시(public disclosure) 강화 등을 통해 기업경영에 대한 감독과 감사의 독립성을 제도화했다. 회계제도를 선진화하고 주주 권리와 금융감독체계를 강화한 상법 및 금융회사 지배구조 모범기준 등을 제정했다. 이러한 제도들은 투명한 경영과 주주이익 보호라는 협의의 지배구조 개선을 위한 것으로 상장기업이 지켜야할 의무로 제시되었다. 기업들도 자율적으로 소유경영자나 지배주주에게 부가 편중되는 현상을 해소하고, 원활한 자금조달과 장기적인 기업가치 향상을 위해 지배구조 개선을 약속했다.

그러나 IMF 이후 많은 제도들이 도입되었지만 지배구조 개선효과는 거의

---

16) 기업지배구조 개선 및 OECD 기업지배구조 원칙(1999년 제정)은 다음과 같다.
　지배구조 규율은 투명하고 실행 가능해야 하며, 감독당국은 전문적이고 객관적인 방법으로 의무를 수행할 것/ 주주는 이사선임, 보수설정에 참여하고 기관투자자 등 모든 주주의 권리행사가 용이하게 이루어져야 하며/ 주주에 대한 평등한 대우를 보장할 것/ 이해관계자(종업원 등)의 권리를 인정하고, 회사와의 협력을 장려할 것/ 회사의 모든 중요 문제가 적기에 정확히 공시되도록 하고/ 이사회가 회사와 주주에 대해 책임성을 확보할 것 등이다. 2004년 개정된 OECD 기업지배구조 가이드라인에는 실효성 있는 기업지배구조 원칙의 구축을 목적으로 소수주주 권리보장 및 시정수단 마련, 기업 내용의 완전 공시를 통한 이사선임 절차의 투명성, 기업지배구조, 정책, 근로자 및 이해관계자들에 대한 주요사항의 정보공개를 담고 있다.

없었다. 무엇보다 도입된 선진 제도들이 재벌오너를 감독 감시하는 기능을 제대로 하지 못했다. 스웨덴이나 독일 기업에서와 같이 소유경영자나 가족경영 형태가 다수인 국내기업들이 외부분산주주 중심의 협의의 지배구조 관점에 기초한 미국식 시스템을 도입하여 지배구조를 개선하고자 한 시도는 한계가 있었다. 총수일가가 지배권을 이용해 기업의 이익이나 자산을 사적 이익을 위해 빼돌리는 재벌의 사익편취는 오히려 심해졌기 때문이다. 부당내부거래, 편법적 지배력 강화, 분식회계, 부당한 주식 헐값 인수, 사업기회의 유용 등을 통해 소액주주와 회사, 협력업체에 큰 피해를 주어왔고, 편법과 시장왜곡도 여전했다. 여전히 대기업들은 지배주주인 오너나 경영자의 이익에 치중해 온 반면, 소액주주, 협력업체 등 다른 이해관계자들을 제대로 고려하지 않는 상황이 매우 빈번하게 발생해 왔다. 사회적으로 강한 반(反)재벌 정서는 고려사항이 아니었고, 기업활동에 대한 규제도 미흡했으며, 편법 및 위법에 대한 처벌이 약했기 때문이다.

우리나라 기업들은 주주중심적인 지배구조 시스템을 강조하지만 나름 장점이 많은 미국식 주주모델도 아닌 '내부대주주 오너를 위한 주주모델'이라는 점이 문제이다. 재벌이라고 불리는 대규모 기업집단을 비롯하여 우리나라의 다수의 기업들이 스웨덴, 독일 기업들에서와 같이 소유와 경영의 분리가 명확하지 않고 가족경영의 형태를 나타내고 있다. 하지만 스웨덴, 독일 기업과는 달리 우리나라 기업들의 지배구조에서 중요하게 고려되는 이해관계자의 범위는 오너인 지배주주에 집중되어 있어 여러 문제들이 발생해 왔다. 우리나라 기업들은 소유경영자나 지배주주의 영향력이 매우 강하게 작용하기에 소유와 경영의 분리, 시장규율에 의한 강한 외부통제 메커니즘을 특징으로 하는 미국식 시스템과 근본적인 차이가 있다. 주요 주주, 즉 가족오너가 경영자로서 강력한 영향력을 행사하기에 내부통제 메커니즘이 제대로 작동하지 않는다. 스웨덴이나 독일도 주요 주주가 경영자로서 영향력을 행사하지만 우리와 달리 '기업(법인)의 이익'을 중시하여 기업가치를 높이고, 내부통제 메커니즘 효과가 크며 사회적 규율도 강하다. 우리나라 기업은 내부통제, 시장·비시장적 외부통제 모두 제대로 작동하지 않으면서 소유경영자는 소액주주 등 다양한 이해관계자들을 위한 책임있는 활동과 지배구조의 개선에 소극적이게 되고 기업가치도 절하되고 있다.

2015년 삼성물산 합병과 국민연금 - 기업지배구조 정치결정론의 명암

한국은 기업지배구조의 정치결정론이 적용되기 좋은 조건을 갖는다. 첫째, 사회 전반적으로 반재벌정서가 강하면서 동시에 대기업에 대한 우호적 정서 또한 강하다는 점이다. 이는 공적 법인인 대기업과 사적 개인인 재벌가족에 대한 정서가 다르다는 것을 의미하지만 사인(私人)이 합법적으로 지분을 통해 회사 법인을 지배한다는 점에서 서로 별개인 것은 아니기에 결국은 공동체적인 타협과 합의를 필요로 한다. 둘째, 대기업의 지배구조, 즉 재벌체제에 대한 이념적, 정치적 관점이 매우 두드러진다는 점이다. 삼성에 대한 상반된 이념적, 정파적 입장이 대표적이다. 이념적, 정치적으로 대립적이고 적대적인 관계의 지속은 제로섬뿐 아니라 막대한 사회적 비용을 초래하기에 가능한 한 포지티브섬(positive sum)의 윈윈(win-win)관계로 변화시켜야 한다는 당위성이 존재하게 된다는 점이다. 셋째, 이에 더해 우리나라 특유의 강한 민족주의적, 국가주의적 정서까지 개입되면서 그 동학은 예측불가능하고 일관적이지도 않다는 점이다. 사실 민족주의적, 국가주의적 관점은 모든 정치결정론의 본질이자 최고 차원이기도 하다. 넷째, 정권에 따라 기업지배구조 등 대기업정책이 변화해 왔다는 점이다. 법적 또는 경제적(시장적)으로만 설명할 수 없고 판단할 수 없는 것이다. 모든 나라의 기업지배구조가 가장 확실하고 간단한 방식인 법적, 시장적으로 해결된다면 정치사회적 결정론은 등장하지 않았을 것이다. 세계 곳곳의 다양한 기업지배구조 자체가 각 나라의 역사적, 정치사회적인 동학의 결과이기에 하나의 모범적인 기업지배구조란 있기 어려운 것도 사실이다. 따라서 대기업의 지배구조에 대한 사회적 타협은 계급타협이자 정치적 타협일 수밖에 없는 것이다.

2015년 삼성물산과 제일모직 간 합병에서 이사들은 합병당사회사나 모든 주주의 이해관계보다는 대주주의 이해관계를 우선 고려할 것으로 예상되었으며, 실제로 대주주에게 매우 유리한 방법에 의하여 합병비율이 산정되었다.[17]

---

17) 제일모직(구 에버랜드)과 삼성물산 이사회는 합병비율 1:0.35로 흡수합병을 결의하였다. 이 합병비율은 삼성물산 주식 한 주당 제일모직 신주 0.35주를 발행하는 것으로, 자본시장법에 따라 시장가치를 근거로 산출된 것이다. 본 합병안이 발표되자 미국계 헤지펀드인 엘리엇을 비롯한 일부 삼성물산 주주들은 강하게 반대하였다. 합

당시 삼성물산 합병 발표와 뒤이은 삼성그룹과 엘리엇(미국의 행동주의 펀드인 엘리엇 매니지먼트)의 대립은 우리 경제를 지배하는 재벌의 지배구조에 대한 큰 관심과 논란을 가져왔다. 2015년 7월 국민연금은 일부 삼성물산 주주는 물론, 일부 학계, 국내외 의결권 자문사들, 일각의 사회세력 등으로부터 합병에 반대의결권을 행사해야 한다는 주장과 압력이 컸지만 찬성의결권을 행사하여 합병가결에 결정적인 역할을 했다. 합병 전 국민연금은 11.2%의 지분을 보유한 삼성물산의 최대주주로 삼성이라는 재벌의 경영권승계를 위해 오용된다는 비판과 함께 일반주주의 손실, 국민연금공단 기금운용본부 의사결정과정에서의 절차상 문제 등으로 인하여 특혜의혹이 제기되었다(박정구 2017). 삼성물산 합병 건은 정치적 요인, 자본 민족주의, 반외국자본정서, 반재벌정서 등 재벌의 지배구조가 법적인 접근만으로 대처할 수 있는 문제가 아니라는 것을 상징적으로 보여주었다. 삼성물산 합병 건에서 국민연금의 부적절한 의결권 행사는 결국 법적으로 유죄로 최종 판단되고 삼성물산의 주가 산정과 합병비율도 잘못되었다고 최종 판단되었다.[18] 삼성물산 합병 사건은 기업지배구조가 정치적으로 결정된다는 또는 정치적으로 결정될 수 있다는 점을 극명하게 보여주면서 국민연금 의결권 행사가 어떠해야 하는지에 대해 근본적인 문제를 제기하였다.

대부분의 서유럽 국가들은 기업을 주주와 근로자의 이익을 구현하는 통일

병비율이 관련 법령에 따라 시장가치에 의해 결정되는 것이라면 주가가 높은 시점을 선택하여 합병을 결정하는 것이 유리하지만, 삼성물산 경영진은 이를 고려하지 않았다는 것이 주된 이유이다. 즉, 삼성물산은 일 년간 주가가 20% 하락한 반면 제일모직은 IPO 이후 반년만에 45% 상승한 상황에서 합병결정은 삼성물산 주주에게 불리하고 제일모직 주주에게 유리한 결정이라고 주장하였다. 제일모직의 최대주주는 42.7%의 지분을 보유한 삼성그룹 총수일가이고 이들이 삼성물산에 보유한 지분은 1.4%였으므로, 결국 이 합병안은 총수일가에 유리하고 소액주주에게 크게 불리하였다고 할 수 있다.

18) 2022년 4월 14일 대법원은 2015년 삼성물산-제일모직의 합병 당시 삼성물산의 주식매수 가격 5만 7,234원은 너무 낮게 평가됐다고 최종 판단했다. 대법원은 6만 6,602원이 적정하다고 판단했다. 또한 이날 대법원은 삼성 합병 찬성을 압박한 문형표 전 복지부 장관과 홍완선 전 국민연금 기금운용본부장에게 각각 징역 2년 6개월을 최종 확정했다. 이재용 삼성전자 부회장은 삼성물산-제일모직 합병 관련 자본시장법 위반 등 혐의로 2020년 9월 기소되어 현재 재판이 진행 중이다.

체로 보고 공정하게 이익을 분배하고 기업에 관한 사항을 공동 결정한다. 독일, 스웨덴의 기업들과 우리나라 기업 간에는 사실 중요한 공통점이 있는데 가족기업이 많고 소유와 경영의 분리가 명확하게 이루어지지 않았다는 점, 소유경영자 및 지배주주 중심의 기업지배구조를 가지고 있다는 점 등이 그것이다. 그런데 유럽 기업들과 달리 국내기업들의 불공정한 거래 관행, 심각한 사익 편취 및 부의 집중 문제가 매우 심각해지면서 지배구조의 개선 및 개혁 요구가 커져왔다. 외국의 성공적인 사례를 이식하는 방식으로는 우리의 기업지배구조를 바꾸기는 어렵겠지만 모든 상장기업이 가져야 할 기본적인 원칙은 중시되어야 한다. 기업 및 주주이익 중시, 주주 평등주의, 노동 존중이 그것으로, 기업이익 중시는 배임, 횡령, 과다 배당, 임원진에 대한 과다 보수 등을 억제하여 기업과 주주의 이익을 보호하는 것을 말하고, 노동 존중은 협력적 노사관계와 노동이사, 공동결정권과 같은 노동의 경영참여를 말한다. 스웨덴과 네덜란드 사례를 보면 노동이사제와 공동결정권은 기업(경영)에 긍정적인 역할을 한다고 한다. 물론, 기본적으로 이들 나라의 노사관계가 민주적, 협력적이고 노동 측의 지나치게 무리한 요구가 거의 없기 때문이기도 하다.

당연히 기업지배구조의 정치결정론 주장 또한 제도개선을 위한 엄정한 법 집행의 필요성을 강조한다. 다만 법제도와 자본시장의 개혁에 더해 정치사회적 환경에 대한 검토와 고려를 요구하는 정치경제학적 접근의 필요성도 강조하는 것이다. 기업지배구조는 정치적, 사회적 영향을 크게 받고 영향을 주기도 하기 때문이다. 경제는 물론 사회 전반에 지대한 영향을 미치는 재벌에 대한 사회적 감시, 민주적 통제의 문제를 논의한다는 것은 재벌체제와 경영권 보장에 대한 정치 사회적 차원의 합의와 타협, 규범적 강제를 모색하는 것이다.[19] 법제도의 악용을 견제하는 데에는 법보다 오히려 사회적 감시와 압력이 더 힘을 발휘할 수도 있기 때문이다. 아무리 법과 규제를 강화하더라도 모든 편법을 막는 데에는 한계가 있기 때문이다(김건식 2015). 2015년 7월 삼성물산-제일모직 합병이나 2019년 3월 대한항공 조양호 회장 이사 재선임 부결[20]은 국민연금이 얼마나 큰 (정치적) '힘'을 발휘할 수 있는지를 보여준다.

---

19) 김건식(2015)도 궁극적으로, 마지막 수단으로 이러한 방안을 제시한 바 있다.
20) 조양호 대한항공 전 회장은 국민연금의 반대로 대기업 대표가 물러난 첫 사례다.

삼성물산 합병에 대한 국민연금 의결권 행사가 적법한지, 전문적인지, 정당한지에 대해 많은 논란이 있었고, 법적, 사회적 판단도 이미 내려지고 있다. 갈수록 다양한 이해관계자는 물론, 사회적, 환경적 요인을 고려해야 하는 상황은 국민연금에 대한 사회적 압력을 가져와 국민연금의 책임있는 투자와 의결권 행사, 정치사회적 영향력을 키우는 데 기여하고 있다. 따라서 기업지배구조에 대한 정치사회적 영향력 증대는 불가피할 것이고, 영향력이 증대될수록 국민연금의 의결권은 대기업과 국민연금 간, 자본권력과 정치사회권력 간의 관계와 동학을 결정하게 될 것이다. 이러한 상황은 이념적, 정치사회적 논란을 가져올 것이고 이 논란이 대립과 갈등으로 지속될 것인지 사회적 합의 또는 정치사회적 대타협으로 공존의 관계를 구축할 것인지는 자본세력과 정치세력, 국민 모두의 의지에 달리게 될 것이다.

우리나라에서는 계열회사 간 합병이 매우 많으며, 대주주가 관계사 간의 합병과정에서 존속회사와 피합병회사의 이익조정을 통해 소수주주의 이익을 희생시키고 자신의 이익을 극대화시킨다고 한다(정재욱·배길수 2006). 삼성물산 합병은 그동안 자행되어 온 우리나라 대기업 대주주 오너의 편법, 불법적 사익 편취의 하나였다. 따라서 계열회사 간의 합병은 합병의 공정성 특히 합병비율의 공정성을 확보하기 위한 제도를 적용하는 것이 합리적이며, 상장법인의 공정한 가치평가, 합병에 관한 중요한 정보의 사전공시 및 불공정한 합병에 대한 이사들의 책임을 적용할 필요성이 매우 크다(이훈종 2017). 제일모직과 삼성물산의 합병가액과 합병비율은 결국 합병시너지의 대부분을 이재용 부회장 등 지배주주의 지분율이 높은 제일모직의 주주들이 가져갔다. 반면, 지배주주의 지분율이 낮은 삼성물산의 주주들은 상대적으로 적은 시너지 효과를 누릴 수밖에 없는 결과를 가져왔다(정형찬 2019). 따라서 삼성물산 합병 사례는 현행 자본시장법이 규정하고 있는 합병가액과 합병비율의 산정 기준이 법 제정 의도와는 달리 결코 효과적인 소수주주 보호 수단이 될 수 없다는 사실을 잘 보여주고 있다. 그동안 대기업 관련 수많은 법제개정과 시행령 규정에도 불구하고 이러한 가족대주주의 엄청난 사익편취 행위가 자행되는 상황에서 제도 개선이 얼마나 효과적일지는 의문이다. 삼성물산 주식매수 가격에 대한 대법원 판결 또한 효과가 있을지도 의문이다. 소액주주 입장에서 볼 때 대법원이 정한 합병가액도 낮아, 즉, 원래 삼성이 정한 가격과 큰 차이가 없어 대주주에 유리한 합병비율 산정에 대한 인센티브가 여전할 것으로 보이기 때문이다. 결국, 우리나라 대기업의 지배구조 개선을 위해서는 시장규율이 약한 상황에서 국민연금 의결권을 통한 규제와 사회적 압력과 감시를 통해 사회규범을 강제하는 방법뿐이 없어 보인다. 법규제의 힘이 다하는 지점에서 영향력을 발휘할 수 있는 것은 도덕과 규범, 즉 사회규율이기 때문이다.

국민연금의 주주권 강화와 시장규율

주주이익과 주주권 행사는 현대자본주의, 특히 주주자본주의의 핵심이다. 주주자본주의는 자본시장을 통해 주주가 된 개인과 기관이 주주권을 통해 해당 기업을 규율할 수 있다. 바로 주주모델의 시장규율이 그것이다. 국민연금의 주주권 강화 요구는 그동안 우리나라 기업들의 편법 및 불법 경영, 다양한 이해관계자들의 이익 고려 미흡, 대국민 약속 미이행 등에 대한 당연한 귀결이다. 기관투자자인 국민연금 기금은 주주의 권리를 갖는 주주의 지위와 타인의 자산을 운용하는 수탁자로서의 책임 또는 의무를 갖는 수탁자로서의 지위를 동시에 갖는다. 대기업집단의 편법경영을 견제하고 기업지배구조 개선과 소수주주의 보호를 위해 국민연금 기금의 적극적 의결권 행사가 바람직하다는 관점에서 스튜어드십 코드가 도입되었다. 국민연금에게 주주로서 적극적 의결권 행사와 더불어 수탁자로서의 역할, 즉 수탁자책임이행이 요구되기 때문이다. 2018년 7월 국민연금은 스튜어드십 코드를 도입했고, 2019년 금융당국은 주주와 기업가치의 훼손을 막기 위해 '한국형 스튜어드십 코드(stewardship code)'[21]를 도입해 기관투자자의 주주권 행사를 강화하는 가이드라인을 제정했다. 가이드라인의 실효성 확보를 위해 기관투자자들로 구성된 '운영위원회'를 구성했고 의결권행사 자문기관인 한국기업지배구조원에 전체 운영을 맡기도록 했다. 그러나 자본시장 발전과 지배구조 개선을 위한 국민연금의 주주권 강화는 그 실효성을 의심받고 있다. 의결권 행사가 주주총회와 지배구조에 별 영향을 미치지 못하고 있기 때문이다. 이에 국민연금은 2020년

---

21) 스튜어드십 코드는 영국이 2010년 도입한 제도로 기관투자자가 배당이나 시세 등 단순한 투자에 그치지 않고 기업의 의사결정에 참여하도록 한 행동지침을 말한다.

6월 현대중공업지주, 현대건설, 한국조선해양, CJ제일제당, 기업은행 등 15개 기업에 대해 투자목적을 단순투자에서 일반투자로 변경했다. 2020년 2월 개정된 자본시장법은 상장사 지분을 5% 이상 보유한 연기금이나 기관 투자자는 보유지분 규모와 함께 경영참여, 일반투자, 단순투자 등 투자목적을 밝히도록 되어 있다.[22] 국민연금은 이미 삼성전자, SK하이닉스, 현대차, 셀트리온 등 57개 주요 기업의 투자목적을 일반투자로 변경한 바 있다. 이들 대기업들은 국민경제에서 차지하는 규모가 클 뿐 아니라 정치사회적 영향력과 사회경제적 책임이 매우 크기 때문이다. 국민연금 등 기관 투자자들은 2020년을 시작으로 일반투자 비중을 확대하고 이사 보수 한도, 이사 선임 등에 대해 적극적인 반대 의견을 내고 있다. 주주총회 안건에 대한 국민연금의 의결권 행사 건수는 지속적으로 증가하고 있고 반대의견 비율도 증가하고 있다. 그러나 국민연금의 반대 의견에도 안건이 부결되는 경우는 거의 없다고 한다. 기업의 지배구조 개선과 ESG 경영 강화를 위해 국민연금의 주주권 행사는 더 강화되어야 할 것이다.

국민연금의 주주권 행사는 국내기업의 지배구조를 지키는 역할이 아니라 개선·개혁하는 역할에 중점이 두어져야 한다. 이를 '연금 사회주의'라 비판한다면 네덜란드 등 유럽의 다수 연금기금이 ESG 가치를 중시하는 주주권 행사를 어떻게 볼 것인가. 세계 여러 나라에서 연금기금을 포함한 막대한 규모의 국부펀드의 운용은 국가적 전략이 되어 왔다. 국가전략으로서 연금기금 운용이 그것으로, 네덜란드, 스웨덴, 노르웨이, 싱가포르 등이 그러하고 한국 또한 마찬가지이다. 1997년 이후 시장 중심의 금융제도가 본격화됨에 따라 국민연금 기금은 사실상 국가의 전략에 따라 자본시장 활성화와 경영권 방어를 위해 활용되었다. 국민연금 기금을 정책적, 국가전략적으로 활용한 대표적인 사례는 1960년대에 주거복지를 위해 공공주택 건설에 활용한 스웨덴이다. 이러한 공공투자는 싱가포르, 일본에서도 시행되었다. 국민연금을 통해 보유하는

---

[22] 2020년 2월 자본시장법이 개정되면서 투자목적에 기존의 경영참여, 단순투자 외에 '일반투자'를 신설, 경영참여 목적이 아니더라도 일반투자인 경우에는 배당 확대 등 적극적인 주주활동을 할 수 있게 된 것이다. 개정 전에는 5%룰로 인해 기관 투자자들의 적극적인 주주활동에 제약이 있었는데, 5%룰 완화로 기관들은 공시 부담 없이 적극적인 주주활동을 할 수 있게 됐다.

주식은 엄밀하게는 정부의 보유 주식은 아니지만 국민연금은 국가전략적 관점에서 의결권을 행사할 수 있고 연금의 지배구조를 통해 정부의 간접적인 영향력 하에 놓일 수도 있다. 기업지배구조와 정치의 접목점은 기업의 근로자들을 중심으로 한 이해관계자들이라는 주장(김화진 2010)을 수용한다면 근로자들이 주인인 국민연금은 곧 지배구조와 정치를 연결하는 또는 지배구조를 결정하는 핵심 요소가 된다. 이는 정부가 지배구조에 개입하거나 주주가 되어 지배구조 관련 문제를 해결할 수 있음을 의미한다. 같은 기업지배구조의 정치결정론이지만 국민연금 의결권을 통해 우리나라 재벌의 기존 지배구조를 유지하게 하는지, 변화하게 하는지는 전혀 다른 이야기가 된다. 유지를 하더라도 이해관계자들, 특히 소액주주의 이익을 침해하는지 아닌지는 매우 중요한 문제이다.

국민연금은 국가기관인 국민연금공단과 국민연금기금운용본부가 관리 운용하는 공적연금으로 정부와 국가가 최종적 권한과 책임을 갖는다. 이에 대기업의 지배구조에 결정적인 영향을 미칠 수 있는 국민연금의 의결권 행사는 전문성과 독립성, 투명성에 기반 한 투자전략적 판단이 중요하지만 그 결정을 할 당사자들이 대부분 정부에 의해 임명 임용되기에 궁극적으로는 정치적 결정일 수도 있게 된다. 실증분석에 의하면 주요 대주주 사이의 상호 견제능력 즉, 지배권의 경쟁가능성(contestability)이 클수록 기업 가치는 커지지만 주요 대주주 사이의 지분율 차이가 클수록 기업가치는 감소한다고 한다(안홍복 2009). 문제는 경영자를 감시할 능력을 갖는 주요 대주주가 다른 주요 대주주와 연합을 형성하여 유무형의 이익을 약탈하여 공유할 수 있고 소액주주의 이익을 침해할 수 있다는 점이다. 국민연금의 주주권 행사가 이러한 연합과 역할을 해서는 안 될 것이다. 또 다른 실증분석에 의하면 1997년 외환위기 이후 기업지배구조의 개선은 투자지출이 기업가치의 상승으로 연결되기 위한 필요조건이 된다고 한다(박영석·김남곤 2007). 경영자(또는 대주주 경영자)의 사적유용 행위를 방지하여 기업가치를 제고하고 투자자의 권리를 보호하기 위해서는 이사회의 실질적인 독립성 개선이 필요하다(강윤식 외 2015). 우리나라 대기업들은 대부분 지배주주의 소유지배 괴리도가 높은데 괴리도가 높은 기업집단이 낮은 기업집단에 비해 주주보호 기능과 경영자에 대한 감시역할을 가진 사외이사의 활동이 약화되고 소액주주의 권리행사가 낮다고 한다.

지배주주가 직접적으로 경영자를 감독·견제하는 기능을 담당하면서 경영자의 재량성도 감소된다고 한다(김효진·윤순석 2010). 이에 많은 전문가들이 제도개혁의 필요성을 강조해 왔다. 선진국과 달리 대다수 상장기업에 개인(가족) 지배주주가 존재하는 한국적 상황에서, 내부자에 의한 사익추구의 다양한 형태와 이에 대한 규율장치의 작동여부는 관련 제도의 개선을 위해 매우 중요하다(박경서 2017)는 것이다. 그럼에도 국민연금 등 기관투자자가 기업지배구조를 개혁할 것으로 기대되는 것은(이상복 2008) 수많은 제도 개혁의 한계 때문이다.

우리나라에서 대주주 및 오너의 사익 편취, 소액주주 권리 무시, 편법적 기업경영 등에 대한 사회적 비판이 고조되어 있고, ESG와 지속가능 경영에 대한 관심이 갈수록 증대되고 있다(이관휘 2022).[23] 따라서 국내 기업들은 주주를 포함한 다양한 이해관계자들의 갈등을 해소하면서, 동시에 기업의 장기적인 존속과 발전, 상호 협력적 관계 형성을 위한 지배구조의 개선이 필요한 것이다. 미국과 같은 강력한 자본시장 규율이 존재하지 않고, 제도 개혁의 효과도 미흡한 상황에서 결국 강한 법적 통제 시스템과 함께 정치사회적 감시와 압력이 중요해진다. 따라서 국내 기업들은 협의의 지배구조가 아니라 다양한 이해관계자들과의 관계를 고려하는 광의의 지배구조 시스템을 도입해야 할 필요성이 갈수록 커지고 있다(김혜리·김정교 2019). 네덜란드, 스웨덴과 같이 유럽식 이해관계자 모델을 고려하여 소액주주를 비롯하여 이해관계자들을 대주주 이익과 같은 차원에서 고려해야 하는 것이다. 2016-17년 대통령 탄핵이라는 정치위기와 대기업이 연루된 '국정농단' 사건 이후 심화된 정치적 갈등과 극단화, 그리고 저성장과 양극화, 소득격차 심화라는 경제사회적 상황에서 한국의 대기업은 또 다시 거센 정치사회적 압력과 요구를 받아왔다. 다수 대기업의 대주주가 된 국민연금의 적극적인 의결권 행사는 이러한 정치사회적 환경이 반영된 것이다. 향후 대기업과 국민연금 간 관계는 기업지배구조는 물론 노사타협, 사회적 대타협 등 국민연금의 역할에 중요한 변수가 될 것으로 보인다.

---

23) ACGA(Asia Corporate Governance Association)의 조사에 따르면, 아시아 기업을 대상으로 기업지배구조를 조사한 Market CG Score 2018에서 한국은 9위로 46점의 점수를 받았다. 1위는 호주로 71점이다.

대기업과 국민연금 관계에서 본 사회적 타협의 가능성 - 시장규율과 사회규율

박근혜 정부 시기 삼성물산 합병과 삼성의 국정농단 사건 연루로 나타난 자본권력과 정치권력 간 불투명한 유착은 더 이상 가능하지도 않을 것이고, 가능해서도 안된다. 국민연금의 주주권 행사가 투명하고 민주적으로 강화될수록 자본세력은 '정치권력'이 아니라 국민연금의 '국민' 동의가 절대적으로 필요해지게 된다. 우리나라의 대기업과 이들 대기업의 대주주인 국민연금의 관계가 갈수록 복잡하고 중요해지게 될 것이므로 국민연금의 주주권 행사는 지배구조 개선뿐 아니라 사회적 타협과 합의 등에도 영향을 미칠 수 있을 것이다. '기업지배구조의 정치사회적 결정론'에 따르면 주요 사회세력과 정치권력은 기업의 지배구조에 결정적인 영향을 미치며, 따라서 기업과 사회 간, 자본권력과 정치권력 간의 갈등 및 타협의 동학이 사회경제모델에도 영향을 미치게 되는 것이다. 국가에 의해 관리·운용되는 국민연금 기금은 정부의 여러 제도 도입에 따라 대기업의 지배구조에 중요한 역할을 할 수 있게 되었다. 스튜어드십 코드 등으로 적극적인 의결권 행사가 가능해졌고, 1대 주주 또는 2대 주주로서 국민연금은 합병, 경영권 등 주주총회의 주요 안건에 영향력을 가질 수 있는 위치에 있기 때문이다. 전문성과 중립성, 책임성에 기반한 국민연금의 적극적인 의결권 행사가 대기업에 대한 정치사회적 압력과 민주적 통제의 정당성을 가질 수 있다면 재벌체제의 문제점, 특히 가족대주주의 편법적 사익 편취 행위에 대한 규제라는 당위성에도 부합할 수 있다. 권위적 발전국가와 함께 성장해온 우리나라의 재벌체제는 가족중심의 지배구조를 발전시켜왔고 재벌이 국가경제에 기여한 바가 크다는 점에 많은 국민들이 동의하면서도 이들 재벌의 왜곡된 소유 지배구조가 기업 자체의 성장은 물론, 사회경제적 발전과 선진화를 가로막는 걸림돌이 된다는 생각도 만만치 않다. 문제는 가족중심 지배구조 그 자체가 아니라 불투명한 편법 불법적인 지배구조가 문제였다. 이를 둘러싼 논란의 역사는 오래되었으나 이를 극복하기 위한 실질적인 합의나 사회적 타협은 없었다. 지금까지도 이어지고 있는 우리의 소용돌이와 같은 정치적 상황과 이념적 사회적 대립은 재벌체제에 대한 사회적 합의를 도출하기 어렵게 만들어 왔다.

내부대주주에 의한 대기업 체제와 가족지배 경영권을 어떻게, 얼마나 인정하고 수용할 것인지에 대해서는 여러 논의가 있었지만 매우 정파적이고 이념적인 대립 속에 합리적인 논의는 미흡했다. 1997년 경제위기 이후 미국식 주주모델 요소를 도입했지만 시장규율은 작동하지 않았고 자본집중은 심화되어 왔다는 점에서 보다 근본적인 논의가 필요하다. 불법 편법으로 세금없는 부의 대물림, 재벌 상장회사의 기업가치 훼손 및 소수주주 손실, 분식회계, 불공정한 경쟁 등이 상시적으로 발생했다. 또한 1997년 이후 좌우 정권교체도 여러 번 이루어지면서 관련 쟁점과 논의가 충분히 이루어졌다고 볼 수 있기에 사회적 논의도 가능한 시점이 되었다. 우리나라의 왜곡된 소유 지배구조와 변칙적인 부의 축적 및 세습과 관련된 많은 문제들이 경영권 승계라는 동기에서 비롯되는 측면이 크다는 점에서 세금은 제대로 납부하되 차등의결권 등을 도입하여 경영권을 승계할 수 있도록 해야 한다는 주장도 있어왔다. 그러나 변칙적인 사익편취의 주된 동기는 경제적 이득에 있으므로, 경영권 유지 및 승계에 문제가 없는 재벌의 경우에도 사익편취는 얼마든지 일어날 수 있고 실제 많이 일어났다. 이에 공정거래위원회는 2016년 12월에 제정된 총수 일가 사익편취 금지규정 가이드라인 이후 '제3자 간접거래'를 포함하여 일감몰아주기 등 대기업 총수 일가의 사익편취 규제를 강화해왔다. 스웨덴의 차등의결권은 외국자본의 의결권을 규제하기 위한 방안으로 20세기 초에 나타났다. 우리나라에서도 차등의결권 도입 등을 통해 지배권 상속문제는 해결될 수 있겠지만 사익추구 행위도 자동적으로 없어질 것이라고 볼 수는 없다. 따라서 차등의결권의 도입만으로 기업들이 자율적으로 지배구조를 개선하고 사익편취 행위를 자제할 것으로 기대하기는 어렵기에 차등의결권 제도 도입과 지배구조 및 경영행태의 개선을 연계시킬 필요가 있다(홍명수 2018).24) 공식적, 비공식적 연계가 모두 필요하다. 비공식적 연계란 대국민 약속, 사회적 합의 등 규범적 강제를 말한다.

사회적 감시에 기반한 비공식적 사회적 합의가 필요한 것은 재벌의 사익편취 행위와 규제회피를 근본적으로 막을 수 있는 방법이 매우 제한적이기 때문이다. 그 어떤 법적 제도라도 완벽할 수는 없고 재벌들은 이 틈을 편법을 통해 이용해 왔기 때문이다. 일감몰아주기 과세, 총수일가 부당이익제공 금지

---

24) 사)한국부패방지법학회 공동주최 '공정한 사회를 위한 재벌개혁의 법적과제' 학술대회 (2018년 7월 12일) 발표 내용.

등의 규제가 도입되었지만 대기업들은 편법을 통해 규제를 피하면서 규제의 실효성은 사실상 나타나지 않고 있다. 이러한 지배구조를 기업의 합리적 또는 불가피한 선택(대응)의 결과라는 주장도 있다. 지배구조의 비경제적 결정요인들은 기업(오너) 입장에서는 제약조건이 되기에 현재의 지배구조는 비경제적 요인들, 특히 정치사회적 요인이라는 제약조건 내에서 대주주가 자본효율성을 극대화하려 할 때 나타나는 균형점으로 보는 시각이다. 이는 지배구조를 종속변수로 보고, 지배구조를 바꾸려면 법제도를 통해 직접적으로 지배구조를 규제하기 보다는 제약조건을 바꾸어 균형점이 이동하도록 해야 한다고 주장한다(강원 2014). 이 논리는 지배구조의 비경제적 결정요인들의 존재를 인정하고 기업지배구조를 종속변수로 본다는 점에서 정치결정론과 유사하나 비경제적 결정요인, 즉 정치사회적 요인이 바뀌어야 한다고 주장한다는 점에서 근본적인 차이가 있다. 지배구조를 개선해야 한다고 보는 정치사회적 요인은 상수이다. 다만, 정치사회적 결정요인의 구체적 내용, 즉 결정요인을 어떻게 바꿀 것인가가 바로 사회적 합의와 타협의 대상이 되는 것이다. 우리나라 재벌들의 편법 불법이 모두 경영권 승계 때문이라고 한다면 자손에게 경영권을 승계하려는 기업문화가 불가피한 것인지도 사실 확실하지 않다. 소유지분으로도 경제적 이익과 영향력을 가질 수 있기 때문이다. 그럼에도 경영권에 집착하는 것은 '가문'의 문제뿐 아니라 우리나라 기업의 '경영권 프리미엄'이 비상식적으로 너무나 크기 때문일지도 모른다. 결국에는 사회적 규범이라는 문화가 작동하는가가 중요해진다. 각 개인과 그 사회가 내면화하여 실천하며 사회에 뿌리내린 도덕과 규범이 그것이다.

　기업지배구조에 대한 사회적 타협이란 바람직한 지배구조란 어떤 것이고, 또 어떠해야 하는지에 대해 사회구성원 및 다양한 정치사회세력들이 노력하고 합의하여 새로운 제도를 만들어나가는 것이다. 현 재벌체제를 어떻게 보고 어떠한 방식으로 대기업의 기업지배구조를 변화시킬 것인가가 그것이다. 사실 이는 매우 어려운 문제이지만 사회적 감시와 정치적 압력, 국민연금 의결권이라는 수단 또는 동기부여가 있다는 점에서 불가능한 것도 아니다. 우리나라 대기업의 위상과 역할, 즉 국민경제적 차원에서 경쟁력과 효율성을 고려하여 경영권 승계 보장 문제 등을 사회적으로 공론화하고 정치적으로 합의하여 결정하는 것이다. 이러한 관점은 주주모델에 대한 비판과 관련되는데 주주모델은 기업지배구조를 '이사회 정치'로 한정시킴으로써 기업조직 외부에서 지배구조에 영향을 미치는 정치적 요소들에 대한 분석을 거의 불가능하게 만들기 때문이다(이왕휘 2006). 기업지배구조의 정치경제학적 분석을 위해 주주모델보다 이해관계자모델이 유용하다는 것이다. 기업지배구조의 정치결정론은 보편적이라는 주장도 있다. 민간기업의 소유지배구조에 대한 세계 각국의 개입은 일관되게 적용될 수 있는 경제적 이념이나 법원칙보다는 각 나라별로 상이한 정치, 경제적 환경에 크게 좌우된다고 한다(김화진 2010). 도산 위험이나 외국자본의 위협이 없는 경우에도 정부는 민간기업의 지배구조에 개입해서 해당 기업의 사업에 정부의 입장을 반영하기도 한다고 한다. 기업지배구조의 이해관계자모델은 기업활동에 영향을 미치는 다양한 이해관계자들과 그 결과로서 형성된 제도들을 중시한다. 기업지배구조에서의 '정치의 복원'이 필요하다는 것은 지배구조의 형성과 진화에 정치와 사회가 중요한 요인으로 작용했다는 것을 의미한다.

3. 사회적 타협은 가능한가 — 시장규율과 사회규율

타협의 필요성과 당위성

민주적 시장경제와 투명한 기업지배구조를 위한 사회적 타협은 높은 수준의 시장규율과 사회규율을 동시에 필요로 한다. 민주적 시장경제의 핵심이 시장의 효율성과 공정성이고, 타협은 규범과 신뢰 등 사회규율이 전제되어야 하기 때문이다. 사회적 타협은 이해관계자들 간 조정을 중시하는 조정시장경제를 갖는 선진 민주 자본주의국가들에서 주로 이루어져 왔다. 이들 나라들은 대부분 합의제 민주주의 국가들로 정치적 타협은 일상적이었다. 따라서 한국의 기업지배구조, 나아가 자본주의와 분배 문제와 관련하여 사회적 타협이 가능하기 위해서는 합의제 민주주의가 필요할 것이다. 그러나 합의제 민주주의도 규범과 신뢰라는 사회규율을 필요로 한다는 점에서 정치적 타협과 사회적 타협은 동전의 양면이라 할 것이다. 스웨덴과 네덜란드 사례에서 보듯이, 가장 중요한 것은 정치권력과 자본권력이 먼저 스스로 투명성과 개방성을 높이고 사회적 압력과 감시를 수용하고 중시해야 한다는 것이다. 이러한 점이 급진적인 직접민주주의나 사회주의적 개입 없이도 정치적 민주주의와 경제적 민주주의가 높은 수준에서 달성될 수 있었던 요인이다. 이러한 민주주의는 개인으로 하여금 정치적으로 평등하고 사회적, 경제적으로 누구에게도 종속되지 않는 자유를 보장해준다. 평등하고 자유로운 강한 개인은 시민적 규범을 내면화하고 실천할 수 있으며 사회공동체의 구성원으로서 책무를 다하게 된다. 바로 시민민주주의가 실현되는 것이다. 이러한 시민과 사회공동체에 의해 지속가능하고 윈윈(win-win)하는 사회적 타협이 이루어질 수 있게 된다.

우리의 현실을 볼 때 이러한 사회적 타협은 불가능할 것으로 보이지만 '촛불혁명'과 코로나19 팬데믹을 거치며 개인과 사회의 역량이 상당히 크다는 점을 확인할 수 있었기에 불가능하지는 않다고 본다. 개인과 사회가 정치권력과 자본권력을 감시하고, 규범적 강제의 압력을 가한다면 가능할 수도 있을 것이기 때문이다. 이에 1997년 이후의 정치사회적 상황을 검토하고 사회적 타협의 가능성을 살펴보고자 한다. 1997년 경제위기와 그 이후의 경제적 환경변화, 주요 정치·사회세력의 교체와 갈등 과정에서 새로운 발전모델과 사회적 타협의 필요성이 크게 부각되었다. 물론, 다수의 주류적 주장은 자본주의적 세계화에 적극적으로 동참하고 효율적인 영미모델에 바탕하여 사회경제적 발전의 재도약을 이루어야 한다는 것이었다. IMF 개혁 하에서 신자유주의적 경제정책은 신속하게 도입되었고, 영미모델 또한 한국의 발전국가와 마찬가지로 노동배제적이며 선성장·후분배를 지향하는 발전모델이기 때문이다. 이로 인해 영미모델로의 전환은 매우 용이해 보였지만 바로 이러한 점 때문에 영미모델에 대한 부정적 시각과 반발 또한 만만치 않게 제기되어 왔다(전창환·조영철 2001; 장하준·정승일·이종태 2012). 1990년대 이후 분배와 사회정의에 대한 유권자의 관심과 욕구가 커져왔고, 실제로 진보적 성격의 정부가 등장하여 노동에 대한 사회적 시민권을 부여하고 사회경제적 민주화에 대한 정책의지를 보여 왔다. 특히, 한국의 정치적 민주화는 노동계급 및 중간계급의 저항과 도전으로 가능했기 때문에 민주화의 진전은 국가의 성격에도 큰 영향을 미쳐왔다. 노무현 정부에서는 이러한 성격이 더욱 강해졌다.

한국에서 민주화로의 이행은 발전국가의 위기에 큰 영향을 주었는데, 민주화는 정치영역뿐 아니라 사회·경제영역에도 중요한 영향을 미쳐 경제성장 못지않게 분배와 산업민주화, 경제민주화도 국가가 담보해야 할 정책기조이자 정당성의 근거로 부각시켰기 때문이다(김윤태 외 2017). 재벌규제와 지배구조 개혁, 경제력 집중 억제 등의 경제민주화 압력은 이전의 지배연합이었던 정부-재벌, 정치-재벌의 유착 고리를 거의 끊어 놓았다. 또한 국가정책에 대한 유권자, 의회정치, 다양한 사회세력의 영향력이 커짐에 따라 경제·사회정책의 수립과 집행과정에서 국가 관료기구의 독점과 자율성도 크게 약화되었다. 국가의 정책수립 및 집행과정에 정치적 개입과 사회적 형평성이 중요해진 것이다. 그러나 과거 모델의 주체가 단순하면서 강력했다면, 새로운 모델의 주체는 너무나 많았지만 어느 누구도 확실한 추동력을 갖지 못한 모순이 있었다. 이러한 상황에서 대기업들은 향상된 대외경쟁력을 가지고 민주화 기류에 편승하여 규제완화, 경제자율화, 민영화 등을 강력하게 요구하게 되었다(정진영 1999; 윤상우 2002). 결국, 한국의 정치적 민주화 과정은 경제의 자유화와 민주화를 동시에 진전시켜 왔으며 이러한 변화는 발전모델의 근본적 전환의 계기가 되었다. 실제로, 1990년대 이후 한국의 경제사회시스템은 발전국가로부터 벗어나 합리적인 시장규칙을 강조하는 규제국가를 지향해 왔다. 세계화 이후 규제국가가 등장하면서 대부분의 선진자본주의 국가에서 시장의 자유화가 확대되어 왔지만 시장의 공정성과 효율성을 강화하고 규제를 완화하는 성격을 갖는 개입주의적 규제국가는 국가의 개입을 최소화하는 영미식 신자유주의적 규제국가와는 중요한 차이가 있다. 개입주의적 규제국가가 경제의 자유화와 민주화를 동시에 추구한다면, 영미식 신자유주의적 규제국가는 시장의 자유화를 최우선했기 때문이다.

유럽의 사회 코포라티즘 국가들과 일본에서 볼 수 있듯이, 개입주의적 규제국가는 기본적으로 민주적 규칙이 지켜지는 시장개혁을 통해 경제의 자유화와 민주화, 즉 시장의 효율성과 공정성 수준을 높임으로써 신자유주의적 도전과 부작용을 이겨내는 것이다. 1990년대 이후 한국의 경제 자유화와 민주화가 동시에 진행되면서 시장개혁의 목표는 관치경제의 극복과 과거 발전국가의 지배연합 구조를 해체하는 것이었고 이를 통해 산업정책의 효과성을 높이고 투자의 효율성을 제고하는 것이었다. 또한 경제의 자유화와 민주화는 사회의 주요 이해관계자들의 참여를 가능하게 할 수 있다. 이해관계자들의 참여는 사회 전체에 책임과 규율, 견제와 감시에 기초한 새로운 시스템의 형성과 복지제도의 실질적 구축을 가능하게 할 것으로 기대되었다. 절차성, 투명성, 공정한 운영이 담보된다면 세계화라는 조건 하에서도 효율성과 공정성을 동시에 제고할 수 있는 시스템을 만들어 낼 수 있는 것이다. 그러나 발전국가의 지배연합은 와해되었지만 경제의 자유화와 민주화를 위한 개혁을 주도할 세력은 여전히 확고하지 못하였다. 더구나 대기업은 과거의 지배연합을 대신하여 외국 금융자본 또는 국내 정규직 노조와의 담합으로 자본의 구조적 힘을 온존해왔다. 더구나 자본주의 체제에서 경제제도의 자유화와 민주화가 상반되거나 대체되는 개념이 아님에도 불구하고 경제자유화를 강조하는 세력과 경제민주화를 주장하는 세력 간의 갈등과 대립이 커져왔다. 소위, 사회민주주의 국가에서도 존재하는 독점적 대기업에 대한 지나친 이념적 접근이 현실적 문제 해결을 더욱 어렵게 만들었다.

미국식 모델과 글로벌 스탠다드(global standard)에 대한 오해와 왜곡은 문제를 더욱 혼란스럽게 만들었는데, 글로벌 스탠다드를 미국식 모델로 동일시하면서도 한쪽은 재벌개혁을 반대하고 다른 쪽은 노동시장의 유연화를 반대했기 때문이다.[25] 미국식 외부 분산주주모델을 지향하기 위해서는 재벌해체와 지배구조 개혁, 노동시장의 유연성은 핵심적 전제조건이 되었지만 이 두 조건이 충족되기 쉽지 않다는 점에서 사회 코포라티즘의 가능성은 오히려 크다고 볼 수 있다[26]. 그러나 문제는 자유방임화되어 편법을 자행해 온 재벌과 노동시장의 왜곡된 유연화라는 최악의 결합이 비민주적인 경제체제, 임금격차의 심화와 소득 양극화를 초래하는 데 결정적인 역할을 해왔다는 점이다. 이에 다양한 재벌규제 정책과 노동정책이 갈수록 정치·사회문제화되어 왔다는 점에서도 타협과 합의에 의한 새로운 사회경제모델의 필요성이 커져 왔다. 경제적 비용과 편익에 경도되었던 발전국가 모델에서 정치적, 사회적 비용과

---

25) 미국식 경제모델을 글로벌 스탠다드로 보기 어려운 점이 있는데 분산주주모델, 금융자본과 산업자본의 분리, 자본시장을 통한 기업금융시스템 등은 원래 미국만의 고유의 제도이기 때문이다.

26) 물론 재벌을 해체하고 노동시장을 완전히 유연화할 수도 있겠지만 예상되는 엄청난 비용과 부작용을 고려할 때 민주적 코포라티즘으로의 전환 비용이 더 적을 것이다.

편익도 함께 고려되는 사회경제모델로의 전환이 요구되었던 것이다. 시장제도와 시장질서를 위한 개혁이 자본에 대한 압력은 아니었지만 IMF 개혁 이후 대기업은 해외 투자를 크게 늘렸다. 이에 시장경제의 다양성, 기업지배구조의 다양성에 대한 논의를 바탕으로 새로운 사회경제모델에 대한 최소한의 타협과 합의가 요구되었다.[27]

다양한 시장경제체제 중에서 어떤 성격의 시장경제가 한국에 적합한지에 대해서는 연구자뿐 아니라, 이익집단이나 사회계급의 이해관계에 따라 여러 관점과 대안이 제시되었다. 극단적인 대안이 아닌 중도적 합리적 대안은 사회적 시장경제 또는 조정시장경제였다. 한국의 발전국가 모델이 정부의 역할과 효율성을 우선시하고 자본 간 조정으로 급속한 경제발전을 이루었다면, 조정시장경제체제, 즉 민주적 시장경제는 이에 더해 시장 제도와 질서를 보호하여 시장의 효율성과 공정성을 높이고 사회적 형평성을 고려할 수 있는 제도적 발전과 혁신을 요구하고 있는 것이다. 사회경제 모델 또는 자본주의 다양성의 핵심은 시장과 정부의 역할 문제, 효율성과 형평성을 둘러싼 제도의 문제, 경제 주체들 간의 조정의 문제이며 이는 사회적 타협을 위한 과제이기도 하다. 제도는 역사적 제반 환경에 의해서만 아니라 '의도'(intentionality)에 의해서도 만들어질 수 있다(North 2005). 제도의 역할과 영향, 즉 제도의 효과는 매우 중요하며 선택과 결정에 의한 제도의 변화와 새로운 제도의 창출 가능성은 오늘날 한국에서와 같이 전환의 시기에 더욱 주목될 수 있을 것이다(Thelen & Streeck 2005). 제도의 경로의존성(path dependence) 개념을 보다 적극적으로 해석하여 제도의 선택은 전체 체제에 중요한 영향을 미치고 이러한 제도의 변화와 제도의 발전은 사회적 과정을 거쳐 역사적으로 구성되고 구축된다는 점이 강조되어야 할 것이다. 현재의 시점에서 제도의 지속을 넘어 제도 변화의 다양성에 주목해야 하는 이유이다. 민주적 시장경제는 정부와 시장, 시장의 자유화와 민주화, 효율성과 공정성, 생산과 분배를 이분법적으로 상충되는 것으로 보지 않는다. 양립될 수 있고, 양립되어야 하고, 잘 양립시키는 것이 민주적 시장경제의 목표이다. 제도적 발전과 이해관계자간 조정을 통해 이

---

[27] 사실 서유럽의 코포라티즘적 타협 또는 사회적 타협의 본질은 노사가 서로 자본파업과 노동파업을 하지 말자는 약속에 다름 아니다.

들을 상호보완적인 관계로 변화시키는 것이 중요한데, 유럽의 사회 코포라티즘 모델은 정부와 시장 간의 역할분담, 유연한 제도, 조정 등을 통해 이러한 가치들을 동반적인 관계로 전환시키는 데 성공적이었다. 결국 상충적인 가치를 양립시키고 이해관계를 조정해야 하는 당위는 최소한의 사회적 타협을 필요로 할 수밖에 없을 것이다.

한국에서 네덜란드모델과 스웨덴모델의 등장과 그 결과

네덜란드 폴더모델과 스웨덴 보편복지모델의 담론이 등장하고 제도의 벤치마킹이 시도되었던 배경과 맥락은 1997년 IMF 경제위기가 발생하고 김대중, 노무현 정부가 등장했기 때문이다. 그 이전에도 전문가들 사이에서 이러한 논의가 있었지만 정부 차원에서 논의된 것은 처음이었다. 스웨덴과 네덜란드는 자본주의와 민주주의를 자신들의 상황과 목표에 맞게 가장 성공적으로 결합시켜온 대표적인 나라이다. 잘 알려진 대로 서유럽의 선진 민주국가들은 국가적 조정, 정치적 타협, 사회적 합의로 각자의 방식대로 다양하게 그리고 성공적으로 자본주의와 민주주의를 결합시켜 왔다. 민주화 10년 만에 맞이한 IMF 경제위기는 우리의 자본주의와 민주주의를 처음부터 다시 고민하게 만들었다. 경제위기로 갈 길 없이 막막했던 우리의 현실에서, 나라를 새로이 일으켜 세워야 하는 절박한 시점에서, 사회적 공황상태의 상황에서, 새로운 시작을 위한 비전과 희망을 스웨덴과 네덜란드에서 찾고자 했던 것이다. 그러나 그들에게도 '역설'로 가득했던 스웨덴 모델과 네덜란드 모델을(Cox 2017; 신정완 2012) 우리가 하루아침에 받아들여 제도화한다는 것은 불가능했다. 사실 당시에는 두 모델을 제대로 이해하기도 힘든 일이었을 것이다. 좋은 제도만 벤치마킹하면 될 것으로 기대되었을지도 모른다. 그러나 두 모델 모두 네덜란드와 스웨덴의 오랜 역사적, 문화적 배경에서 정치·사회세력간의 오랜 갈등과 타협과 합의의 결과였다. 1997년 경제위기 이후 IMF에 의한 신자유주의적 개혁은 기존 발전국가 모델이 구축해 온 많은 제도 및 관행과 긴장관계를 초래했다. 더구나 고실업, 경쟁만능주의, 사회적 격차 심화 등 사회적 불안이 커지면서 미국식 모델에 대한 이질감과 거부감도 나타났다. 이에 보다 평등하고 안정적이며 사회적 연대가 실현되는 유럽 강소국에 대한 관심이 커지게 되었다. 특히, 사회적 합의주의에 기반하여 경제적 성과와 사회적 연대에 성공한 네덜란드와 스웨덴에 대한 관심이 높아졌던 것이다. 이 두 나라는 수출중심의 개방경제이고 인구 1천만을 넘는, 유럽 강소국 중에서 중견국이다. 학계와 언론이 이 두 나라에 대해 많은 논의를 하고 정보를 제공하게 되었다.

한국에서 사회 코포라티즘의 제도화 또는 새로운 유럽식 모델에 대해서는 일부 진보적 연구자들도 부정적인 입장을 보여 왔다. 한국 노사정위원회의 파행적 운영에서 보듯이, 낮은 노조조직률, 적대적 노사관계, 기업별 노조와 미약한 좌파정치세력 등 사회문화적, 제도적 기반의 차이가 워낙 컸기 때문이다. 아무리 좋은 제도와 모델이라도 그대로 모방할 수도 없고 해서도 안 되지만 스웨덴과 네덜란드 등 유럽 국가들을 검토하는 것은 참고와 벤치마킹을 통해 우리만의 모델을 만드는 데에 도움이 될 수 있기 때문이다. 또한 우리의 발전국가와 사회 코포라티즘 간에는 제도적 유사성이 발견되는데, 시장 조정과 개입, 가족(또는 내부대주주)지배의 기업지배구조, 정치화된 노조 외에도 사회 코포라티즘의 대표적인 국가들이 개방경제와 독점적 수출산업 등 한국과 유사한 경제구조를 가지고 있다는 점이 그것이다. 대기업 중심의 수출지향적 개방경제인 한국은 스웨덴, 핀란드, 아일랜드, 오스트리아, 벨기에, 네덜란드 등 사회 코포라티즘이 이루어진 유럽의 강소국과 유사한 경제구조를 가지고 있다는 점에서 사회적 합의모델이 가능하다는 것이다.

사회 코포라티즘의 형성과 발전은 역사적, 정치적 산물로서 나라마다 그 성격과 형태가 다를 수밖에 없다. 한 나라의 역사와 문화, 정치사회적 상호작용의 과정, 그리고 여기서 비롯된 제도로부터 크게 영향을 받기 때문에 스웨덴은 스웨덴식 사회 코포라티즘, 네덜란드는 네덜란드식, 아일랜드는 아일랜드식의 다양한 사회 코포라티즘이 형성되고 발전되는 것이다. 더구나 발전국가에서는 미국식 모델로의 전환보다 유럽식 모델로의 전환이 더 용이할 수 있는데, 발전국가에서 이미 권위적인 국가적 조정을 경험했기에 노사관계를 포함한 노동시장 관련 민주적인 사회적 조정이 이루어진다면 가능할 수 있기 때문이다. 미국식 모델로의 전환은 자본시장과 노동시장을 포함하여 더 많은 부문들이 구조적으로 변화되어야 했으며, IMF 개혁에도 미국식 모델로의 전환은 매우 어렵다는 점이 드러났다. 1997년 이후 신자유주의적 경제체제는 계층간 분배를 더욱 악화시켰고 이러한 분배갈등이 한국 사회의 발전과 안정을 막는 걸림돌이 되어 왔다. 발전국가 시대의 문제들이 신자유주의적 개혁에 의해 해결될 것으로 기대되었지만, 오히려 경제적 불균형과 사회적 양극화가 심화되는 결과가 나타났던 것이다. 물론, 경제위기 이후 신자유주의의 부정적 영향을 완화하기 위한 '민주적 시장경제', '동반성장'의 비자유주의적 전략이 시도되었으나 결과적으로 재벌의 시장지배 심화와 사회적 양극화를 확대했다는 평가를 받기도 하였다(최장집 2006).[28] 민주적 시장경제와 동반성장 전략이 개념적으로 사회 코포라티즘, 조정시장경제 또는 사회적 시장경제와 유사했으나 신자유주의 하에서 경영권 보호를 위한 자본의 공세와 대기업노조의 단기적 경제주의 전략에 밀려 제도적 발전을 할 수 없었던 것이다. 기득권을 가진 강력한 이익집단들의 배타적 이익추구, 정부의 의지 결핍, 정치사회적 역량 부족으로 조정과 타협이 실현되지 못했던 것이다.

사회적 분절·분리 또는 이해관계의 다원화는 코포라티즘의 제도화 필요성을 증대시키는 계기가 되기도 한다. 코포라티즘이 기본적으로 이익조정체계라는 점에서 볼 때, 그리고 한국사회의 첨예한 이익갈등을 감안할 때, 이러한 제도의 필요성은 갈수록 커져왔다. 일반적으로 사회 코포라티즘이 발전한 나라들은 사회적 분열이 거의 없거나 약한 것으로 이해하기 쉽지만, 사실은 사회집단의 다양성 또는 이해관계의 복잡화, 분열화가 코포라티즘의 형성을 촉진해 왔다는 점이다. 서유럽의 많은 사회 코포라티즘 국가들이 계급적, 종교적, 이념적 또는 지역적으로 분리된 다당제를 가지고 있는 것이 하나의 증거이다. 네덜란드의 경우는 19세기말 종교적 이해관계가, 스웨덴은 1920년대의 극심한 노사갈등이 코포라티즘의 제도화를 촉진시킨 계기가 되었다. 그러나 사회적 갈등과 대립이 조정이 어려울 만큼 심화되었다거나, 이해관계의 갈등과 대립이 급격히 커질수록 코포라티즘은 형성되기 어렵거나 또는 기존의 코포라티즘은 교착상태에 빠질 수 있다는 점이다. 서유럽의 경험을 보면 전후 경제적 호황기에는 사회적 합의가 비교적 용이하였지만 1970년대와 80년대의 경제위기 상황에서는 사회적 조정이 어려웠던 이유도 여기에 있다.

---

28) 신자유주의적 경제정책은 높은 경제성장을 가져올 수는 있어도 동반성장을 담보하기 어렵다는 사실은 미국에서 잘 나타나고 있다. 미국 신경제의 호황에도 불구하고 분배의 양극화와 중산층의 쇠퇴가 심화되고 있는 것이다(Economist 2006; Piketty 2014).

제도적 조건이 갖추어져도 사회적 조정에 실패할 수 있으며, 조건이 미비함에도 상호신뢰와 사회적 합의로 새로운 제도를 만들어 내는 것이 '경로혁신적 전환'이다(권형기 2014). 경제의 불균형 심화, 분열과 적대의 정치, 민주주의 정치의 양극화와 낮은 생산성, 사회의 양극화와 분열, 사회적 불평등 심화 등 현재 문제들은 단기간에 해결되기 어렵다. 시장주의자들은 더 큰 시장 자유화를 주장하고 개입주의자들은 시장민주화와 분배의 제도화를 요구해 왔다. 그러나 시장자유화와 시장민주화, 효율성과 공정성, 성장과 분배는 배타적이지 않으며, 균형과 혁신적 제도 변화를 통해 새로운 우리의 국가모델을 모색하는 것이 중요하다. 현재의 제약조건에서 제도전환, 즉 경로혁신의 가능성과 전략을 모색하는 것이다(조윤제 2015). 전략적 선택과 의도적 의지(intentionality)로 사회경제적 지향점을 명확히 하고 그 방향을 추구하는 것이 비용과 부담을 줄이고 '발전'과 '진보'로 가는 길이 된다. 분열과 적대의 양극화된 정치 속에서 우리의 주기적인 정권교체는 양극의 한쪽 세력에게는 큰 정치적 효능감을 주겠지만 정치적 이념적 양극화가 심화될수록 우리의 많은 문제들을 해결하기는 더 어려워진다. 정권교체 시 마다 이루어지는 정부조직 개편, 기존 제도와 정책 바꾸기, 인적 청산 등은 이에 따른 사회경제적 비용의 문제뿐 아니라 그 어떤 정치적 타협이나 사회적 합의도 불가능한 문화를 만들어 왔다. 이러한 상시적 갈등과 교착상태에서 '경쟁력' 있는 극소수의 부문 및 집단과 그 외 부문 간 격차와 사회적 분리의 심화는 더 나은 사회로의 전환 동력을 약화시키고 있다. 새로운 국가모델이란 추상적인 이념이나 이상 차원의 것이 아니라 성장, 분배, 고용, 복지, 교육 등 극히 현실적이지만 가장 중요한 사회경제적 발전 목표를 성취하기 위한 방안이다.

사회적 타협과 코포라티즘적 사회협약의 정치라는 위계적·포괄적 이익대표체계는 스웨덴과 같은 강력한 사회민주주의 정당, 합의제 의회 제도 등과 같은 제도적 조건이 중요했고, 강력한 좌파 정당이 없더라도 최소한 네덜란드와 같은 합의제 민주주의가 중요했다. 그러나 유럽통합이 심화됨에 따라 아일랜드, 이탈리아 등 사회적 타협의 경험과 조건이 미비한 나라들도 주요 주체들의 전략적 행위와 노력으로 사회협약 형태의 경쟁적 코포라티즘을 성공시키기도 했다(김인춘 2017). 대표적으로 아일랜드는 1987년 정부와 사용자 단체, 노조를 중심으로 '사회연대협약(Social Partnership Agreement)'을 체결했다. 그 후

2005년까지 3년마다 '경제와 사회 발전을 위한 프로그램'으로 협약을 체결했고 2006년에는 10년짜리 7차 협약을 체결하여 지속성과 안정성을 보여주었다. 이러한 협약을 통해 주요 경제사회정책의 방향과 내용이 결정되면서 중요한 성과를 달성할 수 있었다. 사회적 타협과 조정의 핵심적 전제조건은 노사 당사자의 지속적인 노력과 신뢰에 기반한 노사협력이다. 이를 위해 노동의 존중과 노동연대, 노조의 자기혁신이 필요하다. 모든 사회경제문제의 근저에는 노동문제가 자리잡고 있다. 청년고용, 비정규노동과 임금격차 문제, 노사갈등, 노노갈등, 취업난, 비혼, 저출생 등이 모두 노동문제이거나 노동문제와 직접 관련된다. 한국의 노동체제를 '종속 신자유주의 노동체제'이자 '억압적 배제체제'(노중기 2022)로 보지는 않더라도 이중 노동시장과 노노갈등, 노동배제적 문화는 심각하며 이는 사회적 타협을 가로막아온 요인이었다. 노동의 정치세력화와 민주노조운동은 매우 중요하지만 스웨덴과 네덜란드의 사례를 보면 노노연대와 노조의 자기혁신 또한 중요하다. 중립적이고 책임있는 정부와 민주적이고 실용적인 노사조직이 요구되는 것이다. 결국, 우리의 경우 사회적으로나 정치적으로 이해당사자간 상호신뢰와 사회적 합의, 의지가 부족했던 것이 문제였음을 알 수 있다.

'경로혁신적 전환'을 위한 사회적 타협의 가능성 모색

우리나라에서 사회적 타협의 가능성은 먼저 발전국가라는 제도적 유산에서 찾을 수 있다. 권위적 발전국가의 국가적 조정을 쇄신하고 민주적인 사회적 조정을 발전시키는 것이 그것이다. 둘째, 사회적 조정을 위한 자본의 협력과 양보, 노동의 연대이다. 이는 국민연금의 의결권을 포함한 공식적, 비공식적 사회적 압력과 감시를 통해 가능할 수 있다. 셋째, 더 나은 민주적인 사회를 위한 전략적 선택과 의지의 중요성이다(김인춘 2007). 국가주도 자본주의를 특징으로 하는 한국의 발전국가는 다이내믹한 진화와 변화를 거듭해왔는데 국내외에서 엘리트들의 경쟁을 통한 내생적 변화가 중요했다고 한다(권형기 2021). 세계화 시대에도 국가는 국민경제의 재구성에 여전히 중요한데 한국의 국가는 신자유주의적 자유시장 시스템을 채택하기보다 새로운 환경에 대응하여 적극적인 역할로 성공적으로 경제성장을 이루어 왔다는 것이다. 그러나 한국의 국가가 신자유주의적 자유시장체제를 채택하지 않은 것은 사실이지만 그렇다고 민주적 시장경제체제를 이룬 것도 아니다. 경제성장은 물론 매우 중요하지만 시장의 투명성과 공정성이 크게 미흡한 상황에서 한국의 국가가 경제적으로 성공적이었다고 하기는 어렵다. 더구나 국가는 사회통합이라는 헌법적 가치를 중시해야 함에도 그동안 사회적 불평등과 갈등이 심화되어 왔다는 점에서 더욱 그러하다.

세계화 시대에도 각 나라의 사회경제 모델과 조정 방식은 다양했다. 새로운 환경과 압력에 적응하는 선진 민주국가들의 제도 변화는 사회적 요구와 정치적 과정에 따라 나타났다. 특히, 2008년 글로벌 금융위기 이후 유럽 국가들에서는 이해관계자 모델과 조정시장경제의 제도들이 더 중시되었는데 이는 시장경제체제와 민주주의의 심화를 양립시키는 것이다. 사회 코포라티즘이란 본질적으로 민주적 타협과 공정한 분배를 위한 것이기에 이를 가능하게 만드는 제도의 형성과 발전이 핵심이 된다. 따라서 스웨덴식 제도의 확립이 사회 코포라티즘의 필요조건인 것은 아니다. 아일랜드는 아일랜드식으로, 네덜란드는 네덜란드식으로 민주적 타협과 분배를 위한 제도를 만들었다는 사실이 강조되어야 할 것이다. 한국에서 사회경제모델의 개혁 또는 전환을 위해서는 먼저 발전국가의 모든 제도적 유산을 청산하기보다 선별할 필요가 있다. IMF 개혁 당시에는 과거의 제도는 모두 폐기의 대상으로 여겨졌지만 새로운 제도들 또한 부작용이 크거나 실패한 사례가 많았기 때문이다. 한국 발전국가 모델을 해체하고 주주자본주의를 이식하려던 대부분의 IMF 개혁은 실패로 돌아갔다. IMF 개혁은 영미식 모델로의 전환을 통해 발전국가에 의해 왜곡된 시장을 급진적으로 투명화하고자 했지만 기존 제도의 변화를 이끌어내지 못한 채 신자유주의적 압축개혁의 부작용과 제도의 왜곡을 초래했기 때문이다. 새 정권이 기존 정권의 노선과 정책을 모두 폐기하고 내용과 형태 대부분을 새로운 것으로 채우는 '단절적 개혁'의 문제도 컸다. '청산'의 정치도 중요하지만 개혁의 연속이 가능한 관용의 정치도 필요하다는 점에서 정권이 주도하는 개혁은 그 효과, 부작용, 비용, 주권자의 선호 등을 모두 고려한 선택이어야 할 것이다.

한국의 국가는 자본주의와 민주주의를 높은 차원에서 발전시키고 결합하기 위해 보다 적극적인 역할과 조정을 해야 한다. 개입적인 발전국가의 효과적이고 긍정적인 측면은 살리면서 새로운 유형으로의 변형과 전환을 모색하는 것이 그것이다. 민주적 시장경제와 시민민주주의를 위해 국가적 조정뿐 아니라 사회적 조정도 가능하도록 중립적, 합리적 입장에서 노사를 비롯한 사회 각 세력과 집단들이 참여와 숙의를 할 수 있도록 해야 하는 것이다. 민주화 35년, IMF 개혁 25년에 이른 지금 민주주의의 심화와 시장경제의 민주화는 가장 중요한 국가적 과제이다. 이는 자유시장이나 형식적 민주주의가 아니라 효율적이고 공정한 시장과 높은 수준의 민주주의가 실현되는 사회를 말한다. 우리나라의 재벌체제, 정부개입, 적대적 노사관계, 정치화된 노조 등은 주요 주체들의 전략적 행위에 따라 사회적 타협의 제도화에 역설적으로 기능을 할 수 있는 요소들이다. 한국의 기업지배구조는 자본시장과 M&A에 의한 기업감시체제를 특징으로 하는 미국식 외부분산주주모델과 결합이 가능하지 않다. 오히려 가족소유제도나 상호(또는 순환)주식보유(cross-shareholding)를 통한 비금융(non-financial) 기업들이 많다는 점에서 한국의 기업지배구조는 스웨덴이나 네덜란드와 유사하다. 기업지배구조는 국가마다 다양하게 나타나며 정치제도, 생산체제와 노사관계, 정치사회적 권력관계 등 정치사회적 제도와 밀접한 관계를 보여 왔다(Roe 2003; Lazonick 1993; Gourevitch & Shinn 2005; 이우성 2006). 기업지배구조란 기업감시시스템을 의미하는데, 시장에 의한 미국식 감시체제뿐 아니라 노조와 이해관계자들에 의한 감시도 가능하다.

사회적 타협과 조정의 핵심적 전제조건은 노사 당사자의 지속적인 노력과 신뢰에 기반한 노사협력이다. 이를 위해 노동존중과 노노타협, 노조의 자기혁신이 필요하다. 유럽 강소국들에서는 사용자의 적극적 자세와 정부의 의지가 초기의 노사협력 제도화에 기여하였고, 이러한 노사협력이 경제효율성 제고, 복지국가와 사회정책의 제도화, 노동시장의 안정에 중요한 역할을 했다는 점은 우리에게 시사하는 바가 크다. 노동과 자본의 전략적 인식 변화에 따라 강소국 수준의 거시적인 사회협약이 아니더라도 중간수준 또는 미시적 노사협력의 제도화도 가능할 수 있기 때문이다. 물론, 한국 노동계급의 내부 분열, 허약한 연대와 조직화는 코포라티즘의 제도화를 어렵게 만들 수 있지만, 세계화 이후의 경쟁적 코포라티즘에서는 노조조직율이 낮더라도 위계적 노동조직보다 분리된 조직간 그리고 분권화된 조직간 네트워크에 의한 조정 또한 중요해지고 있다. 오늘날 코포라티즘의 부활은 대외경쟁력이 더욱 민감해진 세계화에 의해 오히려 촉발되고 있는데 이로 인해 코포라티즘의 전통이 약하고 집중화된 노동조직이 갖추어지지 않은 나라들, 즉 아일랜드, 이탈리아, 스페인, 포르투갈에서 노조의 전략적 참여로 사회협약이 강화되고 있는 것이다(Traxler 2004; 김인춘 2017). 또한 1990년대 이후 새롭게 정착해가는 일본모델은 내부연관과 외부 모니터링을 결합시켜 작업장내 협조적 노사관계, 기업특수적 인적자산 중시라는 기존 시스템의 장점을 유지하는 방향으로 발전하고 있는데(정건화 2006), 이는 미시적 노사협력의 사례이다.

국가는 의지를 가지고 비록 그들이 원하지 않더라도 노사를 타협의 장으로 끌어들여야 하고, 노동세력이 물리적 힘보다 '전략적 행위'에 주목한다면 노사협력의 중요한 계기를 만들 수 있을 것이다. 한국에서 노사협력은 투자와 생산성의 문제, 고용과 임금 양극화, 주요 복지정책, 기업지배구조, 사회적 연대에 이르기까지 많은 문제의 해결에 중요한 조건이 될 수 있다. 한국은 자본간 조정의 특징을 갖는 '계열별 조정시장경제(group coordinated)'의 경험이 있기에 조정의 확대와 제도의 발전으로 사회적 타협이 가능할 수 있다. '조정' 방식이 발전할수록 그 조정의 정책과 제도가 다시 조정을 강화시키게 된다. 자본주의 다양성은 결국 시장경제에서 조정의 정도(degrees of coordination)에 의해 나타난다. 역사적으로 많은 선진국에서 자본가의 참여와 지지에 의해 노사협력이 이루어지고 복지국가와 노동시장의 안정이 가능하였듯이(Mares 2003; Swenson & Pontusson 2000; Manow 2001), 한국에서 노사협력모델의 제도화를 위해 자본, 특히 대기업의 역할이 매우 중요하다. 한국의 재벌체제가 사회적 타협 모델과 친화력을 가질 수 있게 할 하나의 방안은 특수인의 경영권 보장과 노사대타협 참여를 매개로 재벌에 대한 규율, 즉 경영 민주화를 확보하는 것이다.[29] 지배구조의 투명화를 위한 기업지배구조의 개혁은 피할 수 없는 현실인 바, 적대적 M&A 등 미국식 시장규율을 받아들일 수 없다면 한국

---

29) 과거 스웨덴의 발렌베리 그룹에서처럼, 재벌의 가족 경영권을 보장하고 재벌로 하여금 노조를 인정하고 노사대타협 및 국가경제의 책임을 지게 하는 것이 그 한 방법이다. 스웨덴에서 가족기업집단이 장기적으로 성장할 수 있었던 배경에는 사회민주당 및 노조와 가족기업간, 대규모 기업의 사적지배 및 경영권 인정과 대기업의 지속적인 투자 및 고용확대라는 1938년 노사대타협의 사회적 협약이 있다. 또한, 법적 수단이 미약함에도 경영상의 문제가 발생하지 않는 것은 가족기업의 사회적 지위와 명예라는 사회자본이 작용하고 있기 때문이다. Högfeldt(2005) 참조.

의 자본세력이 선택할 수 있는 기업감시제도는 분명해 보인다. 유럽식의 노사협력과 이해관계자들이 기업감시의 역할을 하는 것이다. 주목할 점은 유럽의 사회적 타협 모델과 기업지배구조 간에는 중요한 연관이 있는데, 기업의 소유집중도가 높을수록 사회적 타협도 강한 형태를 보여 왔다는 사실이다(Roe 2003; Lazonick 1993; Gourevitch & Shinn 2005). 북유럽 국가들, 오스트리아, 네덜란드 등 강한 사회 코포라티즘 국가들이 높은 수준의 소유집중도를 보여주는 것은 기업지배구조에 대한 이해관계자들의 타협이 긍정적이고 지속적일 수 있음을 보여준다고 하겠다.

네덜란드, 스웨덴 또한 1980년대 이후 지속적으로 시장자유화의 개혁을 추진해왔음에도 보편적 복지국가와 민주적 코포라티즘이라는 기본체제는 유지되고 있다. 이는 세계화에 적응하면서도 대내적으로 민주적 코포라티즘과 세계화, 즉 민주주의와 자본주의, 시장의 공정성과 효율성이 잘 결합될 수 있음을 보여주고 있다. 이들에게 개혁이란 국내외의 환경변화에 맞게 사회경제시스템을 수정하고 업그레이드하여 그들이 추구하는 사회경제적 가치가 잘 실현되도록 하는 것에 다름 아닌 것이다. 즉, 개방경제체제 하에서 그들의 제도가 세계화라는 환경변화에 효율적으로 잘 적응되도록 하기 위한 개혁인 것이다. 정책과 제도를 변화시키고 발전시켜 새로운 환경에 대한 경제 및 사회의 적응효율성(adaptive efficiency)을 높이는 것이다. 강소국의 민주적 코포라티즘도 역사적 발전과정에서 나라마다 독특한 성격과 제도를 가져왔기 때문에 한국 또한 이러한 제도의 변화와 발전이 불가능한 것은 아닐 것이다. 필요한 제도의 발전, 기존 제도의 적응 효율성을 높여 효율적이고 안정적이며 공정한 제도를 만들어냄으로써 사회 전반의 효율성을 제고하는 것이다(North 2005; Boix 1998). 제도적 변수로서의 정부역할이 중요해지면서 정부의 '재발견'이 회자되어 왔다. 민주화된 발전국가가 사회구성원의 자발적 창의성을 높이고 국민 개개인의 능력을 최대한 개발하고 활용할 수 있게 하는 것이다. 주체적이고 자유로운 강한 개인들이 그것이다.

지금까지 살펴본 대로 1997년 IMF 경제위기 이후 자유시장주의자부터 조정시장경제, 재벌개혁까지 많은 전문가들에 의해 한국의 바람직한 발전모델 또는 사회경제모델이 다양하게 제안되어 왔다. 복선형제도클러스터의 형성과 국민경제의 유연안정성을 지향하는 '한국형 사회적 시장경제'(신정완 2005)

모델도 그 하나이다. 이에 필자는 발전국가를 포함한 기존 제도의 선택적 쇄신과 사회적 시장경제 제도를 결합한 경제민주화와 민주적 시장경제체제의 실현을 강조하고자 한다. 모든 나라는 자연조건은 물론 역사와 사회문화적 배경이 서로 다르기에 각 나라에 맞는 발전방식이 있어 왔다. 독일은 독일식으로, 일본은 일본식으로 세계적 경제대국이 되었고, 스웨덴은 스웨덴식으로 개혁적 사회민주주의와 세계적인 복지자본주의를 만들었다. 네덜란드는 네덜란드식으로 합의제 민주주의와 사회적 자유주의의 폴더모델을 만들었다. 사회적으로 합의된 가치와 지향, 이를 실현하기 위한 구체적 방식은 한 국가가 스스로 결정하고 만들어내야 한다. 민주화 35년에도 우리사회는 여전히, 어쩌면 더 심화된 불평등 구조를 가지고 있다. 민주화와 경제발전이 한국 사회에 더 많은 자유와 연대, 더 공정하고 평등한 분배를 가져올 것으로 기대되었지만 불공정과 불평등은 사회 각 분야에 구조화되고 있는 것이다. 1997년 경제위기 이후 지금까지 노동개혁, 기업지배구조 개혁, 성장과 분배 논쟁 등에서 보듯이, 우리는 우리가 추구해야 할 사회경제적 가치와 지향에 대해 정치적으로나 사회적으로 합의를 이루지 못하고 있다. 불평등 심화가 '386세대의 약속 위반 때문'이라는 주장(이철승 2019)을 전적으로 수용하지 않더라도 한국의 '정치'가 가장 큰 문제이기에 이러한 합의를 제대로 만들지 못했을 것이다. 386세대 정치세력이 신념윤리만큼 책임윤리에 충실했더라면 결과는 조금이라도 달라졌을까.

    GDP 대비 낮은 복지지출 수준, 복지제도의 보편성·포괄성·관대성 면에서 한국은 '잔여적 복지국가', '작은 복지국가'로 분류되어 왔다. 이에 따라, 특히 지난 10년 동안 복지지출은 지속적으로 크게 확대되어 왔지만 복지지출 수준은 여전히 OECD 회원국 중 최하위권에 머무르고 있다. 그러나 증가 속도는 OECD 최상위이라는 점에서 중요한 문제들이 있다. 남유럽복지모델에서 보듯이 복지지출 수준이 높아도 불평등이 개선되지 못하는 나라들도 많기 때문이다. 재정적 한계와 복지지출보다 더 빠른 불평등 심화 속도 문제를 극복하고, 복지제도와 지출의 확대가 불평등 구조의 개선으로 이어지기 위해서는 복지제도의 합리화와 1차 분배의 개선이 매우 중요하다. 시장에 의한 1차 분배는 노동시장과 노사관계가 핵심으로, 이는 민주적 시장경제체제와 좋은 기업지배구조, 즉 경제민주화로부터 직접적인 영향을 받는다. 노동운동 등 사회적 투쟁과 정치적 압력, 제도적 규제 등의 정치사회적 요인은 경제민주화에 중요하다. 뿐만 아니라 스웨덴과 네덜란드의 경험에서 보듯이 노동연대, 협력적 노사관계, 기업의 자율규제 또한 경제민주화에 중요하다. 이 두 나라가 사회적 타협과 합의를 통해 친기업, 친자본주의적 경제민주화를 이루었다는 점은 성장과 분배, 효율성과 형평성의 양립과 선순환에 시사하는 바가 크다. 따라서 이해관계자 모델 기업지배구조에 의한 공정한 1차 분배가 효율적이고 효과적인 복지제도에 의한 2차 분배와 결합될 때 불평등 구조가 약화되고 높은 수준의 분배와 사회적 평등으로 귀결될 수 있다. 그리고 복지제도는 기본적인 소득보장제도의 형평성을 높이고, 보편적이고 포괄적인 양질의 서비스복지를 확대하여 성장과 분배의 선순환과 사회통합을 이루는 것이 중요하다.

참고문헌

강원. 2014. "기업지배구조 연구에 대한 소고."『재무관리연구』31권 3호. 한국재무관리학회.
강명세. 2010. "불평등한 민주주의와 평등한 민주주의."『기억과 전망』23: 172-198.
강신욱 외. 2018.『네덜란드의 사회보장제도』. 나남.
강원택. 2019.『한국 정치의 결정적 순간들 - 독재부터 촛불까지, 대한민국은 어떻게 만들어졌는가』. 21세기북스.
강정석 외. 2022.『자유로운 개인들의 연합을 향하여』. 문화과학사.
구춘권. 2020. "독일 코포라티즘의 변화와 역사적 전환에 대한 고찰."『현대정치연구』13권, 3호. 서강대학교 현대정치연구소
권혁용. 2011. "정당, 선거와 복지국가: 이론과 선진민주주의 국가의 경험."『의정연구』17권 3호.
권형기. 2007. "분화하는 대륙형 자본주의: 독일과 네덜란드 비교."『국제정치논총』47권 3호. 한국국제정치학회.
. 2021. *Changes by Competition: The Evolution of the South Korean Developmental State.* Oxford University Press.
김경동. 2012.『자발적 복지사회 - 미래지향적 자원봉사와 나눔의 사회학』아르케
김미경. 2021. "포퓰리즘, 자본주의, 그리고 민주주의: 과거와 현재."『서양사연구』65권. 한국서양사연구회.
김비환. 2018.『개인적 자유에서 사회적 자유로』. 성균관대학교출판부.
김삼룡. 2012. "독일 기본법에서의 민주적 질서와 자유민주적 기본질서."『공법연구』41권 2호. 한국공법학회.
김상봉. 2012.『기업은 누구의 것인가』. 꾸리에
김상조·유종일·홍종학. 2007.『한국경제 새판 짜기: 박정희 우상과 신자유주의 미신을 넘어서』. 미들하우스
김석동. 2020. "발전국가에서 토지·교육평등 및 경제민주화의 경제발전에 대한 역할."『한국정치연구』. 29권 2호: 183-211. 서울대학교 한국정치연구소
김석호. 2018. "한국인의 습속과 시민성, 그리고 민주주의."『촛불 너머의 시민사회와 민주주의』.
김수진. 2007.『노동지배의 이념과 전략 - 스칸디나비아 사회민주주의의 성장과 쇠퇴』. 백산서당.
김영순. 2021.『한국 복지국가는 어떻게 만들어졌나? - 민주화 이후 복지정치와 복지정책』학고재.
김영중·장붕익. 1994.『네덜란드사』. 위키미디어 커먼즈

김왕식 외 역, 로버트 달 지음. 2013. 『민주주의』. 동명사.
김용철. 2000. "신자유주의와 코포라티즘의 관리기제: 네덜란드의 경험과 한국의 노사정 협의체제." 한국정치학회 연례학술회의 발표논문.
김윤태 외. 2017. 『발전국가 - 과거, 현재, 미래』. 한울.
김의영·이현정 편. 2019. 『시민정치의 문화기술지』. 푸른길.
김인영. 2000. "균열에서 타협으로: 네덜란드와 오스트리아의 협의제 민주주의와 신조합주의 정치경제." 『국제정치논총』. 40집 4호.
김인춘. 2004. "세계화, 유연성, 사민주의적 노동시장체제: 스웨덴 사례." 『한국사회학』. 제38집 제5호.
_____. 2005. "네덜란드의 코포라티즘과 복지국가의 발전." 『국제지역연구』. 14권, 4호. 서울대학교 국제대학원 국제학연구소.
_____. 2007. "세계화와 생산체제의 재편: 네덜란드와 스웨덴의 노동시장정책과 사회적 합의제도." 『현대사회와 행정』. vol.17, no.3: 47-77. 한국국정관리학회.
_____. 2007. "자본주의 다양성과 한국의 새로운 발전모델: 민주적 코포라티즘의 조건." 『한국사회학』. 제41집 제4호. 한국사회학회.
_____. 2007. 『스웨덴 모델, 독점자본과 복지국가의 공존』. 삼성경제연구소.
_____. 2013. 『북유럽 국가들의 복지재정제도 연구』. 서울: 한국지방세연구원.
_____. 2016. "스웨덴 식민주의와 스웨덴-노르웨이 연합(1814~1905): 연합 해체 후 탈민족주의의 노르딕 공동체와 평화." 『서양사연구』. 54권. 한국서양사연구회.
_____. 2016. "핀란드 복지국가와 기본소득 실험 : 배경, 맥락, 의의" 『스칸디나비아연구』. 18권, 한국스칸디나비아학회.
_____. 2016. "제3섹터를 어떻게 이해할 것인가: 개념, 구성요소, 역할." 박태규·정구현·김인춘·황창순 공저. 『한국의 제3섹터 국가와 시장 사이에서 길을 묻다』. 삼성경제연구소.
_____. 2017. "20세기 핀란드의 사회적 분리와 정치적 통합: '사회적인 것'의 민주주의적 구성과 '정치계획'." 『스칸디나비아연구』. 20권, 한국스칸디나비아학회.
_____. 2017. "세계화와 유럽의 사회협약 정치." 이연호 외. 『EU 자본주의와 민주주의』. 박영사.
_____. 2019. "노르딕 국가들의 유럽통합 참여와 노르딕 정체성: '유럽화'와 이중적 통합." 『스칸디나비아연구』. 23권, 23호. 한국스칸디나비아학회.
_____. 2020. "북유럽 국가들의 민주주의와 '권력조사(maktutredningen)': 배경과 의미." 『스칸디나비아연구』. 26호. 한국스칸디나비아학회.
김인춘·최정원. 2013. "생태적 근대화 모델과 생태복지국가의 구성: 스웨덴과 네덜란드 사례." OUGHTOPIA. 28권2호. 경희대학교 인류사회재건연구원.
김재구. 2000. 『기업지배구조 변화와 노사관계』. 한국노동연구원.
김종걸 2020. 『자유로서의 사회적경제』. 북사피엔스
김종일. 2002. "네덜란드 복지국가와 노동시장 유연화." 『시민과 세계』. 2호.
김진영. 2003. "동아시아모델 논쟁의 극복: 새로운 발전론을 위하여." 『한국과 국제정치』. 19: 1.

김학노 2006 "임금억제전략과 유연안정성 : 네덜란드 모델에 대한 비판적 평가." 『국제지역연구』 15권, 2호. 서울대학교 국제대학원 국제학연구소
김학노 외. 2014. 『분단-통일에서 분리-통합으로』. 분리통합연구회·서울대미국학연구소/사회평론.
김현철. 2018. "법치주의의 이론과 실제 : 최근 한국 헌정의 경험을 중심으로" 『국가법연구』. vol.14, no.3. 한국국가법학회.
김형기·김윤태 편. 2009. 『새로운 진보의 길』. 한울.
김형석·임현일. 2018. "국민연금 스튜어드십 코드 도입이 기업가치에 미치는 영향." 한국기업지배구조원.
김호기. 2019. "김대중, 노무현 대통령 서거 이후 10년간의 시민 민주주의의 발전과 변화." 김대중도서관·노무현재단 공동학술회의 발표 논문(4월 25일).
김화진. 2019. "스웨덴식 가족경영 롤모델 발렌베리." 뉴스1, 2019.7.15.
＿＿. 2020. 『소유와 경영 - 가족경영 대기업의 지배구조』. (주)더벨 출판.
낸시 프레이저·악셀 호네트. 2014. 『분배냐, 인정이냐? - 정치철학적 논쟁』. 사월의책.
노대명. 2010. "제3섹터의 정통성 위기와 사회적경제 : 유럽과 미국의 제3섹터를 중심으로" 『보건복지포럼』 162권, 한국보건사회연구원.
노중기. 2022. 『신자유주의 노동체제와 민주 노조 운동』. 후마니타스.
로버트 달, 배관표 역. 2011. 『경제 민주주의에 관하여』(원제 *A Preface to Economic Democracy*. 1986). 후마니타스.
로이 바스카 저, 이기홍 역. 2007. 『비판적 실재론과 해방의 사회과학』. 후마니타스.
류만희. 2002. "네덜란드의 '기적'의 실체와 그 의미." 『상황과 복지』. 12호.
문유석. 2022. 『개인주의자 선언』(1판 2015). 문학동네.
박경서. 2017. "기업지배구조 연구의 고찰과 향후 국내관련 연구의 방향." 『경영학연구』. 46권, 3호. 한국경영학회.
박상훈. 2018. 『청와대 정부 - 민주 정부란 무엇인가를 생각하다』. 후마니타스.
박성진. 2016. "'새로운 자유주의(New Liberalism)'의 개인과 시민." 『미래정치연구』. vol.6, no.1: 47-63. 명지대학교 미래정치연구소
박찬표 옮김, 데이비드 헬드 지음. 2010. 『민주주의의 모델들』. 후마니타스.
박태규·정구현· 김인춘·황창순. 2016. 『한국의 제3섹터』. 삼성경제연구소
박형준. 2013. 『재벌, 한국을 지배하는 초국적 자본』. 책세상.
배병인. 2018. "유럽 민주주의의 역진(逆進)?: 유럽통합의 삼각 딜레마(trilemma)와 민주주의의 퇴조 경향." 『유럽연구』. 36권1호. 한국유럽학회.
샹탈 무페(이승원 역). 2019. 『좌파 포퓰리즘을 위하여』. 문학세계사(원제 *For A Left Populism*. 2018년).
서병훈. 2020. 『민주주의 : 밀과 토크빌』. 아카넷.
서순복. "문화의 민주화와 문화민주주의의 정책적 함의." 『한국지방자치연구』. 조선대학교
서현수. 2019. 『핀란드의 의회, 시민, 민주주의 - 열린, 포용적 의회-시민 관계를 향하여』. 빈빈책방.
선학태. 2012. "네덜란드 민주주의 동학: 합의제 정당정치와 조합주의 정치의 연계." 『한국

정치연구』. 제21집 제3호.
손호철. 2017.『촛불 혁명과 2017년 체제: 박정희, 87년, 97년 체제를 넘어서』. 서울: 서강대학교출판부.
송옥렬. 2014. "企業經營에서 法治主義의 擴散 - 外換危機 이후 會社法의 발전을 중심으로." 『서울대학교법학』. 55권, 1호. 서울대학교 아시아태평양법연구소
_____. 2020. "기업지배구조 관련 상법개정안에 대한 검토." 『경영법률』. 31권, 1호. 한국경영법률학회.
송호근. 2017.『촛불의 시간: 이제는 시민민주주의』. 북극성.
송호근 외. 2022.『시민정치의 시대 - 한국 민주화 35년, '대권'에서 '시민권'으로』.
슬라보예 지젝, 알랭 바디우, 다니엘 벤사이드, 장 뤽 낭시, 자크 랑시에르, 조르조 아감벤, 웬디 브라운(김상운, 양창렬, 홍철기 역). 2010.『민주주의는 죽었는가?』. 난장 (원제 Democratie, dans quel etat? 2009).
신광영. 2015.『스웨덴 사회민주주의 - 노동, 복지와 정치』. 한울아카데미.
신정완. 2005. "한국경제의 대안적 체제모델로서 '한국형 사회적 시장경제 모델' 구상." 2005.12.15. 참여연대 부설 참여사회연구소 발표논문.
_____. 2009. "1990년대 초 스웨덴의 금융위기 - 원인과 진행경과, 그리고 스웨덴 모델에 미친 영향." 『스칸디나비아연구』. 10호. 한국스칸디나비아학회.
_____. 2012『복지자본주의냐 민주적 사회주의냐 - 임노동자기금논쟁과 스웨덴 사회민주주의』. 사회평론.
_____. 2014.『복지국가의 철학』. 인간과복지.
_____. 2015. "스웨덴 발렌베리 기업들의 소유지배구조와 한국에서 발렌베리 사례의 수용방식." 『스칸디나비아연구』. 16호. 한국스칸디나비아학회.
_____. 2016. "1990년대 이후 한국 사회의 대안적 체제모델 논의와 스웨덴 모델."『스칸디나비아연구』. 17호. 한국스칸디나비아학회.
_____. 2019. "에른스트 비그포르스(Ernst Wigforss)의 '잠정적 유토피아'에 관한 연구." 『사회』.
_____. 2021. "합의에 의한 개혁: 1990년대 이후 스웨덴 노인돌봄서비스의 시장주의적 개혁."『스칸디나비아연구』. 27호. 한국스칸디나비아학회.
신필균 외. 2021.『복지국가의 이해 – 스웨덴 모델 다시보기』. 서울시 지방분권 총서.
심보선. 2017. "억하심정은 누가 푸나."『시사인』 508호.
안재흥. 2010. "정책과 정치의 동학, 그리고 제도의 변화 : 스웨덴 기업지배구조의 사례." 『한국정치학회보』. 44권, 4호. 한국정치학회.
_____. 2013.『복지 자본주의 정치경제의 형성과 재편 - 서유럽 강소·복지 5개국의 경험과 한국의 쟁점』. 후마니타스.
_____. 2013. "스웨덴 사민주의의 복지자본주의와 조세의 정치경제."『국가전략』 19권, 4호. 세종연구소
양동휴. 2014.『유럽의 발흥 - 비교경제사 연구』서울대학교출판문화원.
양재진. 2020.『복지의 원리 - 대한민국 복지를 한눈에 꿰뚫는 10가지 이야기』. 한겨레출판.

에두아르트 베른슈타인. 송병헌 역. 2002. 『사회주의란 무엇인가 외』. 책세상.
여지영. 2001. "네덜란드의 복지국가개혁과 남성부양자모델의 약화." 『국제지역연구』. 제11권 2호. 서울대학교 국제대학원 국제학연구소
연태훈. 2019. "국민연금 기금운용 지배구조의 개편." 한국금융연구원.
옌뉘 안데르손 저, 박형준 역, 신정완 감수. 2014. 『경제성장과 사회보장 사이에서 - 스웨덴 사민주의, 변화의 궤적』(원제 *Between Growth And Security*. 2006). 책세상.
옐러 피세르·안톤 헤이머레이크. 2003. 『네덜란드의 기적: 일자리창출, 복지개혁, 노사 관계와 조합주의』. 최남호·최연우 역. 따남출판사.
오경환. 2014. "대표성의 위기와 민주주의 : 20세기 초 미국, 프랑스, 독일." 『서양사연구』. 제51집, 한국서양사연구회.
요제프 알로이스 슘페터(이종인 역). 2016. 『자본주의 사회주의 민주주의』(*Capitalism, Socialism, and Democracy*. 1942년, 1947년, 1950년). 북길드.
유석춘 외. 2008. 『한국의 사회자본 - 역사와 현실』. 백산출판사.
유재욱, 이은화. 2021. "이해관계자 자본주의 관점의 기업지배구조 연구현황 및 발전방향." 『전략경영연구』. 24권, 3호. 한국전략경영학회.
윤상우. 2002. "기로에 선 동아시아 발전모델: 한국과 대만 비교연구." 『한국과 국제정치』. 18: 3.
윤성현. 2018. "통일헌법의 기본원리로서의 민주주의 연구." 『헌법학연구』. 24권 2호. 한국헌법학회.
윤평중 외. 2018. 『촛불 너머의 시민사회와 민주주의』. 도서출판 아시아.
이관휘 2022 『기업은 누구의 것인가 - 한국 기업에 거버넌스의 기본을 묻다』. 21세기북스.
이건범. 2005. "현단계 한국 금융의 성격과 금융혁신의 방향." 『동향과 전망』. 통권 64호 (2005, 여름호).
이근식. 2009. 『상생적 자유주의 - 자유, 평등, 상생과 사회발전』. 돌베개.
_____. 2018. 『애덤 스미스 국부론 - 번영과 상생의 경제학』. 쌤앤파커스
이나미. 2020. 『한국 자유주의의 기원』. 책세상.
이대환·방민호·한준·김원섭·김왕배·배은경·강원택. 2019. 『막힌 사회와 그 비상구들』(박태준미래전략연구총서 제11권). 아시아.
이병윤. 2006. "금산분리 관련 제도의 현황과 논점?." 한국금융학회 "금융산업 소유구조 재정립." 발표논문. 2006. 6. 9.
이병천. 2014. 『한국 자본주의 모델』. 책세상.
이상복. 2019. 『경제민주주의 책임자본주의』. 현북스.
이성준. 2020. "문화적 차원과 코로나바이러스감염증-19(COVID-19) 확진자수 간 상관관계에 관한 연구." 『스칸디나비아연구』. 25호. 한국스칸디나비아학회.
이승원. 2014. 『민주주의』. 책세상.
이연호. 2002. "한국에서 규제국가의 등장과 정부-기업 관계." 『한국정치학회보』. 36집 3호.
이옥연. 2014. "자유 민주주의의 역기능, 네덜란드 '고향의 정치'." 조홍식 외. 『유럽의 민주주의: 새로운 도전과 과제』. 사회평론아카데미.

이왕휘, 김남국. 2021. "세계 '선도국가' 개념 정립을 위한 시론."『국제지역연구』. 제30권 제4호. 서울대학교 국제학연구소.
이우성. 2006. "기업소유지배구조의 국제비교와 사회적 제도와의 연관성." 2006. 9. 19 연세대 경제연구소 산업정책세미나 발표논문.
이진우. 2022.『개인주의를 권하다』. 21세기북스.
이철승. 2019.『불평등의 세대 - 누가 한국 사회를 불평등하게 만들었는가』. 문학과지성사
이현. 2019.『스웨덴 모델의 진화와 재구성』. 서울대학교 대학원 정치학과 박사학위 논문.
이현우 외. 2016.『좋은 정부의 제도와 과정: 이론적 탐색과 한국 사례』. 서울: 오름.
이현주, 김근혜, 송지원 외. 2018.『스웨덴의 사회보장제도』. 나남.
임운택. 2016.『전환시대의 논리 - 자본주의와 민주주의의 이중위기 속의 한국사회』. 논형.
임현진. 2006. "한국의 발전 경험과 대안 모색: 새로운 발전모델을 찾아서."『한국사회학』. 제40집 1호.
장덕진·김석호 외. 2017.『압축성장의 고고학 - 사회조사로 본 한국 사회의 변화, 1965-2015』. 서울대학교 사회발전연구소, 한울아카데미.
장붕익. 2010. "핌 포르퇴인(Pim Fortuyn)이 네덜란드정치에 미친 영향."『EU연구』. no.27. 한국외국어대학교 EU연구소
장선화. 2016. "스웨덴 노동시장 갈등과 노사정 협력체제의 지속과 변화."『스칸디나비아 연구』. 17호. 한국스칸디나비아학회.
장운혁. 2017. "기업의 목적과 사회적 책임(CSR)의 연관성에 대한 고찰 : 분배 정의를 위한 기업지배구조 변화의 필요."『철학·사상·문화』. 23호, 동서사상연구소.
장하성. 2014.『한국 자본주의 - 경제민주화를 넘어 정의로운 경제로』. 헤이북스.
장하준, 정승일, 이종태. 2012.『무엇을 선택할 것인가』. 서울: 부키.
장훈·한은수. 2019. "대의제 공고화론과 시민 민주주의: 한국 민주주의 이론과 현실의 불균형."『현대정치연구』. 제12권 제1호. 서강대학교 현대정치연구소
전병유. 1999. "동아시아 경제의 성장, 위기, 조절의 메커니즘에 관한 비판적 연구."『경제학연구』. 제47집 4호.
전상인. 2017. "광화문광장의 극장정치." 2017 전기 비교사회학대회(2017.6.2) 발표논문.
_____. 2018. "'마음의 습관'과 한국의 민주주의." 윤평중 외. 2018.『촛불 너머의 시민사회와 민주주의』. 도서출판 아시아.
전창환·조영철 엮음. 2001.『미국식 자본주의와 사회민주적 대안』. 당대.
전호성·임영언. 2022. "일본과 네덜란드의 농업-복지 연계 치유농업의 전개과정 비교 연구."『한국과 국제사회』. 6권, 1호. 한국정치사회연구소
정건화. 2006. "IMF 경제위기 이후 한국경제의 현황과 과제 - 경제시스템 변화에 대한 제도경제론적 검토." KIEP 학술심포지움 발표논문, 2006. 6. 23.
정병기. 2004. "세계화시기 코포라티즘 정치의 전환: 스웨덴과 네덜란드의 예를 통해 본 통치체제적 성격과 정치체제적 성격."『한국정치연구』. 제13집 제1호.
정병기 외. 2018.『2016~17년 촛불 집회; 민주주의의 민주화, 그 성격과 의미』. 영남대학교 출판부.
정병기, 도묘연. 2015.『코포라티즘 정치 - 통치 전략성 및 정치 체제성과 결사체 거버넌스

전망』. 아카넷.
정이환. 2006. 『현대노동시장의 정치사회학』. 후마니타스.
정재욱·배길수. 2006. "지배주주의 이익극대화를 위한 합병 및 피합병사의 이익조정: 관계 사합병을 사용한 증거." 『회계학연구』. 제31권 2호. 한국회계학회.
정진영. 1999. 『한국 외환위기의 배경과 발생』. 세종연구소.
조대엽. 2015. 『생활민주주의의 시대 - 새로운 정치 패러다임의 모색』. 나남출판.
조돈문. 2016. 『노동시장의 유연성-안정성 균형을 위한 실험 - 유럽연합의 유연안정성 모델과 비정규직 지침』. 후마니타스.
조예원. 2020. 『돌봄과 복지가 농업과 만나는 네덜란드 케어팜을 가다』. 그물코
조윤제. 2015 『제자리로 돌아가라』. 한울.
조찬수. 2014 『잃어버린 10년과 신자유주의 정책전환: 한국 개혁주의 정부들에 대한 한 정치경제적 해석』. 나남.
조흥식 외. 2014. 『유럽의 민주주의 - 새로운 도전과 과제』. 사회평론아카데미.
존 스튜어트 밀(서병훈 역). 2018. 『자유론』(원제 *On Liberty*, 1859년). 책세상.
주경철. 2003. 『네덜란드 - 튤립의 땅, 모든 자유가 당당한 나라』. 산처럼.
주성수. 2018. 『시민사회, 제3섹터, 비영리섹터, 사회적경제』. 한양대학교출판부.
주은선. 2005 "연금개혁 정치의 특성: 스웨덴에서 자유주의적 연금개혁은 어떻게 가능했는가?" 『사회복지연구』. 26권. 한국사회복지연구회.
_____. 2014. "변화하는 스웨덴 모델과 박근혜 정부의 복지정책 방향." 『스칸디나비아연구』. 제15호. 한국스칸디나비아학회.
최연혁. 2012. 『우리가 만나야 할 미래 - 스웨덴의 한가운데서 우리가 꿈꾸는 대한민국을 만나다』. 쌤앤파커스.
최영태. 2007. "사회적 자유주의와 민주적 사회주의 비교." 『역사학연구』. 호남사학회 31호: 217-248.
최장집 외. 2013. 『논쟁으로서의 민주주의 - 민주주의를 이해하는 문제에 관하여』. 후마니타스
최종렬. 2019. 『공연의 사회학 - 한국사회는 어떻게 자아성찰을 하는가』. 오월의봄.
최태욱·이근식 외. 2011. 『자유주의는 진보적일 수 있는가』. 폴리테이아.
최희경. 2019. 『북유럽의 공공가치』. 한길사.
키스 반 커스버겐, 바바라 비스 저. 남찬섭 역. 2017. 『복지국가 개혁의 도전과 응전 - 복지국가정치의 비교연구』(원제 *Comparative Welfare State Politics: Development, Opportunities, and Reform*. 2014). 나눔의집.
파커 J. 파머 (김찬호 역). 2012. 『비통한 자들을 위한 정치학 - 왜 민주주의에서 마음이 중요한가』. 글항아리 (원제 *Healing the Heart of Democracy*. 2011).
필립 페팃 (곽준혁, 윤채영 역). 2019. 『왜 다시 자유인가』. (원제 Philip Pettit 2014 *Just Freedom: A Moral Compass for a Complex World*) 한길사.
한반도선진화재단. 2021. 『누구를, 무엇을 위한 경제민주화인가?』. 한반도선진화재단.
한상진. 2018. 『한국형 제3의 길을 통한 생태복지국가의 탐색』. 한국문화사.
허영식, 정창화, 이윤복. 2021. "자유민주적 기본질서를 지향한 보이텔스바흐 합의의 함의

와 적용방안." 『한독사회과학논총』. 31권, 1호. 한독사회과학회.

홍재웅. 2010. "아동 청소년을 위한 스웨덴의 문화정책과 문화자본의 축적." 『스칸디나비아연구』. 제11호. 한국스칸디나비아학회.

_____. 2011. "스웨덴 문화정책의 새로운 패러다임 모색." 『스칸디나비아연구』. 제12호. 한국스칸디나비아학회.

홍태영. 2014. "유럽적 근대 민주주의의 위기와 전환." 조홍식 외. 2014. 『유럽의 민주주의 – 새로운 도전과 과제』.

Acemoglu, Daron and James A. Robinson. 2019. *The Narrow Corridor: States, Societies, and the Fate of Liberty.* Penguin Books.

Aerts, R. 2010. "Civil Society or Democracy?: A Dutch Paradox." *BMGN - Low Countries Historical Review.* 125: 209–236.

Albert, Michel. 1993. *Capitalism vs. Capitalism: How America's Obsession with Individual Achievement and Short-term Profit has led to the Brink of Collapse.* N.Y.: Four Walls Eight Windows.

Alesina, Alberto and Francesco Giavazzi. 2006. *The Future of Europe: Reform and Decline.* Boston: MIT Press.

Alestalo, Matti & Stein Kuhnle. 1986. "The Scandinavian Route: Economic, Social, and Political Developments in Denmark, Finland, Norway, and Sweden." *International Journal of Sociology* 16.

Alestalo, Matti, Sven E.O. Hort & Stein Kuhnle. 2009. "The Nordic Model: Conditions, Origins, Outcomes, Lessons." Hertie School of Governance Working Papers. No. 41.

Almeida, Heitor & Daniel Wolfenzon. 2006. "A Theory of Pyramidal Ownership and Family Business Groups" *The Journal of Finance* Vol.61, Issue 6

Almeida, Heitor et al. 2011. "The structure and formation of business groups: Evidence from Korean chaebols" *Journal of Financial Economics* Vol.99, Issue 2.

Amable, Bruno. 2004. *The Diversity of Modern Capitalism.* Oxford University. Press.

Amsden, Alice. 1989. *Asia's Next Giant: South Korea and Late Industrialization.* Oxford University.

Andersen, Jorgen Goul. 2007. "Power and Democracy in the Nordic Countries." Keynote Speech at the Opening of the Project 'Power and Society in Finland' Helsinki. 8 March 2007.

Andersson, Jenny. 2015. "A Model of Welfare Capitalism? Perspectives on the Swedish Model, Then and Now." in Jon Pierre(ed.). *The Oxford Handbook of Swedish Politics.* Oxford University Press

Andersson, Staffan and Nicholas Aylott. 2020. "Sweden and Coronavirus: Unexceptional Exceptionalism." *Social Sciences* 9(12), MDPI.

Andeweg, Rudy B. and Galen A. Irwin. 2002. *Governance and Politics of the Netherlands.* New York: Palgrave Macmillan.

Andrew, Caroline and Monica Gattinger. 2005. *Accounting for Culture: Thinking Through Cultural*

Citizenship. The University of Ottawa Press.
Anton, T.J. 1980. *Administered Politics: Elite Political Culture in Sweden*. Springer.
Arvidson, Malin et.al. 2018. "Local civil society regimes: Liberal, corporatist and social democratic civil society regimes in Swedish metropolitan cities." *Voluntary Sector Review* Volume 9: Issue 1
Askim, Jostein & Tomas Bergström. 2021. "Between lockdown and calm down. Comparing the COVID-19 responses of Norway and Sweden." *Local Government Studies*.
Avdagic, Sabina, Martin Rhodes, Jelle Visser(eds.). 2011. *Social Pacts in Europe: Emergence, Evolution, and Institutionalization*. Oxford University Press.
Aylott, Nicholas(ed.). 2014. *Models of Democracy in Nordic and Baltic Europe: Political Institutions and Discourse*. Routledge.
Bakvis, Herman. 1981. *Catholic Power in the Netherlands*. Kingston. Ont.: McGill-Queen's University Press.
Baldwin, Peter. 2021. *Fighting the First Wave: Why the Coronavirus Was Tackled So Differently across the Globe*. Cambridge University Press.
Bale, Tim & Cristóbal Rovira Kaltwasser. 2021 *Riding the Populist Wave: Europe's Mainstream Right in Crisis* Cambridge University Press
Bandau, Frank. 2022. "What Explains the Electoral Crisis of Social Democracy? A Systematic Review of the Literature" *Government and Opposition*. Vol.58, Issue 2(doi:10.1017/gov.2022.10).
Bartolini, Stefano. 2000. *The Political Mobilization of the European Left, 1860-1980: The Class Cleavage* Cambridge University Press.
Becker, Uwe. 2001. "'Miracle' by Consensus? Consensualism and Dominance in Dutch Employment Development." *Economic and Industrial Democracy*. 22(4).
Belfrage, Claes & Markus Kallifatides. 2018. "Financialisation and the New Swedish Model." *Cambridge Journal of Economics*. Vol. 42, Issue 4: 875–900.
Bengtsson, Erik. 2019. "The Swedish Sonderweg in Question: Democratization and Inequality in Comparative Perspective, c.1750–1920." *Past & Present*. Vol. 244, Issue 1.
Berger, Suzanne(ed.). 1981. *Organizing Interests in Western Europe: Pluralism, Corporatism, and the Transformation of Politics*. Cambridge University Press.
Berggren, Henrik & Lars Trägårdh. 2015. *Är svensken människa?: Gemenskap och oberoende i det moderna Sverige*. Stockholm: Norstedts Förlag.
Bergh, Andreas. 2011. "The Rise, Fall and Revival of the Swedish Welfare State: What are the policy lessons from Sweden?" IFN Working Paper. No. 873, Research Institute of Industrial Economics. Stockholm, Sweden.
Bergman, Torbjörn and Kaare Strøm(eds.). 2011. *The Madisonian Turn: Political Parties and Parliamentary Democracy in Nordic Europe*. Ann Arbor: University of Michigan Press.
Berman, Sheri. 1998. *The Social Democratic Moment: Ideas and Politics in the Making of Interwar Europe*. Harvard University Press.
Berman, Sheri. 2011. "Social Democracy and the Creation of the Public Interest: Critical Review"

A Journal of Politics and Society. Vol. 23, Issue 3.
Bijl, Rob, Jeroen Boelhouwer, Mariëlle Cloïn and Evert Pommer(eds.). 2012. *The Social State of the Netherlands 2011 – Summary.* The Netherlands Institute for Social Research(SCP, The Hague).
Birnbaum, Pierre. 1988. *States and Collective Action: The European Experience.* Cambridge University Press.
Blockmans, Steven & Sophia Russack(eds.). 2019. *Representative Democracy in the EU: Recovering Legitimacy.* London: Rowman & Littlefield International/Brussels: Centre for European Policy Studies.
Blockmans, Steven and Sophia Russack(eds.). 2020. *Deliberative Democracy in the EU - Countering Populism with Participation and Debate.* London: Rowman & Littlefield International/Brussels: Centre for European Policy Studies.
Blossing, Ulf, Gunn Imsen, Lejf Moos(eds.). 2014. *The Nordic Education Model: 'A School for All' Encounters Neo-Liberal Policy.* Springer.
Blyth, Mark, Jonas Pontusson, Lucio Baccaro(eds.). 2022. *Diminishing Returns: The New Politics of Growth and Stagnation.* Oxford University Press.
Boelhouwer, Jeroen, Gerbert Kraaykamp, Ineke Stoop. 2016. *Trust, life satisfaction and opinions on immigration in 15 European countries.* The Netherlands Institute for Social Research(SCP, The Hague).
Bogason, Peter, Sandra Kensen et.al. 2004. *Tampering with Tradition: The Unrealized Authority of Democratic Agency.* Lexington Books.
Boix, Carles. 1998. *Political Parties, Growth and Equality: Conservative and Social Democratic Economic Strategies in the World Economy.* Cambridge University Press.
Bond, Ian and Agata Gostyńska-Jakubowska. 2020. "Democracy and the Rule of Law: Failing Partnership?" *Policy brief 20 January 2020.* The Centre for European Reform, Brussel.
Bowman, John R. 2014. *Capitalisms Compared: Welfare, Work, and Business Sage.*
Boyer, Robert. 2005. "How and Why Capitalisms Differ." *MPIfG Discussion Paper.* 05/04.
Brandsen, T. P. Dekker and A. Evers(eds.). 2010. *Civicness in the Governance and Delivery of Social Services.* Baden-Baden: Nomos.
Brandsen, Taco et.al. 2008. "Third Sector Policy Communities in Europe: A Comparison of the UK, the Netherlands and Sweden."
Brandsen, Taco, Sandro Cattacin, et al. 2016. *Social Innovations in the Urban Context (Nonprofit and Civil Society Studies).* Springer.
Briggs, Asa. 1985. "The Welfare State in Historical Perspective." *The Collected Essays of Asa Briggs 2,* Urbana: University of Illinois Press.
Burger, Ary, Paul Dekker, Tymen van der Ploeg, and Wino van Veen. 1997. "Defining the Nonprofit Sector: The Netherlands." *Working Papers of the Johns Hopkins Comparative Nonprofit Sector Project, Johns Hopkins Center for Civil Society Studies.* Johns Hopkins University.

Burger, Ary & Vic Veldheer 2001 "The Growth of the Nonprofit Sector in the Netherlands" *Nonprofit and Voluntary Sector Quarterly*, Vol.30, No. 2.

Burkart et al. 2003. "Family Firms" *The Journal of Finance* Vol. LVIII No.5

Cameron, Iain and Anna Jonsson Cornell. 2020. "Sweden and COVID 19: A Constitutional Perspective." *Verf Blog.* 2020/5/07.

Carney, R.W. & T.B. Child. 2013. "Changes to the Ownership and Control of East Asian Corporations between 1996 and 2008: The Primacy of Politics." *Journal of Financial Economics.* 107(2): 494-513.

Castles, Francis G. 1973. "'Barrington Moore's Thesis and Swedish Political Development." *Government and Opposition.* 8.

Christoff, P. 1996. "Ecological modernisation, ecological modernities." *Environmental Politics.* Vol.5, No.3.

Cioffi, John W. 2000. "Governing Globalization? The State, Law, and Structural Change in Corporate Governance" *Journal of Law and Society* Vol.27, Issue 4

Cioffi, John W. & Martin Höpner. 2006. "The Political Paradox of Finance Capitalism: Interests, Preferences, and Center-Left Party Politics in Corporate Governance Reform" *Politics & Society* Vol.34, Issue 4

Clary, E.G. et.al. 1998. "Understanding and assessing the motivations of volunteers: a functional approach." *Journal of Personality and Social Psychology.* 74(6):1516-30.

Coffee, John C. Jr. 2001. "The Rise of Dispersed Ownership: The Roles of Law and the State in the Separation of Ownership and Control" *The Yale Law Journal* Vol. 111, No. 1: 1-82.

Cornell, Anna Jonsson and Janne Salminen. 2018. "Emergency Laws in Comparative Constitutional Law – The Case of Sweden and Finland." *German Law Journal.* Vol. 19, Issue 2: Special issue - Statism, Secularism, Liberalism, Ernst-Wolfgang Böckenförde Beyond Germany.

Cox, Robert H. 1993. *The Development of the Dutch Welfare State.* Pittsburgh: University of Pittsburgh Press.

Cox, Robert H. 2017. "Explaining the Paradox of the Polder Model." in F. Hendriks(ed.). *Polder Politics: The Re-Invention of Consensus Democracy* in the Netherlands Routledge.

Crouch, Colin & Wolfgang Streeck(eds.). 1997. *Political Economy of Modern Capitalism.* London: Sage.

Crouch, Colin. 1993. *Industrial Relations and European State Traditions.* Oxford: Clarendon Press.

Crouch, Colin. 2005. *Capitalist Diversity and Change: Recombinant Governance and Institutional Entrepreneurs.* Oxford University Press.

Daalder, Hans. 1984. "On the Origins of the Consociational Democracy Model." *Acta Politica.* 19.

Dahl, Robert A. 1986. *A Preface to Economic Democracy* University of California Press

Dahl, Robert A. 2015. *On Democracy* (2nd ed.). Yale University Press.

Dahlqvist, Julia and Jane Reichel. 2021. "Swedish Constitutional Response to the Coronavirus Crisis: The Odd One Out?" in Matthias C Kettemann and Konrad Lachmayer(eds). 2021.

Pandemocracy in Europe: Power, Parliaments and People in Times of COVID-19. Hart Publishing.

Dahlstroi̇, Edmund. 1989. *Power relations at the workplace: Research and policy on working life democratization and welfare (Study of power and democracy in Sweden)*. Maktutredningen.

Daudt, H. 1982. "Political Parties and Government Coalitions in the Netherlands since 1945." *Netherlands Journal of Sociology*. 18.

Delsen, Lei. 2002. *Exit Polder Model?: Socioeconomic Changes in the Netherlands*. Praeger.

Deneen, Patrick J. 2019. *Why Liberalism Failed*. Yale University Press.

Diamond, Larry. 2008. *The Spirit of Democracy: The Struggle to Build Free Societies Throughout the World*. Times Books.

Dore, Ronald. 2000. *Stock Market Capitalism, Welfare Capitalism: Japan and Germany vs. the Anglo-Saxons*. Oxford University Press.

Dorrien, Gary. 2019. *Social Democracy in the Making: Political and Religious Roots of European Socialism* Yale University Press

Duit, Andreas. 2008. *The Ecological State: Cross National Patterns of Environmental Governance Regimes*. EPIGOV Paper No.39. Ecologic: Berlin.

EACEA. 2008. "Arts and Cultural Education at School in Europe: Sweden 2007/08." in *Arts and Cultural Education at School in Europe Education Audiovisual & culture executive*. Agency/European Commission.

EAEA. 2011. *Country Report on Adult Education in SWEDEN* Helsinki, European Association for the Education of Adults. www.eaea.org/country/sweden.

Ebbinghaus, Bernhard & Philip Manow(eds.). 2001. *Comparing Welfare Capitalism: Social Policy and Political Economy in Europe, Japan and the USA*. London: Routledge.

Edgren, Lars and Magnus Olofsson(eds.). 2009. *Political Outsiders in Swedish History, 1848-1932*. Cambridge Scholars Publishing

Edling, Nils. 2013. 'The Primacy of Welfare Politics. Notes on the language of the Swedish Social Democrats and their adversaries in the 1930s." in Haggrén, Heidi, Johanna Rainio-Niemi, Jussi Vauhkonen(eds.). 2013. *Multi-layered Historicity of the Present: Approaches to Social Science History*. Helsingki: University of Helsinki.

Eley, Geoff. 2002. *Forging Democracy - The History of the Left in Europe, 1850-2000*. Oxford University Press.(번역서 『더 레프트 1848~2000: 미완의 기획, 유럽 좌파의 역사』).

Elgán, Elisabeth and Irene Scobbie. 2015. *Historical Dictionary of Sweden (Historical Dictionaries of Europe)*. 3rd ed. Rowman & Littlefield Publishers.

Eliasoph, Nina. 2013. *The Politics of Volunteering*. Polity.

Elmgren, Ainur & Norbert Götz(eds.). 2016. *The Political Culture of Nordic Self-Understanding - Power Investigation* Routledge

Elster, Jon and Rune Slagstad(eds.). 1988. *Constitutionalism and Democracy*. Cambridge University Press.

Engler, Sarah et.al. 2021. "Democracy in times of the pandemic: explaining the variation of

COVID-19 policies across European democracies." *West European Politics.* Vol.44, Issue 5-6.

Enjolras, Bernard, Lester M. Salamon, Karl Henrik Sivesind, Annette Zimmer. 2018. *The Third Sector as a Renewable Resource for Europe: Concepts, Impacts, Challenges and Opportunities* Palgrave.

Erixon, Lennart. 1996. "The golden age of the Swedish model: The coherence between capital accumulation and economic policy in Sweden in the early postwar period." *Department of Economics.* Stockholm University. October 1996. http://www2.ne.su.se/paper/lerixon.pdf.

Erixon, Lennart. 2021. "The Stockholm School in a new age - Erik Lundberg's changing views of the Rehn-Meidner model." *European Journal of the History of Economic Thought.* vol.28, no.3: 375-403.

Erixon, Lennart & Jonas Pontusson. 2022. "Rebalancing Balanced Growth: The Evolution of the Swedish Growth Model since the mid- 1990s." in M. Blyth, J. Pontusson, L. Baccaro(eds.). *Diminishing Returns: The New Politics of Growth and Stagnation.*

Esaiasson, Peter et.al. 2021. "How the coronavirus crisis affects citizen trust in institutions and in unknown others: Evidence from 'the Swedish experiment'." *European Journal of Political Research.* Vol.60, Issue3: 748-760.

Esping-Andersen, Gosta. 2017. *Politics against Markets: The Social Democratic Road to Power* Princeton University Press.

Esping-Andersen, Gosta and Walter Korpi. 1984. "Social Policy as Class Politics in Post-war Capitalism: Scandinavia, Austria and Germany." *Order and Conflict in Contemporary Capitalism.* J. Goldthorpe Oxford: Clarendon Press.

Evans, Peter. 1995. *Embedded Autonomy: States & Industrial Transformation.* Princeton University Press.

Evers, Adalbert, Benjamin Ewert and Taco Brandsen(eds.). 2014. *Social Innovations for social cohesion. Transnational patterns and approaches from 20 European cities.* Liege: EMES European Research Network.

Evers, Adalbert & Annette Zimmer(eds.). 2010. *Third Sector Organizations Facing Turbulent Environments: Sports, Culture and Social Services in Five European Countries* Nomos Publishers.

Evrard, Yves. 1997. "Democratizing Culture or Cultural Democracy?" *The Journal of Arts Management, Law, and Society.* Vol. 27, Issue 3.

Fellman, Susanna et.al.(eds.). 2008. *Creating Nordic Capitalism: The Business History of a Competitive Periphery.* N.Y.: Palgrave Macmillan.

Fleisher, Frederic. 1967. *The New Sweden: The Challenge of a Disciplined Democracy.* New York: David McKay Co.

Fritzell, J. et.al. 2013. "Sweden: Increasing income inequalities and changing social relations." in B. Nolan et.al(eds.). *Inequalities and Societal Impacts in Rich Countries: Thirty Countries' Experiences.* Oxford University Press.

Fukuyama, Francis. 2011. *The Origins of Political Order: From Prehuman Times to the French Revolution* Farrar, Straus and Giroux.

Fukuyama, Francis. 2022. *Liberalism and Its Discontents* Farrar, Straus and Giroux.

Garefelt, Björn. 2010. "Swedish folkbildning and democracy." 『스칸디나비아연구』. 제11호. pp.45-63.

Gattinger, Monica. 2011. "Democratization of Culture, Cultural Democracy and Governance." paper presented at the Canadian Public Arts Funders (CPAF) Annual General Meeting, November 16-18. 2011.

Gerbaudo, Paolo. 2017 *The Mask and the Flag: Populism, Citizenism, and Global Protest* Oxford University Press

Giddens, Anthony. 1986. *The Constitution of Society: Outline of the Theory of Structuration.* University of California Press.

Goetz, Klaus H. and Dorte Sindbjerg Martinsen. 2021. "COVID-19: a dual challenge to European liberal democracy." *West European Politics.* Vol.44, Issue 5-6: 1003-1024.

Goldthorpe, John H.(ed.). 1984. *Order and Conflict in Contemporary Capitalism.* Oxford: Clarendon Press.

Gougoulakis, Petros. 2015. "BILDNING as a Central Concept in the Cultural Policy of the Swedish Government - From Arthur Engberg to Alice Bah Kuhnke." *Nordisk kulturpolitisk tidsskrift* Volum 18.

Gougoulakis, Petros and Michael Christie. 2012. "Popular education in times of societal transformation-A Swedish perspective." *Australian Journal of Adult Learning.* Vol. 52, No. 2.

Gougoulakis, Petros. 2016. "Popular Adult and Labor Education Movement in Sweden - History, Content, Pedagogy." *International Labor and Working-Class History.* No. 90.

Gould, Carol C. 1989. *Rethinking Democracy: Freedom and Social Co-operation in Politics, Economy, and Society.* Cambridge University Press.

Gourevitch, Peter & James Shinn, 2005. *Political Power and Corporate Control: The New Global Politics of Corporate Governance.* Princeton University Press.

Gutmann, Amy and Dennis Thompson. 2009. *Why Deliberative Democracy?* Princeton University Press.

Götz, Norbert & Carl Marklund. 2015. *The Paradox of Openness: Transparency and Participation in Nordic Cultures of Consensus* Brill.

Haggrén, Heidi, Johanna Rainio-Niemi, Jussi Vauhkonen(eds.). 2013. *Multi-layered Historicity of the Present: Approaches to Social Science History.* Helsinki: University of Helsinki.

Hall, Patrik. 2015. "The Swedish Administrative Model." in Jon Pierre(ed.). *The Oxford Handbook of Swedish Politics.* Oxford University Press.

Hall, Peter & David Soskice(eds.). 2001 *Varieties of Capitalism: The Institutional Foundations of Comparative Advantage.* Oxford University Press.

Hancke, Bob, Martin Rhodes and Mark Thatcher(eds.). 2007. *Beyond Varieties of Capitalism, Conflict, Contradictions and Complementarities in the European Economy.* Oxford

University Press.
Harding, Tobias. 2015. "Country Profile: Sweden." *Council of Europe/ERICarts Compendium of Cultural Policies and Trends in Europe*. 17th edition. February 2015.
Harrison, M. L.(ed.). 1984. *Corporatism and the Welfare State*. Aldershot, England: Gower.
Hedin, Astrid. 2015. "The Origins and Myths of the Swedish Model of Workplace Democracy." *Contemporary European History*. Vol.24, No.1: 59-82.
Hedling, Elsa and Anna Meeuwisse 2015. "Europeanize for Welfare?: EU Engagement among Swedish Civil Society Organizations." *Journal of Civil Society* Vol. 11, Issue 1
Held, David. 2006. *Models of Democracy* (박찬표 역. 『민주주의의 모델들』). Stanford Univ Press.
Hendriks, Frank and Theo A.J. Toonen(eds.). 2019. *Polder Politics: The Re-Invention of Consensus Democracy in the Netherlands*. Routledge.
Henrekson, Magnus and Ulf Jakobsson. 2003. "The Swedish Model of Corporate Ownership and Control in Transition." *SSE/EFI Working Paper Series in Economics and Finance*. No 521.
Henrekson, Magnus and Ulf Jakobsson. 2012. "The Swedish Corporate Control Model: Convergence, Persistence or Decline?" *Corporate Governance: An International Review*. 20(2).
Henrekson, Magnus and Mikael Stenkula.(eds.) 2015 *Swedish Taxation: Developments Since 1862*. New York: Palgrave Macmillan.
Herlitz, Nils. 1939. *Sweden: A Modern Democracy on Ancient Foundations*. University of Minnesota Press.
Hogfeldt, Peter. 2007. "The History and Politics of Corporate Ownership in Sweden." in Randall K. Morck(ed.) *A History of Corporate Governance around the World: Family Business Groups to Professional Managers*. (National Bureau of Economic Research). The University of Chicago Press
Honneth, Axel. 2014. *Freedom's Right: The Social Foundations of Democratic Life*. Polity.
Howell, Chris & ,Rebecca Kolins Givan. 2011. "Rethinking Institutions and Institutional Change in European Industrial Relations" *British Journal of Industrial Relations* Vol.49, Issue2
Hurd, Madeleine. 2000. *Public Spheres, Public Mores and Democracy: Hamburg and Stockholm, 1870-1914*. Ann Arbor: University of Michigan Press.
Iversen, T., Jonas Pontusson and David Soskice(eds). 2000. *Unions, Employers, and Central Banks: Macroeconomic Coordination and Institutional Change in Social Market Economies*. Cambridge University Press.
Jacobs, Antoine T.J.M. 2020. *Labour Law in the Netherlands*. Kluwer Law International B.V. The Netherlands.
Jacobsson, Bengt and Göran Sundström. 2015. "Governing the State." in Jon Pierre(ed.). *The Oxford Handbook of Swedish Politics*. Oxford University Press.
Jansson, David. 2018. "Deadly exceptionalisms, or, would you rather be crushed by a moral superpower or a military superpower?" *Political Geography*. Vol. 64: 83-91.

Johansson, Håkan, Malin Arvidson & Staffan Johansson. 2015. "Welfare Mix as a Contested Terrain: Political Positions on Government-Non-profit Relations at National and Local Levels in a Social Democratic Welfare State." *VOLUNTAS* volume 26.

Jong, Abe de et.al. 2005. "The role of self-regulation in corporate governance: evidence and implications from The Netherlands." *Journal of Corporate Finance*. Vol. 11, Issue 3: 473-503.

Jonung, Lars. 2020. "Sweden's constitution decides its Covid-19 exceptionalism." working paper 2020:11, Department of Economics, Lund University.

Jäntti, Markus, Juho Saari and Juhana Vartiainen. 2005. *Growth and Equity in Finland*. Washington, DC: World Bank.

Kamerāde, Daiga. 2015. "Third sector impacts on human resources and community: a critical review." TSI Working Paper No. 3 European Union. Brussels: Third Sector Impact.

Karvonen, Jan Sundberg.(eds.). *Social Democracy in Transition: Northern, Southern and Eastern Europe*. Aldershot: Ashgate.

Katzenstein, P. 1985. *Small States in World Markets: Industrial Policy in Europe*. Ithaca: Cornell Univ. Press.

Kelly, Brighid Brooks. 2019. *Power-Sharing and Consociational Theory*. Palgrave.

Kelly, Gavin, Dominic Kelly and Andrew Gamble. 1997. *Stakeholder Capitalism*. London: Palgrave Macmillan.

Kildal and Kuhnle(eds.). 2005. *Normative Foundations of the Welfare State - The Nordic Experience*. Routledge.

King, B.G. 2008. "A Political Mediation Model of Corporate Response to Social Movement Activism." *Administrative Science Quarterly*. 53(3), 395-421.

Kitschelt, Herbert, Peter Lange, Gary Marks, and John D. Stephens. 1999. *Continuity and Change in Contemporary Capitalism*. Cambridge University Press.

Kjellberg, Anders. 2017. "Self-regulation versus State Regulation in Swedish Industrial Relations." in M. Rönnmar, & J. Julén Votinius(eds.), *Festskrift till Ann Numhauser-Henning* (Ann Numhauser-Henning을 위한 기념논문집). Juristförlaget i Lund.

Klamberg, Mark. 2020. "Reconstructing the Notion of State of Emergency." *George Washington International Law Review*. 52, no. 1: 53-98.

Klaus Schubert, Paloma de Villota, Johanna Kuhlmann(eds.). 2016. *Challenges to European Welfare Systems*. Springer.

Kleberg, Carl Johan. 1987. "Cultural Policy in Sweden." in Cummings, Milton C.,Jr & Katz, Richard S.(eds.), *The Patron State: Government and the arts in Europe, North America, and Japan*. Oxford University Press.

Koblik, Steven. 1969. "Wartime Diplomacy and the Democratization of Sweden in September-October 1917." *The Journal of Modern History*. Vol.41, No.1: 29-45.

Kooij, Henk-Jan et.al. 2018. "Between grassroots and treetops: Community power and institutional dependence in the renewable energy sector in Denmark, Sweden and the Netherlands."

Energy Research & Social Science. Vol.37: 52-64.

Korpi, Walter 1983 *The Democratic Class Struggle* Routledge

Lachapelle, Paul & Michael Rios(eds.). 2018. *Community Development and Democratic Practice.* Routledge.

Lafarre, Anne. 2017. *The AGM in Europe: Theory and Practice of Shareholder Behaviour.* Bingley: Emerald Publishing.

Laginder, Ann-Marie and Henrik Nordvall(eds.). 2013. *Popular Education, Power and Democracy: Swedish Experiences and Contributions.* Leicester, UK: NIACE.

La Porta, Rafael, Florencio Lopez-De-Silanes, Andrei Shleifer. 1999 "Corporate Ownership Around the World" *The Journal of Finance* Vol. 54, Issue 2.

Larsson, Bengt, Martin Letell, Håkan Thörn(eds.). 2012. *Transformations of the Swedish Welfare State: From Social Engineering to Governance?* London: Palgrave Macmillan.

Lauwerys, J.A.(ed.). 1958. *Scandinavian Democracy: Development of Democratic Thought and Institutions in Denmark, Norway and Sweden* Danish Institute.

Lavdas, Kostas A. 2005. "Interest Groups in Disjointed Corporatism: Social Dialogue in Greece and European 'Competitive Corporatism'." *West European Politics.* Vol. 28, Issue 2.

Lazonick, William. 1993. *Business Organization and the Myth of the Market Economy.* Cambridge: Cambridge Univ. Press.

Levinson, Klas. 2000. "Codetermination in Sweden: Myth and Reality." *Economic and Industrial Democracy.* Vol.21. No.4: 457-473.

Lewin, Lief. 2006. *Ideology and Strategy: A Century of Swedish Politics.* Cambridge University Press.

Lijphart, A.J. 1976. *The Politics of Accommodation: Pluralism and Democracy in the Netherlands.* Berkeley: University of California Press.

Lind, Anna-Sara, Jane Reichel and Inger Österdahl(eds.). 2017. *Transparency in the Future: Swedish Openness 250 Years.* Ragulka Press.

Lindstrom, Lisbeth. 2013. "National cultural policies: The Swedish case." *International Journal of Asian Social Science.* 3(3): 814-832.

Lund, Ragnar. 1938. "Adult Education in Sweden." *The Annals of the American Academy of Political and Social Science.* Vol.197.

Lundgren, Magnus, Mark Klamberg, Karin Sundström, Julia Dahlqvist. 2020. "Emergency Powers in Response to COVID-19: Policy Diffusion, Democracy, and Preparedness." *Nordic Journal of Human Rights.* Vol.38. Issue 4: 305-318.

Lundström, Tommy and LARS SVEDBERG. 2003. "The Voluntary Sector in a Social Democratic Welfare State–The Case of Sweden." *Journal of Social Policy.* 32(02): 217–238.

Lundvall, Bengt-Ake. 2004. *Innovation, Growth And Social Cohesion: The Danish Model* Edward Elgar Publishing.

Luther, Kurt Richard & Kris Deschouwer(eds.). 1999. *Party Elites in Divided Societies: Political Parties in Consociational Democracy.* London: Routledge.

Maddison, Angus. 1982. *Phases of Capitalist Development.* Oxford: Oxford University Press.
Maerz, Seraphine F. et.al. 2020. "Worth the Sacrifice? Illiberal and Authoritarian Practices during Covid-19." University of Gothenburg, Varieties of Democracy Institute: Working Paper No. 110. September 2020.
Mahoney, James and Dietrich Rueschemeyer(eds.). 2003. *Comparative Historical Analysis in the Social Sciences.* Cambridge: Cambridge Univ. Press.
Manwaring, Rob & Josh Holloway. 2021. "A New Wave of Social Democracy? Policy Change across the Social Democratic Party Family, 1970s–2010s" *Government and Opposition* Vol.57, Issue 1
Mares, Isabela. 2003. *The Politics of Social Risk: Business and Welfare State Development.* Cambridge: Cambridge Univ. Press.
Marklund, Carl. 2013. "From the Swedish Model to the Open Society: The Swedish Power Investigation and the Power to Investigate." *Journal of Contemporary European Studies.* Vol.21, No.3: 357-371.
Marshall, T.H. 1950. *Citizenship and Social Class: And Other Essays.* Cambridge University Press.
Matthies, Aila-Leena(ed.). 2006. *Nordic Civic Society Organisations and the Future of Welfare Services: A model for Europe?* Nordic Council of Ministers, Copenhagen.
Mellink, Bram. 2020. "Towards the Centre: Early Neoliberals in the Netherlands and the Rise of the Welfare State, 1945–1958." *Contemporary European History.* Vol. 29 Issue 1: 30-43.
Metze, Tamara et.al. 2014. "Do-ocracy and the Reinvention of Government." The European Consortium for Political Research(ecpr) 2014.4.15 ecpr workshop(Systematising Comparison of Democratic Innovations: Advanced Explanations of the Emergence, Sustenance and Failure of Participatory Institutions) 발표논문
Meyer, Thomas 2007 *The Theory of Social Democracy* Polity
Meyerscough, J. 1990. "National cultural policy in Sweden: report of a European group of experts." *Strasbourg, Council of Europe.*
Micheletti, Michele. 1995. *Civil Society and State Relations in Sweden.* Routledge.
Michels, Ank 2006 "Citizen participation and democracy in the Netherlands." *Democratization.* Vol.13, Issue 2: 323-339.
Michels, Ank & Laurens De Graaf. 2010. "Examining Citizen Participation: Local Participatory Policy Making and Democracy." *Local Government Studies.* Vol.36, Issue 4: 477-491.
Ministry of Justice. 2013. *The Constitution of Sweden.*
Mishra, Ramesh. 1984. *The Welfare State in Crisis.* Brighton: Sheatsheaf.
Molin, Karl et.al. 1993 *Creating Social Democracy: A Century of the Social Democratic Labor Party in Sweden.* Penn State University Press.
Moos, Lejf(ed.). 2013. *Transnational Influences on Values and Practices in Nordic Educational Leadership: Is there a Nordic Model?* Springer.
Morck, Randall K.. 2007 *A History of Corporate Governance around the World: Family Business Groups to Professional Managers.* The University of Chicago Press

Mouffe, Chantal 2018 *For a Left Populism* Verso

Mulcahy, Kevin. 2016. *Public Culture, Cultural Identity, Cultural Policy: Comparative Perspectives.* Palgrave.

Möller, Tommy. 2020. *Political Party Dynamics and Democracy in Sweden: Developments since the 'Golden Age'* Routledge

Müller, Jan-Werner. 2021. *Democracy Rules.* New York: Farrar, Straus and Giroux (권채령 역. 『민주주의 공부』. 2022).

Naumann, Ingela K. 2014. "Consensus, Conflict, or Compromise? Church-State Relations in the Swedish 'People's Home' During the 1920s and 1930s." *Journal of Church and State.* vol.56, no.1: 36-59.

Nelson, Kenneth. 2017. "Lower Unemployment Benefits and Old-Age Pensions is a Major Setback in Social Policy." *Sociologisk Forskning.* 54.

Nergelius, Joakim. 2018. "Sweden." in A. Alen and D. Haljan(eds.), *IEL Constitutional Law* Alphen aan den Rijn: Kluwer Law International BV.

Newton, Kenneth and Jan W. van Deth. 2016(3rd ed.). *Foundations of Comparative Politics: Democracies of the Modern World.* Cambridge University Press.

Nilsson, Nils Gunnar. 1980. *Swedish cultural policy in the 20th century.* Stockholm: The Swedish institute.

North, Douglass. 2005. *Understanding the Process of Economic Change.* Princeton: Princeton Univ. Press.

Nygren, Katarina Giritli & Anna Olofsson. 2021. "Swedish exceptionalism, herd immunity and the welfare state: A media analysis of struggles over the nature and legitimacy of the COVID-19 pandemic strategy in Sweden." *Current Sociology.* Vol. 69, Issue 4.

Öberg, Shirin Ahlbäck. 2015. "Introduction: Constitutional Design." in Jon Pierre(ed.) *The Oxford Handbook of Swedish Politics.* Oxford University Press.

OECD. 2015. *In It Together: Why Less Inequality Benefits All*, May 2015.

Oliver, Leonard. 1987. *Study Circles: Coming Together for Personal Growth and Social Change.* Seven Locks Press.

Oudenampsen, Merijn. 2021. "The Riddle of the Missing Feathers: Rise and Decline of the Dutch Third Way." *European Politics and Society.* Vol. 22, Issue 1: 38-52.

Palme, Joakim. 2005. "Why the Scandinavian Experience is Relevant for the Reform of ESM."

Pape, Ulla and Taco Brandsen. 2016. "The third sector in The Netherlands." *Policy Brief.* No. 8 European Union. Brussels: Third Sector Impact.

Pestoff, Victor, T. Brandsen & B. Verschuere(eds.). 2011. *New Public Governance, the Third Sector and Co-Production.* Routledge.

Pestoff, Victor. 1998. *Beyond the Market & State: Social Enterprise & Civil Democracy in a Welfare Society.* Ashgate Pub Ltd.

Petersson, Olof. 1994 *The Government and Polotics of the Nordic Countries* Fritzes

Petersson, Olof. 2015. "Constitutional History." in Jon Pierre(ed.). *The Oxford Handbook of Swedish*

Politics. Oxford University Press.
Petersson, Olof. 2015. "Rational politics: Commissions of inquiry and the referral system in Sweden." in Jon Pierre(ed.). *The Oxford Handbook of Swedish Politics*. Oxford: Oxford University Press.
Pierre, Jon. 2015 "Introduction: The Decline of Swedish Exceptionalism?." in Jon Pierre(ed.). *The Oxford Handbook of Swedish Politics*. Oxford University Press.
Pierre, Jon. 2020. "Nudges Against Pandemics: Sweden's COVID-19 Containment Strategy in Perspective." *Policy and Society*. 39: 478-93.
Pierson, Christopher, Francis G. Castles, Ingela K. Naumann. 2013. *The Welfare State Reader*. Polity.
Pierson, Paul.(ed). 2001. *The New Politics of the Welfare State*. Oxford University Press.
Pierson, Paul. 2004. *Politics in Time: History, Institutions, and Social Analysis*. Princeton: Princeton Univ. Press.
Piketty, Thomas. 2014. *Capital in the Twenty-First Century*. Cambridge: Belknap Press.
Pontusson, J. 1992. *The Limits of Social Democracy. Investment Politics in Sweden*. Ithaca: Cornell University Press.
Pontusson, Jonas. 2005. *Inequality and Prosperity: Social Europe vs. Liberal America*. Ithaca: Cornell University Press.
Pound, John. 1993. "The Rise of the Political Model of Corporate Governance and Corporate Control." *N.Y.U. Law Review* 68.
Prak, Maarten 1991 "Citizen Radicalism and Democracy in the Dutch Republic: The Patriot Movement of the 1780s" *Theory and Society* Vol.20, No.1: 73-102
Premfors, Rune. 2003. "Democratization in Scandinavia: The Case of Sweden." Stockholm Center for Organizational Research, Sweden
Przeworski, Adam. 1988. "Democracy as a Contingent Outcome of Conflict." in J. Elster and R. Slagstad(eds.). *Constitutionalism and Democracy*. Cambridge University Press.
Rajan, Raghuram. 2019. *The Third Pillar: How Markets and the State Leave the Community Behind*. Penquin Press.
Randall K. Morck(ed.). *A History of Corporate Governance around the World: Family Business Groups to Professional Managers*. University of Chicago Press.
Raworth, Kate. 2017. *Doughnut Economics: Seven Ways to Think Like a 21st-Century Economist*. London: Chelsea Green Publishing (홍기빈 역. 『도넛 경제학』. 2018).
Regini, Marino. 2000. "The Dilemmas of Labor Market Regulation" in G. Esping-Andersen & M. Regini(eds.). *Why Deregulate Labor Market*. Oxford: Oxford Univ. Press.
Reiter, Joakim. 2003, "Changing the Microfoundations of Corporatism: The Impact of Financial Globalisation on Swedish Corporate Ownership" *New Political Economy*. Vol.8, No.1, 103-126.
Roe, Mark. J. 2003. *Political Determinants of Corporate Governance: Political Context, Corporate Impact*. Oxford: Oxford Univ. Press.
Roe, Mark J.. 2021. "Corporate Purpose and Corporate Competition" European Corporate

Governance Institute-Law Working Paper No. 601/2021(https://ssrn.com/abstract=3817788)

Roebroek, Joop M. 2006. "The Arrival of the Welfare State in Twentieth-century Mass Society: The Dutch Case." in Bob Moore, Henk van Nierop (eds.). *Twentieth-Century Mass Society in Britain and the Netherlands*. Oxford: Berg.

Roine, Jesper and Daniel Waldenström. 2008. "The evolution of top incomes in an egalitarian society: Sweden, 1903-2004." *Journal of Public Economics*. 92 (2008) 366-387.

Roine, Jesper and Daniel Waldenström. 2009. "Wealth Concentration over the Path of Development: Sweden, 1873-2006." *Scandinavian Journal of Economics*. 111(1), 151-187.

Roine, Jesper and Daniel Waldenström. 2015. "Long-Run Trends in the Distribution of Income and Wealth." in Atkinson, A.B., Bourguignon, F.(eds.), *Handbook of Income Distribution*. Vol. 2, North-Holland, Amsterdam.

Rooden, Peter. 1999. "History, the Nation, and Religion: The Transformations of the Dutch Religious Past" in Peter van der Veer & Hartmut Lehmann(eds.) *Nation and Religion - Perspectives on Europe and Asia* Princeton University Press

Rothstein, Bo 2015 "The Moral, Economic and Political Logic of the Swedish Welfare State" in Jon Pierre(ed.). *The Oxford Handbook of Swedish Politics*. Oxford University Press.

Rustow, D. A. 1955. *The Politics of Compromise: A Study of Parties and Cabinet Government in Sweden*. Princeton University Press.

Rustow, Dankward A. 1971. "Sweden's Transition to Democracy: Some Notes toward a Genetic Theory 1." *Scandinavian Political Studies*. Bind 6.

Ruysseveldt van and Jelle Visser. 1996. "Weak Corporatisms going different ways?: Industrial Relations in the Netherlands and Belgium." in van Ruysseveldt and Jelle Visser(eds). *Industrial Relations in Europe: Traditions and Transitions*. London: Sage Publications.

Rydgren, Jens, and Sara van der Meiden. 2019. "The Radical Right and the End of Swedish Exceptionalism." *European Political Science*. 18: 439-55.

Ryner, Magnus. 1999. "Neoliberal Globalization and the Crisis of Swedish Social Democracy" *Economic and Industrial Democracy* Vol 20, Issue 1

Safstrom, Mark. 2016. *The Religious Origins of Democratic Pluralism: Paul Peter Waldenström and the Politics of the Swedish Awakening 1868-1917*. Pickwick Publications.

Salamon, Lester M. & Wojciech Sokolowski. 2018. *The Size and Composition of the European Third Sector*. Springer

Salverda, Wiemer 1999 "Is there more to the Dutch miracle than a lot of part-time jobs?" SOM Research Institute, University of Groningen Faculty of Economics and Business

Sanandajiv, Nima. 2016. *Debunking Utopia: Exposing the Myth of Nordic Socialism*. WND books.

Sapir, André. 2006. "Globalization and the Reform of European Social Models." *Journal of Common Market Studies*. 44-2.

Scharpf, Fritz W. 1991. *Crisis and Choice in European Social Democracy*. Ithaca, N.Y.: Cornell University Press.

Scharpf, Fritz W. 2002. "The European Social Model: Coping with the challenges of diversity." *MPIfG working paper.*
Schneider, M. R. and M. Paunescu. 2011. "Changing varieties of capitalism and revealed comparative advantages from 1990 to 2005: A test of the Hall and Soskice claims." *Socio-Economic Review.* 9: 1-23.
Schreurs, Sven. 2021. "Those were the days: welfare nostalgia and the populist radical right in the Netherlands, Austria and Sweden" *Journal of International and Comparative Social Policy,* Vol. 37 , Issue 2: 128-141
Schubert, Klaus and Paloma de Villota. 2016. *Challenges to European Welfare Systems.* Springer.
Sejersted, Francis. 2011. *The Age of Social Democracy: Norway and Sweden in the Twentieth Century.* Princeton University Press.
Selle, Per et.al. 2018. *Civic Engagement in Scandinavia. Volunteering, Informal Help and Giving in Denmark, Norway and Sweden.* Springer.
Siaroff, Alan. 1999. "Corporatism in 24 industrial democracies: Meaning and measurement." *European Journal of Political Research.* 36.
Sluyterman, Keetie(ed.). 2015. *Varieties of Capitalism and Business History: The Dutch Case.* London: Routledge.
Smith, Eivind(ed.). 2003. *The Constitution as an Instrument of Change.* Stockholm: SNS Förlag.
Soskice, David and Peter Hall. 2001. *Varieties of Capitalism: The Institutional Foundations of Comparative Advantage.* Oxford: Oxford Univ. Press.
Statens Offentliga Utredningar(SOU). 2009. *Report of the Swedish Committee of Inquiry on Cultural Policy,* SOU 2009:16.
Steinmo, S. 2003. "Bucking the Trend? Social Democracy in a Global Economy: The Swedish Case Up Close." *New Political Economy.* Vol.8, No.1, 31-48.
Stephens, John D. 1979. *The Transition from Capitalism to Socialism.* London: Macmillan.
Stout, Lynn. 2012. *The Shareholder Value Myth: How Putting Shareholders First Harms Investors, Corporations, and the Public.* Berrett-Koehler Publishers
Strang, Johan. 2018. "Scandinavian Legal Realism and Human Rights: Axel Hägerström, Alf Ross and the Persistent Attack on Natural Law." *Nordic Journal of Human Rights.* Volume 36, Issue 3: Nordic Histories of Human Rights.
Streeck, W. and Kozo Yamamura(eds.). 2001. *The Origins of Nonliberal Capitalism: Germany and Japan in Comparison.* Ithaca: Cornell University Press.
Streeck, Wolfgang and K. Thelen(eds.). 2005. *Beyond Continuity: Institutional Change in Advanced Political Economies.* Oxford: Oxford Univ. Press.
Strom, Marie-louise(ed.). 2008. *Learning and Living Democracy: Non-Formal Adult Education in South Africa and Sweden.* IDASA Publishers.
Stukas, A.A. et.al. 2016. "Understanding and encouraging volunteerism and community involvement." *The Journal of Social Psychology.* 156(3): 243-55.
Svedin, Uno and Britt Hägerhäll Aniansson. 2002. *Sustainability, Local Democracy and the Future:*

The Swedish Model. Springer.
Sveriges Riksdag. 2016. *The Constitution of Sweden: The Fundamental Laws and the Riksdag Act*. Stockholm: Sweden.
Swenson, Peter. 1991. "Employer Power, Cross-Class Alliances, and Centralization of Industrial Relations in Denmark and Sweden" *World Politics* Vol.43, No.4: 513-544.
Swenson, Peter. 2002. *Capitalists Against Markets: The Making of Labor Markets and Welfare States in the United States and Sweden*. Oxford University Press.
Swenson, Peter & J. Pontusson. 2000. "The Swedish Employer Offensive against Centralized Bargaining" in T. Iversen, J. Pontusson, D. Soskice(eds.). *Unions, Employers and Central Banks: Macroeconomic Coordination and Institutional Change in Social Market Economies*.
Tam, Nicholas. 2016. *Scandinavian Design and its Philosophical Underpinnings to a Social Democracy*. Publisher lulu.com.
The Oxford Handbook of Swedish Politics. Oxford University Press www.regeringen.se/pressmeddelanden/2020/12/digital-presstraff-med-statsministern-22-december-2020/.
Therborn, Göran. 1989. "'Pillarization' and 'Popular Movements': Two Variants of Welfare State Capitalism: The Netherlands and Sweden,." in Francis G. Castles(ed.). *The Comparative History of Public Policy*. Cambridge: Polity Press.
Therborn, Göran. 1992. "Guide Petersson och makten i det moderna." In *La¨rdomar av maktutredningen*, edited by L. Niklasson, 70-85. Stockholm: Carlsson Bokfo¨rlag.
Tilton, Timothy A. 1974. "The Social Origins of Liberal Democracy: The Swedish Case." *American Political Science Review*. 68.
Trägårdh, Lars. 1997. *Statist Individualism: On the Culturality of the Nordic Welfare State* Center for Western European Studies. University of California Berkeley.
Trägårdh, Lars(ed.). 2007. *State and Civil Society in Northern Europe: The Swedish Model Reconsidered* Berghahn Books.
Traxler, Franz. 2004. "The Metamorphoses of Corporatism: From Classical to Lean Patterns." *European Journal of Political Research*. Vol.43: 571-598.
Tribe, Laurence H. 2008. *The Invisible Constitution*. Oxford University Press.
Tsarouhas, Dimitris. 2008. *Social Democracy in Sweden: The Threat from a Globalised World* Library of European Studies (Book 6).
Törnqvist, Maria 2019 "Living Alone Together: Individualized Collectivism in Swedish Communal Housing" *Sociology* Vol.53 issue 5: 900-915
Van der Elst, Christoph & Anne Lafarre. 2017. "Shareholder Voice on Executive Pay: A Decade of Dutch Say on Pay." *European Business Organization Law Review*. volume 18: 51-83.
Van Kersbergen, Kees. 1996. *Social Capitalism: A Study of Christian Democracy and the Welfare State*. London: Routledge.
Van Kersbergen, Kees. 1999. "Contemporary Christian Democracy and the Demise of the Politics of Mediation." in H. Kitschelt, P. Lange, G. Marks, and J. Stephens(eds). *Continuity and Change in Contemporary Capitalism*. Cambridge University Press.

Velde, Henkte. 2019. "The emergence of the Netherlands as a 'democratic' country." *Journal of Modern European History*. Vol.17. Issue 2.

Veldheer, Vic and Ary Burger. 1999. "History of the Nonprofit Sector in the Netherlands." Working Papers of the Johns Hopkins Comparative Nonprofit Sector Project, Johns Hopkins Center for Civil Society Studies, Johns Hopkins University.

Vestheim, Geir(ed.). 2014. *Cultural Policy and Democracy*. Routledge.

Visser, J. and A. Hemerijck. 1997. *'ADutch Miracle': Job Growth, Welfare Reform and Corporatism in the Netherlands*. Amsterdam: Amsterdam University Press.

Visser, J. and Marc van der Meer. 2011. "The Netherlands: Social Pacts in a Concertation Economy." in S. Avdagic, Martin Rhodes, Jelle Visser(eds.). 2011. *Social Pacts in Europe: Emergence, Evolution, and Institutionalization*. Oxford University Press.

Vogel, Steven, 2006. *Japan Remodeled: How Government and Industry are Reforming Japanese Capitalism*. Ithaca: Cornell University Press.

Von Essen, Johan and Pelle Åberg. 2009. *Swedish Study Associations and their Members. A Link to Civil Society or a Loyal Business Relation? Civil Society as a Arena of Learning*. Esrea Network on Adult Education and Democratic Citizenship. Stockholm.

Vossen, Koen. 2016. *The Power of Populism: Geert Wilders and the Party for Freedom in the Netherlands*. Routledge.

Waarden, Frans van and Gerhard Lehmbruch(eds.). 2003. *Renegotiating the Welfare State: Flexible Adjustment through Corporatist Concertation*. London and New York: Routledge.

Wade, Robert. 1992. "East Asia's Economic Success, Conflicting Perspectives, Partial Insight, Shaky Evidence." *World Politics*. vol.44, no.2 pp.270-320.

Waldenström, Daniel. 2015. "Wealth-income ratios in a small, late-industrializing, welfare-state economy: Sweden, 1810–2014." Uppsala Center for Fiscal Studies Department of Economics Working Paper 2015:6.

Wenander, Henrik. 2021. "Sweden: Non-binding Rules against the Pandemic – Formalism, Pragmatism and Some Legal Realism." *European Journal of Risk Regulation*. 38: 127–42.

Wennerhag, Magnus and Roberto Scaramuzzino. 2015. "Civil Society Organizations Going European?: The Europeanization of Swedish CSOs."

Whitley, Richard. 2007. *Business Systems and Organizational Capabilities: The Institutional Structuring of Competitive Competences*. Oxford university press.

Wielenga, Friso. 2015. *A History of the Netherlands: From the Sixteenth Century to the Present Day*. Bloomsbury Publishing.

Wigforss, E. 1956. *Efter välfärdsstaten*. Stockholm: Tidens förlag.

Wilensky, Harold. 2002. *Rich Democracies: Political Economy, Public Policy and Performance*. Berkeley & L.A.: Univ. of California Press.

Wilson, John. 2012. "Volunteerism Research : A Review Essay." *Nonprofit and Voluntary Sector Quarterly*. vol.41 no.2: 176-212.

Woldendorp, Jaap. 2011. "Corporatism in small North-West European countries 1970-2006: Business as usual, decline, or a new phenomenon?" *Working Paper Series Department of Political Science*. VU University Amsterdam

Zamboni, Mauro. 2019. "The Positioning of the Supreme Courts in Sweden – A Democratic Oddity?" *European Constitutional Law Review*. Vol.15 Issue 4: 668–690.

Ziblatt, Daniel. 2017. *Conservative Parties and the Birth of Democracy*. Cambridge University Press.

Zysman, John. 1983. *Governments, Markets, and Growth*. Ithaca: Cornell Univ. Press.

http://www.folkbildning.se//Documents/B_Rapporter/%C3%B6vriga_rapporter/ Folkbildningens_framsyn/FRAMSYN-eng.pdf.

http://www.folkbildning.se//Documents/E_Fakta_om_folkbildningen/Facts%20on%20folkbildning_2011_web.pdfhttp://www.folkbildning.se//Documents/B_Rapporter/%C3%B6vriga_rapporter/%C3%.

https://link.springer.com/book/10.1007/978-1-4419-6858-6

https://thirdsectorimpact.eu/

https://thirdsectorimpact.eu/the-tsi-community/national-stakeholders/the-netherlands/practitioners/

https://ucfs.nek.uu.se/digitalAssets/369/c_369826-l_1-k_2015_6.pdf

https://www.ceps.eu/wp-content/uploads/2020/03/Deliberative-Democracy_2CU_Vol3.pdf

https://www.demokratiakademin.se/forelasning-hur-starkt-ar-skyddet-var-demokratis-grundvalar-och-manskliga-rattigheter-sverige/stellan-garde/민주주의

https://www.lunduniversity.lu.se/article/how-sweden-became-one-of-the-worlds-most-stable-democracies

https://www.researchgate.net/publication/349716353_Steven_ Blockmans_ and_Sophia_Russack_eds_ Representative_Democracy_in_the_EU_Recovering_Legitimacy

https://www.riksdagen.se/globalassets/07.-dokument-lagar/the-constitution-of-sweden-160628.pdf

찾아보기

(ㄱ)

가운데 길 171
가중다수결(qualified majorities) 162
감독이사회 157
강한 개인 15, 36, 37, 41, 44, 63, 373
강한 국가(strong state) 45
강한 사회(strong society) 27, 37, 41, 45, 204, 219, 363, 380
개방경제 31
개방화 41
개인의 자유 또는 자유로움 392
개인적 자유 28
개인주의 371, 372, 379
개인주의화 350
개인화된 집단주의 172
경영권 승계 416, 431
경영이사회 157
경제민주주의 404, 405
경제민주화 17, 53, 67, 414, 446
경제민주화 담론 398
계열별 조정시장경제 444
고용보호법 165
고타(Gothaer)강령 46
공공소비(public consumption) 177
공동결정제 157, 165, 167, 410
공동체주의 379
공리주의적 실용주의 286
공적 참여 366
공적보험시스템 294
공적부조제도 297
공적이전소득 177

공정거래법 417
공정거래위원회 430
관료주의 39
교육투쟁 261
구스타브 5세 왕 195
구조화(structuration) 45
국가개인주의(statist individualism) 90, 172
국가브랜드 30
국가사회 협력 모델 305
국가의 시대 380
국민연금 423, 426, 428
국민연금공단 427
국민연금기금운용본부 427
국민연금의 의결권 441
국민연금의 주주권 429
국제투명성기구 35
권력 분립 103
권력의 민주화 385
권력자원(power resources) 380
권력조사 210, 212, 213, 214, 216, 222, 224, 226, 227, 387
권력조사 정신 389
권력조사위원회 214, 215, 225, 227, 229
권위주의 29
귀족주의적 헌정주의 200, 203
규범과 문화로서의 민주주의 61, 65
규범으로서의 법 408
극우 포퓰리즘 279
근로장려세제(EITC) 180
글로벌 금융위기 400
금속노조(Metall) 145

금주・절제운동(Temperance movement) 199
기능 분립 103
기능적 권한 388
기둥화 269, 300, 301, 340
기업(법인)의 이익 413
기업감시 445
기업감시시스템 443
기업경영의 투명성 419
기업공개(Initial Public Offering, IPO) 79
기업공시 417, 419
기업의 사회적 책임(corporate social responsibility) 79, 417
기업지배구조 35, 40, 70, 74, 77, 78, 80, 142, 144, 145, 148, 152, 153, 156, 159, 164, 315, 319, 406, 412, 413, 417, 418, 421, 431, 443, 445
기업지배구조 코드 157, 321, 324, 328, 409
기업지배구조의 3대 요소 416
기업지배구조의 정치결정론 77, 418, 423

(ㄴ)

내부거래 규제 417
내부규제를 통한 지배구조 개혁 410
내부지배주주모델 34
네덜란드 예외주의(Dutch exceptionalism) 296
네덜란드 중원(Dutch midfield) 341
네덜란드 코포라티즘 309
네덜란드개혁교회(Nederlands Hervormde Kert, NHK) 255
네덜란드병 (Dutch disease) 298, 311, 312
네덜란드의 기적 314
네덜란드의 중원(Dutch midfield) 366
노동관련법 416
노동당(Labour Party, PvdA) 278, 281
노동시장 446
노동이사제 157, 158, 165, 167, 323, 410
노르딕 국가들 26
노르딕 민중교육 390

노사관계 416, 446
노사정 3자의 사회 코포라티즘 399
노사정위원회 34, 304

(ㄷ)

다양성 72
다중대표소송의 도입 410
단원제 198
단일국가(unitary state) 384
달, 로버트 43
대의민주주의 33, 59
대중민주주의 199
대중시민교육 241, 245
대통령제 41
더치 페이 372
덴마크로의 길 390
도덕과 규범 431
독점방지 417
동네민주주의 251, 386
동반성장 439
동일노동 동일임금 175
두-어크러시(Do-ocracy) 363, 364
뒤르켐, 에밀 45
드러커, 피터 75, 142

(ㄹ)

라잔, 라구람 56, 331
렌-마이드너(Rehn-Meidner)모델 123, 131, 148, 165
뢰벤, 스테판 93, 94, 209

(ㅁ)

마르크스, 칼 15, 46, 67, 73, 118
마이너스 금리 138
매개조직(intermediary organization) 334
매디슨(Madisonian)모델 59
모자(母子)회사 쪼개기 상장 408
무폐, 샹탈 65
문화민주주의(cultural democracy) 54, 55

문화와 규범으로서의 민주주의   62
물적분할 쪼개기 상장   409
뭉크, 야스차   60
미국 예외주의(American exceptionalism)   75
미국식 모델   435
민간기업   415, 432
민주노조운동   441
민주적 공동체   372
민주적 사회주의   46
민주적 시민성   366
민주적 시장경제   42, 68, 413, 432
민주적 시장경제체제   67, 446
민주적 코포라티즘   306, 445
민주적인 선진·선도국가   414
민주주의   43, 44, 45, 59, 331
민주주의 규범 연합   284
민주주의 다양성 연구소   44
민주주의 문화(culture of democracy)   59
민주주의 벼리기(forging democracy)   59
민주주의 습관   383
민주주의 위기   86, 259
민주화   41

(ㅂ)

바세나르 협약   298, 299, 303, 312, 313, 315, 317, 357, 358
바스카, 로이   22
반혁명당(Anti-Revolutionaire Partij)   261
발렌베리   119, 121, 122, 123, 146, 147, 163, 164
발전경제학   45
발전국가   397, 400, 433, 441
발전국가모델   23
발전사회학   45
배타적 자유주의   282
백신패스 의무화   88
범스칸디나비아주의(Pan-Scandinavism)   199
법규제   41
법치주의(rule of law)   84, 95, 98, 115, 285, 407
베른슈타인, 에두아르트   47, 118, 196
베스트팔렌(Westphalia) 조약   271
벡, 울리히   379
보어전쟁   263
보이지 않는 헌법   12, 41, 62, 269
보이텔스바흐 합의   21
보통국가   29, 231
보편복지모델   437
보편적 복지국가   39, 294
복지 자본주의(welfare capitalism)   168
복지국가   229, 288, 335
복지믹스(mix)   37, 385
복지분권화   385
복지선진국   295
볼셰비키 혁명   48
부당내부거래   420
분권화   41
분산주주모델(diffuse shareholder 또는 stockholder)   70
분절적 코포라티즘   399
불확실성   41
브란팅, 얄마르   191, 195, 196, 206
비교자본주의(comparative capitalism)   69
비국가(non-state) 조직   314
비그포르스, 에른스트   126, 144, 145, 149, 170, 379
비대칭적 국가 코포라티즘   399
비상권력   86
비상사태   86, 95, 102
비영리 민간복지기관   345
비영리영역   331, 333, 335, 342, 344, 365, 366
비영리활동   366
비자유주의적(non-liberal) 발전모델   397
빌더스, 헤이르트   281
빌드닝   252

(ㅅ)

4세 경영 포기 선언   413

사외이사제　419
사유재산권　39
사적권력　40
사적이익정부　306
사회 코포라티즘　434, 438
사회갈등론　389
사회결속　353
사회경제모델　33, 34
사회경제위원회(SER, Social and Economic Council)　303
사회공헌　344
사회권　39
사회규범으로서의 법　115
사회규율　34, 404
사회민주주의　22, 23, 26, 27, 38, 39, 40, 42, 46, 47, 48, 50, 51, 58, 64, 281
사회보장세　174, 186
사회보장정책　288
사회보험제도　297
사회서비스　297
사회성　39
사회세력　17
사회의 중원(societal midfield)　341
사회자본　331, 349
사회재벌(societal conglomerates)　270, 301
사회적 감시　430
사회적 거리두기　91
사회적 규범　431
사회적 다양성　39
사회적 대타협　164
사회적 몸가짐(social grooming)　252
사회적 시장경제　70, 300, 404, 446
사회적 신뢰　343, 385
사회적 자유(Social Liberalism)　28, 37, 58, 274, 374, 375, 376, 377, 446
사회적 자유주의　374
사회적 타협　432, 440, 443, 445, 447
사회적 합의　366, 430
사회적경제　331, 335, 337, 344, 347, 367

사회적기업　334, 365
사회정치(social politics)　270, 367
사회책임투자　417
산업화가　40
살츠쉐바덴　131, 143, 173, 218
살츠쉐바덴 협약　40
삼각동맹　399
삼성 준법감시제도　412
삼성물산　422, 424
삼성물산 합병　415, 429
상장기업　413
새로운 균형　357
새로운 자유주의　375, 377
생산양식의 우선성　67
생태적 근대화론　32
서로주체적 사회통합　383
서비스복지　447
서유럽의 사회적 협의주의　397
선도국가　28, 29, 32, 36, 41
선진국　28, 29
선출된 권력 담론　388
성찰　42
세계가치조사　373
세계화　36, 79, 367, 400
세속화　350
소수주주　76, 322, 407, 408, 410, 430
소액주주　161, 162, 408, 418, 420, 427, 428
숙의민주주의　59
쉐보르스키, 아담　49, 51
슈미트, 칼　110
슘페터, 조지프　73, 142
스웨덴 개인주의　372, 373
스웨덴 경제의 금융화　140
스웨덴 국교회(the Church of Sweden)　190
스웨덴 모델　27, 407
스웨덴 보건청　92
스웨덴 사회민주당　52
스웨덴 사회민주주의여성연맹　233
스웨덴 생산직노조총연맹　124

스웨덴 예외주의   85, 111, 197
스웨덴 의회(The Riksdag)   103
스웨덴 헌법   94
스웨덴-노르웨이 연합왕국   191
스웨덴다움(Swedishness)   91
스웨덴민주당   92
스웨덴식 개인주의   172
스웨덴식 통화주의   140
스웨덴의 특수경로(Swedish Sonderweg)   193
스웨덴판 글라스 스티걸 법   146
스타우트, 린   74
스타프, 칼   193, 194
스톡홀름엔실다은행   119
스튜어드십 코드   425, 429
시민 개인   392
시민 참여   363
시민동참   344
시민문화(civic culture)   389
시민민주주의(civic democracy)   22, 23, 26, 38, 39, 42, 53, 55, 57, 59, 64, 66, 246, 343, 381, 383, 446
시민사회   335
시민서비스   344
시민의 시대   380
시민적 아비투스(habitus)   383
시민정치(citizen politics)   381
시민주의(citizenism)   65
시장경제시스템   406
시장경제체제   436
시장규율   34, 404, 430, 444
신냉전   30
신념 가치   39
신분제의회(the Four Estates)   198
신자유주의적 세계화   24
실용주의   31
실질적인 자율규제   412

(ㅇ)
아래로부터의 임파워먼트   385

IMF 구제금융 사태   395
아일랜드   440
알메달렌   248, 249, 250
양원제(bicameral)   198
에덴 총리   195
에델개혁(ädelreformen)   181
에르푸르트(Erfurter)강령   46
에코국가   186
에코복지국가   32
엔지니어링산업협회(VF)   145
엘란데르, 타게   175, 204, 208, 219
엘리엇 매니지먼트   422
여유 있는 자들의 이데올로기   377
역사적 타협(historical compromise)   150
연대임금   131, 132, 134
연성화된 발전국가   400
열린사회   389
완전한 민주주의(full democracy)   382
외국자본   412
우크라이나   30
웨스터민스터(Westminster)모델   59
위드 코로나(with Corona)   83, 90
위로부터의 투명성   385
유럽연합   30, 53, 86, 215, 283
유럽통합   31, 59, 283, 440
유로존 재정위기   137
유연안정성   315
윤리경영   412
의결권   422
의도적 의지   440
의사결정 참여(medbestämmande)   152
의회 옴부즈맨   104
의회법(the Riksdag Act)   198
의회주의   200, 203
이사회   415, 427
ESG(환경·사회·지배구조)   34, 327, 411, 428
EIU(Economist Intelligence Unit)   382
이원적 이사회   320

2015년 삼성물산 합병 사례　407
이해관계자 기업지배구조　315
이해관계자 모델　75, 76, 155, 327, 432, 446
이해관계자 자본주의　153, 404
이해관계자 지배구조 모델　326
인민의 가정　170, 172, 217, 226, 236
인민의 지배　44, 45
인민의 집　217, 236
인베스토르(Investor AB)　147
1997년 경제위기　398
일상성　39
1차 분배　177
임노동자기금　133, 141, 142, 220, 228
입헌군주제　29

(ㅈ)

자국우선주의　400
자기통치　43, 44, 45
자본시장　428
자본시장법　164, 417
자본주의 다양성　68, 69, 70
자산불평등　130
자산지니계수　130
자원봉사　343, 344, 345, 346, 349, 350, 352, 359, 362
자원봉사활동　353, 354
자원영역　331
자유교회운동　190, 199
자유무역　117
자유민주주의　17, 22, 23
자유선택사회　219
자유인　63
자유주의　373, 377
자유주의적 코포라티즘　299
자유지상주의　378
자율방역　88, 109, 114
작은 민주주의　39, 383
작은 복지국가　446
잠정적 유토피아　379

재벌모델　407
재벌오너　416, 420
재벌의 경영권　164
재벌의 사익편취　420
재벌중심적 경제체제　405
적극적 노동시장정책　131
적응효율성(adaptive efficiency)　445
적폐청산　26
전략적 선택　440
정치의 복원　432
정치의 우선성(the primacy of politics)　65
정치적 자유주의　378
제3섹터　45, 331, 332, 334, 335, 336, 337, 338, 340, 343, 344, 348, 350, 356, 362, 367
제3의 기둥(the third pillar)　56, 384
제3의 길　374
조세개혁　174
조정시장경제　34, 68, 71, 404, 444
조정의 정치　306
좌파 신자유주의　397
좌파 정당　39
주주권　425
주주권 강화　425
주주모델　74, 76
주주의 비례적 이익 보호 의무　409
주주자본주의　23
주주중심주의　152
주주평등원칙　406
주지사(Landshövding)　185
중간국　30
중간조직　13
중견국　29, 30, 31
중립노선　30, 31
지방세　186
지배구조 개선　417
지배구조 정치결정론　164
지배주주모델　34, 70
지역사회서비스(community service)　345
지자체 재정균등화 제도　185

직접민주주의　285

(ㅊ)

차등의결권　430
차등의결권 제도　163
참여민주주의　59, 343, 386
참여사회　355, 356, 357, 358, 363
책임 가치　39
책임윤리　17
청와대 정부　25, 388
촛불시위　23, 26, 380, 381, 382
촛불혁명　24
총수일가　420
출판자유법(The Freedom of the Press Act of 1766)　105
친자본주의적 경제민주화　447

(ㅋ)

커뮤니티 민주주의　367, 368, 386
커뮤니티 복지　357
커뮤니티 케어　357, 360, 361
코로나19　25, 37, 92
코로나조사위원회　89, 93, 112
코포라티즘　41, 147, 178, 179, 218, 229, 287, 293, 295, 299, 301, 307, 339, 406, 443
코포라티즘적 사회협약　440
크뤼게르, 이바르　121, 122
탄소중립　32
탈권력화　28
탈기둥화(Ontzuiling)　276, 308, 309, 365
탈세계화　367
테그넬, 안데르스　83, 90
토크빌적 가치(Tocquevillian value)　381
투명화　41

(ㅍ)

파기환송심　412
팔메, 올로프　219
팬데믹　83, 84, 87, 90, 95, 106, 113, 433

편법·불법적 사익편취　413
평균의 함정　403
평등대우원칙　161
평등민주주의　22, 23
평등주의　373
평등한 적극적인 자유　67
포르투완, 핌　280
포퓰리즘　13, 14, 282, 284, 400
폴더모델　27, 34, 304, 315, 366, 367, 437
폴라니, 칼　368
폴케뫼데(Folkemødet · 민중회의)　249
폴크빌드닝　241, 243, 244
풍요로운 사회　236
프롤레타리아 독재　47
피케티, 토마스　51
핀란드노동당　47
필라정치(politics of pillars)　367
핌 포르투인의 정신　283

(ㅎ)

하프순드 민주주의　150
하프순드(Harpsund)회의　150
한국 사회경제모델　400
한국 재벌들　164
한국인의 시민성　392
한손, 페르 알빈　169, 204, 205, 208
합의제민주주의　274
합의주의　373
헌법 없는 반세기　41, 96, 109
헌법변천(constitutional changes)　257
헌법재판소　96
헬조선 신드롬　399
혁신지수　31
협의주의(consociationalism)　56, 274
협치 거버넌스　364
화평의 정치(pacification politics)　271
회사법　165

자유민주주의 사회민주주의 시민민주주의
스웨덴·네덜란드의 경험과 한국사회

초판 제1쇄 펴낸날 : 2022. 4. 30.

지은이 : 김 인 춘
펴낸이 : 김 철 미
펴낸곳 : 백산서당

등록 : 제10-42(1979.12.29)
주소 : 서울 은평구 통일로 885(갈현동, 준빌딩 3층)
전화 : 02)2268-0012(代)
팩스 : 02)2268-0048
이메일 : bshj@chol.com

※ 저작권자와의 협의 아래 인지는 생략합니다.

값 30,000원

ISBN 978-89-7327-841-1 93300